# 心理学原理

（第一卷）

〔美〕威廉·詹姆士 著

田平 译

William James
**THE PRINCIPLES OF PSYCHOLOGY**
Copyright © 1890 by Henry Holt & Co.
Copyright © 1918 by Alice H. James
根据多佛出版社 1950 年版译出

献给
我亲爱的朋友
弗朗索瓦·皮隆
作为友爱的象征
和对《哲学批评》的感谢

# 目　　录

序言 ································································· 1

第一章　心理学的范围 ·············································· 5

第二章　大脑的功能 ················································ 17
青蛙的神经中枢 19　关于大脑半球的一般观点 26　大脑半球的训练 30　颅相学的观念 35　大脑半球中的功能定位 39　局限于大脑半球的人的意识 79　功能的复原 81　对梅纳特方案的最后修正 87　结论 94

第三章　论大脑活动的一些一般条件 ····························· 97
刺激的聚合 98　反应时间 102　大脑供血 117　大脑测温 119

第四章　习惯 ························································ 124

第五章　自动机理论 ················································ 154
支持这一理论的理由 161　反对这一理论的理由 166

第六章　心的要素理论 ············································· 174
进化心理学需要心的微粒 175　关于心的微粒存在的一些所谓的证明 180　对这些证明的反驳 185　心理事实的自我复合是不可接受的 190　心理状态可以是无意识的

吗？195　无意识心理状态存在吗？197　陈述心脑关系的困难　211　物质单子理论　214　灵魂理论　216

## 第七章　心理学的方法和陷阱·················219
心理学是一门自然科学　219　研究方法　221　心理学中的错误之源　233

## 第八章　心与其他事物的关系·················237
时间关系　237　意识与空间的关系　254　心与其他对象的关系　256

## 第九章　思想流·····························266
思想的五个特征　267　对趋向的感受　294

## 第十章　自我意识···························343
经验自我或[宾格的]我（me）343　不同自我之间的竞争与冲突　363　在"自爱"中被爱的是哪一个自我？372　纯粹自我　387　人格同一性的感觉　388　纯粹自我或者人格统一性的内在本原　402　先验论的理论　424　自我的变化　438　总结　474

## 第十一章　注意·····························476
我们可以同时注意多少事物？479　各种注意　493　注意的效果　504　注意过程的亲密性质　516　有意注意是结果还是力？533　注意缺乏　541

## 第十二章　概念性认识·······················546
同一性的含义　546　概念性认识的定义　548　概念性认识是不可改变的　552　"抽象"观念　557　普遍　563

## 第十三章 辨别和比较 ········· 575
间接比较原理 584　所有的差异都是构成上的差异吗？585　辨别的条件 589　分析的过程 598　抽象活动的过程 601　通过练习提高辨别能力 606　实践兴趣限制辨别 613　辨别之后的反应时间 624　相似知觉 629　差异的量级 632　对辨别感受性的测量 636

## 第十四章 联想 ········· 657
联想的速度 664　接近法则 669　联想的基本法则 674　无偏向的重整 678　普通的或者混合的联想 681　相似联想 689　随意思想中的联想 694　相似性没有基本法则 702　历史上有关联想的看法 707

## 第十五章 时间知觉 ········· 722
可以感觉到的现在具有持续时间 725　我们估量短暂持续时间的准确性 728　对空的时间我们没有感觉 738　对过去时间的感受是一种现在感受 748　时间感觉应归因于哪个大脑过程？753

## 第十六章 记忆 ········· 765
原初记忆 766　对记忆现象的分析 771　记忆的原因 776　好记忆的条件 785　一个人天生的保持能力是不可改变的 789　对记忆的精确测量 805　遗忘 809

# 序　言

　　这部著作在很大程度上是作者在心理学课堂教学的过程中形成起来的,虽然对于第一次接触这个问题的学生来说,其中的一些章节确实过于"形而上学",而另外一些章节又过于细致了。这种情况所造成的结果是,虽然除去了快乐与痛苦、道德和审美的感受与判断这些重要的主题,这部著作的长度还是让作者本人比其他任何人都更加感到遗憾。在这样一个急速前进的时代,期望他笔下那1400张连续的书页会拥有众多读者的人一定是非常乐观自信的。但是,谁做的事情多,谁就会对某些事情有所帮助(wer Vieles bringt wird Manchem etwas bringen);我能肯定,通过根据各自的需要而做些明智的跳跃,许多类型的读者,甚至包括那些刚刚开始学习这一内容的人,都会发现我的书是有用的。由于初学者最需要指导,为他们考虑,我建议他们在第一次阅读时完全省略掉第六、七、八、十(从边码第330到第371页)、十二、十三、十五、十七、二十、二十一和二十八章。为了更好地唤起初学者的兴趣,可能明智的顺序是读完第四章直接就读第二十三、二十四、二十五和二十六章,再从那里返回到第一章。关于空间知觉的第二十章很麻烦,如果不写得那样细致,就完全无法对其进行适当的处理。这一章的一个删节本,题目为"空间感受质"(The Spatial Quale)刊登在《思辨哲学杂志》(*Journal of Speculative Philosophy*)第

13卷第64页上。一些读者可能会觉得这个删节本是那整个一章的一个有用的替代版本。

在整部书里,我都始终保持靠近自然科学的观点。每一门自然科学都不加批判地对特定的材料做出假定,并拒绝对它自己的"法则"所适用、它自己的推论所由以进行的要素提出质疑。作为关于有限个体的心的科学的心理学,对下述材料做出了假定:(1)思想和感受,(2)与思想和感受共存的时间和空间中的物理世界,(3)思想和感受知道这个物理世界。当然,这些材料自身是可以讨论的;但是对这些材料(以及其他要素)的讨论被称为形而上学,不在这部书讨论的范围之内。这部书假设思想和感受存在,并且是知识的表达手段,因此它承认,一旦弄清了各种思想或感受与大脑的确定条件之间的经验联系,心理学就不能走得更远了——也就是说,作为一门自然科学不能走得更远了。如果再走远一点,她就变成形而上学的了。所有将现象地给与我们的思想解释为深层实存(不管人们称之为"灵魂""先验自我""理念",还是"意识的基本单元")之产物的努力,都是形而上学的。因此这部书拒绝联想主义和唯灵论的理论;我感到想要宣称这部书之创造性的唯一地方,就是这种严格的实证观点。当然,这种观点决不是终极的。人必须一直思想下去;由心理学所假定的材料,正如由物理学和其他自然科学所假定的材料一样,必须在某个时候受到彻底的检查。对它们进行清晰和彻底的检查,是形而上学的事情;而只有清楚地意识到它那超乎寻常的范围,形而上学才能完成好她的任务。不完整的、不负责任的、半清醒的和未意识到她自己为形而上学的形而上学,当她将自己注入到自然科学之中时,就把两个好的东西弄坏了。在我看来，关于精神能动者和关于联想"观念"的理论，如它们在心理学书籍中出现的那样，正是这样的形而上学。即使它们的结果是真实的，最好还是让这样的它们远离心理学，就像让观念论的结果远离物理学一样。

因此，我将转瞬即逝的思想看作是整体，将这些思想与大脑状态共存的单纯法则看作是我们这门科学的终极法则。读者在这部书中找不到任何封闭的体系。它主要由大量描述性的细节所组成，这些细节直指只有能够承担其重任的形而上学才有希望成功解决的问题。那也许是许多世纪以后的事情了；同时，一门科学所能表现出来的最好的健康标志，就是这种看上去尚未完成的样子。

这部著作的完成用了很长的时间，其中的一些章节已经相继在《心》(*Mind*)、《思辨哲学杂志》、《大众科学月刊》(*Popular Science Monthly*)和《斯克里布纳杂志》(*Scribner's Magazine*)上发表过了。我在适当的地方做了说明。

我遗憾地说，参考文献非常不系统。我习惯性地引证了一些特殊的实验事实；但除此之外，我的目标主要是引证那些普通美国大学生在其辅助阅读中可能会实际用到的书籍。W. 沃尔克曼·冯沃尔克玛(W. Volkmann von Volkmar)的《心理学教科书》(*Lehrbuch der Psychologie*，1875)中的参考文献是到那时为止非常全面的一个，我们不需要对其进行劣等的复制。至于较为近期的参考书目，我们可以参考萨利(Sully)的《提纲》(*Outlines*)、杜威(Dewey)的《心理学》(*Psychology*)和鲍德温(Baldwin)的《心理学手册》(*Handbook of Psychology*)。

最后,如果一个人所欠的人太多,挑选出几个特殊的债权人似乎是荒唐的;然而,在最初的写作活动的最后,我还是禁不住诱惑,要对我从 J. S. 密尔(J. S. Mill)、洛采(Lotze)、雷诺维尔(Renouvier)、霍奇森(Hodgson)和冯特(Wundt)的作品中,从过去与昌西·赖特(Chauncey Wright)和查尔斯·皮尔士(Charles Peirce),以及近期与斯坦利·霍尔(Stanley Hall)、詹姆斯·普特南(James Putnam)和乔赛亚·罗伊斯(Josiah Royce)的智力交往(只提及这五个名字)中得到的启发表示感激。

1890 年 8 月于哈佛大学

# 第一章　心理学的范围

　　心理学是关于心理生活的科学，涉及心理生活的现象及其条件。我们称之为感受、欲望、认知、推理、决定之类的东西都属于这类现象；而且，肤浅地考虑，这些现象的多样性和复杂性会给其观察者留下混乱的印象。最自然因而也是最早地统一这类材料的方法是：首先，尽可能好地对其进行分类；其次，将这样找到的不同心理形式归属于一个简单实存，即个人灵魂（personal Soul），将这些不同的心理形式看作是个人灵魂的诸多偶然表现。例如，灵魂时而表现出它的记忆能力，时而表现出推理能力，时而表现出意志能力，此外还有它的想象力或欲求。这是经院哲学和常识的正统"唯灵论"理论。统一这种混乱的另一种不那么明显的方法，是寻找种种心理事实之中的共同元素，而不是这些事实背后的共同能动者，并且通过这些元素的不同形式的排列，来建设性地对这些心理事实做出解释，就像通过石头和砖块来解释房屋一样。德国的赫尔巴特（Herbart）以及英国的休谟（Hume）、密尔[①]父子和贝恩（Bain）的"联想主义"学派已经这样创立了一种没有灵魂的心理学，他们抓住模糊或清晰的个别"观念"，通过这些观念的结合、排斥和相继的形式，来表明诸如记忆、知觉、情绪、意志、情感、理论以

---

① 又译"穆勒"。——译者

及个体的心的所有其他装备是如何产生的。以这种方式,个体的那个自己(Self)或者自我(ego)就不再被看作是表象的先在源头,而是表象的最后和最复杂的结果。

现在,如果我们严格地以上述任何一种方式简化这些现象,我们很快就会意识到我们的方法是不完备的。例如,任何一种特殊的认知或者记忆,在灵魂理论那里都是通过诉诸认知或者记忆这样的精神能力而得到说明的。这些能力自身被看作是灵魂的绝对属性;也就是说,以记忆为例,为什么我们应该如实地记住一个事实,这种理论除了说这样记住这个事实构成了我们记忆力的本质以外,没有给出任何理由。作为唯灵论者,我们可以尝试用次级原因解释记忆的错误与失误。但是,除了被记忆的特定客观事物和我们的记忆能力之外,这种解释的成功不会涉及任何其他因素。例如,当我回忆我的毕业典礼日,从死亡的永夜中搜索出那时所有的事件与情绪,没有任何机械的原因可以对这一过程做出解释,也没有任何分析可以将它还原为较低层次的条件,或者使其性质看上去不是一种终极材料,无论我们对这种终极材料的神秘性是否感到不满,如果要对它进行心理学的研究,我们就只能认可它们。无论联想主义者可以如何将当下的观念表现为它们自己的聚集与排列,唯灵论者仍然坚持,他最终必须承认,某种东西,不管它是大脑、"观念"还是"联想",知道过去的时间是过去,并且用这样或者那样的事件来填满它。当唯灵论者将记忆称作"不可还原的能力"时,他只是说出了联想主义者已经承认了的东西。

然而,这种承认还远不是对具体事实的令人满意的简化。

## 第一章 心理学的范围

为什么这一绝对的神赐能力对昨天的事件比对去年的事件保存得要好得多,对一个小时以前发生的事件保存得最好呢?而且,为什么在年老时,它对童年时期事情的记忆似乎是最牢固的?为什么疾病和疲惫使它衰弱?为什么一种经验的重复会强化我们对它的记忆?为什么药物、发热、窒息和激动会使早已被遗忘的事情复苏?如果我们仅仅满足于做出这样一种断言,即记忆能力在本性上就是如此独特地构造的,以至于它恰恰展现出这些奇异之处,那么,我们似乎并不能因为这种断言而取得多少进展,因为我们的解释变得和对我们所由以开始的那些未经加工的事实的解释一样复杂了。而且,在关于灵魂装备有如此巧妙复杂的基本能力的假设中,存在着某种奇怪的和非理性的东西。为什么我们的记忆应该更容易把握近期的东西,而不是遥远的东西?为什么它对专名比对抽象名称遗忘得更快?这些特性看上去相当奇异;而且假如我们前验地①去看,这些特性也许恰恰与它们的实际所是正好相反。显然,这能力并非绝对地存在着,而是有条件地起作用的;而对这些条件的探求就成为了心理学家最有趣的任务。

无论他多么坚定地固守灵魂及其记忆的能力,他都必须承认,灵魂从来不曾在没有线索的情况下就让记忆的能力运作,而且,某些东西必须总是先于、并且提醒我们所要回忆的东西。"一个观念!"联想主义者说,"一个与被记忆的事物相联结的观念;这还解

---

① a priori 一词在本书中统一译为"前验的",先于经验的意思。以与"先天的"(innate、congenital、connate 等)和"先验的"(transcendental)相区别。——译者

释了为什么重复遇到的事物更易于回忆,因为它们在各种场合之下的联想项提供了如此之多的独特回忆途径。"但这并没有解释发热、疲惫、催眠、年老等所引起的结果。而且,概括地说,关于我们心理生活的纯联想主义的解释几乎和纯唯灵论的解释一样令人困惑。这些众多的观念绝对地存在着,结合在一起,编织出一块它们自己的无边的地毯,就像不停变化着的多米诺,或者像万花筒中的玻璃块,——它们从哪里获得那些奇异的结合法则,为什么它们恰恰是以它们相结合的形式结合的呢?

为此,联想主义者必须引入外部世界的经验秩序。观念之舞是一个复本,是现象之秩序的有一点残缺和变化的复本。但是些微的反思表明,除非现象首先对我们的感官和大脑留下印象,否则它们绝对不会具有对我们的观念施加影响的能力。过去事实的单纯存在本身,并不是我们记忆这个事实的根据。除非我们看见过它,或者以某种方式经历过它,否则我们永远也不会知道它曾经存在过。身体的经验因此就是那种记忆能力自身的条件之一。对事实稍作反思我们就会知道,身体的一个部分即大脑的经验是直接与此相关的。如果大脑和其他部分之间的神经传递被中断,那些其他部分的经验对于心来说就是不存在的。眼睛是盲的,耳朵是聋的,手是无知觉和无动作的。相反,如果大脑受到损害,尽管身体的每一个其他器官都可以行使其正常的功能,意识还是没有了,或者改变了。对头部的重击、血液的突然减少、中风出血的压迫可以造成第一种结果;同时,少许几盎司酒精、一点点鸦片或大麻制品、或者吸入一点氯仿或一氧化二氮,则肯定会造成第二种结果。发热时的精神错乱、精神失常时改变了的自我,都是由于外来物质在大脑中的循环,或者是由于那个器官物质方面的病理改变。大脑是心理运作的一个直接身体条件这个事实,现在确实已经得到了非常普遍的认可,我无需花费更多的时间来对此加以阐明,我只是把它作为一个基本假定,然后继续往前走。这部书的所有其余部分都将或多或少是对这一假定的正确性的证明。

因此,身体经验,特别是大脑经验,必须在那些心理学需要加以考虑的心理生活条件中占有一席之地。唯灵论者和联想主义者都必须是"大脑主义者",至少在这样的程度上是这样,即他们必须承认,他们自己所偏爱的原理在运作中遇到的一些奇怪现象,只有通过这个事实,即大脑法则是那种结果的共同决定因素,才能得到解释。

这里,我们的第一个结论就是,特定分量的脑生理学必须作为心理学的前提,或者必须包含在心理学之中。①

另一方面,心理学家还必须在某种程度上是个神经生理学家。心理现象不仅在前面(a parte ante)以身体过程为条件;它们还在后面(a parte post)引起身体过程。它们引起动作,这当然是人们最熟悉的真理,但我并不仅仅是指随意的和经过慎思的肌肉运作意义上的动作。心理状态也会引起血管粗细的变化,或者心跳的变化,或者腺体和内脏中的更精细的过程。如果将这些都考虑进去,再加上由于曾经有过的心理状态而发生在某个遥远时期的

---

① 参见 G. T. 莱德(G. T. Ladd):《生理心理学基础》(*Elements of Physiological Psychology*)(1887),第 3 部分,第 3 章,第 9、12 节。

动作，提出这样一条一般法则就是安全的，这条法则就是：没有身体方面的变化相伴随或者跟随其后，心理的变化就不会发生。例如，现在这些印刷出来的字母在读者心中激发起的观念和感受，不仅引起了他眼睛的运动和他内部的初始发声动作，而且还会在某一天使他开口说话，或者在一场讨论中支持某一方的观点，或者提出建议，或者选择一本书来阅读，如果这些字母从来不曾在他的视网膜留下印象，情形就会大不相同。我们的心理学因此必须不仅考虑心理状态的先行条件，而且必须考虑这些心理状态所引起的结果。

然而，最初由意识智能所促成的活动，可能会凭借习惯的力量而变得自动化了，以至于可以在明显无意识的状态下进行。站立、走动、扣纽扣与解纽扣、弹奏钢琴、说话甚至祷告，都可以在心忙碌于其他事情的时候完成。动物本能的运作似乎是半自动的，而自保的反射动作则肯定是这样。然而，这些动作与智能动作有一个相似之处，这就是它们所达到的目标与在其他情况下动物的意识有意指向的目标是一样的。心理学应当包括关于这一类机器般的但却是有目的的动作的研究吗？

心理现象的边界确实是模糊的。最好是不要太书生气，就让这门科学像它的主题一样的模糊，如果将一些现象包括进来可以使我们更好地了解手头的事情，就把它们包括进来。我相信，人们不久就会看到我们能够做到这一点，而且对我们主题的广义而不是狭义的理解，会让我们收获得更多。在每一门科学发展的某个特定阶段，某种程度的模糊性都会与多产性共存。总之，近期的解决方案在心理学中所起的实际作用很少能够超过斯宾塞(Spencer)的方案,这方案主张,心理生活和身体生活的实质为一,即"内部关系对外部关系的适应"。这种主张是模糊性的典型;但是因为它考虑到了这样的事实,即心存在于作用于它们而它们又反过来对其施加作用的环境之中;简单地说,因为它将心放在它的全部具体关系之中来考察,它就比旧式的"理性心理学"更富有成就,后者将灵魂看作是一种独立存在物,是自足的,并且只考虑它的本性和属性。因此,如果到动物学和纯神经生理学中漫游会对我们的目标有所帮助,我就会这样做,否则,我就将这些科学留给生理学家们。

对于心理生活介入由外部施加于身体的印象和身体对外部世界的反应之间的方式,我们能够说得更清楚一些吗?让我们来看几个事实。

如果将一些铁屑撒在桌上,并将一块磁铁靠近它们,它们就会在空气中飞起一段距离,然后附着在磁铁的表面。看到这种现象的蒙昧之人将它解释为磁铁和铁屑之间的吸引或者爱的结果。但是,用一张纸片盖住磁铁的两极,铁屑就会始终紧贴在纸片的表面,永远也不会想到要从纸片的两边绕过去,并由此而更直接地与它们所爱的对象相接触。通过一根管子向一桶水的底部吹气泡,这些气泡会浮出水面并与空气结合。它们的活动也可以被诗意地解释为是由于一种想要与水面之上的空气母亲再度结合的渴望。但是,如果你把一个盛满水的罐子倒扣在水桶上,这些气泡会上升并待在罐子的底部下面,关在里面,与外面的空气相隔绝,尽管如果它们一开始就在其上升的路线上做少许偏斜,或者当它们发现上升的道路被阻断了时再次向水罐的边缘下降,它们很容易就会获得自由。

现在如果我们从这一类活动转向生物体的活动,我们就会注意到明显的不同。罗密欧想望朱丽叶就如同铁屑想望磁铁;如果没有障碍物的干预,他就会像铁屑一样沿直线向她移动。但是,如果在他们两个人之间建起一堵墙,罗密欧和朱丽叶就不会像磁铁和铁屑对纸片那样一直愚蠢地将脸贴在墙的两面。罗密欧很快就会通过攀上墙壁或者其他的方式,找到一条直接触及朱丽叶嘴唇的迂回路线。对于铁屑来说,道路是固定的;它的目标能否实现取决于偶然性。对于相爱的人来说,固定的东西是目标,而道路则可以被无限地更改。

设想一只活的青蛙处于我们放置那些气泡的地方,即一桶水的底部。呼吸的需要很快就会使它也想望与空气母亲重新会聚,然后它会通过径直向上游,以最短的途径实现它的目标。但是如果有一只装满水的罐子在它上面倒扣过来,它不会像气泡那样一直用它的鼻子压着那坚硬的顶部,而是会不安地探索周围的环境,直到通过再次下降发现了一条绕过罐子的边缘而实现其欲望目标的道路。这又是固定的目标、变化的手段!

有生命与无生命的表演之间这种对比的结果使人们否认了物理世界中最终目的的存在。爱和欲望如今已不再被归于铁或者空气的微粒了。现在没有人认为它们表现出来的任何活动的目标,是从一开始就统辖这个活动并且由一种前面的力量(*vis a fronte*)诱发或者使其得以实现的理想目的。相反,人们认为那种目标只是被动的结果,是从后面(*a tergo*)促成的,可以说对它自己的产生不曾有过任何发言权。在无机物那里,你每一次改变先已存在的条件，都会引出一种不同的显见结果。但是在智能能动者那里，改变条件会使表现出来的活动，而不是达到的目标发生变化；因为在这里，关于那尚未实现的目标的观念与条件合作，决定着所要进行的是什么样的活动。

因此，对未来目标的追求和对实现目标的手段的选择，是心理性在一种现象中出现的标志和标准。我们大家都用这一检验来在智能的和机械的运作之间做出区分。我们不将心理性归于棍子和石头，因为它们似乎从来不会为了任何事情的缘故而运动，它们在被推动的时候，总是完全不在意地、看不出有任何选择迹象地运动起来。因此，我们毫不犹豫地称它们为无感觉的。

这样我们就对所有哲学问题中最深刻的问题做出了决定：宇宙是对具有内在理性性质的智能的表达，还是对无理性的纯粹外部事实的表达？如果我们在对这个问题深思的过程中，发现自己无法消除这样的印象，即它是一个终极目的的王国，它的存在是为了某种事情的缘故，那么，我们就将智能放在它的中心，于是我们有了宗教。相反，如果在考察它那不可逆转的变动中，我们只能将现在看作是从过去单纯机械地发展而来的，它的发生并不涉及将来，我们就是无神论者和唯物论者。

在心理学家关于低等哺乳动物表现出多少智能，或者关于爬行动物神经中枢的功能中包含有多少意识所进行的大量讨论中，也总是运用同样的检验：活动的性质是让我们必须相信它们是为了其结果的缘故而进行的吗？这里所说的结果，正如我们此后会不断了解的那样，通常是有用的结果——总体来说，在产生出结果的情境之下动物会更加安全。至此,活动具有一种目的论的性质;但是这类只是表面上的目的论仍然可能是后面的力量(*vis a tergo*)的盲目结果。植物的生长和运动,动物的发展、消化、分泌等过程,提供了大量对个体有用的运作的例子,然而这些运作可能是,而且我们大多数人认为它们就是由自动机制产生出来的。生理学家不会自信地断言青蛙的脊髓具有意识智能,除非他表明在特定刺激下青蛙的神经机械装置所产生的有用结果在那个机械装置变化了的时候仍然保持不变。我在这里举一个常用的例子。如果一只无头青蛙的右膝受到酸的刺激,它的右脚会将酸擦去。然而,如果切除这只脚,青蛙通常会将它的左脚抬到那个地方,把那种讨厌的东西擦掉。

弗吕格(Pflüger)和刘易斯(Lewes)由这类事实做出了如下推论:他们说,如果最初的反应只是机械装置的结果;如果皮肤上那个受刺激的部位释放了右腿,就像扳机释放了猎枪的枪管一样;那么,切除右脚就无疑会消除那种擦拭动作,但不会让左腿运动。它只会引起右边的残肢在空无一物的空气中运动(这事实上正是我们有时观察到的现象)。如果卸下右边的枪管,右边的扳机不会试图去释放左边的枪管;一台电机也不会由于它只能瞬间放电却不会像缝纫机那样缝制枕套而焦躁不安。

相反,如果右腿最初是为了擦去酸液的目的而运动,那么,当实现这一目的的最简便手段没有效果时,就应当尝试其他的手段,这是最自然不过的了。每一次失败都置青蛙于失望的状态,这种状态会导致各种新的尝试和办法;直到其中的一次尝试幸运地实现了所愿望的目标,宁静才会到来。

戈尔茨(Goltz)以同样的方式将智能归于青蛙的视叶和小脑。前面我们提到一只被困在水中的健全青蛙发现通向空气的出路的方法。戈尔茨发现，失去大脑半球的青蛙通常会表现出相同的灵活性。这样的青蛙从底部上升，发现进一步向上的行进受到倒扣在它的玻璃壁的阻碍，它不会一直将鼻子紧靠那个障碍物直到窒息而死，而是通常会从玻璃罐的边缘处反复上上下下，就好像不是确定的向上的机械推进力，而是用各种方法接触到空气的有意识的欲望，构成了其活动的主要动力。戈尔茨由此得出结论说，在青蛙那里，大脑半球是智力的处所。他由下述观察做出了相同的推论。他观察到，当一只无脑青蛙的一条腿被缝起来时，它会从背部着地的姿势翻转向腹部着地，尽管此时所需的运动与在正常情况下由同样令人讨厌的姿势所激起的运动完全不同。因此，这些运动似乎不是单纯由先行的刺激而是由最终的目的决定的，——尽管毫无疑问是那种刺激使目的值得想望。

另一位出色的德国作者利布曼(Liebmann)[①]根据非常相似的考虑做出论证，反对用大脑机制解释心理活动。他说，这样的一架机器在正常状态下会产生出正确的结果，而当它破损失修时则会产生出错误的结果。这两种结果都是以一种同样不可避免的必然性从它们所处的条件而产生的。我们不能设想这样一个钟表装置，它的结构不可抗拒地决定了它运动的某种速率，注意到这个速度太慢或者太快了，徒劳地试图要去校正它。它的良心(如果它有任何良心的话)应当和最好的记时计一样完善，因为二者都以同样

---

[①] 《论现实的分析》(*Zur Analysis der Wirklichkeit*)，第489页。

的方式,同样好地遵循着相同的永恒机械法则——来自后面的法则。然而,如果大脑出了问题,那个人说"二四得二",而不是"二四得八",或者说"我必须到煤去买码头",而不是"我必须到码头去买煤",他立刻就会意识到错误。错误操作虽然与正确操作遵循相同的机械法则,却仍然受到责难,——人们责难它违背了内部法则——来自前面的法则,即大脑应当为此而动作的目的或者理想,不管它是否做出了这样的动作。

11　　我们不需要在这里讨论这些作者在得出结论时是否恰当处理了他们所用案例涉及的所有前提。我们引用他们的论证只是为了表明他们是如何诉诸这一原则的,即只有那些为了目的而做并且表现出对工具的选择的活动,才能被称为是心的不容置疑的表现。

　　在涉及活动的地方,我将采用这一原则作为限制这部著作的论题的标准。许多神经运作由于是纯生理学的所以不会在这部书中提及。神经系统和感觉器官的解剖学也不会重新得到描述。在 H. N. 马丁(H. N. Martin)的《人的身体》(*Human Body*)、G. T. 莱德的《生理心理学》(*Physiological Psychology*)以及所有其他的标准解剖学和生理学的书籍中,读者会找到我们在这部著作中当作基础性的东西而加以认可的大量信息。① 然而,由于大脑半球的功能直接服务于意识,对它们进行少许的解释还是恰当的。

---

① 将一个人的自我与哺乳动物的大脑相联系是再容易不过的事情了。拿一个羊头、一把小锯、凿子、解剖刀和镊子(这三种东西最好是从外科手术工具制造者那里获得),然后或者在人类解剖书籍,如霍尔登(Holden)的《解剖学指南》(*Manual of Anatomy*)的帮助下,或者根据在诸如福斯特(Foster)和兰利(Langley)的《实用生理学》(*Practical Physiology*, Macmillan)或莫雷尔(Morrell)的《比较解剖学和哺乳动物解剖》(*Comparative Anatomy and Dissection of Mannalia*, Longmans)这类书籍中特别给出的具体指导,将羊头的不同部分拆开。

# 第二章　大脑的功能

　　如果我砍一棵树的底部，树枝不会因我的动作而动，树叶也会像往常一样平静地在风中轻声细语。相反，如果我伤害我同胞的脚，他身体的其余部分立刻就会以警告或者防卫式的运动对这种攻击做出反应。之所以会有这一区别，是因为人有神经系统，而树木没有；神经系统的功能就是使各个部分之间协调地合作。当受到某种物理刺激物的刺激时，不管这种刺激的方式是像砍树的斧子那样粗重，还是像光波那样细微，传入神经都将它传入神经中枢。在神经中枢产生的骚动也没有停止在那里，如果它足够强，就会通过传出神经将自己释放进肌肉和腺体，激起四肢和内脏的运动，或者是分泌动作，这因动物的不同和所用刺激物的不同而不同。这些反应动作通常有一种共同的性质，这就是能够带来益处。它们挡开有害刺激，承受有益刺激；同时，如果一种刺激本身是无关紧要的，但却是具有重要实际意义的某种远处情境的标记，动物的动作就会指向这一情境，依具体情况避免其危险或者保护其好处。举一个普通的例子说明。如果我在走进火车站的时候听到列车长喊"请上车!"，我的心脏先是停跳，然后又急速跳动，我的双腿加快运动来对作用在我鼓膜上的声波做出反应。如果我在跑的过程中跌倒，倒下去的感觉引起双手朝向跌倒的方向运动，其结果就是保护身体不致受到太突然的震动。如果一块铁渣进入我的眼中,我的眼皮会强制性地闭合,大量的眼泪流出要把它洗出去。

然而,这三种对感觉刺激的反应在许多方面都有所不同。眼睛的闭合和眼泪的流出是完全不随意的,心脏的不正常跳动也是如此。我们称这类不随意反应为"反射"动作。减少跌倒所受震动的双臂运动也可以被称为反射,因为它发生得太快了,不可能是有意的。我们也许可以怀疑它是否出于本能,或者是否是童年时期行走教育的结果;但是它至少比前面的动作更少自动性,因为一个人可以通过有意识的努力,学会更熟练地做出这一动作,甚至还可以完全抑制住它。像这类本能和意志以同等条件进入其中的活动,曾被人们称为"半反射"。另一方面,向着火车方向跑的动作,就不涉及本能的成分。它纯粹是教育的结果,而且在这个动作之前,就已经有了对所要达到的目的的意识,以及意志的明确命令。它是"随意动作"。因此,动物的反射动作和随意动作渐渐相互交织,由那些通常可以自动发生,但也可以为意识智能所更改的动作联系起来。

一个无法感知相伴随的意识的外部观察者,在区分自动动作和有意志伴随的动作时,可能会感到非常茫然。但是,如果心的存在的标准是为了达到预期的目的而选择适当的手段,那么,所有这些动作似乎就都是为智能所引发的了,因为它们都具有适当性的特性。这一事实导致了两种完全相反的关于神经功能与意识关系的理论。一些作者发现,较高级的随意动作似乎需要有感受的指引,于是得出结论说,某种这样的感受也统辖着最低级的反射,虽然它可能是一种我们始终意识不到的感受。还有一些人发现,尽管具有适当性,反射和半自动动作还是可以完全无意识地发生,于是他们走向另一个极端，主张甚至连随意动作的适当性也与意识的伴随毫无关系。根据这些作者的看法，它们纯粹是生理机制的产物。我们将会在后面不远的一章再次回到这一争论上来。现在让我们更细致地考察大脑，以及大脑状态可以被看作是心理状态的条件的方式。

## 青蛙的神经中枢

关于大脑的精确的解剖学和详细的生理学都是当代人的成就，或者我们可以说，是过去 20 年（由梅纳特（Meynert）开始）的成就。许多论点仍然是模糊和有争议的；但是大家已经对了解这一器官的一般途径达成了一致，就其主要特征而言，这条途径似乎有可能会站住脚，而且它甚至给出了关于大脑和心理携手运作方式的一种似乎最具可能性的方案。

从较低级的动物开始是进入这一主题的最佳途径，比如一只青蛙，用活体解剖的方法来研究它的不同神经中枢的功能。青蛙的神经中枢由附加的图来表示，我们不需要对此再做更多的解释。我将首先表明，当不同青蛙的不等量的前部被去除掉时，会有什么样的情况发生。这是以普通学生去除它们的方式来完成的，也就是说在操作的纯净度方面没有特别高的预防措施。我们将通过这种方法对各个中枢的功能获得一种非常简单的观念，这涉及大脑半球和较低级脑叶之间可能有的最强烈的对比。这种鲜明的观念将会具有教学上的优势，因为从一种非常简单的方案开始，然后再去修正它，这通常是非常有教益的。正如我们后面将会看到的那样,我们最初的方案将不得不根据对青蛙和鸟类所做的更细致的实验的结果,根据最近对狗、猴子和人的观察的结果,而变得温和一些。但是它让我们从一开始就能够清楚地把握一些基本的观点和区分,如果换一种方式我们就不能这么好地把握这些东西,而且这些基本的观点和区分也不会为以后更完备的观点所推翻。

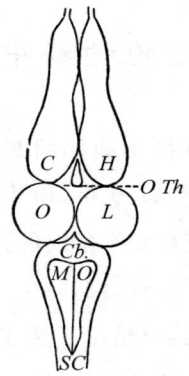

图1 C H,大脑半球;O Th,视丘;
O L,视叶;Cb,小脑;M O,延髓;
S C,脊髓。

如果我们在青蛙颅骨底部的后面、在脊髓和延髓之间切断,由此阻断大脑与身体其余部分的所有联系,从而将青蛙的神经系统缩小到脊髓,青蛙会继续活着,但行为却有了非常特别的改变。它会停止呼吸或吞咽;它肚皮朝下无力地趴着,而不是像正常青蛙那样用前掌支撑着坐下,尽管它的后腿仍像往常一样贴着自己的身体折叠着,而且一被拉出来又会马上恢复这样的姿势。如果让它背部着地,它就静静地躺在那里,而不会像正常青蛙那样翻过身来。它的移动和声音似乎完全没有了。如果我们在鼻子那里将它悬挂起来,并且用酸刺激它身体的不同部位,它会做出一系列不同寻常的、打算要把那刺激物擦去的"自卫"动作。如果碰到它的胸部,它的两只前爪就会有力地摩擦那里;如果碰到它肘部的外侧,同侧的后脚就会立即抬到那一点擦拭它。如果碰到膝盖,脚的后部会来摩擦它,而如果将那只脚切去,剩下的残肢会做出无效动作,然后,在许多青蛙那里会出现一阵停顿,就好像是为了进行思考,其后就是另一只没有受伤的脚向受酸刺激的部位快速移动过去。

除了其目的论意义上的适当性以外,所有这些动作的最惊人的性质就是它们的精确性。对有感觉的青蛙使用适当的刺激量,这些动作的变化是如此之小,以至于在其机器般的规则性方面几乎与娃娃跳的表现相类似。你每次拉动娃娃跳上的那根线,它的腿都必定会抽动一下。因此,青蛙的脊髓包含有适合于将皮肤所受刺激转换为防卫动作的细胞和纤维的排列。我们可以称之为这个动物的防卫动作中枢。我们实际上可以走得比这更远,通过在不同的地方切云脊髓,我们可以发现它的不同部分都是独立的机制,分别负责头部、臂部和腿部的适当活动。在繁殖季节,雄性青蛙支配臂部活动的脊髓部分特别活跃;其他部分都切除掉了,只剩下两只臂和与它们相连的胸部和背部,它们仍然能够活跃地抓住放在它们之间的手指,并且紧握着它维持相当长的一段时间。

其他动物的脊髓也有类似的能力。甚至在人这里,它也产生防卫动作。给截瘫患者呵痒,他们会提起腿来;罗宾(Robin)在一个罪犯被斩首一小时之后在他的胸部呵痒,看到他的胳膊和手移向呵痒的部位。关于戈尔茨和其他人做过很好研究的哺乳动物脊髓的较低级的功能,这里不是谈论的地方。

如果在另一个动物那里,切割刚好发生在视叶后面,小脑和延髓仍然与脊髓相联,那么,除了我们前面观察到的那些动作以外,我们还可以观察到吞咽、呼吸、爬行以及相当微弱的跳跃和游泳动作。[1] 还有其他的反射。让这只动物背部着地,它立刻就会翻过身来。把它放在一只漂浮在水面上并且旋转着的浅碗中,他最初是转过头去,然后又用它的整个身体向与碗的旋转相反的方向转圈,来对旋转做出反应。如果它的支撑物倾斜了,它的头朝下,它会让头朝向上方;如果它的头朝上,它会让头朝向下方;如果头朝左,它会让它朝向右方;等等。但是它的反应不会超出头部的这些动作。木板倾斜时,它不会像丘脑得以保留的青蛙那样沿着木板向上爬,而是会顺着木板滑到地上。

如果另一只青蛙的切割发生在丘脑和视叶之间,地面和水上的动作就十分正常了。而且,除了已经由较低级中枢表现出来的反射以外,每当挤捏它的臂下,它都会有规则地发出叫声。它通过头部的动作和从背面转过身,来对旋转等等做出补偿;但仍然会从它所在的倾斜的木板上掉出去。由于它的视觉神经通常在手术中毁坏了,我们无法知道它是否会避开放在其行走路线上的障碍物。

最后,如果只切除青蛙的两个大脑半球,切割在大脑半球与丘

---

[1] 应当说明,这种特殊的切割通常是致命的。本文提到的是切割后动物仍存活下来的极少的例子。

## 第二章　大脑的功能

脑之间的部位进行,将丘脑保留下来,缺少经验的观察者一开始不会怀疑这只动物有任何不正常的地方。在适当的刺激下,它不仅能够做出所有我们已经描述过的动作,而且还能用视觉引导自己。如果在它与发光体之间设置一个障碍物,并迫使它向前移动,它或者跳过那个障碍物,或者突然转向一边。在适当的季节,它会表现出性的激情,而且与完全没有大脑的青蛙不同,后者会抱住放在双臂之间的任何东西,而它却会延迟这一反射动作,直到一个雌性的同类出现。至此,正如前面所说,一个不熟悉青蛙的人可能不会疑心青蛙做了切割;但即使这样的人很快也会注意到,自发动作——即不是由任何当下的感觉刺激所引起的动作——几乎完全没有了。这只动物在水里不停地做着的游泳动作,似乎是那种液体与它的皮肤相接触所产生的不可避免的结果。比如,用一根棍子碰它的手,游泳的动作就停止下来。这是一种感觉刺激物,蛙足通过反射活动而自动向它伸过来,青蛙在棍子上保持着坐姿。它没有饥饿的表现,而且飞虫爬过它的鼻子也不会被它咬住。恐惧似乎也远离了它。总之,它是一架非常复杂的机器,它所做出的活动具有自保的倾向;但是在似乎不包含任何不可测因素的意义上,它仍然是一架机器。对它施加合适的感官刺激,我们几乎就像风琴弹奏者在拉出某根音栓时就知道会听到某种音调那样,确定地知道我们会得到一种固定反应。

但是,如果我们在低级中枢上再加上大脑半球,或者换句话说,如果我们将一只完整无缺的动物作为我们观察的对象,所有这一切就都不一样了。除了前面那些对当下感觉刺激的反应以外,我们的青蛙现在能够自发地做出长时间和复杂的移动动作,或者

18 就好像是由我们在自己这里应当称作观念的东西所推动的。它对外部刺激的反应也有不同的形式。被触碰时，它不是像无头青蛙那样用后腿做出简单的防卫动作，或者像没有大脑半球的青蛙那样，跳跃一两下然后就静止不动地坐在那里，而是做出持久的和各种各样的脱逃努力，就好像此时刺激它的不是生理学家的手的单纯触碰，而是关于这种触碰所提示的危险的想法。同样，饥饿的感受使它搜索昆虫、鱼或者更小的青蛙，并且根据被捕食者种类的不同而变换方法。生理学家不能随意通过对它的操纵来让它发出叫声、爬上木板、游泳或者停止。它的行为变得不可预测了。我们不再能够准确地对它做出预言。逃避的努力是它的主要反应，但是它也可能做任何其他的事情，甚至会鼓胀起来，在我们手中完全被动地任人摆布。

这些就是人们普遍观察到的现象，是人们自然得到的印象。这势必会引出一些一般性的结论，首先是下面这些结论。

所有中枢动作都涉及相同肌肉的使用。当一只无头青蛙的后腿擦拭酸液时，它所调用的是拥有完整的延髓和小脑的青蛙在从背部着地的姿势翻向腹部着地的姿势时所使用的全部腿肌。然而，在这两种情形中，这些腿肌的收缩是以不同的方式结合的，所以结果就有很大的差异。我们必须由此得出结论，细胞和纤维的特殊排列存在于负责擦拭的脊髓和负责翻身的延髓等等之中。同样，它们也存在于负责跃过所见障碍物和平衡移动后的身体的丘脑之中；存在于负责向后爬行的视叶之中，等等。但是在大脑半球这里，由于这些器官的出现并没有随之带来新的基本动作形式，

## 第二章　大脑的功能

而只是以不同的方式决定那些动作应当发生的时机，从而使得通常的刺激不那么具有决定性、不那么像机器了；我们无需设想存在这类直接协调肌肉收缩的机械装置。我们可以设想的是，当大脑半球发出做擦拭动作的命令时，一股流直接流向脊髓中的擦拭排列，刺激这一排列整体。同样，如果一只完整无缺的青蛙想要越过一块它看见的石头，它所需要做的，也只是从大脑半球发出对丘脑中或者不管什么它所在地方的跳跃中枢的刺激，后者就会提供执行这一命令的具体细节。这就好像一个将军命令陆军上校做出某种调遣，却并不告诉他应该如何做这件事情一样。①

于是，同一块肌肉反复在不同的高度得到表现；在每一个高度，它与其他肌肉都有一种不同的结合，从而在某种特殊形式的和谐动作中相互协作。在每一个高度，动作都由某种特殊形式的感觉刺激所释放。在脊髓，皮肤自身就引起动作；在视叶的上半部分，眼睛加了上去；在丘脑，半规管似乎起某种作用；而释放大脑半球的刺激，与其说是基本类型的感觉，不如说是构成确定对象或事物的感觉群。普通无大脑半球的青蛙不会追逐猎物，也不会躲避敌人。这些我们称之为本能而不是反射的对复杂情境的反应，在青蛙这种动物中就已经是依赖于大脑的最高级脑叶的了，而在处于动物等级序列更高级位置的动物那里，情形就更是这样。

如果我们不是用青蛙，而是用鸽子，像我们通常在教室中做展示时所做的那样，切掉它的大脑半球，结果也是一样。如果对这只

---

① 我将讨论局限于青蛙是为了简单性的缘故。在更高级的动物那里，特别是黑猩猩和人，似乎不仅是确定的肌肉组合，而且有限的肌肉群甚至单块肌肉都能受大脑半球的神经支配而活动。

鸽子施加清楚的刺激,这只无脑的鸟能够做出所有的自然动作;缺乏的似乎只是内部动力,将这只鸽子自己放在那里,在大部分时间里它都会蜷缩在地上,头埋在两个肩膀中间,就像睡着了一样。

## 关于大脑半球的一般观点

所有这些事实,当我们对其进行思考的时候,都将我们引向某种诸如此类的解释观念:低级中枢单纯依据当下感觉刺激而动作;大脑半球则依据知觉和思考而动作,它们接收到的感觉只充当这些知觉和思考的提示物。但是,除了群集在一起的感觉以外,知觉是什么呢?而且,除了在想象中对我们相应于这样或那样发生的动作以这样或那样的方式感受到的感觉做出预期以外,思考是什么呢?如果我看见一条响尾蛇,想到这是一种多么危险的动物,从而避到一旁,构成我那慎重反应的心理材料是关于这条蛇的头部动作、我腿部的突然疼痛、一种恐怖状态、肢体的肿胀、一阵寒战、精神的暂时错乱、意识不清等等生动程度不同的意象,以及我的希望的破灭。但所有这些意象都是由我过去的经验构成的。它们是我曾经感受或者目击过的东西的再现。总之,它们是遥远的感觉;我们可以这样来简要表述无大脑半球动物与完整无缺的动物之间的区别,即它们一个服从不在场的对象,而另一个则只服从在场的对象。

这样,大脑半球似乎就是记忆的处所。过去经验的痕迹一定会以某种方式储存于其中,在被当下的刺激唤起时,它们最先一定是作为关于过去的好与坏的表象而出现的;然后就释放进负责避开坏、确保好所带来的利益的适当动作神经通道。如果我们把神经流比喻为电流,我们就可以将大脑皮层下面的神经系统 C 比作图 2 中沿着 S……C……M 这条线从感官到肌肉的一条直接回路(第 21 页[①])。大脑半球 H 添加上了一条长的回路或环路,当无论由于什么原因直接回路未能使用时,电流就可以从这里通过。

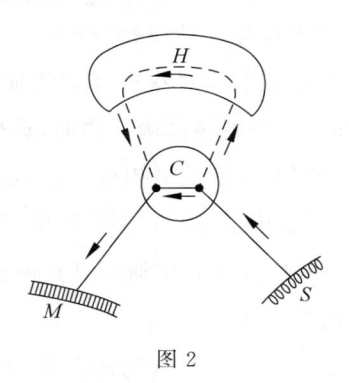

图 2

炎热天气里的徒步旅行者躺倒在枫树下潮湿的土地上。在直接回路中流动着的令人愉快的休息和凉爽的感觉,会自然释放到完全舒展开的肌肉里:他会沉溺于这种危险的休息。然而,环路是打开的,一部分神经流沿着这条线路流动,并且会唤醒他风湿病或粘膜炎的记忆,这些记忆战胜了感觉的怂恿,使他站立起来继续前行,去寻找那能让他更安全地享受休息的地方。现在我们将考察,我们以何种方式可以认为大脑半球的环路充当了这类记忆的贮藏库。同时,我还请读者注意它作为这样一个贮藏库所带来的

---

① 书中所提到的页码为原书页码,即本书边码。——编者

一些必然结果。

首先，没有这个贮藏库，任何动物都不能慎思、停顿、延迟、仔细权衡不同动机的优劣，或者进行比较。总之，审慎对于这样的动物来说是一种不可能的美德。相应地，我们看到，大自然将这些其行使会带来审慎之美德的功能从低级中枢那里拿开，将它们交给了大脑。在动物必须应对复杂环境特征的一切地方，审慎都是一种美德。较高级的动物必须应对这种环境特征，而且这些特征越复杂，在我们看来那些动物就越高级。因而，这样的动物在没有这里所说的器官帮助的情况下所能做出的动作也就越少。在青蛙那里，许多动作完全由低级中枢承担；在鸟那里，这样的动作少了一些；在啮齿动物那里就更少了；在狗那里真的是非常少了；而在猿类和人那里几乎就没有了。

这一点的优势是明显的。以食物的获取为例，并将它设想为一种低级中枢的反射动作。每当食物出现时就去猛咬它，而不管当时的情形如何，这样的动物命中注定、不可避免地要受到惩罚；它和壶下烧着火而不能拒绝沸腾的水一样，同样不能不服从这种刺激。它的生命会一次又一次为它的贪食而付出代价。它的生存一定会经常面对报复、其他敌人、陷阱、毒药、贪食的危险。它全无用以权衡危险和诱惑物吸引力之优劣的思想，全无再多饥饿一会儿的意志，这是对它在心理等级中处于较低级位置的直接测量。而有些鱼，像青鲈和杜父鱼，刚把它们从钩子上摘下来扔进水中，它们就又自动咬住钩子。如果不是超常的生育能力弥补了它们的鲁莽行为，这些鱼很快就会受到其智力低下的惩罚而使其品种遭受灭绝。食欲以及由它引起的动作，在所有高级脊椎动物那里，因此就成了大脑的功能。当生理学家的刀下只留下了次级中枢时，它们就丧失了。无脑鸽子即使被放在谷堆上也会饿死。

再来看性功能。鸟的性功能完全由大脑半球承担。切掉大脑半球，鸽子对其配偶的叽叽咕咕的情话就会全然听而不闻。戈尔茨发现，处于发情期的雌狗在失去大量脑组织的雄狗那里激发不起任何情绪。阅读过达尔文（Darwin）《人类的由来》（Descent of Man）的人都知道，在鸟类繁殖力的改善方面，作者将性选择这个单纯的事实看得多么重要。直到情境和感情的每一个条件都得到实现，直到时间、地点以及配偶都合适，性行为才会发生。但是在青蛙和蟾蜍那里，这种激情是由低级中枢承担的。其结果就是它们对当下的感觉刺激表现出了一种机器般的顺从，而且几乎完全没有选择的能力。在公路上的水坑里，偶尔在雄性动物之间，通常是与已死亡的雌性动物，交配竟然就发生了，雄性动物可能还没有得手就被压成了两半。每年春天都有大量蛙类动物仅仅由于这些原因而被夺去生命。

我们无需告诉任何人，人类社会的所有进步是多么依赖于这种节制的普及。几乎没有任何因素比这更能表明文明与野蛮之间的区别。从生理学上解释，节制只意谓这样的事实，即当下的感觉诱惑为由情境在大脑中唤起的审美和道德适切性的暗示所压倒；动作完全直接取决于这些暗示的禁止或者许可的作用。

在由大脑自身引起的心理生活中，在对较为接近的事情的考虑和对较为遥远的事情的考虑之间，也存在同样的一般性区别。在所有的时代，让最远的目标支配决定的男人，都被人们认为拥有最高的智慧。以小时度日的乞丐，按天过活的吉普赛人，只为此生而劳作的单身汉,为下一代人而奔波的父亲,为整个社会和许多代人而着想的爱国者,以及最后关心人性和不朽的哲学家和圣人——这些人自身排列成一个连续的等级,在这里,每一个相继的级别都产生自特殊行为方式的进一步表现,通过这种行为方式大脑中枢与所有在其下的东西区分开来。

在人们认为关于遥远事物的记忆和观念就存在于其中的环路里,就其是一种物理过程而言,行为必须依照低级中枢行为的类型而得到解释。如果在这里它被看作是反射过程,那么在那里它也必须是反射的。这两个地方的神经流都只有在先流进来之后,才会流出到肌肉中去;但是,在低级中枢那里,它流出的通路是由细胞排列中少有而且固定的反射决定的,在大脑半球那里反射则很多,而且不固定。我们将会看到,这只是程度的不同,而不是种类的不同,因而并不改变反射的类型。关于所有行为都符合这种类型的观念,是现代神经生理学的基本观念。关于对神经中枢的一般性的初步看法,这里就谈这么多!在我们详细考察生理学观察如何令人满意地证实了这种看法之前,让我们对它做一个更清楚的规定。

## 大脑半球的训练

神经流由感官流入,在低级中枢激起反射动作,但在大脑半球则引起观念,这些观念或者允许相关的反射发生,或者制止它们,或者用其他反射取而代之。所有的观念最终都是记忆,而要回答的问题是:与心中的记忆相符合的过程,如何能够在大脑半球中

## 第二章 大脑的功能

组织起来?①

只要我们承认四个假定,设想这种情形得以实现的可能途径就是再容易不过的事情了。这四个假定(它们在任何情况下最终都是不可避免的)是:

(1) 由感官从外部受到激发而产生关于一个对象的知觉的同一个大脑过程,当从内部受到其他大脑过程的激发时,会产生关于同一个对象的观念。

(2) 如果过程 1、2、3、4 曾经一同被激发,或者紧接着相继被激发,之后它们其中任何一个过程的激发(不管是从外部还是从内部),都趋向于以原来的顺序激发其他几个过程。[这就是所谓的联想法则。]

(3) 传送到低级中枢的每一个感觉刺激都趋向于向上蔓延并且激发起一个观念。

(4) 每一个观念最终都趋向于或者引起一个动作,或者制止一个否则就会发生的动作。

现在设想(承认了这几个假定),我们面前有一个婴儿,他第一次看见蜡烛火焰,由于特定年龄婴儿所普遍具有的反射倾向,他伸

---

① 我希望读者不会因为我这样将物理的东西和心理的东西混合起来,几乎同时谈论着反射动作、大脑半球和记忆,就好像它们是同质的量和一个因果链条上的因素,而感到不快。我是有意这样做的;因为虽然我承认,从激进的物理的观点出发,人们很容易认为细胞和纤维中所发生的事件的链条自身是完备的,而且在这样想时人们无需提及观念;我还是怀疑这个观点是一种不真实的抽象。中枢反射甚至在有相伴随的感受或观念指引的地方也会发生。在另外一章我将试图表明我不放弃这一常识立场的理由;同时,语言更容易适合这种描述的混合方式,所以我将继续使用后者。内心较为激进的读者可以始终将"观念"读作"观念活动过程"。

出手去抓烛火，手指被灼伤了。至此有两种反射流在起作用：第一，沿图 3 中的 1-1-1-1 这条线从眼睛到伸出动作的反射流；第二，沿 2-2-2-2 这条线从手指到缩回手的动作的反射流。如果这就是婴儿的全部神经系统，如果反射动作完全是器官的，那么，不管这种经验重复得多么经常，我们都不会在他的行为中看到变化。烛火的网膜像总是会使手臂伸出，手指的灼伤又总是会将手臂送回来。但是我们知道，"被灼伤的孩子畏惧火焰"，我们还知道，一次经验通常就能永远让手指受到保护。问题是要了解大脑半球是如何使这样的事情发生的。

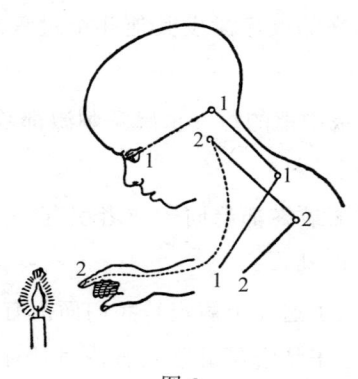

图 3

我们必须让这个图再复杂一些（见图 4）。让从眼睛开始的反射流 1-1 在到达负责视觉的低级中枢时，既向上也向下释放，并且在大脑半球激发起知觉过程 $s^1$；让手臂伸出的感受也向上送出一股流，后者留下它自己的痕迹 $m^1$；让灼伤的手指也留下一个类似的痕迹 $s^2$；让收回手臂的动作留下痕迹 $m^2$。根据假设 2，现在这四个过程就由从第一个流到最后一个的通路 $s^1$-$m^1$-$s^2$-$m^2$ 联结在

第二章 大脑的功能

了一起,这样,如果有任何东西激发了 $s^1$,伸出的观念、灼伤手指的观念和收回手臂的观念就会在心中快速相继出现。当烛火再一次出现时,对儿童行为的影响就不难想象了。当然,对烛火的视觉激发起抓握反射;但它同时也激发起关于它的观念,以及关于其后的疼痛和最终将手缩回的观念;如果这些大脑过程在强度上超过了下面中枢里的当下感觉,最后那个观念就将成为一种刺激,最后的动作由此就释放出来了。抓握的动作被中途阻止,手缩回来,孩子的手指得救了。

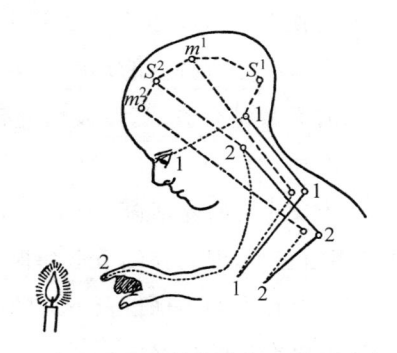

图4 由点组成的虚线表示传入通路,
短横组成的虚线表示中枢之间的通路;
实线表示传出通路。

在这里我们认为,大脑半球并非天生地将任何特殊感觉印象与任何特殊动作释放相匹配。它们只是记录并且保存已经在下面的反射中枢里组织起来的匹配的痕迹。但是这不可避免地带来了一个结果,就是当一个经验的链条已经被记录下来,而且第一个链环再一次受到来自外部的激发时,最后的链环通常就会早在它成为事实之前就先在观念中被唤起了。而且,如果这最后的链环以前曾经与一个动作相匹配,那个动作现在就可能通过单纯的观念提示而发生,而无需等待实际印象的出现。因此,拥有大脑半球的动物是在对未来事物的预期中行动的;或者,用我们前面用过的表述,它依据对远处的好与坏的考虑而行动。如果我们将最初以反射方式相匹配的一对印象和动作称作搭档,那么我们就可以说,大脑半球的功能就是实现搭档之间的交换。天生是感觉 $s^n$ 的搭档的动作 $m^n$,通过大脑半球变成了感觉 $s^1$、$s^2$ 或者 $s^3$ 的搭档。这就像电话中心的巨大交换台。这里没有新的基本过程,也没有印象或者任何动作是为大脑半球所特有的;有的只是低级机制单独运作时所不可能具有的无数结合方式,以及由此带来的生物体行为可能性的无止境的增加。

这一切作为一种方案①是如此清晰,与事实的普通外表如此协调,我们几乎就要相信它了,但它在细节上却根本不清晰。近年来大脑生理学曾经努力要在大脑半球以及下面的中枢里找到感觉与动作的这些匹配所由以发生的通路。

因此,我们下一步就必须利用在这一方面人们已经发现的事实,来检验我们的方案。我认为,在考虑过这一切之后,我们将会得出这样的结论,即这个方案可能使低级中枢太像机器了,而大脑

---

① 为简短起见,此后我将称之为"梅纳特方案";因为那个婴儿-火焰的例子,以及关于大脑半球是一个额外表面,负责对在下面的中枢里先天匹配起来的感觉和动作进行投射和联想的整个一般看法,都是由奥地利解剖学家 Th. 梅纳特提出来的。关于其观点的通俗解释,见他的小册子《论大脑结构的构造》(*Zur Mechanik des Gehirnbaues*)(Vienna, 1874)。他的《精神病学》(*Psychiatry*)(tr. B. Sachs, New York, 1885)中有他对这些观点的最新发展,这是一部关于前脑疾病的临床学论文。

半球像机器的程度又不那么够,因此我们必须让这个方案变得温和一点。我事先可以说得就这么多。同时,如果我们在进入要讨论的细节之前,能够将看待这个问题的现代方法与最近才走到它前面的颅相学观念做一些对比,我们的观念就会得到一些澄清。

## 颅相学的观念

在某种意义上,高尔(Gall)是试图详细解释大脑如何能够促进心理运作的第一个人。但是他的研究方法太简单了。他将官能心理学当作其心理方面的最后一张王牌,却没有能够做进一步的心理学分析。只要他发现一个个体带有某种非常显著的性格特征,他就去检查他的头;如果他发现头在某个区域隆起,就立即说那个区域就是相关特征或者官能的"器官"。那些特征在构成上非常多样化,一些是如"重量"或者"颜色"之类的简单感受性;另一些是如"食物供给"或者"求爱"之类的本能倾向;还有一些是如"良知"、"个体性"之类的复杂合成物。颅相学立刻在崇尚科学的人们中间声名狼藉,因为观察似乎表明,大的官能与大的"肿块"不一定共存;因为高尔的方案太庞大了,几乎完全不能进行精确的测定——甚至对于自己的兄弟,我们中间又有谁能够说出他们关于重量和时间的知觉是否完善呢?——因为高尔和施普尔茨海姆(Spurzheim)的追随者未能在任何可以察觉的程度上对这些失误进行改进;最后,还因为从心理学的观点看,整个关于能力的分析都是模糊和不正确的。然而,这门学问的受欢迎的教授们还在继续博得广大听众的赞赏;而且,不管颅相学多么难以满足我们关于大脑不同部分的功能的科学好奇,它可能仍然对聪明的执业者解读性格特征的技艺有所帮助。带钩的鼻子和坚硬的下颌骨通常是实际力量的标记,柔软、纤细的双手是精细感受性的标记。凸出的眼睛甚至可能表示驾驭语言的能力,短粗的脖子是好色的象征。然而,就像下颌骨无需是意志的器官,手无需是优雅的器官一样,位于眼睛和脖子后面的大脑也无需是相关官能的器官。然而,心和身体的这些相互关联是如此地频繁发生,以至于颅相学家们给出的"性格",时常会显示出不同寻常的聪明和洞见。

颅相学所做的事情差不多就只是重新陈述问题。用"因为你有一个具有爱子女性的大器官"来回答"为什么我喜欢儿童?"这个问题,只是对要解释的现象做了重新表述。什么是我的爱子女性?它包含什么心理元素?大脑的一个部分怎么能是它的器官?一门关于心的科学,必须将像"爱子女性"这样的复杂表现形式还原为它们的元素。一门关于脑的科学,必须指出它的元素的功能。一门关于心脑关系的科学,必须表明前者的基本成分如何与后者的基本功能相符合。然而,除了巧合,颅相学完全没有对元素加以考虑。它的"能力"通常就是处于特殊心理倾向中装备齐全的人。以语言"能力"为例。它在现实中涉及到许多不同的能力。我们必须首先拥有关于具体事物的意象,以及关于抽象性质和关系的观念;下一步我们必须拥有关于词的记忆,然后还要具有这样的能力,即将每一个观念或者意象与一个特殊的词相联结,当我们听到那个词时,那个观念就会立刻进入我们心中。反过来,那个观念一出现在我们心中,我们就必须将那个词的心理意象与之相联结,通过这一意象,我们必须让发声装置受到神经支配,以使那个词作为物理的声音再现出来。阅读或书写一种语言还必须要引入其他一些元素。但很清楚的是,口语能力自身已经是相当复杂了,它几乎调用了心所拥有的全部基本能力:记忆、想象、联想、判断和意志。有资格充当这样一种能力的恰当处所的大脑部分,就必须是一个微型全脑——正如能力自身实际上就是整个人的一种具体化,一种小矮人。

然而,这样的小矮人在很大程度上就是颅相学的器官。正如兰格(Lange)所说:

> 我们有一个由小矮人在一起组成的议会,正如在真实的议会中发生的那样,他们中的每一个人只拥有一个单一的观念,他不停地努力,以使这一观念获胜——仁慈、坚定、希望等等。颅相学给予我们的不是一个灵魂,而是四十个,其中的每一个单独看都像完全总合起来的心理生活一样不可思议。她不是将后者划分为有效元素,而是将它划分为具有独特性格的人格存在。……"牧师先生,那里面确实有一匹马,"在他们的精神看护人长时间地向他们解释机车的构造之后,农夫们向 X 叫喊起来。如果有一匹马在里面,确实所有事情就都变得清楚了,即使它是一匹非常奇怪的马——这匹马本身不需要解释! 颅相学以超越关于幽灵般的灵魂实体的观点为开端,但她却以用同样的幽灵塞满整个脑壳而结束。[1]

现代科学考虑这个问题的方式完全不同。大脑和心都由感觉

---

[1] 《唯物论史》(*Geschichte des Materialismus*),第二版,II,第 345 页。

和运动的简单元素构成。"所有神经中枢,"休林斯·杰克逊(Hughlings Jackson)博士说①,"从最低级到最高级(意识的基础),完全是由表现印象和运动的神经排列构成的。……我看不出大脑还能由什么其他材料构成。"当梅纳特将大脑半球的皮层称为每一块肌肉和身体的每一个敏感点的投射表面时,表达了同样的意思。每一块肌肉和每一个敏感点都由一个皮层点表现,大脑不过就是所有这些皮层点的总和,而在心理的方面,又有同样多的观念与这些皮层点相对应。另一方面,感觉观念和运动观念是心理学中的联想主义者用来构造心的基本要素。这两种分析之间有一种完美的平行关系,由小圆点、圆形或者三角形再加上一些线所构成的相同的示意图,同样恰当地表现了大脑和心理过程:圆点代表细胞或者观念,线代表纤维或者联结。就这种分析关系到心而言,我们将在后面对它提出批评;但毫无疑问,它是一种最方便且曾经是一种最实用的假说,它以极为自然的方式阐述了事实。

那么,如果我们承认以各种方式联结起来的运动和感觉观念是心的材料,我们为得到一个完整的心脑关系示意图所需要做的全部事情,就应该是确定哪一个感觉观念与哪一个感觉投射表面相对应,以及哪一个运动观念与哪一个肌肉投射表面相对应。这样,联想就与各个表面之间的纤维联系相对应了。对各种基本观念所作的这种独特的大脑定位,曾被许多生理学家(如芒克(Munk))视为一种"基本假定";当代人看到的神经生理学中最激烈的争论就是定位问题。

---

① 《西区精神病院报告》(*West Riding Asylum Reports*)(1876),第267页。

## 大脑半球中的功能定位

直到 1870 年，弗卢朗(Flourens)对鸽子大脑进行的实验所支持的观点一直盛行着。这种观点认为，大脑半球的不同功能不是由相互分离的区域执行的，每一个功能都是在整个器官的帮助下才得以实施的。然而，希齐格(Hitzig)于 1870 年表明，在狗的大脑中，对皮层确定区域的电刺激可以引发高度专门化的动作；几年后，费里尔(Ferrier)和芒克用刺激，或者用切除术，或者两种方法都用，似乎证明存在着与视觉、触觉、听觉和嗅觉相联系的同样确定的区域。然而，芒克的特殊感觉定位与费里尔的定位不一致；戈尔茨由他的切除实验得出了与任何形式的严格定位都相反的结论。争论还没有结束。对此我不想说更多历史性的东西，我只想对与现在讨论的问题的相关条件做一个简要说明。

有一件事是完全得到确立的，这就是在罗朗多沟两边的"中央"回和（至少在猴子那里）胼胝体额上回（它在两个大脑半球相互接触的正中表面处与前者相连续）构成了这个区域，即所有离开皮层的运动刺激都由此出发，踏上它们到达位于脑桥、髓质和脊髓区域的那些执行中枢的路途，由此肌肉收缩得到最后的释放。下面相继给出的证据支持了这一所谓"运动区"的存在：

（1）皮层刺激。让低强度电流作用于狗、猴子和其他动物的刚才提到过的脑回表面，取决于受刺激的是那个表面的哪一个点，这些动物的面部、前肢、后肢、尾巴或躯干就会相应发生确定的动作。这些动作几乎总是发生在与大脑刺激相反的那一边：如果左半球受到刺激,动作就发生在右腿、右脸等。最初对这些实验的有效性提出的所有异议都已经被击败了。动作肯定不是由电流的向下传递对脑底产生的刺激而产生的,因为:(a)机械刺激也会引起这些动作,尽管比电刺激难度大一些;(b)将电极移到这个表面上邻近的一个点所引起的动作变化,完全无法由改变了的电流物理传导所解释;(c)如果用一把锋利的刀切下负责某个动作的皮层"中枢",但将其留在原来的位置,虽然手术并没有物理地改变电的传导,生理学的传导已不复存在,同样强度的电流不再引起它们曾经引起的动作;(d)在将电刺激施加于皮层和作为其结果而发生的动作之间的时间间隔,与皮层生理地而不仅仅是物理地传递这种刺激的时间间隔是一样的。也就是说,这是一个众所周知的事实,即当神经流必须穿过脊髓来通过反射动作刺激一块肌肉时,所需的时间比它直接下传到运动神经要长;脊髓细胞需要占用一定的时间来释放。同样,刺激直接施加于皮层时,与皮层的那个区域被切除、电极直接作用于下面的白纤维相比,肌肉的收缩要晚百分之二或三秒。[①]

(2)皮层切除。当引起狗的前腿动作的皮层点被切除时(见

---

[①] 关于各种异议的充分讨论,见费里尔的《大脑的功能》(*Functions of the Brain*),第2版,第227—234页,以及弗朗西斯-弗兰克(François-Franck)的《大脑驱动功能作用教程》(*Leçons sur les Fonctions Motrices du Cerveau*)(1887),第31讲。关于皮层点刺激的最详细精确的实验是帕内斯的实验,见《弗吕格文库》(*Pflüger's Archiv*),第37卷,第528页。——最近,外科医生无所畏惧地打开了头盖骨,对人类大脑施行手术,有时取得了最令人满意的结果。在其中的一些手术中,人们对大脑皮层施行电刺激以更准确地给那个点定位,而最初在狗和猴子那里观察到的那些动作此时在人这里得到了证实。

图 5 中的点 5),那条腿就受到奇特的影响。最初,它好像是瘫痪了,但很快它就与其他腿一起使用了,不过很差劲。这只狗不再用它承受身体的重量,允许它用背面着地,站立时让它与另一条腿交叉着。如果这条腿挂在桌边,它也不去移动它,如果手术前这只狗会服从"伸出脚爪"的命令,此时也做不到了,它不再用这条腿像以前那样抓地面或者夹住骨头,在平坦的表面上奔跑时,或者抖动自己时,就让这条腿待在一边,等等。各种类型的感受性和活动性似乎都消失了。我将在后面谈这个问题。而且,这只狗在随意动作中倾向于向大脑受损的一边偏斜,而不是直着向前走。所有这些症状都会逐渐减轻,在 8 或 10 周以后,一只大脑损伤非常严重的狗在外观上与正常的狗可能就无法区分了。然而,即使在那时,轻微的氯仿麻醉也会使那种障碍再度出现。动作中会有某种共济失调方面的不协调现象——这只狗要用比通常更大的力气才能高抬起它的前脚,再把它们放下,而麻烦并不是在于协调性的一般缺乏。也没有发生瘫痪。所做任何动作的强度都和以前一样大——运动区受损严重的狗可以跳得和以前一样高,咬得和以前一样猛,但是要让它用受到影响的部分做任何事情,似乎就不那么容易了。对狗的运动障碍研究最为细致的洛布(Loeb)博士,将所有这些障碍都看作是受损相反一侧的神经支配过程中增加了的惯性的结果。所有这类动作的做出都需要付出异常的努力;如果只是付出通常的努力,它们在有效性上就差远了。①

---

① J. 洛布:《大脑生理学论文集》(*Beiträge zur Physiologie des Grosshirns*);《弗吕格文库》,xxxix,第 293 页。我简化了作者的论述。

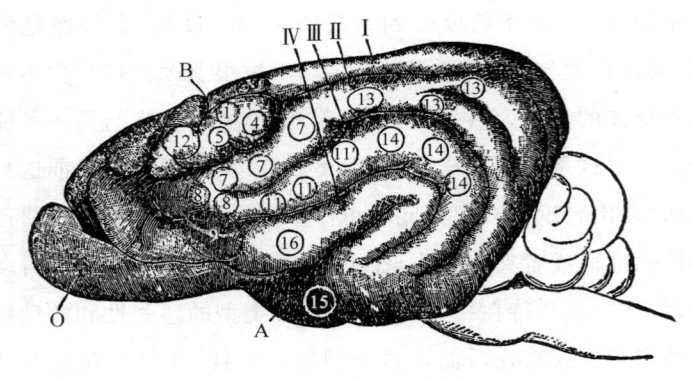

图 5　费里尔,狗脑的左半球。

A,西耳维厄斯沟。B,十字沟。O,嗅球。

I,II,III,IV 分别表示第一、第二、第三和第四外回。(1),(4)和(5)在乙状回上。

甚至将一只狗的全部运动区切除,也不会在任何部分出现永久性瘫痪,而只是在对其身体的两边进行比较时,我们才会看到这种奇怪的相对惯性;而几个星期过去之后,这一点也几乎让人看不出来了。戈尔茨教授描述过一只狗,它的整个大脑左半球都被破坏掉了,身体的右半部分只有一点点运动惯性保留了下来。特别是,在啃骨头时,它能用右爪把持这块骨头,或者用右爪去够一块肉。如果在手术前它曾被教会做伸出脚爪的动作,那么看看这个能力是否也回来了,应该是一件很有意思的事情。它右边的触觉感受性永久性地减弱了。[1] 在猴子的运动区做了皮层切除之后,会出现真正的瘫痪。与切除掉的大脑部分相应,这种瘫痪影响到身体的不同部分。猴子相反一侧的胳臂或腿无力地垂着,或最

---

[1]　戈尔茨:《弗吕格文库》,XLII,第 419 页。

第二章　大脑的功能　　　　　　　　　　　　　　43

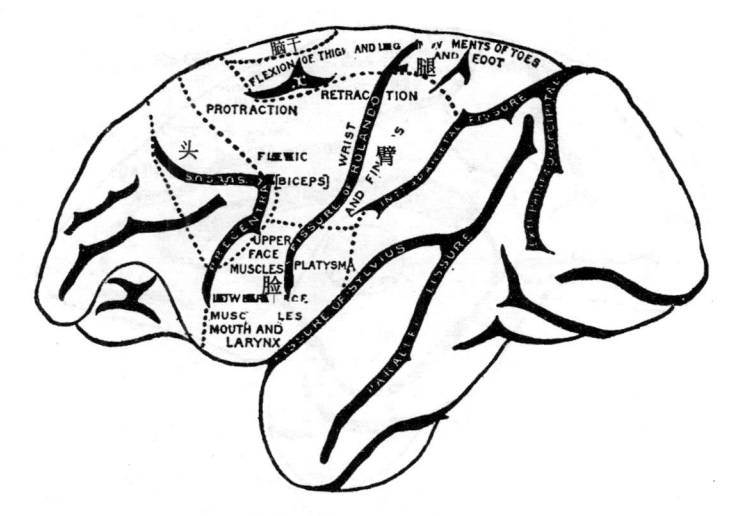

图 6　猴脑左半球。外表面。

多在相关联的动作中起一点作用。当整个区被切除后,会出现真正和永久性的偏瘫,胳臂比腿受到的影响更大;几个月后就会出现肌肉挛缩,就像人在长期偏瘫后会出现的情况一样。[1]在谢弗(Schaefer)和霍斯利(Horsley)看来,两边的缘回都受损以后,躯干肌肉也会发生瘫痪(见图 7)。狗和猴子之间的这些区别表明,由对任何一种动物所做的实验而得出一般性的结论是危险的。我附加上我最后提到的讨论猴子大脑运动区的作者给出的图示。[2]

---

[1]　"偏瘫"是指一侧的瘫痪。
[2]　《哲学学报》(Philosophical Transactions)(1888),第 179 卷,第 6、10 页。在后面的一篇论文中(同前,第 205 页),比弗(Beevor)和霍斯利先生更加精确地讨论了定位问题,表明了由此可以引起单块肌肉或者单个手指、脚趾收缩的一些点。

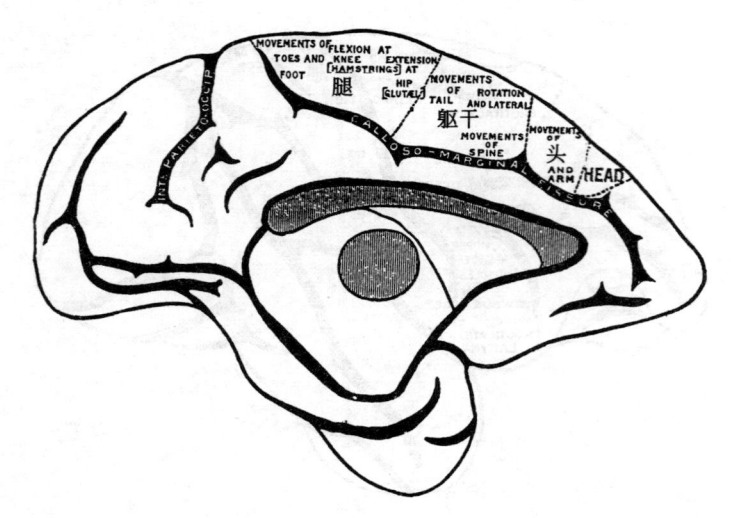

图 7　猴脑左半球。中央表面。

对于人而言,我们必然要将观察范围缩小到对由事故或者疾病(肿瘤、出血、软化等)引起的皮层损失所进行的事后观察。这类情况在一个人的生命中造成的结果,或者是局部痉挛,或者是身体相反一侧某些肌肉的瘫痪。总是造成这些结果的皮层区,与我们在狗、猫、猩猩等那里刚刚研究过的那些区是类似的。图8和图9表明了埃克斯纳(Exner)认真研究过的169个病例的结果。带阴影的部分是损伤不引起运动障碍的区域。相反,白色的部分只要受到损伤,就会引起某种运动障碍。对于人而言,如果皮层物质损伤很深,瘫痪就是永久性的,而且瘫痪的部位随后会发生肌肉僵化,这和猴子那里的情况相同。

(3)下行的退化表现了皮层罗朗多区与脊髓运动通道的密切

第二章 大脑的功能

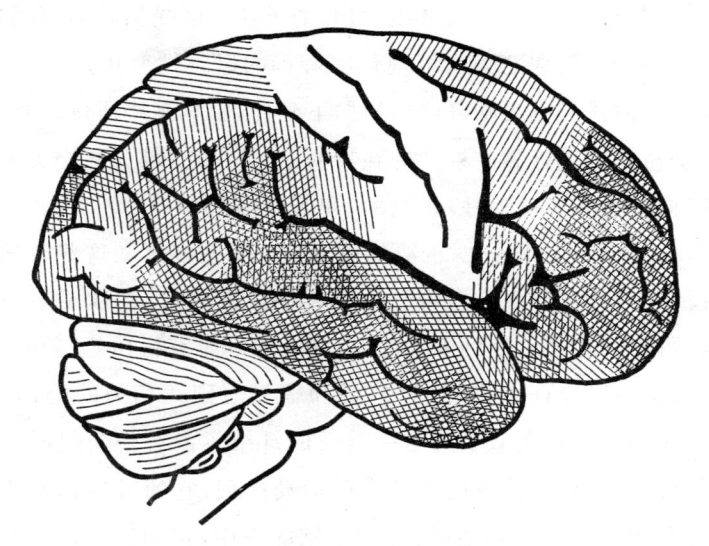

图 8 人脑右半球。侧面。

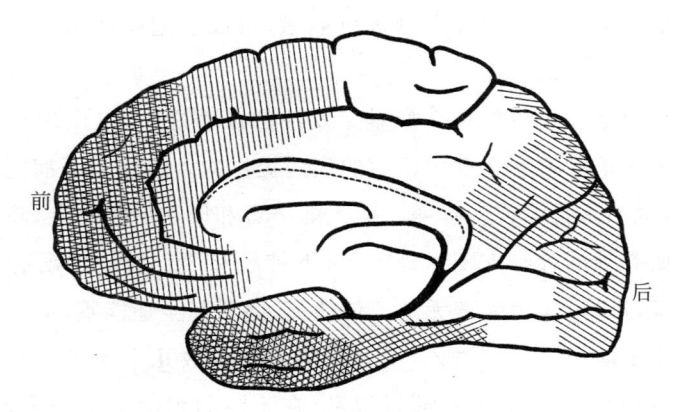

前　　　后

图 9 人脑右半球。中央表面。

联系。无论对于人还是较低级动物，如果这些区受到破坏，我们就会发现一种人们称之为次级硬化的奇特的退行性变化，以一种完全确定的方式经由大脑纤维白质向下延伸，影响某些通过内囊、脑脚和脑桥而进入延髓前椎体的独特的索，并由此（部分地交叉到另一边）向下进入脊髓前柱（径直的）和侧柱（交叉的）。

（4）解剖学上的证明也清楚地表明了罗朗多区和这些脊髓运动柱的连续性。弗莱克西希(Flechsig)的"椎体束"构成了不间断的索（可以清楚地追溯到人类胚胎，在它的纤维获得白色"髓鞘"之前），从髓质椎体向上走，经过内囊和辐射冠到达相关的脑回（图10）。大脑的次灰质似乎与这条重要的纤维索没有任何关联。这条纤维索直接从皮层通向脊髓中的运动排列，它的适当营养依赖于（如退化的事实所表明的）皮层细胞的作用，正如运动神经的营养依赖于脊髓细胞的作用一样。在狗那里已经表明，对这条运动索上的任何一个可及部分施加电刺激，可以引起类似于由皮层表面刺激所引起的动作。

皮层运动定位的一个最具启发性的证明之一，是由现在我们称之为失语症或者运动失语症的疾病提供的。运动失语症既不是失声，也不是舌瘫或者嘴瘫。病人的声音和以往一样洪亮，除了为讲话所必须的神经支配以外，其舌下神经和面部神经的所有神经支配都可以运作得完美无缺。他能笑、能哭甚至还能唱，但是他或者完全不能说出任何语词，或者只能说出少数几个无意义的陈旧短语，或者他说话无条理而且混乱，在不同的程度上错误发音、乱置语词以及误用语词。有时，他讲出来的话只是一堆无法理解的音节。在单纯运动失语症的病例中，病人知道他的错误，并为此而

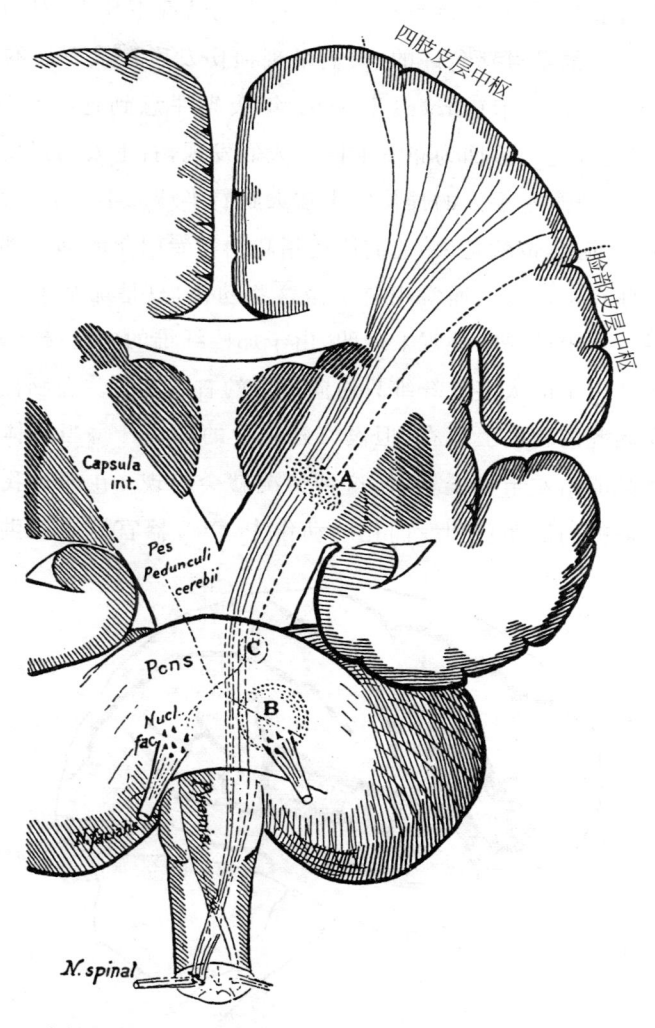

图 10 示意性的表示运动索的大脑横截面。——依照埃丁格(Edinger)做出。

感到非常痛苦。现在,每当有病人在这样的情况下死去,对他的大脑进行检查都是得到允许的,人们发现损伤发生在最下面的额回(见图11)。布罗卡(Broca)于1861年最先注意到这一事实,此后,人们就称这一脑回为布罗卡回。人们发现,右手人的损伤发生在大脑左半球,左手人的损伤发生在大脑右半球。事实上,大多数人都是左脑人,也就是说,他们所有精巧的和专门化的动作都由大脑左半球负责。人们通常用右手做这些动作,只是那个事实的一个结果。这个结果在外观上表明,由于那些纤维的广泛交叉,从大脑左半球出来的大多数纤维只通向身体的右半部分。左脑性也有可能在同等的程度上存在,但没有外观上的表现。每当身体两边的器官都能由左半球统辖时,这种情况就会出现;在那种我们称之为说话的高度精巧和专门化的动作中,声音器官恰恰提供了这

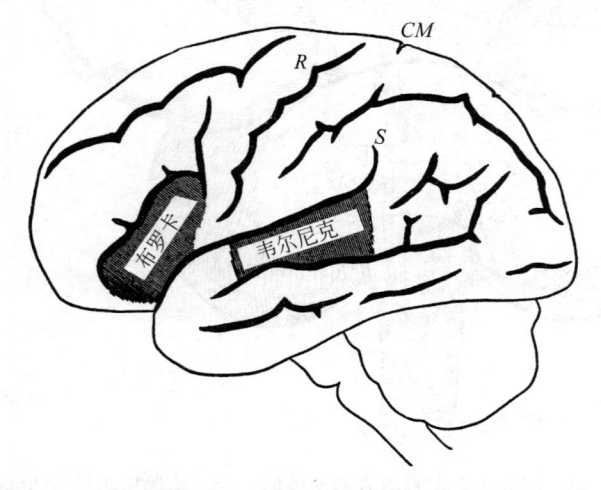

图11 示意性的大脑左半球侧面,阴影部分的损坏会引起
运动("布罗卡")和感觉("韦尔尼克")失语症。

样的例子。每一个大脑半球都能对它们进行双侧神经支配,就像每一个大脑半球似乎都能对躯干、肋、横膈膜的肌肉进行双侧神经支配一样。然而,对于说话这种专门化的动作,似乎(从失语症的事实看出)在大多数人那里大脑左半球习惯性地负起了全部责任。那个半球发生了障碍,人就不能说话了;尽管相反一侧的大脑半球还在那里,可以从事不那么专门化的动作,如吃东西所要求的各种动作。

人们会注意到,布罗卡区与人们确知猩猩受到电流刺激时引起嘴唇、舌头和喉部动作的部分是一致的(参见第 34 页的图 6)。因此,对这些器官的运动刺激在下额区离开大脑,关于这一点的证据是足够完备的。

运动失语症的受害者一般也会出现其他紊乱。在这方面我们感兴趣的是一种曾经被称为失写症的紊乱:他们失去了书写的能力。他们能够读出文字和理解他们所读的东西,但他们或者完全不能用笔,或者一用笔就出大错。在这里,由于我们用来做推断的好病例的数量不够充分,所以受损的部位不那么确定。① 不过,毫无疑问,(在右手人那里)它在左边。它由专门用来做这个事情的手-臂区的元素所构成,这也几乎没有疑问。当手在做其他事情方面没有缺陷或缺陷轻微时,这种症状也可能存在。如果它没有好起来,病人通常就训练他的大脑右半球,即学习用左手写字。在后面几页我做进一步讨论的其他病例中,病人可以自发地写字,还可

---

① 诺斯内格尔(Nothnagle)和农因(Naunyn):《大脑疾病定位》(*Die Localization in den Gehirnkrankheiten*)(Wiesbaden,1887),第 34 页。

以听写,但却甚至不能读出他自己写出的字!现在,负责各种感受和动作的不同大脑中枢,以及负责将这些感受和动作联结起来的不同神经通道,清楚地解释了所有这些现象。但是对这些中枢和通道进行详细的讨论,是医学方面的事情,而不是普通心理学的任务,在这里我只能利用它们对运动定位原理做出说明。[①] 在视觉和听觉的标题之下,我还有一些话要说。

我所采纳的不同类型的证据,最后确立了这样一个命题,即在健康的动物那里,所有离开皮层的运动冲动都是从罗朗多沟周围的脑回出来的。

然而,当我们要精确说明离开皮层的运动冲动到底是怎么回事时,事情就变得比较模糊了。冲动是独立地开始于相关脑回,还是由其他地方开始,而只不过是流经这里?这些中枢活动对应于心理活动的哪个特殊阶段?意见与权威在这里有了分化;但是,我们最好是在进入问题的这些更深入的方面之前,了解一下在皮层与视觉、听觉和嗅觉的关系方面我们已经知道的事实。

**视觉**

费里尔是这个领域中的第一人。他发现,当猴子的角回(位于"内顶骨"和"外枕骨"沟之间,并且沿着西耳维厄斯沟顶部弯曲,图6)受到刺激时,眼睛和头的动作看上去就好像有视觉发生;而如果把角回摘除,另一侧的眼睛就出现了他认为是完全和永久性

---

[①] W. A. 哈蒙德(W. A. Hammond)《神经系统疾病论》(*Treatise on the Diseases of the Nervous System*)的第7章,有关于运动失语症的认识史的解释。

的失明。芒克也立即宣布破坏猴子和狗的枕叶会引起完全和永久性的失明。他还说角回与视觉无关,它只是眼球触觉感受性的中枢。芒克在谈论自己的观察时的那绝对腔调和理论上的傲慢态度,葬送了他的权威。但是他做了两件具有永恒价值的事情。在这些活体解剖中,他第一个区分了感觉的和心理的失明,并且描述了在手术损伤视觉功能之后,这种视觉功能复原的现象;而且,他第一个注意到由单个大脑半球受损而导致的视觉障碍的偏盲特征。感觉失明是对光完全失去感受性;心理失明是没有能力识别视觉印象的意义,就好像我们看一张印着中文的纸,但是它不向我们提示任何东西。视觉偏盲障碍的情况是两个视网膜总体上都没有受影响,但是,(比如)每一个视网膜的左边部分都是盲的,这样,动物就看不见空间中对着它右边的任何东西。后来的观察确证了高等动物这种由于单个大脑半球受损而造成的所有视觉障碍的偏盲特征;自从芒克最初发表他的观点以来,在所有与视觉功能相关的观察中,动物显见的失明是感觉的还是仅仅是心理的这个问题,就一直是最迫切需要回答的问题。

几乎与费里尔和芒克同时,戈尔茨报告了导致他否认视觉功能本质上与大脑半球的任何一个定位部分有密切关系的实验。其他不同的结果很快就从许多方向涌来,这样,无需进一步考察这个问题的历史,我就可以对它的现状作如下报告了:①

对于鱼、青蛙和蜥蜴,当两个大脑半球都被完全摘除时,视觉

---

① 我们可以在 A. 克里斯蒂安尼(A. Christiani)的《大脑生理学》(*Zur Physiologie des Gehirnes*)(柏林,1885)中看到直至 1885 年的历史。

仍然持续着。甚至芒克也承认青蛙和鱼的情况是这样,但是他否认鸟类是这样的。

芒克所有的鸟在做过大脑半球切除手术后似乎都完全失明了(感觉上失明)。头对蜡烛的追随,对威胁性的一击眨眼睛,这通常被认为是证明了无大脑半球鸽子的低级中枢保留了原始的视感觉,而芒克则将其归因于不完善的手术留下了皮层视觉区域的残余。但是施拉德(Schrader)在芒克之后做了这样的手术,而且手术的完善性得到了显而易见的保证,他发现,在两三个星期后,他的所有鸽子都复明了,而且由创伤导致的抑制作用也都过去了。它们总是能避开哪怕是最小的障碍,非常正常地飞向它们栖息的树枝等,在这些方面与和它们养在一起做比较之用的一些完全失明的鸽子是极为不同的。然而,它们不会去啄食撒在地上的食物。施拉德发现,如果大脑半球的额区仅有一小块被保留下来,它们就会做这件事。他不是将丧失枕部大脑鸽子的非自动喂饲行为归因于视觉缺陷,而是归因于运动缺陷,即一种进食失语症。①

面对芒克和其对手之间的这种不一致,我们必须认真注意在大脑手术之后一种功能的丧失与保存有多么不同的意义。功能的丧失并不必然表明这个功能是依赖于切除的那个部分的;而它的保存则确实表明它是不依赖于那个部分的;而且即使在一百次类似的切除中我们观察到九十九次功能的丧失,而只观察到一次功

---

① 《弗吕格文库》,第44卷,第176页。芒克(《柏林科学院会刊》(*Berlin Academy Sitzungsberichte*)(1889)(XXXI)又回到那个责难,否认施拉德所做的切除是完全的:"一定有显微镜可见的视觉区域部分留了下来。"

能的保存,这也是真的。毫无疑问,鸟和哺乳动物能够通过皮层切除而失明;唯一的问题是,它们是一定如此吗?只有这样,皮层才能被确定地称之为"视觉的处所"。失明总是可以由远处部位的创伤、抑制、炎症扩展———一句话,干预——的那些遥远的结果之一而引起,布朗-西夸(Brown-Séquard)和戈尔茨曾正确地坚持过这一点,而这一点的重要性每一天都在变得更加明显。这类结果是短暂的,而由切除区域的真正丧失而引起的剥夺症状(戈尔茨称之为机能缺失现象(Ausfallserscheinungen))则由于问题的性质而一定是永久性的。鸽子的失明,因为它能消失,就不能被归因于鸽子的视觉处所的丧失,而只能归因于某种影响暂时压抑了那个视觉处所的活动。手术的所有其他效果,细节上不同,但也都是这样,而且到讨论哺乳动物时,我们将会进一步看到这个解释的重要性。

在兔子那里,整个皮层的丧失似乎与保存足够的视力以引导这些可怜的动物做出动作,使它们能够避开障碍物这样的情况,是可以并存的。克里斯蒂安尼的观察和讨论似乎结论性地确立了这一点,尽管芒克发现他的所有动物都完全失明了。[1]

芒克还发现,狗在枕叶切除后也出现了真正的全盲。由此他进一步标出了他认为与两个视网膜的确定部分相关联的大脑皮层部分,这样,大脑皮层特定部分的损伤就会引起同侧或相反一侧眼睛的视网膜中心、上部、下部、或者右边、或者左边的失明。似乎没

---

[1] A. 克里斯蒂安尼:《大脑生理学》(柏林,1885),第 2、3、4 章。H. 芒克:《柏林科学院会刊》(1884),XXIV。

有多少疑问，这种确定的关联是虚构的。希齐格、戈尔茨、卢西亚尼(Luciani)、洛布、埃克斯纳等其他观察者发现，无论大脑皮层哪一个部分的一侧被切除，通常都会引起两只眼睛的偏盲，如果受损的部位是前叶，偏盲就轻微而且暂时，如果受损的是枕叶，偏盲就严重了，其持续性与枕叶受损的程度成比例。洛布认为，产生的缺陷是视觉模糊（"偏侧弱视"），在这里（无论多么严重）中心仍然是视网膜视觉最好的部分，正如它们在正常的狗那里的情况一样。两个视网膜的侧面或者颞侧的部分，似乎都与它自己那一侧的皮层有专属的联系。相反，每个视网膜的中心和鼻侧的部分似乎与相反一侧大脑半球的皮层相联系。洛布的观点比其他人更宽泛一些，他用思考运动障碍的方法来思考偏侧弱视，也就是说，认为这是整个视觉机制中增加了的惯性的表现，其结果是使这只动物以更大的努力对来自受损的相反一侧的印象做出反应。比如说，如果一只狗有右侧偏侧弱视，两块肉同时挂在它面前，它总是先转向左边的那一块。但如果损伤是轻微的，轻轻晃动它右边的那块肉（使这块肉成为一种较强的刺激），它就会首先去咬这块肉。如果只有一块肉，它就吃了它，而不管这块肉是在它的哪一边。

如果两边的枕叶都受到广泛破坏，其结果就可能是全盲。芒克确定地标出了他的"视觉区域"(Sehsphäre)，并且说，如果损伤涉及在图12和图13中标为A、A的整个阴影部分，其结果就一定是失明。关于其他观察的不同报告，他解释说是由于切除的不完全造成的。然而，卢西亚尼、戈尔茨和兰格雷斯(Lannegrace)提出，他们不止一次对芒克的视觉区域做过完全的双边切除，并且发

第二章　大脑的功能

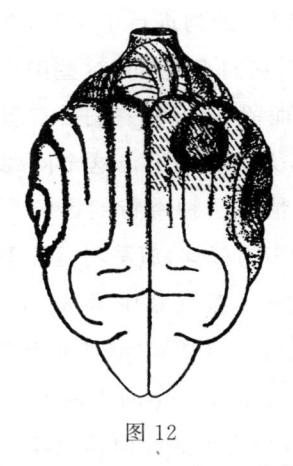

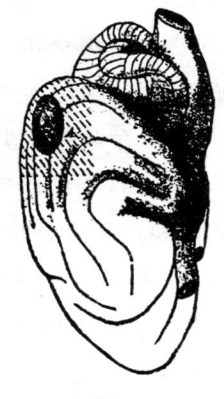

图 12　　　　　　　　图 13

芒克的狗的视觉中枢。整个有条纹的区域 A、A,是唯一的视觉处所,暗的中心圆 A'与对侧眼睛的视网膜中枢相关联。

现,一种原始的、无辨别能力的对象视觉在几个星期内就恢复了。[①]　一只狗是否失明这个问题,比它初看起来要更难解决;因为完全失明的狗在它们熟悉的地方很少表现出它们的所失,并且能够避开所有的障碍物;而失去了枕叶的狗虽然看得见,却会经常撞上东西。戈尔茨的狗提供了关于它们看得见的最好证明:它们似乎是在小心地避开地面上的阳光带或纸片,就好像这些是坚固的障碍物一样。所有真正失明的狗都不会这样做。卢西亚尼对他

---

① 卢西亚尼和塞皮里(Seppili):《大脑皮层功能定位》(*Die Functions-Localization auf der Grosshirnrinde*)[冯弗伦克尔(Von Fraenkel)德文版,莱比锡,1886],狗 M,N,和 S。《弗吕格文库》第 34 卷,第 490—496 页,第 42 卷,第 454 页中的戈尔茨。并参见芒克:《柏林科学院会刊》(1886),VII,VIII,第 113—121 页,以及洛布:《弗吕格文库》,第 39 卷,第 337 页。

的处于饥饿中(集中其注意的一个条件)的狗进行了实验,在这些狗的面前撒一些肉块和软木块。如果它们直接走向这些肉块和木块,它们看见了;如果它们选择肉块而留下木块,它们带有辨别能力地看见了。争吵非常尖刻。确实,大脑功能定位这个问题似乎对那些对其进行实验研究的人的性情有一种奇特的影响。一方面,戈尔茨和卢西亚尼报告的保留下来的视觉,似乎弱得几乎不值得考虑;而另一方面,芒克在其倒数第二篇文章中承认,在85只狗中,他的手术只有四次"成功地"通过完全切除"视觉区域"而引起全盲。[①] 对于我们来说,可靠的结论是,图14的卢西亚尼示意图表达了某种类似真理的东西。枕叶比皮层的任何其他部分对于视觉都重要得多,因此枕叶的完全损坏会使动物几乎失明。至于那时可能保留下来的对光的原始感受性,我们对其性质和处所都没有确切的知识。

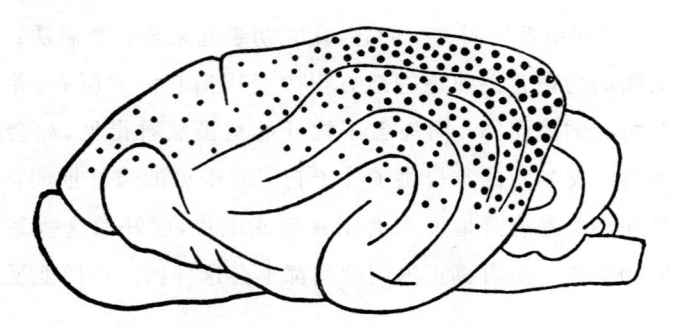

图14 大脑皮层中视觉功能的分布,根据卢西亚尼。

---

① 《柏林科学院会刊》(1886),VII,VIII,第124页。

## 第二章　大脑的功能

对于猴子,医生们也有意见分歧。然而,事实似乎是,这种动物的枕叶也是与视觉功能联系最为密切的部分。有非常小的枕叶部分保留下来,视觉功能似乎就能延续,因为在两侧的枕叶几乎被完全破坏掉以后,费里尔没有发现这种功能有"可察觉的损伤"。另一方面,他发现如果两侧的枕叶和角回都被破坏了,完全和永久性的失明就会随后发生。芒克、布朗(Brown)和谢弗发现,只破坏角回不会引起视觉障碍,尽管费里尔发现失明会随后发生。这种失明可能是由于远处(in distans)施加的抑制,或者是由于切掉了从角回下面经过通往枕叶的白色视觉纤维。布朗和谢弗在一只猴子那里通过完全破坏掉两侧的枕叶而得到了完全和永久性失明的结果。卢西亚尼和塞皮里对两只猴子做了这个手术,发现这两只动物只出现了心理的而不是感觉的失明。几个星期之后,它们又看见了食物,但不能用视觉将无花果和软木块相区分。然而,卢西亚尼和塞皮里似乎没有摘除整个枕叶。在猴子那里,如果只有一个枕叶受损,对视觉造成的影响就是偏盲:所有观察者都同意这一点。总之,芒克最初将视觉定位于枕叶得到了后来证据的确认。[①]

---

[①] H. 芒克:《大脑皮层功能》(*Functionen der Grosshirnrinde*)(柏林,1881),第 36—40 页。费里尔:《功能》(*Functions*)等,第二版,第 9 章,第一部分。布朗和谢弗:《哲学学报》,第 179 卷,第 321 页。卢西亚尼和塞皮里,前面所引用的书中,第 131—138 页。兰格雷斯发现在两侧枕叶被破坏后有视觉的迹象,而且在一只猴子那里,他发现当角回和枕叶都被破坏了时也有视觉的迹象。他的文章收在 1889 年 1 月和 3 月的《实验医学文库》(*Archives de Médecine Expérimentale*)中。我只是从 1889 年《神经病学中心报》(*Neurologisches Centralblatt*)第 108—420 页的摘要中了解到他的这项工作的。报告者怀疑关于猴子视觉的证据。证据似乎包括躲避障碍,以及在人出现时表现出情绪上的不安。

对于人，我们有更准确的结果，因为我们不用从外部行为来解释视觉。然而，另一方面，我们不能做活体解剖，而是必须等待病理损坏的出现。讨论过这些问题的病理学家（文献单调而随意）得出结论说，人的枕叶对于视觉是不可缺少的部分。任何一个枕叶受损，都会使双眼出现偏盲障碍，而两个枕叶受到破坏就会导致心理的和感觉的全盲。

偏盲也可以由其他部分受损引起，特别是邻近的角回和缘上回，它还可能伴随皮层运动区的广泛损伤。在这些病例中，原因似乎可能是远处的作用（*actio in distans*），也可能是从枕叶出来的纤维中断了。记录中好像还有少数几个这样的病例，即枕叶受损，但没有出现视觉缺陷。费里尔收集了尽可能多的病例，来证明他的角回定位主张。① 如果严格地使用逻辑规则，那么这其中的一个病例就会在价值上超过一百个相反的病例。但是别忘了观察可能是多么的不完善，不同的大脑之间可能存在怎样的差异，因此，将大量关于枕叶定位的积极证据抛弃掉肯定是轻率的。个体的可变性永远是对反常病例的一种可能的解释。"椎体的 X 形交叉"是最突出的解剖学事实，其结果，即进入运动区的左边出血引起右边的瘫痪，也是最惯常的病理事实。然而，X 形交叉的程度是可变的，而且有时似乎就完全不存在。② 在最后这类病例中，如果中风

---

① 《大脑疾病定位》(1878)，第 117—118 页。
② 案例见弗莱克西希：《大脑和脊髓中的传导通道》(*Die Leitungsbahnen in Gehirn u. Rückenmark*)（莱比锡，1876），第 112、272 页；埃克斯纳的《研究》(*Untersuchungen*)等，第 83 页；费里尔的《定位》(*Localization*)等，第 11 页；弗朗西斯-弗兰克的《大脑动力》(*Cerveau Moteur*)，第 63 页，注。

## 第二章 大脑的功能

发生在左脑,左半部而不是右半部身体就会出瘫痪。

从塞甘(Seguin)博士那里复制来的下一页图15的方案,在整体上表达了关于视觉所涉区域的或然真理。不是整个枕叶,而是人们所说的楔叶和第一脑回,是最为密切相关的皮层部分。诺斯内格尔(Nothnagel)在对基本通道的这种限制方面与塞甘看法一致。[①]

皮层失调的一个最有趣的结果就是心理失明。它与其说是对视觉印象没有感受性,还不如说是不能理解它们。从心理学上说,它可以被解释为视感觉与其所表示的东西之间的联想的缺失;而视觉中枢和其他观念中枢之间通路的任何形式的中断,都会引起这种现象。因此,印在字母表中的字母或者词汇,都意味着特定的声音和特定的发声动作。如果发声或者听觉中枢和视觉中枢之间的联系被割断了,我们可以前验地预期,对词汇的视觉不能唤起关于这些词汇的声音的观念,也不能引起发出这些声音的动作。总之,我们这里遇到的应该是失读症,或者阅读方面的无能:而这正是我们在许多额-颞区附近大面积损伤的病例中看到的作为失语症的并发症而发生的情况。诺斯内格尔提出,楔叶是视感觉的处所,而枕叶的其他部分可能是视觉记忆和观念的领地,失去这些部分就会引起心理失明。事实上,所有医学著作的作者说起心理失明,都好像它一定是在于记忆中视觉意象的缺失。然而在我看来

---

[①] E. C. 塞甘:《由大脑起因的偏盲》(*Hemianopsia of Cerebral Origin*),见《神经与精神疾病杂志》(*Journal of Nervous and Mental Disease*),第13卷,第30页。诺斯内格尔和农因:《关于大脑疾病的定位》(*Ueber die Localization der Gehirnkrankheiten*)(Wiesbaden, 1887),第10页。

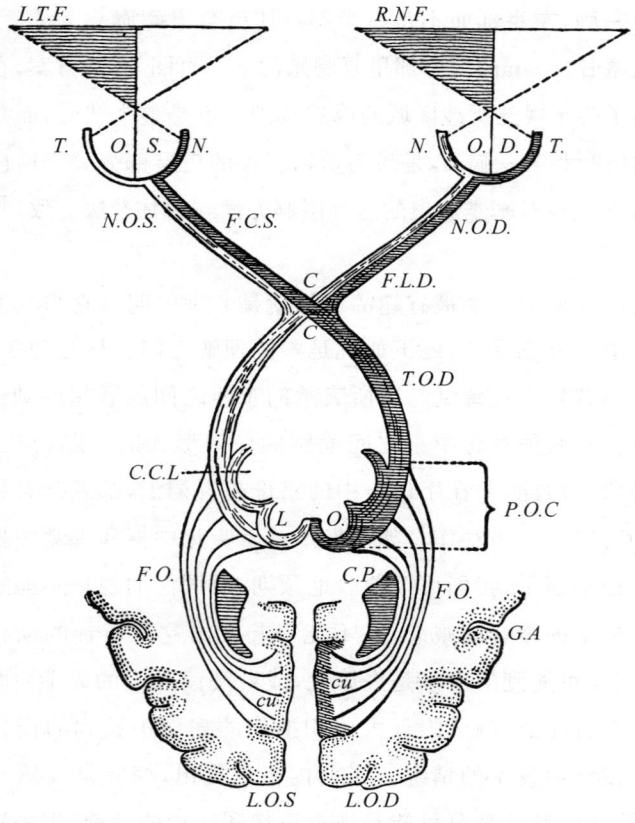

图15 视觉机制图示,右枕叶的楔状回(Cu)被设想为受损了,所有通向它的部分都涂上了暗色,以表明它们未能执行其功能。F.O.是大脑半球内部的视觉纤维。P.O.C.是低级视觉中枢区域(膝状体和四叠体)。T.O.D.是右视通道。C是交叉。F.L.D.是通向右视网膜的侧面或者颞部T的纤维。F.C.S是通向左视网膜中心或者鼻部的纤维。O.D.是右眼球,O.S.是左眼球。这两个眼球的右半部分因此是盲的。换句话说,右眼的鼻域R.N.F.和左眼的颞域L.T.F对于在Cu处受损的被试来说是不可见的。

这似乎是一种心理学上的误解。一个视觉想象能力衰退的人(在程度较轻时,不会有不正常的现象出现)没有一点心理失明的迹象,因为他完全认识所有他看见的东西。另一方面,当他的视觉想象力保存良好时,他却可能心理失明,正如在威尔布兰德(Wilbrand)于1887年发表的那个有趣病例中的情况一样。[①] 最近利绍尔(Lissauer)发表了一个更有意思的心理失明的病例,[②]在这个病例中,虽然病人犯了最可笑的错误,例如,把衣刷叫作眼镜,把雨伞叫作带花的植物,把苹果叫作女士的肖像,等等,然而根据报告者的报告,他似乎相当完好地保存了他的心理意象。事实上,使我们心理失明的,是非视觉意象的瞬间缺失,正如非听觉意象的瞬间缺失使我们心理失聪一样。如果在听到铃响时,我回想不起那个铃看上去是什么样子,我就是心理失聪;如果在看到那个铃时,我回想不起它的声音或名称,我就是心理失明。事实上,如果我失去了所有的视觉意象,我就应该不仅仅是心理失明,而且是完全的失明了。因为虽然如果我的左枕区受损,我就会对视野的右半部分失明,如果我的右枕区受损,我就会对视野的左半部分失明,但是,这种偏盲并不会使我丧失视觉意象,经验似乎表明,未受影响的那个大脑半球总是足以生产出这些意象。要完全丧失视觉意象,我就必须失去两个枕叶,这不仅会使我丧失内部视觉意象,而且还会

---

① 《心理失明》(*Die Seelenbindheit*)等,第51页以下。在这个女人的病例中心理失明的程度中等。

② 《精神病学文库》(*Archiv f. Psychiatrie*),第21卷,第222页。

51 使我完全丧失视觉。① 新近的病理学记录似乎提供了几个这样的病例。② 同时,还有一些与偏盲,通常是右侧视野的偏盲相伴随的心理失明病例,特别是阅读书面语言方面的心理失明。由疾病引起的枕叶和大脑其他部分之间的联系通道,特别是那些通向大脑左半球额颞区言语中枢的通道的损坏,可以解释这些病例。我们可以把这些病例归入传导或者联想障碍一类;我在任何地方都找不到任何事实可以迫使我们相信,在心理失明中视觉意象一定会③丧失,或者负责这类意象的大脑中枢与负责来自眼睛的直接感觉的大脑中枢占据完全不同的位置。④

---

① 诺斯内格尔(在上述引文中的第 22 页)说:"但是这不符合实际情况(Dies trifft aber nicht zu)"。然而,他没有提供病例来支持他的这个观点,即两侧皮层损伤可使一个人成为全盲,而不破坏他的视觉意象;所以我不知道它是一种对事实的观察,还是一种先验假定。

② 在 C. S. 弗罗因德(C. S. Freund)发表的《精神病学文库》第 20 卷中有一个病例,两侧枕叶都受损了,但它们的皮层未受破坏。视觉仍然存在。参见第 291—295 页。

③ 我说"需要"是因为我当然并不否认这两种症状可能共存的情况。许多大脑损伤都会阻塞视觉联想,并同时损伤视觉想象,而并不完全使视觉丧失。夏尔科那里似乎有一个这样的显著病例,我将在关于想象的那一章更充分地讨论这一病例。

④ 弗罗因德[在前面引用过的一篇文章"视觉失语症与心理失明"(Ueber optische Aphasie und Seelenblindheit)和布伦斯(Bruns)["一个失读症病例"(Ein Fall von Alexie)等,见 1888 年的《神经病学中心报》,第 581、509 页]用传导障碍解释他们的病例。威尔布兰德(前不久我们提到过他经过艰辛努力而完成的关于心理失明的专论)对他关于视觉"记忆区"(Erinnerungsfeld)与感觉区(Wahrnehmungsfeld)必须占有完全不同位置的信念只给出了先验的理由(参见第 84、93 页)。这些先验理由实际上是相反的。莫特纳(Mauthner)[《大脑与眼睛》(Gehirn u. Auge)(1881),第 487 页以后]试图表明,芒克的狗和猴子在枕叶切除后出现的"心理失明"并不是心理失明,而是真正的视觉模糊。得到报告的最好的心理失明病例是下面将要提到的利绍尔的病例。读者还可以阅读伯纳德(Bernard):《失语症》(De l Aphasie)(1855),第 5 章;巴利特(Ballet):《内部语言》(Le Langage Intérieur)(1886),第 8 章;以及詹姆斯·罗斯关于失语症的小书(1887),第 74 页。

在视觉不能识别一个物体的情况下,病人通常一用手触摸这个物体就会认出它,并且叫出它的名字。这以一种有趣的方式表明,由言语的路径从大脑出来的联想通路有多么地多。眼的通路关闭了,手的通路打开着。在心理失明最彻底的情况下,视觉、触觉和声音都无助于引导病人,其结果就是一种曾经被称为失示意能或者精神性失用症的痴呆。病人不能理解最普通的物品。他会把马裤搭在一个肩上,把帽子搭在另一个肩上,他会用嘴去咬肥皂,把鞋放在桌子上,或者用手拿起食物,然后再把它扔下,不知道用它来做什么,等等。这类失调只能来自于大面积脑损伤。[1]

退化方法更加肯定了定位视觉通道的其他证据。在年幼的动物那里,损伤一个眼球会导致枕区的二级退化,反之亦然,损伤枕区会引起视神经的退化。在这些病例中,通向枕叶的膝状体、丘脑和皮层下纤维也萎缩了。现象并非完全相同,但却无可争议。[2]因此,将各类证据放在一起考虑,视觉与枕叶的特殊联系已经十分清楚了。还要说一句,在人的长期失明病例中,常会发现有枕叶的萎缩。

**听觉**

听觉不像视觉那样有明确的定位。对于狗,卢西亚尼的示意

---

[1] 病例见韦尔尼克的《大脑疾病教程》(*Lehrb. d. Gehirnkrankheiten*)(1881),第 2 卷,第 554 页。

[2] 《精神病学文库》中由冯莫纳科(von Monakow)写的"论视觉中枢与通道"(Über die optischen Centren u. Bahnen)这篇文章中,有关于这些现象的最新讨论,第 20 卷,第 714 页。

图表示了一旦受损就会直接或者间接引起听觉恶化的区域。像视觉一样,一侧的损伤会引起双侧的症状。示意图中黑色的点和灰色的点的混合,是要表示这种"交叉的"和"非义叉的"联系的混合,尽管获得局部解剖图的精确性并不是我们的目标。在整个区域中,颞叶是最重要的部分;然而在卢西亚尼的一只狗那里,即使完全破坏掉两边的颞叶,也没有引起永久性的全聋。①

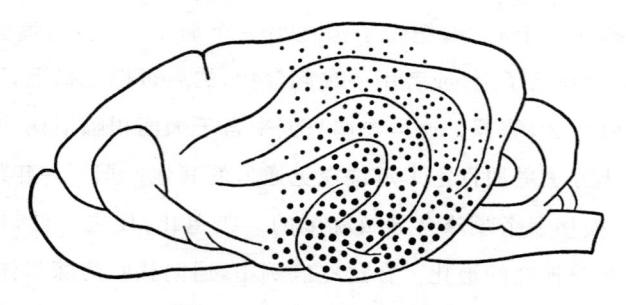

图 16 卢西亚尼的听觉区。

对于猴子,费里尔和约(Yeo)有一次发现,对两侧颞上回(图 6 中刚好位于西耳维厄斯沟下面的部分)的损坏会引起永久性失聪。相反,布朗和谢弗发现,在几只猴子那里,施行这一手术却未能对听觉产生显著的影响。确实,一只猴子的两个颞叶都整个被破坏掉了。在一两个星期的心理能力衰退之后,这只动物恢复了,并且成了最聪明的猴子之一,对它的所有配偶横行霸道,而且所有看见它的人都承认,它所有的感觉能力都"十分敏锐",包括听觉。② 可

---

① 《功能定位》,等,狗 X;同时参见第 161 页。
② 《哲学学报》,第 179 卷,第 312 页。

怕的反唇相讥像往常一样在研究人员之间往返。费里尔否认布朗和谢弗的切除是完全的,①谢弗否认费里尔的猴子是真的聋了。②我们不得不在这种并非令人满意的情况下离开这个问题,尽管我们似乎没有理由怀疑,布朗和谢弗的观察是这二者中比较重要的一个。

在人这里,颞叶无疑是听觉功能的处所,而且邻近西耳维安沟的上回是其最重要的部分。失语症现象表明了这一点。在几页之前我们研究了运动失语症,现在我们要来考察感觉失语症。我们关于这种疾病的知识经历了三个阶段:我们可以说是布罗卡时期、韦尔尼克(Wernicke)时期和夏尔科(Charcot)时期。我们已经知道布罗卡发现了什么。韦尔尼克是将听不懂讲话的病例和听得懂讲话而只是不能说话的病例区分开来的第一个人,他把前一种情况归因于颞叶的损伤。③ 这种情况是词聋,这种疾病是听觉失语症。关于这个问题的最新统计学研究是由艾伦·斯塔尔(Allen Starr)博士完成的。④ 他收集了七个单纯性词聋的病例,病人能阅读、谈话和书写,但却不能理解别人对他说的话,在这样的病例中,损伤局限于第一和第二颞回后部的三分之二处。损伤(在右手人,也就是左脑人那里)总是在左侧,就像运动失语症的损伤一样。原

---

① 《大脑》,第 11 卷,第 10 页。
② 同上,第 147 页。
③ 《失语症综合征》(*Der aphasische Symptomencomplex*)(1874)。见图 11 中标为韦尔尼克的脑回。
④ 《感觉失语症病理学》(*The Pathology of Sensory Aphasia*),《大脑》,1889 年 7 月。

始听觉没有丧失,即使负责原始听觉的左侧中枢被完全破坏了也是一样、右侧中枢仍会提供这种功能。但是,听觉的语言使用似乎或多或少是专门与左侧中枢的完整性紧密联系在一起的。这里的情况一定是,听到的语词一方面与它们所代表的事物,另一方面与为发出这些语词的声音所必须的动作联结起来。在斯塔尔博士那50个病例的大部分病例中,叫出物体名称的能力或者连贯地讲话的能力都受损了。这表明在我们大部分人中(正如韦尔尼克所说),说话一定需要听觉刺激。也就是说,我们的观念肯定不是直接对运动中枢进行神经支配,而是在激发起那些语词的心理声音之后,才支配运动中枢的。这是对发声的直接刺激,而当它在左颞叶的正常通道被破坏,从而使得这种可能性不复存在时,发声就受损了。在少有的几例通道被破坏、但没有给说话带来不良影响的病例中,我们必须设想一种特异性。病人肯定或者是由另一个大脑半球的相应部位,或者是直接由观念活动中枢,即视觉、触觉等的中枢,对其说话的器官进行了神经支配,而没有依赖于听觉区。基于这类个体差异对事实进行细致的分析,正是夏尔科为澄清这一问题所做的贡献。

每一个可以命名的事物、动作或者关系,都具有数不清的属性、性质或方面。每一个事物的属性与其名称一起在我们的心中构成一个联想群。如果大脑的不同部分各自与不同的属性相关,而另外一个部分与这个名称的听觉相关,再另外一个部分与它的发声相关,那么,这就不可避免地会在所有这些大脑部分之间产生(通过我们后面将要研究的联想法则)这样一种动态联系,以至于它们中间任何一个部分的活动都很可能会唤起所有其他部分的活动。当我们边思考边说话时,最终的过程就是发声过程。如果负责这项工作的大脑部分受损,说话就是不可能的,或者是混乱的,尽管所有其他大脑部分都完好无缺:这正是我们在第 37 页发现由左额下回的有限损伤所导致的情况。但是,在最后那个动作之前,在一个谈话者的观念联想中,各种相继的顺序都是可能的。比较常见的顺序似乎是从被思考事物的触觉、视觉或者其他属性,到其名称的声音,再到这声音的发出。但是如果在某个个体那里,关于物体的样子或者关于它那印出来的名称的样子的思想,是习惯性地发生在发声之前的过程,那么,听觉中枢的丧失在这个范围内就不会影响到那个个体的说话。他将会心理失聪,即他在理解说话方面会出现问题,但是他没有患失语症。出现在斯塔尔博士表格中的七个单纯词聋的病例有可能通过这种方式得到解释。

如果这种联想顺序在那个个体那里是根深蒂固和习惯性的,那么,视觉中枢受损就会使他不仅成为词盲,而且还会患上失语症。枕部损伤会引起他说话混乱。因此,农因在一个大脑半球图上标出了他可以搜集到的 71 个得到准确报告的失语症病例,他发现损伤集中在三个地方:第一是在布罗卡中枢;第二是在韦尔尼克中枢;第三是在缘上回和角回,那些将视觉中枢和大脑其余部分相联结的纤维就在这下面通过①(见图 17)。斯塔尔博士对单纯感觉类病例的分析与这一结果相一致。

---

① 诺斯内格尔和农因:在前面所引用的书中,插图。

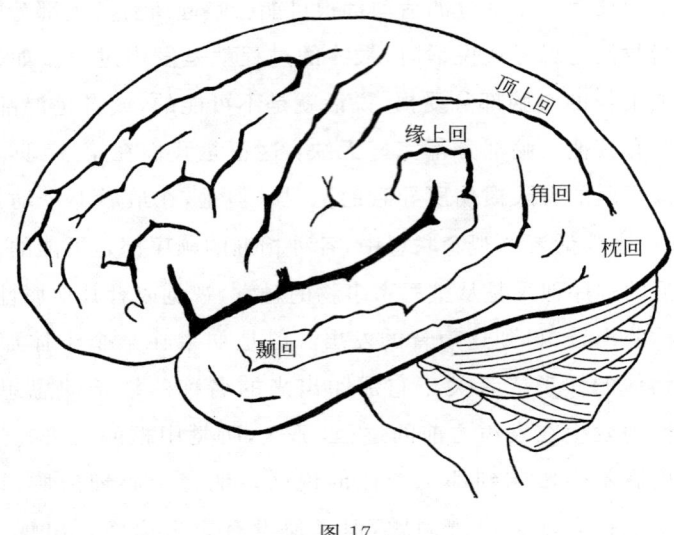

[图: 大脑侧面图，标注有顶上回、缘上回、角回、枕回、颞回]

图 17

我们将在后面一章再次回到不同个体感觉区域的效用的这些差异上来。同时，我们关于失语症知识的历史几乎最好地表明，许多联合起来的工作者如何以睿智与耐心及时将最严重的混乱分解为了有序的现象。[①] 和心中没有说话能力一样，脑中也没有"说话中枢"。一个人使用语言时，整个大脑或多或少都在工作。罗斯（Ross）的附图表明了最重要的四个相关部分，鉴于这里的讨论，我们无需对此再做进一步的解释（见图18）。

---

[①] 第51页引用的巴利特和伯纳德的著作是我们最容易得到的夏尔科学派文献。巴斯琴（Bastian）关于作为心之器官的大脑的书（最后三章）也很好。

图 18

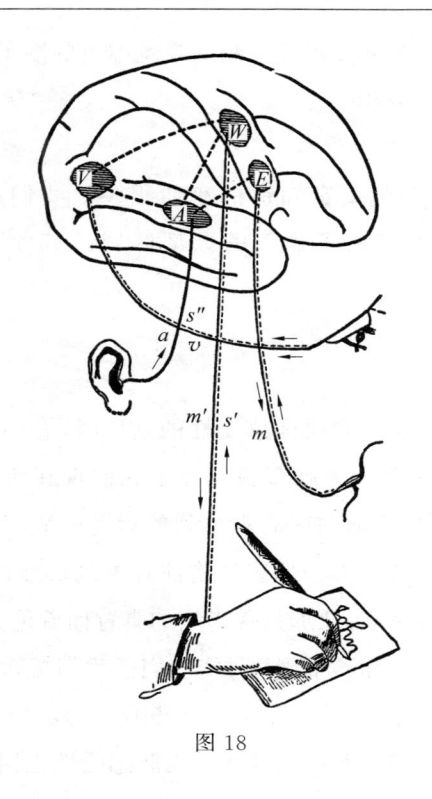

## 嗅觉

所有观察都共同指向颞叶中间向下的部分为嗅觉的器官。甚至费里尔和芒克都对海马回持有一致的看法,尽管与芒克不同,费里尔将嗅觉局限于海马回的小叶或者钩突,将它的其余部分留给触觉。解剖学和病理学也指向海马回。但是由于这个问题从人类心理学的观点看不像视觉和听觉那么有趣,我就不再多说了,而只是加上卢西亚尼和塞皮里关于狗的嗅觉中枢的图示。①

### 味觉

关于味觉，我们确定知道的东西很少。我们所知道的那一点点东西又一次指向了靠下的颞部区域。参考下述费里尔的内容。

### 触觉

当我们探讨触觉和肌肉感受性的处所时，有趣的问题就出现了。15年前通过狗的大脑实验打开了我们现在所讨论的全部话题的希齐格，将切除运动区后观察到的运动障碍归因于他称之为肌肉意识的东西的丧失。那些动物注意不到四肢的古怪位置，它们会双腿交叉着站立，让那只受影响的脚背面着地、或者挂在桌子边上，等等；不像对正常的脚那样，它们任我们折弯又拉开那只脚而不做反抗。戈尔茨、芒克、希夫（Schiff）、赫茨恩（Herzen）等人很快就探知，对疼痛、触碰和寒冷的皮肤感受性也出现了同样的缺陷。那只脚被夹住时不会往回缩，持续站在冷水之中，等等。同时，费里尔否认在运动区所做的切除会导致任何真正的感觉缺失，他将感觉缺失现象解释为受影响一侧运动反应迟钝的结果。② 与

---

① 要想了解详细的内容，参见费里尔的《功能》，第9章，第3部分，以及 C. K. 米尔斯（C. K. Mills）：《美国内科医师和外科医生协会学报》（*Transactions of Congress of American Physicians and Surgeons*）(1888)，第1卷，第278页。

② 《大脑的功能》，第10章，第14节。

## 第二章 大脑的功能

此相反,芒克①和希夫②将"运动区"看作本质上是感觉的,并且以不同的方式将运动失调解释为始终存在的感觉缺失的次级结果。芒克将运动区称为动物四肢等的触觉区域(Fühlsphäre),并且将它与视觉区域、听觉区域(Horsphäre)等相并列。根据他的看法,整个大脑皮层仅仅是各种感觉的一块投影表面,没有专门的或者本质上的运动部分。这种观点如果成立就很重要,因为它与意志心理学相关。真实的情况是什么?就由运动区切除所导致的皮肤感觉缺失的事实而言,所有其他观察者都反对费里尔的观点,所以他对这一点的否认可能是错的。另一方面,芒克和希夫让那些运动症状依赖于感觉缺失是错的,因为在某些罕见的病例中,人们观察到那些运动症状的存在不仅没有感觉缺失的情况相伴随,而且还伴随着那些部位的超敏感性。③ 因此,运动和感觉症状似乎是独立的变量。

对于猴子,最近的实验是霍斯利和谢弗所做的那些实验,④费里尔接受了这些实验的结果。他们发现切除海马回会引起对侧身体短暂的感觉缺失,而破坏其向上到胼胝体以上的延续部分,即所

---

① 《论大脑皮层的功能》(Ueber die Function d. Grosshirnrinde)(1881),第 50 页。
② 《大脑神经系统实验生理学教程》(Lezioni di Fisiologia sperimentale sul sistema nervoso encefalico)(1873),第 527 页以后。还有《大脑》,第 9 卷,第 298 页。
③ 贝希德莱(Bechterew)(《弗吕格文库》,第 35 卷,第 137 页)在一只由于乙状回的切除而出现运动症状的猫那里发现没有感觉缺失现象。在一只狗那里,同时将脊髓对半切开,卢西亚尼观察到超敏感性与皮层运动缺陷共存(卢西亚尼和塞皮里,在前面引用的书中,第 234 页)。戈尔茨频繁地发现在双额叶切除后整个身体的超敏感性与运动缺陷相伴随,而且有一次在运动区切除后他发现了这种情况(《弗吕格文库》,第 34 卷,第 471 页)。
④ 《哲学学报》,第 179 卷,第 20 页以后。

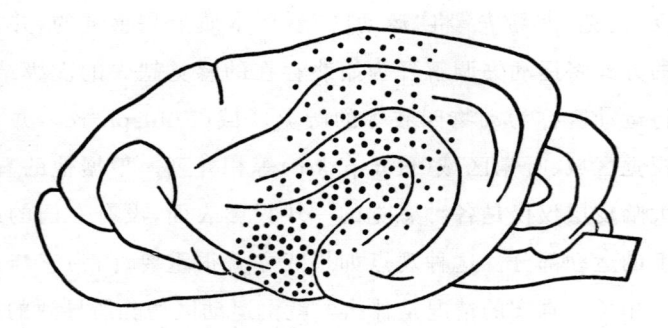

图 19　卢西亚尼的狗的嗅觉区。

谓的穹隆状回(图 7 中正好位于"胼胝体额上沟"下面的那个部分),则会导致永久性的感觉缺失。当包含两个脑回的整个通道都被破坏时,感觉缺失就最为严重。费里尔说运动区的切除"完全不影响"猴子的感受性,[①]而霍斯利和谢弗却认为这个区肯定没有得到必要的切除。[②] 卢西亚尼在他的三个黑猩猩实验中发现感受性减弱了。[③]

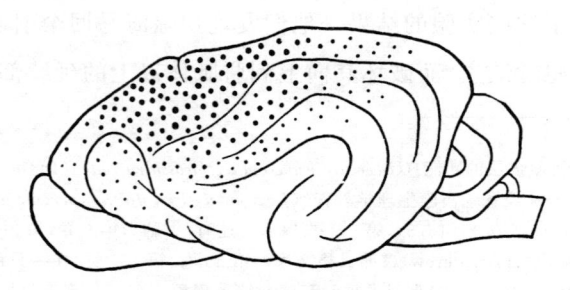

图 20　卢西亚尼的狗的触觉区。

---
① 《功能》,第 375 页。
② 第 15—17 页。
③ 卢西亚尼和塞皮里,前面引用的书中,第 275—288 页。

## 第二章　大脑的功能

对于人,我们知道这个事实,即由对侧运动区疾病引起的一侧瘫痪,可以有也可以没有瘫痪部位的感觉缺失相伴随。卢西亚尼认为运动区也是感觉的,他试图通过指出病人没有得到充分的检查,而将这一证据的价值降到最低。他自己认为,在狗那里,触觉区域从直接易激的部分向后和向前伸展至额叶和顶叶(见图20)。诺斯内格尔认为病理学证据指向了同一个方向;[1]米尔斯博士认真考察了这一证据,在人的皮肤-肌肉区之上又加上了穹窿状回和海马回。[2] 将卢西亚尼的图放在一起进行比较(图14、16、19、20)我们就会看到,狗脑的整个顶部区域为视觉、听觉、嗅觉和触觉(包括肌肉感受)这四种感觉所共用。人脑的相应区域(顶上回和缘上回——见图17,第56页)似乎是与之有些类似的汇合之地。视觉失语症以及运动和触觉障碍都是由这里的损伤引起的,尤其是发生在左侧的损伤。[3] 在动物的等级序列中我们越是往下走,大脑不同部分的功能似乎就越少分化。[4] 我们谈到的这个区域很可能在我们这里仍然处于这样的原始状态,而其周围的部分则在使自己越来越适应于专门化和有限功能的过程中,使这一区域变成了一个交叉路口,神经流经由这里进出。然而,它应当与肌肉-皮肤感受相联系这一点,并不构成真正的运动区不应当有这样的联系的理由。要解释来自运动区的没有感觉缺失现象相伴随的瘫痪病例,也许无需否认那个区的全部感觉功能。因为正如我的同事詹

---

[1]　前面引用的书中,第18页。
[2]　《协会学报》等,第272页。
[3]　见埃克斯纳的《定位研究》(*Unters. üb. Localization*),插图25。
[4]　参见费里尔的《功能》等,第4章和第10章的第6至第9节。

姆斯·普特南(James Putnam)博士向我提示的,感受性永远比运动性更难以毁伤,甚至在我们确知损伤影响了既是感觉也是运动的神经通道时,情况也是这样。由臂神经在睡眠中受到压迫而导致手臂动作瘫痪的人,手指仍有感觉;而且,当他们的腿由于脊髓损伤而瘫痪时,脚也可能仍然有感觉。同样,运动皮层可能是感觉的也是运动的,而且由于感觉流更微妙(或者无论会有什么奇特之处),感受性可能会在使运动性受到破坏的损伤发生之后,仍然保留下来。诺斯内格尔认为,我们有根据猜想肌肉感觉只与顶叶相联系,而不是与运动区相联系。"这个叶的疾病会引起不伴有瘫痪现象的单纯共济失调,运动区疾病会引起不伴有肌肉感觉缺失的单纯瘫痪。"[1]然而,除笔者以外,他没有能够说服更多有力的批评者,[2]因此我站在他们一边得出的结论是,现在我们还没有决定性的根据来将肌肉和皮肤的感受分开定位。关于肌肉-皮肤感受性和大脑皮层间的关系,我们仍有许多东西需要了解,但有一件事是确定的:对于人,枕叶、额前叶和颞叶似乎都与它没有任何实质性的关系。它是与运动区以及它们后面和中间的脑回的运作紧密联系着的。当我们进入关于意志的一章时,读者一定要记起这一结论。

关于失语症和触觉之间的联系我必须再说几句。在第40页我谈到过一些这样的病例,病人能够书写,却不能阅读他自己写下的东西。他不能用眼睛阅读,但是如果他在空中再写出那些字母,

---

[1] 前面引用过的书中,第17页。
[2] 例如,斯塔尔,在上述引文中,第272页;莱登(Leyden),《大脑定位原理论文集》(*Beiträge zur Lehre v. d. Localization im Gehirn*)(1888),第72页。

他就能通过他手指上的感受来阅读。对于这样的病人来说,在以这种方式阅读时手里拿着一支笔就很方便,这会使书写的正常感受更加完备。[①] 对于这种病例,我们必须推测视觉中枢和文字书写中枢之间的通路一直是开通的,而视觉中枢和听觉以及发声中枢之间的通路则关闭着。只有这样我们才能理解书写出来的文字的样子,为什么不能向病人的心提示词的声音,却仍能提示模仿文字书写的特有动作。这些动作当然必须被感受到,而对它们的感受一定与负责词的倾听和发音的中枢联系着。在这类非常特殊的组合失败了而其他组合都正常如故的病例中,损伤必须永远被看作具有这样的性质,即对某些联想流的通过增加了阻力。如果心理功能的任何元素被破坏,能力丧失的程度都必定严重得多。一个用手指既能阅读也能书写的病人,使用的很可能是同一个"文字"中枢,这个中枢对于这两种操作来说,同时是感觉的也是运动的。

在这部书的性质所允许的范围内,我已经对定位问题的现状给出了全面的解释。它的主要轮廓是牢固的,虽然还有很多问题等待我们去发现。例如,就我们现在所知,额前叶还没有明确的功能。戈尔茨发现,失去两侧额前叶的狗不停地运动,并且很容易为每一个微小的刺激所激发。它们性情急躁而且好色,已经到了非同寻常的程度,它们身体的两侧由于不停的反射性搔抓而变得光秃了;但是它们在运动和感受性方面没有出现局部问题。对于猴子,甚至这种抑制能力的缺乏都没有表现出来,而且对额前叶的刺

---

[①] 伯纳德,前面引用过的书中,第 84 页。

激和切除也不会引起任何症状。霍斯利和谢弗的一只猴子,在做过手术之后和术前一样驯服,对一些小把戏玩得一样好。① 很可能,在通过对低等动物进行解剖而了解大脑功能这方面,我们已经差不多达到了极限,而且很可能从此以后我们就必须通过更专一地研究人类病理学来获取知识了。在人的大脑左半球中分离开来的言语和书写中枢的存在;在人和猴子这里由大脑皮层损伤而造成的瘫痪比在狗那里要完全和持久得多的事实;以及皮层切除在低等动物那里比在人这里似乎更难引起完全感觉失明这个进一步的事实,都表明在进化的过程中功能定位变得越来越专门化了。对于鸟,定位几乎不存在,啮齿动物比食肉动物的定位更加不明显。然而,甚至对于人来说,芒克那种将皮层划分为绝对的区域,每个区域只表现一种运动或感觉的方法肯定是错的。事实似乎是,虽然在大脑的某些区域和身体的某些区域之间存在着对应关系,但是每一个身体区域内的单独部分,都是通过相应大脑区域的整体得到表现的,就如同从同一个调味瓶中撒出的胡椒和盐一样。然而,这并没有妨碍每一个"部分"在那个大脑区域中聚焦于一点。各个大脑区域以相同的混合方式融合起来。正如霍斯利先生所说:"边缘中枢是存在的,表现面部的区域融合到表现上肢的区域。如果在那一点上发生集中损伤,这两个部分的运动就会一同开始。"② 下面帕内斯(Paneth)的图示表明这种情况如何在狗那里

---

① 《哲学学报》,第 179 卷,第 3 页。
② 《美国内科医师和外科医生协会学报》(1888),第 1 卷,第 343 页。比弗和霍斯利关于对猴脑进行电刺激的文章是迄今在精确性方面最好的文章。参见《哲学学报》,第 179 卷,第 205 页,特别是插图。

也是成立的。①

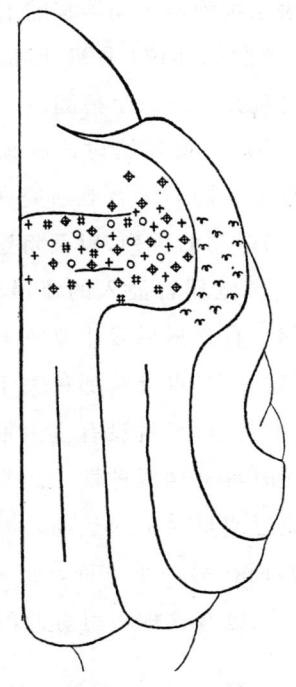

图 21 狗的运动中枢,大脑右半球,根据帕内斯。

运动区上的点以下述方式与肌肉相关联:搭环与环状眼睑肌肉相关联;普通的十字形与屈肌相关联,标在圆圈中的十字形与前爪指伸肌相关联;普通的圆圈与拇指展肌相关联;双十字与后肢伸肌相关联。

我现在谈论的是大脑表面的横向定位。可以想象,也可能有大脑皮层的纵向定位。越是表层的细胞越小,而最深层的细胞是

---

① 《弗吕格文库》(1885),第 37 卷,第 523 页。

大的；而且有人曾经提出，表层细胞是感觉的，深层细胞是运动的；①或者运动区的表层细胞与运动器官的末端（手指等）相联系，而较深层的细胞与较中间的部位（手腕、肘部等）相联系。② 几乎无需说，所有这些理论现在还都只是猜测。

由此可见，我们从第 30 页开始讨论的梅纳特和杰克逊的设想，在总体上令人满意地为随后的客观研究所确证。最高级中枢可能只包含表现印象和运动的排列，以及将这些排列的活动联结起来的其他排列。③ 由感觉器官涌入的流最先刺激某些排列，这些排列再刺激其他排列，直到最后发生某种向下的运动释放。一旦我们清楚地掌握了这一点，再继续那种关于运动区实际上是运动的还是感觉的这一古老争论，就没有多少根据了。由于神经流由此通过，整个皮层同时具有这两种性质。所有的神经流可能都有感受相伴随，并且或迟或早会引起运动。因此，在一个方面，每一个中枢都是传入的，而在另一个方面，每一个中枢又都是传出的，甚至脊髓的运动细胞也有这样不可分割的两个方面。马里克

---

① 卢伊斯（Luys）在其一般来说甚为荒谬的书《大脑》中这样说；霍斯利也这样说。
② C. 默西埃：《神经系统与心》（*The Nervous System and the Mind*），第 124 页。
③ 额叶现在还是个谜。冯特（Wundt）试图将它们解释为"统觉"的器官[《生理心理学的基本特征》（*Grundzüge d. Physiologischen Psychologie*），第 3 版，第 1 卷，第 233 页以后]，但我承认，就这个术语进入冯特哲学而言，我自己无法清楚地理解这一哲学，因此，我只能满足于简单地提及这一问题。——直到最近人们还在普遍谈论"观念活动中枢"，将其看作是某种与其他中枢的集合不同的东西。幸运的是，这种习惯已经在衰退了。

(Marique)[①]、埃克斯纳和帕内斯[②]已经表明,在"运动"中枢周围进行切割,使它不受大脑皮层其余部分的影响,这样做所引起的紊乱,与将这一中枢切除掉所引起的紊乱是相同的,因此可以说,它实际上只是漏斗的出口,开始于其他地方的神经支配之流经由这里涌流着;[③]意识伴随着这个流,如果这个流在枕部最强,意识就主要是关于所见之物的,如果这个流在颞部最强,意识就主要是关于所听之物的,如果这个流在"运动区"最强,意识就是关于所触之物的。在我看来,在目前的科学发展阶段,某种像这种宽泛和模糊的解释似乎就是我们实际上可以安全尝试的东西;在后面的章节,我希望能给出支持我的观点的理由。

# 局限于大脑半球的人的意识

但是,与大脑皮层活动相伴随的意识是人所拥有的唯一意识吗? 或者,他的低级中枢也是有意识的吗?

这是一个难以回答的问题,当我们了解了下面的情况时,我们就会知道这有多么的困难。这情况就是,关于某些对象的大脑皮层意识自身,在任何一个受到良好催眠的被试那里,都可以通过其医生单纯的一挥手就在表面上消失掉,而有关证据又证明它一直

---

[①] 《关于心理动力中枢功能的实验研究》(*Rech. Exp. Sur le Fonctionnement des Centres Psycho-moteurs*)(布鲁塞尔,1885)。
[②] 《弗吕格文库》,第44卷,第544页。
[③] 然而,我应当补充一句,弗朗西斯-弗兰克[《驱动功能》(*Fonctions Motrices*),第30页]在两只狗和一只猫那里,由这种"围堵"得到了不同的结果。

都在一种分裂出去的状态下存在着,它对于这个被试的心的其余部分来说是"在外的"[1],就像这个被试的心对于其旁观者的心来说是"在外的"一样。[2] 低级中枢自身也许始终都拥有它们自己的一种分离的意识,对于皮层意识来说同样是在外的;但是,我们永远不能仅仅通过反省的证据就知道它们是否具有这样的意识。同时,人的枕部受损会引起显见的完全失明(在视野的一半以上区域对于光亮或者黑暗没有任何感受),这个事实会使我们认为,如果我们的低级视觉中枢、四叠体和丘脑确实有意识,它肯定是一种与伴随着大脑皮层活动的意识不相交往、并且与我们的个人自我没有任何关系的意识。在低等动物那里,情形可能未必如此。人们在枕叶完全受到破坏的狗和猴子那里发现的种种视觉迹象(前面第46页),可能是由于这样的事实,即这些动物的低级中枢看得见,而且它们看见的东西对于保留下来的大脑皮层来说不是在外的,而是对象的。也就是说,它与那个皮层感知到的东西一起形成了一个而且是同一个内部世界的一部分。然而,上述现象也可能是由于这样的事实,即这些动物负责视觉的皮层"中枢"延伸到了枕部区域之外,对后者的破坏未能像在人这里那样彻底地将它们去除。正如我们所知,这是那些实验者们自己的看法。然而,出于实际的考虑,并且将意识这个术语的意义局限于个体的个人自我,我们就可以非常自信地回答这一段落之前的那个问题,我们可以

---

[1] 关于这个词,参见 T. K. 克利福德(T. K. Clifford)的《演讲与论文集》(Lectures and Essays)(1879),第2卷,第72页。

[2] 参见后面的第八章。

说,对于人,大脑皮层是意识的唯一器官。① 如果低级中枢有任何意识,那也是自我对其一无所知的意识。

## 功能的复原

还有另外一个不那么形而上学的问题。与大脑皮层损伤相关的最普遍和最令人吃惊的事实是功能的恢复。最初丧失的功能在几天或者几个星期之后又恢复了。我们如何理解这种复原呢?

在这一领域中有两个理论:

(1) 复原是由于大脑皮层的其余部分或者较低级中枢的替代活动,它们获得了直到那时它们从未行使过的功能;

(2) 复原是由于剩余的中枢(不管是大脑皮层的,还是"低级的")恢复了它们一直拥有、而损伤暂时抑制了其行使的功能。戈尔茨和布朗-西夸是这一观点的最著名的辩护者。

抑制是真正的原因(*vera causa*),对此不可能有任何疑问。迷走神经抑制心脏,内脏神经抑制肠的运动,而喉上神经抑制呼吸运动。有无数可以抑制细动脉收缩的神经刺激,而且反射动作通常会为同时发生的其他感觉神经的兴奋所抑制。对于所有这类事实,读者必须参考生理学方面的论著。这里与我们相关的,是神经

---

① 参见费里尔的《功能》,第 120、147、414 页。并参见武尔皮安(Vulpian):《神经系统生理学教程》(*Leçons sur la Physiol. du Syst. Nerveux*),第 548 页;卢西亚尼和塞皮里,前面引用过的书中,第 404—405 页;H. 莫兹利(H. Maudsley):《心的生理学》(*Physiology of Mind*)(1876),第 138 页以下,第 197 页以下,以及第 241 页以下。G. H. 刘易斯的《心的物理基础》(*Physical Basis of Mind*)之问题四:"反射理论",对这个问题的历史做了非常全面的回顾。

中枢的不同部位在受到刺激时对远端部位的活动所施加的抑制。切除青蛙的延髓以后,由"休克"引起的大约一分钟左右的软弱无力,就是一种来自受损的地方而很快就过去了的抑制。

人类被试的所谓"手术休克"(无意识、脸色苍白、内脏血管扩张以及一般的昏厥和虚脱),是一种持续时间较长的抑制。戈尔茨、弗罗斯伯格(Freusberg)和其他一些人对狗的脊髓进行切割,证明创伤引起了一些功能的持续时间更长的抑制,但是如果受伤的动物能活下来,这些功能最终会再复原起来。人们由此发现,脊髓的腰部区域包含独立的血管舒缩中枢、负责勃起的中枢和负责控制括约肌等的中枢,这些中枢能够由触觉刺激所激发而进行活动,并且同样容易再次为其他同时施加的刺激所抑制。[①] 因此我们似乎可以认为,活动性、视觉等在最初由于皮层损伤而消失后能够很快再现,是由于受刺激的创伤表面引起的抑制逐渐消失了。唯一的问题是,是否所有的功能复原都必须用这样一种简单的方式来解释,或者是否其中的一部分不能被归因于剩余中枢里面全新通路的形成,它们由此"被训练"去承担它们本来并不承担的责任。下述事实可以引证来支持这种抑制理论的无限扩展:在由大脑皮层损伤所引起的障碍消失了的狗那里,由于某些内部或者外部的意外事件,这些障碍又会以最大的强度再现大约 24 个小时,然后再次消失。[②] 一只通过手术而变得半盲、然后被关闭在黑暗中的狗的视觉恢复,与其他与之处境类似、但视觉每天得到系统性

---

① 戈尔茨:《弗吕格文库》,第 8 卷,第 460 页;弗罗斯伯格:同上,第 10 卷,第 174 页。

② 戈尔茨:《大脑的日常工作》(*Verrichtungen des Grosshirns*),第 73 页。

训练的狗的视觉恢复一样快。① 一只手术前已经学会乞求动作的狗,在运动区双侧切除后一个星期,就完全自发地又重新开始这个动作了。② 有时,在鸽子那里(甚至有人说在狗那里),我们看到手术半小时后比刚刚做完手术时功能障碍更加明显。③ 如果这些功能障碍的产生是由于在正常情况下执行这些功能的器官被去除了,这种情况就不可能发生。而且,最近的生理学和病理学研究的整个趋向,是将抑制推崇为有序活动的一种始终存在和不可缺少的条件。在关于意志的一章我们将会看到它是如何地重要。查尔斯·默西埃(Charles Mercier)先生认为,所有的肌肉收缩一旦开始,如果没有抑制就永远不会停止,除非是系统衰竭了;④布朗-西夸曾经花费多年的时间搜集例子,以表明它的影响之远。⑤ 在这样的情况下,作为对由大脑皮层损伤引起的现象的解释,好像错误更有可能出在过分地缩小了它的范围,而不是将它伸展得太远。⑥

另一方面,如果我们不承认对中枢的再训练,那么,我们就不仅要与一种前验可能性公然对抗,而且还会发现自己为事实所迫,不得不设想有多得令人难以置信的功能,与生俱来地存在于丘脑下面的中枢里,或者甚至是四叠体下面的中枢里。在讨论那种先

---

① 洛布:《弗吕格文库》,第39卷,第276页。
② 同上,第289页。
③ 施拉德:同上,第44卷,第218页。
④ 《神经系统与心》(1888),第3章;以及《大脑》,第11卷,第361页。
⑤ 布朗-西夸曾在1889年10月的《生理学文库》(*Archives de Physiologie*)中给出了其观点的概要,第5集,第1卷,第751页。
⑥ 戈尔茨最先在其《大脑的日常工作》中将抑制理论应用于大脑,第39页以后。关于抑制的一般哲学,读者可以阅读布伦顿(Brunton)的《药物学与治疗学》(*Pharmakology and Therapeutics*),第154页以后,以及《自然》(*Nature*),第27卷,第419页以后。

验反驳之前,我将首先看一下我想到的那些事实。在我们问自己下面这个问题的那一刻,我们就会面对这些事实:在使复原得以发生的充足时间过去之后,是哪些部分执行了被手术破坏了的那些功能?

最初的观察者认为,它们一定是对侧或者未受损伤的大脑半球的相应部分。但是,早在1875年卡维尔(Carville)和杜莱特(Duret)就对这一思想进行过检验,他们切去一只狗一侧的前肢中枢,等到复原出现以后,再切去对侧的前肢中枢。戈尔茨和其他人也做过同样的事情。[①] 如果对侧确实是恢复了的功能的处所,那么最初的瘫痪就应当再次出现,并且是永久性的。但是它根本没有出现,出现的只是未受影响的那一侧的瘫痪。下一个推测是,切除区的周围的那些部分,替代性地学会了执行那个区的功能。但是,至少就运动区而言,实验似乎又一次推翻了这个假说;因为我们可以等到活动性回到受影响的肢体以后,刺激伤口周围的皮层而没有激起那个肢体的运动,或者切除这部分皮层而没有让已经消失的瘫痪再度出现。[②] 因此看起来皮层下方的大脑中枢一定是恢复了的活动的处所。但是,戈尔茨破坏了一只狗的整个大脑左半球,以及那一侧的纹状体和丘脑,让这只狗活着,直到只剩下令人惊讶的一点点运动和触觉障碍。[③] 在这里,复原不是由这些中枢引起的。他甚至切除过一只狗的两个半球,让这只狗活了51

---

① 如赫茨恩、赫尔曼(Herman)和施瓦柏(Schwalbe)的1886年《生理学年报》(*Jahres-bericht for* 1886, *Physiol. Abth.*),第38页。(关于新生小狗的实验。)
② 弗朗西斯-弗兰克:前面引用过的书中,第382页。结果是有些矛盾的。
③ 《弗吕格文库》,第42卷,第419页。

## 第二章 大脑的功能

天,它能够走动和站立。<sup>①</sup> 这只狗的纹状体和丘脑也都实际上不存在了。鉴于这些结果,我们似乎与弗朗西斯-弗兰克一样,<sup>②</sup>不得不退回到更低级的神经节,或者甚至退回到脊髓,将其看作我们正在寻找的那个"替代"器官。如果在手术和恢复之间功能的终止完全是由于抑制,那么,我们就必须设想这些最低级的中枢实际上是极为完善的器官。它们肯定一直都在做着我们现在发现它们在功能恢复之后所做的事情,甚至当大脑半球完好无损时也是这样。当然,这是可以想象的,但却似乎不太可能。而且,我前不久提到的我要强调的那些前验的考虑,使得这种可能性更小了。

因为,首先,大脑基本上是一个在组织起来的通路中流动的神经流的所在地。功能的丧失只能意味下面两件事情之一,或者一种神经流不能再流入了,或者如果它流入了,却不能再经由以前的通路流出了。这两种抑制中的任何一种都可以产生自局部切除;而"复原"就只能意味着,尽管有暂时性的阻塞,流入的神经流最终还是能够由其以前的通路再流出去——比如,几个星期之后,"伸出脚爪"的声音又释放到手术前它通常释放到的那几块相同的犬肌。就皮层自身而言,因为它实际存在的目的之一是生产新的通路,<sup>③</sup>摆在我们面前的唯一问题就是:这些特殊"替代"通路的形成,是对皮层可塑能力的过高期待吗?如果我们认为大脑半球应

---

① 《神经病学中心报》(1889),第 372 页。
② 上面引用过的书中,第 387 页。关于整个问题的讨论,见第 378 至 388 页。同时比较冯特的《生理心理学》(*Physiological Psychology*),第三版,第一部分,第 225 页以后,以及卢西亚尼和塞皮里,第 243、293 页。
③ 在关于习惯、联想、记忆和知觉的那几章,我们现在对这是它的一个基本用处的初步推测将变成一个不可动摇的信念。

当接收其到达之地已遭破坏的视觉纤维的神经流，或者它应当将其存在之地已被破坏的神经流释放到椎体索的纤维中，这样的期待当然是过分了。诸如此类的损伤在那个大脑半球之内肯定是不可挽回的。但是即使这样，通过另一个半球、胼胝体以及脊髓中的双侧联系，我们可以想象某个路径，原来的肌肉也许最终可以由此为阻塞前对它们进行神经支配的相同的流入神经流所支配。对于所有不涉及"向皮层"纤维的到达之地，也不涉及"离皮层"纤维的出去之地的小中断来说，一定存在着通过受影响大脑半球本身的某条迂回通路，因为它的每一个点（至少是遥远地）都与每一个其他的点具有潜在的交流。正常通路只是阻力最小的通路。如果它们被阻塞或切除，在这种变化了的条件之下，以前阻力较大的通路就变成了阻力最小的。我们必须永远记住，流入的神经流必须要在某个地方流出去；而一旦它偶然成功地再一次突然进入到它过去的存在之地，与全部残留大脑相联系的意识所接收到的那种满足的兴奋，就会强化和固定那一时刻的通路，并使它们更有可能再一次得到使用。由此产生的关于过去的习惯性行为终于成功回来了的感受，自身又成为了一种新刺激，它让所有现有的神经流都挤了进来。这种成功的成就感，确实趋向于将引发它们的任何过程在我们的记忆里固定下来，这是一个经验问题；在关于意志的一章中，我们对这一主题将有更多的话要说。

我的结论是，一些功能的复原（特别是在皮层损伤不是很严重的地方）可能是由于存留下来的中枢的真正的替代性功能，而还有一些功能复原是由于抑制的逐渐消失。换句话说，替代理论和抑制理论在它们自己的范围内都是正确的。至于确定哪个范围，或者说出哪些中枢是替代的,以及在什么程度上它们可以学习新的技能,这在目前还做不到。

## 对梅纳特方案的最后修正

在了解了所有这些事实之后,对那个婴儿和烛火,对我们在考察了青蛙的动作之后暂时接受下来的那个方案,现在我们会怎么想呢?(参见前面第 25—26 页)我们记得,那时我们将整个低级中枢看作是专门用来对当下感觉印象做出反应的机器,而将大脑半球看作是同样专门用来根据内部的考虑或观念而行动的器官;而且,继梅纳特之后,我们认为大脑半球没有与生俱来的进行确定活动的趋向,而只是追加器官,用来打破低级中枢做出的各种反射,并以新的方式将它们的运动和感觉元素结合起来。我们还记得,我曾预言在完成对进一步事实的考察之后,我们应该有责任使这一明显的区分变得温和些。现在是进行这种修正的时候了。

更加广泛和完备的观察表明,与梅纳特方案所允许的情况相比,低级中枢有更多的自发性,而大脑半球则更自动。施拉德在戈尔茨实验室中对无大脑半球的青蛙[1]和鸽子[2]进行的观察,提供了一种与目前对这些动物的经典描述完全不同的观念。斯坦纳(Steiner)[3]对青蛙的观察已经在这同一个方向上走了相当一段路

---

[1] 《弗吕格文库》(1887),第 41 卷,第 75 页。
[2] 同上,(1889),第 44 卷,第 175 页。
[3] 《蛙脑生理学研究》(*Untersuchungen über die Physiologie des Froschhirns*)(1885)。

程,例如,他表明位置移动是延脑的一个发展良好的功能。但是,通过极为小心地做手术,并使青蛙长时间地存活,施拉德发现,当青蛙被刺痛激起时,至少有一些青蛙的脊髓可以引起位移的运动,而且当延脑以上的部分都不复存在了时,游泳和鸣叫有时仍然能够进行。[1] 施拉德的无大脑半球青蛙自发地移动、吃食飞虫、把自己埋到地里,总之,它们做着许多在施拉德的观察之前人们认为除非大脑半球存留否则就不可能做的事情。斯坦纳[2]和武尔皮安在没有大脑半球的鱼那里观察到了更大的活力。武尔皮安在谈到他的那些无脑鲤鱼时说,[3]手术三天之后,其中的一条鱼向食物和绳子一端系着的结奔去,把后者紧咬在双颌之间,以至于它的头都露出了水面。后来,"它们看见了蛋白碎块;这些蛋白碎块刚在它们的面前沉入水中,它们就追过去咬住这些碎块,有时是在这些碎块沉入水底之后,有时是在这之前它们就咬住了。在捕捉和吞食这些食物的过程中,这些鱼所做的动作与同一养鱼池中的正常鲤鱼所做的动作是一样的。唯一的区别是,它们似乎是在较近的距离看到这些食物,在养鱼池底部的各个地方追逐这些食物时,不是那么迅疾和有耐性,但它们有时会与正常的鲤鱼争斗(可以这么说),来夺取那些蛋白碎块。它们肯定没有将蛋白碎块与水底的其他白色物体如小鹅卵石弄混。那条手术三天后咬住绳结的鲤鱼,此时不再去咬绳结了,如果有人把一个绳结靠近它,它会在绳结碰到它

---

[1] 在上述引文中,第80、82—83页。施拉德还发现当延脑在正好位于小脑后面的地方被切开时,仍然会有刺痛反射。
[2] 《柏林科学院会刊》(1886)。
[3] 《报告》(*Comptes Rendus*),第102卷,第90页。

的嘴之前向后游,从而避开它"①。读者可能会记得,在第 9 至 10 页,我们已经列举了那些与青蛙的脊髓和丘脑相关的对新条件的行为适应,这些行为适应曾经一方面使弗吕格和刘易斯,另一方面使戈尔茨将那种与以大脑半球为处所的智能相类似的智能定位在了这些器官里。

有相当令人信服的证据表明,在失去两个大脑半球的鸟的一些行为后面,带有有意识的意图。施拉德在鸽子那里发现,嗜睡状态只持续了三四天,之后这些鸟就开始不知疲倦地在房间里走来走去。它们爬出它们所在的盒子,跳过或者飞过障碍物,而且它们的视觉是如此之好,无论是在行走中,还是在飞行中,它们都不曾撞上房间里的任何物体。它们还有明确的目标或目的,当它们站立的地方因晃动而变得不舒服时,它们会直飞起来寻找更方便的栖息之地;而且在几个可能成为栖息地的东西中间,它们总是选择最方便的那一个。"如果我们让鸽子选择是飞向一条水平的横木(Reck),还是飞向距离同样远处的一张桌子,她总是坚定地优先选择桌子。确实,甚至在桌子比横木或椅子还要远几米的时候,她也会选择桌子。"将鸽子放在椅子的靠背上,它就先飞到椅坐上,然后再飞到地板上,而且通常"会舍弃高的位置,尽管这个高位可以给她以足够牢靠的支撑,为了到达地面,她会利用周围物体作为飞行的中间目标,对这些物体的距离表现出完全正确的判断。虽然能够直接飞到地面,她还是愿意用相继的阶段来完成她的旅

---

① 《科学院报告》(*Comptes Rendus de l'Acad. d. Sciences*),第 102 卷,第 1530 页。

程……。一旦到达地面,她几乎就不会再自发地飞到空中了"①。

失去两个大脑半球的幼兔会站立、奔跑、为噪声所惊吓、躲避路途中的障碍物,并且在受伤时会发出回应性的痛苦叫声。老鼠也会做同样的事情,而且防卫性更强。一次性接受这种手术的狗肯定存活不下来。但是,在第 70 页提到的戈尔茨最后的那只狗,据说在通过一系列的切除手术失去了两个大脑半球,以及它的纹状体和丘脑都软化了之后,仍存活了 51 天,这表明中脑中枢和脊髓甚至在犬类中也可以起多大的作用。总之,我们在这些观察中看到的存在于低级中枢里面的反应的数量,很好地支持了梅纳特方案,这是就其应用于低等动物而言的。那个方案主张,大脑半球只是一种纯粹的补充物或者是重复的器官,而根据这些观察,它们显然在很大程度上就是这样。但是,梅纳特方案还主张,低级中枢的反应全部是与生俱来的,而我们不能完全确信其中一些我们讨论过的反应不是在受伤之后才获得的;而且,它还进一步主张,它们应当是机器般的,但是它们的一些表现让我们怀疑它们是否不能由一种低级智能所引导。

甚至在低等动物那里,我们也有理由弱化这个方案所要求的大脑半球和低级中枢之间的对立。确实,大脑半球可能只是低级中枢的补充,但是后者在性质上与前者相似,并且至少具有少量的"自发性"和选择性。

但是在猴子和人这里,这个方案几乎就完全失灵了;因为我们发现,大脑半球并非仅仅是随意地重复低级中枢作为机器所做

---

① 在上述引文中,第 216 页。

出的动作。有许多功能是低级中枢自身完全无法行使的。如果人或者猴子的运动皮层受损,真正的瘫痪就会随后发生,这种瘫痪在人这里是无法治愈的,在猴子那里也几乎是这样,或者完全就是这样。塞甘博士认识一个因皮层损伤而患上偏盲的人,他的偏盲一直毫无变化地持续了23年。"创伤抑制"不可能对此做出解释。这种失明肯定是由基本视觉器官的丧失而导致的一种"机能缺失现象"(Ausfallserscheinung)。那么,似乎这些高等动物的低级中枢与处于动物等级更下方的动物的低级中枢相比,一定不那么充分;而且甚至对于运动和印象的某些基本结合而言,大脑半球的协作从一开始就是必要的。甚至对于鸟和狗,当额叶被切除时,正常吃东西的能力也丧失了。①

明显的事实是,人和兽类的大脑半球都不是我们的方案所说的未开发器官。它们在出生时远不是无组织的,它们一定具有与生俱来的确定种类的反应倾向。② 这些是我们称之为情绪和本能的倾向,在本书后面的章节中我们会对此做细致的研究。本能和情绪都是对特殊种类知觉对象的反应;它们依赖于大脑半球;而且它们首先是反射的,也就是说,它们在第一次遇到刺激对象的时

---

① 戈尔茨:《弗吕格文库》,第42卷,第447页;施拉德:同上,第44卷,第219页以后。然而,这种症状有可能是创伤抑制的结果。

② 几年前,关于大脑半球是完全多余的东西的理论之最强有力的论证之一,是索特曼(Soltmann)的经常被人引证的观察,即新出生小狗的皮层运动区不能被电刺激激发,而只有在两个星期之后才变得可以这样,这大概是低级中枢的经验教育它承担起运动责任之后。然而,帕内斯后来的观察似乎表明,索特曼可能被其实验对象的过度麻醉所误导了(《弗吕格文库》,第37卷,第202页)。在1889年的《神经病学中心报》的第513页,贝希德莱站在索特曼一边返回到这一主题,但却没有注意到帕内斯的工作。

候产生,没有预谋和思考相伴随,并且是不可抗拒的。但是它们在某种程度上可以为经验所改变,特别是本能,后来再遇到这个刺激对象,盲目冲动的性质就比最初时要少了。在第二十四章,所有这些问题都会得到比较详细的解释。同时,我们可以说,人的情绪和本能反应的多样性,与广泛的联想能力一起,使对最初的感觉和运动搭档进行广泛的再匹配成为可能。一种本能反应的结果通常被证明是相反反应的激起者,而后来受到最初对象的提示,则可能完全抑制最初的反应,就像那个婴儿和火焰的例子的情况一样。大脑半球无需像梅纳特方案所要求的那样最初作为一块白板来接受这种训练,而且它们并非只为低级中枢所训练,它们也训练自己。①

我们已经注意到,普通无脑青蛙对恐惧和饥饿没有反应。施拉德对他那些在移动和发声方面和以前一样活跃的无脑鸽子的本能缺失状态给出了惊人的解释。"无大脑半球的动物在一个所有物体……对于他来说都具有同等价值的世界中活动……。用戈尔茨的恰当的措辞来说,他是没有人情味的……。对于他来说,每个物体都只是一个占有空间的东西,他跑向一只普通鸽子与跑向一

---

① 明斯特贝格(Münsterberg)[《意志行为》(*Die Willenshandlung*)(1888),第134页]在总体上对梅纳特方案提出了挑战,他说虽然在我们的个人经验中有大量最初的随意行为后来变成了自动的或反射的这样的例子,但是我们却没有一个关于最初的反射行为变成随意行为的有意识记录。——就有意识的记录而言,即使梅纳特方案完全是对的,我们也不可能得到这样的记录,因为就事情的本性来说,那个方案所要求的大脑半球训练一定要发生在回忆之先。但是在我看来,就来自于低级中枢的反射而言,明斯特贝格对那个方案的拒绝可能是正确的。在心理发生学这一领域中,我们处处感到自己实际上是多么的无知。

块石头没有什么两样。他会试图爬到这两个东西上面去。所有作者都同意,不管是一个无生命物体、一只猫、一只狗,还是一只被捕食的鸟出现在他们的鸽子面前,他们都不曾发现过有任何的区别。这个家伙既不认识朋友,也不认识敌人,在稠密的鸽群中隐士般地生活着。雄性鸽子渴望的咕咕叫声,并不比咔咔作响的豌豆或者在鸽子受伤前用来召唤鸽子等待喂食的呼叫口哨能唤起更多的印象。我和早些时候的观察者一样,很少看到无大脑半球的雌鸟对雄鸟求爱的回应。无大脑半球的雄鸟会一整天都在那里求爱,并且表现出明显的性兴奋迹象,但是他的活动没有任何对象,雌鸟是否在那里对于他来说完全无关紧要。如果将一只雌鸟放在他的近旁,他对她也完全不在意……。雄鸟不关注雌鸟,雌鸟也不关注她的后代。幼鸟会追随着母亲不停地要求喂食,但他们也会向着一块石头要食吃……。无大脑半球鸽子具有最大程度的驯服,他们像猫和猛禽一样不怕人。"[①]

现在将我们讨论过的所有事实和思考放在一起,我认为我们似乎不能再严格地持有梅纳特方案了。如果它有适用之处,那就是适用于最低等动物;但是在这些动物那里,特别是它们的低级中枢似乎也拥有某种程度的自发性和选择性。总之,我认为我们不得不用下述一般设想来取代它,这类一般设想能容纳我们所了解的动物学差异,并且具有足够的模糊性和灵活性,可以接受任何未来的细节上的发现。

---

[①] 《弗吕格文库》,第44卷,第230—231页。

# 结　　论

所有动物的全部中枢,虽然一方面是机械装置,但是另一方面却可能是或者至少曾经是意识的器官,尽管意识无疑在大脑半球比在任何其他地方都发达得多。意识一定在所有的地方都更喜欢它的一些感觉而不是其他感觉;如果在这些感觉不在场时它能够回忆起它们,无论多么模糊,它们就一定是其欲望的目的。而且,如果它在记忆中能够识别可能曾经导致这类目标的任何运动释放,并且将这类目标与这些运动释放联结起来,那么这些运动释放自身就可能反过来又作为手段而成为被欲望的东西。这是意志的发展,它的实现当然必须是与意识的可能复杂程度成比例的。甚至脊髓也可能拥有某种这个意义上的微小的意志力,拥有由于新的感觉经验而向更改了的行为做出努力的力量。①

---

① 自然,正如希夫很久以前就指出的[《肌肉神经生理学教科书》(*Lehrb. d. Muskel-u. Nervenphysiologie*)(1859),第 213 页以后],"脊髓精神"(Rückenmarksseele)(如果它现在存在的话)不可能具有更高级的感觉意识,因为它的流入神经流完全来自皮肤。但是它可以模糊地感受、偏爱和欲望。关于支持这种论述的观点,参见:G. H. 刘易斯,《普通生命的生理学》(*The Physiology of Common Life*)(1860),第 9 章。戈尔茨[《青蛙的神经中枢》(*Nervencentren des Frosches*)(1869),第 102—130 页]认为,青蛙的脊髓不具有适应能力。在他的这类实验中,情况可能是这样的,因为被斩首的青蛙生命短暂,使它没有时间学习所要求的新技能。但是罗森塔尔(Rosenthal)[《生物学中心报》(*Biologisches Centralblatt*),第 4 卷,第 247 页]和门德尔松(Mendelssohn)[《柏林科学院会刊》(*Berlin Akad. Sitzungsberichte*)(1885),第 107 页]在对青蛙脊髓简单反射的研究中表明,存在某种对新条件的适应,因为当通常的传导通路由于切除而阻断了时,新的通路又会形成。根据罗森塔尔的看法,随着这些通路更经常地得到利用,它们也就相应地更加畅通了(所需的刺激更小了)。

## 第二章 大脑的功能

这样,所有神经中枢首先就有一个基本功能,即"智能"活动的功能。它们感受、偏爱一个东西而不是其他,并且有"目的"。然而,和所有其他器官一样,它们从祖先进化到后代,而且它们的进化有两个方向,低级中枢向下进入更快捷的自动化,高级中枢则向上进入更全面的智力。① 因此,情况可能是这样,那些能够安全地变得始终如一和不可避免的功能,最少有心的伴随,而它们的器官即脊髓则成为了越来越没有灵魂的机器;相反,那些曾使动物适应微妙环境变化的功能,越来越转到了大脑半球,随着动物进化的进程,大脑半球的解剖学结构和相伴随的意识就变得越来越精细了。这样,人们可能会想,基底神经节自身在人和猴子这里比在狗那里所能做的事情应当更少,在狗那里比在兔子那里更少,在兔子那里比在鹰那里更少,②在鹰那里比在鸽子那里更少,在鸽子那里比在青蛙那里更少,在青蛙那里比在鱼那里更少,而大脑半球则应当相应地做得更多。功能向不断扩大的大脑半球的这种迁移自身,就是进化的变化之一,它可以像大脑半球自身的发展一样,或者由幸运的变异,或者由遗传下来的使用效果得到解释。根据这种看法,我们不应当将人类大脑半球的训练所依赖的反射活动单独归因于基底神经节。它们是大脑半球自身中的倾向,与延脑、脑桥、视叶和脊髓的反射活动不同,它们可以通过训练发生变化。这类大脑反射活动如果存在,就构成了用来获得以后可以引起心理

---

① 这种进化是通过对获得的习惯的遗传,还是通过对幸运变异的保存而发生的,这是我们无需在这里讨论的另一个问题。我们将在本书的最后一章考虑这个问题。对于我们现在的目的而言,进化的运作方法是无关紧要的,只要它能够发生就可以了。

② 参见施拉德的《观察》(*Observation*),在上述引文中。

世界中各种"搭档变化"的记忆和联想的基础,与梅纳特方案所提供的几乎一样好。如果需要的话,婴儿和蜡烛的示意图(见第25页)可以被重新剪辑为完全是大脑皮层的事务。最初的触摸倾向是一种皮层本能;灼伤在皮层的另一个部分留下意象,这个意象通过联想回忆起来,就会在下一次感知到蜡烛时抑制触摸倾向,并激发起缩回手的倾向——于是,视网膜图像到那下一次就会与疼痛的最初运动搭档配成对。由此,我们就得到了梅纳特方案所包含的全部心理学真理,而又不使自己卷入到一种令人怀疑的解剖学和生理学之中。

在我看来,我们可以最安全地沉湎于这类关于中枢进化、关于意识与这些中枢以及大脑半球与其他脑叶关系的模糊看法。如果没有其他好处,它至少也使我们在试图用任何一种一般性方案来覆盖那些事实的时候认识到,我们的知识裂缝有多么巨大。

# 第三章　论大脑活动的一些一般条件

我们还远没有令人满意地弄清大脑功能所依赖的神经组织的基本性质。由于显而易见而最先提示给心的方案肯定是错的：我是指这样的观点，即每个细胞代表一个观念或者观念的一部分，观念由纤维联结起来或者（用洛克的短语说）"绑成一捆"。如果我们在黑板上将观念间的联想法则做成一个象征性的示意图，我们就一定会在那上面画上圆圈或者某种闭合图形，并将它们用线联结起来。当我们听说神经中枢包含负责送出纤维的细胞时，我们就说自然为我们实现了这个示意图，说思维的机械基础是简单明了的。确实，我们的示意图必须以某种方式实现于大脑之中；但肯定不是以我们最初猜想的那种明显和明白的方式。[①] 大脑半球中大量的胞体是无纤维的。在纤维被送出的地方，它们立刻就分成了无法追踪的衍生物；我们在哪里也看不到两个细胞间像黑板上的一条线那样简单、粗略的解剖学联系。人们已经发现，太多的解剖学内容要求有理论的目的，甚至解剖学家也这样看；关于细胞和纤维的大众科学看法几乎整个远离了真理。因此，让我们将大脑内部运作的主题移交给

---

[①] 我将在后面对这种图式进行更多的讨论。读者将会一劳永逸地理解它是象征性的；以及对它的使用至多表明在心理过程和某种机械过程（不必就正是所描述的那种）之间存在着多么深刻的一致性。

未来的生理学，只谈现在必须要讨论的几个要点。

## 刺激的聚合

这里首先要说的是同一神经通道中的刺激的聚合，这一性质对于理解许多神经生活、因而还有心理生活的现象来说是极为重要的，我们有必要在继续探讨这个问题之前，对它的含义形成一个清楚的概念。

这个法则就是，自身不足以刺激神经中枢做出有效释放的刺激，通过与一个或者多个其他刺激（它们自己同样也是无效的）共同作用，就会引起那种释放。思考这个问题的自然方法，就是将它看作是最终克服了阻力的紧张的聚合。最初的紧张造成了"潜在的兴奋"或者"提高了的应激性"——就实际结果而言，这个短语是非实质性的；最后的紧张就是压垮骆驼背的草秆。如果神经过程有意识相伴随，最后的爆发就总是涉及到具有或多或少实质意义的生动的感受状态。但是，没有理由认为由于这些紧张是次量极的，而且从外表看是没有效果的，所以它们在决定当时个体的整个意识方面可能也不起任何作用。在后面几章，我们将有大量的理由设想，它们确实起了这样的作用，而且如果没有它们的贡献，自始至终都是心之对象的至关重要组成部分的关系边缘，就决不会来到意识之中。

对于要在这几页详细引证的证据而言，这一主题的生理学味道太重了。我在下面的注释里为也许有兴趣将这一主题探究到底的读者提供几条参考；①在这里我只想简单地说，对皮层中枢的直接电刺激充分证明了这一点。因为最早期的实验者发现，尽管当使用单一诱导电击时需要有极强的电流才能引起运动，快速连续运用诱导电击（"感应电流疗法"），就会在电流相对较弱的情况下引起运动。一项出色研究中的一段引文可以进一步展示这一法则：

> 如果我们连续用引起[狗指状伸肌肌肉]最小肌肉收缩所需的电流强度以短暂的间隔刺激大脑皮层，肌肉收缩的量就会逐渐增加至最大的程度。每一个较早的刺激都有一种增加随后刺激的效力的作用。关于这种刺激的聚合……，可以注意下述几个要点：（1）单独存在时完全没有效力的单一刺激，

---

① 瓦伦丁（Valentin）：《全部生理学文库》(*Archiv f. d. gesammt. Physiol.*)（1873），第458页。斯特林（Stirling）：《莱比锡科学院报告》(Leipzig Acad. Berichte)（1875），第372页《生理学杂志》，1875）。J. 沃德（J. Ward）：《（解剖学和）生理学文库》(1880)，第72页。H. 休厄尔（H. Sewall）：《约翰·霍普金斯研究》(*Johns Hopkins Studies*)（1880），第30页。克罗耐克（Kronecker）和尼古莱德斯（Nicolaides）：《（解剖学和）生理学文库》(1880)，第437页。埃克斯纳：《生理学文库》（1882），卷28，第487页。埃克哈德（Eckhard）：在赫尔曼（Hermann）的《生理学手册》(*Handbuch der Physiologie*)，卷 I，册 II，第31页。弗朗西斯-弗兰克：《大脑驱动功能作用教程》，第51页以后，第339页。——关于神经和肌肉中的聚合过程，参见赫尔曼：同上，册 I，第109页，以及第1卷，第40页。还有冯特：《生理心理学》，I, 243以后；里奇特（Richet）：《莫雷实验室的业绩》(*Travaux du Laboratoire de Marey*)（1877），第97页；《人与智能》(*L'Homme et l'Intelligence*)，第24页以后，第468页；《哲学评论》(*Revue Philosophique*)，XXI 册，第564页。克罗耐克和霍尔：《（解剖学和）生理学文库》(1879)；舍恩雷（Schonlein）：同上（1882），第357页。瑟托利（Sertoli）：《霍夫曼和施瓦柏年报》(*Hofmann and Schwalbe's Jahresbericht*)（1882），第25页。德沃特威尔（De Watteville）：《神经病学中心报》（1883），No. 7。格林哈根（Grünhagen）：《生理学文库》（1884），第34卷，第301页。

可以通过足够快速的重复而变得有效力。如果使用的电流比激起最初的收缩所需要的电流弱得多，那么，在运动出现之前就需要进行大量的连续电击——20次，50次，有一次甚至需要106次。(2)刺激聚合发生的容易程度与刺激间隔的短暂成比例。一个过于微弱而不能在电击间隔为3秒时产生有效聚合的电流，当电击间隔缩短为1秒时，就能产生这样的聚合。(3)不仅电刺激会带来使随后的刺激得到加强的变化，而且每一种可以引起收缩的刺激都是如此。人们发现，如果以任何方式使被实验的那块肌肉产生了反射收缩，或者如果那个动物自发产生了这块肌肉的收缩（如经常发生的在深呼吸中"由共感"而发生的收缩），一直到那时都不起作用的电刺激，如果立即施用，就会强有力地发生作用。[①]

而且：

在吗啡麻醉的特定阶段，如果恰恰在将一种无效弱电击施加于运动中枢之前，身体特定部位的皮肤受到温和的触觉刺激，这种无效弱电击就会发生强的效力……。如果在确知电流为次极小的强度，并且反复让自己确信它的无效性之后，我们将手在皮层中枢受到刺激的手爪皮肤上地轻轻划过，就会发现电流立刻就非常有效力了。应激性的增加在消失之前会持续几秒钟。有时，轻轻抚摸一下手爪只足以使以前无效

---

[①] 巴诺夫（Bubnoff）和海登汉（Heidenhain）："论大脑运动中枢的兴奋和抑制过程"（Ueber Erregungs- und Hemmungsvorgänge innerhalb der motorischen Hirncentren），《生理学文库》(1881)，第26卷，第156页。

的电流引起一种非常微弱的收缩。通常,重复触觉刺激会增加收缩的程度。①

我们在实际生活中经常使用刺激的聚合。如果一匹拉车的马滞足不前,让它跑路的最后的办法就是同时运用几种它所习惯的刺激。车夫使用缰绳和声音,一个旁观者拉它的头,另一个旁观者鞭打它身体的后部,指挥者摇铃,下车的乘客推动车厢,所有这一切都在同时发生,于是它的固执通常就屈服了,它就会高兴地上路了。当我们努力回忆一个被遗忘的名字或者事实时,我们尽可能多地去寻找"线索",通过共同的作用,它们就会召回其中任何一个都无法单独召回的东西。看见死亡的猎物,通常不会刺激一只野兽去追捕,但是如果在那个外观上再加上运动的视觉,追捕就开始了。"布吕克(Brücke)注意到,他的无脑母鸡不会尝试去啄食她眼皮底下的谷粒,但是如果将谷粒用力抛在地上以产生咔嗒咔嗒的响声,她就会去啄食谷粒了。"②"艾伦·汤姆森(Allen Thomson)博士在地毯上孵出了一些小鸡,并让它们在那上面生活了几天。它们没有表现出刮擦的倾向,……但是,当汤姆森博士在地毯上撒了一些砂砾时,……这些小鸡立刻就开始了它们的刮擦动作。③对于狗(其实人也是一样),陌生人和黑暗都是恐惧和不信任的刺

---

① 《生理学文库》(1881),第 26 卷,第 176 页。埃克修尔(Exuer)认为[同上(1882),第 28 卷,第 497 页],这里的聚合是在脊髓中发生的。就关于聚合的一般哲学思考而言,这种特殊的聚合发生在哪里并不重要。

② G. H. 刘易斯:《心的物理基础》第 479 页,在这里有许多类似的例子,第 487—489 页。

③ 罗马尼斯(Romanes):《动物心理进化》(Mental Evolution in Animals),第 163 页。

激物。这二者单独都不会唤起明显的表示,但是它们合在一起,也就是说,当在黑暗中遇见陌生人时,狗就会受到刺激而发出猛烈的挑衅。[①] 沿街叫卖的小贩很了解聚合的效力,他们在人行道上排成一排,通过反复恳求的作用,过路者通常就会从他们中的最后一个人那里购买他在第一个人那里拒绝购买的东西。失语症提供了许多聚合的例子。一个叫不出只是出示给他的物体名称的病人,当不仅看到而且也触摸到这个物体时,就会叫出名称来,等等。

聚合的例子可以无限地增加,但是抢先谈论后面几章的内容几乎并不值得。关于本能、思想流、注意、辨别、联想、记忆、审美和意志的章节,将包含大量这一原理在纯心理学领域中产生影响的例证。

## 反 应 时 间

近年来人们最为孜孜追求的实验研究路线之一,就是弄清神经事件所占用的时间。这是由赫尔姆霍茨(Helmholtz)发现

---

① 参见马赫(Mach)的《感觉分析论文集》(*Beiträge zur Analyse der Empfindungen*)第36页中的一个类似的例子,那里的动物是麻雀。我的年幼孩子们会害怕他们自己的哈巴狗,如果它在他们上床熄灯以后进入他们的房间。再来比较这段话:"对一个农民提出第一个问题,通常最多就像是一下拍打,使他迟缓地调整自己的耳朵。一个苏格兰农民的不变的回答是'你唔什么?'——这样一句英语,茫然地凝视着你。要得到他们的回答,需要提第二个甚至第三个问题。"[R. 福勒(R. Fowler):《对盲、聋、哑人心理状态的一些观察》(*Some Observations on the Mental State of the Blind, and Deaf, and Dumb*)(Salisbury,1843),第14页。]

青蛙坐骨神经流的速度开始的。但是,他使用的方法很快就被应用于感觉神经和中枢,而当研究的结果被描述为对"思想速度"的测量时,这结果就赢得了极为广泛的科学赞赏。"像思想一样快"这个短语,在远古时期就表示所有在速度测定方面的奇妙和难以捉摸的东西;科学将其毁灭之手伸向这一奥秘的方式,使人们想起富兰克林(Franklin)最先"从天上取下闪电",预示更新和更冷酷的神之统治的日子。我们将在它们自然所属的章节对各种测量过的操作逐一进行讨论。然而,我现在就可以说,"思想的速度"这个短语是误导的,因为在任何一个案例中在测量时间里发生了什么独特的思想动作,这一点还完全不清楚。"神经活动的速度"也很可能会受到同样的批评,因为在大多数案例中我们不知道发生了什么独特的神经过程。这里的时间真正代表的是对刺激所做反应的总的持续时间。反应的某些条件已经预先准备好了;这就是我们称之为期待状态的对运动和感觉紧张的预想。无论是从神经的还是从心理的角度,在反应所占的实际时间中到底发生了什么(换句话说,到底是什么东西添加到了先已存在的紧张之上而引起了实际的释放),现在我们还没有弄清楚。

所有这些研究所使用的方法基本是相同的。某种信号传递给被试,并在那同一时刻在记时装置上将自己记录下来。然后,被试做出某种肌肉动作,这就是"反应",它也自动地将自己记录下来。这两个记录之间所经过的时间就是那个观察的总时间。当然,有各种类型的记时工具。

一种类型的记时工具是一只由熏纸覆盖着的旋转的鼓,一

```
           信号        反应
            ↓          ↓
     ┌─────────┐ ┌────────────┐
     │         └─┘            │── 反应线
     │ ～～～～～～～～～～～～ │── 时间线
     └────────────────────────┘
```

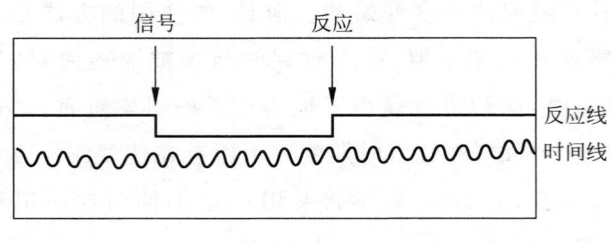

图 22

支电子笔在上面画线，信号中断它，"反应"又使它继续；同时另一支电子笔（与以已知速度振动的摆或者金属棒相连接）在前面那条线的旁边画下一条"时间线"，在这条线上，每一个起伏或环节都代表一秒钟的特定片断，反应线上的中断可以以这条线为标准得到测量。比较图 22，在那里那条线为第一个箭头处的信号所中断，又为第二个箭头处的反应所继续。路德维希（Ludwig）的转筒记录器和马瑞（Marey）的记时器是这类工具的很好的例子。

另一种类型的工具的代表是记秒表，希普（Hipp）的千分秒表是其最完善的形式。表盘上的指针可以测量短至 1/1000 秒的间隔。信号（通过一种适当的电连接）使它开始；反应使它停止；通过读出它的最初和最终的位置，我们立刻就知道了我们所寻求的时间。一种更简单的工具是埃克斯纳和奥伯斯坦纳（Obersteiner）的"心理反应测时器"，虽然运作并非十分令人满意，但我画出的是由我的同事 H. P. 鲍迪奇（H. P. Bowditch）教授设计的更改后的形式，它运作得非常好。

在不同的实验中，信号和反应与计时装置相联系的方式多种

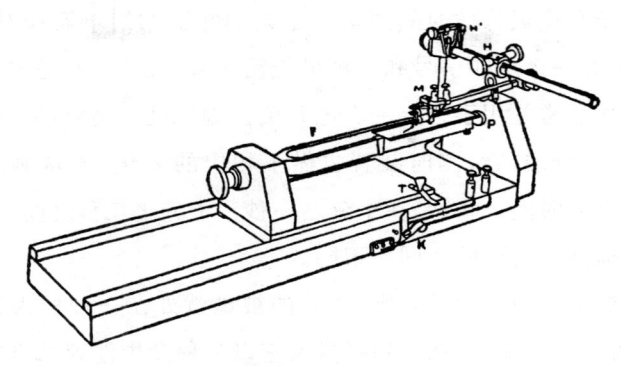

第三章　论大脑活动的一些一般条件

图 23　鲍迪奇的反应测时器

F 是带着一个小金属板的转叉，金属板托着纸，电子笔 M 在纸上做着图录，并且滑入到底板凹槽中。P 是一个栓，当向前推至它的极限时，它就将转叉的叉头分开；当拉回到特定的点位时，就将叉头放开。这样转叉就会振动，它的向后的运动持续着，一道波形线就由那支笔在熏纸上画了下来。在 T 处有一个固定在转叉架上的舌，在 K 处有一个可以由舌开启且与那支电子笔相连的电子栓。在开启的瞬间，笔改变它的位置，就在纸的不同高度画出了那条波形线。开启可以以各种不同的方式作为给反应者的信号，而他的反应则可以用来关闭那支笔，此时那条线就回到了它最初的高度。反应时间 = 在第二高度图录下的波的数量。

多样。每一个新问题都要求这种装置有某种新的电子或者机械 88 配置。①

----

① 读者可以在 J. 马瑞的《图解法》(La Méthode Graphique)第 2 部分第 2 章中找到大量关于测时装置的材料。我们只用一只表作为工具就可以进行很好的测量，这需要有大量的反应，把每一个反应都当作下一个反应的信号，并且用它们占用的整个时间除以它们的数量。O. W. 霍尔姆斯(O. W. Holmes)博士最先提出这一方法，贾斯特罗(Jastrow)教授具有独创性地详尽阐述和运用了这一方法。参见《科学》(Science)(1886), 9 月 10 日。

复杂程度最低的时间测量法是人们知道的简单反应时间,在这里,只有一个可能信号和一种可能动作,而且二者都是事先已知的。动作通常是用手合上一个电开关。脚、下巴、嘴唇甚至眼皮都曾被用作反应器官,测时装置也做了相应的变化。① 从刺激到动作所经过的时间,通常是在十分之一秒和十分之三秒之间,依我将在后面提到的情形的不同而不同。

只要反应短暂而且规则,实验的被试就处在一种极为紧张的状态,当信号到来时,就感到好像是它以一种命中注定的方式开始了反应,好像知觉或者意志的心理过程都没有机会介入。整个连续的过程是如此之快,以至于知觉好像成了反省的,事件的时间顺序好像是从记忆中读取的,而不是在那一时刻知道的。这至少是我自己对这个问题的个人经验,而且我发现其他人也同意这一点。问题在于,在我们内部,在大脑中或者心中,发生了什么?要回答这个问题,我们必须分析反应包含了什么过程。很显然,下面的每一个阶段都用去了一些时间:

(1)刺激物对外周感觉器官给予充分的刺激,以使神经流能够进入感觉神经;

(2)感觉神经被打通;

(3)在中枢里面发生从感觉流到运动流的转换(或反应);

(4)脊髓和运动神经被打通;

(5)运动流刺激肌肉至收缩点。

当然,在肌肉之外,在关节、皮肤等地方,在实验装置的不同部

---

① 关于几种变更,参见卡特尔(Cattell),《心》,XI,第 220 页以后。

分之间,也失去了时间;而且,当将作为信号的刺激施加于躯干或者四肢的皮肤时,脊髓中的感觉传导也用去了时间。

我们在这里唯一感兴趣的是标记为(3)的那个阶段。其他阶段涉及的都是纯生理过程,但阶段(3)是心理-物理的;也就是说,它是一个高级中枢过程,并且可能有某种意识与之相伴随。哪一种呢?

冯特很容易就确定这是一种非常精细的意识。他区分了有意识地接收印象的两个阶段,称其中一个为知觉,另一个为统觉,把一个比作对象进入视野外围的单纯入口,将另一个比作对象占据了焦点或者观点。在我看来,根据冯特对这两个术语的使用,对对象的无注意觉知和对这个对象的注意,似乎就是知觉和统觉。在这两种对印象的觉知的形式之上,冯特又加上了做出反应的有意识的意志,他给这一三重唱起了一个名字,叫做"心理-物理"过程,并且设想它们实际上就是以被命名的顺序相继发生的。① 至少我是这样理解他的。确定这个心理-物理阶段(3)所用时间的最简单的办法,就是分别确定几个纯物理过程(1)、(2)、(4)和(5)的持续时间,然后从整个反应时间中将它们减去。曾有人做过这样的努

---

① 《生理心理学》,II,第221—222页。还可参见第一版的第728—729页。必须承认,我发现冯特关于"统觉"的说法既踌躇又模糊。我认为按他那种用法,这个词在心理学中毫无用处。注意、知觉、概念性认识、意志都是其足够的等价物。为什么我们需要一个单一的术语来轮流表示所有这些东西,冯特没有能够说清楚。然而,可以参考他的学生斯托德(Staude)发表于冯特的期刊《心理学研究》(*Psychologische Studien*)第1卷第149页上的文章"统觉的概念"(Ueber den Begriff der Apperception)等,我们可以认为这些文章是具有权威性的。关于对冯特的"统觉"的详细批评,参见马蒂(Marty):《科学哲学季刊》(*Vierteljahrschrift für Wissenachaftliche Philosophie*),x,第346页。

力。① 但是，用作计算的数据太不准确了，而且，正如冯特自己所承认的，②阶段(3)的确切持续时间现在还必须与其他过程的持续时间一起封装在全部反应时间中。

我自己的想法是，在阶段(3)没有发生冯特描述的那种有意识感受的相继。这是一个中枢兴奋和释放的过程，无疑有某种感受与之共存，但我们无法说出这是一种什么感受，因为它是如此短暂，如此快地就为关于进来的印象和已完成反应动作的更真实、更持久的记忆遮蔽了。关于印象的感受、对它的注意、关于反应的思想、做出反应的意志力，在其他条件下无疑都会成为这个过程的链环，③并且会导致相同的反应——在一段更长的时间之后。但是这些其他条件不是我们所讨论的实验的条件；神话心理学（我们将会看到这种心理学的许多后面的例子）能够做出这样的结论，即因为两个心理过程引起了相同的结果，它们在内部主观构造方面一定是相似的。阶段(3)的感受肯定不是清晰的知觉。它只能是单纯的反射释放感。总之，其时间得到测量的反应，是纯粹的反射动作，而不是心理行为。确实，前面的心理条件是这种反射动作的先决条件。注意和意志的准备，对信号的预期和在信号到来的瞬间手臂已对移动准备就绪，被试等待时的神经紧张，这些都是眼下在他那里形成新的反射释放通路或弧的条件。从接收刺激的感官通向释放反应的运动中枢的神经通道，已经由于预感到的神经支

---

① 如由埃克斯纳所做的努力，《弗吕格文库》，VII，第 628 页以后。
② 第 222 页。同时参见里奇特，《哲学评论》，VI，第 395—396 页。
③ 例如，如果在前一天一个人决定要在一个信号到来之时对它做出反应，而现在当我们正在做其他事情的时候它来了，并使我们想起那个决定。

配而兴奋了,预期注意使它达到了这样一种增强了的兴奋程度,以至于信号瞬间就足以引起溢流。① 神经系统中没有任何其他神经通道在此刻处于这种一触即发的状态。其结果是,一个人有时会对错误的信号做出反应,尤其是当它与我们预期的信号是属于同一种类印象的时候。② 但是,如果偶尔我们累了,或者信号出人意料地微弱,我们没有立刻做出反应,而只是在有了关于信号已经到来的明确知觉之后,在一种明确的意志出现之后才做出反应,那么,时间就变得不成比例地长(根据埃克斯纳的研究,③一秒或更长),而且我们会感到这个过程在性质上也完全不同。

事实上,我们可以立即将刚刚谈到的刺激的聚合应用于反应时间实验。"预期注意"只是一个主观名称,用来指称客观地说是从信号"中枢"到释放中枢的某个通道的局部刺激。在第十一章我们将看到,所有注意都包含由对注意对象的感受所涉及的神经通道的内部而来的兴奋。这里的通道是即将被打通的刺激-运动弧。信号只是来自于外面的火花,它将已经铺设好的导火线点燃。这些条件之下的操作完全与反射动作相类似。唯一的区别是,在普通的所谓反射动作那里,反射弧是器官生长的永久结果,而在这

---

① "几乎用不着说,这些实验的成功在很大程度上取决于我们注意的集中。如果注意不集中,就会得到非常不协调的图形……。这种注意的集中是最令人疲劳不堪的。在一些我想要得到尽可能一致的结果的实验之后,我满身是汗,极度疲劳,虽然在实验的过程中我一直安静地坐在椅子里。"(埃克斯纳,在上述引文中,VII,第618页。)
② 冯特,《生理心理学》,II,第226页。
③ 《弗吕格文库》,VIII,第616页。

里，它是先前大脑条件的暂时结果。①

我可以高兴地说，自从写下前面的段落（以及附属于那些段落的注释）以来，冯特自己已经转向了我所辩护的观点。他现在承认，在最短暂的反应中，"既没有统觉，也没有意志，它们只是由于

---

① 总之，德博甫(Delbœuf)称之为"外感官"(organe adventice)。而且，反应时间与反应自身作为一种反射顺序也是非常一致的。有些反射（如打喷嚏）非常慢。我所了解的对人类被试反射动作的唯一时间测量，是埃克斯纳的眨眼测量[在《全部生理学弗吕格尔文库》(*Pflüger's Archiv f. d. gesammt. Physiol.*)（1874），卷 VIII，第 526 页]。他发现，当刺激是闪光时，眨眼的发生需要 0.2168 秒的时间。对角膜进行强电击使时间缩短到 0.0578 秒。通常的"反应时间"在这两个值之间。埃克斯纳通过消除生理的传导过程来"缩短"时间。他的这样"缩短了的眨眼时间"最短是 0.471 秒（同上，第 531 页），而他的缩短了的反应时间是 0.0828 秒（同上，VII，第 637 页）。除了表明（根据埃克斯纳自己的想法(VII，第 531 页)反应时间和反射时间所测量的是在实质上顺序相同的过程以外，这些数字实际上并没有科学价值。而且，他对这个过程的描述是对反射动作的一种极好的描述。他说："每一个第一次进行反应时间实验的人，只要遇上以最快的速度做动作的情况，都会意外地发现他对自己动作的驾驭是多么地少。不仅他们的能量似乎是在他们所控制的范围之外，而且甚至动作发生的时间也只是部分地取决于我们自己。我们的胳膊痉挛了，事后我们能够以令人惊异的精确性说出，与另一次相比，胳膊的痉挛是快一些还是慢一些，尽管我们没有能力让胳膊恰好在我们想让它痉挛的时候痉挛。"——冯特自己承认，当我们紧张地准备着等待一个强信号时，不存在对"统觉"和运动反应的任何二元性的意识；二者是连续的(《生理心理学》，II，第 226 页）。——卡特尔先生的观点与我所辩护的观点是一致的。"我认为，"他说，"如果有知觉和意欲的过程出现，它们也是非常初步的……。被试（通过随意的努力[在信号到来之前]）将"刺激"中枢和运动协调中枢……之间的交流置于了一种不稳定平衡状态。因此，当神经冲动到达"前一个中枢时，"它就引起两个方向的大脑变化；一种冲动向皮层运动，并在那里引起与刺激相应的知觉，与此同时，一种冲动沿着阻力小的线路到达运动协调中枢，而已经做好准备在那里等待信号出现的特有神经冲动，就从那个中枢传送到手的肌肉上。如果经常做出这样的反应，整个大脑过程就变得自动了，冲动自己就由经常旅行的道路到达运动中枢，释放运动冲动"(《心》，XI，第 232—233 页）。最后，利普斯(Lipps)教授详尽地驳倒了下述观点，即阶段(3)或者涉及有意识的知觉，或者涉及有意识的意志。

练习而产生的大脑反射"①。促使他转向的是 L. 兰格(L. Lange)在他的实验室从事的一些实验,②这些实验使兰格区分了对信号做出反应时调整注意的两种方式,而且他发现这两种方式会产生非常不同的时间结果。在如兰格所称的反应的"极端感觉的"方式下,人会尽可能地专心于所预期的信号,并且"有目的地避免"③去思考将要做出的动作;在"极端肌肉的"方式下,人则"完全不去想"④那个信号,而是尽可能为将要做出的动作准备就绪。肌肉反应比感觉反应要短暂得多,其平均差异大约是十分之一秒。冯特因此而称它们为"缩短了的反应",并且与兰格一样承认它们是单纯的反射;他称感觉反应为"完全的",并且在这个范围内仍然坚持自己最初的观点。然而,在我看来,这些事实甚至都没有保证冯特最初立场的这一点点真实性。当我们开始以那种"极端感觉的"方式做出反应时,兰格说,我们得到的时间非常长,以至于人们一定会将这些时间看作是非典型的而拒绝加以考虑。"只有在反应者通过重复和认真的练习成功地使随意冲动和感觉印象极为精确地协调起来之后,我们才能得到可以被看作是典型的感觉反应时间的时间。"⑤在我看来,这些过长和"非典型的"时间可能就是真正的"完全时间",是清楚的真实知觉和意志过程发生的唯一时间(参见前面第 88—89 页)。通过练习而获得的典型感觉时间可能

---

① 《生理心理学》(1887),第 3 版,第 2 卷,第 266 页。
② 《哲学研究》(*Philosophiche Studien*)(1888),第 4 卷,第 479 页。
③ 在上述引文中,第 488 页。
④ 在上述引文中,第 487 页。
⑤ 在上述引文中,第 489 页。

是另一种反射,与将人的注意集中于动作从而做好准备的反射相比,它没有那么完善。① 时间在感觉方式中比在肌肉方式中有更多的可变性。不同肌肉反应之间的差异几乎微乎其微。只有在这些反应中,才会发生对错误信号做出反应,或者在信号到来之前就做出反应的现象。如果注意未能专一地指向一端,就会发生处于这两种类型之间的时间。显然,兰格对这两种反应的区分非常重要,而且在所有比较研究中,我们都应当致力于可以给出最短和最恒定时间的"极端肌肉方法"。兰格自己的肌肉时间平均为 0.123 秒,他的感觉时间平均为 0.230 秒。

因此,这些反应时间实验决不是对思想之快捷的测量。只有当我们将它们复杂化时,才有可能出现像智力的运作这类东西。它们可以以各种方式被复杂化。反应可以一直抑制着,直到信号有意识地唤起一个清楚的观念(冯特的辨别时间、联想时间)才做出。或者,也许有多种可能的信号,每一种信号都被指派了一种不同的反应,而且反应者可能不知道他将要接收到的是哪一种信号。这样,没有一个初步的识别和选择过程,反应好像就很难发生。然而,在相应的章节中我们将会看到,这类反应涉及到的辨别和选择,与我们在这些名称之下通常意识到的智力运作是非常不同的。同时,简单反应时间仍然是所有这些增加了的复杂性的起点。在所有的时间测量中,它都是基本的生理学常数。这样,它自己的变

---

① 关于与后者相关的大脑过程,兰格提出过一个有意思的假说,对此我只能参考他的论文。

第三章 论大脑活动的一些一般条件

化就有意思了,而且我们必须对它做一个简单回顾。①

反应时间随个体及其年龄的不同而不同。一个个体可能对一种感觉的信号而非其他感觉的信号反应时间特别长[布科拉(Buccola),第 147 页]。年老和未受教育的人反应时间长(在埃克斯纳观察的一个年老乞丐那里是接近 1 秒,《弗吕格文库》,VII,第 612—614 页)。儿童的反应时间长(半秒,布科拉中的赫茨恩,第 152 页)。

练习可以使反应时间缩短到对每一个个体来说不可能再进一步缩短的最小量。在大量的练习之后,上述年老乞丐的反应时间缩短到了 0.1866 秒(在上述引文中,第 626 页)。

疲劳会延长反应时间。

注意的集中缩短反应时间。在关于注意的一章我将对此做详细讨论。

信号的性质使反应时间有所不同。② 冯特写道:

---

① 想要更多地了解这个问题的读者,在 G. 布科拉的《时间法则》(*Legge del Tempo*)等中可以找到对所有已做工作的最忠实的编辑,以及一些更为原始的材料。还可参见冯特的《生理心理学》第 16 章;赫尔曼的《手册》中的埃克斯纳,第 2 卷,第 II 册,第 252—280 页;还有里伯特(Ribot)的《当代德国心理学》(*Contemp. Germ. Psych.*),第 8 章。

② 动作的性质似乎也使反应时间发生变化。B. I. 吉尔曼(B. I. Gilman)先生和我用简单举手以及将手伸向后背,来对同一个信号做出反应。记录下的时刻总是手在开始运动时断开电接触的时刻。但当要做更大的动作时,它就会晚百分之一或百分之二秒开始。另一方面,奥查斯基(Orchansky)对嚼肌的收缩做了实验,发现(《(解剖学和)生理学文库》(1889),第 187 页)所想要的收缩幅度越大,反应时间就越短。他用下述事实来解释这一点,即收缩幅度越大,对注意的要求就越高,而这缩短了反应时间。

我发现对皮肤电刺激印象的反应时间比对真实触觉的反应时间要短,正如下面的平均数所表示的:

|  | 平均数 | 平均变化 |
| --- | --- | --- |
| 声音 | 0.167 秒 | 0.0221 秒 |
| 光 | 0.222 秒 | 0.0219 秒 |
| 电皮肤感觉 | 0.201 秒 | 0.0115 秒 |
| 触觉 | 0.213 秒 | 0.0134 秒 |

我在这里将一些其他观察者获得的平均数放在一起:

|  | 赫希(Hirsch) | 汉克尔(Hankel) | 埃克斯纳 |
| --- | --- | --- | --- |
| 声音 | 0.149 | 0.1505 | 0.1360 |
| 光 | 0.200 | 0.2246 | 0.1506 |
| 皮肤感觉 | 0.182 | 0.1546 | 0.1337[①] |

A. 戈德沙伊德(A. Goldscheider)和温特施高(Vintschgau)(1887)最近测量了温度反应,发现这种反应比触觉反应慢。特别是对热的反应非常慢,比对冷的反应还要慢,差异(根据戈德沙伊德的研究)取决于皮肤的神经终端。

温特施高测量了味觉反应。反应时间随使用物质的不同而不同,到识别发生时最长的反应时间达到了半秒。对物质出现在舌头上的单纯知觉在 0.159 秒至 0.219 秒之间变化(《弗吕格文库》,XIV,第 529 页)。

温特施高、布科拉和博尼斯(Beaunis)研究了嗅觉反应。这些

---

[①] 《生理心理学》,II,第 223 页。

## 第三章 论大脑活动的一些一般条件

反应比较慢,平均大约是半秒[①]。

我们将会观察到,对声音的反应比对视觉或者触觉的反应要快。味觉和嗅觉比它们任何一个都慢。一个个体用了 0.125 秒对舌尖上的触碰做出反应,对施加于同一个地方的奎宁味道做出反应用了 0.993 秒。另一个个体在舌根部位对触碰的反应是 0.141 秒,对糖的反应是 0.552 秒[②]。布科拉发现对气味的反应根据所使用的香料和个体的不同,在 0.334 秒到 0.681 秒之间变化。

信号的强度也有影响。刺激越强,时间越短。赫茨恩[③]比较了同一个被试来自于脚趾上的鸡眼和手上皮肤的反应。同时刺激这两个地方,被试试图同时用手和脚做出反应,但总是脚的动作最快。当被触碰的是脚上的好皮肤而不是鸡眼时,就总是手最先做出反应了。冯特想要表明,当信号刚好能够被感知时,所有感觉的反应时间可能都是相同的,也就是说,大约在 0.332 秒[④]。

当信号是触觉的时,触碰施加的位置对作为结果而发生的反应时间有很大影响。G. S. 霍尔(G. S. Hall)和 V. 克里斯(V. Kries)发现[⑤],这个位置在指尖时比在上臂中部时反应时间要短,尽管在后一种情形下需要穿过的神经干要长得多。这一发现使对人的神经流传送速度的测量变得无效了,因为那些测量都是以对

---

[①] 参见博尼斯,《大脑活动实验研究》(*Recherches exp. Sur l'Activité Cérébrale*,1884),第 49 页及以下诸页。

[②] 布科拉引用的温特施高,第 103 页。

[③] 《普通心理生理学概要》(*Grundlinien einer allgem. Psychophysiologie*),第 101 页。

[④] 《生理心理学》,第 2 版,II,第 224 页。

[⑤] 《解剖学和生理学文库》(*Archiv f. Anat. u. Physiol.*)(1879)。

四肢根部附近和四肢末端附近的反应时间进行比较的方法为基础的。这些观察者还发现,由视网膜的边缘部分看到的信号比由直视看到的同样信号需要的反应时间更长。

季节也有影响,在寒冷的冬日里,反应时间要短百分之几秒①。

麻醉剂也改变时间。咖啡和茶似乎缩短时间。小剂量的葡萄酒和酒精先是缩短时间,然后又延长时间;但如果直接就使用大的剂量,缩短时间的阶段就趋向于消失。至少,这是两个德国观察者的报告。J. W. 沃伦(J. W. Warren)博士的观察比任何先前的观察都更彻底,他发现普通剂量不会引起非常确定的结果②。吗啡延长时间。亚硝酸戊酯延长时间,但在吸入之后反应时间可能会降低到正常水平以下。乙醚和氯仿延长时间③。

某些患病状态自然会延长时间。

催眠迷睡状态没有恒定的效果,它有时缩短时间,有时又延长时间④。

抑制一个动作(如停止下巴肌肉的收缩)所用的时间与引起一个动作所用的时间大致相同⑤。

对于反应时间人们已经做了大量的工作,我只引证了其中的

---

① 温特施高,在(apud)埃克斯纳中,赫尔曼的《手册》,第270页。
② 《生理学杂志》(*Journal of Physiology*),VIII,第311页。
③ 关于权威的记载等等,参见布科拉,第189页。
④ 霍尔,《心》(*Mind*),VIII,第170页;詹姆斯(James),《美国心理学研究会会刊》(Proc. Am. Soc. For Psych. Research),第246页。
⑤ 盖德(Gad),《(解剖学和)生理学文库》(1887),第468页;奥查斯基,同上(1889,1885)。

第三章 论大脑活动的一些一般条件　　**117**

一小部分。这项工作特别需要耐心和严谨的研究者，他们把握住了这个机会。

## 大 脑 供 血

我们的注意要转向的下一个问题是与大脑活动相伴随的循环变化。

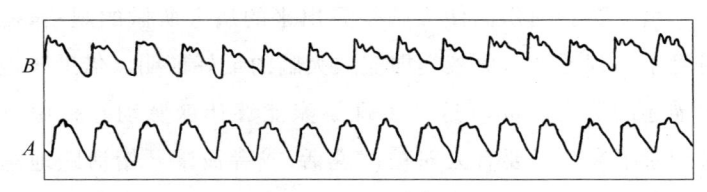

图 24　脉搏描记器记录的脉搏图录。
A. 智力休止期间；B. 智力活动期间。（莫索）

皮层的所有部分在受到电刺激时都会引起呼吸和循环的变化。不管将皮层刺激施加于什么地方，全身血压通常都会升高，虽然观察结果表明运动区是这方面最敏感的区域。在其他地方，电流必须足够强才能引起癫痫病的发作。[①] 人们还观察到了心跳的减慢或加快，而且它们是独立于血管收缩现象的。莫索（Mosso）用他那具有独创性的"体积描记器"作为指示器，发现在智力活动的过程中胳膊供血减少了，并且进一步发现动脉压（如脉搏描记器所显示的那样）在这些肢体中升高了（见图 24）。像由路德维希

---

① 弗朗西斯－弗兰克，《驱动功能》，第 XXII 讲。

教授走进实验室这么一件事所引起的那么微弱的情绪,也会立即引起胳膊供血的减少。① 大脑自身是一个血管过多的器官,事实上是一块充满血液的海绵;莫索的另一项发现表明,当胳膊的供血减少时,更多的血就流向头部。作为观察对象的被试躺在一张有着精细平衡的台子上,如果头或脚那一端的重量有所增加,这张台子就会在那一边向下倾斜。被试的情绪或者智力活动开始的那一刻,由于他体内血液的重新分布,头的那一端就向下倾斜。莫索对三个由于头骨损伤而使大脑暴露出来的病人所做的观察,提供了对发生心理活动时血液立即流入大脑的最好证明。借助于他在书中描述的那些设备,②这位生理学家能够让脑脉动直接由一种图录记录下来。只要有人对被试说话,或者被试开始活跃地思考(如解心算题),颅内血压就会立即升高。莫索在其著作中复制了大量的图录,这些图录表明,只要心理活动由于不管什么智力的或者情绪的原因而加快,供血都会发生瞬时变化。他谈到他的女性被试说,有一天在对她的脑脉动进行图录时,他观察到了一种没有明显外部或者内部原因的突然升高。然而,她事后向他承认,在那一刻她忽然看见房间里一件家具顶部的一个头骨,而这使她发生了轻微的情绪变化。

大脑供血的波动独立于呼吸变化,③而且几乎立即发生在心

---

① 《恐惧》(*La Paura*)(1884),第 117 页。

② 《论人脑中的血液循环》(*Ueber den Kreislauf des Blutes im menschlichen Gehirn*)(1881),第 2 章。导论部分给出了我们以前对这一主题的了解的历史。

③ 格雷(Gley)[《生理学文集》(1881),第 742 页]在这一结论上与莫索教授意见一致。格雷发现,在艰苦的脑力劳动中,他的脉搏加快了一至三下,他的颈动脉膨胀,桡骨动脉收缩。

理活动加快之后。我们必须设想有一种使血液循环服从于大脑活动需要的非常精巧的调节。血液很可能是在每一个大脑皮层区域最为活跃的时候涌向那里的,但是对此我们一无所知。我几乎无需说,神经物质的活动是原初现象,而血液的流入是它的次级结果。许多知名作者在谈论这个问题时持有相反的说法,好像心理活动应归因于血液的流入。但是,正如 H. N. 马丁教授所说:"那种信念没有任何生理学基础;它甚至与我们所有关于细胞生命的知识直接对立。"①确实,慢性病理充血会引起次级结果,但是我们一直在讨论的原初的充血,是通过一种无疑与肌肉或腺体中协调供血和细胞活动的机制一样精细的适应性反射血管舒缩机制,跟随在脑细胞活动之后发生的。

关于大脑循环在睡眠中的变化,我将在论述那个问题的章节进行讨论。

## 大 脑 测 温

大脑活动似乎有局部放热相伴随。这一方向上的最早的细致工作,是 J. S. 隆巴德(J. S. Lombard)博士于 1867 年完成的。隆巴德博士最近的结果包括关于 60,000 多项观察的记录。② 他记录了紧挨人的头皮放置的精密温度计和电池组中发生的变化。

---

① "对医学博士与外科医生的演讲"(Address before Med. and Chirurg)。马里兰协会(Society of Maryland)(1879)。

② 参见他的著作《关于头部局部温度的实验研究》(*Experimental Researches on the Regional Temperature of the Head*)(伦敦,1879)。

发现任何智力的努力,如计算、写作、不出声或者大声地背诵诗歌,特别是诸如愤怒的发作之类的情绪激动,都会引起很少超过1华氏度的一般性的温度升高。在大多数病例中,温度的升高在头的中间区域比在其他区域更明显。很奇怪的是,不出声背诵诗歌时比大声背诵时温度更高。隆巴德博士的解释是"在内部背诵时,额外的一部分能量表现为热,在大声背诵时这部分能量转换为了神经和肌肉的力"[①]。如果必须要有一个理论,我更愿意提议,在心里默诵时多出来的热量产生于抑制的过程,这种过程在大声背诵时是不存在的。在关于意志的一章我们将会看到,在我们思考时,简单的中枢过程是说出来;不出声地思考需要额外的抑制。1870年,不知疲倦的希夫着手对这个问题进行研究,他用活的狗和鸡做实验,将温差电针插入它们的大脑物质中,以消除将温度计放在头皮上由于皮肤血管的改变而可能造成的错误。在习惯形成后,他对这些动物触觉、视觉、嗅觉和听觉的各种感觉进行试验。他非常有规律地发现检流计上立即出现的偏转,表明脑内温度有突然的改变。例如,在他的狗安静地躺着时,他将一个空纸卷送到它的鼻子前,此时会出现微小的偏转,但是当纸里面有一块肉时,偏转就大得多。希夫从这些以及其他实验中得出结论说,感觉活动给大脑组织加热,但是他没有试图给热的增加定位,只是发现它发生在两个大脑半球,各种感觉都是这样。[②] 1880年,R. W. 阿米登(R. W. Amidon)博士在给由随意肌肉收缩引起的热的定位方面,向前

---

① 在上述引文中,第195页。
② 赫茨恩教授对希夫实验做出了最容易理解的说明,见《哲学评论》,第3卷,第36页。

第三章　论大脑活动的一些一般条件

迈进了一步。他发现,同时将若干精密的体表温度计紧靠头皮,当使身体的不同肌肉有力收缩达 10 分钟或者更长时间时,头皮不同区域的温度就升高,这些区域非常集中,而且温度的升高通常会大大超过 1 华氏度。作为其研究的结果,他给出了一个示意图,其中编了号的区域代表所研究的各种特殊动作的最高温度中心。它们在很大程度上与由费里尔和其他人在不同基础上指出的相同动作的中心相符合,只是它们覆盖了头皮的更大部分。[1]

### 磷与思维

化学作用当然一定与大脑活动相伴随。但是对于它的确切性质,我们有把握知道的东西却寥寥无几。胆固醇和肌氨酸都是排泄物,并且都在大脑中找到了。这一主题与其说属于心理学,不如说属于化学,我在这里提及它只是为了对关于大脑活动和磷的一个广为传播的流行错误说一点看法。在 60 年代弥漫在德国的对这个问题的浓厚兴趣中,"唯物主义者"提出了"没有磷,就没有思维"(Ohne Phosphor, kein Gedanke)这一著名的口号。和身体中的所有其他器官一样,大脑中含有磷,此外还含有许多其他化学元素。没有人知道为什么磷被单独挑选出来作为大脑的基本成分。我们同样可以说"没有水就没有思维"(Ohne Wasser kein Gedanke)或者"没有盐就没有思维"(Ohne Kochsalz kein Gedanke),因为如果大脑干结了或者失去了氯化钠,就会像失去了磷一样快

---

[1] 《关于大脑皮层定位的新研究》(*A New Study of Cerebral Cortical Localization*)(纽约,Putnam,1880),第 48—53 页。

地停止思想。在美国,这种关于磷的妄想与从 L. 阿加西斯(L. Agassiz)教授那里引用(正确或者错误)来的一句谚语交织在一起,那句谚语的大意是,渔夫比农民更智慧,因为他们吃那么多的鱼,这些鱼里面有那么多的磷。所有这些事实都值得怀疑。

探知磷对思维的重要性的唯一直接方式,就是了解大脑在心理活动中是否比在休息时分泌更多的磷。不幸的是我们不能直接这样做,而只能测量代表大脑以及其他器官的尿里面 $PO_5$ 的含量,而正如伊兹(Edes)博士所说,这个方法就好比在密西西比河口测量水的上涨,来断定在明尼苏达是否有过一场暴雨。[①] 然而,这种方法已为许多观察者所采纳,他们中的一些人发现智力活动减少了尿中的磷酸盐,而另外一些人发现它增加了尿中的磷酸盐。总之,不可能追踪任何不变的关系。在狂躁的兴奋中,磷似乎比通常分泌得少。在睡眠中分泌得较多。在碱性的和自然的磷酸盐之间有一些区别,我不想进入这个话题,因为我的唯一目的只是想表明对待这个问题的通俗方式缺少精确的基础。[②] 磷制剂可能对神经衰竭有疗效这一事实,对于磷在心理活动中所起的作用什么也证明不了。像铁、砷以及其他药物一样,它是一种刺激物或滋补剂,对于它在系统中的基本运作我们完全一无所知,而且在开了磷制剂处方的病例中,只有极少的一部分有疗效。

---

① 《医学文库》(*Archives of Medicine*)(1883),第 10 卷,第 1 期。
② 不再增加参考文献,我只引证门德尔(Mendel)《精神病学文库》,第 3 卷,1871),梅莱特(Mairet)《神经病学文库》(*Archives de Neurologie*),第 9 卷,1885),以及博尼斯[《大脑活动实验研究》(1887)]。里奇特在《科学评论》(*Revue Scientifique*)(1886)第 38 卷第 788 页中给出了部分参考书目。

## 第三章 论大脑活动的一些一般条件

那些磷-哲学家们时常将思想比作分泌。"大脑分泌思想,就像肾脏分泌尿液,或者肝脏分泌胆汁一样",这就是我们有时候听到的一些措词。几乎无需指出,这种类比是没有说服力的。由大脑注入血液中的物质(胆固醇、肌氨酸、叶黄素或不管什么东西),作为事实上的真正物质排泄物,是尿液和胆汁的类似物。就这些物质而言,大脑是一个内分泌腺。但是,我们不知道有任何与肝脏和肾脏活动相关的东西,能够在最低程度上与大脑的物质分泌相伴随的思想流相比较。

普通大脑生理学还有另外一个特征,而且对于心理学的目的而言,这实际上是所有特征中最为重要的一个。我指的是大脑获得习惯的能力。我将用一个专门的章节讨论这个问题。

# 第四章<sup>①</sup> 习惯

当我们从外部观察有生命的动物时,最先打动我们的事情之一,就是它们有许多习惯。对于野生动物,平常的一系列日常行为好像都是在出生时就已嵌入的必然性;而对于驯养的动物,尤其是人,这似乎在很大程度上是教育的结果。带有先天倾向的习惯被称为本能;一些由于教育而形成的习惯被大多数人称之为理性行为。因此,习惯似乎覆盖了生活非常大的一部分,而致力于研究心的客观表现的人,理应在一开始就对它的界限做出清楚的规定。

在一个人试图对什么是习惯下定义的那一刻,他就被带到了物质的基本性质上来。自然法则只是不同基本种类的物质在相互之间的作用与反作用中遵循的不变习惯。然而在有机界,习惯则要比这更具有可变性。本能甚至在同一种类的不同个体那里也有差异;而且,如我们在后面将会看到的那样,它在同一个体那里也可以发生变化,以应付紧急情况。物质基本粒子的习惯不会改变(根据原子论哲学的原理),因为粒子自身是不可变化的东西;但是混合物的习惯则可以改变,因为它们最终可以归因于混合物的

---

① 这一章已在 1887 年 2 月的《大众科学月刊》(*Popular Science Monthly*)上刊登过。

## 第四章 习惯

结构,而外部的力量或者内部的紧张每时每刻都有可能将那种结构改变为某种与它先前不同的东西。也就是说,如果身体有足够的可塑性来保持它的完整性,并且当结构发生了变化时也不会瓦解,这些习惯就可以改变。这里所说的结构变化不必涉及到外部形状;它可以是看不见的,或者是分子水平上的,就像一根铁棒由于某种外部原因的作用而变得有磁性或者变成晶状的,或者印度橡胶变成脆的或者变成石膏。所有这些变化都相当缓慢;所说的物质构成了对变化原因的阻力,克服阻力需要时间,但逐渐地屈服使得物质得以免遭完全被分解的厄运。当结构改变了时,同样的惯性就成了它在新形式之下相对持久存在的条件,也成了身体此时表现出来的新习惯的条件。这样,可塑性在广义上就是指对一种结构的拥有弱得足以向一种影响屈服,但又强得不会一下子全部屈服。这类结构中的每一个相对稳定的平衡阶段,都以我们可以称之为一组新习惯的东西为标志。有机物,特别是神经组织,似乎被赋予了极大程度的可塑性;因此,我们可以毫不犹豫地提出我们的下述第一个命题,即有生命的存在物中的习惯现象,应归因于其身体所由以组成的有机物质的可塑性[①]。

但是,习惯哲学因而就首先是物理学而不是生理学或者心理学的一章。所有新近讨论这个问题的值得尊敬的作者,都承认它在本质上是一个物理原理。他们将人们的注意引向了由无生命的物质所表现出来的获得性习惯的类似情况。因此,杜蒙(Dumont)(他的关于习惯的论文可能是迄今发表的最富有哲学味道的解释)写道:

---

[①] 在上面所解释的意义上,它既适用于内部结构,也适用于外部形式。

每个人都知道,一件衣服在穿过一段时间之后如何会比新的时候更贴近身体的形状;织物发生了变化,而这个变化就是新的结合习惯。锁在用过一段时间以后就更好用了,开始的时候需要用较大的力量来克服机械部分的某些粗糙之处。对其阻力的克服就是一种习惯形成的现象。当一张纸已经被折过时,再去折它就会少很多麻烦。麻烦的减少是由于习惯的基本性质,由于有了习惯,再制造结果时,所需的外部原因就少了。小提琴的声音通过有才能的艺术家之手的使用而得到改进,因为木头的纤维最终养成了与和声关系相一致的振动习惯。正是这一点使得曾经属于大师的乐器具有了如此不可估量的价值。流淌的水为自己掘出一条水道,这条水道越来越宽、越来越深;水在停止流淌以后又重新开始流动时,它又恢复了自己以前流经的路线。就是这样,外部对象的印象在神经系统中为自己塑造出越来越适当的通路,而在它们被中断一段时间以后,相似的外部刺激又会使这些生动的现象再现出来。①

不只是在神经系统中。任何地方的疤痕都是一个抵抗力轻微的部位(locus minoris resistentiae),比它周围的部分更容易擦伤、发炎以及遭受疼痛和寒冷之苦。扭伤的踝关节和脱臼的胳膊,有再次被扭伤或脱臼的危险;曾经患过风湿病或痛风的关节,曾经得过粘膜炎的粘膜,每一次新的复发都使它们更倾向于再次复发,通常直到病态慢慢地由健康状态所取代。如果上升到神经系统,我们就会发现有多少所谓的功能性疾病只是因为它们碰巧有过一

---

① 《哲学评论》,I,第 324 页。

次开始,就一直持续了下去;用药物强制性地中止几次疾病的发作,如何通常就足以使生理学的力量重新占据地盘,并且将器官再次带回到健康的功能上来。癫痫症、神经痛、各种痉挛性疾病、失眠症,这样的病例是如此之多。再有,看看那些更明显的习惯,"断念"疗法通常可以成功应用于不健康地沉湎于情感之中或者单纯地抱怨或者有暴躁倾向的病人,这表明神经器官一旦走上歧途,病态的表现自身在多大程度上可以归因于这些器官的纯粹的惯性。

在习惯由此突然转入新通路的器官中所发生的内部物理变化会是什么样子,我们可以对此形成一种看法吗? 换句话说,当我们将"习惯的变化"这个短语应用于神经系统时,我们能够说出它所涵盖的是一些什么样的机械事实吗? 我们无疑不能以任何准确和确定的方式说出来。但是,我们从可见的宏观事件进行类推来解释隐藏分子事件的惯常科学习惯,使我们能够很容易对这里所说的物理变化可能是的过程形成一种抽象和一般的图式。一旦我们确立了某种机械解释的可能性,机械科学,以她现在的心境,将会毫不迟疑地贴上其所有权的标签,确信找到关于这个问题的确切的机械解释只是一个时间问题。

如果将习惯归因于物质对外部作用表现出来的可塑性,我们立刻就可以看到大脑物质对于什么样的外部影响是可塑的。不是机械压力,不是温度变化,也不是我们身体所有其他器官所面对的任何力量;因为自然已经小心翼翼地将我们的大脑和脊髓封闭在了骨制的箱子中,这类影响不可能到达它们那里。她让它们在液体中漂浮,这样只有最剧烈的震动才会冲击到它们,并且以一种完全独特的方式将它们覆盖和包裹起来。能够对它们施加的仅有印记,一方面来自血液,另一方面来自感觉神经根;大脑半球的皮层正是对从这后一渠道流入的不断减弱的神经流表现得特别容易受影响。一旦流了进来,神经流就必须找到一条出去的道路。在出去时,它们在流过的通路上留下痕迹。总之,它们所能做的唯一事情,就是加深旧的通路,或者制造新的通路;当我们将大脑称为从感官流入的神经流在此极为便捷地制造出不易消失的通路的器官时,大脑的全部可塑性就可以概括为两个词。因为一种简单习惯,像所有其他神经事件——例如,抽鼻子、将手放在口袋里、或者咬指甲的习惯——一样,机械地说,只不过是反射释放;其解剖学基础一定是系统中的一条通路。我们很快就会更充分地了解,从同样的观点看,最复杂的习惯也只是神经中枢里的连锁释放,这种连锁释放是由于在那里出现了反射通路的系统,这些通路组织得可以相继地相互唤起——由一次肌肉收缩产生的印记是唤起下一个印记的刺激,直到最后一个印记抑制了这个过程并且关闭了这个链条。唯一困难的机械问题,是对在先已存在的神经系统中再次形成一种简单反射或者通路做出解释。像在许多其他情形中一样,这只是万事开头难(premier pas qui coûte)。因为整个神经系统只是感觉的由此终端和肌肉、腺体或其他的至此终端之间的通路系统。一个通路一旦被神经流穿过,人们就期待它会遵循大部分我们已知通路的法则,被挖掘开来并且比以前更容易通过;[①]这种情况会在每一次神经流通过时都得

---

[①] 确实,一些通路被在过大的压力之下通过的物体堵塞了,不再畅通了。我们在这里不讨论这些特殊情况。

## 第四章 习惯

到重复。不管最初有什么障碍使它不能成为一条通路,此时,这些障碍一点一点地而且越来越多地被清扫出去,直到最后它可能会成为一条自然的排泄渠道。这正是当固体或者液体通过一条通路时所发生的事情;如果通过这条通路的东西仅仅是物质中的一种重新排列的波,它自己不会被取代,而只是发生化学变化、改变位置、或者越界振动,那么,我们似乎也没有理由认为上述情况就不会发生。关于神经流似乎最具可能性的看法是,神经流就是某种这类重新排列的波的通过。如果只有通路物质的一部分"重新排列"自己,周围的部分保持着惰性,我们不难看到,其惰性会如何构成一种要通过许多重新排列的波才能瓦解和克服的摩擦力。如果我们将通路自身称为"器官",将重新排列的波称为"功能",那么,它显然就是重复了那句著名的法国话"功能造就器官"(La fonction fait l'organe)的一个例子。

没有什么比这更容易想象了,神经流如何一旦穿过了一条通路,在第二次就会更容易地穿过它。但是,是什么使它在第一次能够穿过呢?① 要回答这个问题,我们只能再重新回到关于神经系统的一般观念上来,即神经系统是一团物质,它一直处于不同紧张状态的各个部分,不停地趋向于使自己的状态达到平衡。在无论什么通路发生的任何两点之间的平衡,在那一时刻都可能是最容易通过的。但是,由于系统中的一个点可能会实际或潜在地属于

---

① 我们不能说是意志,因为尽管许多(也许是大部分)人类习惯都曾经是随意动作,但是正如我们在后面的章节中将要看到的,任何动作都不会起初就是这样。虽然一个习惯动作可能曾经是随意的,但是在这之前这个习惯动作必须(至少有一次)是冲动的或反射的。我们在书中所考虑的正是所有习惯动作中最初发生的事情。

许多不同的通路，而且由于营养的作用易于发生偶然变化，阻塞会不时地发生，并使神经流由不常使用的路线急流过去。这类不常使用的路线就成了新建的通路，如果反复被穿过，它就会成为一个新的反射弧的开始。所有这些都极为模糊，差不多就等于说，新的通路可以通过神经物质中可能发生的某种偶然事件而形成。尽管模糊，但这是我们对这个问题的最终认识。①

必须注意，结构变化的进程在生命物质中可以比在任何无生命物质中都更快，因为生命物质中营养的不断更新时常趋向于使所施加的变化得到强化和固定，而不是通过更新被施加变化的组织的原初构造来抵消这种变化。因此，我们在以新的方式锻炼过肌肉或者大脑之后会注意到，此时我们不能再做这种锻炼了；但是经过一至两天的休息之后再恢复锻炼时，我们经常会为自己技能的增强而感到意外。我在学习一首曲子的时候经常会注意到这一点；这也曾使一位德国作家说，我们在冬天学习游泳，在夏天学习溜冰。

卡彭特（Carpenter）博士写道：②

> 每一种特殊能力的训练，施加于成长中的生物体都比施

---

① 那些想要得到更明确的解释的人，可以参考 J. 菲斯克（J. Fiske）的《宇宙哲学》(Cosmic Philosophy)，第 2 卷，第 142—146 页，以及斯宾塞的《生物学原理》(*Principles of Biology*)，第 302 和第 303 节，以及他的《心理学原理》(*Principles of Psychology*)中标题为"物理综合"（Physical Synthesis）的部分。在那里，斯宾塞先生不仅试图表明新的动作如何可以在神经系统中出现，并且形成新的反射弧，而且甚至试图表明，神经组织如何可以由穿过最初无关紧要的一团东西的一段新的静力转换波，而实际产生出来。我禁不住以为，斯宾塞先生的材料在表现出的极大精确性之下，隐藏着模糊性和可疑性，甚至还隐藏着自相矛盾之处。

② 《心理生理学》（1874）第 339—345 页。

## 第四章　习惯

加于成年生物体更加有效，也会留下更为持久的印记，这是一个普遍经验。这类训练的效果表现为器官"生长进"它习惯性练习的模式这样一种趋向；通过早期体操表演训练而获得的特殊肌肉群体积和力量的增长以及非同寻常的关节灵活性，证实了这一点……。在人这种生物体的整个一生中，大脑神经节物质是重建活动最为活跃的部分。这是由它得到的巨大血液供应提示给我们的……。而且，这是一个具有重要意义的事实，即神经物质以修复能力著称。因为其他以结构和能力的专门化为特征的组织（如肌肉组织）所受的损伤，通过较低级或者较少专门化的物质得到修复，而神经物质损伤的修复则需要正常组织的完全再生；愈合在破损伤口上的新生皮肤的感受性，以及曾一度由于完全中断了神经连续而全无知觉的"移植"皮肤的感受性的恢复，都证实了这一点。布朗-西夸①的实验结果提供了这种再生的最显著的例子，这是一项在脊髓完全断裂后功能活动逐渐恢复的实验；功能活动的恢复所表明的，是整个脊髓或者脊髓下半部分以及由它发出的神经的再生，而不只是断裂面的再结合。这种再生只是神经系统中始终发生着的重建性变化的特殊表现；对于理性之眼来说，由功能活动而产生的"损耗"必须不断通过新组织的生产而得到修复，而对于感觉之眼来说，这种修复实际上补充了由疾病或者损伤而造成的物质损失，这二者都同样是显而易

---

① 参见，后面，范本尼登斯（Van Benedens）和范班伯克（Van Bambeke）《生物学文库》（*Archives de Biologie*）（Liége，1880）第 1 卷中之马修斯（Masius）。——威廉·詹姆士

见的。

在神经系统的这种持续和活跃的重建中,我们识别出了一种与在生物体整体营养中表现出来的一般设计的极为显著的一致性。因为,首先,显然存在着一种产生确定类型结构的趋向;这种结构类型通常不仅是物种的类型,而且是表现一个或两个前辈特性的物种类型的特殊变化。但是这种类型在生命的早期特别容易发生变化;在这个阶段,神经系统(特别是大脑)的功能活动非常强,重建过程也相应地活跃。这种可变性表现在那些次级自动动作模式所由以建立的机制的形成中,这种动作模式在人这里替代了处于人之下的大部分动物的先天动作模式;那些在其他地方显然是本能的感知觉模式,变成了获得性的。因为没有理由怀疑,与低等动物从父母那里继承来的神经机制相应,在这两种情形之下神经机制都是在自我教育的过程中发展的。为一般性地保持生物体的完整所必需,并且与生物体这一部分的特殊活动一同进行的重建过程的计划,因而会不断改变;而且,以这种方式,生物体掌管人与动物共享的感觉和运动这种外部生活的整个部分,在成年阶段就成了个体在成长和发展期所获得的习惯的表达。在这些习惯中,有一些通常是物种共有的,而另一些则为个体所特有;前一种习惯(如直立行走)是普遍获得的,除非受到身体方面缺陷的阻止;而要获得后一种习惯,则需要特殊的训练,通常训练开始得越早就越有效——正如人们在那些需要对知觉和运动能力进行综合教育的灵巧技艺中明显看到的那样。一旦在成长的过程中这样发展了起来,以至于变

## 第四章 习惯

成了成年人身体构造的一部分,获得的机制此后就在日常的营养作用过程中保持下来,在需要的时候(甚至在长时间的无所作为之后)它就可以派上用场。

对于动物生命的神经机制来说如此明显的事实,对于负责心的自动活动的神经机制来说也肯定是成立的。因为正如我们已经表明过的,除了指出下面这一点之外心理学的研究还不曾得出过更确切的结论,即有一些心理活动的一致性与身体活动的一致性是如此完全地符合一致,以至于提示它们与一种"思维和感受的机制"有着密切的联系,后者是在与感觉和运动相同的条件下起作用的。确实,心理的联想原理和生理学的营养原理,只不过表达了——前者从心的方面,后者从脑的方面——那个已经得到普遍承认的事实,即任何频繁重复过的心理活动序列都趋向于使自己永久化;因此我们发现自己自动地思考、感受或者做我们以前在类似情境下习惯于思考、感受和做的事情,而不带任何有意识形成的目的或者对结果的预期。我们没有理由将大脑看作是下述一般原则的例外,即虽然生物体的每一个部分都趋向于依照它得到习惯性训练的模式来形成自己,这个趋向在神经机制中却特别强烈,这是由于那种不停的重建,这正是它功能活动的条件。确实,几乎无可怀疑,非常强或者得到习惯性重复的每一个观念活动意识状态都会在大脑中留下有机印记;由此,同一种状态就可能在未来的任何时间,在对适合于唤起它的提示做出反应时再现出来。……"早期联想强度"是一个得到普遍承认的事实,它的表达已经众所周知;而这正好符合了这条生理学原理,即大脑的形成活动在成长和发展期最容易受到引导性影响的控制。正是以这种方式,早期"默记"的东西(似乎)就铭记在了大脑中;因此它的"踪迹"永远也不会丢失,即使对它的有意识的记忆可能已经完全消失了。因为,一旦有机变化已经固定在了成长着的大脑中,它就成了正常组织的一部分,并且通过营养的置换而有规律地得到保持;因此它可能会像一块伤疤那样持续到生命的终结。

卡彭特博士的短语,我们的神经系统逐渐生长进它所接受的训练的模式,简明扼要地表达了习惯哲学的内容。我们现在可以考察这个原则在人类生活中的一些实际应用。

它的第一个结果是,习惯简化了为实现特定的结果所需的动作,使这些动作更加精确,并且减少了疲劳。

为了压下琴键,钢琴初学者不仅上下移动手指,而且还移动他的整只手、前臂,甚至整个身体,特别是移动身体的最灵活的部分——头,就好像他也要用这个器官来敲击琴键。通常腹部肌肉也会发生收缩,然而他的主要冲动是让手和单个手指运动。这是因为,首先,手指的运动是思想到的运动;第二,手指运动和琴键运动都是我们想要感知的运动;此外,还有琴键的运动在我们耳中产生的结果。由于所用神经可渗透性的增加,这个过程越是频繁地得到重复,运动也就越容易发生。

但是运动发生得越容易,开始这个运动所需的刺激就越轻微;刺激越轻微,它的作用就越是单独限制在手指上。

## 第四章 习惯

　　因此，最初将结果遍布整个身体、或者至少遍布身体的许多可动部位的冲动，逐渐集中在了单一的确定器官上，在这个器官中引起有限几块肌肉的收缩。在这种变化中，发动起那个冲动的思想和知觉与一组特殊运动神经建立起了越来越紧密的因果关系。

　　借用一个至少部分切题的明喻，想象神经系统代表一个排水系统，在总体上向某些肌肉倾斜，但是通向那里的出口有点堵塞了。然后水流会在总体上最趋向于流入通向这些肌肉的水沟，并且冲开那个出口。然而，在突然发生'奔流'的情况下，整个水道系统会将自己注满，水在流出之前会到处泛滥。但如果进入这个系统的水是适量的，它就只会由专门的出口流出。

　　钢琴弹奏者的情形也是一样。一旦他已逐渐学会将自己限制于单一肌肉的冲动达到极端，它就会向更大的肌肉区域泛滥。通常他是用手指弹奏，身体在休息。但是他一激动起来，他的整个身体就变得'活泼有生气'了，特别是，他运动起头和躯干，就好像这些也是他要用来敲击琴键的器官。[①]

　　人生来就有一种倾向，要做比在他的神经中枢里现成排列好的更多事情。其他动物的大部分运作都是自动的。但是在人这里，它们的数量是如此之大，以至于大部分运作都必须是痛苦学习

---

[①] G. H. 施耐德（G. H. Schneider）：《人的意志》（*Der menschliche Wille*）（1882），第417—419页（意译的）。关于排水沟的明喻，还可参见斯宾塞的《心理学》（*Psychology*），第5部分，第8章。

的结果。如果练习做得不正确,或者习惯不能减少神经和肌肉能量的消耗,他就会因此而处于可怜的境地。正如莫兹利博士所说:[①]

> 如果一个动作在做过几次之后没有变得更容易,如果每一次完成这个动作都必须有意识的小心指导,那么显然一生中的全部活动可能就只能局限于一种或者两种行为——在发展过程中就不可能有进步。一个人可能会整天忙于穿衣服和脱衣服,其身体的姿势会占据他所有的注意和能量。每一次洗手或者扣纽扣对于他来说都会像小孩子第一次做这些事情时那么困难,而且他的努力会让他精疲力竭。想一想教会一个孩子站立所必须付出的劳苦,想一想他必须要做出的那许多努力,以及他最终站立起来、不再意识到任何努力的那份从容。因为虽然次级自动动作的完成伴随较少的疲倦——在这方面接近于器官动作,或者最初的反射动作——意志的有意识努力却很快就会引起疲劳。没有……记忆的脊髓简直就是白痴般的脊髓……。直到疾病削弱了一个人的自动能力的功能,这个人才有可能认识到这种自动能力对于他来说是多么地重要。

下一个结果是,习惯减少了我们做出动作的有意注意。

人们可以这样抽象地对此做出陈述:如果一个动作的做出要求有相继神经事件的链条 A、B、C、D、E、F、G 等,那么在这个动作

---

① 《心的生理学》,第 155 页。

## 第四章 习惯

第一次做出时,有意识的意志必须从许多趋向于表现出来的错误的其他事件中将这些事件一一挑选出来;但是习惯很快就使得每一个事件都唤起它自己的恰当的后继者,没有任何其他事件出现,与有意识的意志也没有任何关联,直到最后,只要 A 一发生,整个链条 A、B、C、D、E、F、G 就轻快地展开,就好像 A 和链条的其余部分已经融合成了一条连续的流。在我们学习走路、骑马、游泳、滑冰、击剑、写字、游戏或者唱歌时,我们在每一步都为不必要的动作和错误的音符所打断。相反,当我们熟练了的时候,那些结果不仅会产生自为引起结果所需的最少肌肉活动,而且也产生自单一的瞬间"提示"。射手看见了鸟,在他知道这一点之前,他已经瞄准了这只鸟,并将它射了下来。对手眼中的一闪,剑上的瞬间压力,击剑者知道他已经即刻做出了正确的躲避和回击。向乐谱瞥上一眼,钢琴家的手指就在流动的音符中起伏。我们不仅不由自主地在正确的时间做着正确的事情,而且还有错误的事情,如果它是我们习惯做的事情的话。有谁在白天脱去背心时从来不曾为自己的手表上紧发条,或者在走到朋友家的门前时从来不曾拿出自己的门钥匙?人们知道有一些非常心不在焉的人,他们走进卧室为晚餐更衣,却脱去一件又一件衣服,最后睡到了床上,只是因为在晚些时候做出最初那几个动作就会有这样的习惯性结果。作者还清楚地记得他是如何在离开巴黎十年之后再次访问那里,发现自己走在一条曾经在那里上过一个冬天学的街上,他在一阵呆呆出神之中迷失了。当他从迷失中醒来时,发现自己站在许多条街以外的一座房子里通向套房的楼梯上,在过去的那段时间他就住在这间套房里,从学校到这里的脚步就是由习惯引导的。我们所有人都以确定的常规方法从事某些与梳洗、开关熟悉的碗橱等相关的日常事务。我们的低级中枢知道这些动作的顺序,如果物体的变化使得动作不得不以别的方式做出,这些中枢就通过它们的"惊异"向我们表明它们的知识。但是我们的高级思想中枢对此却几乎一无所知。几乎没有人能当即毫无准备地说出他们先穿哪一只短袜、哪一只鞋、哪一只裤腿。他们必须先对那个动作进行心理预演,而且即使这样通常也还不够——必须要做出那个动作。我先开双折门的哪一扇门?我的门向哪边打开?这类问题也都是这样。我说不出答案,但是我的手却从不犯错。没有人能够描述他梳头或者刷牙的顺序,然而很可能在我们所有人这里这种顺序都是非常固定的。

我们可以对这些结果做如下表述:

在已经成为习惯的动作中,使每一次新的肌肉收缩以其确定的顺序发生的,不是思想,也不是知觉,而是由刚刚完成的肌肉收缩引起的感觉。严格的随意动作必须在整个过程中由观念、知觉和意志所指导。在习惯动作中,单纯的感觉就是足够的指导,而大脑的上方区域和心则比较空闲。下面的示意图可以清楚地表明这一点:

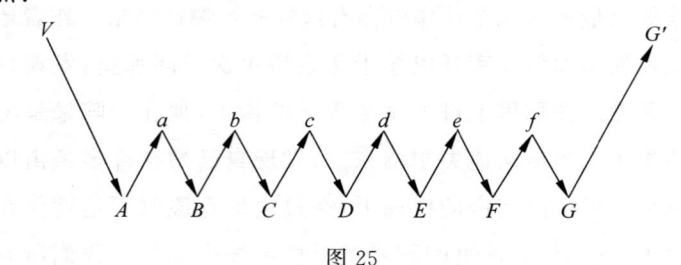

图 25

让 A、B、C、D、E、F、G 代表肌肉收缩的习惯链条，让 a、b、c、d、e、f 代表当这些收缩相继发生时在我们这里分别激发起的感觉。这些通常是运动部位的肌肉、皮肤或者关节的感觉，但它们也可能是动作对眼睛或者耳朵产生的效果。通过这些感觉而且仅仅通过这些感觉，我们觉知到收缩是否发生了。当我们学会了 A、B、C、D、E、F、G 这个序列时，这每一个感觉就都成了心的一个单独知觉的对象。我们根据它来检验每一个动作，在进入到下一个动作之前看看它是否正确。我们使用理智的手段来犹豫、比较、选择、回顾、拒绝等，而在这样的慎思过后，做出下一个动作的命令就是由观念活动中枢下达的明确命令。

相反，在习惯动作中，观念或者知觉中枢需要传送下去的唯一冲动就是初始的冲动，即开始的命令，这在图中是由 V 表示的。它可能是关于第一个动作或者最后结果的思想，也可能是对那个链条的某些习惯性条件，如手边有键盘的一种单纯知觉。在现在这个案例中，有意识的思想或者意志一激发起动作 A，A 就通过关于它自己的出现的感觉 a，反射性地唤起 B；B 又通过 b 激起 C，就这样一直到这个链条的终结，此时理智通常就注意到了最后的结果。事实上，这个过程很像肠子里一段"蠕动"的波的通过。最后，理智的知觉在图中是由 G 的结果在单纯感觉线上方的观念活动中枢里的 G′处得到表象而显示出来的。感觉印象 a、b、c、d、e、f 的位置都位于观念活动线的下方。我们的注意可能完全集中于其他事情，这个事实表明，我们的观念活动中枢如果受到了 a、b、c、d、e、f 的任何影响，也是在最小的程度上受到的影响。我们可以在注意远离的情况下做祷告，或者重复字母表。

音乐演奏者可以在进行愉快的谈话时,或者在持续全神贯注于一连串非常有趣的思想时,演奏一首由重复而变得熟悉的乐曲;习惯了的动作顺序直接由对乐符的视觉或者由记忆中声音的接续所提示(如果这首乐曲是根据记忆演奏的),在这两种情况下都有来自肌肉自身的引导感的帮助。而且,更高程度的相同"训练"(作用于特别适合由此受益的生物体),使得有造诣的钢琴家不加准备地看着乐谱就能演奏出困难的乐曲;手和手指的动作如此迅疾地跟随着对乐符的视觉,以至于人们似乎不可能相信,除了最短和最直接的神经通道以外,还能有别的什么能够是它们所由以唤起的神经传递通道。罗伯特·霍丁(Robert Houdin)提供了下面这个关于同样类型的获得性能力的奇特例子,这种获得性能力与本能的区别只在于活动是由意志促成的:

为了培养为每一种魔术的成功所必须的视知觉和触知觉的速度以及反应动作的精确性,霍丁早期练习过在空中耍球的技艺;在一个月的练习之后,他完全掌握了同时让四个球保持在空中的技艺,他把一本书放在面前,当球在空中时,让自己习惯于毫不迟疑地读书。他说,"这对于我的读者来说可能非常特别;但是如果我告诉他们我刚刚通过重复这项奇特的实验而自娱,他们会感到更加惊奇。虽然从我写作的时间到现在已经有30年了,虽然在这30年里我几乎一次也没有碰过那些球,我仍然能够做到在让三个球保持在空中的情况下轻松地阅读。"(《自传》(Autobiography))。[1]

---

[1] 第26页。卡彭特的《心理生理学》(1874),第217,218页。

## 第四章 习惯

我们曾经用感觉这个名称来称呼作为连续肌肉收缩①前提条件的 a、b、c、d、e、f。一些作者似乎甚至连它们是这个也加以否认。如果连这个都不是,它们就只能是不足以唤起感受但足以唤起运动反应的传入的神经流。② 我们可以立即承认它们不是明确的意志。如果有任何意志出现,这意志也将自己限制在了允许它们产生运动结果这一方面。卡彭特博士写道:

> 可能还会有形而上学家坚持,那些最初由意志带着明显的意图而促成并且仍然完全处于意志控制之下的动作,永远都不可能不是意志的;还有,或者这些动作一旦开始,就需要有极微小的意志来使它们保持下去,或者意志在两种活动——思想序列的保持和动作序列的保持——之间像钟摆那样来回摆动。但是,如果只有极微小的意志对于它们的保持来说是必要的,这不等于说它们是由自己的力量而继续下去的吗?而且,在做着已成习惯的动作时我们关于思想序列的完美连续性的经验,不是完全否定了摆动的假说吗?而且,如果存在这类摆动,那就一定存在每一个动作自己运行的时间间隔;任何一种仅基于对于我们复合本性的一个方面的无知而来的带有假想必然性的设想,都很难推翻这种生理学解释,即像其他习惯性动作的机制一样,运动的机制逐渐生长进它早期得到训练的模式,然后它就在意志的一般控制和引导之

---

① 原文为"attraction",疑为"contraction"之误。此处根据上下文的意思译为"收缩"。——译者

② 冯哈特曼(Von Hartmann)用他的《无意识哲学》(*Philosophy of the Unconscious*)(英译本,第 1 卷,第 72 页)中的一章来证明它们必须既是观念,也是无意识的。

下自动运作。①

但是,如果不是明显的意志活动,链条上每一个动作的那些直接先行者无论如何也有某种意识相伴随。它们是我们通常未加注意的感觉,但是它们一旦出了错,我们的注意马上就被召唤过来。施耐德关于这些感觉的解释值得引证。他说,在走路的活动中,甚至在我们完全没有注意时,

> 我们也不断地觉知到某些肌肉感受,而且我们还感受到某种保持平衡并且依次放下双腿的冲动。如果对自己身体的姿势没有感觉,我们是否还能保持平衡是值得怀疑的。而且,如果对腿的移动没有感觉,对放下腿的冲动没有哪怕是最轻微的感受,我们是否还会迈出腿,也是值得怀疑的。编织活动似乎完全是机械的,编织者甚至可以在进行阅读或者进行生动的谈话时持续着编织。但是如果我们问她这是如何可能的,她不会回答说编织是自己在进行。她会说她感受得到它,她在手中感受到自己在编织以及必须如何编织。因此,编织动作由与之相联系的感觉所唤起和控制,甚至当注意远离了时也是这样。

"每一个显然在自动从事一项他久已熟悉的手工艺的人都是如此。打铁时转动着钳子的铁匠,挥动着刨子的木匠,拿着卷线筒的花边工匠,织机旁的织工,他们都会以同样的方式回答那同一个问题,说他们对手中工具的恰当操作有一种

---

① 《心理生理学》(*Mental Physiology*),第20页。

## 第四章 习惯

感受。

在这些情况下,作为适当动作条件的感受非常微弱。但它们仍然是必要的。想象你的手没有了感受,这样你的动作就只能为观念所促成。而如果此时你的观念跑开了,动作就应当停下来,这是一种很少发生的结果。①

还有:

比如,一个观念使你用左手拿起一把小提琴。但是,你不必为了将那把小提琴继续紧握在手中不让它掉下来,而让观念一直固定在左手和手指肌肉的收缩上。握着乐器这个动作在手上唤起的那些感觉本身,由于与抓握的运动冲动相联结,所以足以引起这种冲动,然后这种冲动就会和这种感受本身持续一样长的时间,或者持续到某种对立运动的观念抑制了这种冲动。

对右手持弓的方式我们也可以说同样的话:

有时,在开始这些同时性的组合时,如果意识特别转向一个动作或冲动,那么另一个动作或冲动就会停止,因为在开始的时候,所有引导性的感觉都必须被强烈地感受到。弓可能会从手指间滑脱,因为一些肌肉已经放松了。但滑脱又是在手上突然出现新感觉的原因,于是注意马上就又回到持弓上来了。

下面的实验也很好地表明了这一点:当一个人开始拉小

---

① 《人的意志》,第 447,448 页。

提琴时,为了防止在拉琴时抬起右肘,就把一本书放在右腋窝下,并且要求他将上臂靠紧身体来夹紧这本书。肌肉的感受,以及与书相联系的接触感受,引起了紧压这本书的冲动。但是将注意全部集中在制造音符上的初学者经常会把书掉下来。然而,后来这种事就不会再发生了;最微弱的接触感觉已足以唤起将书保持在原处的冲动,注意可以完全集中于音符和左手的弹奏。因此,动作的同时性组合首先以这样一种·熟·练·性·为·条·件,·这·种·熟·练·性·在·我·们·这·里·和·智·力·过·程·一·起,·使·我·们·的·无·注·意·感·受·过·程·得·以·持·续。①

这很自然地将我们带到了·习·惯·法·则·的·伦·理·蕴·含上来,这样的蕴含为数众多、意义重大。我们曾经引证过的《心理生理学》一书的作者卡彭特博士,他非常突出地强调我们的器官逐渐生长进它们由以受到训练的方式这一原则,并且执着于这个原则的结果,以至于仅仅根据这一点,他的书几乎就应该被称为一部道德启迪著作。因此,我们无需解释就可以自己探讨其中的几个结果:

"习惯是第二自然!习惯是十倍的自然。"有人说威灵顿(Wellington)公爵曾经这样大喊过。而对这句话的真实程度可能没有人会像一个退伍军人那样理解得那么好。每日的训练和成年累月的纪律,将一个人大部分行为的可能性都完全重新塑造了。

有一个尽管可能并不真实但却十分可信的故事。它说的是一个喜欢恶作剧的人,看见一个被遣散的老兵端着饭回家,

---

① 《人的意志》,第 439 页。最后一句话是意译的——意思没有改变。

## 第四章 习惯

他突然喊了一声"立正!"那个老兵立刻放下双手,将他的羊肉和马铃薯都掉到了水沟里。训练是彻底的,其效果已具体化在了那个老兵的神经结构之中。①

人们曾经在许多战役中看到过,无人骑的战马在听到军号声时会走到一起,做出它们习惯的一系列规定动作。大部分训练过的动物,狗、牛、公共马车和小马车的马,看上去都几乎是纯粹的机器,每时每刻都毫不怀疑和毫不犹豫地履行着教给它们的责任,看不出在它们心中曾经出现过做任何其他事情的可能性。一些在监狱中变老的人,在被释放以后要求再次入狱。有人说,在1884年发生于美国的一个旅行动物园的铁路事故中,老虎笼子被撞开,老虎出来了,但很快又爬回去,好像是对它的新责任太不知所措,人们很容易就又把它关了起来。

因此,习惯是社会的巨大飞轮,是它最为宝贵的保守性力量。它独自将我们所有人都保持在传统风俗习惯的限度之内,保护富人家的儿童免受穷人嫉妒的暴动之苦。它独自使最艰苦和最受人排斥的行业不至于为在那里成长起来的人所遗弃。它使渔夫和甲板水手一冬天都呆在海上;它让矿工呆在黑暗中,让农村人在漫长的雪天固守自己的小木屋和他那寂寞的农场;它保护我们不受沙漠和严寒地带的土著人的侵袭。它让我们所有人都注定要根据我们的教养或者早期选择来在生活中拼搏,并善于处理与那些教养或者选择不相一致的追求,因为没有其他的东西适合于我们,而

---

① 赫胥黎(Huxley)的《生理学基础教程》(*Elementary Lessons in Physiology*),第12课。

重新开始又太晚了。它让不同的社会阶层不会混合起来。你看到,在 25 岁的时候,年轻的旅行推销员、年轻的医生、年轻的牧师、年轻的法律顾问就已经染上了职业怪癖。你在性格、思想技巧、成见、"购物"方式中看到小小的裂痕,简单地说,他无法避开这些,就像他的外衣袖子不能突然适应新的折痕一样。总之,他最好不要避开。到了 30 岁的年龄,我们大多数人的性格已经固定得像一块石膏,永远也不会再变软了,这无论如何是件好事。

如果 20 岁到 30 岁这段时间在形成智力和职业习惯方面是关键的时期,那么 20 岁之前的时期对于形成严格意义上的个人习惯来说就更为重要,比如发声法和发音、姿势、动作、言谈举止等。20 岁以后学习的语言说起来很少不带外国口音;一个进入了上司社会圈子的年轻人,很难忘记在他成长的年代中所形成的说话的鼻音和其他缺陷。确实,无论他口袋里有多少钱,他也很难学会穿戴得像个绅士出身的人。商人们向他和向真正的"头面人物"一样热心地推销商品,但他就是不能买对东西。一条像引力作用一样强的看不见的法则将他留在他的轨道上,在这一年里把他打扮得好像是最差的;他那些受过更好教养的熟人们是如何设法弄到他们穿戴的东西的,对他来说直到死的那一天都是一个谜。

因此,在所有的教育中,了不起的事情是使我们的神经系统成为我们的盟友,而不是我们的敌人。这是向我们的所得投资并将它变成资本,然后轻松地以这项投资的利息为生。为此,我们必须在尽可能早的时候,将尽可能多的有用动作变成自动的和习惯性的,并且提防生长起有可能对我们不利的方式,就像我们应当提防瘟疫一样。我们日常生活的细节能够交给不费力气的自动作用照管得越多，我们的心的高级能力就越是能够被解放出来做它们自己的专有工作。那种没有习惯而只有优柔寡断，那种对于他来说点燃每一支香烟、喝每一杯水、每天睡觉和起床的时间、开始每一项工作都要经过明确的凭意志慎思的人，是最悲惨的。这种人的一半时间都要用来对那些本来应该已经根深蒂固而对于他的意识来说实际上根本不存在的问题做出决定或者感到后悔。如果这类日常事务还没有在我的任何一个读者那里根深蒂固，那让他现在就开始把这件事情解决了吧。

贝恩教授在关于"道德习惯"的一章写下了一些值得赞美的实用内容。在他的论述中有两个伟大的座右铭。第一个座右铭是，[123]在获得一个新习惯或者戒除一个旧习惯时，我们必须注意让自己在开始的时候有一种尽可能强硬和明确的主动性。积累所有可以使正确动机得到强化的可能情境；孜孜不倦地将自己置于鼓励新习惯的条件之下；做出与旧习惯不相容的约束；如果情况允许，做出公开的保证；总之，用你知道的每一件有所帮助的事物将你的决定包封起来。这将为你的新起点注入一种动力，使得半途而废的诱惑在它本来会发生的时刻不会发生；半途而废每被推迟一天，都增大了它永远不会发生的机会。

第二个座右铭是，在新习惯已经安全地在你的生活中生根之前，决不要忍受例外情况的发生。每一次失误都像将一个仔细缠卷过的线球掉落下来；一次失手所松开的比缠卷许多圈才能缠上的线还要多。训练的连续性是使神经系统绝对无误地运作的主要手段。正如贝恩教授所说：

> 与理智上获得的东西相对照，道德习惯的特点是有两种

敌对力量的存在,一种力量逐渐提升到支配另一种力量的程度。在这样的情境下,首先有必要永远也不要打败仗。错误一方的每一次获胜,都使正确一方的多次征服所产生的效果得而复失。因此,基本的防范就是调节这两种敌对的力量,使一方能够获得一系列连续的成功,直到重复性将它加强到在任何情况下都能够应付其对手的程度。从理论上说,这是心理进步的最好道路。

从一开始就对成功加以防护的需要是强制性的。最初的失败容易使所有未来努力的能量受到抑制,而过去成功的经验则让人鼓起勇气,给人增添未来的活力。歌德(Goethe)对一个向他请教一项事业却不信任自己能力的人说:"啊!你只需向你的手吹吹气!"这句话表明歌德自己习惯性的成功生涯对其精神的影响。鲍曼(Baumann)教授(这段轶事就是从他那里借用来的)[1]说,野蛮民族在欧洲人到来之时的崩溃,是因为他们对在生活的大事业方面像新移民取得成功那样而感到绝望。旧的方式打破了,新的方式还没有形成。

这里涉及到了在放弃诸如酗酒、吸食鸦片之类的习惯方面"逐渐停止"的问题,对于具体的个案来说什么是最好的方法,专家们在一定的限度之内存在着分歧。然而总的来说,所有专家都会同意,如果确有可能,突然获得新习惯是最好的方法。我们必须小心且不要给意志加上如此艰巨的任务,在一开始就已经确保了它的

---

[1] 参见他的《道德手册》(*Handbuch der Moral*)(1878)第38—43页关于成功开端的值得赞美的段落。

失败；但是，只要一个人能够承受得住，一段痛苦的艰难时期之后就是自由的时光，这是最好的结果。无论我们是要放弃像吸食鸦片那样的习惯，还是仅仅要改变起床或者工作的时间。一种欲望如果从未得到培养，那么它很快就会死于营养不良，其速度之快是令人惊讶的。

> 人必须先学会不受干扰也不左顾右盼地在笔直和狭窄的道路上坚定地走下去，然后他才能开始"重新做人"。每天都下决心的人，就像每一次到了他想要跳过去的壕沟边都停下来，然后返回去重新起跑的人。没有不间断的进步，伦理力量的积累就是不可能的，而使这成为可能，使我们在其中得到训练并形成习惯，是经常性工作的最高成就。[1]

我们可以在前面那一对座右铭上再加上第三个座右铭：抓住最初的可能机会，按照你下的每一个决心去行动，并且依从你在渴望获得习惯的方向上体验到的每一个情绪激励而行动。不是在它们形成的时候，而是在它们产生运动效果的时候，决心和渴望才将新的"定势"传递给大脑。正如上面引证过的作者所说：

> 实践机会的实际出现，独自就提供了支撑杠杆的支点，道德意志由此就可以增加力度，将自己向高处提升。一个人如果没有可以紧靠的坚实基础，就永远不可能超越做空洞姿态的阶段。

---

[1] J. 巴恩森（Bahnsen）：《性格学论文集》（*Beiträge zu Charakterologie*）(1867)，第 1 卷，第 209 页。

125　　不管一个人拥有的座右铭有多么多，不管他的情操有多么好，如果他不曾利用每一个具体的机会去行动，他的品格就可能完全不会向好的方向发展。谁都知道，地狱是由单纯的好意图铺设起来的。而且，这是我们已经提出的那些原则的一个显而易见的结果。正如J. S. 密尔所说："品格是完全塑造成了的意志。"而意志（在他用这个词所指的意义上）则是以坚定、迅疾和明确的方式对生活中的所有大事做出行动倾向的集合。一种行动倾向在我们中间有效生根，是与行动实际发生的不间断次数成正比的，大脑"生长"得适合于为它们所用。每一次一个决心或者一种美好情感毫无实际结果的消失，都比失去一次机会更加糟糕；它必定会阻碍未来的决心和情绪采用正常的释放通路。松懈的多愁善感者和梦想家的品性是最可鄙的，这种人将生命都消耗在情感和情绪的汹涌大海之上，从来也不曾有过一次果断的具体行动。卢梭（Rousseau）用雄辩的口才鼓动全法国的母亲遵循自然亲自养育自己的婴儿，可是他却将自己的孩子送到了育婴院，这为我刚才说的意思提供了一个经典的案例。我们任何人如果像他这样在为一种抽象表述出来的善而激动之后，却在实际上忽略了那同一个善伪装着潜藏其中的卑劣的"其他个别事物"，那就径直走上了卢梭的道路。在这个平凡的世界，所有的善都被其伴随物的粗俗伪装了起来，但是对于只有在以纯粹和抽象的形式思想善时才能识别出善的人来说，这就是悲哀！过度地阅读小说和进剧场的习惯，会在这个方面制造出真正的恶人。一位俄国女士为剧中虚构的角色而哭泣，而她的马车夫却坐在剧场外面冻死了，这类事情到处都在发生，只是不那么显眼罢了。甚至过度沉溺于音乐的习惯，对于那些自己既

## 第四章 习惯

不是演奏者、也没有足够的音乐天赋以一种纯理智的方式感受它的人来说,也可能会对品性产生一种松懈的影响。这些人的内心充满了习惯性的情绪,却不能促成任何行动,于是毫无活动力的多愁善感就会一直保持下来。救治的方法是,永远不要在音乐会上让自我遭受情绪之苦,而在这之后又不以某种有效的方式将它表达出来。① 就算这种表达是世上最微小的事情——如果没有更崇高的事情出现,那就亲切地对自己的姨妈讲话,或者在马车上让出自己的座位——但是不要让它失去发生的机会。

后面这些例子使我们了解到,不只是释放的特殊路线,还有释放的一般形式,似乎都是由习惯刻在大脑中的。就好像如果我们让自己的情绪消失,它们就进入了一种消失的方式;所以,我们有理由设想,如果我们经常在做出努力方面退缩,在我们知道这一点之前,做出努力的能力就已经消失了;还有,如果我们的注意涣散了,不久它就始终都是涣散的了。正如我们在后面将要看到的,注意和努力只是同一个心理事实的两个名称。我们还不知道它们对应的是什么样的大脑过程。它们确实依赖于大脑过程,而不是纯粹的精神活动,支持这个信念的最强有力的理由就正是这个事实,即它们似乎在某种程度上服从于习惯法则,而这是一条物质法则。我们可以提出这样一个与这些意志习惯相关的最后一个实践座右铭:每天做一点无谓的练习,让做出努力的能力在你那里鲜活有力。这就是说,在微小的并非必要的地方,有计划地节制欲望并且

---

① 关于这个问题的评论,参见 V. 斯卡德(V. Scudder)小姐的一篇易读的文章"音乐热爱者与道德"(Musical Devotees and Morals),《安多瓦评论》(*Andover Review*),1887 年 1 月。

英勇起来，每一两天只为你宁愿不去做某件事而去做这件事；这样，当可怕的需要来临时，你就会自信和训练有素地经受考验。这种类型的禁欲主义，就像一个人为他的房屋和货物购买的保险。这笔款项在当时没有给他带来好处，而且也许永远也不会给他带来回报。但是，如果火真的来了，他曾经付过的保费就会救他于破产。每天让自己在并非必要的事情上习惯于集中注意、保持鲜活有力的意志和进行自我克制的人就是这样。当所有的事物都在他周围摆动时，当他那些软弱的凡人同类像气流中的谷壳一样被扬弃掉，他将像一座塔一样挺立着。

因此，关于心理条件的生理学研究就是规劝伦理学最强有力的同盟。神学所说的来世要忍受的地狱，并不比我们在现世通过以错误方式习惯性地塑造我们的品性而为自己造就的地狱更糟。如果年轻人能够认识到他们多么快就会成为纯粹的行走着的一包习惯，他们就会在可塑阶段更多地注意自己的行为。我们在缠绕自己的命运，或善或恶，永远也解不开。每一个最微小的德行或恶行都留下它细小的疤痕。杰弗逊（Jefferson）剧中那个酗酒的里普·范温克尔，在原谅自己每一次新的放弃时都说："这次不算！"是啊！他可以不算这一次，仁慈的上帝可以不算这一次，但它还是要算数的。他的神经细胞和纤维中的分子要算上这一次，记录下这一次，并将它储存起来，用来在下一次诱惑到来的时候与他作对。在严格的科学的精确意义上，我们做过的事情都不能被擦去。当然，这有好的一面，也有坏的一面。我们通过一次次的饮酒而变成了永久的醉汉，我们也可通过一个个的行动和工作时日而成为道德上的圣人，以及实用和科学领域中的权威和专家。不要让年轻人对教育的结果感到有任何忧虑,无论他所受教育的领域是什么。如果他在工作日的每一个钟点都尽心忙碌,他就可以安全地不管最后的结果。他可以完全肯定地期待,在某一个晴朗的早晨醒来,发现自己在挑选出来的职业中是他这一代人里面的能人之一。在所有的工作细节之中,对那类事物的判断力将会作为一份永不消失的财产,在他的内部默默地建立起来。年轻人应当预先了解这个道理。在从事艰难职业的年轻人那里,所有其他原因加在一起,可能都不如对这一道理的无知更能引起气馁和懦弱。

# 第五章　自动机理论

前面在描述大脑半球的功能时，我们使用了来自身体和心理生活的语言，此刻说这个动物做出了不确定和无法预料的反应，之后又说他为关于未来的好处与坏处的考虑而摇摆不定；我们有时将动物的大脑半球看作心理意义上的记忆和观念的处所，有时又好像说它们只是其反射机器上的一个复杂添加物。在所有关于这些问题的一般言谈中，这种观点上的游移不定都是一种不幸；但是现在我必须对一些读者履行我的诺言，在前面我已经顺便为他们留下过一句话（见第 24 页注），而且从那时起他们可能就对我的所作所为感到不满了。

设想我们将自己的观点局限于同一个等级上的事实，即身体的等级，所有外部智力现象仍然不能得到详尽无遗的描述吗？我们谈到的那些心理意象，那些"考虑"——没有神经过程与之同时发生，它们也许就不会发生，而且也许每一种考虑都与一种独特的过程相对应，而与所有其他过程都不同。换句话说，不管观念的序列得到了多么多和多么精细的区分，与它一起运作的大脑事件的序列也必须在这两个方面都与它完全匹配，而且我们必须假定一种神经机器，它为其拥有者之心的历史的每一条底纹（无论多么细微）提供一个活的副本。无论这部心的历史可以达到什么样的复杂程度，这个机器的复杂性也必须完全达到那样的极致，否则我们

就必须承认,可能存在着没有大脑事件与之相对应的心理事件。 129
但是生理学家不愿意承认这一点。这会违反他的所有信念。"没有神经作用就没有心理作用",这是连续性原则在他心中的一种表现形式。

但是这条原则迫使生理学家又走出了另外一步。如果神经动作像心一样复杂;如果我们看到,在交感神经系统和脊髓下部,无意识神经动作(据我们所知)做出对于所有外部目的来说都可以称之为智能的行为;是什么妨碍我们推想,甚至在我们知道有意识存在的地方,我们认为是意识之不可分离同伴的更加复杂的神经动作,独自而且自身就是所有智能行为的真正能动者?"一定复杂程度的动作是由纯粹机械装置引起的,为什么更高复杂程度的动作不能是更精制的机械装置的结果呢?"反射动作的观念无疑是生理学理论的最佳战利品之一,为什么不在这一点上更激进一些呢?为什么不说正如脊髓是有很少反射作用的机器一样,大脑半球是有很多反射作用的机器,而且这就是全部的区别?连续性原则会迫使我们接受这个观点。

但是,根据这个观点,意识自身的功能是什么呢?它没有机械功能。感官会唤醒大脑细胞;大脑细胞又会以合理而有序的顺序相互唤醒,直到动作发生的时刻到来;然后,最后的大脑振动会向下释放到运动通道。但是,这是一个相当自动的事件的链条,而且无论有什么样的心与之相伴随,也都只能是一种"副现象",一个无自动力的观众,如霍奇森(Hodgson)所说,是一种"泡沫、气味或者音调",它的阻碍或者促进,对于事件自身都同样不起作用。相应地,作为生理学家,我们在前面完全不应该谈论给动物以指导的

"考虑"。我们应该说,"前面的神经流在大脑半球皮层留下了通路",仅此而已。

这个观念从前后一贯的生理学观点看是如此地简单和富有吸引力,它这么晚才在哲学中偶然引起注意,而且只有这么少的人(甚至在向他们解释了这一点时)能够充分和不费力气地了解它的重要性,这真是不可思议。大部分反对它的争论文章都是由直到现在都未能理解它的人写的。鉴于这种情形,在我们自己对它进行批判之前,值得再花一点时间看看它那些似乎合理的地方。

笛卡尔(Descartes)最早大胆设想了一种能够做出复杂和显然是智能动作的完全自足的神经机械装置。然而,由于一种奇怪的任意限制,笛卡尔在人这里突然止步不前了。他主张在兽类那里神经机器就是一切,但是人的高级行为则是理性灵魂能动作用的结果。认为兽类完全没有意识当然是太荒谬了,除了作为一种好奇的说法,这种观点不能在哲学史上得到长时间的保持。随着人们对这种观点的放弃,整个理论中的一个可以拆开却又必不可少的部分,即神经系统本身可能会承担起智能工作的观点,似乎也滑出了人们的思想之外,直到这一世纪反射动作学说的完善才使得这一观点的重新出现变得可能和自然了。但是我认为,直到1870年霍奇森先生才迈出了决定性的一步。他说,不管感受可能表现得多么强烈,都不可能具有任何因果效力,他还将感受比作涂在马赛克表面的颜色,石头在这里代表的是神经系统中发生的事件。显然,石头呆在适当的位置是由于相互之间的作用,而不是由于它们各自的颜色。

大约在同一时间,斯波尔丁(Spalding)先生,以及稍后一点时

## 第五章 自动机理论

间的赫胥黎和克利福德,都广泛宣传了一种相同的学说,尽管他们学说背后的形而上学思考的精细程度要差一些。①

我们可以补充少许赫胥黎和克利福德的讨论,来把问题完全弄清楚。赫胥黎教授说:

> 兽类的意识似乎只是作为身体机械装置工作的副产品而与后者相关,而且似乎完全不具有使后者的工作发生改变的能力,就像伴随机车发动机工作的汽笛对它的机器没有影响一样。它们的意志(如果它们有意志的话)是一种指示物理变化的情绪,而不是这类变化的原因。……灵魂与身体的关系就像钟表的钟铃与机件的关系一样,意识就像钟铃敲击时发出的声音……。至此,我一直严格地将自己限制于兽类的自动作用……。就我所能判断的而言,确实,适用于兽类的讨论也同样适用于人类;因此,像在兽类那里一样,我们的所有意识状态都是直接由大脑物质的分子变化引起的。在我看来,似乎没有证据表明,在人这里(像在兽类那里一样)有任何意识状态是生物体物质运动变化的原因。如果这些立场的基础是牢固的,那么就可推知,我们的心理条件只不过是对生物体内自动发生变化的意识中的符号;而且,采取一种极端的说

---

① 笔者回忆起 1869 年时(当时他还是一个医学院的学生),他怎样开始写作一篇论文,表明每一个思考大脑过程的人,都如何在自己的解释中不正当地插入了由完全异质的感受世界而来的联系。他引证说,斯宾塞、霍奇森[在其《时间与空间》(*Time and Space*)中]、莫兹利、洛克哈特·克拉克(Lockhart Clarke)、贝恩、卡彭特博士以及其他作者曾犯过这种混淆的错误。写作很快就停止了,因为他发现他用来反对这些作者的观点只是一种单纯的构想,没有证据可以表明它的真实性。后来,他似乎觉得现存的所有证据实际上都支持他们的观点。

法,我们称之为意志的感受,不是随意动作的原因,而是作为随意动作直接原因的大脑状态的符号。我们是有意识的自动机。

**克利福德教授写道:**

> 我们拥有的所有证据都表明,物理世界完全是依照实际的普遍规则自己在那里运行的。……在送入眼睛或者任何一个感官的刺激和之后发生的动作之间的物理事实的序列,和在大脑中发生的物理事实的序列(甚至在没有刺激和动作发生时),——这些完全是完备的物理序列,每一步都完全由机械条件得到说明。……这两个东西处于完全不同的平台上——物理事实自己在进行,心理事实也自己在进行。在它们之间有一种平行,但是它们不会相互干扰。再有,如果有人说意志影响物质,这个陈述并非不真实,而是无意义。这种主张属于野蛮人的粗糙唯物主义。影响物质的唯一东西是周围物质的位置或者周围物质的运动。……那种认为另一个人的意志,即他意识中的一种我无法感知的感受,是我可以感知的物理事实序列的一个部分的主张,——既非真实,亦非不真实,而是无意义;它将一些词组合在一起,而与这些词相应的观念是不能被放在一起的。……人们有时对一个序列了解得多一些,有时对另一个序列了解得多一些。因此,在讲述的时候,我们有时说到心理事实,有时说到物质事实。寒冷的感受使一个人跑起来;严格地说,如果我们想要谈论物质事实,那就是与寒冷感受共存的神经扰动使他跑了起来;或者,如果

我们想要谈论心理事实,那就是寒冷的感受引起了与腿的移动共存的潜意识形式。……因此,如果我们问:"来自寒冷皮肤的进入的讯息和使腿移动的外出的讯息之间的物理联系是什么?"回答是:"人的意志。"这时,我们完全有权发笑,就像我们拿着一幅画问朋友,前景的那门大炮是用什么颜料画的,我们得到的回答是:"熟铁。"作为对上述学说所要求的心理运用的绝好练习,想象一辆火车,它的前部是车头和三节由铁制连接器连在一起的车厢,后部是另外三节由铁制连接器连在一起的车厢;而这两个部分之间的联结来自司炉和列车员之间的友善情感。

为了全面了解人们这么自信地阐述的信条所带来的结果,应该果敢地将它应用于最复杂的例子。我们的舌头和笔的运动,谈话中我们眼睛的闪烁,当然都是物质序列的事件,因而它们的先行原因也必须完全是物质的。如果我们对莎士比亚(Shakespeare)的神经系统了如指掌,并同样对他的所有环境条件也了如指掌,我们就应该能够说出,为什么在他生活的某个特定时期,他的手开始在一些纸上写出我们为简短起见称之为哈姆雷特手稿的那些潦草的小黑记号。我们应该理解那里的每一个删除和修改的根据,而且我们应该在完全不承认莎士比亚心中思想之存在的情况下理解所有这一切。那些词和语句不应当被看作是它们自身之外的任何事物的标记,而应当被看作是小小的纯粹外部事实。以同样的方式,我们可以详尽无遗地写出被称为马丁·路德(Martin Luther)的那大约二百磅微温蛋白质物质的传记,而完全无需提示它有感受。

但是另一方面，所有这些都不能妨碍我们让思想和情绪的每一点闪光都各就其位，对路德或者莎士比亚的精神历史给出同样全面的解释。每一个人的心的历史都与他的身体历史并行，一种历史中的每一个点都与另一种历史中的一个点相对应，而不是对那个点做出反应。因此，竖琴的琴弦上飘散出悦耳的音调，但这音调既不阻止也不加快琴弦的颤动；影子伴随在行人的身旁，却绝不影响行人的脚步。

还需要提及另外一个显然更加荒谬的推论，虽然就我所知，霍奇森博士是唯一明确做出这个推论的作者。这个推论就是，不引起神经活动的感受甚至也不能相互引起。对于常识而言，感到痛苦本身不仅是外部的眼泪和哭泣的原因，而且也是诸如悲哀、懊悔、愿望或者创造性思维之类内部事件的原因。因此，关于好消息的意识是快乐感的直接制造者，对前提的了解是结论中信念的直接制造者。但是，根据自动机理论，前面提到的每一种感受都只是某种神经活动的关联物，而这种神经活动的原因则完全在于它前面的神经活动。第一个神经活动唤起第二个，不管是什么感受附加在第二个神经活动上，它都因而会发现自己是跟随着附加在第一个神经活动上的感受发生的。例如，如果好消息是与第一个神经活动相关联的意识，那么，快乐就是第二个神经活动的意识关联物。但是，神经序列里的成分始终是因果连续性中的唯一成分；意识序列里的成分，不管那些序列多么具有内在的合理性，都只不过是并列的。

## 支持这一理论的理由

"意识自动机理论"(人们通常这样称呼这一观念)因而是关于某些事实的可能发生方式的一种激进而简单的观念。但是,在观念和信念之间应该有证明。当我们问:"有什么能够证明所有这一切并非只是一种关于可能情况的观念?"我们很难得到一个充分的回答。如果我们从青蛙的脊髓开始,根据连续性进行推论,说由于它的动作是如此地聪明(虽然是无意识的),因此,高级中枢(虽然是有意识的)表现出来的智能的基础,很可能也完全是机械的;我们立即就会遇到来自连续性的严格的反论证,这个论证实际上是由像弗吕格和刘易斯这样的作者强烈主张的,它从大脑半球的动作开始,说:"由于那些动作的智能要归功于我们知道存在于那里的意识,因此,脊髓动作的智能也必须实际上被归因于较低程度意识的无形存在。"来自于连续性的所有论证都可能以两种方式起作用,借助于它们,你可以上升,也可以下降;而且很显然,这样的论证永远都可以相互吞掉对方。

还有一种哲学信仰,像大多数信仰一样来自于审美的要求。在各个方面,心理事件和物理事件都可以在整个存在的领域中表现出最明显的差别。要在它们之间的裂缝上架起一座桥梁,用心比用任何我们知道的中间事物都更加不容易。那么,为什么不把它称为绝对裂缝,并且不仅说这两个世界是不同的,而且说它们是各自独立的呢?这会给予我们所有简单而绝对的公式所能带来的安慰,而且它使每一个链条都与我们的思考吻合。当谈论神经的颤动和身体的动作时，我们会有可以免遭来自不相关的心理世界侵扰的安全感。另一方面，在谈论感受时，我们同样会一贯性地使用一个种类的术语，而永远不会为亚里士多德（Aristotle）称之为"滑入另一种类"的事情而烦恼。在实验室中训练出来的人，有一种无疑非常强烈的愿望，他们不想让自己的物理推论与诸如感受这类不可用同一标准进行比较的因素混淆起来。我曾经听到一位最为睿智的生物学家说："从事科学的人是时候该对在科学研究中承认任何诸如意识之类的东西的做法提出抗议了。"总之，感受构成了存在的"非科学的"一半，任何喜欢称自己为"科学家"的人，都不愿意在他所爱好的研究中，用承认一种二元论的微小代价，来换取这种术语使用上不受阻碍的同质性。这种二元论在承认心是一种独立存在状态的同时，又将它打入了无因果作用力的冷宫，在那里从来都无需惧怕任何来自心的侵扰或阻碍。

除了必须让问题保持简单这条伟大的基本原理之外，我们必须承认，还有另外一个非常抽象的理由来否认感受的因果效力。我们对意志或者影响大脑分子的其他思想的运作方法无法形成确实的意象。

> 让我们试着想象一个观念（比如关于食物的观念）引起一个动作（比如将食物拿到嘴边的动作）……。这观念运作的方式是什么？它帮助了那灰色物质的分子的分解，或者它延迟了那个过程，或者它改变了震荡的分布方向吗？让我们想象那灰色物质的分子是以这样的方式结合的，它们会在偶发力量的冲击下分裂成更简单的化合物。现在让我们设想那种偶发力量（以从某个其他中枢发出震荡的形式）撞击这些分

子。根据假设,它将会分解这些分子,后者将会分裂为更简单的化合物。关于食物的观念如何阻止这种分解?显然,它只能通过增强将这些分子粘合在一起的力量来做到这一点。很好!试着想象关于一只牛排的观念将两个分子粘合在一起,是不可能的。去想象一个类似的观念减弱两个分子之间的吸引力,也同样不可能。①

一位非常机智的作者写下的这个段落,很好地表达了我提到的那个困难。对这种困难的感受,与对两个世界之间"裂缝"的强烈感受和对反射机械装置的真实信念一起,让人很难在做出解释时不把意识作为一种奢侈品而逐出门外。人们可以客气地鞠躬送她出去,让她作为一种"伴随物"而存在,但是人们坚持认为,物质应当拥有全部的力量。

  完完全全地认识到将心与物质分离开来的那条深不可测的深渊,将这种观点混合进他的本性,以至于他永远也不会忘记它,或者始终都让它渗透在自己的全部沉思中,心理学的研究者已经接近于赞赏这两种现象之间的联系了。……它们联系得如此紧密,以致一些最伟大的思想家将它们看作是同一个过程的不同方面。……当在大脑的高级区域发生分子的重新排列时,意识的变化也同时发生。……没有大脑中的变化,意识的变化就永远不会发生;大脑中的变化也永远不会……没有意识中的变化。但是我们还不知道,为什么这二者要一

---

① C. 默西埃:《神经系统与心》(1888),第9页。

起发生,或者将它们二者联系起来的东西是什么,而且大多数权威人士认为,我们永远不会而且永远不能知道这一点。坚定和牢固地把握住这两个观点,即心与物绝对分离的观点,和心理变化与身体变化永远相互伴随的观点,研究者在开始心理学的研究时就已经克服了一半的困难。①

我宁愿说,他一半的困难被忽视了。因为"绝对分离"中的这种"伴随"是完全不合理的观点。意识本应与它忠实陪伴的事务毫无关系,这在我的心里是完全无法想象的。而"它必须要做什么?"则是一个心理学无权"超越"的问题,因为思考这个问题是心理学显而易见的责任。事实上,事物之间相互作用和影响的整个问题是一个形而上学问题,完全不能由那些不愿彻底进入到问题之中的人来讨论。想象"关于一块牛排的观念将两个分子粘合在一起",确实已经足够困难了;但是自休谟的时代以来,想象任何东西将它们粘合在一起,都是同样的困难。关于"粘合"的整个观点都是一个谜,解谜的第一步是将学究式的垃圾从道路上清扫出去。通俗科学将"力""吸引力"或者"亲合力"当作将分子粘合在一起的东西,但是清晰科学(虽然她也可能使用这类语词以简化讨论)不需要这些观念,她满足于用简单的"法则"将分子的单纯空间关系表达为相互间和时间的函数。然而,对于更具好奇心的探求之心来说,这种对单纯事实简单化的表达还不够,还必须为它们找到"理由",而且某种东西必须"决定"那些法则。当一个人认真地坐下来,思考在寻找"理由"时他意谓的是一种什么东西时,他会感到

---

① 在前面引用的书中,第11页。

如此地茫然,如此地远离通俗科学及其墨守成规;他看到,甚至连"关于一只牛排的观念"在宇宙中存在还是不存在这样一个事实,都可能并非完全与同一个宇宙中的其他事实无关,特别是,它可能与确定那个宇宙中两个分子之间的距离相关。如果是这样,那么当常识(虽然因果性和事物在宇宙中的联系这样的基本性质,不在她那可怜的受局限的范围之内)顽固地坚持将感受和观念看作原因时,真理的根基和要旨就掌握在她的手中。无论我们的因果效力观念可能多么不充分,当我们说观念和感受具有因果效力时,我们比那些主张它们没有因果效力的自动论者还是离目标更近一些。正如所有的猫在夜里都是灰色的,所有的原因在形而上学批评的黑暗中也都是模糊的。但是人们没有权利像自动论者所做的那样,将罩布仅仅盖住问题的心理的那一半,说那种因果作用是无法理解的,而与此同时又独断地主张物质的因果作用,就好像休谟、康德(Kant)和洛采(Lotze)都不曾出生一样。人不能因此而犹豫不定。他必须不偏不倚地朴素,或者不偏不倚地苛求。如果是后者,重建工作就必须是彻底的,或者是"形而上学的",而且可能会保留常识的观点,主张观念就是某种转化了形式的力。但是心理学纯粹是一门自然科学,将某些术语不加批判地接受过来作为她的材料,在形而上学的重建之前就停住了自己的脚步。像物理学一样,她必须是朴素的;如果发现在她那特殊的研究领域观念似乎就是原因,她最好还是继续这样来谈论它们。在这个问题上违反常识不会有任何收益,却使她至少失去了谈话的全部自然性。如果感受是原因,当然它们的结果就必定会促进或者阻止内部的大脑活动,关于这些大脑活动自身我们还一无所知。在未来的许多年里，我们很可能都将不得不从我们的感受，或者从我们观察到的运动结果，来推论在大脑中发生了什么。这个器官对于我们来说是一只缸，在这里面感受和活动不知怎么就搅在了一起，而且在这里面有无数的事情发生，我们只能捕捉到它们的统计学结果。我无法很好地理解，为什么在这样的条件下我们要放弃儿时的语言，特别是这样的语言与生理学语言是完全相容的。感受不能引起任何全新的东西，它们只能强化或者抑制反射流，而由生理的力完成的对这些反射流在通路中的最初组织，必须永远是心理学方案的基础。

我的结论是，像人们现在这样，在纯粹前验和准形而上学的基础上向我们力推自动机理论，在心理学目前所处的状态下，是一种不正当的鲁莽。

## 反对这一理论的理由

然而，有比这更多的积极理由，表明为什么我们应该在心理学中继续把意识看作是具有因果效力的。就我们所知，意识分布的细节表明了它的效力。下面我们对此做一些探索。

人们非常普遍地承认，意识越复杂、越强烈，我们在动物的王国中就升得越高，虽然这一点很难得到证明。人的意识必须超过牡蛎的意识。从这个观点来看，它像是一个器官，这个器官和其他器官一起，在动物的生存斗争中使动物得到保存；而推测当然就是，它在斗争中以某种方式帮助他，就像其他器官所做的一样。但是，如果它不能以某种方式发生效力，并且影响他身体历史的进

## 第五章 自动机理论

程,它就不能帮助他。现在,如果我们能够表明意识以什么方式可以帮助他,以及如果他的其他器官(在那里意识最为发达)的缺陷恰恰需要有效力的意识能够提供给它们的那种帮助;那么,似乎可能的推论就应该是,它之所以出现,正是因为它的效力——换句话说,它的效力就会得到归纳的证明。

这部书的其余部分关于意识现象的研究会向我们表明,意识始终主要是一种选择机制①。无论我们说的是最低级感觉中的意识,还是最高级的理智活动中的意识,我们都发现它总是在做一件事情,在呈现于其注意之前的几种材料中选择出一种,强调和注重这种材料,并且尽可能地抑制所有其他材料。得到强调的东西,总是与某种被意识感受为在当时极为重要的兴趣紧密联系的。

但是,意识程度发展最高的动物的神经系统有什么缺陷呢?其中首要的缺陷一定是不稳定性。大脑半球的独特之处在于它是"高级"神经中枢,而我们看到与基底神经节和脊髓的运作相比,它们的运作是多么地不确定和不可预测。但是这种模糊性恰恰构成了它们的优势。它们使其拥有者的行为能够适应周围环境的微小变化,其中任何一种变化对于他来说都可能是一个标记,比任何眼前的感觉诱惑都更有力地向他提示遥远的目的。好像由事物的这种状态可以得出某些机械性的结论。随微小印记而摇摆的器官,其自然状态是一种不稳定的平衡态。我们可以想象,就可渗透性而言,大脑中各种各样的释放几乎处于同等的地位——从落在山脊上的一滴雨水是从东面还是西面的山坡流下去是偶然的这个意

---

① 特别参见第 9 章的结尾部分。

义上说，某个微小印记会引起什么样的释放，可以说是偶然的。正是在这个意义上，我们可以说一个小孩是男孩还是女孩是偶然的。卵子是一个不稳定物体，某种对于我们的理解力来说过于微小的原因，在特定的时候也会使它向这里或者那里倾斜。以这种方式形成的器官的自然法则，只能是一种反复无常的法则。我不知道人们如何能够合理地期待它做出任何确定的有用反应，如低级中枢在其狭小范围内进行的为数不多和命中注定的那些运作。简单地说，关于神经系统的两难问题似乎属于下面这一类。我们可以建造一个能够绝对无误和确定地做出反应的神经系统，但它因而就只能对环境中非常少的变化做出反应——它将不能适应所有其他的变化。另一方面，我们可以建造一个潜在地可以对情境中无限多样的微小特征做出适应性反应的神经系统，但是它的可错性就会像它的包容性一样巨大。我们永远也不能确信它的平衡会在适当的方向上被打破。总之，一个高级大脑可以做许多事情，而且可以根据非常微小的提示来做每一件事情。但是，一触即发的组织结构使得它随遇而安、偶然任意。在任何一个给定时刻，做疯狂的事和做明智的事都具有同样的可能性。低级大脑只做很少的事情，而且在做这些事情的时候，它完全丧失了所有其他的用途。高级大脑的运作就像永远在桌子上掷骰子。除非被灌了铅，最大数字比最小数字更经常出现的概率是多少呢？

关于作为一架纯粹物理机器的大脑，我们已经说了这么多。意识能够通过给它的骰子灌上铅而增加其效力吗？这就是问题。

给它的骰子灌铅的意思，可以是造成一种或多或少具有持续性的压力，这种压力有利于为大脑拥有者的最长久利益而进行的那些运作。它的意思可以是对偏离开来的倾向进行持续的抑制。

意识似乎始终在施加的就是这种压力和抑制。而它似乎在施加这些东西所为的那种兴趣正是它的兴趣,而且是它独自的兴趣,是它创造的兴趣,是只有对于它来说才在存在的王国里拥有身份的兴趣。确实,当我们用达尔文的方式思考时,我们就好像在说拥有大脑的单纯身体就拥有兴趣;我们谈论它的各种器官的效用,以及它们如何帮助或者阻碍身体的生存;我们好像把生存当作是真正存在于物理世界的一个绝对目的,一种真实的应然,主管着动物并且评判其反应,而完全不管任何外部的评论智能。我们忘记了,如果没有这一类外加的评论智能(不管它是那个动物自己的评论智能,或者仅仅是我们的或达尔文先生的评论智能),反应就完全不能被恰当地说成是"有用的"或者"有害的"。仅仅从物理方面考虑,关于这些反应我们只能说,如果它们以某种方式发生,生存将事实上成为它们附带的结果。然而,那些器官自身,以及物理世界的所有其余部分,都将始终对这种结果毫不关心,而且在环境变化时,将会同样高兴地接受这个动物的毁灭。一句话,生存只能作为由旁观者关于未来提出的一个假说,而进入纯粹生理学的讨论之中。但是一旦你将意识带入其中,生存就不再仅仅是一个假说了。它不再是了,"如果生存要发生,那么,大脑和其他器官就必须如此这般地工作!"现在它已经成了一种强制性的命令:"生存将要发生,因此器官必须如此工作!"真正的目的现在第一次出现在世界的舞台上。将意识当作存在的一种单纯的认知形式,这是近代以及古代的许多唯心主义学派的主张,正如这部书的其余部分将要表明的,这种观念是彻底反心理学的。每一个实际存在的意识，至少对于它自己来说，似乎都是为目的而战的战士，如果没有意识的出现，其中的许多目的就完全不能成为目的。它的认知能力主要服务于这些目的，弄清哪些事实能够增进这些目的，而哪些不能。

就让意识只是对于它自己来说似乎所是的东西，它会帮助一个不稳定的大脑去实现其适当的目的。大脑本身的运动机械地产生出实现这些目的的手段，但却是从许多其他目的（如果我们可以这样称呼它们的话）当中产生出来的，这些其他目的不是动物的适当目的，却通常是完全相反的。大脑是一种可能性的工具，却没有确定性。但是，意识将自身的目的呈现给自己，它还知道哪些可能性导致这些目的，哪些可能性远离这些目的。这样，意识如果有了因果效力，就会强化有利的可能性，压制不利的或者无关紧要的可能性。在这种情形下，流过细胞和纤维的神经流，通过唤醒一种意识的事实而得到强化，通过唤醒另一种意识的事实而受到抑制。现在不能去解答意识对神经流的这种反应是如何发生的：对于我的目的来说，表明它的存在并非毫无用处，表明问题并不像大脑自动论者所认为的那么简单，这就够了。

意识自然史中的所有事实，都使得这一观点更为可信。例如，当神经过程犹豫不决时，意识反而是强烈的。在快速、自动和习惯性的动作中，它则下降到最低的程度。如果意识具有我们推测的那种目的论功能，那么这就是再恰当不过的事情了；如果意识不具有我们推测的那种目的论功能，那么就没有什么比这更没有意义了。习惯性动作是确定的，而且由于没有离开目的的危险，所以不需要外来的帮助。在犹豫不决的动作中，最后的神经释放似乎

## 第五章　自动机理论

有许多种不同的可能性。由每一个不同神经通道的最初兴奋而唤起的感受，似乎通过它的吸引或者排斥的性质，来决定是中断这兴奋，还是完成它。在非常犹豫不决的时候，如在一次危险的跳跃之前，意识令人很痛苦。从这个观点看，感受就像神经释放链条的横断面，确定链环已经断开，在出现于它面前的诸多新的末端中摸索，寻找看上去最适合当前情形的那一个。

我们在第二章研究过的"替代功能"现象，似乎构成了另外一些间接证据。一台正常工作的机器以某种方式不可抗拒地运转。我们的意识称之为正确的方式。拆掉一个阀门，将一个轮子从传动装置中取出，或者弄弯一个枢轴，这台机器就不再是原来的那台机器了，它以另外一种我们称之为错误的方式同样不可抗拒地运转。但是机器自己对错误与正确一无所知：物质没有要追求的理想。火车头会和走向任何其他目的地一样高高兴兴地拉着自己的车厢走上没有闭合的开闭吊桥。

一个其中一部分东西被取出的大脑，实际上就是一台新机器，而且在手术后的最初几天，它以一种完全不正常的方式运作。然而事实上，它的运作一天比一天变得正常，直到最后需要有一双受过训练的眼睛，才能对任何不对劲的地方有所觉察。一些恢复无疑是由于"抑制"的消失。但是如果伴随大脑其余部分意识的存在，不仅是为了辨识每一个功能错误，而且也为了在出现滥用之过时，施加有效的压力加以阻止，在出现软弱或者不作为之过时，伸出一只援手——那么，大脑的剩余部分得到这样的帮助，就会由于习惯原则而回到它们最初不能胜任的旧的目的运作模式上来，这是最自然不过的事情了。相反，它们应该替代性地肩负起现在已经失去的那个部分的责任,而这些责任本身却不具有任何说服力或者强制力,一看就知道,没有什么比这更不自然了。在第二十七章的末尾,我将再次回到这一主题。

还有另外一组事实可以由意识具有因果效力这一假定而得到解释。这是一个众所周知的事实,即快乐通常与有益的经验相联系,痛苦通常与有害的经验相联系。所有的基本生命过程都对这一法则做出了解说。饥饿,窒息,缺乏食物、水和睡眠,在精疲力竭时工作,烧伤,创伤,炎症,毒药的作用,都是不愉快的,就像填充饥饿的肚子,疲惫时享受休息与睡眠,休息后锻炼,始终有着健康的皮肤和完好的骨骼,都是愉快的一样。斯宾塞先生和其他人曾经提出,这些巧合不是由于任何前定的和谐,而是由于纯粹的自然选择的作用,后者确实终究会除掉任何对真正有害的经验感到愉快的物种。一个以窒息感受为快乐的动物,如果那种快乐的效力足以让它将头浸在水中,将只能享有四五分钟的寿命。但是,如果快乐和痛苦没有效力,我们就不可能了解(如果没有自动机理论的"科学"拥护者所觅得的那种前验的理性和谐),为什么最为有害的动作,比如烧灼,不会使人产生喜悦的激动,而最为必要的动作,比如呼吸,不会引起极度的痛苦。确实,这一法则也有许多例外,但与这些例外相关的经验,或者并非生死攸关,或者并非普遍存在。例如,醉酒就是一种非常例外的经验,它虽然有害,但是对于许多人来说却是愉快的。但是,正如卓越的生理学家菲克(Fick)所说,如果所有的河流和山泉里流淌着的都是酒而不是水,那么或者现在所有的人生来就都厌恶它,或者我们的神经已经得到了选择,可以饮了这酒而不受损害。事实上，用来解释我们的感受分布的唯一值得重视的尝试，是由格兰特·艾伦(Grant Allen)先生在其具有启发性的短篇著作《生理美学》(*Physiological Æsthetics*)中完成的；他的推理完全以快乐和痛苦的因果效力为基础，而这正是为"双重观点"的支持者们所激烈反对的。

因此，从各个方面看，反对那个理论的间接证据都很强。关于大脑活动和意识活动的前验分析向我们表明，如果意识活动有效力，通过它的选择性强调，就会补偿大脑活动的不确定性；而对意识分布的后天研究表明，它确如我们对为指导变得太复杂而不能管理好自己的神经系统而增添上去的器官所期待的那样。鉴于这一切，意识是有用的这一结论就相当合理了。但是，如果它是有用的，它就必须通过因果效力而有用，那么自动机理论就必须屈服于常识理论。无论如何，我（将尚未获得成功的形而上学重建悬置起来）将在整部书中毫不犹豫地使用常识的语言。

# 第六章　心的要素理论

那些发现自己在上一章为太多的形而上学所淹没的读者,在这一章将会度过一段更加艰难的时光,这一章完全是形而上学的。形而上学的意思只是以一种超乎寻常的顽强努力去清晰地思维。心理学的基本观念在实践上非常清晰,在理论上却非常混乱,而且人们很容易在这门科学中做出最模糊的假定,直到受到挑战,才知道这些假定涉及到一些什么样的内在困难。一旦这些假定得以确立(因为它们在我们对现象事实的描述中发挥了作用),随后要想摆脱它们,或者让任何人了解它们并不是问题的本质特征,就几乎不可能了。防止这一灾难发生的唯一办法,就是事先对它们进行详细的考察,在认可它们之前,要求它们先对自己给出一个清晰的说明。我所谈到的那些假定中最模糊的一个,就是关于我们的心理状态在结构上是复合的,由结合在一起的更小状态所构成的假定。这个假说有一些表面上的优势,使得它对于我们的理智有一种几乎不可抗拒的吸引力,但是它内在的东西却完全不可理解。然而,有半数的心理学作者似乎都没有觉察到它的难以理解。由于我们自己的目标是尽量去理解,在开始我们工作的描述部分之前,选出这一观点进行非常清楚的讨论,应该是合乎情理的。以其最激进的形式来表达,"心的要素"理论是这样一种理论,它认为我们的心理状态是复合物。

## 进化心理学需要心的微粒

在一般进化论中,无机物最先出现,其次是最低级形式的动植物生命,然后出现了具有心理性的生命形式,最后出现的是像我们自己这样的在更高程度上拥有心理性的生命形式。如果我们只考虑纯粹的外部事实,甚至是生物学中最复杂的事实,作为进化论者,我们的任务就相对比较容易完成。我们考虑的始终是物质及其聚合与分离,虽然我们的考虑必然具有假说的性质,但这并不妨碍它是连续的。作为进化论者,我们应当牢牢把握的要点是,所有出现的新的存在形式,实际上只是原初和不变的物质重新分布的结果。混乱地散开着,组成了星云的自我同一的原子,现在挤压着并暂时卡在特别的位置,形成了我们的大脑。而大脑的"进化",如果得到理解,也只是对这些原子如何这样卡着挤在一起做出的说明。在这种解释中,在任何一个后面的阶段,都不会出现新的性质,不会出现在开始时不存在的要素。

但是随着意识的出现,一种全新的性质似乎悄悄地溜了进来,它是某种在处于原初混乱中的单纯外部原子那里尚未获得力量的东西。

进化论的敌人很快就对这个世界的材料中的这种不可否认的非连续性发起突然攻击,他们中的很多人由进化论的解释在这一点上的失败,推导出它在所有的方面都普遍没有解释力。每个人都承认感受本身与物质运动本身的完全不可通约性。"运动变成了感受!"——在我们的双唇碰撞出来的短语中,没有比这更缺乏可理解的意义了。相应地,甚至连进化论支持者中最暧昧的人,当有意将物质事实与心理事实相比较时,也曾经像所有其他人一样热切地强调内部与外部世界之间的"裂缝"。

斯宾塞先生说,"分子振动能够与神经震荡[他是指心理震荡]一一相互代表,这二者能够被辨识为一个东西吗?任何尝试都不能让我们将它们同化。当我们将这二者并列放在一起时,感受单元与运动单元之间没有任何共同之处,就比任何时候都更加清楚了。"①

还有:

> 设想这一点已经相当清楚,即意识中的震荡和分子的运动是同一事物的主观和客观两个方面;我们仍然完全不能将这二者统一起来,去对它们为其两个相反方面的那种实在进行思考。②

换句话说,我们无法在它们中间觉察到任何共同的性质。因此,廷德尔(Tyndall)在那个经常被人引用,以至于每一个人都对其铭记在心的走运的段落中说,

> 从脑物理学到相应意识事实之间的通路是不可思议的。即使承认一个确定的思想和大脑中一个确定的分子运动同时发生;我们也并未拥有可以使我们通过推理的过程从一方到达另一方的理智器官,或者这种器官的雏形。③

---

① 《心理学》(*Psychol.*),第 62 节。
② 同上,第 272 节。
③ 《科学片断》(*Fragments of Science*),第 5 版,第 420 页。

他在另一个段落中说：

> 我们可以追踪神经系统的发展，并且使它与并行的感觉和思想现象相关联。我们毫不怀疑地确知它们形影不离。但是，一旦我们想要理解它们之间的联系，我们就是试图在真空中飞翔。……不存在将这两类事实融合起来的可能性——人的理智中不存在这样的动力，能够从一方到达另一方而不发生逻辑断裂。①

然而，当进化的灵感降临到他们身上的时候，同样的作者还是很容易就跃过他们最先宣布其恶名的那条裂缝，把心看作是以连续的方式从身体中产生出来的。斯宾塞先生回顾他对心理进化的考察，告诉我们如何"在追踪这种增长时，我们发现自己不间断地从身体生活现象到达了心理生活现象"②。廷德尔在我们刚刚引用过的那同一个《贝尔法斯特演讲》(Belfast Address)中，发表了他的另一个著名段落：

> 去掉所有的伪装，我感到在你们面前我应当承认，将视力向后延伸，越过实验证据的边界，在由于我们的无知和我们自称对其创造者的敬重而迄今对其倍加非难的那种物质里，我

---

① 《贝尔法斯特演讲》，"自然"，1874年8月20日，第318页。我禁不住要指出，这些作者这么强调的运动和感受之间的不一致，有点不像它初看起来那么绝对。有一些范畴是为这两个世界所共用的。不仅时间上的连续性[如赫姆霍尔兹所承认的，《生理光学》(Physiol. Optik)，第445页]，还有诸如强度、体积、简单或者复杂、平稳的或者受到阻碍的变化、平静或者兴奋这类属性，都被我们习惯性地断言为物理事实和心理事实的属性。在这种类比成立的地方，事物确实就具有某些共同之处。

② 《心理学》，第131节。

看到了每一种生命形式和性质的希望和力量。①

——当然，心理生活也包括在内。

连续性是一个多么强的假定！现在这部书将要表明，心理假定一般来说应当受到尊重。在广泛的科学领域内，对连续性的要求已经证明拥有真正的预见性力量。因此，我们自己应该认真尝试每一种考虑意识出现问题的可能方法，以使它不会看上去像是在此之前尚不存在的一种新性质闯入了宇宙之中。

仅仅称意识为"初生的"，并不能满足我们的需要。② 确实，这

---

① 《自然》，同上，第317—318页。

② "初生的"是斯宾塞先生的伟大用语。在表明意识如何必须在某个点上出现于进化的舞台上时，这位作者在模糊性方面完全超过了他自己原来的水平。

"在其高级形式上，本能可能由一种初步的意识相伴随。没有某种将许多刺激联系起来的神经节，就不可能有许多刺激间的协调。在将它们联系起来的过程中，神经节必须能够受到每一种刺激的影响——必须经历许多变化。而神经节中变化的快速演替(实际上意味着对差异和相似性的永久不断的经验)，构成了意识的原材料。这里的含意是，随着本能的快速发展，某种意识就成为了初生的。"(《心理学》，第195节。)

我做了斜体处理的"原材料"和"含意"这两个词，就是表示进化的词。人们设想它们具有"综合哲学"所要求的全部精确性。在下面的段落中，当"印象"相继经过一个共同的"交流中心"时(很像人们经过十字转门进入一个剧场)，直到那时还尚不存在的意识，就应该出现了：

"单独的印象由感官——由身体的不同部分——接受。如果它们到达其接收地就不再前行了，它们就没有用处。或者，如果它们中间只有一部分相互联系起来，它们也没有用处。必须要做一种有效的调整，它们必须全部相互联系起来。但这就意味着要有某种它们共同享有的交流中心，它们各自从这一中心通过；而且由于它们不能同时由此通过，它们就必须相继通过。因此，由于要做出反应的外部现象在数量上越来越大、在种类上越来越复杂，这一共有交流中心所要发生的变化的种类和速度也必须增加——这些变化的不间断的序列一定会出现——意识一定会产生。

"因此，生物体和其环境间的这种一致性发展，使得感觉的变化逐渐被还原为一种相继性成为必要；由此，就进化出了一种独特的意识——随着相继性变得更快捷，一致性变得更完全，它就变得越高级的那种意识。"(同上，第179节。)

## 第六章 心的要素理论

个词表示尚未完全出生,所以似乎在存在与非实存之间形成了某种桥梁。但那是一种词语上的诡辩。事实是,如果有新的性质出现,非连续性也就出现了。后者的量是不重要的。《海军后补生易锡》中的女孩,不能为她孩子的不合法性辩护说:"它是一个非常小的孩子。"意识,无论多么微小,在所有开始时没有它、却声称用连续的进化对所有事实都做出了解释的哲学中,都是一种不合法的出生。

如果进化要平稳地进行,某种形式的意识必须在事物的最初起源时就已经出现。相应地,我们发现,更具洞察力的进化哲学家正在开始将意识定位于那里。他们设想,星云中的每一个原子都一定有过原始的意识原子与之相联系,而且正如物质原子通过聚集在一起而形成了身体和大脑,心理原子也通过一种类似的聚合过程而融合为更大的意识,这是我们知道自己拥有并且认为也存在于我们的动物同伴那里的意识。某种这样的原子物活论学说,是彻底的进化哲学的一个不可缺少的部分。根据这种学说,一定存在着与原始的心的微粒的复杂程度和聚合程度相一致的无限意识等级。用间接证据证明这些意识等级的单独存在(因为不会有关于它们的直接的直观),因此,就成了心理进化论的首要职责。

---

确实,在《双周评论》(Fortnightly Review)(第 14 卷,第 716 页)中,斯宾塞先生否认,他的这个段落是要告诉我们任何关于意识起源的事情。然而,它与其《心理学》中太多的其他地方(如第 43、110、244 节)相类似,以至于我们很难不把它看作是为解释意识如何必须在某一点"进化出来"所做的认真尝试。当一位批评者使他注意到其用词的空洞时,斯宾塞先生就会说他使用这些词从来没有特别的所指,这只是使这种"颜色哲学"(chromo-philosophy)得以进行的令人反感的含糊暧昧的一个例子。

## 关于心的微粒存在的一些所谓的证明

已经有一些哲学家履行了这个职责,他们虽然对进化完全不感兴趣,但还是以独立的根据让自己相信存在着大量的潜意识心理生活。对这种一般看法及其根据的批评必须迟一些再进行。现在,让我们只讨论用来证明些许心的微粒可以聚合为可以清楚觉察的感受的论证。这些论证是清晰的,也容得清晰的回应。

就我所知,德国生理学家 A. 菲克于 1862 年最先使用了这些论证。他做了辨别温热感受和触碰感受的实验,在实验中,皮肤上只有一小部分通过卡片上的小洞受到刺激,周围的部分受到卡片的保护。他发现在这样的条件下病人经常出现错误,[①]并得出结论说,这一定是因为来自受到影响的基本神经末梢的感觉数量太少,以致不能将自己独特地聚合为其中任何一种感受的性质。他试图表明不同的聚合方式如何会在一种情况下引起温热感觉,而

---

① 他自己的话是这样的:"错误是在这个意义上出现的,即他承认被触碰了,但事实上刺激他皮肤的是辐射热。在前面提到过的我们自己的实验中,在整个手掌或者面部从来没有出现过任何错误。在一个病例中,在对手背的连续 60 次刺激中,发生了 4 次错误,在另一个病例中,45 次连续刺激中有 2 次错误发生。在上臂的伸肌侧,我们注意到 48 次刺激中有 3 次受骗的情况出现,而在另外一个个体的病例中,31 次刺激中发生了 1 次受骗。在一个病例中,在对脊骨处的 11 次连续的刺激中,观察到了 3 次受骗;在另一个病例中,19 次刺激中有 4 次发生受骗。在腰椎处,6 次受骗发生于 29 次刺激中,在另一个病例中,7 次刺激有 4 次受骗发生。当然,我们还没有足够的使我们可以对概率做出计算的材料,但是任何人都可以很容易让自己相信,在背部,就只涉及到一小部分皮肤而言,甚至连对温热和轻度压力的适度精确的辨别力都是不可能的。直到现在,我们还不可能做出相应的对寒冷的感受性的实验。"[《感觉器官的解剖学和生理学教科书》(*Lehrb. d. Anat. u. Physiol. d. Sinnesorgane*)(1862),第 29 页。]

第六章　心的要素理论

在另一种情况下引起触碰感觉。

他说："当感受单元的强度均匀地依次排列，以至于在两个元素 a 和 b 之间，没有其强度不在 a 和 b 的强度之间的其他单元可以在空间上介入时，温度感受就会产生。在这一条件没有得到满足时，可能就会出现触碰感受。然而，这两种感受都是由相同的单元组成的。"

但是，将这种强度的依次排列解释为大脑事实，显然比解释为心理事实要清楚得多。如果大脑中的一个神经通道，先以菲克教授提到的方式之一受到刺激，然后以另一种方式受到刺激，那么就很可能发生这样的情况（因为我们说不出相反的东西），即在一种情况下心理伴随物是热，而在另一种情况下是痛。然而，痛和热不是由心理单元构成的，它们各自都是整个大脑过程的直接结果。只要这后一种解释仍有讨论的余地，我们就不能说菲克已经对心理聚合做出了证明。

后来，斯宾塞和泰恩（Taine）又各自独立地采纳了这同一个思路。斯宾塞先生的推理值得我们做详尽的引证。他写道：

尽管构成意识的个别感觉和情绪（实在的或者观念的）单独看上去是简单、同质和不可分析的，或者具有不可预测的性质，但是它们并非如此。至少有一类感受，像通常体验到的那样似乎是基本的，却可以证明不是基本的。而且在将它分解为大致准确的组成部分之后，我们很难不去猜测，其他看上去基本的感受也是复合的，而且也可能拥有像我们在这个例子中识别出来的那种大致准确的组成部分。

乐音就是我们给这种看上去简单的感受起的名字，它无疑可以被分解为更简单的感受。广为人知的实验证明，当同样的吹气或敲击以不超过大约每秒16次的速度一个接一个地做出时，每一次吹气或敲击的结果，都被感知为一种分离的声音；但是如果吹气接续的速度超过每秒16次，声音就不再在分离的意识状态中得到识别，代之而起的是一种被称为音调的连续意识状态。如果进一步提高吹气的速度，音调就会发生音高上升这样一种性质的变化；随着吹气不断地提高速度，音调的音高也不断提高，直到它达到一种再高就不能作为音调被欣赏的尖锐的刺耳声。因此，根据同类感受单元聚合在一起的不同程度，这些单元产生出了许多相互之间在性质上可以被区分开来的感受。

这还不是全部。赫姆霍尔茨教授的研究已经表明，当与这些快速反复的声音序列一起，又出现另一个声音更快但却不那么响亮的序列时，结果音色的性质发生了改变。正如各种乐器向我们表明的，音高和强度相同的音调，可以由其刺耳或者甜美、洪亮或柔和的特性得到区分；而它们所有的独特性质，都产生自将一种、两种、三种或者更多种附加的复发性声音序列，结合进复发性声音的主序列当中。因此，被人们称之为音调音高差异的感受的不同，是由于一个序列中复发性声音的聚合方面的差异，而被人们称之为音色差异的感受的不同，则是由于具有其他聚合程度的其他序列，与这一序列同时聚合在一起。因此，大量单独看上去是基本的、在质性上不同的意识种类，都是由一种简单的意识构成的，这种意识以多种多样的方式与自己结合了再结合。

我们可以在这里停下来吗？如果被称为声音的不同感觉，是由共同的单元构成的，我们不是可以合理地推论出，人们称之为味道的不同感觉、人们称之为气味的不同感觉、人们称之为颜色的不同感觉，都同样如此吗？而且，我们不会认为可能存在作为这几种差异巨大的感觉所共有的单元吗？如果各种感觉的差异是来自它们的共有意识单元的结合方式的不同；那么，每种感觉和其他种类感觉之间更大的差异，就也可能是这样。可能存在一种单一的原始意识要素，而无数种类的意识，都可以通过这种要素与它自己相复合、再由它的复合物在越来越高的等级上相互复合而产生出来：这就产生出了更多的多重性、多样性和复杂性。

我们掌握了这一原始要素的任何线索吗？我认为是的。那种作为音乐的音调感觉之构成单元的简单心理印象，与某些有不同起源的其他简单心理印象相关联。由持续时间短得不足以觉察的劈啪声或噪声所引起的主观结果，只不过是一次神经震荡。虽然我们将这种神经震荡归于我们称之为声音的一类，它与其他种类的神经震荡还是没有多大区别。通过身体的放电，会引起类似于突然而且巨大的爆裂声所引起的感受。由眼睛得到的强烈而意外（比如由闪电引起）的印象，同样会导致惊跳或者震惊；虽然被这样命名的感受似乎像电击一样将整个身体作为它的处所，并因此可能会被看作是传出骚动而不是传入骚动的关联物，然而，在回忆由物体在视野中瞬间经过所引起的心理变化时，我认为我们可以觉察到，与传出骚动相伴随的感受自身,已经非常接近地还原为了相同的形式。事实上,这样发生的意识状态,在质上与由打击引起的最初意识状态(不同于瞬间之后开始的疼痛或者其他感受)差不多;后者可以被看作是神经震荡的原始和典型的形式。当我们想起感受的可区分性意味着可以感知的持续时间时,我们就不会对下面这个事实感到陌生。这个事实就是,由来自不同神经丛的不同刺激导致的突然而短暂的骚动,引起在质上几乎无法区分的感受;以及当持续时间被大大缩短时,我们知道的只是某种心理变化发生了,又终止了。要产生红的感觉,要知道一个音调是尖锐的还是低沉的,要意识到一种味道是甜的,这每一种情况都意味着状态要有相当的连续性。如果那种状态持续的时间不足以使它得到关注,它就不能被归入这个或者那个种类;它就成了一种瞬间变化,与由其他方式引起的瞬间变化非常相似。

那么,有可能——我们不能甚至说很可能吗?——某种与我们所说的神经震荡属于相同种类的东西,是意识的最终单元;我们感受中的所有差异,都产生于这一最终单元的不同聚合方式。我说属于相同的种类,是因为由不同原因引起的神经震荡之间存在着可识别的差异,而原始神经震荡很可能与所有这些震荡都有或多或少的区别。而且,我说属于相同的种类还有更进一步的理由,那就是,虽然我们可以将性质上的一般相似性归与它们,但是我们必须设想程度上的巨大差异。得到辨认的神经震荡本身是激烈的——必须是激烈的,才能从突然被它们打断的一长串多种多样的生动感受中感知到它们。但是,对于构成不同形式感受的快速复发性的神经震荡,我们必须设想它们是比较温和的,甚至只有非常微弱的强度。如果我们的各种感觉和情绪,由和通常所说的震荡一样强烈的快速复发性震荡所组成,它们就会令人无法忍受;甚至生命立刻就会终止。我们必须将它们看作是相继发生的主观变化的微弱冲动,每一个都和被判别为神经震荡的主观变化的强烈冲动具有相同的性质。①

## 对这些证明的反驳

斯宾塞先生的这个论证初读起来似乎令人信服,但奇怪的是,它实际上却是那么地脆弱。② 是的,当我们研究一个音符与其外部原因的联系时,我们确实发现音符是简单而连续的,而原因却是多种多样和不连续的。所以,在某个地方存在着转换、还原或融合。问题是,在哪里——是在神经世界还是在心理世界呢?实际上我们还没有可以用来做出决定的实验证据;而如果我们必须要做出决定,那就只有类推和前验可能性能够指引我们。斯宾塞先生设想,融合必须发生于心理世界,物理过程经过空气和耳朵、听

---

① 《心理学原理》,第60节。
② 够奇怪的,斯宾塞先生似乎完全不了解心的要素的基本单元理论在进化哲学中的一般功能。我们认为,如果那种哲学要起作用,对星云意识的假设——最简单的方法当然是设想每一个原子都是活生生的——绝对不可缺少。然而,斯宾塞先生会认为[如《第一原理》(*First Principles*),第71节],意识只是与之"相当的"一定量的"物理力"转换的偶然结果。也许在任何这类"转换"能够发生之前,大脑必须已经存在于那里。因此,文中引用的论证只表示局部的细节,不具有一般意义。

觉神经和髓质、下部大脑以及大脑半球,其数量并不减少。图 26 将清楚地表明这一点。

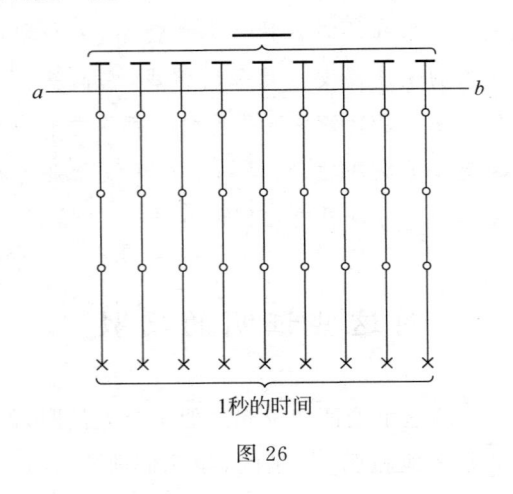

图 26

1秒的时间

让线段 a-b 代表意识的阈限:画在这条线下面的每一个东西都象征一个物理过程,线上面的每一个东西都表示一个心理事实。叉子代表物理的吹气,圆圈代表在依次升高的神经细胞等级中发生的事件,横向标记代表感受事实。斯宾塞的论证意味着,每一个等级的细胞都向它上面的细胞传送与它接收到的同样多的冲动。所以,如果吹气以每秒 20,000 次的速度进行,皮层细胞也以相同的速度释放,而这 20,000 次释放中的每一次,都有一个感受单元与之相对应。这样,而且只有这样,通过这 20,000 个感受单元"与它们自己复合"为图形顶部的短线所表示的"连续意识状态","聚合"才能发生。

这种解释与物理类推发生了明显的矛盾,这种矛盾不亚于它与逻辑可理解性的冲突。让我们首先考虑物理类推。

吹一下钟摆,它会偏斜过去,再摆动回来。吹气的次数越多,它摆回来的次数就越多吗?不是的。因为如果吹得太快了,它就完全摆不回来了,而是以一种明显的固定状态一直偏斜在那里。换句话说,在数量上增加原因,不一定同样也在数量上增加了结果。向一根管子中吹气,你听到某个音符;而加大吹气的量,你会在一定的时间内提高音符的音量。可以无限地这样下去吗?不。因为当达到一定的力度时,那个音符不会变得更响,而会突然消失,并由比它更高一级的音阶所代替。少许打开一点燃气并点燃它,你得到一个小火苗。打开更多的燃气,火焰变大了。这种关系会无限地增大吗?还是不。因为在某个特定的时刻,火焰会往上喷,变成参差不齐的光柱,并开始发出嘶嘶响声。缓慢地向青蛙腓肠肌肌肉神经送入接连发生的电击:你得到接连发生的抽搐。增加电击的次数并不使抽搐的次数也增加;相反,它使抽搐停止,肌肉处于称为肌肉强直的不变收缩状态。这最后一个事实是神经细胞和感觉纤维之间一定会发生的情况的真正类似物。确实,细胞比纤维更有惰性,纤维的快速振动只能在细胞中引起相对比较简单的过程或状态。高级细胞可能比低级细胞爆发速度更慢,所以在 1 秒钟内,那设想的 2 万次外部空气的吹动,可能在皮层中被"聚合"为非常少量的细胞释放。另一个图表是用来将这种推测与斯宾塞的推测相对照的。在图 27 中,所有的"聚合"都发生于意识阈限之下。当我们逼近与感受联系最直接的细胞时,细胞事件的频率就越来越低,直到最后我们到达由较大的椭圆所象征的情况,我们可以认为,那个椭圆代表皮层中枢某些相当大规模和缓慢的

1秒的时间

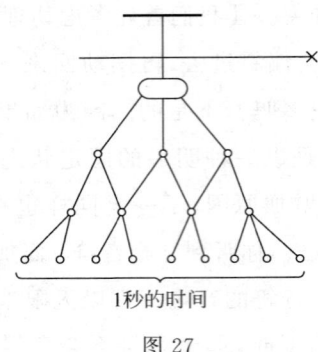

图 27

紧张和释放过程,由图形顶部的直线所代表的对乐音的感受,作为整体,简单而完整地与这个过程相对应。这就好像人们排成一条长队,一个接一个地开始向远处的目标前行。开始的时候道路很好,人们相互之间保持着最初的距离。不久道路就开始为一次比一次更糟的泥沼所割断,这使得前面的人进展得如此缓慢,以至于后面的人在旅程结束前就追赶上了他们,所有的人都一起到达了目的地。①

根据这种假定,不存在先于并且组成完整意识的未被觉察的心的要素的单元。意识自身是直接的心理事实,并且与作为它的

---

① 颜色的混合也可以用同样的方式对待。赫姆霍尔兹曾表明,如果绿光和红光同时落在视网膜上,我们看见的是黄色的光。心的要素理论会将这解释为绿色感受和红色感受"结合"为一种中间感受——黄色——的一个例子。实际发生的事情,无疑是当组合的光撞击视网膜时,第三种神经过程开始了,——不是简单的红色过程再加上绿色过程,而是某种与双方或者每一方都完全不同的东西。当然,完全没有红色或者绿色这两种感受出现在心之前;存在于那里的只是一种黄色感受,直接与即刻存在的神经过程相符合,正像绿色和红色的感受如果发生的话就会与它们各自的神经过程相符合一样。

无条件伴随物的神经状态有直接的关系。如果每一次神经震荡都引起它自己的心理震荡,然后这些心理震荡就结合起来,那么我们就不可能理解,为什么将中枢神经系统的一个部分与另一个部分切开,会破坏意识的完整性。所做的切割与心理世界没有任何关系。心的要素的原子应当从神经物质的随便哪一侧游离开来,然后在它上面聚集到一起并且融合起来,就像不曾做过切割一样完好。然而我们知道,它们并没有这样;切断人的左听觉中枢或视觉中枢和大脑皮层其余部分的传导通路,就会中断他听到的词或者看见写出来的词和他的其他观念之间的全部交流。

而且,如果感受可以混合为一种中间物,为什么我们不用绿的感受和红的感受,来做成黄的感受呢?为什么光学会忽视通向真理的大道,而要浪费许多个世纪的时间,来争论用两分钟的反省就可以一劳永逸解决的颜色构成理论呢?① 我们不能这样混合感受,虽然我们可以混合感受的对象,并且从它们的混合物中得到新的感受。我们甚至不能(正如我们在后面将会看到的那样)在心中同时拥有两种感受。我们最多只能在不同的感受中,将以前呈现给我们的对象放在一起进行比较。但这时我们会发现,不管比较的结论是什么,每一个对象都在意识面前顽固地保持其独特的身份。②

---

① 参见密尔的《逻辑学》(Logic),第 6 卷,第 4 章,第 3 节。
② 在我的学生中我发现有一种几乎不可改变的倾向,认为我们能直接感知到感受确实在结合。"什么!"他们说,"柠檬水的味道不是由柠檬的味道再加上糖的味道组成的吗?"这是将对象的结合当成感受的结合了。物理的柠檬水包含柠檬和糖,但是它的味道并不包含它们的味道,因为如果有任何两样东西肯定没有出现在柠檬水的味道里,那就是柠檬酸味和糖的甜味。这两种味道完全不存在。呈现出来的全新味道与这两种味道相类似,这是真的;但在第十三章我们将会看到,相似不能总是被认为包含着部分同一。

## 心理事实的自我复合是不可接受的

对心理单元"与它们自己复合"或者"聚合"的理论,还有一个更加致命的反驳。这种复合在逻辑上是无法理解的,它忽略了我们实际知道的所有"结合"的本质特征。

我们实际知道的所有"结合",都是所谓被"结合"单元**在并非它们自己不同的实存上造成的结果**。没有这种中介或者媒介物的特征,结合的概念就毫无意义。

通过共同行动,通过全都与比如单一的腱相联结,许多收缩单元可以拉动并产生一种动力学效果,这效果无疑是它们结合起来的个别能量的合力。……总之,腱对于肌肉纤维、骨对于腱,都是机械能量的联合接受者。合成过程的媒介对于能量聚合是不可缺少的。要了解机械合力对于结合基质的完全的依赖性,我们可以用一点时间来设想,所有单独收缩的肌肉都被从它们的附着物上切断。这样,它们也许仍然能够用和以前一样的能量收缩,但却不会产生协作的结果。缺少的是动力学结合的媒介。单独施加的没有共同接受者的多种能量,将会在完全孤立和分离的努力中丧失自己。[1]

换句话说,多少数量的实存(可以随你喜欢称它们为力、物质粒子或者心理元素)都不可能将它们自己聚合在一起。每一个实

---

[1] E. 蒙哥马利(E. Montgomery),《心》,V,第 18—19 页。还可参见第 24—25 页。

存都在总体中保持为它一直所是的东西,而只是对于碰巧忽略了那些单元、并照此来理解那个总体的旁观者来说,总体自身才存在着;或者,它是以对外在于那个总体自身的实存所产生的某种其他效果的形式存在着。不要反驳说 $H_2$ 和 O 将自己结合为"水",并且其后就表现出了新的性质。它们不是这样的。"水"只是处于新位置的旧原子,H-O-H;"新性质"只是当它们处于这种位置时,对外部媒介表现出来的联合效果,诸如我们的感官,以及各种可以表现水的性质并因而让人知道这是水的试剂,都是这样的外部媒介。

只有当聚合物在其他事物面前如此表现时,它们才是有组织的整体。一尊雕像是大理石微粒的聚合物,但是就这一点而言它并不具有统一性。对于观者来说,它是一体的,但它自身却是一个聚合物。就像对于一只爬到它上面的蚂蚁的意识来说,它可以又表现为单纯的聚合物。部分的总合并不能产生出许多分离成分的统一体,除非这个统一体对于某个其他主体、而不是对于那一堆东西自身存在着。①

---

① J. 罗伊斯(J. Royce),《心》,VI,第 376 页。洛采比任何其他作者都更加清楚和充分地阐明了这一法则的正确性。可惜的是,他的文字太长,我们不能在这里引证。参见他的《微观宇宙》(*Microcosmus*),第 2 卷,第 1 章,第 5 节;《形而上学》(*Metaphysik*),第 242、260 节;《形而上学概要》(*Outlines of Metaphysics*),第 2 部分,第 1 章,第 3、4、5 节。同时比较里德(Reid)的《理智能力》(*Intellectual Powers*),论文 5,第 3 章的最后;鲍恩(Bowne)的《形而上学》(*Metaphysics*),第 361—376 页;St. J. 米瓦特(St. J. Mivart):《自然与思想》(*Nature and Thought*),第 98—101 页;E. 格尼(E. Gurney):"一元论"(Monism),《心》,VI,第 153 页;还有刚引用过的罗伊斯教授论"心的要素与实在"(Mind-stuff and Reality)的文章。对心的要素看法的辩护,参见 W. K. 克利福德:《心》,III,57(在其《演讲与论文》中重印,II,71);G. T. 费克纳(G. T. Fechner),《心理物理学》(*Psychophysik*),第 ii 卷。第 XLV 章;H. 泰恩:《智力》(*Intelligence*),第 3

同样，在力的平行四边形中，"力"自身并不结合为对角线的合力。要表现它们的合力效果，就需要有一个它们可以撞击的物体。乐音本身也不结合为和谐音或不和谐音。和谐音与不和谐音是它们对外部媒介——耳朵，产生的联合效果。

如果设想基本单元是感受，情形也依然如此。拿来一百个感受，把它们搅乱，并尽你的所能把它们紧紧压在一起（不管这是什么意思）；每一个感受仍然是它一直所是的那同一个感受，关闭在它自己的外壳里，没有窗户，也不知道其他感受是什么、意味什么。如果在一组或者一系列这样的感受建立起来的时候，属于那个组自身的意识出现了，那么，在那里就会有第 101 个感受。这第 101 个感受是一个全新的事实。根据一条奇特的物理法则，当那 100 个原初感受一起到来时，就可能是它的创生的信号。但是它们与它、或者它与它们都没有实质的同一性，人们永远不能将那一个感受从其他感受中推导出来，或者（在任何可理解的意义上）说它们演化出了它。

---

卷；E. 黑科尔（E. Haeckel），"细胞精神和精神细胞（Zellseelen u. Seelenzellen）"，《通俗演讲集》(Gesammelte pop. Vorträge)，卷 I. 第 143 页；W. S. 邓肯（W. S. Duncan），《意识物质》(Conscious Matter)，所有地方；H. 佐尔纳（H. Zöllner）：《彗星的性质》(Natur d. Cometen)，第 320 及以下诸页；阿尔弗雷德·巴勒特（Alfred Barratt）："物理伦理"（Physical Ethic）和"物理先验论"（Physical Metempiric），所有地方；J. 索瑞（J. Soury）："物活论"（Hylozoismus），在《宇宙》(Kosmos)中，第 v 年度，第 x 期. 第 241 页；A. 梅因（A. Main）：《心》，I, 292, 431, 566；II, 129, 402；《哲学评论》，II, 86, 88, 419；III, 51, 502；IV, 402；F. W. 弗兰克兰（F. W. Frankland）：《心》，VI, 116；惠特克（Whittaker）：《心》，VI, 498（历史的）；莫顿·普林斯（Morton Prince）：《心的性质与人的自动作用》(The Nature of Mind and Human Automatism)(1885)；A. 里尔（A. Riehl）：《哲学批评》(Der philosophische Kriticismus)(1887)，第 2 卷，第 2 册，第 2 部分，第 2 章。就其本身而言，所有这些论述中最为清晰的，是普林斯的论述。

## 第六章 心的要素理论

拿出一个由 12 个词组成的句子,再找 12 个人,告诉每个人一个词。然后让这些人排成一行或者让他们挤在一起,让每个人尽其所能专心思考他那个词。任何地方都不会出现关于整个句子的意识。① 我们谈论"时代精神",谈论"人民的情操",我们还以各种方式使"公众意见"实体化。但是我们知道这是象征性的说法,我们永远不会梦想那种精神、意见、情操等等构成了这样一种意识,它不同于"时代"、"人民"或者"公众"这些词所指的那些单独个体的意识,并且附加在这样的意识之上。个人的心不会凝聚成更高级的复合的心。在心理学中,这一直是唯灵论者用来反对联想主义者的战无不胜的论点,——在第十章我们将更详细地讨论这一论点。联想主义者说,心是由许多联结为一个统一体的不同"观念"构成的。他们说,有一个关于 a 的观念,还有一个关于 b 的观念。因此,就有一个关于 a+b 的观念,或者关于 a 和 b 在一起的观念。这就好像是说 a 的数学平方加上 b 的数学平方等于 a+b 的平方,这是明显的错误。关于 a 的观念+关于 b 的观念不等于关于(a+b)的观念。它是一,它们是二;在它这里,知道 a 者也知道 b;在它们那里,知道 a 者是被明确假定为不知道 b 的;等等。总之,两个单独的观念,永远也不能通过任何逻辑变成一个像"联想"观念这样的同一个东西。

---

① "一些人会说,虽然这是真的,即一个盲人或者一个聋人凭自己都不能将声音与颜色相比较,但是由于一个人听到了,另一个人看到了,他们可以一起来完成这件事情。……但是,他们是分开的,还是紧挨在一起,这无关紧要;即使他们一直住在一起;不,如果他们是连体双胞胎,或者比连体双胞胎更近,是不可分离地成长起来的,这都不会使那种设想更具有可能性。只有当声音和颜色在同一个实在中得到表象时,它们的比较才是可以设想的。"[布兰塔诺(Brentano):《心理学》(*Psychologie*),第 209 页。]

这就是唯灵论者一直在说的话。由于事实上我们确实拥有"复合"观念,并且确实是一起知道 a 和 b 的,他们就采用了一个进一步的假说来解释那个事实。他们说,存在单独的观念,但它们会影响第三个实存——灵魂。这个东西拥有"复合"观念,如果你愿意这样称呼它的话。复合观念是一个全新的心理事实,单独的观念与它的关系不是构成关系,而是它得以产生的偶然原因。

唯灵论者反对联想主义者的这个论证,从未得到过后者的回应。它适用于反对任何关于感受自我复合的言论,适用于反对任何的"混合"、"复杂化"、"心理化学"、或者"心理综合",后者在没有可能体现它们作用的额外意识法则的情况下,设想一种合力意识从组成部分自身飘浮开来。简短地说,心的要素理论是难以理解的。感受原子不能组成更高级的感受,就像物质原子不能组成物理的事物一样!对于一个头脑清晰的原子进化论者来说,"事物"是无。存在的只有永恒的原子。当以特定的方式组合在一起时,我们称它们为这个或者那个"事物",但是我们称呼的事物并不存在于我们的心外。因为同时知道许多不同事物而被人们看作是复合的心理状态,情形也是一样。由于这样的状态确实存在,它们就一定是作为单一的新事实,或者可能如唯灵论者所说,是作为对灵魂产生的新效果(在这里我们不对这一点做出决断)而存在的,但是无论如何,它们是独立和完整的,而不是由心理原子复合而成的。[①]

---

[①] 读者必须看到,我们完全是在对心的要素理论的逻辑进行推论,对它是否能够通过将高级心理状态看作与低级心理状态的总合相同一的东西,而对前者的构成做出解释进行推论。我们说这两种事实不是同一的:一个高级状态不是许多个低级状态,它是它自己。然而,当许多低级状态一起到来时,或者当某些如果单独发生就会引起

## 第六章 心的要素理论

## 心理状态可以是无意识的吗？

在一些人的心中，追求统一和顺畅的热情是如此难以满足，以至于尽管这些推理和结论在逻辑上是清晰的，很多人还是不能为它们所影响。他们把事情弄得支离破碎，这在某些方面令人难以容忍。他们清除了所有从物质事物到心理事物、或者从低级心理事物到高级心理事物的"不间断过渡"的机会；他们将我们推回到了意识多元论那里——这些东西各自不连续地从物质和精神这两个分离的世界中产生——这甚至比主张单独创造每一个特殊灵魂

---

许多低级状态的大脑条件同时发生时，我们暂时还没有说高级状态不会出现。事实上，在这样的条件下它确实出现了；第九章主要用来证明这个事实。但是这种出现是新的心理实存的出现，与心的要素理论所主张的低级状态的"聚合"截然不同。

设想任何人会将对关于一个事实的某种理论的批评，错当成对那个事实本身的怀疑，这可能显得很奇怪。然而，高层人士弄出的混淆足以证明我们的评论。在其"大不列颠百科全书之心理学"(Psychology in the Encyclopaedia Britannica)这篇文章中，J.沃德先生在谈到"一个感受的序列可以觉知它自己是一个序列"这个假说时，说（第39页）："称它为悖论是太温和了，甚至矛盾这个词也几乎不够。"于是，贝恩教授责备他说："至于'一个状态的序列觉知它自己'，我承认我看不出有不可克服的困难。它可以是一个事实，或者不是一个事实；它可以是对其适用对象的一种非常粗略的表达；但它既不是悖论，也不是矛盾。一个序列只与个体相矛盾，或者它可能是共存的两个或者多个个体。但是这太一般化了，以至于不能排除自我知识的可能性。它当然没有将自我知识的性质带到一个显要的位置上来，然而，这与否认它还是有所不同。一个代数序列可以知道它自己，而不带任何矛盾；反对它的唯一东西，就是它缺乏事实证据。"(《心》，XI，第459页)贝恩教授认为，所有的麻烦都在于这样一个困难，即了解一个感受序列如何可能把关于它自己的知识加到它的上面！！！就好像有任何人曾经为这件事情困扰过。(众所周知)那是一个事实：我们的意识是一个感受序列，关于这些感受来了又去的内省意识，不时地加到它的上面。心的要素主义者和联想主义者不断地说，"状态的序列"就是"对它自己的觉知"；如果那些状态被单独对待，它们的集合意识就等于产生了；我们不需要进一步的解释，也不需要"事实证据"。沃德先生和我感到困扰的，只是他们这样做的愚蠢。

的旧式观点还要更糟。但是，不满者几乎不会试图通过直接的攻击来反驳我们的推理。更有可能的是，他们会对这些推理完全置之不理，却在那个区域迂回进行侵蚀和破坏，直到它变成一片逻辑的泥沼，任何种类的明确结论不久就都会下沉和消失在其中。

我们的推理曾经假定，一千个心理单元的"聚合"，必须或者就是那些单元再来一次，只是被重新命名了，或者是某种实在的东西，这样它就必须不同于那些单元，是那些单元的额外的东西；我们还假定，如果某个现存的事实是那一千个感受的事实，它就不可能同时又是**一个**感受的事实；因为感受的本质是被感受，而且由于有一种心理存在物在感受，所以它就一定存在。如果一个感受，感受起来不像那一千个感受中的任何一个，在什么意义上我们可以说它就是那一千个感受呢？这些假定正是一元论者们想要破坏的。他们中黑格尔化了的人，会立刻站在高处，说心理生活的崇高和美丽就在于，在它那里所有的矛盾都调和了。而且，正是由于我们思考的事实是关于自我的事实，所以它们同时既是一又是多。我承认，我对付不了这样一种理智倾向。就好像一个人用棍棒来打不加抵抗的蛛丝，力气用过了头，而他的目标却毫无损伤。因此，我对这一学派听其自然。

其他一元论者则没有那么柔软，他们试图通过做出一种区分，来破坏心理状态之间的区别。这听起来自相矛盾，却只是一种机智表现。这就是心理状态的无意识存在和有意识存在之间的区分。这是在心理学中随心所欲地相信想要相信的东西的最高手段，也是将本来可以成为科学的东西变成奇思怪想的表演场的最高手段。它有众多的支持者，并且可以给出详尽的理由支持自己。

## 第六章 心的要素理论

因此，我们必须对它进行应有的思考。

## 无意识心理状态存在吗？

在对这个问题的讨论中，我们最好尽可能简要地给出一个所谓的证明清单，并且在每个证明的后面给出对它的反驳，就像在经院哲学的书中所呈现的那样。①

**第一个证明。**最小可见物和最小可听物是由部分组成的对象。除非每一个部分影响了感官，否则整体如何能够影响感官呢？而每一个影响感官的部分单独却是不可感知的。莱布尼茨(Leibnitz)将整个意识称为"统觉"(a perception)，用"微知觉"(petites perceptions)称呼不可感知的意识。

"要对后者做出断定，"他说，"我习惯使用接近海岸的人

---

① 谈论"无意识大脑作用"(unconscious cerebration)的作者，似乎有时是指这个，有时是指无意识的思想(unconscious thought)。后面的论证是从各个方面精选来的。读者会发现，它们在 E. 冯哈特曼的《无意识哲学》第 1 卷和 E. 科尔塞尼(E. Colsenet)的《精神的无意识生活》(La vie Inconsciente de l'Esprit)(1880)中得到了最为一贯的倡导。还可参考 T. 莱科克(T. Laycock):《心与脑》(Mind and Brain)(1860)，第 1 卷，第 5 章; W. B. 卡彭特:《心理生理学》，第 13 章; F. P. 科博(F. P. Cobbe):《伦理道德中的达尔文主义和其他论文》(Darwinism in Morals and other Essays)，论文 11,《无意识大脑作用》(Unconscious Cerebration)(1872); F. 鲍温(F. Bowen):《现代哲学》(Modern Philosophy)，第 428—480 页; R. H. 赫顿(R. H. Hutton):《当代评论》(Contemporary Review)，第 24 卷，第 201 页; J. S. 密尔:《汉密尔顿研究》(Examination of Hamilton)，第 15 章; G. H. 刘易斯:《生命与心的问题》(Problems of Life and Mind)，第 3 系列，问题 2，第 10 章，以及问题 3，第 2 章; D. G. 汤普森(D. G. Thompson):《心理学体系》(A System of Psychology)，第 33 章; J. M. 鲍德温(J. M. Baldwin):《心理学手册》(Hand-book of Psychology)，第 4 章。

受到大海咆哮袭击的例子。要真正听到咆哮的声音,他就必须听到组成整体的部分的声音,即每一个波浪的声音,……尽管如果只有一个波浪,这声音就不会引起人的注意。他必须受到一个波浪运动的少许影响,他必须对每一个个别声音都有某种知觉,而不管它是多么的小。否则,他就不会听到那100,000个波浪的声音,因为从100,000个零中他永远也不能得出一个量来。"①

回答。这为所谓的"分割谬误",或者为那种断言,即仅仅对于集合物为真的东西,分别对于集合物中的每一个成员也为真,提供了一个极好的例子。我们并不能由此断定,如果一千个东西一起引起感觉,一个东西单独也必须引起它,就如同我们不能断定,如果一磅的重量能够使天平发生移动,那么一盎司的重量也必须能够在较小的程度上使它发生移动一样。一盎司重量完全不能移动它,它的移动从磅开始。我们最多可以说,每一个盎司都以某种有助于那个移动到来的方式影响它。因此,对神经的每一个低于可感觉程度的刺激,无疑都影响着那个神经,并且在其他刺激到来时有助于感觉的产生。但这是一种神经影响,我们没有任何根据认为它是一种对自己没有意识的"知觉"。"特定量的原因可能是引起任何结果的一个必要条件,"②当后者是心理状态的时候。

第二个证明。在所有人们称之为次级自动操作的获得性熟练动作和习惯中,我们所做的事情是最初需要有一连串慎思的有意

---

① 《新评论》(*Nouveaux Essais*),序言。
② J. S. 密尔:《汉密尔顿研究》,第 15 章。

识知觉和意志才能够做到的事情。当动作仍然是智能的时,智能就必须继续管理这些动作的执行。但是由于意识似乎一直在忙于别的事情,这种智能就一定是由无意识的知觉、推论和意志组成的。

回答。不止有一种不同的解释与更大量的事实相符合。一种解释是,习惯动作中的知觉和意志可以有意识地运作,只是它们运作得如此快捷和缺少注意,以至于没有留下关于它们的任何记忆。另一种解释是,存在关于这些动作的意识,但是却与大脑半球意识的其余部分脱离开了。我们将在第十章看到大量的证据,表明意识的不同部分处于这种脱离状态的真实性。由于人的大脑半球在这些次级自动动作中无疑进行着协作,说它们的发生没有意识,或者说它们的意识是我们对此一无所知的低级中枢的意识,都是行不通的。但是,记忆的缺乏,或者脱离开的皮层意识,肯定能够解释所有这些事实。[①]

第三个证明。想起 A,我们马上就想起了 C。B 是 A 和 C 之间的自然逻辑环节,但是我们没有关于想到了 B 的意识。它一定曾经"无意识地"存在于我们的心中,并且在那样的状态下影响了我们的观念序列。

回答。这里我们又一次可以在更合理的解释之间做出选择。或者 B 有意识地存在于那里,但是在下一个瞬间被忘记了,或者它的大脑通道单独就足以完成将 A 和 C 联结起来的全部工作,而完全无需观念 B 的产生,不管是有意识的还是"无意识的"。

---

① 参见杜格尔德·斯图尔德(Dugald Stewart),《原理》(Elements),第 2 章。

第四个证明。我们上床睡觉时尚未解决的问题,在早晨醒来的时候却发现已经解决了。梦游者做合理的事情。我们准时在前一天晚上预定的时间醒来,等等。无意识思维、意志、时间感知等等一定主管着这些动作。

回答。忘记了的意识,像在催眠恍惚状态中那样。

第五个证明。一些病人经常会在癫痫样无意识发作中经历一些复杂的过程,如到一家餐馆吃饭并且付餐费,或者是暴力行凶。在人为或者病理的恍惚状态中,病人会完成需要运用推理能力的长时间和复杂的操作,他们自己对这些操作却全然不知。

回答。解释肯定是快速和完全的遗忘。类似的情况还是催眠。告诉处于恍惚状态中的催眠被试,说他将会记得,那么他在醒来时就可能会完全记得所有的事情,虽然如果你不那样告诉他,就不会有记忆留下来。极快地忘掉一般的梦境,是人们熟悉的事实。

第六个证明。在音乐和声中,不同的音符以相对简单的比率振动。心必须无意识地将那些振动计算在内,并为它所发现的简单性而愉悦。

回答。由那种简单比率引起的大脑过程,可能和将这些比率进行比较的意识过程一样,直接就是令人愉悦的。这里不需要计算,不管是有意识的,还是"无意识的"。

第七个证明。我们每时每刻都在做出理论判断和情绪反应,并且表现出实践的倾向,对此我们无法给出明确的逻辑辩护,但它们却是由某些前提做出的很好的推论。我们知道的比我们能够说出的多。我们的结论跑在我们对它的根据进行分析的能力之前。对等于同一个事物的两个事物自身也相等这条公理全然无知的儿童,却能正确地将它运用于他的具体判断之中。乡下人会使用他无法用抽象术语理解的述全与述无(dictum de omni et nullo)①。

> 我们很少有意识地去想我们的房子是如何粉刷的,它的色调是什么样的,家具是什么式样的,或者门是向右还是向左开,是向外还是向里开。但是我们会多么快地注意到这些事情中任何一件事情的变化!想想你最经常开的那扇门,如果可能,说出它是向右还是向左开,是向外还是向里开。然而,在开门时,你从来不曾把手放在错误的一边去寻找插销,从来不会去推开本来应当是拉开的门。……你朋友的脚步有什么精确特征,使你在他走过来时能够辨识出来?你曾经有意识地思考过"如果我撞上一块坚固的物质就会受伤,或者我的前行就会受到阻碍"这个观念吗?你避免撞上障碍物,是因为你曾经清楚地持有、或者有意识地获得并且想到了那个观念吗?②

我们的大部分知识始终是潜在的。我们根据学到的东西的整个趋向来行动,但当时进入到意识之中的东西少之又少。然而,我们可以随意回忆起其中的许多东西。这些未得到实现的原理和事实以及这些潜在的知识与我们真实思想的整个协作,都是非常难以解释的,除非我们设想,大量处于无意识状态的观念永久地存在

---

① 即若述说一类事物,就述说该类事物的子类;若不述说这一类事物,就不会说该类事物任何一个子类。感谢何博超博士给出的这个解释。——译者

② J. E. 莫德(J. E. Maude):"教育中的无意识"(The Uncouscious in Education),《教育》(*Education*)(1882),第 1 卷,第 401 页。

着，所有这些观念都对我们有意识的思维施加着稳定的压力和影响，而且其中许多观念一如既往地与它相连续，并且不久自己就会变成为有意识的。

　　回答。这样大量的观念是不可想象的，但是在大脑中有各种各样的捷径。有些过程在被唤起时强烈程度不足以引起任何清楚得足以充做前提的"观念"，但还是有助于确定那样一个作为结果的过程，所说的观念如果真的存在，就会是这个过程的心理伴随物的前提。某个泛音可能是一个朋友的声音特征，它可以与其中的其他音调一起，在我的大脑中引起向我的意识提示出他的名字的过程。而我却可能并不知道那个泛音本身，甚至在我的朋友讲话时，我也说不出它是否出现了。它将我引向那个名字的观念，但是它并没有在我这里引起与那个泛音的观念相符合的大脑过程。学习也是类似的情况。我们学习的每一个问题都会使大脑发生改变，使大脑不可能对事情做出和以前一样的反应。而那种差异的结果，可能就是一种行动倾向，虽然没有观念相伴随，却和如果我们有意识地想到那个问题就会去做的一样。能够随意地意识到那个问题，也同样可以解释为大脑发生改变的结果。正如冯特所说，这是一种对原初的问题产生出有意识观念的"倾向"，一种其他刺激和大脑过程可以将其转变为真实结果的倾向。但是，这种倾向不是"无意识观念"，它只是分子在大脑的某些通道中的特殊排列。

　　第八个证明。本能，比如用适当的手段追求目标，是智能的表现；但是由于目标不是预知的，所以那种智能一定是无意识的。

　　回答。在第十四章我将表明，所有本能现象都可以被解释为神经系统的活动，通过刺激机械地释放给感官。

## 第六章 心的要素理论

**第九个证明**。我们有大量的感知觉结果,只能被解释为由无意识推理过程从给予感官的材料中得出的结论。视网膜上的小人像不是指小矮人,而是指远处身材正常的人。一块灰色的东西被推论为在暗淡光线下看到的白色物体。这样的推论时常将我们引入歧途:比如,淡绿色背景上的淡灰色看上去是红的,因为我们的推论使用了错误的前提。我们以为有一层绿膜覆盖在所有的东西上面;并且知道在这样的绿膜之下,红色的东西看上去是灰色的,于是我们错误地由灰色外观推论出那里一定有红色的东西。第十八章关于空间知觉的研究,将给出大量涉及被人们解释为由无意识逻辑运算引起的真实的和虚幻的知觉象(percept)①的其他例子。

回答。在很多情况下那一章也可以反驳这种解释。颜色对比和光对比无疑是纯粹感觉的,推论在其中不起任何作用。赫林(Hering)曾经令人满意地证明了这一点,②我们在第十七章还要再讨论这个问题。最好是将我们对大小、形状、距离等等的快速判断,解释为简单的大脑联结过程。某些感觉印象直接刺激大脑通道,现成的意识到的知觉象,就是这些大脑通道活动的直接心理对应物。它们是通过或是先天或是由习惯获得的机制,来完成这件事的。应当提到的是,冯特和赫姆霍尔茨在早期著述中比其他任何人都更多地推进了这样一种观点的流行,即无意识推理是感知觉中的一个至关重要的因素,后来他们感到需要更改自己的观点,

---

① Percept 一词统一译为"知觉象",指对复杂对象的生动意识。参见第一卷第 247 页及第十九章中对知觉和知觉象的相关讨论。——译者

② 《光感原理》(Zur Lehre vom Lichtsinne,1878)。

并且承认,类似于推理结果的结果,可以在没有任何真实推理过程无意识地发生的情况下产生。① 也许是哈特曼(Hartmann)对他们的原理的过度而放任的应用,使得他们做出了这样的改变。很自然,他们对哈特曼的感受,就像故事中的水手对那匹马的感受一样,他把脚放在马镫里,——"如果你继续前进,我就必须下来"。

哈特曼带着无意识思维原理兜了一个圈子,又回到了原地。对于他来说,所有可命名的事物都是这一原理的例示。但是他的逻辑很不严密,他也完全没有考虑最为明显的不同观点,所以,从总体上说,详细考察他的论证是浪费时间。这也适用于神话在他那里达到了极致的叔本华(Schopenhauer)。比如,在他看来,对空间中的物体的视知觉,产生于智力所进行的下述全部无意识的操作。首先,它理解倒转的网膜像,把它正过来,作为初步的操作,建构起平面空间。然后,它由眼球会聚角计算出,两个网膜像一定只是一个物体的投影。第三,它建构起第三个维度,并且看到这个物体是立体的。第四,它确定这个物体的距离。第五,在每一个以及所有这些操作中,它通过无意识地推出这个物体是它无意识感受到的某种感觉的唯一可能原因,来得到它所"建构"的东西的客观性质。② 几乎无需对此做出评论。正像我说过的,它是纯粹的神话。

---

① 参见冯特:《论哲学的影响及其他——就职演说》(*Ueber den Einfluss der Philosophie, etc.—Antrittsrede*)(1876),第10—11页;——赫姆霍尔茨:《感觉中的事实》(*Die Thatsachen in der Wahrnehmung*)(1879),第27页。

② 参见《基本原理》(*Satz vom Grunde*),第59—65页。比较 F. 佐尔纳的《彗星的性质》,第342及以下诸页和425页。

在对处于无意识状态的观念之存在的证明中，人们如此自信求助的这些事实，都不能证明任何这一类的问题。它们或者证明有意识的观念出现了，即刻又忘记了；或者证明某些与推理结果类似的结果，可以通过没有观念活动附着其上的快速的大脑过程而形成。但是还有一个要提出的论证，它的不充分性不像我们已经回顾过的那些论证那么明显，对此必须给出一种新的回答。

第十个证明。在我们的心理生活中，有一大类经验可以被描述为这样一种发现，即发现我们一直拥有的主观条件，实际上是某种与我们的推测不同的东西。我们突然发现自己对自认为非常喜欢的事情感到厌烦，或者爱上一个我们自以为只是喜欢的人。或者，我们有意分析自己的动机，发现它们实际上包含了我们几乎没有觉察的嫉妒和贪婪。我们对人怀有的感受是动机的源泉，它对自己没有意识，是内省将它显露出来。我们的感觉也一样：我们不断在每天已经习惯于获得的感觉中发现新的元素，这些元素也是从一开始就存在于那里，否则我们就不能将包含这些元素的感觉和其他与之接近的感觉区别开来。这些元素必须存在，因为我们用它们来进行辨别，但是它们必须在无意识状态下存在，因为我们完全不能将它们挑选出来。① 心理学领域里的分析学派书籍中充满了这类例子。有谁知道与他的每一个思想混在一起的无数的联想？谁能拆散每时每刻从他的各种内部器官、肌肉、心脏、腺、肺等等流入的无名感受，并且将它们完整地组合为他的肉体生命的

---

① 参见在后面第十三章可以找到的赫姆霍尔兹的论述。

感觉？谁知道在他对距离、形状和大小的判断中,神经支配的感受和可能肌肉运作的提示所起的作用？想一想在我们只是拥有的感觉和我们注意的感觉之间的差别。注意产生的结果看上去像是新的创造,而它展现出来的感受和感受的元素,一定是已经存在于那里了——以一种无意识的状态。我们实际上都知道在 D、B、Z、G、V 和 T、P、S、K、F 之间分别存在的所谓浊辅音和清辅音之间的区别。但是,在人们将注意转向它们并准备好要感知它们之前,相当少的人在理论上了解这一区别。浊辅音只是清音再加上某种元素,在所有的浊辅音中都一样,那个元素是外加上去的。那个元素是浊辅音发声的一种喉音,清辅音没有这样的伴随物。当我们听到浊辅音字母时,它的两个组成部分都必须实际存在于我们心中;但我们对它们实际上是什么却一直是无意识的,并且将那个字母错当成一种简单的声音性质,直到通过注意的努力,我们才了解了它的两个组成部分。有许多感觉,大部分人一生都在经历着,却从未注意过,而只是以一种无意识的方式拥有它们。打开和关闭喉门的感受,拉紧鼓膜的感受,为适应近视而进行调整的感受,截断从鼻孔到咽喉的通道的感受,都是我所说的意思的例子。每个人在一小时内都会有许多次这样的感受,但可能很少有读者能准确意识到我所用的那些名称指的是一些什么样的感觉。所有这些事实,以及更多的事实,似乎都结论性地证明,一个观念在心中除了会以完全有意识的方式存在外,还会以无意识的方式存在。无疑,同一个观念能以这两种方式存在着。因此,任何以我们心理生活中的存在(esse)就是感觉(sentiri)、以及观念必须有意识地被感受为它之所是的观点为基础的反对心的要素理论的论证都垮台了。

反驳。这些推理充满了混乱。指称同一外部实在的两种心理状态，或者后者指称前者的两种心理状态，被描述为同一心理状态或"观念"，好像是以两个版本发布出来。这样，第二个版本无论有什么第一个版本明显缺乏的性质，都可以被解释为确实存在于那里，只不过是以一种"无意识"的方式存在着。如果不是有心理学的历史作证，很难相信有才智的人会犯如此明显的错误。一些作者的心理学上的惯用伎俩是这样一个信念，即同一个事物的两个思想实际上是同一个思想，而且这同一个思想可以在其后的反省中，对它从开始以来实际上一直是什么越来越有意识。但是，一旦在观念出现时简单地拥有一个观念，和其后知道关于这个观念的各种事情之间做出区分，并且进一步在被我们当作主观事实的心理状态自身，和它知道的客观事物之间做出区分，人们就可以毫无困难地避开那个迷宫了。

让我们先讨论这后一个区分：所有以感觉和通过注意展现出来的这些感觉中的新特征为基础的论证，立刻就都垮台了。当我们注意 B 和 V 的声音，并且分析出使它们分别与 P 和 F 区别开来的喉部作用时，我们关于 B 和 V 的感觉，与我们简单地对待 B 和 V 时所得到的感觉是不同的感觉。是的，它们代表相同的字母，并且因而意指相同的外部实在，但它们是不同的心理作用，并且确实依赖于差别非常大的大脑活动过程。将如此之不同的两种心理状态——一种将声音作为整体来被动地接收，另一种通过有意注意将那个整体分析为截然不同的组成部分——归因于相同的过程，是难以置信的。这种主观差别并不在于先命名的状态就是以"无意识"形式存在的后一种状态。这是一种纯粹的心理差别，甚至比两个不同的清音所引起的状态之间的差别还要大。选作例子的其他感觉也是这样。第一次知道关闭声门是什么感受的人，在这种发现中体验到一种全新的心理改变，一种他以前从未体验过的东西。他以前有的是另一种感受，一种不断重复的感受，而且同一个声门也是这种感受的器官起点；但那并不是后来处于"无意识"状态的那个感受；它是一种完全独特的感受，尽管它使我们注意到的是相同的身体部分，即喉部。此后我们将会看到，同样的实在可以被无数心理状态所认识，这些心理状态之间可以有天壤之别，却并不因此而停止指称那个实在。每一个心理状态都是意识事实，它们唯一的存在方式，就是在出现的那一刻被感受的方式。因为它们指向同一个外部实在，它们就必须是同一个"观念"的众多版本，时而以意识状态、时而以无意识状态存在，这是令人难以理解和想入非非的。一个观念只能以一种"状态"存在，那是一种完全的意识状态。如果它不是以那种状态存在，它就根本不存在。某种别的东西处在它的位置。那种别的东西可能是单纯物理的大脑过程，或者可能是另一个有意识的观念。这二者各自都可以行使与第一个观念差不多一样的功能，指称同一个对象，并且与我们思想的结果处于一种大致相同的关系之中。但是，我们并非因此就有理由在心理学中抛弃逻辑学的同一性原理，说不管它在外部世界的情况怎样，心都是这样一个地方：在这里，一个东西可以是它自己的同时还是各种其他东西。

现在让我们来讨论提到的其他案例，以及那另一种区别，即在拥有一种心理状态和知道关于它的全部事情之间的区别。真理在这里甚至可以更加简单地得到阐明。当确知我已经在自己不知道的情况下坠入爱河好几个星期的时候,我只是将一个名字给予了一种我以前不曾命名、但却完全有意识的状态;这种状态除了它之为有意识的那种方式以外,没有其他的存在方式;而且,虽然它是对我此刻更加炽热地感受着的那同一个人的感受,虽然它不断地向那种炽热感受发展,并且与后者相似得足以用那同一个名称来称呼,但它与后者还决不是同一的,更不是以一种"无意识"的方式与后者是同一的。此外,来自我们的内脏和其他感受模糊的器官的感受,对神经支配的感受(如果有这样的感受的话),以及对肌肉用力的感受(在空间判断中,它被无意识地假定为决定着我们将要感知什么),就是我们感受到的东西,是完全确定的意识状态,而不是其他意识状态的模糊版本。它们可能是模糊和微弱的;它们可能是对其他意识状态能够确切认识和说出名称的同样一些实在的非常模糊的认识者;对于其他状态意识到的实在中的许多东西,它们可能是无意识的。但是这并不使它们自身也暗淡起来,模糊起来,或者是无意识。当存在着时,它们永远是如它们所感受的,而且除了它们那微弱的自身以外,无论是实际地还是潜在地,它们都不能与任何其他东西相同一。我们可以追忆微弱的感受,并且根据它与思想流中在它之前和之后的东西的关系,来对它进行归类,并且理解它。但是,它和了解它所有这些事情的后来的心理状态,肯定不是同一心理事实的两种状态,一种是有意识的,一种是"无意识的"。大体上说,我们先前的观念为后来的观念所取代,对相同的实在给出更全面的解释,这就是思想的命运。但是先前的观念和后来的观念,像许多单独的相继心理状态一样,还是保持着它们自己单独的实质性的身份。否则,任何确定的心理科学就都是不可能的。在我们的相继观念中可以找到的唯一同一性，就是它们在处理相同的对象时，认知或者表象功能上的相似性。没有存在的同一性。我相信在这部书的其余部分，读者将会受益于我们在这里开始的阐述事实的较为简单的方式。①

所以，我们不仅确定了下述观点是不可理解的，即一个心理事实可以同时是两个东西，以及那种看上去像是一个感受的东西，如蓝色的感受，或者憎恨的感受，可能实际上并且"无意识地"是与蓝

---

① 这部分文本写于我得到利普斯教授的《精神生活的基本事实》(*Grundtatsachen des Seelenlebens*)(1883)之前。关于无意识思想的观点，在那部书的第三章得到了迄今最清晰和最透彻的批评。一些段落与我自己写出的东西非常相似，我必须在注释中加以引证。在证明模糊和清晰、不完全和完全并不属于一个心理状态本身——因为每一个心理状态都必须恰恰是它之所是，而不是任何其他东西——而只属于心理状态代表它在不同程度上模糊或清晰地表象的对象的方式之后，利普斯举了那些人们认为是注意使之更加清晰的感觉的例子。他说："现在在晴朗的白天，然后在夜里，我感知到一个物体。将白天的知觉内容称作 a，夜晚的知觉内容称作 $a^1$。a 和 $a^1$ 之间很可能有相当大的差别。a 的颜色斑驳且强烈，而且这些颜色之间有明显的界线；$a^1$ 的颜色则不那么明亮，不那么对比强烈，并且接近于一种共同的灰色或者褐色，颜色之间更多地混合起来。然而，这两个知觉象本身都是完全确定的，并且与所有其他知觉象都截然不同。与 a 的颜色看上去明亮和界线清晰一样，$a^1$ 的颜色看上去也完全确然是暗淡和模糊的。但是现在我知道，或者相信我知道，一个并且是同一个实在的物体 A，既与 a 也与 $a^1$ 相符合。而且，我相信，a 比 $a^1$ 更好地表象了 A。然而，不是对我的信念做出这种唯一正确的表达，将我的意识内容和实在的物体、将表象和它的意义相互之间区分开来，相反，我用意识内容取代了实在的物体，我这样来谈论经验，就好像它包含在同一个物体(即被偷偷摸摸引入进来的实在物体)之中，两次构成我们的意识内容，一次以清楚和明显的方式，另一次以朦胧和模糊的方式。我现在在谈到关于 A 的一种比较明显和一种不那么明显的意识，但是我只能正当地谈论 a 和 $a^1$ 这两种自身(*in se*)同样清楚的意识，而我们推测的外部对象 A 是与它们以不同的清楚程度相符合的。"(第 38—39 页。)

色和憎恨完全不相像的成千上万种基本感受,而且我们还发现,我们可以用其他方式表达所有观察到的事实。然而,我们可以肯定地说,心的要素理论尽管受到了打击,却并没有被摧毁。如果我们将意识归于单细胞微生物,那么,单个细胞就可以拥有意识,而经过类推我们就可以将它也归于大脑中每一个被个别看待的单独的细胞。如果通过将不同剂量的这种单独细胞意识加在一起,心理学家就能够将思想当作一种原料或者材料,可以随意用或大或小的量来进行测量,可以增加或者减少它,并且可以把它打包成捆,这对心理学家来说不是一种极大的方便吗!他感到迫切地渴望对他所描述的连续心理状态进行综合性的建构。心的要素理论这么容易就认可了这种建构,以至于"不可征服的人心"似乎无疑会在未来用大量的顽强与机智着手这项工作,并使它进入某种可能的工作秩序。因此,我将对目前困扰这个问题的其他困难做一些思考,并以此结束这一章的讨论。

## 陈述心脑关系的困难

我们还记得,对关于连续意识单元聚合为乐音音高感受的理论的批评中,我们断定,不管发生的是什么聚合过程,随着物质变化在神经系统中分布得越来越广泛,这过程都将空气的瞬间波动聚合为越来越简单的物理结果。最后我们说(第23页),在大脑半球皮层的听觉中枢产生了某种简单和大规模的过程,对乐音音高的感受就直接与这个过程的总体相对应。在讨论大脑中的功能定位时,我已经说过(第158—159页),意识通过那个器官与神经支配之流相伴随,在性质上随神经流性质的不同而不同,如果大量涉及到枕叶,它就主要是关于所见事物的,如果神经活动集中于颞叶,它就主要是关于所听事物的,等等。而且我还补充说,在生理学发展的现状之下,一个人能够安全提出的就是这样的模糊方案。

177　心理失聪和失明的事实,以及听觉和视觉失语症的事实向我们表明,整个大脑必须一起行动,才能有某种思想的发生。自身是一个整体而非由部分组合成的意识,在那一刻与大脑的全部活动(不管这会是什么)"相对应"。这是一种表达心脑关系的方法,这部书的其余部分都不会离开这个方法,因为它不假定任何东西,就表达了赤裸裸的现象事实,而且不会遭受像观念结合理论所遭受的那种逻辑责难。

然而,如果我们模糊地、实证地或者科学地,将这种方案当作思想和大脑相伴随的单纯经验法则,它是难以反驳的,但是,如果我们想要让它表现任何更本质或者更终极的东西,它就完全瓦解了。当然,思想和大脑关系研究中的终极之终极的问题,就是理解这两类全异的事物为什么以及如何竟会相互联系起来。但是,在解决这个问题之前(如果它终有一天会得到解决),有一个不那么终极的问题需要首先得到解决。在思想和大脑之间的联系得到解释之前,它至少必须先以一种基本的形式得到陈述,而要这样陈述它,还有极大的困难。要以一种基本的形式陈述它,我们就必须将它还原为最低级的项,并且知道哪个心理事实和哪个大脑事实是直接并列的。我们必须找到其存在直接依赖于大脑事实的最小心理事实,我们还必须同样找到具有心理对应物的最小大脑事件。在这样找到的心理和物理的最小东西之间,将会有一种直接关系,对这种关系的表达（如果我们有这样的表达），应当是基本的心理-物理法则。

我们自己的方案通过将整个思想（甚至是关于复杂对象的思想）当作用来处理心理方面问题的最小的东西，而避免了心理原子的不可理解性。但是在将整个大脑过程当作物质方面的最小事实时，这个方案又遇到了几乎同样糟糕的其他困难。

首先，它忽视了某些批评家强调的类比，即在整个大脑过程的组成和思想对象的组成之间的类比。整个大脑过程由部分组成，由在视、听、触和其他中枢中同时进行的过程所组成。思想的对象也由部分组成，其中的一些为我们所见，一些为我们所听，其他的则通过触摸和肌肉运作而为我们所感知。那些批评家会说，"那么思想自身怎么不是也由部分组成，每一个部分都是对象的一个部分和大脑过程的一个部分的对应物呢？"以这种方式看待问题非常自然，它导致了从总体上看所有心理学体系中最为繁荣的一个体系——主张联想观念的洛克学派的体系，心的要素理论只不过是这一学派里面最后和最精巧的一个分支。

第二个困难更有深度。"整个大脑过程"根本不是物理事实。它是许多物理事实对于旁观者之心的显象（appearance）。"整个大脑"只不过是我们用来称呼无数在特定位置排列的分子用以影响我们感觉方式的名称。根据宇宙微粒论哲学或者机械论哲学的原理，唯一的实在是单独的分子，或者至多是细胞。它们聚合为"大脑"是大众言谈中的虚构。这种虚构不适合充当任何心理陈述的客观实在的对应物。只有真正的物理事实才能担当此任。但分子事实是唯一真正的物理事实——因此，如果我们要有一条基本的心理-物理法则,我们似乎就又完全回到了某种如心的要素理论的东西那里,因为作为"大脑"元素的分子事实,看上去自然应当不是与整个思想,而是与思想中的元素相对应的。

我们将要做什么?此刻,许多人会在赞美那不可知事物的神秘,在让这条原则来对我们的困惑做出最终解决时所感受到的"敬畏"中,得到慰藉。其他人会为我们由以开始的对事物的有限和分离主义的看法最终发展出了矛盾而感到高兴,并且要引领我们辩证地向上达到某种"更高级的综合",在这种综合中,矛盾不再带来麻烦,逻辑长眠了。这可能是一种气质上的脆弱,但是我不能从这种使理智的失败变成一件奢华事情的方法上得到安慰。它们只是精神上的氯仿越是路途坎坷,越是要永远不懈地努力!

## 物质单子理论

再合理不过的事情,就是猜想也许有第三种可能性,一种我们还没有考虑过的不同假定。现在就有一种不同假定——而且是在哲学史上经常做出的假定,一种比我们自己曾经讨论过的那两种观点都更能免于逻辑反驳的假定。我们可以把这个假定称为多元物活论或者复合单子论。它是这样考虑这个问题的:

每一个大脑细胞都拥有它自己的个体意识,所有其他细胞都对此一无所知,所有的个体意识都是相互"在外的"。然而,在这些细胞中间,有一个我们的意识附着其上的中心或者主宰细胞。在所有其他细胞那里发生的事件,都物理地影响这个主宰细胞,通过对它产生共同影响,这些其他细胞就可以被说成是"结合"了。事实上,那个主宰细胞就是那些"外部媒介物"之一,我们知道,没有这些媒介物,事物的融合或聚合就不可能发生。主宰细胞的物理变化,因而就形成了每一个细胞都参与了其产生的一系列结果。因此,人们可能会说,每一个其他细胞都在那里得到了表现。同样,这些物理变化的意识相关物,构成了一系列思想或感受,其中每一个思想或感受,就其实质性的存在而言,都是完整和非复合的心理事物,但这每一个思想和感受(在行使其认知功能的过程中)都可能会对**事物**产生觉知,这些事物在数量和复杂程度上与帮助了那个主宰细胞发生改变的其他细胞的数量成比例。

有了这样的观念,就不会遭遇困扰其他两种理论的任何一种内在矛盾了。一方面,他不需要解释心理单元的那种不可理解的自我结合;另一方面,他不需要将并非作为真正的物理事实存在的"整个大脑活动"当作所考察的意识流的物理对应物。但是,作为对这些优势的抵消,他遇到了生理学上的困难和不可能性。大脑中不存在这样的细胞或者细胞群,它们在解剖学上或者在功能上优秀得可以担当整个系统的拱心石或重心。而且即使存在这样一个细胞,从思维的严密性上说,复合单子论的理论也没有权利在它这里停下来,将它当成一个单元。从物质的方面考虑,就像整个大脑不是一个单元一样,这个细胞也不是一个单元。它是分子的复合物,正如大脑是细胞和纤维的复合物一样。根据盛行的物理学理论,分子又是原子的复合物。因此,这个理论如果贯彻到底,就必须确立基本和不可还原的心理-物理对应物,不是细胞和它的意识,而是原始和永恒的原子及其意识。我们回到了莱布尼茨的单子论,并随之将生理学留在了身后,进入了经验和证实无法触及的地方。而我们的学说，尽管并非自相矛盾，却变得如此遥远和不真实，以至于几乎就和自相矛盾一样糟糕。只有思辨的心才会对它感兴趣，是形而上学，而不是心理学将会对它的未来负起责任。它的未来可能是成功的，我们必须承认这样一种可能性——曾经受到莱布尼茨、赫尔巴特和洛采保护的理论一定有某种定数。

## 灵 魂 理 论

但这是我最后的话吗？决不是。在阅读前面几页的时候，一定有许多读者对自己说："那个可怜人究竟为什么不说灵魂，并且用它来解决问题呢？"其他读者，受过反唯灵论训练并且有此先入观念的人、高深的思想家或者通俗的进化论者，也许会有点意外地发现，现在这个倍受轻视的词汇，在带有浓厚生理学味道的一连串思想的末尾，突然出现在了他们的面前。但是简单的事实是，所有支持"主宰细胞"或者"主宰单子"的论证，同时也支持了那个为大学心理学和常识所始终相信的广为人知的精神能动者。而我之所以这样到处搜索，而没有在早些时候将它作为解决困难的一种可能方案提出来的唯一原因是，通过这样做，我也许可以迫使一些这样的唯物论者，更加强烈地感受到唯灵论立场在逻辑上值得尊敬的地方。事实上，我们不能轻视任何这样的传统信仰对象。不管我们是否认识得到，总是有大量积极和消极的理由，将我们拉向它们的方向。如果在宇宙中存在着像灵魂这样的实体，这些实体就有可能会受到神经中枢里发生的各种各样事件的影响。它们可能会通过自己内在的改变，来对某个特定时刻整个大脑的状态做出反应。这些状态变化可能是意识的瞬间波动,是对或多或少、或简或繁的对象的认知。这样,灵魂就是一种媒介物,(使用我们早些时候的措词)各种形式的大脑过程在这里将它们的结果结合起来。无需将它看作任何主宰分子或者大脑细胞的"内在的方面",我们避开了那种生理学上的不可能性。而且由于它的意识瞬间波动从一开始就是单一和完整的事态,我们又避开了设想单独存在的感受自身"融合在一起"的荒谬性。根据这个理论,单独性存在于大脑世界,而统一性存在于灵魂世界,而那仍然困扰着我们的唯一麻烦是,理解一种类型的世界或者存在物如何竟能影响或作用于另一种类型的世界或者存在物的形而上学的麻烦。然而,由于这个麻烦也存在于两个世界的内部,而且既不涉及物理上的不可能性,也不涉及逻辑矛盾,所以它是一个相对较小的麻烦。

因此我承认,断定以某种神秘方式受大脑状态的影响,并且通过它自己的有意识影响对这些大脑状态做出反应的灵魂存在,在我看来,就我们迄今达到的程度而言,似乎是一条最少逻辑阻力的思路。

如果它没有在严格的意义上解释任何东西,它至少不会像心的要素理论或者物质单子理论那样必然会受到反驳。然而,那个赤裸裸的**现象**,那个在心理方面与整个大脑过程相并列的**直接被知道**的东西,是意识状态,而不是灵魂自身。许多最忠实的灵魂信仰者都承认,我们只是由对它的状态的体验而来的推论才知道它。相应地,在第十章我们必须再次回到这项思考上来,并且问自己,一项一项地确定意识状态序列和整个大脑过程序列之间的完全无媒介的对应,是否毕竟不是最简单的心理-物理方案,不是那满足于可证实法则，只追求清晰，并且要避免危险假说的心理学的定论。像这样仅承认经验的心身平行论，将会看上去是一种最聪明的做法。坚持了它，我们的心理学就将仍然是实证的和非形而上学的。而且，虽然这确实只是暂时的停留之地，事情必须在某一天得到更彻底的解决，但是在这部书中，我们将停留在那里，并且正像我们已经拒绝了心的微粒一样，我们也不考虑灵魂。唯灵论读者如果愿意，仍然可以相信灵魂。而想要在他的实证主义表述中增加一点神秘气息的实证主义者，可以继续说，自然在她那深不可测的设计中，已经用黏土和火焰、大脑和心混合成了我们，这两个东西无疑结合在一起，并且相互决定着对方的存在，至于如何这样和为什么这样，凡人是永远也无法知道的。

# 第七章　心理学的方法和陷阱

现在我们已经完成了研究所需的生理学准备，讨论了心理状态的大脑条件和伴随物，在其余的章节，我们必须要对这些心理状态自身进行研究。然而，在大脑之外还有一个外部世界，大脑状态自身与这个外部世界"相对应"。在进行更进一步的讨论之前，对心与这一更大范围物理事实之间的关系做一些讨论是适当的。

## 心理学是一门自然科学

这就是说，心理学家研究的心，是栖居于实在的空间和实在的时间之确定部分中的独特个体的心。任何其他类型的心、绝对智能、独立于特殊身体的心或者不受时间进程影响的心，都与这样的心理学家没有任何关系。他口中的"心"（mind）只是众多的心（minds）的类名称。如果他的谨慎探寻能够产生出任何可以为致力于绝对智能研究的哲学家所利用的概括性结果，那就是幸运的了。

对于心理学家来说，他研究的心是对象，存在于充满其他对象的世界之中。既使当他内省地分析自己的心，并且说出他在那里发现了什么时，他也是在以一种客观的方式谈论它。例如，他说在某些情况下灰色在他看上去是绿色，并且称这种显象为错觉。这意味着,他对两个对象进行了比较,一个是在特定条件下看到的真实颜色,另一个是他认为表象了这个颜色的心理知觉;这还意味着,他断言这两个对象之间具有某种关系。在做出这一批判性判断时,这位心理学家像对颜色所做的一样,同样站在他所批判的知觉之外。二者都是他的对象。而且,如果在他对自己的意识状态进行反省时情况是这样,那么,当他讨论其他人的意识状态时,情况就更是如此了!在自康德以来的德国哲学中,知识理论(Erkenntnisstheorie,对认识能力的批判)这个词扮演着重要的角色。现在,心理学家必然地就成了这样一个知识理论家(Erkenntinsstheoretiker)。但是他所研究的知识不是康德批判的那种纯粹的知识功能——他所探寻的不是知识究竟(überhaupt)是如何可能的。他设想它是可能的,在他讲话时,他不怀疑它的存在。他所批判的知识,是独特的人对其周围独特事物的知识。有时,他以自己不容置疑的知识为根据,可以宣告这知识的真与假,并且探索这知识真与假的理由。

在一开始就应当了解这种自然科学的观点,这是非常重要的。否则,人们对心理学家提出的要求,就会超过他应当做的事情。

下面的图表将更有力地表明心理学的假定必须是什么样的:

| 1 | 2 | 3 | 4 |
|---|---|---|---|
| 心理学家 | 被研究的思想 | 思想的对象 | 心理学家的实在 |

这四个方块里包含了心理学的不可还原的材料。1——心理学家,相信一起构成他的整个对象的 2、3、4 是实在,并且尽其所能真实地报告这三项及其相互间的关系,而不让自己为究竟是如何能够

报告它们的这样的难题所烦扰。对于这样的终极难题,与和他做出完全相同假定的几何学家、化学家或者植物学家一样,他基本上不需要烦扰自己。①

现在我们必须要谈一谈心理学家由于其独特的观点——作为主观事实和客观事实的报告者的观点——而容易犯的错误。但是,在讨论这个问题之前,我要先来考察他用以查明相关事实的方法。

## 研 究 方 法

内省观察是我们必须要最先、首要和始终依赖的东西。内省这个词几乎不需要界定——它当然是指观察我们自己的心,并且报告在那里发现了什么。所有人都同意,我们在那里发现了意识状态。因此,就我所知,从未有任何批评者怀疑过这类状态的存在,无论他在其他方面曾经多么好怀疑。我们有某种思考,这在大部分其他事实都有时候在哲学怀疑的气氛中动摇的世界里,是颠扑不破的。所有人都毫不犹豫地相信,他们感受到自己在思想,并且将作为内部活动或者激情的心理状态,与这心理状态进行认知处理的所有对象区分开来。我将这个信念看作所有心理学假定中最为基本的假定,并且将对于其确定性的所有好奇质询,看作对于这部书的研究来说太过形而上学而丢弃在一边。

---

① 关于心理学和一般哲学的关系,参见 G. C. 罗伯逊(G. C. Robertson),《心》,VIII,第 1 页,以及 J. 沃德,同上,第 153 页;J. 杜威(J. Dewey),同上,第 9 卷,第 1 页。

**一个术语问题**。我们应当有一个一般术语,用来指示所有的意识状态自身,而不管它们的特殊性质或者认知功能。不幸的是,大部分使用中的术语都带有严重的缺陷。"心理状态"、"意识状态"、"意识变化"用上去都不方便,而且都没有类似的动词。"主观条件"也同样。"感受"(feeling)的动词是"感受"(feel),既是主动的,又是不及物的,它还有诸如"感动地"、"被感受"、"被感受性"等等派生词,这使得这个词用起来非常方便。但是另一方面,它不仅有一般意义,还有特殊意义,有时它指快乐和痛苦,有时又与和思想相对立的"感觉"是同义词;而我们想要的是一个不加区别地覆盖感觉和思想的术语。而且,"感受"在信奉柏拉图哲学的思想家心中带有一系列不光彩的意味;还有,褒扬和贬抑地使用语词是哲学中相互理解的最大障碍之一,所以如果可能,我们就应该始终首先选择不偏不倚的术语。赫胥黎先生提议使用心理作用(psychosis)这个词。它的优点是与神经作用(neurosis)相关联(同一作者将这个名称用于相应的神经过程),并且是专业性的,不带偏向性。但是没有动词或其他语法形式与它相关联。"灵魂的影响"、"自我的变化"这些表达像"意识状态"一样笨拙,而且它们暗中对一些理论做出了断言,这些理论在得到公开讨论和认可之前,不适合于体现在术语之中。"观念"是一个漂亮的含糊的中性词,由洛克在最广泛的一般意义上使用过;但是尽管有洛克的权威,这个词在语言使用中还是没有包含身体的感觉,而且它也没有动词。如果能够让"思想"将感觉包含进来,它就是迄今可以使用的最好的词。它不像"感受"那样具有不光彩的含义,而且它还直接提示了认知(或指称并非心理状态自身的对象)的无处不在,我们

## 第七章 心理学的方法和陷阱

很快将会看到,这种认知就是心理生活的本质。但是,"牙疼的思想"这一表达,能够向读者提示疼痛本身的真实出现吗?这几乎是不可能的。因此,如果想要包含所有的东西,我们似乎就要被迫回到像休谟的"印象和观念",或者汉密尔顿的"呈现(presentation)和表象(representation)",或者普通的"感受和思想"这样的成对术语上去。

在这种进退两难的境地中,我们无法做出任何最后的选择,而是必须根据上下文的方便,有时使用已经提到过的同义词中的一个,有时使用另一个。我自己偏爱的是**感受**或**思想**。我可能会经常在更广泛的意义上使用这两个词,并且会轮流让两类读者为它们的独特发音而感到吃惊。但是,如果在上下文的联系中,它们很明显是笼统地指心理状态,而不考虑这些状态的种类,那么,这种做法就不会有害处,也许甚至还会带来一些好处。①

内省观察的不精确性曾经是争论的主题。在我们向前进展之前,对此形成一些确定的想法是很重要的。

最普通的唯灵论观点认为,灵魂或者心理生活的主体,是直接知识无法通达的形而上学实体,我们通过反省而觉知的各种心理状态和运作,是内感的对象,这内感并不能领悟真实的能动者自身,正像视觉或者听觉不能给予我们关于物质自身的直接知识一样。从这一观点出发,内省当然除了灵魂的现象以外不能把握任何东西。但即使这样,问题也依然存在:对那些现象自身,它能够

---

① 比较密尔的《逻辑学》第1卷第3章第2、3节中的评论。

认识得如何呢?

一些作者在这里不无道理地主张,它具有一种不可错性。尤伯维格(Ueberweg)说:

> 当一个心理意象自身是我的领会对象时,试图去对它在我意识之中(在我之内)的存在和它在我意识之外(它自身)的存在进行区分,是没有意义的。因为在这种情况下,被领会的对象,并非像外部知觉的对象那样,是其自身在我的意识之外根本不存在的对象。它只存在于我的内部。①

布兰塔诺说:

> 在内部领会到的现象自身是真的。由于它们出现了——它们由以得到领会的证据,就是它们出现的证明——所以它们是实在的。那么,谁能否认在这一点上心理学显露出了相对于物理科学的极大优越性呢?

还有:

> 没有人能够怀疑在他领会自己内部的心理条件时,这心理条件是否存在(be)以及是否如此存在(be so)。无论谁要怀疑这一点,他就是在进行那种最后的怀疑(finished doubt),这种怀疑在毁灭由以向知识发动攻击的每一个固定支点的时候,也毁灭了它自己。②

---

① 《逻辑学》,第 40 节。
② 《心理学》,第 2 卷,第 3 章,第 1、2 节。

## 第七章 心理学的方法和陷阱

其他人走向了另一个极端,主张我们完全无法拥有对自己的心的内省认识。奥古斯特·孔德(Auguste Comte)的类似看法曾经得到人们的频繁引证,这使它几乎具有了经典的意义。因此,似乎有必要在这里提及其中的一些内容。

孔德说[①],哲学家们

> 在最近这些日子里想象自己能够以一种非凡的敏锐,区分开两种同等重要的观察,一种是外部的,另一种是内部的,后者注定完全是用来研究理智现象的。……我只限于指出一种纯粹假象的主要考虑,它能清楚证明这种所谓的心直接注视自身。……事实上很显然,人心有一种不可更改的必然性,能够直接观察除自身特有状态以外的所有现象。那么由谁来观察呢?可以想象,一个人可以在激活他的情感方面观察自己,因为情感的解剖学器官与以观察为功能的器官是不同的。我们都对自己做过这样的观察,但是这些观察永远也不会有多少科学价值,而且了解情感的最好方法始终是从外面观察它们。因为每一种强烈的情感状态……都必定与观察状态互不相容。至于以同样的方式在理智现象真实出现的时候观察这些现象,那就是明显不可能的了。思想者不可能将他自己一分为二,其中一个在推理,而另一个观察他推理。此时被观察器官和观察器官是同一个器官,观察如何能够发生呢?因此,人们声称的这种心理学方法完全是无效和空虚的。一方面,他们建议你尽可能使自己与所有外部感觉、特别是所有理

---

① 《实证哲学教程》(*Cours de Philosohie Positive*), I, 第 34—38 页。

智工作隔绝开来,——因为如果你哪怕让自己从事最简单的计算,内部观察会变得怎么样呢?——另一方面,在极为小心地达到了这种理智睡眠的状态以后,你必须在心中没有任何事情发生的时候,开始注视在心中进行着的操作!我们的子孙后代无疑会看到这些主张某一天会在舞台上受到奚落。这种如此奇怪的程序的结果,是完全与它的原则相和谐的。因为在形而上学家如此研究心理学的整个两千年中,他们没有对一个可以理解和确定的命题达成过一致。差不多有多少个认为自己在进行"内部观察"的个体,就会有多少种不同的"内部观察"结果。

孔德几乎不了解英国经验心理学,对德国经验心理学更是一无所知。在写作时,他心里想到的"结果"很可能是经院哲学的那些结果,如内部活动的原则、能力、自我、无差别的行动自由(*liberum arbitrium indifferentiæ*)等等。约翰·密尔在对他的答复[①]中说:

> 孔德可能想到过,一个事实可以通过记忆的媒介,不是在我们感知它的那一刻,而是在其后的时刻得到研究:而这确实就是我们通常用以获得关于我们理智活动的最好知识的方式。当那个活动已经过去,而记忆中的印象仍然新鲜的时候,我们反省自己曾经做了什么。只有以其中的一种方法,我们才能获得无人否认我们拥有的关于在我们心中经过的事情的知识。孔德大概不至于断言,我们不能觉知自己的理智活动。

---

① 《奥古斯特·孔德与实证主义》(*Auguste Comte and Positivism*)(1882),第3版,第64页。

## 第七章 心理学的方法和陷阱

我们或者在观察和推理的时刻,或者在其后凭借着记忆,而知道自己的观察和推理;在这两种情况下,我们都是通过直接知识,而不是(像在梦游症状态下我们做的事情那样)仅仅通过结果而知道的。这个简单的事实摧毁了孔德的全部论证。凡是我们直接觉知的东西,我们都能直接观察。

那么真理何在呢?密尔的这段引文显然已经表达了关于这个问题的大部分实际真理了。甚至那些坚持认为对意识状态的直接内部领悟是绝对准确的作者,也不得不将片刻之后对它的记忆或者观察的可错性与之相对照。布兰塔诺自己就比所有其他人都更明确地强调感受的直接被感受性,和通过其后的反省活动而来的对它的知觉之间的区别。但是,对它的哪一种意识方式是心理学家必须要依赖的意识方式呢?如果拥有直接的感受或思想就足够了,那么摇篮中的婴儿也会成为心理学家了,而且还是一贯正确的心理学家。但是,心理学家必须不仅拥有绝对真确的心理状态,他还必须报告这些心理状态,把它们写出来,为它们命名,对它们进行分类和比较,并且探索它们与其他事物的关系。活着时,这些心理状态是自己的所有物;只有在死后它们才成为心理学家的猎物。① 而且,众所周知,在一般的命名、分类和认识事物的过程中,我们是易犯错误的,为什么这里不也如此呢?孔德强调这样一个

---

① 冯特说:"利用内部观察的第一条规则,就是尽可能地捕捉偶然、意外和非有意引起的经验……。首先,最好是尽可能地依赖记忆,而不要依赖直接的领会。……第二,内部观察更适合于把握明显的意识状态,特别是随意心理活动;那些模模糊糊有意识的和不随意的内部过程,几乎会完全避开这种内部观察,这是因为观察的努力干预了它们,还因为它们很少在记忆中停留。"(《逻辑学》,II,432)

事实，即一种要被命名、断定或感知的感受必须是已经过去了的，他在这一点上非常正确。主观状态在呈现之时都不是自己的对象，它的对象永远是些别的东西。确实有这样的情况，即当我们说"我感到疲劳"、"我很气愤"等等时，我们似乎是在为当下的感受命名，并因而就同时经验和观察着同一个内部事实。但这是错觉，给与一点注意，错觉就会显露出来。当我说"我感到疲劳"时，当时的意识状态并不是直接的疲劳状态；当我说"我感到气愤"时，当时的意识状态也不是直接的气愤状态。它是说-我-感到-疲劳（saying-I-feel-tired）和说-我-感到-气愤（saying-I-feel-angry）的状态——这是完全不同的事情，明显包含于其中的疲劳和气愤，与在先前的瞬间直接感受到的疲劳和气愤相比，已经有了相当大的改变。为它们命名的活动即刻减弱了它们的力量。①

主张内省判断具有不可错的准确性，唯一可靠的根据是经验的。如果我们有理由认为它从来不曾欺骗过我们，我们就可以继续信任它。这就是莫尔（Mohr）实际坚持的根据。

"感觉的错觉，"这位作者说，"已经破坏了我们对外部世界实在性的信念；但是在内部观察的范围内，我们的信心并没有受到损害，因为我们从未发现自己在思想或者感受活动

---

① 在这类情形中，如果那种状态比为它命名的活动持续的时间长，在它之前存在，而且当它过去了时又再次发生，那么，我们说好像这种状态知道它自己，我们很可能就不会有多大犯错误的实际风险。感受状态和为感受命名的状态是连续的，而且这种迅速的内省判断的不可错性可能很强。但是即使在这里，我们的知识的确定性，也不应该在被感知（percipi）和存在（esse）在心理学中是一回事这样的先验基础上得到论证。这里的状态确实是两个：命名状态和被命名状态是分离的；被感知即存在的原则不适用于这种情况。

的实在性方面犯过错误。当怀疑或者气愤确实就是我们的意识状态时,我们从来不曾被误导去认为我们没有在怀疑或者在气愤。"①

如果前提正确,这些推理就是可靠的,但恐怕前提是有问题的。不管诸如怀疑或者气愤这类强烈感受的情况怎样,对于比较弱的感受以及所有感受相互之间的关系,一旦我们要去命名和分类,而不仅仅是去感受,我们就发现自己不断地处于犯错误和不确知的境地。当感受非常快地闪现时,谁能有把握地说出这些感受的确切次序?谁能说出在他对椅子的感知觉中,有多少东西来自眼睛,有多少东西是由心先前已有的知识补充进去的?谁能将完全不同的感受(甚至在这些感受非常相像的情况下)在量上进行精确的比较?比如,我们一时感受到一个物体贴着后背,一时感受到它贴着面颊,哪一种感受更强烈呢?谁能确定两种已有的感受是不是完全一样?当两种感受都只占有短暂的瞬间时,谁能说出哪一种感受更短、哪一种更长?谁知道他的许多活动是出于什么动机,或者是出于任何动机吗?谁能列举出像气愤这样的复杂感受的所有独特组成部分?谁能即时说出一种距离知觉是复合的还是简单的心理状态?如果我们能够通过内省,最后确定那些看上去是基本感受的东西确实是基本的而不是复合的,那么,整个关于心的要素的争论就该停止了。

萨利(Sully)先生《论错觉》(*Ilussions*)这部著作中有一章讨

---

① J. 莫尔:《经验心理学基础》(*Grundlage der Empirischen Psychologie*)(莱比锡,1882),第47页。

论内省错觉，我们现在原本可以引证这些内容。但是，由于本书的其余部分差不多都是在收集关于通过直接内省发现我们的感受及其关系到底是什么的困难的解说，我们无需过早进入后面的细节，在这里只需对我们的一般结论做一个陈述，即内省是困难和可错的；而且这个困难是所有无论哪种观察都面临的困难。有个东西在我们前面；我们尽最大的努力去弄清那是什么，但是尽管意愿是好的，我们还是会犯错误，给出的描述可能更适用于某种其他事物。唯一的防护措施，就是我们对相关事物的进一步知识达成了最终的一致意见，后面的观点纠正前面的，直到最后达到具有一致性的体系的和谐。这样逐渐建立起来的体系，是心理学家对于他报告的任何特殊心理观察的可靠性所能给出的最好保证。我们自己必须尽可能地努力去完成这样的体系。

英国的心理学作者和德国的赫尔巴特学派，总的说来满足于单独个体的直接内省给出的结果，并且表明了这些结果可以造成一些什么样的学说。洛克、休谟、里德、哈特利（Hartley）、斯图尔德、布朗和密尔父子的著作，始终是这方面的经典之作。而且在贝恩教授的《论文集》（*Treatises*）中，对这种方法主要被单独使用时能够做些什么，我们可能有了定论——它是我们这门年轻科学的最后纪念碑，还是非技术性和一般可以理解的，就像拉瓦锡（Lavoisier）的化学，或者显微镜使用以前的解剖学。

**实验方法。**但是心理学正在进入一个不那么简单的阶段。在几年之内，一种人们可以称之为微观心理学的东西就已经在德国出现了，这种心理学用实验方法从事研究，当然每时每刻都寻求内省材料,但是通过大规模的运作和采用统计学方法,而去除了这些材料的不确定性。这种方法需要有极大的耐性,在国民会感到厌烦的国家几乎不可能出现。像韦伯(Weber)、费克纳、维尔罗特(Vierordt)和冯特这样的德国人显然不会感到厌烦;而他们的成功曾给这个领域带入了一大批更年轻的实验心理学家,专心于对心理生活元素的研究,从这些元素嵌置其中的全部结果中将它们分离出来,并且尽可能地将它们还原为量的等级。简单而开放的进攻方法已经做了它能做的事情,忍耐、绝食、然后烦恼至死的方法也尝试过了;心必定屈服于经常性的围攻,包围着她的势力夜以继日得到的些许优势,最后必定汇总起来将她瓦解。对于这些新的多棱镜哲学家、钟摆哲学家和计时器哲学家来说,几乎谈不上什么高贵的方式。他们要的是做事情,而不是骑士精神。慷慨的预言,和西塞罗(Cicero)认为使人对自然具有最佳洞察力的优越性所无法做到的事情,无疑会有一天在他们的窥探和挖掘、在他们极度的韧性和几乎残忍的狡猾中得到实现。

一般性地描述实验心理学的方法,对不了解这种方法的应用情况的人不会有什么帮助,所以,我不在这方面浪费笔墨。迄今为止,进行实验的主要领域是:(1)意识状态与其物理条件的联系,包括整个大脑生理学,还有最近得到详尽研究的感官生理学,以及被专门称之为"心理-物理学"的东西、或者感觉与引起它们的外部刺激之间相互关系的法则;(2)将空间知觉分析为它的感觉元素;(3)对最简单心理过程的持续时间的测量;(4)对感觉经验以及空间间隔和时间间隔在记忆中再现的准确性的测量;(5)对简单心理状态相互影响、相互唤起、或者相互抑制对方再现的方式的测量；(6)对意识能够同时辨别的事实数量的测量；最后，(7)对遗忘和记忆的基本法则的测量。必须要说的是，在其中的一些领域中，到目前为止，与花费在获得研究结果上的巨大劳动相比，那些结果几乎没有多少理论价值。但是事实就是事实，而且只要我们获得了足够多的事实，它们就一定会结合起来。新的领域会年复一年地被开垦出来，理论成果会发展。同时，就这门科学仅仅是对已做工作的记录而言，实验方法已经相当大地改变了这门科学的面貌。

194　　最后，比较方法是对内省方法和实验方法的补充。这种方法预先假定，一种正规的内省心理学已经在主要的特征方面确立了起来。但是，这些特征起源于哪里，或者这些特征相互之间的依赖关系，却还在讨论之中，最为重要的是要通过类型和结合方面可能发生的所有变化来探讨这个现象。因此，就出现了这样的情况，人们仔细搜索动物的本能以求了解自己的本能；还有，蜜蜂和蚂蚁的推理能力，原始人、婴儿、疯子、白痴、聋人和盲人、罪犯和行为古怪的人的心，都被调用来支持关于我们自己心理生活某些部分的这种或者那种特殊学说。科学史、道德和政治制度，还有语言，作为不同类型的心理产物，也都被拿来派上同样的用途。达尔文和高尔顿(Galton)先生为人们树立了榜样，他们将问题用数以百计的信函发送给他们认为能够回答的人。这种习惯被传播开来，而且如果这样的信函不被列入生活的公害之列，对我们下一代人来说这也是一种可行的办法。同时，信息在增长，结果随之出现。大量的错误来源于比较方法。对动物、原始人和婴儿"心理作用"的解释必然是一项任性的工作,研究者个人在观察上的误差在很大程度上左右着一切。如果一个原始人的行动让观察者过度震惊,后者就会报告说前者没有道德或宗教感。由于孩童以第三人称谈论自己,人们就设想他没有自我意识,等等。人们不能预先设立任何规则。明确地说,要检验一些先已存在的假说,人们通常必须进行比较观察;而唯一的事情就是尽可能多地使用你的睿智,并且尽可能地公正。

## 心理学中的错误之源

第一个错误之源来自于言语的误导性影响。语言最初不是由心理学家创造,而且现今大部分人使用的几乎全部是关于外部事物的词汇。我们生活中的一些主要情感,气愤、爱、恐惧、仇恨和希望,以及我们理智活动中最广大的部门,记忆、期待、思想、认识和做梦,还有审美感受的最主要类别,喜悦、悲哀、快乐和痛苦,是这类词汇屈尊用特殊的词来加以指明的仅有的主观事实。确实,感觉的基本性质,明亮、响亮、红、蓝、热、冷,可以既在客观的意义上也在主观的意义上使用。它们表示外部性质,也表示这些性质引起的感受。但是客观意义是原初意义,而且直到今天,我们还仍然不得不用最频繁引起感觉的物体的名称,来描述许多感觉。橙色、紫罗兰香气、奶酪味、雷鸣般的响声、灼痛等等都表明了我说的意思。描述主观事实的特殊词汇的缺乏,妨碍了对除最粗糙的主观事实以外的所有主观事实的研究。经验主义作者喜欢强调一大类由语言在心中造成的错觉。他们说,无论何时我们用一个词来指示一批现象,我们都倾向于设想一种超越这个现象而存在的实体性的实存,我们用的那个词就是这个实存的名称。但是,词汇的缺乏会同样经常地导致一种直接相反的错误。于是我们倾向于设想,那里不可能有实存;所以我们会忽视一些现象,而如果在成长的过程中经常在谈话中听到这些现象被辨认出来,它们的存在对我们所有人就都是显而易见的。[①] 我们很难将注意集中于无名称的事物,因此,大部分心理学体系的描述部分就都表现出了一定程度的空洞。

但是有一种比空洞更糟的缺陷,来自于心理学对公共言语的依赖。在用思想自身的对象来为我们的思想命名时,几乎所有的人都设想,由于对象存在,思想也必须存在。关于几个不同事物的思想,只能由几个不同的思想或者"观念"组成;关于抽象对象或者普遍对象的思想,只能是抽象或者普遍的观念。由于每一个对象都来去不定,被忘记了,然后又被想起来,人们认为,关于对象的思想也具有完全类似的独立性、自我同一性和活动性。关于对象反复出现的同一性的思想,被看作是关于对象反复出现的思想的同一性;关于多样、共存和相继的知觉,分别被看作仅仅是由知觉的多样、共存和相继引起的。心理之流的持续流动被牺牲掉了,人们取而代之倡导了一种原子论,一种碎砖式的建构方案,对于它的存在,人们找不到令人满意的内省根据,而且现在从这里面产生出了各种悖论与矛盾,这是心的研究者的不幸遗产。

---

① 在英语中,我们甚至没有在被思想的事物(the-thing-thought-of)和思想它的思想(the-thought-thinking-it)之间做出一般的区分,这种区分在德文中由 Gedachtes 和 Gedanke、在拉丁文中由 cogitatum 和 cogitatio 这两个词之间的对立得到表达。

## 第七章 心理学的方法和陷阱

我说这些话的意思,是要对来自洛克和休谟的整个英国心理学,以及来自赫尔巴特的整个德国心理学表示怀疑,这是就它们将"观念"当作单独的、来去不定的主观实存而言的。几个例子很快就可以让这个问题变得更清楚。同时,我们在心理学方面的洞察力还会为其他的陷阱所削弱。

"心理学家谬误"。心理学家的一个巨大陷阱,就是将他自己的立场与他正在报告的心理事实的立场相混淆。此后我称这种情况为典型的"心理学家谬误"。这里也一样,对于一些这样的错误,我们要责备语言。正如我们在前面提到的(第 183 页),心理学家处于他所谈论的心理状态之外。心理状态自身及其对象都是他的对象。当它是一种认知状态(知觉表象、思想、概念等)时,除了关于那个对象的思想、知觉表象等等以外,他通常没有别的方法来为它命名。同时,他以他的方式认识那个自我同一的对象,于是很容易会设想,关于那个对象的思想也以他认识对象的相同方式认识这个对象,尽管事实常常远非如此。① 最为虚妄的难题便以这种方式被引入到我们的科学之中。所谓关于呈现的或者表象的知觉的问题,即对象是由仿制它的意象呈现给思考它的思想,还是直接地、完全没有意象介入地呈现给思想的问题;关于唯名论和概念论的问题,即在心对事物只具有一般性的观念时,这些事物以什么样子呈现出来的问题;在对这些问题的处理中一旦消除掉了心理学家谬误,这些就都是比较容易的问题了,——正如我们不久(在第十二章)将会看到的那样。

---

① 比较 B. P. 鲍恩的《形而上学》(1882),第 408 页。

另一种心理学家谬误是这样一个设想，即被研究的心理状态，一定像心理学家意识到它那样，意识到它自身。心理状态仅仅从内部觉知它自己，它把握的是我们称之为它自己的内容的东西，仅此而已。相反，心理学家是从外部觉知它，并且知道它与各种其他事物的关系。思想看到的只是它自己的对象；心理学家看到的是思想的对象，再加上那个思想自身，可能还加上世界上所有其余的东西。因此，在从心理学家的观点讨论一种心理状态时，我们必须小心避免在这种心理状态自己的范围内，强加进仅仅是为我们而存在的东西。我们必须避免用一个意识之所指向(of)的东西，来取代我们知道那个意识之所是的东西，并且将它与世界上其他事实的外部的也可以说是物理的关系，算在我们认为它觉知到的对象之内。当抽象地陈述出来时，这种立场的混淆似乎很拙劣，然而它却是一个没有心理学家能够永远保持不掉进去的陷阱，而且它构成了某些学派几乎全部的存货。我们怎样警惕它那微妙的腐蚀作用也不过分。

概要。总结这一章的内容，心理学假定思想相继发生，而且思想在心理学家也认识的世界中认识对象。这些思想是他处理的主观材料，思想与对象、与大脑、与世界的其余部分的关系，构成了心理科学的主题。心理学的方法是内省、实验和比较。但是，内省不是通向关于我们心理状态的真理的可靠向导；特别是心理学词汇的贫乏，使得我们将某些状态丢在了考虑的范围之外，而将其他状态看作好像是它们认识自己，也认识它们的对象，就像心理学家认识这二者一样，这在科学中是一种灾难性的谬误。

# 第八章 心与其他事物的关系

对于心理学来说，心是一个对象，存在于包含其他对象的世界之中，所以，我们要在下一步考察它与那些其他对象的关系。首先。是它的

## 时 间 关 系

就我们所知，心是短暂的存在。我的心在我的身体出生之前是否存在，在后者死亡之后是否还将存在，这些问题要由我的一般哲学或神学，而不是由我们称之为"科学事实"的东西来做出决断——我没有将所谓唯灵论的事实包括在内，因为这些事实仍然是有争议的。作为一门自然科学，心理学将自己限制于现世的生活，每一个心都与身体结合在一起，它的种种表现通过身体才显现出来。在这个现世，不同的心在共同的时间容器里相互之间有先、有后、有共存，而对于它们与这个时间容器的总体关系，我们则说不出更多的东西。然而，时间中个体意识的生命似乎是有中断的，因此，

**我们会在任何时候完全无意识吗？**

就成了我们必须要讨论的问题。睡眠、晕厥、昏迷、癫痫以及其他"无意识"状态，很容易闯入我们看作是单独个人的心理历史

之中，并且在那里占据较长的时间。承认了这个中断的事实，它难道不可能存在于我们对中断没有觉察的地方，而且甚至以一种不间断和精细的形式存在着吗？

这种情况可能会发生，但是主体自己永远也不会知道这一点。我们经常使用乙醚，然后进行手术，却从不猜疑自己的意识产生了裂缝。在裂缝之上，两端顺利地连接起来；只有看到了伤口，我们才确信，自己一定是经历了一段对于我们的直接意识来说不存在的时间。甚至在睡眠中有时也会发生这种情况：我们认为自己不曾打盹，而钟表却让我们确信自己错了。[①] 因此我们可以经历一种真实的外部时间，一种为研究我们的心理学家所了解的时间，但却感受不到那时间，或者不能由任何内部迹象推断出那个时间。问题是，这种情况发生得有多么经常？（从心理学家的观点看）意识真的是非连续的、不断被打断又重新开始？它只是由于与西洋镜错觉相类似的一种错觉，才对自己显得是连续的吗？还是在大部分时间里，它在外部也像它在内部看上去的那样是连续的？

必须承认，对这个问题我们无法给出严格的回答。认为灵魂的本质是思想的笛卡尔主义者，当然能够前验地解决这个问题，并将无思想的时间间隔的显象，或者解释为日常记忆中的间隔，或者解释为意识降低到了最小状态，在这种状态之下，也许意识感受到

---

[①] 佩顿·斯彭斯(Payton Spence)[《思辨哲学杂志》(*Journal of Spec. Phil.*)，X. 338，XIV. 286]和加弗(Garver)[《美国科学杂志》(*Amer. Jour. Of Science*)，第 3 集，XX. 189]先生(一个从思辨的基础，另一个从实验的基础)论证说，意识的物理条件是神经振动，所以意识自身必须不断地为无意识所打断——根据加弗的看法，每秒钟大约 50 次。

的全部东西就仅只是存在,留不下任何特殊的东西可供回忆。然而,如果一个人不持有关于灵魂及其本质的理论,他就可以不受约束地将那种显象看作就是它们显示的样子,并且承认心和身体都可以睡觉。

洛克是这后一种看法最初的杰出拥护者,他批评笛卡尔信念的那些书页中的文字,和他《人类理解论》中的所有其他内容一样充满了活力。"每一次昏昏欲睡的打盹,都动摇了那些主张其灵魂始终在思想的人的学说。"他不相信人是如此容易遗忘。茹弗鲁瓦(Jouffroy)和 W. 汉密尔顿(W. Hamilton)爵士以同样的经验方式应对这个问题,却得出了相反的结论。简单地说,他们有这样一些理由:

在自然或者诱导的梦游的情况下,通常会表现出大量的理智活动,随后就是对所有经过事情的完全的遗忘。①

突然从睡眠中醒来,不管睡得多么深沉,我们总是发现自己正在做梦。醒后,普通的梦境通常能在我们的记忆中保持几分钟,然后就不可挽回地消失了。

经常,在醒着并且心不在焉的时候,在下一刻我们就想不起来了的各种思想和意象,会涌上心头。

醒着时对习惯了的声响等等的无知无觉证明:我们能够忽略地不去注意那些我们感受到的东西。在睡眠中也同样,我们慢慢习惯了在对最初影响我们入睡的声音、寒冷、碰触等等的感觉中鼾

---

① 心理活动在这里的出现是真实的,这可以通过下述方法来证明,即向"被催眠"的梦游者提示当他醒来时他将能够记得。他通常就会记得。

声如雷。我们学会了在睡眠时像在我们醒着时那样忽略它们。单纯的感觉印象在深度和轻度睡眠中是一样的；差别肯定是在于显然正在睡着的心做出的判断，即它们不值得注意。

照顾病人的护士和婴儿的母亲，也同样表现出了这种辨别力，他们能够在大量不相关的噪声中睡觉，但是病人或者婴儿的最轻微的响动，也会将他们唤醒。最后这个事实表明，感官还是能够接受声音的。

许多人具有在睡眠时感知时间流逝的非凡能力。他们一天又一天习惯性地在同一时刻醒来，或者在前一天晚上确定的不同寻常的时间准时醒来。如果在这个时间间隔里没有心理活动发生，对时间的这种了解（通常比醒着的意识表现出来的要更准确）又如何可能呢？

我们可以说这些是承认下面这一点的经典理由，即既使一个人后来忽略了心曾是活跃的这个事实，心也是活跃的。① 最近这些年来，或者我们可以更确切地说，最近这几个月来，对歇斯底里症被试和催眠被试所做的许多奇特观察强化了这些理由，这些观

---

① 进一步的细节请参见马尔布兰奇（Malebranche），《关于真理的研究》（*Rech. de la Verité*），第 3 卷，第 1 章；J. 洛克，《人类理解论》（*Essay concerning Human Understanding*），第 2 卷，第 1 章；C. 沃尔夫（C. Wolf），《理性心理学》（*Psychol. Rationalis*），第 59 节；W. 汉密尔顿爵士，《形而上学演讲》（*Lectures on Metaphysics*），第 17 讲；J. 巴斯科姆（J. Bascom），《心的科学》（*Science of Mind*），第 12 节；Th. 茹弗鲁瓦，《哲学杂谈》（*Mélanges Philos.*），"论睡眠"（du Sommeil）；H. 霍兰（H. Holland），《心理生理学章节》（*Chapters on Mental Physiol.*），第 80 页；B. 布罗迪（B. Brodie），《心理学研究》（*Psychol. Researches*），第 147 页；E. M. 切斯利（E. M. Chesley），《思辨哲学杂志》，第 11 章，第 72 页；Th. 里伯特，《人格疾病》（*Maladies de la Personnalité*），第 8—10 页；H. 洛采，《形而上学》，第 533 节。

察证明,高度发展的意识存在于迄今人们从未察觉到它存在的地方。这些观察使我们对人的本性有了新的了解,以至于我必须对它们做一些细致的讨论。如果至少有四个不同的和在某种意义上相互竞争的观察者对同一个结论达成了一致,我们就有理由将这个结论当作真的来接受。

**歇斯底里症病人的"无意识"**

最严重的歇斯底里症病人的最恒定症状之一,就是身体不同部分和器官的自然感受性的改变。这种改变通常是出现了缺陷或者感觉缺失。一只或者两只眼睛失明,或者色盲,或者出现偏盲(视野的一半出现失明),或者视野缩小。听觉、味觉和嗅觉也会类似地部分或者全部消失。更惊人的是皮肤感觉缺失。寻找"魔鬼印记"的年老女巫,很了解其受害者皮肤上的那些无知觉部分的存在,新近医学上的精确的物理检查,又在最近将人们的注意吸引到了这些部分上来。它们可以分散在任何地方,但倾向于侵袭身体的一侧。它们从头到脚侵袭整个半边身体的情况也并非少见;人们可以发现,(比如说)左侧无知觉的皮肤与右侧自然敏感的皮肤之间,由前身和后身的中间形成的一条非常明显的分界线分隔开来。有时,也是最令人吃惊的,整个皮肤,手,脚,脸,所有一切,还有粘膜、肌肉和关节,在可以被探查的范围内,都完全没有了知觉,而其他重要功能却并没有出现严重障碍。

这些歇斯底里症病人的感觉缺失,可以通过各种奇怪的过程而在不同程度上消失。最近人们发现,用磁铁、金属板或者电池的电极接触皮肤,就会产生这种奇特的力量。而且,当一侧的感觉缺失通过这种方式解除了时,人们时常发现它又转移到了至此一直处于良好状态的相反一侧。磁铁和金属的这些奇怪效果,是由于它们的直接生理学作用,还是由于它们先前在病人心中产生的效果("预期注意"或者"暗示"),仍然是一个未决的问题。催眠恍惚状态可以更好地唤起感受性,很容易让许多这样的病人进入这种状态,他们丧失了的感受性在这种状态中完全得到恢复是常见的事情。这种感受性的恢复接续在无感受性的时期之后,并且与后者交替出现。但是皮埃尔·詹尼特(Pierre Janet)[1]和 A. 彼耐特(A. Binet)先生[2]曾经表明,在感觉缺失期间,并且与感觉缺失共存,仍然有对感觉缺失部位的感受性,它以次级意识的形式存在,完全与原初或者正常的意识相隔绝,但是能够感受对它的敲击,并且可以用各种奇怪的方式证明它的存在。

其中最主要的是詹尼特所说的"分散注意方法"。这些歇斯底里病人的注意域往往非常狭小,一次最多只能思考一件事情。当与人谈话时,他们就会忘记所有其他的事情。"当露西直接与人谈话时,"詹尼特说,"她就听不见任何其他人讲话。你可以站在她身后,叫她的名字,在她耳边大声骂她,她也不会转过身来;或者,你可以站到她面前,给她看一些物体,触摸她,等等,而不会引起她的注意。当她最后觉察到你的时候,她以为你是刚刚进到屋里来的,并向你问候。这种异常的健忘,使得她很容易大声讲出她的所有秘密,而不受不适当的听者在场的约束。"

---

[1] 《心理自动作用》(L'Automatisme Psychologique)(巴黎,1889),书中各个地方。
[2] 参见他在芝加哥公庭(Chicago Open Court)的文章,7月、8月和11月,1889。还有1889和1890年的《哲学评论》。

## 第八章 心与其他事物的关系

詹尼特先生在几个这样的被试那里发现,如果他在他们正与第三者谈话时,走到他们身后,低声对他们说话,让他们抬起手或者做出其他简单动作,他们就会服从他下达的命令,尽管他们谈话的智能对于接收命令是完全无意识的。他将他们引向一个又一个物体,让他们用手势回答他低声提出的问题,最后,如果在他们手中放一支铅笔,就可以让他们用书写的方式来做出回答。与此同时,原初意识继续进行着谈话,对双手做出的这些动作全无觉知。负责手的动作的意识,也几乎不受那个上级意识活动的打扰。由"自动"书写对次级意识的存在所做的证明,最具有说服力和引人注目;但许多其他事实也证明了同样的情况。如果我很快地将这些事实过一遍,读者可能就会信服了。

首先,这些被试的明显感觉缺失的手,通常会让自己有所区别地适应放在它里面的无论什么物体。放一支铅笔,它就会做出书写动作;放一把剪刀,它就会把手指放进去,把剪刀张开又闭合,等等。与此同时,如果不让被试看到手中的东西,原初意识(可以这么称呼)就无法说出他的手中是否有任何东西。"我把一副眼镜放在了利奥尼的感觉缺失的手中,这只手把镜架打开,将它向鼻子那里送过去,但是在送过去的途中,它进入了利奥尼的视野,利奥尼看到了它,并且停止了无感觉状态。'怎么,'她说,'我左手里有一副眼镜!'"彼耐特先生在一些萨尔比特黎医院的被试那里发现,在明显感觉缺失的皮肤和心之间有一种非常奇特的联系。放在手里的东西没有被感受到,却被思想到了(显然是用视觉术语),而且被试决不知道它们起始于手上的感觉。放在手中的钥匙和小刀,会引起关于钥匙和小刀的观念,但是手却什么也没有感受到。

同样，如果催眠者将被试的手或手指弯曲 3 次或 6 次，或者如果敲击被试的手或手指 3 次、6 次等等，被试就会想到 3、6 等等这样的数字。

在一些个体那里，人们发现了一种使我们想到"色听"这种奇异特质的更奇怪的现象，最近有一些外国作者十分认真地描述了几个这方面的例子。这些个体看见了由手接收的印象，但却不能感受它；而且被看见的东西似乎与手没有一点关系，却更像是一种独立的视觉，这通常会引起病人的兴趣，并使他们感到惊奇。把她的手藏在隔板后面，人们让她去看另一块隔板，并且说出可能会投射在那上面的任何视觉形象。与无感觉部位被抬起、触碰等等的次数相应，她会说出数字。与在手掌上画出的线条和图形相应，她会说出类似的彩色线条和图形；操作她的手或手指，她会说出手或者手指；最后，她会说出放在手中的物体；但是，手本身却从来不曾感受到任何东西。当然，在这种情况下装假并不困难，但是彼耐特先生不相信对于所讨论的病例而言这（通常是非常肤浅的）是一种可能的解释。①

医生测量触觉敏感程度的一种常用方法，是使用两脚规的尖。过于接近得难以分辨的两个点，通常被感受为一个点；但是在皮肤一个部位上的"过于接近"，在皮肤另一个部位上就可能显得相距非常远。在后背的中间或者大腿部，小于 3 英寸就可能是过于接近了；在手指尖，十分之一英寸却已经足够远了。以这种方式

---

① 这整个现象表明处于某种有意识自我的阈限之下的观念如何可能在那里引起联想的效果。病人的原初意识感觉不到的皮肤感觉，还是由它们在那里的通常的视觉联想物唤起了。

## 第八章　心与其他事物的关系

进行测试,诉诸原初意识(它通过嘴说话,并且似乎是在独自运作),某个人的皮肤可以全部感觉缺失,并且完全感受不到两脚规的尖;而如果诉诸另一个次级意识或者潜意识(它通过书写或者手的动作自动地表达自己),这同一块皮肤就具有了完全正常的感受性。彼耐特先生、皮埃尔·詹尼特先生和朱尔斯·詹尼特(Jules Janet)先生都发现了这一点。无论什么时候触碰被试,她都会指出是"一点"或者"两点",就像正常人一样准确。她只能用这些动作做出表示;而她的原初自我对于动作本身就像对于这些动作表示的事实一样是无意识的,因为用嘴说话的意识不知道潜意识让手自动去做的事情。

伯恩海姆(Bernheim)和皮特里斯(Pitres)先生,用过于复杂而无法在这里给出的观察证明,歇斯底里症的失明完全不是真正的失明。一个歇斯底里症病人的一只眼睛,在另一只能看见的眼睛闭上时就全盲了,但是在两只眼睛都睁开时,这只眼睛就能很好地完成它自己的视觉任务。但是,即使两只眼睛都由于歇斯底里症而半盲了,自动书写的方法还是证明它们仍然有知觉,只是与上级意识的交流被切断了。彼耐特先生发现,病人的手无意识地写下他们的眼睛无法"看见"(即带到上级意识那里)的词。他们的潜意识当然看见了这些词,否则手就不可能那样书写。无法由歇斯底里症色盲的眼睛带给正常意识的颜色,也同样能为潜意识自我所感知。一旦下级自我在被试的催眠恍惚状态中得到表达自己的机会,被试就会回忆起并且抱怨遭受过感觉缺失皮肤上的刺痛、烧灼和夹痛(这些都没有受到上级自我的注意)。

因此,必须承认,至少在一些人那里,整个可能的意识可以被分裂为不同的部分，这些部分共存着，但却互不理睬，它们分享着知识的对象。更令人惊奇的是，它们是互补的。将一个对象呈现给其中的一个意识，你就将这个对象从另一个或者另一些意识那里移开了。关闭某种共同的信息资源，如语言的运用等等，上级自我知道的东西下级自我就不知道，反之亦然。詹尼特先生在其被试露西那里很好地证明了这一点。下面的实验可以被看作是其他实验的典范：在她的恍惚状态，他将一些纸片放在她的腿上，每张纸片上有一个数字。然后他对她说，她在醒来时不会看见任何上面的数字为3的倍数的纸片。这就是通常所说的"后催眠暗示"，此时已广为人知，而且露西是一个对此适应良好的被试。相应地，当她醒来并被问及腿上的纸片时，她数了数，然后说，她只看到了那些上面的数字不是3的倍数的纸片。她看不见12、18、9等等。但是，当使用让上级自我全神贯注于另一场交谈这一常用的方法，来询问潜意识自我时，手就会写出露西的腿上只有数字为12、18、9等等的纸片，当要求被试拾起所有的纸片时，她也只拾起这几张，而将其余的纸片留在那里。同样，当对潜意识的露西暗示某些东西的视觉形象时，正常的露西会突然部分或者全部失明。当詹尼特小声对次级人格说让她使用眼睛时，正常人格突然在交谈过程中间大叫起来，"怎么了？我看不见！"歇斯底里症病人遭受的感觉缺失、瘫痪、挛缩以及其他不正常现象，似乎是由于他们的次级人格通过剥夺原初人格应当保持的一种功能来充实自己这个事实。治疗的暗示是明显的：用催眠或者无论什么其他方式到达次级人格，让她放弃眼睛、皮肤、胳膊或者无论哪个受影响的部位。于是，正常自我就收回了自己的所有物，又看见了、感受了，或者是能够移动了。朱尔斯·詹尼特用这个方法很容易就治愈了那个广为人知的萨尔比特黎医院被试威特的各种痛苦,在她发现自己深度恍惚状态的秘密之前,这些痛苦一直是难以克服的。"停止这种低劣的玩笑"(Cessez cette mauvaise plaisanterie),他对次级自我说——后者服从了。不同人格相互分享可能感觉材料的方式,在这位年轻女人这里似乎得到了有趣的说明。在醒着的时候,除了胳膊上她习惯性地佩戴金手镯的区域以外,她皮肤的所有部位都没有感觉。这个区域有感受;但是在最深的恍惚状态中,当她身体的所有其余部分都有感受时,这一特殊区域就变得完全没有感觉了。

有时,自我之间相互的无知会导致十分奇怪的事情。由潜意识自我做出的动作和运动在意识自我那里消失了,被试会做出各种他全然不知的不和谐的事情。"我让露西[用分散注意的方法]做拇指顶鼻尖摇动其余四指(pied de nez)的动作,她的手会立刻伸到鼻尖处。问她在做什么时,她回答说什么也没做,并且长时间地继续谈话,看不出对手指在鼻子前面的移动有任何的猜疑。我使得她在房间里走来走去;她继续说着,并且相信她自己是坐着的。"

詹尼特在一个因酗酒而发狂的男子那里观察到了类似的动作。在医生问这个男子问题时,詹尼特用低声暗示使他走动、坐下、跪下,甚至面部朝下趴在地上,他却一直都相信自己是站在床边。在我们看到这类事情之前,这种奇怪的举止听起来都是难以置信的。很久以前,我自己看到过一个表明人的知识可以为两个自我分享的方式的小例子,在当时我还不理解它。一位一直在进行自动书写的年轻女子坐在那里,手里拿着铅笔,在我的要求下,努力回忆她曾经见过的一位先生的名字。她只能回忆起第一个音节。同时,在她不知道的情况下,手却写出了最后两个音节。我最近发现,一个可以在占卜写板上写字的十分健全的年轻男子,在做书写动作时手是完全感觉缺失的;我可以用力刺它,而不使被试知道这个事实。然而,在占卜写板上写下的字,却用激烈的语词谴责我刺痛了他的手。刺另一只(没有写字的)手,年轻人的发声器官就提出强烈的抗议,但与此同时,负责在占卜写板上写字的那个自我却否认这件事情。①

我们在所谓后催眠暗示中也得到了完全相同的结果。这是一个为人们熟知的事实,即当某些被试在催眠恍惚状态中被告知要在醒后做出一个动作或者体验一种幻觉时,在那个时间到来时,就会服从这个命令。这个命令是如何被记录的?这个命令的执行怎么会如此准时?这些问题始终是一个谜,因为原初人格对恍惚状态或者暗示都毫无记忆,并且经常会编造临时准备的借口,作为他屈服于如此突如其来地支配他、让他不能抵抗的无法解释的冲动的托辞。埃德蒙·格尼通过自动书写的方法第一个发现,次级自我是清醒的,它持续将自己的注意固定在那个命令上,并且守候着命令执行的信号。有些也是自动书写者的催眠被试,当从恍惚状态中醒来并且开始使用占卜写板时,——当时不知道他们写下了什么,他们的上级注意完全集中于大声朗读、谈话或者解决心算问题——会记下他们曾经收到的命令,以及与已经过去的时间和在

---

① 参见《美国心理学研究会会刊》,第 1 卷,第 548 页。

命令执行前还要经历的时间相关的笔记。① 因此,这类动作的做出不是由于机械意义上的"自动作用":有一个自我管理着它们,一个分裂出来的、有限的和掩埋的,然而却是完全有意识的自我。而且,在做出动作的时候,掩埋的自我会时常浮出表面,并把另一个自我赶走。换句话说,当执行命令的时刻到来时,被试又一次进入了恍惚状态,而且之后对做出的动作也没有记忆。格尼和博尼斯确立了这个此后得到大规模证实的事实;格尼还表明,在做出动作的短暂时间里,病人就又变得可暗示了。詹尼特的观察对这种现象做出了很好的解释。

> 我告诉露西在醒来后将胳膊保持在抬起的姿势。几乎还没有进入正常状态,她的胳膊就举过了头,但她并没有注意到这些。她走来走去,说着话,将胳膊高举在空中。如果问她胳膊在做什么,她会对这样的问题感到惊讶,并且非常真诚地说:"我的手什么也没做;就像你的手一样。"……我命令她哭泣,醒来时她真的哭了起来,但边哭边继续谈论着非常快乐的事情。哭完了,也没有留下悲痛的痕迹,悲痛似乎完全是潜意识的。

原初自我时常不得不发明出一种幻觉,向自己掩饰和隐瞒那另一个自我做出的行为。利奥尼 3② 写下真实的字母,而利奥尼 1 却相信自己正在编织;或者,露西 3 实际上来到了医生的办公室,

---

① 《(伦敦)心理学研究会会刊》(*Proceedings of the (London) Soc. For Psych. Research*),1887 年 5 月,第 268 页以后。

② 詹尼特用数字来指明被试可能表现出来的不同人格。

而露西1却相信自己正待在家里。这是一种谵妄状态。如果将字母表或者数字序列移交给次级人格的注意，这些东西即刻就在正常自我那里消失了。手服从命令书写着字母表，而"被试"却十分茫然地发现自己记不起字母表了，等等。很少有比这些相互排除关系更奇特的事情了，这样的关系在各个部分意识之间有各种不同的等级。

心分裂为单独的意识这种情况，在我们每一个人这里可以达到什么样的程度，还是一个问题。詹尼特认为，只有当存在反常的弱点以及由此而来的统一或者协调能力方面的缺陷时，这才是可能的。一位患歇斯底里症的女人放弃其意识的一部分，是因为她的神经太脆弱了，不能将意识维系在一起。同时，被放弃的部分可能会巩固为一种次级的或者潜意识的自我。另一方面，在十分健全的被试那里，此时从心中退出的东西，又不断地在彼时回到心中。经验和知识的全部储备都仍然是完整的，分裂出去的部分无一能够被足够稳固地组织起来以形成次级自我。这些次级自我的稳固性、单一性和愚钝性通常十分惊人。后催眠潜意识只能想到他最后收到的命令；僵住症状态的潜意识只能想到固定在四肢上的最后一个姿势。詹尼特通过向两个催眠中的被试暗示对任何特殊形状的芥末膏药的幻觉，在他们那里引起了界线清楚的皮肤红肿。在暗示起作用之后，再让被试回到恍惚状态的时候，被试说"我用全部时间想你们的芥子泥治疗法"（J'ai tout le temps pensé à votre sinapisme）。在很长的时间间隔之后，詹尼特对 N 这个人……施催眠术，在间隔期间 N 受过另一个治疗者的干预，当詹

## 第八章 心与其他事物的关系

尼特再次把他催眠时，他说他"在阿尔及尔，离得太远了接收不到命令"。另一个给出这种幻觉暗示的催眠者，忘记了在将被试从恍惚状态唤醒之前解除这一幻觉，那个可怜的被动催眠人格竟坚守了这个凝固的梦境达好几个星期之久。利奥尼的潜意识运作曾经对一个访问者做出过例示，她在谈话中用左手做了一个"拇指顶鼻尖摇动其余四指"的动作，一年以后，当她再次遇到他时，那同一只手又一次向上伸到鼻子处，而利奥尼的正常自我却对这个事实毫无觉察。

所有这些事实放在一起，无疑构成了一项会将一缕新的光亮投向我们本性深处的探究的开始。正是出于这个原因，我才在本书这一较早的章节，如此详细地引证它们。它们结论性地证明了一件事，这就是我们永远不能将一个人关于他无所感受的证词，无论多么真诚，当作那里不曾有感受存在的确实证明。它可以作为"次级人格"意识的一部分而曾经存在于那里，对于它的经验，我们所请教的原初意识自然无法给出任何说明。在歇斯底里症被试那里（如我们在后面的一章将会看到的那样），正如用简单暗示使一个动作或者身体的一个部分发生瘫痪是最容易做到的事情一样，用命令的语词引起所谓的系统性感觉缺失也很容易。系统性感觉缺失不是对事物的任何一个要素，而是对某个具体事物或者某类事物没有感受性。被试可以对房间里的某个人而非其他人失明或者失聪，并因而否认那个人在场或者说过话，等等。詹尼特的露西对自己腿上某些带有数字的纸片失明（前面第 207 页），就是一个这样的例子。如果物体是简单的，比如一个红色圆片或者黑色十字，尽管被试直视着它时否认看见了它，当他再次把视线移开时，还是得到了它的"负后像"，这表明被试还是接收了这个物体的视觉印象。而且，经过思考我们就知道，这样的被试必须将这个物体和与它相像的其他物体区分开来，才能对这个物体失明。使他对房间里的一个人失明，将所有的人排成一排，然后让他去数这些人。除了那一个人以外，他会把其他所有人都数进去。但是，如果不能辨认出那个人是谁，他怎么知道不数哪一个人呢？同样，在纸或者黑板上画上一笔，告诉他那上面没有这一笔，他就只会看见洁净的纸或黑板。然后（他没有看见）在原来那一笔的周围画上一些与那一笔完全一样的其他笔画，再问他看见了什么。他会一个一个地指出新画上的笔画，每一次都将最初那一笔漏掉，不管新的笔画有多么多，也不管它们以什么顺序排列。同样，如果将一个大约十六度的棱镜放在他的一只眼睛前面（他的两只眼睛都是睁开的），以这种方法将他看不见的那最初一笔变成两笔，他会说他此时看见了一笔，并指向从棱镜中看到的形象所在的方向，还是忽略了最初的那一笔。

显然，他对那种笔画一点也没有失明。他只对那种笔画中位于黑板或者纸上某个特殊位置的单独一笔——也就是对一个特殊复杂物体——失明；而且，说起来似乎自相矛盾，为了在有其他笔画画在它附近时仍能对它保持失明，他必须非常准确地将它和其他与之类似的笔画区分开来。他辨别出了它，这是为他完全看不见它所做的准备。

此外，通过放在一只眼睛前面的棱镜，以前看不见的线条可以为这只眼睛看见了，另一只眼闭合起来或者被遮蔽起来，它的闭合

## 第八章 心与其他事物的关系

没有造成任何影响;那条线仍然是可见的。但是如果此时把棱镜拿开,那条线甚至对片刻前看见了它的那只眼睛也消失了,两只眼睛又都回复到它们原来的失明状态。

在这些例子中,我们所要对付的不是眼睛本身的失明,也不是单纯的缺乏注意,而是某种复杂得多的东西,即主动将某些物体计算在外,以及明确地将某些物体排除在外。当一个人"冷落了"熟人、"忽略了"一种要求、或者"拒绝受到"一种考虑的"影响"时,情形就像是这样。但是引起这种结果的知觉活动,与被试的个人(可以这么说)意识是脱离开的,并且将暗示所针对的对象变成了它自己的私有财产和战利品。①

那位除了孩子的响动以外可以在任何响声中睡觉的母亲,显然听觉感受性的孩子部分,是并非偶然地警醒着的。与之相对,她的心的其余部分处于系统性的感觉缺失状态。那个从睡眠部分分裂出去、并且与之脱离开了的部门,还是能够在需要的时候将睡眠的部分唤醒。因此从总体上说,笛卡尔和洛克之间关于心是否睡眠的争论,此时比以往任何时候离问题的解决都更远。在前验思辨的基础上,洛克关于思想和感受有时会完全消失的观点似乎更

---

① 如何理解这种心理状态,这不是一件容易的事情。如果加上新的笔画会使被试看见那第一笔,理解那个过程就简单得多。这样就会有被理解为整体的两个不同对象——上面有一个笔画的纸,和上面有许多笔画的纸;而且,虽然对前者是盲的,他却会看见后者上面的所有东西,因为他起初将它领悟为一个不同的整体。

当新的笔画不是最初那一笔的单纯重复,而是与那一笔结合在一起形成一个完整对象(比如一张人脸)的线条时,这样的过程有时就会发生(并非总是发生)。此时处于催眠状态的被试,通过将他以前看不见的那个线条看作是那张脸的一部分,就可以恢复对那个线条的视觉了。

有道理。如同腺体会停止分泌,肌肉会停止收缩,大脑也应当在某些时候停止运送神经流,而与这种最小程度大脑活动共存的,很可能是最小程度的意识。另一方面,我们看到显象是多么具有欺骗性,并且被迫承认一部分意识可以切断与其他部分的联系而继续存在。总之,我们最好是不做结论。科学在不远的将来无疑会比我们现在更智慧地回答这个问题。

现在让我们来考虑

## 意识与空间的关系

这个问题在哲学史上就是人们称之为灵魂处所的问题。有大量关于这方面讨论的文献,但是我们只能简短地处理它。一切都取决于我们认为灵魂是什么,是广延的还是非广延的实存。如果是前者,它就可能占据一个处所。如果是后者,它就可能没有处所;虽然人们曾经认为,即使没有处所它也还是可能有一个位置。关于无广延的事物遍及特定大小的广延而出现的可能性问题,引起过大量琐细的讨论。我们必须区分不同类型的出现。意识以某种方式"出现"于所有与之相关的事物那里。每当我感知猎户星座时,我都是在认知上出现在那个星座的,但不是动力学地出现在那里,我没有引起任何结果。然而,我是动力学地出现在我的大脑的,因为我的思想和感受对大脑过程是起作用的。那么,如果心的处所只是指心与之具有直接动力学关系的位置,我们说它的处所在大脑皮层的某个地方,就肯定是对的。正如众所周知的那样,笛卡尔认为,非广延的灵魂直接出现在松果腺那里。其他人(如早期的洛采和 W. 沃尔克曼（W. Volkmann））认为,它的位置一定是在解剖学意义上的大脑元素无结构矩阵中的某一点,他们猜想所有的神经流可能在这一点上相交和结合。经院哲学的理论认为,灵魂完全地出现在整个身体和身体的每一个单独部分之中。他们认为这种出现方式是由于灵魂的无广延的性质和简单性。两个有广延的实存只能在空间中相对应,部分对部分,——但是没有部分的灵魂却不是这样与身体相对应的。汉密尔顿爵士和鲍温教授辩护了与之类似的观点。I. H. 费希特（I. H. Fichte）、乌尔里齐（Ulrici）以及美国哲学家 J. E. 沃尔特（J. E. Walter）先生[1]主张,灵魂是占有空间的本原。费希特称之为内体（inner body）,乌尔里齐将它比作一种不是由分子构成的流体。这些理论使我们想起当今的"通神学"学说,并把我们带回到灵魂作为意识的媒介物,还没有像现在这样与负责身体形成的生命本原区分开来的时代。柏拉图（Plato）将头部、胸部和腹部分别看作是不朽的理性、勇气和欲望的处所。亚里士多德论证说,心脏是唯一的处所。在其他人那里,我们看到血液、大脑、肺、肝脏甚至肾脏,都曾经被指认为全部或者部分灵魂的处所。[2]

真实的情况是,如果思想本原是广延的,我们既不知道它的形状,也不知道它的处所;而如果它是非广延的,说它有任何空间关

---

[1] 《空间和物质知觉》(*Perception of Space and Matter*)(1879),第 2 部分,第 3 章。
[2] 一个非常好的各种观点的历史的浓缩,参见 W. 沃尔克曼·冯沃尔克玛（W. Valkmann von Volkmar）,《心理学教科书》(*Lehrbuch d. Psychologie*),第 16 节,注释。关于 W. 汉密尔顿爵士的全面参考书目,参见 J. E. 沃尔特,《空间和物质知觉》,第 65—66 页。

系就都是荒谬的。此后我们将看到,空间关系是可感事物。相互之间能够具有位置关系的唯一对象,是那些被感知为共存于同一个被感受空间中的对象。一个完全没有被感知到的事物(比如无广延的灵魂就一定是这样的),不可能以这种方式与任何被感知到的事物共存。我们感受不到任何线路从它这里伸展到其他对象那里。它不能构成任何空间间隔的终点。因此,它不能在任何可以理解的意义上享有位置。它的关系不可能是空间的,而只能是认知的或者动力学的,正如我们已经看到的那样。就它们是动力学的而言,说灵魂"出现"只是一种比喻。汉密尔顿关于灵魂出现在整个身体的学说,无论如何都是错的:因为在认知的方面,它的出现远远延伸到了身体之外,而在动力学的方面,它的出现还没有超出大脑的范围。①

## 心与其他对象的关系

或者是与他心或者是与物质事物的关系。物质事物或者是心自己的大脑,或者是任何其他东西。心与自己大脑的关系是独特而且非常神秘的,我们在前两章已经讨论过这个问题,这里没有什么可再添加的了。

---

① 大部分当代作者都忽视了灵魂处所的问题。洛采似乎是曾经非常关注这个问题的唯一的人,而他的观点发生过变化。参见《医学心理学》(Medicinische Pshchology),第10节。《微观宇宙》,第3卷,第2章。《形而上学》(Metaphysic),第3卷,第5章。《心理学提纲》(Outlines of Psychol.),第2部分,第3章。还可参见 G. T. 费克纳,《心理物理学》,第37章。

就我们所知,心与大脑以外其他对象的关系,完全是认知的和情绪的关系。心知道它们,在内部欢迎或者拒绝它们,但与它们没有其他关系。当它看上去对它们起作用时,它只是通过自己身体的媒介做到这一点的,所以对它们起作用的不是它,而是身体,而且大脑必须首先作用于身体。当其他事物看上去对它起作用时,情形也是一样——它们只作用于它的身体,并且通过身体作用于它的大脑。[①] 所有它能够直接做的事情,就是知道其他事物,误解或者忽略它们,并且发现它们以这样或那样的方式使它感兴趣。

知道的关系是世界上最神秘的事情。如果我们问一事物如何能够知道另一事物,我们就进入了知识论(Erkenntnisstheorie)和形而上学的中心。心理学家并不会如此好奇地思考这个问题。发现他面对的是一个他不能不相信他知道的世界,着手研究他自己过去的或者其他人的他认为是关于那同一个世界的思想;他只能得出结论说,那些其他思想按照他们的方式知道这个世界,正如他按照他自己的方式知道它一样。对于他来说,不管是否得到了解释,知识都是一种必须承认的终极关系,就像差异或者相似一样,没有人想要解释它们。

如果我们讨论的是绝对的心(Absolute Mind),而不是生活在自然界中个人的具体的心,就普遍理解的知道而言,我们不能说那个心是否具有知道的功能。我们可以了解它思想的样貌;但是,由于我们没有它之外的实在与这些思想相比较,——因为如果我

---

① 我有意忽略了"千里眼"和通过"媒介物"对远方物体发生的作用,因为这些还没有得到普遍的认可。

们有，这个心就不是绝对的了——我们就不能批评这些思想，不能发现它们的对与错；于是我们就不得不称它们为绝对的心的思想，而不是它的知识。然而，有限的心可以以不同的方式被断定，因为心理学家自己可以为其思想对象的独立实在性做出保证。他知道这些对象存在于这样的心之内和之外；因此他知道这样的心是既思想又知道，还是只思想；而且，虽然他的知识当然是易犯错误的凡人的知识，但是在这样的条件中并没有什么能使这种知识在此一情况下比在任何其他情况下更容易出错。

那么，心理学家根据什么测试，来确定他所研究的心理状态是知识，还是只是一种不指称它自身之外任何事物的主观事实呢？

他使用的测试实际上我们都在使用。如果那种心理状态与他自己关于某个实在的观念相类似；或者如果不与他关于那个实在的观念相类似，却似乎暗示着那个实在，并且通过身体器官对它发生作用而指向它；甚或它与某个暗示、导向和终止于那第一个实在的其他实在相类似，或者对其发生作用，——在其中任何一种情况下，或者在所有这些情况下，心理学家都会承认，那种心理状态或直接或遥远、或清楚或模糊、或真或假地认识了那个实在的性质和在世界中的位置。另一方面，如果所考察的心理状态与心理学家知道的任何实在都既不相类似，也不对其发生作用，他就称它为纯粹主观状态，不具有任何认知价值。再有，如果它与心理学家知道的一个实在或者一组实在相类似，却完全没有通过引起心理学家看得到的身体运动，来对它们发生作用或者改变它们的进程，那么心理学家就可能会像我们所有人一样产生怀疑。例如，让那种心理状态发生于一个人的睡眠中。让后者梦见某个人的死亡，并

## 第八章 心与其他事物的关系

同时让那个人死亡。那个梦仅仅是一个巧合,还是对死亡的真正的认知?"精神研究"协会正在搜集这类令人迷惑的案例,并试图以最合理的方式解释它们。

如果那个人在一生中只做过一次这种类型的梦,如果梦中死亡事件的来龙去脉在许多细节上与真实死亡事件的来龙去脉都有所不同,如果那个梦没有引起关于死亡的任何行动,无疑我们应当称它为奇怪的巧合,仅此而已。但是,如果梦中的死亡有很长的来龙去脉,其中每一个情节都与真实死亡的每一个特征相符合;如果那个人经常不断地做这样的梦,每一次都同样精确,如果他醒来时有一种立即采取行动的习惯,就好像这些梦境是真的一样,并且因而"惊动了"他那些消息迟缓的邻居们,——也许我们大家就都不得不承认他有某种神秘的洞察力,他的梦以一种不可理解的方式知道它们所描绘的现实,"巧合"这个词没有触及到问题的根本。而且,如果他在睡梦中有能力干预现实的进展,让现实中的事件按照他梦见的那样向这里或者那里发展,那么,任何人的疑问就都烟消云散了。至少这一点是肯定的,即他和心理学家应对的是同一件事情。正是通过这样的测试我们才确信,我们同伴醒着的心和我们自己的心知道的是同一个外部世界。

心理学家对待认知的态度对后面的讨论非常重要,所以我们必须继续这一话题,直到把它弄得十分清楚为止。它是一种彻底的二元论。它设想两个要素,知道的心和被知道的事物,并且将它们看作是不可还原的。二者都不能离开自己,或进入到另一个之中,都不能以任何方式是那另一个,都不能产生另一个。它们只是在一个共同世界中面对面地站立,一方只是知其对应者,或者为其对应者所知。这种单一的关系不能用任何更低级的术语来表达,也不能被翻译为任何更容易理解的名称。某种类型的信号必须由事物给予心的大脑,否则知就不会发生——事实上我们发现,一个事物在大脑之外的单纯存在,并不是我们知道这个事物的充分原因:它不仅必须在那里,而且必须以某种方式冲击大脑,才能被我们所知。但是,大脑受到了冲击,知识却由完全发生在心中的新的结构所组成。不管是否被知道,那个事物都保持着原样。[①] 而且,知识一旦在那里,不管那个事物发生了什么变化,它都会一直在那里。

古代人,可能还有当今不善思考的人,将知识解释为某种东西从外部进入到心中的通道——这心,至少就感觉的方面而言,是被动的和接受性的。但是甚至在单纯的感觉印象中,也一定会发生内部结构对对象的复制。让我们与鲍恩教授一起设想,当两个人一起交谈,并且各自都知道对方的心时,会发生什么事情。

> 思想不会离开一个人的心而进入另一个人的心中。当我们说交流思想时,甚至连最简单的心也知道这只是一种比喻。……要感知另一个人的思想,我们必须在自己的内部建构他的思想;……这个思想是我们自己的,并且确实是我们的独创。同时,我们应该把它归功于那另一个人;如果这思想不是起源于他,它很可能也不会起源于我们。但是那另一

---

[①] 我不理会一个事物被认识的事实后来可能会给这个事物带来的结果。认识本身决不会对事物产生影响。

第八章　心与其他事物的关系　　261

个人做了什么呢？……做了这些：通过一种完全神秘的世界秩序，说者制造出了一系列与[那个]思想完全不同的标记，但是通过同样的神秘秩序，这些标记又作为一系列刺激作用于听者，这样他就在自己的内部建构起了相应的心理状态。说者的所为是利用适当的刺激。听者的所为直接地说只是灵魂对那种刺激的反应。……所有有限的心之间的交流都属于这一类。……也许所有善于思考的人都不否认这个结论，但是如果我们说，一般而言，感知外部世界与感知另一个人的思想情形是一样的，许多人就会有疑问了，而且还有不少人会断然否定这种看法。然而，我们只能断言，要感知世界，我们就必须在思想中建构它，而且我们关于世界的知识只是心内部性质的展开。……通过说心是一块蜡板，事物在蜡板上留下自己的印记，我们好像有了一种了不起的洞见，直到我们想到去询问这块有广延的蜡板在哪里，事物如何将自己的印记留在上面，以及即使它们留下了印记，我们应当如何解释这种知觉活动。……感觉和知觉的直接先行者是大脑中的一系列神经变化。无论关于外部世界我们知道些什么，它都在这些神经变化中并且通过这些神经变化展现出来。但是，这些神经变化与人们设想作为其原因而存在的对象完全不一样。如果我们能够设想心处于光亮之中，并且与其对象有直接的联系，这至少会给那种想象带来一些希望；但是，当我们设想心只是在头盖骨这个黑屋子里与外部世界相接触，因而并不与被感知的对象相接触，却只与一系列它对其一无所知的神经变化相接触，显然，对象还离得远着呢。所有关于图像、印象等等的谈论,都因为缺少给这类图形以任何意义的条件而停止了。甚至连我们终会找到走出黑暗并再次进入到光明和实在的世界中去的道路这一点,都尚不清楚。我们由对物理学和感觉的完全信任开始,立即被这些东西领着远离了对象,进入了神经的迷宫,在这里,对象完全由一系列除自己以外与任何其他事物都完全不同的神经变化所取代了。最后,我们到达了头盖骨这个黑屋子。对象完全消失了,知识却还没有出现。根据最坚定的实在论的看法,神经标记是全部外部世界知识的原材料。但是为了越过这些标记,进入关于外部世界的知识之中,我们必须安排一个解释者,他会读出这些标记的客观意义。但是那个解释者又必须在它自身之内隐含世界的意义;而这些标记实际上只是引起灵魂将自身之内的东西展开的一些刺激。由于大家一致同意,灵魂只是通过这些标记与外部世界进行交流,而且永远不会到达比这些标记所能带它达到的离对象更近的地方,因此,解释的原则一定存在于心中,产生出来的构造主要只是对心自身性质的一种表达。所有的反应都属于这一类;它表达的是反应者的性质,知识也属此列。这个事实迫使我们或者承认思想的法则和性质与事物的法则和性质之间的先定和谐,或者承认知觉对象、显现的世界纯粹是现象的,只不过是心对其感觉的基础做出反应的方式。[1]

**客体和主体的二元论及其先定和谐**,是心理学家必须要假定

---

[1] B. P. 鲍恩:《形而上学》,第 407—410 页。并参见洛采:《逻辑学》,第 308、326—327 节。

的东西,无论作为一个同样有权利成为形而上学家的个人,他可以将什么样的隐蔽的一元论哲学作为储备。我希望现在这个一般要点已经清楚了,我们可以离开它而进入到一些细节上的差异中去了。

有两种类型的知识可以宽泛和实际地得到区分:我们可以分别称它们为亲知的知识(knowledge of acquaintance)和关于的知识(knowledge-about)。大多数的语言都有这种区分;因而我们有 γνῶναι, εἰδέναι; noscere, scire; kennen, wissen; connaître, savoir。①我亲知许多人和事,除了它们出现在我曾经遇见它们的地方以外,我对它们知之甚少。看见蓝颜色时我知道这个颜色,品尝一只梨时我知道它的味道;将手指移动一英寸的距离我知道一英寸;感受到一秒钟过去时我知道一秒钟的时间;努力去注意时我知道这种努力;注意两个事物之间的区别时我知道这个区别;但是关于这些事实的内部性质以及使这些事实是其所是的东西,我却什么也说不出来。我不能将对这些事情的亲知传递给任何自己不曾亲知这些事情的人。我不能描述它们,不能让盲人猜测蓝色是什么样子,不能对儿童解释三段论法,或者不能告诉一个哲学家,恰恰是在哪个方面距离就是它之所是,并不同于其他形式的关系。我最多可以对朋友们说,到某些地方去,以某些方式行动,这些对象可能就会出现。这个世界的所有基本性质,它的最高的属,物和心

---

① 参见约翰·格罗特(Grote):《哲学探索》(*Exploratio Philosophica*),第 60 页;H. 赫姆霍尔茨:《通俗科学演讲》(*Popular Scientific Lectures*),第 308—309 页。

的简单性质,以及存在于它们之间的关系的种类,必定或者完全不被知道,或者以这种无声的亲知方式被知道,它们不是关于的知识。确实,能说话的人对于每一事物都有某种知识。人们至少可以对事物进行分类,并说出它们出现的时间。但是总的来说,我们对一个事物分析得越少,我们对它的关系感知得越少,关于它我们就知道得越少,而且我们对它的了解就越是那种亲知的类型。因此,就人心实际拥有它们而言,这两类知识是相对的术语。也就是说,关于一个事物的同一思想,与更简单的思想相比,可以被称为关于这个事物的知识,而与更加清楚明晰的思想相比,就是对这个事物的亲知。

语法上的句子表达了这个意思。句子的"主词"代表亲知的对象,加上谓词就使得关于它的某些东西被知道了。当我们听到主词的名称出现时,我们可能已经知道了许多东西——它的名称可能有丰富的内涵。但是不管我们那时知道的有多少,在句子完成之时,我们都知道了更多的东西。我们可以通过分散注意,并且以一种茫茫然类似恍惚状态的方式凝视一个对象,而随意回到对那个对象的单纯的亲知状态。我们可以通过重振精神,开始注意、分析和思考,而上升到关于那个对象的知识。仅仅亲知的东西只是呈现给我们的心;我们拥有它,或者它的观念。但是当关于它我们知道些什么的时候,我们就不仅仅是拥有它;在我们思考它的种种关系时,我们似乎是在对它进行某种处理,是用我们的思想对它进行操作。感受和思想这两个词表达了这种对比。通过感受我们开始亲知事物,但只有通过思想,我们才有了关于它们的知识。感受是认知的胚芽和起点,思想是成长起来的大树。语法上的主

## 第八章 心与其他事物的关系

词、对象的呈现和被知道的实在的最小值，知识的纯粹开端，必须由表达意思最少的词来命名。这样的词是像 lo！ there！ ecco！ voila！ 这样的插入语，或者是引出句子的冠词或指示代词，像 the，it，that。在第十二章，我们将会更深一步地了解，对一个对象的单纯心理拥有或者感受，与关于它的思想之间的区别预示着什么。

通常被认为是感受的心理状态，是情绪和我们从皮肤、肌肉、内脏、眼睛、耳朵、鼻子和上腭得到的感觉。在通俗用法中得到认可的思想，是概念和判断。在对这些心理状态进行专门讨论的时候，我们必须要对它们各自的认知功能和价值说点什么。现在也许需要注意，感觉只让我们亲知身体的事实，而关于其他人的心理状态的事实，我们只拥有概念的知识。对于我们自己过去的心理状态，我们是以一种奇特的方式认识的。它们是"记忆的对象"，并且似乎还带有某种温暖和亲密的性质，这使得对它们的知觉更像是感觉过程，而不像思想。

# 第九章 思想流[①]

现在我们开始从内部进行心的研究。大部分书籍从作为最简单心理事实的感觉开始，然后综合地向前进展，由下面的阶段建构起每一个更高级的阶段。但这样做弃绝了经验的研究方法。没有人拥有过简单感觉自身。从我们出生的那一天起，意识就涉及到丰富多样的对象和关系，而我们称之为简单感觉的东西，是通常被推到极高程度的辨别注意的结果。在一开始就承认看上去清白却包含缺点的假定，这在心理学中造成的破坏令人吃惊。坏的结果以后会自己发展起来，而且不可挽回，它们渗透进这项工作的整个结构之中。那种将作为最简单事物的感觉当作心理学中首先要接受的东西的观点，就是这些假定之一。心理学有权利在一开始就进行假定的唯一东西，是思想的事实本身，这是必须最先接受和分析的。如果此后感觉被证明包含在思想的要素之中，就它们而言，我们也不会比从一开始就对它们信以为真而弄得更糟。

对于作为心理学家的我们来说，第一个事实就是某种思想在进行着。依照我在第186页所说的意思，我用思想这个词不加区分地表示各种意识形式。如果我们在英语中可以像说"下雨了"

---

[①] 这一章里面的很多内容都是从"论内省心理学的一些遗漏之处"这篇文章中重印的，这篇文章发表在1884年1月的《心》杂志上。

(it rains)或者"刮风了"(it blows)那样说"思想了"(it thinks),我们就能最简单并且用最少的假定来陈述这个事实。由于我们不能这样做,我们就必须简单地说思想在进行着(thought goes on)。

## 思想的五个特征

它是如何进行的?我们立即注意到这个过程的五个重要特征,这一章将对这五个特征做一些一般性的讨论:

1. 每一个思想都趋向于是个人意识的一部分。
2. 在每一个个人意识中,思想始终在变化。
3. 在每一个个人意识中,思想都可以感觉到是连续的。
4. 它似乎始终在处理独立于它自身的对象。
5. 它对这些对象的某些部分感兴趣,排除其他部分,始终在欢迎或拒绝——总之,在它们中间进行选择。

相继讨论这五个要点,我们不得不使用大量的词汇,而且要使用在本书后面的章节中才能充分定义的心理学术语。但是每个人都粗略地知道这些术语是什么意思;而且现在我们也只是粗略地使用这些术语。这一章就像是画家在画布上最初用炭笔画下的草图,细节还没有出现。

### 1. 思想趋向于个人的形式

当我说每一个思想都是个人意识的一部分时,"个人意识"就是上述那些术语中的一个。只要没人要求我们给这个术语下定义,我们就知道它的意思,但是对它做出准确的解释,则是一项最困难的哲学任务。在下一章,我们必须面对这一任务;在这里,几句初步的解释就够了。

在这个房间——比如这个教室——里有许多思想,你们的和我的,其中有一些相互融贯,而有一些则不是这样。就像它们并非都同属一处一样,它们也不是自足的和相互独立的。它们二者都不是:它们中间没有一个是单独的,但是它们每一个都与某些其他思想、并且只与这些思想同属一处。我的思想与我的其他思想同属一处,你的思想与你的其他思想同属一处。这个房间里的任何地方是否存在一种不是任何人的思想的纯粹思想,我们无法确定,因为我们没有经验过这类事情。我们自然应对的唯一意识状态,是在具体而特殊的我和你的个人意识、心和自我那里发现的意识状态。

这每一个心都守着它自己的思想。心与心之间没有给与或交换。没有思想能够进入另一个个人意识中的思想的直接视野。绝对的孤立和不可还原的多元论就是这里的法则。似乎基本的心理事实不是思想,不是这个思想或那个思想,而是我的思想,每一个思想都是被拥有的。思想由隶属不同个人的心这道屏障隔离开来,同时性、空间上的接近,以及性质和内容的相似,都不能将这样的思想融合在一起。这些思想之间的裂缝是自然中最绝对的裂缝。每个人就都会承认这是真的,只要他只坚持与"个人的心"这个术语相应的某种东西的存在,而不暗含任何关于其性质的特殊看法。在这样的条件下,我们就有可能把个人的自我,而不是思想,当作心理学的直接材料。普遍的意识事实不是"感受和思想存在"，而是"我思想"和"我感受"。① 无论如何，任何心理学都不能怀疑个人自我的存在。心理学所能做的最糟的事情，就是将这些自我的性质解释得使它们失去了自身的价值。一位法国作者，在一阵反唯灵论的激动中谈到我们的观念，他说，被这些观念的某些独特之处所误导，我们"结果将"它们造成的序列"人格化了"——他将这种人格化看作是我们犯下的一个极大的哲学错误。只有当人格观念意谓某种与心理序列中的一切都有本质不同的东西时，它才可能是一种错误。但是，如果那个序列自身就是人格观念的真正"原型"，那么将它人格化就不可能错了。它已经人格化了。不存在从其他地方聚集起来、又在思想的序列中缺乏的人格标志。思想的序列已经有了所有这些标志；因此，无论我们对思想由以出现的那种形式的个人自我进行什么进一步的分析，这都是而且必须一直是真的，即心理学所研究的思想，确实不断地趋向于呈现为个人自我的组成部分。

我说"趋向于呈现"而不是"呈现"，是因为我们在上一章讨论过的潜意识人格、自动书写等等那些事实。现在被证明存在于歇斯底里感觉缺失症患者、后催眠暗示接受者等等那里的掩埋的感受和思想自身，是次级个人自我的组成部分。这些次级个人自我绝大部分都是非常愚钝和收缩了的，并且通常与个人正规和正常的自我之间的交流是中断的；但它们仍然构成有意识的统一体，它们拥有连续的记忆，他们讲话，书写，为自己起独特的名字，或者采纳别人提示的名字；而且，简单地说，它们完全配得上现在普遍

---

① B. P. 鲍恩：《形而上学》，第362页。

给予它们的次级人格这个名称。根据詹尼特的看法,这些次级人格始终是反常的,是本应单一完整的自我分裂为两个部分的产物,这两个部分中的一个潜藏在后台,另一个则作为男人或女人拥有的唯一自我而浮出表面。对于我们现在的目的来说,关于次级自我起源的这种解释是否适用于它们的所有可能情况,这并不重要,因为它肯定在很多情况下是真实的。现在,虽然如此形成的次级自我的大小取决于由主要意识中分裂出来的思想的数量,但它的形式却趋向于人格化,它后面的思想记得前面的思想,并且将这些思想据为己有。詹尼特在感觉缺失的梦游者露西那里捕捉到了这些次级人格之一的真实浓缩(可以这么说)的瞬间。他发现,当这位年轻女子的注意完全集中于与第三方的谈话时,她那只感觉缺失的手会写出对他低声提问的简单回答。"你听到了吗?"他问。她无意识写出来的回答是"没有"。"但是要回答,你就必须听到。""是的,很对。""那么你是怎么做到的?""我不知道。""一定有某个人听到了我说的话。""是的。""谁?""某个不是露西的人。""啊!另一个人。我们给她起个名字好吗?""不。""还是起吧,这样会更方便些。""好吧,那就叫阿德里尼。""一旦有了名字,"詹尼特继续说,"潜意识人格就变得轮廓更清晰了,也能更好地表现她的心理特征了。特别是,她向我们表明,她能够意识到被原初或者正常人格所排除的感受。正是她告诉我们,我正在捏露西这么长时间以来一直没有触觉的胳膊,或者正在触碰她这么长时间以来一直没有触觉的小手指。"[①]

在其他案例中,次级自我对名字的采纳更具有自发性。我见

---

① 《心理自动作用》(*L' Automatisme Psychologique*),第 318 页。

过许多尚未"发展"完善的早期自动书写者和灵媒,他们直接且主动地以已逝灵魂的名义书写和讲话。这些人可以是像莫扎特、法拉第这样的公众人物,也可以是被试以前认识的真实的人,还可以是完全虚构的存在。为了对在更为发展的恍惚状态中所说所写的真实"精神控制"问题不抱偏见,我倾向于认为,这些(通常是可悲地愚钝)尚未发展的书写和讲话,是被试自己自然之心的较低部分的作品,这个较低部分从其余部分的控制中解放出来,依照由社会环境中的成见所确定的固定模式运作。在唯灵论的共同体中,我们得到的是乐观的讯息,而在无知的天主教村庄里,次级人格用魔鬼的名字称呼自己,并且说着亵渎和淫秽的话,而不是告诉我们它在这极乐世界是多么地幸福。[①]

詹尼特认为,歇斯底里症病人所表现的僵住状态的事实使我们推想,在这些无论发展得多么不完全,都仍然是拥有记忆、习惯和自己身份感的有组织自我的思想过程之下,存在着非常无组织的和非个人的思想。一个处于僵住恍惚状态(在某些催眠被试那里可以人工地引起)的病人,醒来时没有记忆,而且似乎只要僵住状态持续着,他就没有知觉,也没有意识。然而,如果有人抬起这样的被试的胳膊,它就保持在那个位置,而且,他的整个身体都可以在催眠者的手下像蜡块一样被塑型,在相当长的时间里保持着

---

[①] 参见 A. 康斯坦斯(A. Constans):《论 1861 年的魔鬼附身和歇斯底里流行病的关系》(*Relation sur une Epidémie d'hystero-demonopathie en 1861*)(巴黎,1863),第 2 版。——恰普和弗兰佐里尼(*Chiap e Franzolini*):《魔鬼附身癔病在韦尔兹格尼斯地方的流行》(*L'Epidemia d'isterodemonopatie in Verzegnis*)(Reggio,1879)。并参见 J. 克纳(J. Kerner)的短篇著作:《关于意识现象的报告》(*Nachricht von dem Vorkommen des Besessenseins*)(1836)。

催眠者给它的无论什么姿势。在比如胳膊处于感觉缺失状态的歇斯底里症病人那里,就会发生同样的事情。感觉缺失的胳膊会被动地保持在人们摆放它的位置;或者,如果拿住那只胳膊,让它握住一支铅笔并且描画一个字母,它就会无休止地在那张纸上描画那个字母。直到最近人们都认为,这些动作完全没有意识相伴随:它们是生理反射。詹尼特却更加令人信服地认为,是有感受与它们相伴随的。它可能只是对那个肢体的位置或动作的感受,而且当它释放进使那个姿势得以保持或者使那个动作不断重复的运动中枢时,所引起的只是它的自然结果。① 詹尼特说,这样的思想"不为任何人所知,因为还原为心的微粒状态的分解了的感觉,不会在任何人格中得到综合"②。然而,他承认,同样是这些十分愚钝的思想,趋向于发展出记忆,——处于僵住状态中的人不久就能在简单暗示下移动她的胳膊;因此,它们并不对所有思想都趋向于采取个人意识的形式这一法则构成重要的例外。

## 2. 思想在不断地变化

我的意思并不必然是说所有心理状态都没有任何持续时间——即使这是真的,也难以确立。我所特别关注的那种变化,是在可以感觉到的时间间隔中发生的变化;而我想要强调的结果是,一个状态一旦消失就不会再发生,不会与它以前之所是相同一。让我们从沙德沃斯·霍奇森先生的描述开始:

---

① 关于这方面的生理学,请比较讨论意志的那一章的内容。
② 在上述引文中,第 316 页。

## 第九章 思想流

我直接诉诸事实,而完全不说诉诸知觉、感觉、思想或者任何特殊的方式。当察看我的意识时,我发现,我不能摆脱的东西,或者,如果我有任何意识的话,我不能不在意识中拥有的东西,是一个不同感受的序列。我可以闭上眼睛,保持完全的静止,并且努力不让自己意志中的任何东西起作用;但是不管我思想还是不思想,不管我是否感知外部事物,我总是拥有接连发生的不同感受。任何我可能拥有的具有更特殊性质的其他东西,也是这一序列的一部分。没有接连发生的不同感受,就完全没有意识。……意识的链条是依次出现的不同感受(differents)的序列。①

这样的描述不会引起任何人的反对。我们都承认意识状态有一些大的不同类别。我们时而在看,时而在听;时而在推理,时而在意欲;时而在回忆,时而在期待;时而在爱,时而在恨;而且我们知道,我们的心还交替以许多其他的方式忙碌着。但所有这些都是复杂状态。科学的目标始终是将复杂还原为简单;在心理科学中,我们有著名的"观念理论",这一理论承认,在可以被称为心的具体状态的东西之间存在巨大的差别,它试图要表明,某些始终保持不变的简单意识要素的不同结合如何导致了这些差异。洛克称这些心理原子或分子为"简单观念"。洛克的一些后继者认为,唯一的简单观念是严格意义上的感觉。然而,简单观念可能是哪些观念,这在目前尚与我们无关。了解这一点就足够了,即某些哲学家曾经认为,他们能够在心的像渐隐画面般的现象之下,看到在

---

① 《内省的哲学》(*The Philosophy of Reflection*),I,第 248、290 页。

流动中保持不变的任何种类的基本事实。

这些哲学家的观点几乎不曾受到质疑，因为我们的共同经验初看起来似乎完全确证了它。比如，我们从同一个对象那里得到的感觉不是始终一样的吗？用相同的力度敲击同一个琴键，我们听到的不是相同的声音吗？相同的草不是给予我们相同的绿色感觉，相同的天空不是给予我们相同的蓝色感觉，而且不管我们多少次将鼻子靠近同一只科隆香水瓶，我们不是都得到相同的嗅觉吗？说我们没有，那似乎是一种形而上学的诡辩；而认真考察这个问题，我们就会看到，我们曾经得到过两次相同的身体感觉，这一点是不能证明的。

得到两次的东西是那同一个**对象**。我们一次次听到那同一个音符；我们看到相同的绿色的性质，或者闻到相同的客观的香味，或者体验相同种类的疼痛。具体的和抽象的、物理的和观念的、我们相信其持久存在的实在，似乎不断地再次出现在我们的思想之前，并且在我们的漫不经心之中让我们认为我们关于它们的"观念"是相同的观念。在后面进入到关于知觉的一章时，我们将会看到，不去注意作为主观事实的感觉，却简单地将它们用作垫脚石以到达由它们揭示出其存在的实在这一习惯，是多么地根深蒂固。现在，窗外的草在阳光下和在庇荫处在我看来是一样的绿，而一位画家却将它的一部分画成暗褐色，另一部分画成亮黄色，来表现它真实的感觉效果。通常，我们不注意同一个事物在不同距离和不同情况下看起来、听起来和闻起来的不同样子。事物的相同性是我们想要确定的；而任何向我们确保那种一致性的感觉，都很可能被我们粗略地看作是相互一样的。正是这一点，使得用不同感觉之主观同一性的当下证词，来对这些感觉事实上的同一进行证明，变得几乎没有了价值。感觉的全部历史都是对我们无法说出分别得到的两种感觉是否完全相同这一点所做的注释。比一种给定感觉的绝对的质或者量更吸引我们注意的，是它与我们同时持有的任何其他感觉的比率。当所有的东西都是暗色的时，稍微亮一点点的感觉就会使我们将物体看作是白色的。赫姆霍尔茨计算过，一张表现月光下建筑风景的画上的白色大理石，在日光下看上去比在真正月光下的大理石要明亮一至两万倍。①

我们永远不能感性地知晓这样的差异；它只能由一系列的间接思考中推论出来。有一些事实使我们相信，我们的感受性始终发生着变化，因此，同一个对象不容易重复让我们产生相同的感觉。眼睛最初暴露在光亮之下时，它对光的感受性是最强的，但这种感受性很快就以令人吃惊的速度减弱。一夜长眠醒来时眼睛看东西的亮度，是日间简单闭眼休息之后看东西时亮度的两倍。②我们在困倦和清醒时、饥饿和吃饱时、精力充沛和疲劳时，对事物的感受是不同的；在夜间和早晨不同，在夏天和冬天不同，特别是，在童年、成年和老年时，我们对事物的感受是不同的。然而我们从来也不曾怀疑我们的感受揭示的是同一个世界，这世界上存在着相同的可感性质和相同的可感事物。我们在不同年龄或者处于不同心境时对事物的不同情绪体验，最好地表明了感受性的差异。本来是欢快和令人兴奋的东西，变得令人厌烦、无聊和没有用处。小鸟的歌声单调乏味，微风令人悲伤，天空也是暗淡的。

---

① 《通俗科学报告集》(*Populäre Wissenschaftliche Vorträge*)(1876)，第 72 页。
② 菲克，见 L. 赫尔曼的《生理学手册》，第 III 卷，第 I 册，第 225 页。

在随着感受能力的变化感觉也始终经历着实质性变化这样的间接假定之上,基于大脑中一定会发生的事情,我们还必须加上另一个假定。每一个感觉都与某种大脑活动相对应。一个完全相同的感觉要再次发生,它就必须在没有发生过变化的大脑中再发生一次。但是严格地说,这在生理学上是不可能的,所以不变的感受也是不可能的。因为每一点大脑改变,无论多么微小,都必须与由大脑支持的感受的等量变化相对应。

甚至当我们得到的是还没有结合为"事物"的纯粹感觉时,情形也是如此。甚至在这时我们也不得不承认,无论在日常谈话中我们如何说又一次得到了同样的感觉,就严格的理论准确性而言,我们永远也不能这样说;无生命之河和基本感受之河是怎样的,像赫拉克利特(Heraclitus)那样说我们永远也不能两次踏入同一条河流,都确定无疑是正确的。

但是,如果这么容易就能表明"简单感觉观念"以不变的形式再现这一设想是没有根据的,那么,关于我们思想中更大聚集体的不变性的设想,又该是多么更加没有根据啊!

我们的心理状态从来也不是完全一样的,这一点明显而且清楚。严格地说,我们关于一个给定事实的每一个思想,都是独一无二的,它与我们关于这同一个事实的其他思想,只有种类上的相似之处。当同一个事实再次发生时,我们必须以一种全新的方式思考它,从多少有些不同的角度看待它,在与上次它出现其中的不同的关系中理解它。而我们由以认识它的思想,是关于处于那些关系之中的它(it-in-those-relations)的思想,这思想充满了关于那整个模糊语境的意识。时常,我们自己也为对同一个事物的相继看法中存在的奇怪差异而感到惊奇。我们奇怪上个月怎么竟会对某件事情有那样的看法。我们已经不再可能有那样的心理状态，我们不知道怎么会这样。年复一年，我们不断从新的角度看事情。以前不真实的东西变得真实了，以前令人兴奋的东西变得没有味道了。我们过去一直关切至深的朋友，缩成了影子；曾经如此神圣的女人，还有星星、森林和流水，现在都变得多么单调和普通；那些带来无限光环的年轻女孩，现在成了让人难以辨别的存在；图画变得如此空洞；至于书籍，在歌德那里具有如此神秘意义的东西是什么？约翰·密尔作品中那沉甸甸的分量又在哪里？尽管如此，那件作品，是那件作品，比以往任何时候都更有滋味；普通的责任和普通的善也具有了更加充实和深刻的意味。

但是，此处在那种强烈程度上如此有力撞击我们的东西，也发生于每一个程度，此时观点到彼时观点的不可觉察的转变中，也有那样的变化。经验每时每刻都在对我们进行重塑，而我们对每一个给定事物的心理反应，实际上都是到那时为止我们关于整个世界的经验的结果。我们必须再次诉诸大脑生理学的类推，以确证我们的观点。

前面的几章已经让我们相信，在思想时，我们的大脑也发生着变化，还有，就像北极光一样，它的整个内部平衡也随着每一个变化的冲动而改变。在一个给定时刻，改变的确切性质是由许多因素造成的。局部营养和供血的偶然状态可能就是这些因素之一。但是，正如外部对象在那个瞬间对感官的影响肯定也是其中之一一样，那一时刻感官由其全部过去经历而造成的那种十分特殊的易感性，也肯定是其中的一个因素。每一个大脑状态，都部分地由这种过去接连发生的全部事情的性质所决定。对后者的任何部分做出改变，大脑状态也一定会有所不同。每一个当下大脑状态都是一份记录，全知者的眼睛可以从中读出其拥有者全部过去的历史。因此，不可能有任何整个大脑状态会分毫不差地再次发生。某种与它相像的东西可能再次发生；但是设想它会再次发生，就等于是荒谬地承认，介于它的两种表现之间的所有状态都是纯粹的非实存，器官在经历了它们之后还是和以前完全一样。而且（让我们来考虑较短的时间），正如在感官那里，一种印象由于之前发生的事情不同而感受上很不一样；比如在一种颜色之后出现的颜色，会由于对比而发生变化，在噪声之后，安静就显得令人愉快，一个音符，在音阶向上走时和音阶向下走时听起来也不一样；就像在一个图形上加上某些线条会改变其他线条的显见形状，就像在音乐中，全部审美效果都来自于一组声音改变我们对另一组声音的感受的方式。因此，在思想中，我们必须承认，刚刚极度兴奋过的那些大脑部分，仍然带着一种痛楚，这痛楚就是我们当下意识的条件，是对我们现在如何感受以及感受什么的共同决定因素。①

一些神经通道在紧张状态中渐渐衰退，一些渐渐增强，而另一些则活跃地释放。紧张状态在决定整个条件，以及决定将会出现什么心理作用方面，起着积极的作用。我们关于次量级的神经刺

---

① 当然不必由此断定，由于整个大脑状态不会再次发生，所以大脑中没有一个点能够两次处于相同的状态。那是一种不可能的推论，就像大海中的一个波峰永远也不会两次到达空间中的同一个点，是不可能的推论一样。很难发生两次的，是所有波形与其波峰的完全一样的结合，以及再次占据完全相同空间的波谷。这样一种完全的结合，就是我们任一时刻的真实意识所由以产生的大脑状态的类似物。

激、关于那些明显无效力的刺激的聚合所知道的全部东西都趋向于表明，没有大脑变化是在生理学意义上无效力的，而且很可能也不存在不引起心理结果的大脑变化。但是由于大脑的紧张从一种相对平衡状态转换到另一种，就像万花筒的旋转一样，时快时慢，有无可能它那忠实的心理伴随物比它自己动作更加迟缓？有无可能它无法通过变换自己内部的晕彩，来与那个器官的每一次发光相匹配？但是，如果它能够做到这一点，它内部的晕彩就必定是无限的，因为大脑的重新分布有无限的多样性。如果像电话盘这样粗糙的东西，都可以震颤许多年而从不重复它的内部状态，那么无限精致的大脑的情形不肯定就更是如此了吗？

　　我确信，看待心的变化的这种具体而完整的方式是唯一真实的方式，在细节上将它完成可能是困难的。如果它看上去还有任何模糊之处，随着我们的进展就会变得清晰起来。同时，如果它是真的，那么，没有两个"观念"会完全相同，也一定是真的，这正是我们已经开始证明的命题。在理论上，这个命题比它初看上去更加重要。因为它使我们不可能再顺从地追随洛克学派或者赫尔巴特学派的足迹，这些学派在德国以及我们自己中间几乎产生了无限的影响。以原子论的方式阐明心理事实，并且将高级意识状态看作全部是由不变的简单观念建造起来的，这通常无疑是一种方便的办法。通常，将曲线看作由短小的直线组成，将电流和神经力看作流体，是一种方便的办法。但是，在这两种情况下我们都必须牢牢记住，我们这样说是象征性的，在自然界不存在与我们的语词相符合的东西。以一定的时间间隔登上意识之舞台的永久存在的"观念"或"表象（Vorstellung）"，像黑桃杰克一样是虚构的实存。

使用虚构的表述之所以方便,是由于言语的整个结构,正如我们在前面谈到的,这种结构不是由心理学家建立的,而是由通常只对心理状态所揭示的事实感兴趣的人建立的。他们只把他们的状态称为关于这个事物的观念或者关于那个事物的观念。那么,人们最容易以名称包含在思想之中的事物的法则来理解思想,也就不足为奇了!如果那个事物由部分组成,我们就设想,关于那个事物的思想也一定由关于那些部分的思想组成。如果事物的一个部分以前曾经在同一事物中或者其他事物中出现过,那么即使现在,我们也一定拥有关于在那些场合存在的那个部分的完全相同的"观念"。如果事物是简单的,其思想也是简单的。如果事物是繁多的,它也一定要求有繁多的思想来思想它。如果事物是相继的,那么就只有相继的思想才能知道它。如果事物是永久的,思想也是永久的。我们可以这样任意地说下去。由一个名称称呼的一个对象,应当由心的一种作用来认识,到底是什么使得这样的设想是如此地自然呢?但是,如果语言一定会这样影响我们,那么黏着型语言,甚至是带有词尾变化的希腊语和拉丁语,就是我们更好的指南。名称在这些语言中的出现并不是不变的,而是变化其形式以适应它们所处的语境。那时一定比现在更容易设想,同一个对象在不同的时间是由并非同一的意识状态思想的。

随着我们讨论的进展,这一点也会逐渐清晰起来。同时,关于周期性时隐时现的永久自我同一的心理事实的信念,有一个必然结果,这就是休谟的学说,即我们的思想由分离的独立部分组成,它不是可以感觉到的连续的流。下面我将表明,这个学说完全错误地表达了那种自然显象。

### 3. 在每一个个人意识中，思想都可以感觉到是连续的。

我只能将"连续的"定义为没有裂口、裂缝或者分界线。我已经说过，一个心和另一个心之间的裂口，可能是自然界中最大的裂口。我们能够设想的发生于单一心灵的界线之内的唯一裂缝，或者是中断，即在其间意识完全消逝，又在后来的时刻再次出现的时间间隙；或者是思想的性质或者内容上的断裂，这断裂非常突然，以致其后的部分与前面的部分没有任何联系。在每一个个人意识中思想都感受到是连续的，这个命题有两个意思：

（1）即使是在存在时间间隙的地方，其后的意识也感受到好像与之前的意识是同属一处的，它是同一个自我的另一个部分；

（2）意识的性质从一个时刻到另一个时刻发生的变化，从来都不是绝对突然的。

由于时间间隙的情况最简单，我们将首先讨论这个问题。首先谈谈意识自己可能没有觉知到的时间间隙。

在第 200 页我们看到，这样的时间间隙存在着，而且可能比人们通常想象得还要多。意识如果对它们没有觉知，就不能将它们感受为中断。在由一氧化二氮和其他麻醉药物引起的无意识中，在癫痫症和昏厥的无意识中，有知觉生命的断裂的边缘，可以越过那个间隙，相遇并且融合起来，就像对"盲点"的两边之间的空间的感受，越过眼睛感受性的客观中断，相遇并且融合起来一样。不管旁观的心理学家怎样看，这样的意识在它自己那里就是没有断裂的。它感受到是没有断裂的；在每个钟点自身就是单元，它们的所有部分都一个一个地紧接着，其间没有与它们相异的东西侵入的意义上，这样的意识醒着的一天,只要持续着,就是可以感知的一个单元。期待意识将其客观连续性的中断感受为裂缝,就像期待眼睛因为没有听见而感受到安静的间隙,或者期待耳朵因为没有看见而感受到黑暗的间隙一样。关于未被感受的间隙,我就谈到这里。

感受到的间隙的情况就不同了。从睡眠中醒来时,我们一般知道我们曾经是无意识的,而且,我们通常对这段时间有多长有着准确的判断。这里的判断无疑是通过可以感觉到的标记而做出的推论,而它之所以轻而易举,则要归因于我们在特殊领域中的长期实践。① 然而,其结果是,意识对于它自己来说已经与前一情况不同了,在中断和连续这两个词的单纯时间意义上,它中断了又连续下去。但是在连续性这个词的其他意义上,在各个部分由于是共同整体的部分而内在地联系着并且同属一处的意义上,意识一直可以感觉到是连续和完整的。那么,那个共同整体是什么呢?它的自然名称是我自己(myself)、我(I)、或者我(me)。

当保罗和彼得在同一张床上醒来,并且知道他们曾经睡着了时,他们各自在心理上向回走,并且只与为睡眠时间所中断的两个思想流中的一个联系起来。就像掩埋在地下的电极的电流,不管要越过多少介于其间的泥土,都会准确无误地到达同样掩埋在地下的另一个电极那里一样;彼得的现在立即找出彼得的过去,决不会错误地将自己融入保罗的过去。保罗的思想也同样不大可能误入歧途。彼得过去的思想只为现在的彼得所独有。他可以拥有关于保罗在进入睡眠状态时那最后昏昏欲睡的心理状态的知识,

---

① 对"多长时间"的准确感觉现在仍然有一点神秘。

而且是正确的知识，但是，这种知识与他对自己的最后心理状态所拥有的知识完全不同。他记得自己的心理状态，却只是设想保罗的心理状态。记忆就像直接感受；它的对象充满了所有单纯设想的对象从来都不曾有过的那种温暖与亲密。彼得现在的思想也有这种温暖、亲密和直接的性质。它说，这个现在确实就是我，是我的，任何带有同样的温暖、亲密和直接性质的其他东西，都确实就是我和我的。被称为温暖和亲密的性质自身是什么，必须留给未来去思考。但是，任何过去的感受如果带着这些性质出现，都必定要受到现在的心理状态的迎接，为它所拥有，并且在一个共同自我之中与它同属一处。这个自我共同体，就是时间间隙不能将其一分为二的东西，就是现在的思想（虽然知道那个时间间隙）为什么仍然能够将自己看作是与过去的某些选定部分相连续的原因所在。

所以，意识并没有对自己显现为是被砍碎了的碎块。像"链条""序列"这样的词，并没有恰当地描述出它最初将自己呈现出来的样子。它完全不是接合起来的东西，它是流动的。"河"或者"流"的隐喻可以使它得到最自然的描述。在后面谈到它的地方，让我们称它为思想流、意识流，或者主观生活之流。

但是，这个陈述似乎没有考虑到，甚至在同一个自我的界线之内，在都具有这种同属一处之感的思想之间，也存在着部分与部分之间的接合与分离。我指的是由思想流的相继部分性质上的突兀差异引起的中断。如果"链条"和"序列"这两个词并不自然地适合它们，那这两个词是怎么使用起来的呢？一声巨大的爆炸不会把由它突然中断的意识分裂为二吗？每一次突然的冲击，新对象的出现，或者感觉的变化，不是都会引起一种可以感受到的在出现的那一刻将意识之流切断的真实中断吗？这样的中断在我们的生活中不是时时刻刻地困扰着我们吗？在它们出现的时候，我们还有权利称我们的意识为连续的流吗？

这种异议部分是基于一种混淆，部分是基于一种肤浅的内省观点。

混淆的是被当作主观事实的思想自身和为思想所觉知的事物。出现这种混淆很自然，但是一旦对此有所提防，避免它也很容易。事物是分离的和不连续的；它们确实以序列或者链条的形式从我们前面经过，时常会突如其来，使它们相互之间分离开来。但是，正如它们并没有使其所在的时间和空间中断一样，它们的到来、离去和差异，也并不中断思想着它们的思想流。安静会被雷鸣打断，而我们由于这震动会一时感到如此地震惊和困惑，以至于竟不能立即明白发生了什么事情。但是那种困惑是一种心理状态，一种让我们直接从安静过渡到响声的状态。在关于一个对象的思想和关于另一个对象的思想之间的过渡，就像竹子上的竹节不是木质的中断一样，它也不是思想的中断。正如竹节是竹子的一部分，它也是意识的一部分。

肤浅的内省观点忽略了，甚至在事物之间的对比最为强烈的时候，认识这些事物的思想之间，可能仍然具有极大的亲合力。对先前的安静的觉知，悄悄溜进对雷声自身的觉知之中，并且持续着；因为在雷声发作时，我们听到的并不是纯粹的雷声，而是打破安静并且与安静相对照的雷声。[①] 同一个客观的雷声，这样给与我们的感受与作为前一个雷声的继续给与我们的感受，是完全不

---

① 参见布兰塔诺；《心理学》，第 1 卷，第 219—220 页。总而言之，布兰塔诺关于意识统一性的这一章，在我所熟悉的论著中是最好的。

## 第九章 思想流

同的。我们相信雷声自身打破并且排除了安静;但是对雷声的感受,也是对刚刚过去的安静的感受;我们很难在人的真实具体的意识中,找到如此局限于现在以至于不受先前发生的任何事情影响的感受。在这里,又是语言妨碍了我们对真实情况的感知。我们简单地以思想所指的事物为思想命名,就好像每一个思想都只知道它自己所指的事物,而不知道任何其他东西。每一个思想实际知道的,无疑有他所由以命名的那个事物,可能隐隐约约还有许多其他事物。它应当以所有这些事物来命名,但它从来都不曾这样。其中一些始终是在片刻之前知道得更清楚的事物;另一些则是在片刻之后知道得更清楚的事物。[1] 关于我们自己身体的位

---

[1] 向应该得到敬意的人致以敬意!在我发现的这方面的材料中,最明确的致意应当给予尊敬的 J. 威尔斯(Wills)关于"偶然联想"的一篇被掩埋并且被遗忘了的文章,这篇文章发表在《爱尔兰皇家科学院学报》(*Transactions of the Royal Irish Academy*)(1846),第21卷,第1部分。威尔斯先生写道:

在有意识思维的每一个瞬间,都有一定数量的知觉或者思考出现,或者二者一起出现,它们一起构成整个理解状态。在它们之中,某些确定的部分可能比所有其余部分都要清楚得多;因此,那些其余的部分就相应地比较模糊,甚至到达了消失的界线边缘。但是,在这个界线之内,最模糊的知觉也还是进入到了,并且在极小的程度上改变着整个现存的状态。这个状态因而就以某种方式,为所有使它的任何一个部分突出出来的感觉或者情绪、或者明显的注意的作用而改变;因此,根据人或者场合的不同,实际的结果可以发生最大的变化。……可能有一种特殊的注意方向指向这里所描述的整个范围中的任何部分,而对这一特殊方向的辨认,就完全表现为对呈现于心中的观念的辨认。这个观念显然并非与整个理解状态相当,而许多的困惑与混乱就产生于没有注意到这个事实。不管我们设想任何一个思想多么深奥吸引着注意,周围现象的所有显著变化都仍然会被感知;这个房间里的最深奥的论证,也不能使一个听者(不管他是如何地聚精会神)不去注意灯光的突然熄灭。我们的心理状态始终具有一种基本的统一性,每一种理解状态,无论其构成多么复杂,都是一个单一的整体,它的每一个成分都在严格的意义上被理解为(就它得到理解而言)它的一个部分。这就是我们的全部智力运作所由以开始的初步基础。

置、姿势和状态的某种觉知，无论多么缺乏注意，始终都与我们关于任何其他事物的知识相伴随。我们思想；而且我们在思想时感受到自己的身体自我就是思想的处所。如果思想是我们的思想，那么它的所有部分就都充满着使它成为我们的思想的那种奇特的温暖与亲密。至于那种温暖与亲密是否只是对始终在那里的那同一个身体的感受，这是我们在下一章要确定的问题。无论自我的内容可能是什么，我们人类都习惯性地与所有其他事物一起感受到它，而且，它必须构成我们相继觉知的所有事物之间的联系。①

　　神经活动的原理可以使我们进一步理解心理内容变化的这种渐次性。在第三章讨论神经活动的聚合时我们看到，不能设想任何一个大脑状态会马上消失。当新的状态到来时，旧状态的惯性还在那里，并且会相应地使结果发生改变。当然，因我们的无知，所以无法说出在每一瞬间应当发生什么变化。感知觉中的最普遍的变化，是人们所说的对比现象。在审美中，它们是一系列印象中的某些特殊秩序引起的喜悦或者不快的感受。在严格意义和狭义的思维中，它们无疑是那种始终伴随着意识流动的关于从何处来和到何处去的意识。如果大脑通道 a 新近强烈地兴奋过，之后是 b，现在又是 c 在强烈地兴奋着，那么整个当下意识就不仅是由 c 的兴奋引起的，而且也由将要消逝的 a 和 b 的振动所引起。如果我们想要表示这个大脑过程，我们必须这样写：cba——三个不同的过程共存，而且有一个思想与它们相关连，这个思想不是这三个过程单独发生时所引起的三个思想中的任何一个。但是，不管这

---

① 比较泰恩《智力》(*Intelligence*)（纽约版）第 1 卷第 83—84 页那富有魅力的段落。

第四个思想到底是什么,它似乎都必须是某种与其他三个思想中的每一个都相像的东西,那三个思想的神经通道与它的产生相关(虽然是在一种迅速衰落的状态中)。

这一切又使我们回到几页之前我们在另一个问题上说过的话(第 233 页)。随着整个神经作用的变化,整个心理作用也变化了。但是由于神经作用的变化从来都不是绝对不连续的,所以相继的心理作用也必须相互渐变为对方,尽管它们的变化速度可能在一个时刻比在下一时刻要快得多。

这种变化速度的差异是主观状态差异的基础,现在我们应该立即对后者展开讨论了。速度慢的时候,我们以比较平静和稳定的方式觉知思想的对象。速度快的时候,我们觉知到来自于它、或者是它与某种其他事物之间的一种过程、关系和过渡。当我们事实上笼统地看待这奇妙的意识流时,首先触动我们的就是其不同部分的不同速度。就像一只小鸟的生命,似乎由飞行和栖息的交替所构成。语言的韵律表达了这一点,在语言中,每一个思想由一个语句表达,每一个语句由一个句号结束。栖息之地通常为某种感觉的想象所占据,这些感觉想象的独特之处是在于,它们能够无限长时间地保持在心上,并且在沉思它们的时候也不会发生改变;飞行之地充满着关于静态或动态关系的思想,这些关系多半存在于在相对宁静的时期沉思的事物之间。

让我们将栖息之地称为思想流的"实体部分",将飞行之地称为思想流的"过渡部分"。这样看起来,我们思想的主要目的,就始终是获得与我们刚刚离开的实体部分不同的其他实体部分了。而且我们可以说,过渡部分的主要用途,就是将我们从一个实体部分的终结点引导到另一个实体部分的终结点。

我们很难内省地看清那些过渡部分真正是些什么东西。如果它们只是向终结点的飞行,那么在到达终结点之前让它们停下来去看它们,实际上就是消除了它们。而如果我们直等到到达了终结点,这终结点的强度和稳定性就都超越了它们,它的光芒就完全将它们遮蔽和吞没了。让任何人试试在中间切断一个思想,看看思想的片断,他就会知道对过渡部分的内省观察是多么困难了。思想的急流以难以控制的速度行进,它几乎总是在我们能够捕捉到它之前,就将我们带到了终结点。或者如果我们的动作足够敏捷,而且我们确实捕捉到了它,它也即刻就不再是它自己了。就像一粒雪花晶体被温暖的手捕捉,它就不再是一粒晶体而是一滴水了,因此,我们不是捕捉到对发展着的关系的感受,而是发现自己捕捉到某个实体性的东西,通常是我们说出的最后一个词(静态的),而它在那个句子中的功能、趋向和特殊意义却已经完全消失掉了。试图在这样的情形之下做内省分析,事实上就如同抓住旋转的陀螺来把握它的运动,或者非常快地打开可燃气灯来看看黑暗是什么样子。持怀疑态度的心理学家肯定会对辩护这些心理存在的人提出挑战,要他们出示这些心理状态,这就像芝诺(Zeno)对运动倡导者的处理一样不公平,他让这些人指出运动之矢在什么位置,然后由他们不能对如此荒谬的问题立即给出回答,而论证说他们的论题是错误的。

这种内省困难的结果是有害的。如果把握和观察思想流的过渡部分是如此困难,那么,所有学派都容易犯的一个大错误,就是未能注意到这些部分,以及不适当地强调思想流中的那些较为实体性

## 第九章 思想流

的部分。我们自己不久前不就面临过一次这样的危险,险些忽视安静和雷声之间过渡的感受,并将它们的分界线当作心中的一种中断吗？这种疏忽在历史上曾经以两种方式起作用。一批思想家由它走向了感觉主义。由于无法把握任何与世上的事实之间相互联系的无数关系和形式相应的粗糙感受,找不到叫得出名字的反映这些关系的主观改变,他们就在很大程度上否认了关系感受的存在,他们中的许多人,如休谟,就走到了否认心外和心内大部分关系的实在性的地步。实体性的心理状态,感觉及其复本和派生物,像游戏中的多米诺骨牌一样并列在一起,但实际上是分离的,其他的一切都是语词的错觉,——这就是这种观点的主张。① 另一方面,理智主义者由于不能放弃心外(extra mentem)关系的实在性,但也同样无法指出认识这些关系的任何独特的实体性感受,因而也认为这样的感受不存在。但是他们得出了相反的结论。他们说,这些关系必须在某种不是感受,也不是与其他主观状态由以构成的主观材料相连续和同质的心理改变的东西中得到认识。这些关系通过某种处于完全不同等级的东西,通过思想、理智或理性的纯粹精神活动(actus purus)得到认识,这思想、理智和理性都是由大写字母开头的,而且都被看作是指非言语所能表达地优越于任何感性事实的东西。

但是从我们的观点看,理智主义者和感觉主义者都错了。如果存在诸如感受这样的东西,那么如同对象之间的关系无疑存在于物理世界中(in rerum naturâ),认识这些关系的感受更加无疑

---

① 比如:"思想流不是一个连续的流,而是或快或慢地接替着的个别观念的序列;速度可以由给定时间内心中通过的观念的数量来测量。"[贝恩:《情绪与意志》(*The Emotions and the Will*),第 29 页。]

地是存在的。在人类言语中，没有一个连接词或前置词，也几乎没有一个副词短语、句法形式或声音的变形，不表达我们有时确实感受到是存在于思想较大对象的关系中的这样或那样的细微之处。如果客观地说，是真实的关系被揭示了出来；如果主观地说，是意识流通过自己的内部色彩而与这些关系中的每一个匹配了起来。在这两种情况下，关系都是无数的，而且没有现存的语言能够充分表达它们所有的细微之处。

我们应当像说对蓝色的感受或者对寒冷的感受一样容易地说出对和的感受、对如果的感受、对但是的感受和对由的感受。但是我们不能：我们只认可实体部分存在的习惯是如此地根深蒂固，我们的语言几乎拒绝任何其他的用途。经验主义者一直在谈论它对我们的影响，它使我们设想，如果我们有一个单独的名称，那么就一定存在一个与之相对应的单独的事物；而且他们正确地否定了诸多抽象实存、原理和力的存在，有个名字是支持这些东西存在的唯一证据。但是他们对我们在第七章（第195页）提到过的那个与之相对的错误却什么也没说，那个错误就是认为在没有名称的地方也就没有实存能够存在。由于这个错误，所有无声或者无名的心理状态就都被平静地查禁了；或者，如果得到承认，也是以它们所引起的实体性知觉来命名的，命名为"关于"这个对象或者"关于"那个对象的思想，因此那个呆板的语词关于，就将它们所有的精细特性都吞没在它的单调声音之中了。这样，对实体性部分的越来越重的强调和孤立，就一直在持续着。

让我们再看看大脑。我们认为大脑是这样一个器官，它的内部平衡始终都处于一种变化状态，——影响到每一个部分的变化。

## 第九章 思想流

变化的冲动无疑在一处比另一处更激烈,节律在一时比另一时更快。就像在一只以不变速度旋转的万花筒中,尽管图形总是在进行着重新排列,其间还是存在变化非常微小、形成了间隙,而且几乎是没有变化的瞬间,后面跟随着以神奇的速度投射出来的其他这样的瞬间,这样,相对稳定的形式就与我们再次看见也分辨不出来的形式交替着;因此在大脑中,不断进行的重新排列一定会引起逗留得久些的某些形式的紧张,而其他的形式则只不过是来了又去。但是,如果意识自身相应于重新排列的事实,那么为什么如果重新排列有停止的时候,意识却从来不曾终止呢?而且,如果逗留时间较长的重新排列伴随着一种意识,那么,为什么快速的重新排列不会伴随另一种和这种重新排列自身一样奇特的意识呢?逗留时间较长的意识,如果是关于简单对象的,我们就根据它们是生动还是微弱,称之为"感觉"或"意象";如果是关于复杂对象的,生动时,我们称之为"知觉象",微弱时,我们称之为"概念"或"思想"。对于快速意识,我们只有"过渡状态"或者"关系感受"这些已经使用过了的名称。①

---

① 很少有作者认为我们通过感受认识关系。理智主义者曾经明确地否认这种可能性——例如,T. H. 格林(T. H. Green)教授(《心》,VII,第 28 页)说:"没有这样的或者被感到的感受是[关于?]一种关系的。……甚至感受之间的关系本身也不是感受或被感受。"另一方面,感觉主义者或者将认知运进来而不对其做任何说明,或者完全否认关系被认识到了,甚至完全否认关系的存在。然而,在这些感觉主义者中有几个可敬的例外,在这里值得一提。德斯杜特·德特拉西(Destutt de Tracy)、拉罗米吉埃(Laromiguière)、卡代拉克(Cardaillac)、布朗,最后还有斯宾塞,都曾明确地主张关系感受,这些关系感受是与我们关于它们包含的"在……之间"这个术语的感受或思想同质的。因此,德斯杜特·德特拉西说(《意识形态原理》(*Éléments d'Idéologie*),第 1 册,第 4 章):"判断能力自身是一种感受性,因为它是感受我们观念之间的关系的能力;

而感受关系就是感受。"拉罗米吉埃写道[《哲学教程》(Leçons de Philosophie),第 2 部分,第 3 讲]:

"没有人的智力不是同时包含着许多观念的,这些观念多多少少有些清晰、多多少少有些模糊。现在,当我们同时拥有许多观念时,一种奇特的感受就在我们心中出现了:在这些观念中,我们感受到相似、差异和关系。让我们称这种所有人都共有的感受方式为关于关系的感受,或者关系感受(sentiment-rapport)。我们立刻就看到,这些由观念的接近而产生的关系感受,比感觉-感受(sensation-feelings)(wentiments-sensations)或者我们对自己的能力的活动所拥有的感受,在数量上一定是更加无限地多。一点点数学组合理论的知识就可以证明这一点。……关系的观念产生于关系的感受。它们是我们对其进行比较和推论的结果。"

同样,德卡代拉克(《哲学基础研究》(Études Élémentaires de Philosophie),第 1部分,第 7 章)说:

"一种自然的推论让我们设想,在我们心中拥有几种感觉或者几种观念的同时,我们感受到存在于这些感觉之间的关系,和存在于这些观念之间的关系。……如果对关系的感受存在于我们心中,……它必然是所有人类感受中最多样和最丰富的感受:(1)最多样的,因为,关系比存在更加为数众多,对关系的感受一定以相同的比例比其出现使得这些感受得以形成的感觉更加为数众多;(2)最丰富的,因为以关系感受为源泉的关系观念……比绝对观念(如果这样的观念存在的话)更加重要。……如果我们考察公共言语,我们就会发现,对关系的感受在那里是以许许多多的不同方式得到表达的。如果很容易捕捉一种关系,我们就说它是可感觉的,以便它与那种由于其表达项太细微了而不能这么快就被感知的关系区分开来。一种可感觉的差异或者相似之处。……什么是对艺术和理智作品的鉴赏力?除了对构成这些作品价值的部分之间的关系的感受以外还有什么?……如果没有对关系的感受,我们就永远无法获得真知,……因为几乎我们所有的知识都是关于关系的。……我们从来不曾有过一种孤立的感觉;……因此我们从未离开过对关系的感受。……一个对象刺激我们的感官;我们在对象中只看到一种感觉。……关系是如此地接近于绝对,关系感受是如此地接近于感觉感受,二者是如此密切地融合在对象的组成之中,以至于关系在我们看来似乎是感觉自身的一部分。形而上学家们对关系感受的沉默,无疑是由于关系感觉和关系感受之间的这种融合;而且,正是由于同样的原因,他们顽固地坚持单独向感觉要求感觉所无力给出的那些关系观念。"

托马斯·布朗博士写道(《演讲》(Lectures),XLV,开始):"我们有一大类感受涉及这种对关系的看法,并且确实是在于对某种关系的纯粹的知觉。……无论这关系是两个或者许多个外部对象之间的关系,还是两个或者许多个心的倾向之间的关系,关于这种关系的感受……就是我称为关系提示(relative suggestion)的东西;那个术语是最简单的,我们可以无需任何理论,来用它表达这个纯粹的事实,即某种关系感受在它们之前的某些其他感受的后面出现;因此,它不涉及任何特殊的理论,而只是对一种无疑的事实的表达。……在前面的一讲中,在与那位颇具独创性却不十分精确的哲学家的那种过度简单化的斗争中,我已经证明,关系感受是与我们关于对象的简单知觉或者概念性认识在本质上不同的心理状态,……它们不是孔狄拉克(Condillac)所说的转换了的感觉(transformed sensations)。心有一种原初的倾向或者感受性,在将不同的对象一起感知时,没有任何其他心理过程的干涉,由这倾向或者感受性,我们立刻就对对象在某些方面的关系有了感觉,这和下面这种情况一样真实,即存在一种原初的倾向或者感受性,由此,当外部对象呈现出来,并且引起了我们感觉器官的某种倾向时,我们立即就有了原初的基本知觉感受;而且我可以补充说,由于我们的感觉或者知觉是多种多样的,所以也存在着多种多样的关系;——确实,甚至是外部事物的关系的数量,也几乎是无限的,而知觉的数量则必定受到有能力引起某种感官倾向的对象数量的限制。……没有使得心能够有关系感受的那种心的感受性,我们的意识就会真正局限于一个单一的点,就像如果有可能将我们的身体束缚为一个单一的原子,它就会变成一个单一的点一样。"

斯宾塞先生甚至说得更加明确。他的哲学是粗糙的,因为他似乎认为,外部关系只有在过渡状态中才能得到认识;然而,事实上,正如我们将会大量看到的那样,空间关系、对比关系等等,不仅在过渡状态,而且在实体状态中,都是与表达它们的语词一起被感受到的。不过,斯宾塞先生的行文非常清晰,也值得我们全文引证(《心理学原理》,第65节):

"心大致由两种有明显差异的部分组成——感受和感受之间的关系。在每一组的成员之间都存在大量的差异,其中的许多差异是极为强烈的;但是,与将一组成员与另一组成员区分开来的差异比较起来,这些差异就小多了。首先,让我们考虑所有感受都共同具有的特性是什么,以及所有感受之间的关系都共同具有的特性是什么。

"每一个感受,如我们在这里对它定义的那样,都是意识的一个部分,这个部分占据着使它的个别性可以被感知的足够大的空间;它的个别性由性质上的差异而与意识的邻近部分相区别;而且,当内省地对它进行思考时,它显现出同质性。要点就是这些。显然,如果一个意识状态在内省中可以被分解为或者同时存在或者相继存在的不同部分,它就不是一个感受,而是两个或更多个感受。显然,如果它与意识的一个相邻部分无法区分,它就与那个部分合而为一——它不是一个单独的感受,而是一个感受的一部分。显然,如果它没有在意识中占据一个可感知的区域、或者一段可感知的持续时间,我们就不能将它认识为一个感受。

"相反,感受之间关系的特征是,它不在意识中占任何可感知的部分。拿开由它所结合起来的关系项,它就和它们一起消失了;它没有独立的位置,没有自己的个别性。确实,在一种终极分析之下,我们称之为关系的东西自身也是一种感受——是与从一种明显感受到另一种相邻的明显感受的过渡相伴随的瞬间感受。确实,尽管它极为短暂,它的性质特征还是可感知的;因为(如我们此后将要看到的那样),不同的关系只能通过与瞬间的过渡相伴随的感受间的差异而得到区分。事实上,我们可以把每

248 由于大脑变化是连续的,因此所有这些意识也相互融合,就像渐隐画面一样。它们很可能只是一个延长的意识,一个不间断的流。

## 对趋向的感受

249

250 关于过渡状态我就说这么多。还有其他一些没有名称的状态或者状态的性质,它们也同样重要,同样是认知的,而且同样没有得到传统感觉主义和理智主义心灵哲学的承认。前者完全忽略了它们,后者看到了它们的认知功能,却否认任何感受对这种认知功能的实现起任何作用。一些例子将会清楚地表明这些由于大脑渐强和渐弱的兴奋而产生的未得到清楚表达的心理状态是什么样

---

一种关系感受,都看作我们猜测是感受组成单元的那些神经震荡之一;而且,虽然是瞬间的,我们还是知道它有或大或小的强度,它或易或难地发生。但是,这些关系感受与我们通常称之为感受的东西之间的差异非常大,我们必须将它们归入不同的类别。它们的极度短暂、较少变化,以及对由它们结合起来的关系项的依赖,都将它们清清楚楚地区分了出来。

"也许,我们应该更充分地认识这一真理,即这一区分不可能是绝对的。除了承认作为意识的元素,关系是瞬间感受这一点以外,我们还必须承认,就像关系离开了构成其关系项的感受就不存在了一样,感受也只有凭借与在空间或时间或这两方面给它以限制的其他感受的关系,才能存在。严格地说,感受和关系都不是意识的独立元素:依赖性无处不在,以至于由感受所占据的意识的可感知部分,除了将它们联系起来的关系以外,不可能拥有其他的个别性,同样,这些关系除了它们所联系的感受以外,也不可能拥有其他的个别性。这二者之间的基本区别似乎是,关系感受是意识中不能再分为部分的一个部分,而通常所说的感受,是意识中的这样一个部分,即它能够在想象中被分为以相继或者共存的方式相互关联的相同部分。严格意义上的感受,或者由占据时间的相同部分组成,或者由占据空间的相同部分组成、或者由占据时间和空间的相同部分组成。无论如何,严格意义上的感受是相关的相同部分的聚合,而关系感受则是不可分解的。如果像我们推断的那样,感受是由感受或者震荡的单元组成的,那么,这就正是二者之间的一定会有的差异。"

## 第九章 思想流

子的。①

设想三个人依次对我们说："等等!""听!""看!"我们的意识进入了三种完全不同的期待态度,尽管在这三种情形中都没有确定的对象出现在意识之前。不考虑各种实际的身体姿势,也不考虑那三个词所引起的反响性的意象(这些意象当然是多种多样的),可能没有人会否认有一种残留的意识作用存在,这是对印象将要到来的方向的感觉,尽管实际的印象还没有在那里出现。同时,除了"听"、"看"和"等等"这几个名称以外,我们还没有名称用来指这里谈及的心理状态。

设想我们试着回忆一个忘记了的名字。我们的意识状态是奇特的。那里有一道裂缝;但不仅仅是一个裂缝。它是一个极为活跃的裂缝。名字的幽灵就在里面,在一个特定的方向召唤我们,使我们不时为感觉到的接近而兴奋,然后又让我们沉落回来,没有得到那个渴望得到的词。如果有人向我们提示错误的名字,这个异

---

① 波尔汉(Paulhan)先生(《哲学评论》,第 20 卷,455—456 页)在讨论过关于对象和情绪的模糊心理意象之后说:"我们发现还有其他更模糊的状态,注意很少停留于此,只有一些由于本性或者职业的关系而具有内部观察嗜好的人除外。甚至连确切地叫出它们的名称也很困难,因为它们鲜为人知,而且没有被分类;但是我们可以举一种奇特的印象作为它们的例子,当我们全神贯注于某个特定的主题时,我们仍然从事着与之完全没有关联的事情,并且我们的注意也几乎完全为这样的事情所吸引,此时我们感受的印象就是这样的例子。这时我们并非真正在思考我们全神贯注的对象;我们并没有以清晰的方式表象它;但是如果没有这种全神贯注,我们的心就会有所不同。它的对象不在意识之中,却还是为一种奇特的、不会弄错的印象所表象,这印象通常持续时间较长,并且是一种强烈的感受,尽管对于我们的智力来说它是那么地模糊。""这种心理标记是由不久前经历过、而现在可能忘记了的痛苦事件在我们心中留下的朝向一个个体的令人不快的倾向。标记留下了,但却没有得到理解;它的确切意义不为人知。"(第 458 页)

乎寻常明确的裂缝就立即做出反应,对它们进行否定。它们不适合它的模子。一个词的裂缝与另一个词的裂缝在感受上不一样,虽然在将它们描述为裂缝时它们的内容必然都是空的。当我徒劳地回忆斯波尔丁这个名字时,我的意识与我徒劳地回忆鲍尔斯这个名字时的意识有很大的差别。一些聪敏的人会说:"没有使两个意识区别开来的术语,那两个意识如何可能得到区别呢？就回忆的努力是徒劳的而言,那里有的全部东西就只是单纯的努力自身。在那两种情形中,这怎么会有区别呢？你是通过提前将不同的名字填充进去,才使它看上去有所不同,但是根据假定,这些名字还没有出现呢。固守那两种努力原本的样子,不用尚未存在的事实给它们命名,你就完全无法指明在任何一点上它们是有所区别的。"指明,太对了。我们只能通过借用尚未出现于心中的对象的名称,来指明那种区别。这就是说,我们的全部心理词汇对于为存在的区别(甚至是这类明显区别)的命名来说,是太不充分了。但是无名可以相容于存在。有无数关于空虚的意识,其中没有一个自身就有名称,但是它们相互之间都有区别。通常的方法是设想,它们都是意识的空虚,因此都是相同的状态。但是对缺乏的感受完全(toto cœlo)不同于感受的缺乏。它是一种强烈的感受。被遗忘的词的韵律可能就在那里,但没有配上声音；或者,对词首的元音或辅音的渐渐消逝的感觉,可能会断断续续地嘲弄我们,却没有变得清晰起来。每个人都一定知道某个被遗忘诗节的空白韵律那折磨人的效果,它不安地在心中跳动,努力要用词来填充自己。

还有,在第一次感受一种经验,和因为过去曾经感受过,虽然叫不出名称,或说不出在何地何时,却被我们辨认出是熟悉的那同一个经验之间,有什么奇异的区别呢？一个曲调、一袭气味、一种味道，有时就将这种未经表达的熟悉感受带入我们意识的深处，我们完全为它那神秘的情绪力量震撼了。然而，这种心理状态强烈而且特别——这可能是由于分布广泛的大脑联结通道的次量级兴奋——而我们对其全部细微差别所拥有的唯一名称就是"熟悉感"。

当我们读这样的短语如"只不过"、"或者这个或者那个"、"a 是 b，但是"、"尽管它是，然而"、"它是被排除的中间项，不存在第三者(tertium quid)"，以及许多其他逻辑关系的语词构架时，除了读过的语词本身以外，在我们心中不存在任何其他东西吗？那么，我们认为自己在读的时候理解了的那些语词的意义是什么呢？是什么使那个意义在一个短语中与在另一个短语中不同呢？"谁？""什么时候？""在哪里？"我们在这些疑问词中感受到的意义差别，只不过是它们的声音差别吗？而且，尽管难以得到直接检验，它没有（像声音的差别那样）在与之相关联的意识作用中得到认识和理解吗？像"不"、"从不"、"尚未"这类否定词的情形，不是也同样吗？

事实上，人类言语的大片区域只是思想的方向标记，对于这些方向，我们还是有一种敏锐的辨别感，尽管没有明确的感觉意象在其中起作用。感觉意象是稳定的心理事实；我们可以让它们保持不动，想察看它们多久就察看它们多久。相反，这些单纯逻辑运作的意象则是心理过渡，总是在飞行（可以这么说），而且只有在飞行中我们才能看上它一眼。它们的功能是从一组意象引导到另一组意象。当它们经过时，我们以一种非常奇特的方式，和一种与它们的完整呈现完全不同的方式，感受到渐强和渐弱的意象。如果我们想要抓牢这种方向感，完整的呈现有了，但是方向感却丧失了。逻辑运作的空白语词结构，在我们读起它时，使我们产生一种短暂的运作感，就像一个合理的句子用语词唤起明确的想象一样。

当我们用通俗的短语说"了解"某个人的意思时,我们对它的最初的瞬间一瞥是什么呢?当然是我们的一种非常明确的心理作用。在读者说出一件事情之前,他从来没有问过自己说出一件事情的意图是一种什么样的心理事实吗?它是完全确定的意图,与所有其他意图都不同,因此是一种绝对独特的意识状态;然而,它在多大程度上是由明确的关于语词或事物的感觉意象组成的呢?几乎没有!过了一会儿,语词和事物进入到心中;预期的意图和预言就不再在那里了。但是当取代它的语词出现时,如果它们与它相合,它就一个一个地欢迎它们,并且称它们为对的,如果它们与它不合,它就排斥它们,称它们为错的。因此,它有了最确实的自己的性质,然而,如果不使用属于后来取代它的心理事实的语词,我们对它又能说些什么呢?它能够得到的唯一名称就是说-如此-这般(to-say-so-and-so)的意图。人们可能会承认,我们足足有三分之一的心理生活,是在于对这些尚未明确表达出来的思想图式的快速预期性的透视。一个人在第一次大声朗读某个东西时,立即就能在他朗读的所有词中正确地读出轻重,除非他从一开始就至少对将要出现的句子的形式有一种感觉,这感觉与他对当下语词的意识融合在一起,并在他的心中修正它的轻重,以使他在发出这个词的声音时给它以适当的轻重,否则他怎么能做到这一点呢?这种类型的轻重几乎完全是一个语法建构问题。当我们读到"不多"(no more)时,我们期待马上出现"比"(than);如果我们在一句话的开始读到"无论"(however),我们期待的就是"仍"(yet)、"还是"(still)、或者"然而"(nevertheless)。处于某个位置的名词要求某种语态和数的动词,在另一个位置,它就期待关系代词。形容词预期名词,动词预期副词,等等,等等。对即将到来的语法结构的预感与每一个相继读出的词结合起来,这种结合实际上是如此地精确,以致一个几乎完全不理解他正大声朗读的书中观念的读者,仍然能够用一种理解入微的声调朗读它。

一些人会这样解释这些事实,认为在其中某些意象依据联想法则非常快地唤起其他意象,以致我们在事后认为,在初生的意象实际出现之前,我们就感受到了这些意象出现的趋向。对于这一学派来说,意识的唯一可能材料,是具有完全确定性质的意象。趋向是存在的,但它们不是对于观察主体,而是对于外面的心理学家来说,才是事实。因此这趋向是心理上的无;被感受到的只是它的结果。

现在我所主张的,以及我收集例子所要表明的是,"趋向"不仅是来自外部的描述,而且还是思想流的对象,思想流从内部觉知它们,而且必须被认为是在很大程度上由对趋向的感受所构成,这些感受通常非常模糊,我们完全无法为它们命名。总之,我如此急于要引起人们注意的,正是恢复那种模糊的东西在我们心理生活中的特有位置。正如我们将在第十八章看到的那样,高尔顿先生和赫胥黎教授在推翻休谟和贝克莱(Berkeley)关于我们只能拥有完全确定事物的意象的荒谬理论时,已经预先迈出了一步。在推翻同样荒谬的观点,即我们在主观感受中知道简单的客观性质,但不能在这样的感受中知道关系时,人们又迈出了一步。但是这些改革还不够彻底和深入。必须承认的是,传统心理学中的明确意象,只构成我们真实心理生活中的最小一部分。传统心理学谈论起来很像这样一个人,他说河流仅仅是由提桶状、勺状、夸脱罐状、大木桶状,以及其他用模子制出的形状的水组成的。即使那些提桶和罐子真的就竖立在河流中,不受约束的水还是会在它们之间继续流动。心理学家们坚决忽视的,正是意识这种不受约束之水。心中的每一个明确意象,都浸染在流动在它周围的不受约束的水中。与它一起的,还有关于它的邻近和遥远关系的感觉,它所来之处的即将消逝的回声,和它将要到达之地的初现之感。这意象的意义和价值,全部都在于环绕和伴随着它的晕轮或者半影之中,——或者不如这样说,存在于这种与它融合为一,并且与它血肉相连的晕轮或者半影之中;这使得这个意象确实还是以前那同一个事物的意象,但却是以新的方式接受和理解的那个事物的意象了。

一部歌剧、一部戏剧或者一本书之"形式"的那影子般的图式,在我们看完或者读过之后,仍然留在我们心中,我们交换对它的判断,这个图式是什么呢?我们对一个科学或者哲学体系的看法是什么?伟大的思想家对于术语之间关系的图式有大量的预见性感觉,这甚至几乎在语词意象还没有出现在心中的时候就产生了,整个过程是如此地快捷。[①] 我们所有人都拥有这种关于我们的思想将要到达之地的持久意识。这是一种和其他感受一样的感受,一种在下一个思想出现之前,对什么思想将要出现的感受。意识的这种视野在程度上差异很大,这主要取决于精神充沛与疲劳的程度。当精神非常充沛时,我们的心就有极为广阔的视野。当下的意象将其远景投射到它前面,预先照亮尚未产生的思想所在的区域。

---

① 莫扎特这样描述过他的作曲方法:最初是作品的零星碎片出现,并且渐渐地在他心中连接在一起;然后,灵魂兴奋地工作起来,作品越来越发展起来,"我更宽、更清晰地展开它,最后它几乎就在我的头脑中完成了,甚至当它是一个长篇作品时也如此,这样,我就能够在自己的心里一眼看见它的全部,就好像它是一幅美丽的绘画,或者是一个英俊的人;我在想象中以这种方式听到的这个作品完全不是一个接续的东西——这种方式必须在后面出现——而是好像同时听到作品的全部。这是一种少有的特别享受!所有的发明和制造都在我的心中进行,就像在一个美丽而且激烈的梦中进行一样。但是,最美妙的是同时聆听这部作品"。

在通常的情况下,感受到的关系的晕轮是非常有限的。而在用脑过度的状态中,视野则几乎缩小到了就是当下那个词的范围,——然而,联想机制为下一个词按次序出现做着准备,直到最后这个疲劳的思想者被引领到某种结果上来。有时他会发现自己在怀疑他的思想是否没有完全停止下来;但是对更远处的东西的模糊感觉,使他不断地挣扎下去,寻找对它的更明确的表达;而他那缓慢的言语表明,在这样的条件下,思想的劳作一定是多么地艰难。

觉知我们明确的思想停止了,与觉知我们的思想已经明确地完成了,是完全不同的两件事情。对后一种心理状态的表达,是预示语句结束的降调,然后安静下来。对前一种心理状态的表达是"支支吾吾",或者是像"诸如此类"或"等等"这样的短语。但是请注意,未完成语句的每一个部分,在经过时感受起来都不一样,原因在于对我们无法将它完成的预感。那个"等等"将其阴影投回来,而且像最清晰的意象一样,是思想对象的一个必不可少的组成部分。

还有,当我们在普遍的意义上使用普通名词时,比如用男人表示所有可能的男人,我们完全知道自己的意图,而且小心地将它与我们用这个词指某个男人群体或者我们面前的单个男人时的意图相区别。在关于概念性认识(conception)①的一章我们将会看到这种意图的区别有多么重要。它的影响遍及整个语句,包括使用男人这个词的那个位置的前后。

---

① Conception 和 concept 在詹姆斯的讨论中是有区别的。前者是指心理学意义上的、随着认识的发展可以发生改变的概念性认识,后者则指逻辑学意义上的不变的概念。译文在相关的语境中将前者译为"概念性认识",后者译为"概念"。参见第二卷第 109 页的内容。——译者

用大脑活动的用语表示所有这些事实,是再简单不过的事情了。正像所来之处的回声,对思想起始点的感觉也许可以归因于片刻之前才生动出现的过程的正在消逝的兴奋;因此,对所到之地的感觉,对终点的预示,也一定是由于一些大脑通道或过程的渐强的兴奋,这些通道或过程在片刻之后就将是某种稍后就会生动呈现给思想的事物的大脑相关物。用一条曲线来表示,作为意识基础的神经作用一定在任何时候都像是这样:

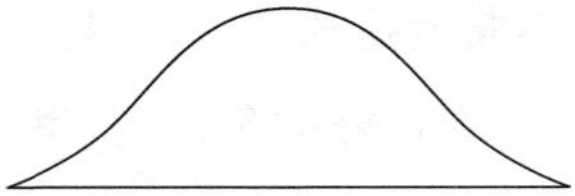

图 28

水平线上的每一个点都表示某个大脑通道或过程。线上方的曲线的高度表示过程的强度。所有的过程都以由曲线表明的强度出现。但是,在曲线顶点前面的过程在片刻之前更强一些;而在曲线顶点后面的过程在片刻之后更强。如果我背诵 a、b、c、d、e、f、g,在读出 d 的片刻,a、b、c 和 e、f、g 都并非完全在我的意识之外,二者都以它们各自的方式将"其暗淡的光"与 d 的较强的光"混合"在一起,因为它们的神经作用都在某种程度上被唤起了。

有一类人们普遍易犯的错误,表明大脑过程如何在与它们相伴随的思想到来——即以实体性的和生动的形式到来——之前就开始兴奋了。我所指的是讲话或者书写中的错误,用卡彭特博士的话说,由于这些错误,"由于将某个我们很快就要说到或写到的其他词里面的一个字母或音节带入了一个词,我们就误读或者误拼了这个词;或者也可能是,整个预期的词取代了那个本该表达出来的词。"[①]在这些情形中,两种情况之一必定发生过:或者营养

---

① 《心理生理学》,第 236 节。卡彭特博士的解释与在文中给出的有很大差别。

## 第九章 思想流

方面的局部突发事件阻塞了应该到来的过程,以至其他应该不久被唤起的过程得到了释放;或者某种相反的局部突发事件促进了后面的过程,并使它们在其时间到来之前就突然发作了。在观念的联想一章中,我们将会看到大量关于尚未得到最大程度唤起的神经作用对意识发生真实影响的例子。

这正像音乐中的"泛音"。不同的乐器奏出"相同的音符",但是每一个乐器都以一种不同的声音奏出这个音符,因为每个乐器所奏出的都不仅仅是那个音符,还有那个音符的各种上部和声,这在不同的乐器那里是不同的。耳朵没有单独听到它们;它们与根音混合起来,弥漫于它,并且改变它;渐强和渐弱的大脑过程更是这样,每一时刻它们都与达到顶点的过程的心理结果相混合,弥漫于它,并且改变它。

让我们用心理泛音、弥漫、或者边缘这些词,表示微弱的大脑过程对思想的影响,它使思想觉知了只模糊感知到的关系和对象。[①]

---

[①] 参见 S. 斯特里克(S. Stricker):《普通和实验病理学讲座》(*Vorlesungen über allg. u. exp. Pathologie*),(1879),第 462—463、501、547 页;里奇特:《人的能力的起源》(*Origin of Human Faculty*),第 82 页。使一个人的自我变得清晰是如此地困难,我留意到了已故的都柏林的托马斯·马圭尔(Thos. Maguire)教授[《哲学演讲》(*Lectures on Philosophy*)(1885)]对我们观点的误解。这位作者认为,我用"边缘"这个词是指使本身分离着的感觉得以结合起来某种心理材料,他还机智地说,我应该"看到,用感觉的'边缘'来结合感觉,比用给牡蛎的须毛编辫子的方法来为牡蛎建造宇宙,要更加含糊不清"。(第 211 页)但是,我所说的边缘完全不是这个意思;它是被认识的对象的一部分,——实体性的性质和事物在关系的边缘之中向心呈现出来。我们思想流的一些部分——过渡部分——认识的是关系,而不是事物;但是过渡的和实体的部分共同形成一条连续的思想流,其中不存在马圭尔教授设想、并且认为我也设想存在于那里的那种分离的"感觉"。

259　　如果我们考虑不同心理状态的认知功能，我们可能确实会感到，作为单纯"亲知"的状态和作为"关于的知识"的状态之间的区别（第221页），几乎可以被完全还原为心理边缘或者泛音的无与有。关于一个事物的知识就是关于这个事物的关系的知识。对一个事物的亲知则局限于它所造成的单纯印象。对于一个事物的大部分关系，我们仅仅是以半影的方式，觉知到它周围未得到明确表达的亲和性的"边缘"。在依次转到下一个主题之前，我必须对这个意义上的亲和性说几句话，因为它自身就是主观之流最有意思的特征之一。

　　在我们所有的随意思想中，都有某种主题或题目，思想的所有成分都围绕着它旋转。这个主题时常是一个问题，一个我们还不能用明确的图画、词或者短语进行填补的一条裂缝，但是，像我们前面描述过的那样，它以一种非常活跃和确定的心理方式影响着我们。无论什么意象和短语在我们这里经过，我们都感受到它们与这条隐隐作痛的裂缝的关系。填补这条裂缝是我们的思想命中注定要完成的事情。一些意象和短语将我们带到离那个结局更近的地方。还有一些由于完全不相关而被裂缝所拒绝。每一个意象和短语都在感受到的关系边缘中旋转，前面所说的裂缝就是表达这种关系边缘的术语。或者，也许不是一个明确的裂缝，我们可能仅仅是带着一种感兴趣的心情。那么，无论那种心情有多么模糊，它仍将以同样的方式起作用，将一个感受到的亲和性的覆盖物，投掷到由于与它相合而进入心中的表象之上，对所有不关心的表象，则带有厌烦与不和之感。

　　这样，我们就持续不断地在边缘中感受到与主题或兴趣的关系，特别是与主题和谐与不一致的关系，和对主题促进与妨碍的关系。如果有促进的感觉，我们就"挺好"；而对于妨碍的感觉，我们则不满和困惑，并且在周围寻找其他的思想。现在，任何其边缘的性质使我们感到自己"挺好"的思想，都是我们思想的一个可接受的成员，不管它在其他方面可能是哪种思想。只要感受到它在我们感兴趣的主题的关系结构中有一席之地，就完全足以使它成为我们观念序列中的一个相关而且适当的部分了。

因为思想序列的重要之处是在于它的结论。那就是思想的意义，或者如我们所说，是思想的主题。那就是当思想的所有其他成分都从记忆中消失了时，仍然继续保持下来的东西。通常，这个结论是一个词，或一个短语，或一个特殊意象，或者，它是一个实际态度或决定，不管它是用来回答问题的，还是填补困扰我们的先已存在的裂缝的，还是在沉思中被无意发现的。在每一种情况下，它都由于附着其上的那种奇特兴趣，而从思想流的其他部分中突出了出来。这兴趣抓住了它，当它到来时给它制造某种危机，引起对它的注意，并且让我们以一种实体性的方式对待它。

思想流中先于实体性结论的部分，只是获得这些实体性结论的手段。而且，只要达到的结论相同，手段可以根据我们的意愿而变化，因为思想流的"意义"是相同的。手段是什么又有什么关系呢？"喝一小瓶酒有什么关系，但愿一醉方休？"（Qu'importe le flacon, pourvu qu'on ait l'ivresse?）下述事实也表明手段是相对不重要的，即当有了结论时，我们总是忘记结论获得之前的大部分步骤。当我们说出一个命题时，我们很少能在片刻之后回忆起我们的确切用词，尽管我们可以很容易用不同的词来表达这个命题。

我们记得阅读过的书籍的实际结果，尽管那里面的一个句子我们可能都记不起来了。

唯一的自相矛盾之处似乎是在于设想，感受到的亲和性和不一致性的边缘，在两组异质的意象中可以是相同的。让我们一方面看看从心中经过并且导致某个结论的语词序列，另一方面看看一组导致相同结论却几乎不包含语词的触觉、视觉和其他想象的序列。我们感受到的语词所属的晕轮、边缘或图式，与我们感受到的意象所属的晕轮、边缘或图式，可能是一样的吗？表达项的差异与感受到的这些表达项之间关系的差异无关吗？

如果表达项被看作是纯粹的感觉，那就肯定是这样的。比如，语词可以相互押韵，——而视觉意象则不可能具有那样的亲和性。但是，如果表达项被看作是思想，被看作是理解了的感觉，语词就有了相互之间以及与结论之间的不一致性或者亲和性的长长的联系边缘，这边缘就与视觉观念、触觉观念以及其他观念中的相似边缘相同了。我再说一遍，这些边缘中的最重要的要素，是对思想中的和谐与不一致以及正确或错误方向的单纯感受。就我所知，坎贝尔（Campbell）博士对这一事实做过最好的分析，我应当在这里再次引证他那些经常被引证的话。那一章的题目是"无意义的话经常不为作者和读者察觉的原因是什么？"在回答这个问题时，作者（特别）说了下面的话：①

> 在讲一种语言的人的心中，逐渐在这种语言的不同语词之间形成的联系［他说］或关系，……只是那些语词被用

---

① 乔治·坎贝尔：《修辞学哲学》(*Philosophy of Rhetoric*)，第2卷，第7章。

## 第九章 思想流

作相联或相关事物的标记的结果。一条几何学的公理,即与同一事物相等的事物相互之间也相等。同样,我们也可以将这看作是一条心理学的公理,即与同一观念相联结的观念也相互联结。因此,就会出现这样的情况,即如果由经验到两个事物之间的联系就会导致(因为它绝对可靠地会导致)附属于这两个事物的观念或概念之间的联结,由于每一个观念都是通过它的标记相联结的,所以也就会有关于这些标记的观念之间的联结。因此,被看作标记的声音,就被认为具有与持续存在于所表示事物之间的联系相类似的联系;我说,被看作标记的声音;因为我们在说、写、听和读中经常以这种方式来看待它们。如果故意把它们从中抽离出来,只把它们当作声音,我们立刻就会感觉到,它们完全没有了联系,而且除了由语调或口音的相似而带来的东西而外,没有任何其他关系。但是通常需要有先前的设计,并且需要做出在言语的日常使用中无需做出的努力,才能以这种方式看待它们。在日常使用中,它们只被看作标记,或者,更正确地说,它们是与所表示的事物混在一起的;其结果就是,我们不知不觉就以刚刚解释过的方式设想它们之间有一种联系,一种与我们自然地以为声音之间具有的联系非常不同的联系。

现在心的这种观念、习惯或者倾向,随你喜欢怎么称呼它,通过语言的频繁使用和语言的结构而极大地强化了。语言是我们由以将知识和发现传达给其他人、其他人由以将知识和发现传达给我们的唯一渠道。通过反复求助这一媒介，必然就会出现这样的情况，即当事物是相互联系的时，表示这些事物的词也会在谈话中更经常地一起出现。因此词和名称自身，通过习惯上的接近，就有趣地结成了一种与它们单纯作为相关事物的符号而具有的关系不同的关系。此外，这一倾向还为语言的结构所强化。所有的语言，甚至包括最原始的语言，只要出现过，就都具有规则的和相似的构造。结果，事物中的相似关系就以相似的方式得到表达；也就是说，根据那种特殊语言的全部特征或者语法形式，用相似的词的变形、派生、复合、排列，或者词缀的并列来表达。由于通过习惯性地使用一种语言（即使它很不规则），只要标记所表示的事物在自然中是联系的，标记就会不知不觉地在想象中联系起来，所以，通过语言的规则的结构，标记之间的这种联系，就被设想为是与持续存在于其原型间的联系相类似的。

如果我们会英语和法语，并且用法语开始一个句子，所有后面的词也就都是法语；我们几乎不会不知不觉地用上英语。法语词汇之间的这种亲和性，并非仅仅是某种作为大脑法则而机械运作的东西，它是我们在当时感受到的东西。我们对听到的法语语句的理解，从不曾落到对那些词在语言上是同属一处的竟没有觉知的地步。我们的注意几乎不可能这么不集中，有一个英语词汇突然闯进来，我们竟不会对变化感到吃惊。如果被"思想"到，这种对语词同属一处的模糊感觉，就是能够伴随语词的最小边缘。通常，关于我们听到的所有语词都属于同一种语言，属于那种语言中的同一种特殊词汇的模糊知觉，以及关于那种语法顺序很熟悉的模糊知觉,实际上就等于是承认我们听到的是意义。但是,如果一个非同寻常的外来词闯进来,如果在语法上出了错,或者,如果一种不协调词汇中的一个词突然出现,比如在哲学演讲中出现诸如"捕鼠品"或者"水管工的账单"这样的术语,句子就起爆了,我们受到这种不协调的震动,那种昏昏欲睡的赞同就不见了。在这些情形中,对合理性的感受似乎是消极的而不是积极的,它纯粹是冲击的缺乏,或者是对思想的用词之间不一致感的缺乏。

心对一起提及的语词之间的纯粹适合性的识别,是非常精细和不间断的,以至于诸如将"因果性"(causality)读为"伤亡"(casualty)、将"知觉的"(perceptual)读为"永久的"(perpetual)这类最轻微的误读,都会得到注意非常放松、根本不知道那个句子意义的读者的纠正。

相反,如果语词确实属于同一类词汇,而且语法结构是正确的,完全没有意义的语句也可能被真心诚意地说出,并且不会受到质疑。不断重组同样一堆宗教短语的祈祷会上的谈话,以及所有劣等文章和报纸记者的华丽辞藻,都是这一点的例证。"鸟儿清晨的歌声弥漫在树梢,空气湿润了,凉爽了,舒适了,"记得在杰罗姆公园,我曾经在一篇关于运动锻炼的报道中读到过这个句子。它很可能是由一位匆忙的记者无意识写下的,又为许多读者不加批评地阅读。波士顿新近出版的一本784页的书[1],就是由和我随

---

[1] 琼·斯托里(Jean Story):《实体论或知识哲学》(*Substantialism or Philosophy of Knowledge*)(1879)。

意挑出的这个段落一样的东西构成的：

> 所有这些导管里的从其核心生物体表面的每一个终极链接终端回路出口流出的传出液体的流动，由于它们各自的大气效果都达到了其扩展性的高度限制，是连续的，由那里，当为更高高度的相同却又相结合的本质——那些被合理地表达为外部形式的基本性质的东西——所环绕时，它们降下来，并且被核心生物体的传入液体所吸收。①

每年都有一些从内容上看是出自真正疯子之手的著作出版。对于读者来说，前面引证的那本书从头至尾都纯粹是无意义的废话。在这种情况下，根本无法猜想作者心中可能有一种什么样的对语词之间合理关系的感受。很难划出客观意义和无意义之间的分界线；更不可能划出主观意义和无意义之间的分界线。在主观的方面，任何语词的搭配都可以有意义——即使是睡梦中最任意的语词也一样——只要人们不怀疑它们是同属一处的。就拿黑格尔（Hegel）著作中那些比较晦涩的段落来说吧：提出下述问题并非抱有偏见，即那些段落的合理性是否只不过是在于这个事实，即那些语词全都属于同一种词汇，并且是

---

① M. G. 塔德（M. G. Tarde）先生引用了［德博甫，《睡眠与梦》(*Le Sommeil et les Rêves*)(1885)，第 226 页］一些梦中的无意义诗句，说它们表明诗的形式如何可以存在于被抹掉了逻辑规则的心中。……在梦中，我仍然有能力找到两个押韵的词，欣赏韵律，还能在最初给出一个诗节和一些填进去就可以得到正确音韵的词的情况下，填完这个诗节，然而我却不知道这些词的意义。……因此，就有了这样一个特别的事实，即语词可以相互唤起，而不唤起它们的意义。……甚至在醒着时，上升到一个词的意义，也比从一个词进展到另一个词更加困难；换句话说，做个思想家比做个修辞学家更难，总之，没有什么是比一连串未得到理解的词更常见的了。

按照习惯性重复发生的断言和关系——直接性、自我关系等等——的图式而拼凑起来的。然而,似乎没有理由怀疑,当这位作者写下那些语句时,对那些语句之合理性的主观感受,在他那里是强烈的,甚至一些读者在费力阅读之后,也可能会使这种感受在他们自己那里再现出来。

总之,某些种类的语词联结项,某些实现了的语法预期,在很大程度上支持了我们这种印象,即一个语句有一个意义,并且为单个思想的统一体(Unity of one Thought)所支配。符合语法形式的无意义的话听起来有一点合理性;语法顺序混乱的有意义的话听起来是无意义的;比如,"埃尔巴拿破仑英国人信念曾经流放打破到他圣人因为海伦娜在"。最后,在每一个词的周围都有感受的心理"泛音",它将我们带到离预感到的结论更近的地方。让语句中所有的词在经过时都弥漫到这三个关系边缘或者晕轮之中,让结论看上去值得到达,于是所有人都会承认,这语句是对完全连续、统一和合理的思想的表达。①

在这样的语句中,每一个词都不仅仅被感受为一个词,还被感

---

① 我们认为这很奇怪,年幼儿童能够这么全神贯注地倾听人们朗读其中有一半的词他们根本不理解的故事,而且他们也不问其中任何一个词的意义。但是他们的思维是正常的,正像我们的思维在速度很快时是正常的一样。我们都在说出的语句的庞大部分之上进行着飞跃,而且我们只注意各处实体性的起点、转折点和结论。所有其余部分,"实体性的"而且可能潜在地可以单独理解的部分,实际上不过是充当了过渡的材料。它是节间意识(internodal consciousness),给我们连续的感觉,但是除了单纯填补裂缝的功能以外,没有任何意义。在通过大量无法理解的词而快捷地到达一个熟悉和可以理解的终点时,儿童可能并没有感受到裂缝的存在。

受为有一种意义。在语句中动态感受到的一个词的"意义",可能与静态地感受到或者没有语境时感受到的这个词的意义完全不同。动态意义通常可以还原为我们描述过的感受到的与语境和结论的适合与不适合的纯粹边缘。如果词是具体的,如"桌子""波士顿",静态意义就由被唤起的感觉意象所组成;如果它是抽象的,如"刑事立法""谬误",这意义就由被唤起的其他词组成,形成所谓的"定义"。

黑格尔的名言,即纯粹的存在与纯粹的无是同一的,就产生自他静态地或者离开词在语境中所带有的边缘来对待词。孤立地看,二者在没有唤起感觉意象这个单一的点上是一致的。但是动态地看,或者将它们看作是有意义的——看作思想,那么,它们的关系边缘、它们的亲和性和不一致性、它们的功能和意义,感受和理解起来就都是完全相反的了。

这样的考虑将所有自相矛盾的外表都从高尔顿先生让我们知道的那些极不完善视觉意象的例子中驱逐了出去(见后面的讨论)。一位极有才智的朋友告诉我,他对早餐桌的外貌无法形成任何意象。当问到他如何竟能记得它时,他说他只是"知道"这张桌子可以坐四个人,覆盖着一块白布,上面有一个黄油盘子、一只咖啡壶和一些小萝卜等等。构成这种"知道"的心的要素,似乎完全是语词意象。但是如果"咖啡""黄油""松饼"和"鸡蛋"这些词,完全和视觉与味觉记忆一样,引起一个人与他的厨子说话、付账单、着手准备次日的膳食,那么对于所有的实际意图和目的来说,它们为什么不同样也是一种好的用以思维的材料呢?事实上我们可以猜想,对于大部分目的来说,它们比那些带有更丰富想象色彩的词

## 第九章 思想流

更好些。关系图式和结论是思想中最主要的东西，最方便的心的要素对于这样的目的来说是最好的。词（说出来的和未表达的）是我们所拥有的最方便的心理元素。它们不仅可以非常迅速地再度活跃，而且，也比我们经验中的任何其他东西都更容易作为真实的感觉再度活跃起来。如果它们不具有这样的优势，那么，通常年纪较大的人越是丧失视觉想象力，越是依赖于语词，作为思想者就越是给人以深刻的印象，就是不大可能的了。高尔顿先生确认，皇家学会的成员就是这种情况。我本人也在自己身上非常清楚地看到了这一点。

另一方面，聋哑人可以完全像语词使用者一样有效与合理地将触觉和视觉意象编织进思想的体系之中。没有语言思想是否可能的问题曾经是哲学家热衷于讨论的话题。位于华盛顿的国家学院（National College）的聋哑教师巴拉德（Ballard）先生，对自己的童年做过一些有趣的回忆，这些回忆表明这完全是可能的。我在这里引证几个段落。

> 由于在婴儿时期丧失了听力，我不能享有感官健全的儿童从普通小学的各种活动中，从同学和玩伴的每日谈话中，从父母及其他成年人的交谈中得到的那些好处。
>
> 我能用自然标记或手势将我的思想和感受传达给父母和兄弟，我能通过同样的媒介理解他们对我说的话；然而，我们的交流局限于日常家庭事务，而且几乎无法超越我自己的观察范围。……
>
> 父亲采取了一种做法，他认为这可以多少对我的听力丧失有一些补偿。这就是当公务需要他乘车外出的时候，他就

带着我一起去;他带我比带我的兄弟们去得更加频繁;他为这一明显的偏爱给出的理由是,他们可以用耳朵获取信息,而我则完全依靠眼睛来了解外面的世界。……

我还清楚地记得在观看我们经过的不同景色、观察自然中有生命和无生命的各个方面时,我所感受到的那种喜悦;虽然由于我的缺陷,我们没有进行交谈。正是在这些令人愉快的旅行中,这是大约在我开始学习书面语言基础知识之前的两三年,我开始问我自己这样的问题:世界是怎么产生的?当这个问题出现在心中时,我让自己思考了很长时间。对于什么是人类生命和植物生命在这个地球上的最初起源,什么是地球、太阳、月亮和星星存在的原因,我的好奇心被唤醒了。

我记得在一次旅行中,有一次当我的目光落在我们偶尔经过的一个非常大的古老树桩上时,我问自己,"有没有可能最初来到世界上的那个人是从那个树桩里出来的呢?但是那个树桩只是一棵曾经一度高贵宏伟的树的残留物,那棵树是怎么来的?噢,它只是像现在正生长着的这些小树一样,是从地面长出来的。"于是我从自己的心里排除了人的起源和一个腐朽老树桩之间的联系,将它看作是荒谬的观念。……

我不记得最初是什么向我提示了事物的起源这个问题。在这之前,我已经有了父母生孩子的观念、动物繁殖的观念、从种子长出植物的观念。我的问题是:在那之前没有人、没有动物、也没有植物的时间的最遥远之处,最初的人、最初的动物、最初的植物是从哪里来的;因为我知道它们都有一个开端和终点。

## 第九章　思想流

我说不出关于人、动物、植物、地球、太阳、月亮等等的不同问题出现的确切顺序。我对低等动物的思考没有像对人和地球的思考那么多；也许因为我将人和兽归入了一类，因为我相信，人会死去，而且不会在坟墓之外复活，——虽然在回答我的问题时，母亲用在我看来像是睡着了的已故叔叔的例子，试图让我理解，他在遥远的将来是会醒来的。我的信念是，人和兽都从相同的源泉获得其存在，并且都会在一种死亡的状态下躺在土里。将兽类的动物看作是次等重要的，并且是在较低的等级上与人相关联，人和地球就是我思考最多的事物。

我想我是在5岁时开始理解父母生孩子以及动物的繁殖的。在将近11岁时，我进入了受教育的机构；我清楚地记得，至少是在此前两年，我开始问自己关于宇宙起源的问题。那时我的年龄大约是8岁，不到9岁。

关于地球的形状，从一张画着两个半球的地图上看到的样子，我推断出有两个离得很近的极大的物质圆盘，除此之外，我在童年时代对它一无所知。我还相信，太阳和月亮是由发光物质构成的圆形、扁平的盘子；由于这些发光体照亮并且温暖着地球，我对它们怀有敬畏。它们升上来又落下去，非常有规则地在天空中旅行，我由此想到，一定有某种东西有能力驾驭它们的行程。我相信，太阳走进西方的一个洞里，又从东方的另一个洞里出来，其间旅行在地球里面一个巨大的管子里，描画出的曲线与它在天空中描画出的曲线相同。在我看来，星星是镶嵌在空中的小灯。

宇宙起源问题萦绕在我心中，为了把握这个问题，或者说为了努力获得一个满意的答案，我付出了没有结果的努力。在专心于这个问题相当长的时间之后，我了解到，这是一个远远超出我的理解能力的问题；而且我还清楚地记得，我对这个问题的神秘感到非常惊骇，对自己无力与它拼斗感到非常困惑，于是，我把这个问题放到一边，将它逐出心中，为能免于陷入无法解决的混乱旋涡而感到高兴。虽然这种逃避使我感受到一种解脱，但我还是无法抗拒获得真理的欲望；于是，我又回到这个问题上来；但是和以前一样，在对这个问题思考了一段时间以后，我又离开了它。在这种困惑的状态之下，我一直希望找到真理，并且仍然相信，我越是思考这个问题，我的心就越是能够深入到这个奥秘之中。于是，我就像羽毛球一样被掷来掷去，回到这个问题上来，然后又退开，直到我进入学校。

记得母亲有一次给我讲一个高高在上的存在，她用手指指天空，脸上带着庄重的表情。我不记得引起这次交谈的具体情境了。当她提到天上那个神秘的存在时，我就渴望了解这件事情，我不断向她提出问题，询问这个不为人知的存在的形状和外观，问她这是否就是太阳、月亮或者那众多的星星之一。我知道她的意思是说，在天上的某个地方有一个有生命的存在；但是当我意识到她不能回答我的问题时，我就绝望地放弃了，为自己得不到关于天上那个神秘的有生命存在的确定观念而感到悲伤。

有一天，当我们在地里植草时，响起了一阵重重的雷声。

## 第九章 思想流

我问我的一个兄弟这雷是从哪里来的。他指指天空，又用手指做出表示闪电的之字形动作。我想象在蓝色穹顶上的某个地方有一个巨人，用自己的嗓音发出巨大的声响；我每次听见①雷声都感到惊惧，我向上看着天空，害怕他正说出一个吓人的词。②

我们可以在这里停一下。读者这次看到，他的思想的进行凭借的是哪一种心的要素以及什么性质的意象，这并没有多大关系，或者完全没有关系。具有内在重要性的唯一意象，是思想的停歇之处，是暂时的或者最终的实体性结论。在思想流的所有其余部分，关系感受就是一切，而相关表达项则几乎是无。这些关系感受，这些围绕着那些表达项的心理泛音、晕轮、弥漫或者边缘，在非常不同的意象系统中可能都是一样的。一个图示可以有助于强调，在目标相同时，心理手段并不重要。让 A 为一些思想者由以起始的某种经历。让 Z 为可以合理地由 A 推断出来的实践性结论。一个人由一条线到达结论，另一个人由另一条线到达结论；

---

① 当然，不是字面意义上的听见。聋哑人能够迅速感知可以感受到的震动和刺耳的声音，甚至当那声音轻微得不会引起有听觉的人的注意时也是这样。

② 塞缪尔·波特（Samuel Porter）的引述，"没有语言思想是可能的吗？"（Is Thought possible without Language?）见《普林斯顿评论》（*Princeton Review*）(1881年1月?)，第 57 年，第 108—112 页。还参见 W. W. 爱尔兰（W. W. Ireland）：《大脑的瑕疵》（*The Blot upon the Brain*）(1886)，第 10 篇，第 2 部分；G. J. 里奇特：《人的心理进化》（*Mental Evolution in Man*），第 81—83 页，以及那里提及的参考书目。马克斯·米勒（Max Müller）教授在其《思想的科学》（*Science of Thought*）(1887)的第 30—64 页中讨论了这一争论的完整历史。他自己的看法是，思想和言语是不可分的；但是，他将所有能够想到的符号体系甚或心理意象都包括在了言语里面，但没有将我们对关系和方向系统所拥有的无言的总观性的一瞥考虑进去。

一个人遵循的是英语的语词意象,另一个人遵循的是德语的语词意象。在一个人那里,视觉意象占优势;在另一个人那里,触觉意象占优势。一些序列夹杂着情绪,一些序列不是这样;一些序列非常精简、综合和快捷,其他序列则踌躇不决,并且分为许多步骤。但是,当所有序列(无论它们自身(inter se)是如何的不同)的倒数第二个表达项最终进入到同一个结论之中时,我们就说,而且是正确地说,所有思想者都实质上拥有了相同的思想。如果让这些思想者进入其同伴的心中,他们会发现那里的景色与自己心中的景色是多么地不同,这会使他们每一个人都感到大为惊骇。

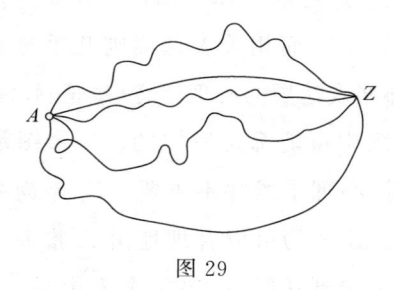

图 29

思想事实上是一种代数,就像贝克莱在很久以前说过的,"在这里,虽然特殊的量是由每一个字母表示的,然而要正确地进行下去,并不需要在每一步每一个字母都向你的思想提示它被指定来表示的那个特殊的量"。刘易斯先生很好地发展了这一代数类比,我必须引证他的话:

> 代数的最主要特征就是对关系的运算。这也是思想的最主要特征。代数不能离开值而存在,思想不能离开感受而存在。在赋值之前,运算是许多空白的形式。语词是空的声音,

观念是空的形式,除非它们表示作为它们的值的意象和感觉。然而,确切无疑和至关重要的是,计算者用空白的形式进行范围广泛的运算,在计算完成之前,从不停顿下来为符号赋值;普通人和哲学家一样,展开长长的思想序列,也从不停顿下来将观念(语词)转化为意象。……设想某人在远处喊"一头狮子!"那人立刻受到惊吓。……对于这个人来说,那个词不仅表达了他对狮子的全部所见所闻,能够让他回忆起各种各样的经历,而且,在没有对那些经历的任何回忆、在没有唤起狮子意象(无论多么微弱)的情况下,也能在相连贯的思想序列中占有一席之地——只是作为一个标记,表示包含在如此称呼的复合体中的某种特定关系。像代数符号一样,它在运算时可以只传达一种抽象关系而不传达其他意义:它是危险的标记,它的全部运动序列都与恐惧相关。它的逻辑地位是充分的。……观念是替代物,将它代表的东西转化为它所取代的意象和经验,需要有一个次级过程;这个次级过程时常完全没有执行,一般也只是在一种非常小的程度上得到执行。任何人都可以认真检查一下,在他建构一个推理的链条时,都有什么东西从他心中经过,他会吃惊地发现与那些观念相伴随的意象是那么地少,那么地微弱。设想你告诉我,"看见敌人,血液从那个人的心脏猛烈地奔涌出来,他的脉搏加快了"。在这个短语包含的许多潜在意象中,有多少明显地出现在了你和我的心中?可能有两个——那个人和他的敌人——而且这些意象都是微弱的。关于血液、心脏、猛烈奔涌、脉搏、加快和视觉的意象,或者完全没有被唤起,或者只是经过的影子。

如果有任何这样的意象出现,它们就会妨碍思想,用不相关的联系来阻碍逻辑的判断过程。符号用关系代替了这些值。……当我说"二加三等于五"时,不存在两个事物和三个事物的意象;存在的只是具有精确关系的熟悉的符号。……代表我们所有的马的经验的语词符号"马",可以用于所有的思想目的,而无需记起丛生于马的知觉中的任何一个意象,就像关于马的形状的视觉,可以用于所有的识别目的,而无需记起马的嘶叫声或者脚步声,无需记起它作为牵拉动物的性质等等。①

只需再说一句,作为代数学家,尽管他的术语序列是由这些术语的关系而不是它们各自的值确定的,他还是必须给他最后到达的那个术语赋一个实在的值;因此,用语词进行思想的人,必须将他的结束词或短语转化为彻底的可感觉意象的值,否则他的思想就是未能实现的和苍白的。

我们思想的可以感觉到的连续性和统一性,与思想看上去所借以进行的语词、意象和其他手段的明显的非连续性形成对照,对于前者我必须要说的就是这些。在它们的所有实体性元素中间,存在着"过渡"意识,语词和意象是有"边缘"的,不像在漫不经心者的眼中那样是非连续的。现在让我们进入到对思想流的下一个描述。

---

① 《生命与心的问题》,第 3 集,第 4 个问题,第 5 章。比较维克多·埃格:《内部话语》(*La Parole Intérieure*)(巴黎,1881),第 6 章。

## 4. 人的思想似乎是在处理独立于它自己的对象；也就是说，它是认知的，或者具有认识的功能。

对于绝对唯心主义来说，无限的**思想**和它的对象是一个。对象通过被思想而存在；永恒的心通过思想它们而存在。如果世界上只有人的一个思想，那就没有理由对它做出任何其他假定。无论在它的前面有什么，那都是它的想象，都会在那里，在它的"那里"，在那时，在它的"那时"；而它的心外副本是否存在的问题就永远不会出现。我们都相信我们思想的对象在外部有一个副本存在的原因就是，存在着许多人的思想，每一个思想都有同一个对象，正如我们不得不设想的那样。我的思想与他的思想有同一个对象，这个判断使得心理学家说，我的思想是对外部实在的认知。我自己过去的思想和我自己现在的思想有同一个对象，这个判断使得我将这个对象从这两个思想中抽离出来，通过某种三角测量法，将它投射到一个可以向双方显现的独立位置上。因此，对象的显象多样性中的同一性，就是我们对思想之外的实在持有信念的基础。① 在第十二章，我们将再次讨论同一性判断的问题。

举一个全新经验（如喉咙里的一种新味道）的例子，表明实在是否在心外这个问题，如果没有对相同者的重复经验，是不大可能出现的。它是主观的感受性质，还是被感受到的客观性质？此时你甚至都不会问这个问题。它只是那种味道。但是如果一位医生

---

① 如果只有一个人看见了特异的景象，我们就将它看作是他的私人幻觉。如果不止一个人看见了，我们就开始认为它可能是真实的外部存在。

听你对它的描述,然后说"哈!现在你知道什么是胃灼热了",这时,它就成了一种超出思想事物之外(extra mentem tuam)而存在的性质了;你遇上了它,并且认识了它。儿童第一次经验的空间、时间、事物和性质,可能就像第一次胃灼热,是以这种绝对的方式,作为既不在思想之内也不在思想之外的简单存在而呈现出来的。但是后来,有了与这个当下思想不同的其他思想,并且反复对这些思想对象的同一性做出判断,他就在自己心里确证了实在的观念,不仅是现在的,还有过去和遥远的实在,没有任何一个单独的思想能够拥有或者造成这实在,但是所有思想都可以对它进行思考和认识。正如上一章所说,这是心理学的观点,是全部自然科学相对缺乏批判力的非唯心主义的观点,这部书的讨论不能超出这个观点。意识到了自身认知功能的心,对自己扮演了我们所说的"心理学家"的角色。它不仅知道显现在它之前的事物;还知道它知道它们。这一反省状态,或多或少明确地,就是我们习惯性的成年人的心理状态。

然而,我们不能将它看作原始的。对象意识必须最先出现。当意识由于麻醉剂的吸入或处于昏晕状态而降低到最低点时,我们似乎就堕入了这种原始状态。很多人都证实,在麻醉过程的特定阶段,他们仍然能够认知对象,但是关于自我的思想却丧失了。赫茨恩教授说:①

> 在昏厥中,心理活动完全丧失了,意识全部没有了;然后在开始苏醒的时候,人在特定的时候会有一种模糊的、无限的

---

① 《哲学评论》,第 21 卷,第 671 页。

和无边无际的感受——一种关于一般存在的感觉,在我和非我之间没有任何区分的迹象。

费城的舒梅克(Shoemaker)博士描述了乙醚致醉中最深度意识阶段的一种视觉

> 两条没有尽头的平行线……在均匀的薄雾背景之下……做快速的纵向运动……还有一种持续的声音或者呼呼声,声音不大,但却清楚……这些声音似乎与那两条平行线是有联系的。……这些现象占据了整个视野。没有以任何方式与人类事务相关的梦境或视觉出现,没有任何与过去的经验相类似的观念或印象,没有情绪,当然也没有人格观念。对于注视着这两条线的是一个什么存在,或者有任何像这样的一个存在存在着,则完全没有意识;线条与波动就是一切。[1]

同样,赫伯特·斯宾塞先生的一个朋友[前者在《心》(第3卷,第556页)中引证了他的话]谈到,"处处都是不受打扰的空虚的宁静,只是在某个地方蠢蠢地有一个猛烈的闯入者——宁静上面的一个大斑点"。这种对象性的感觉和主观性的丧失,甚至当对象几乎无法确定时,在我看来也是氯仿麻醉的一个常见阶段,尽管在我自己这里这个阶段太深了,难以留下任何可以清晰说出的事后记忆。我只知道,在它消失时,我才感觉到自己的存在是附加在

---

[1] 由1886年11月2日的《纽约半周晚间邮报》(*N. Y. Semi-weekly Evening Post*)引自《治疗学报》(*Therapeutic Gazette*)。

先前存在的东西之上的某种东西。①

然而,许多哲学家主张,反省的自我意识对于思想的认知功能来说是基本的。他们认为,要认识一个事物,思想就必须清楚地将那个事物和它自己的自我区分开来。② 这是一个十分荒唐的假定,没有丝毫的理由可以推测它为真。此外,如果我坚持说,我不能在不知道我知道的情况下知道,我还可以说,我不能在没有梦见我做梦的情况下做梦,不能在没有发誓说我发誓的情况下发誓,不能在没有否认我否认的情况下否认。我可以在完全没有思想到我自己的情况下,对对象 O 拥有亲知的或者关于的知识。我思想 O,O 存在着,这就够了。如果除了思想 O 以外,我还想到我存在以及我知道 O,这很好;这样我就又多知道了一件事情,一件关于

---

① 在半晕状态,自我意识可能丧失。一个朋友给我写过这样的话:"我们向回赶——乘坐着轻便游览马车。车门突然打开,X.(化名"鲍迪")摔到了路上。我们立即勒住马的拉杆,这时他说,'有人摔出来了吗?'或者'谁摔出来了?'——我记不清他的确切用词了。当被告知鲍迪摔出来了时,他说'鲍迪摔出来了吗?可怜的鲍迪!'"

② 康德最先提出的这一观点。我再补充对这一观点的几个英文陈述。J. 费里尔(J. Ferrier),《形而上学原理》(*Institutes of Metaphysic*),命题 1:"与任何一种心灵所知道的任何东西相伴随,这心灵必须(作为其知识的根据或条件)拥有某种关于它自己的知识。"汉密尔顿先生,《讨论》(*Discussions*),第 47 页:"我们知道,而且我们知道我们知道,——这两个命题在逻辑上截然不同,实际上却是同一的;每个命题都蕴含着另一个。……那句经院哲学的格言是如此真实:如果我们感觉不到自己在感觉,那我们就没有感觉(non sentimus nisi sentiamus nos sentire)。"H. L. 曼塞尔(H. L. Mansel),《形而上学》,第 58 页:"无论在我的心的所及之处有什么样的材料,我只有通过将它们辨认为我的,才能意识到它们。……与有意识的自我的关系,因此就是每一个意识状态本身必须展现出来的永久和普遍的特征。"T. H. 格林,《休谟导论》(*Introduction to Hume*),第 12 页:"人……对他自己的意识,与作为其对象的事物处于消极的关系之中,而且这个意识必须被看作是与知觉活动自身相伴随的。这确实是作为知识开端的任何活动至少要包含的东西!这是可能的思想或智能的最低限度。"

O 的事实，对于这个事实我此前是毫不留心的。然而，这并不妨碍我已经对它知道了很多。O 本身，或者 O 加上 P，和 O 加上我一样，都是知识的适合对象。这里说到的哲学家们，只是用一个特殊对象取代了所有其他对象，并将其称为那个最卓越的对象。这是"心理学家谬误"的一个例子（见第 197 页）。他们知道对象是一回事，知道思想是另一回事；他们立刻将自己的知识，偷偷插入了关于他们伪称要给出真实说明的关于思想的知识之中。总之，在认识中，思想可以但却不必在它的对象和它自己之间做出区别。

我们一直在使用对象这个词。现在不得不说说对象这个术语在心理学中的特有用法。

在日常谈话中，对象这个词的使用通常不涉及知识活动，人们将它看作是与个别的存在者同义的。因此，如果有人问，当你说"哥伦布于 1492 年发现了美洲"时心的对象是什么，大部分人会回答说是"哥伦布"，或者"美洲"，或者，至多是"美洲的发现"。他们会指出意识的一个实体性的内核或者核子，然后说那个思想就是"关于"它的，——事实确是如此——然后他们就将它称为你思想的"对象"。事实上，那通常只是你所说句子的语法上的宾语，或者更有可能是语法上的主词。它最多是你的"零碎对象"；或者，你可以称它为你思想的"主题"，或者"你的谈话题目"。而你的思想的对象，事实上却是它的全部内容或意见，不多也不少。将一个实体性的内核从言语的内容中抽取出来，称之为它的对象，这是对言语的误用；将一个没有在其内容中清楚表达出来的实体性内核添加进去，称之为它的对象，这也同样是对言语的误用。然而，只要我们满足于说一个思想只是"关于"某个主题的，或者那个主题就是它的"对象",我们就犯下了这中间的一个错误。例如,在前面那句话中,在严格的意义上说,我的思想的对象既不是哥伦布,也不是美洲,也不是美洲的发现。它不折不扣地就是那整个语句,"哥伦布-于-1492年-发现-了-美洲"(Columbus-discovered-America-in-1492)。如果我们想要在实体性的意义上谈论它,我们就必须将这句话的每一个词用连字符连起来,以使它成为实体性的。只有这样才有可能表达出这句话的精细特质。如果想要感受那种特质,我们就必须如说出来那样让那个思想再现,让每一个语词都带着边缘、让整个语句都沐浴在那朦胧关系的原初晕轮之中,这晕轮就像一道地平线,此时在思想的意义周围展开。

心理学的职责就是尽可能严密地把握我们所研究思想的真实构造。过度与不足都可能导致错误。如果哥伦布这个内核或"主题"在某一方面会少于那个思想的对象,那么在另一方面它就可能多于那个对象。这就是说,当心理学家说出那个名字时,它的意义可能比心理学家报告的那个思想所实际呈现的意义广得多。例如,设想你接着想:"他是一个勇敢的天才!"一般的心理学家就会毫不犹豫地说,你思想的对象仍然是"哥伦布"。确实,你的思想是关于哥伦布的。它"终止于"哥伦布,产生于并且导向关于哥伦布的直接观念。但此时它并非完全和直接地就是哥伦布,它只是"他",或者更确切地说"他-是-一个-勇敢的-天才"(he-was-a-daring-genius);尽管对于交谈的意图而言,这个差异可能并不重要,但是对于内省心理学来说,却是一个再大不过的差异了。

每一个思想的对象,都不多不少就是那个思想之所思,完全像那个思想思想它的样子,不管问题多么复杂,也不管思想的方式可能多么具有象征性。不用说，记忆很少能够将曾经从心中经过的对象准确地再现出来。它将它再现得不是太多，就是太少。最好的办法就是重复表达那个对象的语句，如果有这样一个语句的话。但是未得到清楚表达的思想甚至连这个资源也没有，于是内省就必须承认，这任务超出了她的能力。我们思想的大部分都会永远地消失，没有恢复的希望，心理学只是收集起筵席上落下来的些许碎屑。

下一个要说清楚的问题是，无论对象多么复杂，关于它的思想都是一个完整的意识状态。正如托马斯·布朗所说：①

> 我已经说得太频繁了，以至于不需要再次告诫你们小心不要犯那种错误，我承认，语言的贫乏迫使我们不得不使用的那些术语，可能自身会非常自然地将你们引向那种错误；那错误就是设想最复杂的心理状态，事实上在本质上并不像我们所说的简单心理状态那样是完整和不可分的——它们的复杂性和表面上的共存，只是相对于我们的感受②，而不是相对于它们自己的绝对性质而言的。我相信不需要重复对你们说，每一个观念自身，无论表面多么复杂，都是而且必须是真正简单的——是一个简单实体（心）的一种状态或者作用。例如，我们关于整支军队的观念，和我们关于组成一支军队的任一个体的观念一样，都确实是这一个心的这一个状态。我们

---

① 《关于人类心灵哲学的演讲》（*Lectures on the Philosophy of the Human Mind*），第 45 讲。
② 不是说只是相对于我们的感受，他本该说只是相对于对象。

关于抽象数字8、4、2的观念,和我们关于简单统一体的观念一样,都确实是心的一个感受。

与此相对照,普通联想主义心理学设想,只要思想的对象包含许多元素,思想自身就一定由那么多的观念所构成,一个观念对应一个元素,所有这些在表面上都融合在一起,但实际上是分离的。① 这种心理学的敌人没有费多少力气(正如我们已经看到的那样)就表明,这样一包分离的观念永远也不会形成一个思想,他们主张,必须将自我加之于那包东西,给它以统一性,并且将各种观念相互联系起来。② 我们现在还不准备讨论自我的问题,但是很显然,如果要在关系中思想事物,这些事物就必须一起被思想,在一个某种东西里被思想,那个某种东西可以是自我、心理作用、意识状态,或者随便什么东西。如果不是一起被思想,事物就根本无法在关系中被思想。现在,大部分信仰自我的人,都犯了与他们反对的联想主义者和感觉主义者相同的错误。他们双方都同意,主观之流的元素是非连续的和分离的,并且构成了康德称之为"杂多"的东西。但是,联想主义者认为"杂多"可以形成单一的知识,自我主义者却否认这一点,并且说只有当杂多受到自我的综合作用时,知识才会出现。双方做出了相同的初始假设;但是自我主义者发现它没有表达事实,就加上另一个假设来纠正它。现在我

---

① "承认这一点不会有什么困难,即联想确实将关于无数个别的观念构成为一个复杂观念;因为这是一个人所共知的事实。我们没有关于一支军队的观念吗?那不正是由关于无限多的人的观念构成的一个观念吗?"[Jas. 密尔的《人心的分析》(*Analysis of the Human Mind*)(J. S. 密尔版),第1卷,第264页。]

② 关于他们的论证,见前面的讨论。

还不想对自我存在与否的问题做出"自己的承诺",但是我确实主张,我们无需为这个特殊理由——这就是,因为观念的杂多必须要被还原为统一体——而调用它。没有共存观念的杂多;关于这样一个东西的观念是一种怪想。所有在关系中被思想的,都是从一开始就在统一体中,在单一的主观性冲动中,在单一的心理作用、感受或心理状态中被思想的。

　　这个事实在那些书籍中受到不同寻常歪曲的原因,就是我在前面(见第 196 页以后)所说的心理学家谬误。无论我们什么时候试图内省地描述自己的一个思想,我们都有一种根深蒂固的习惯,会丢开那个思想本身,而去谈论某种别的东西。我们描述呈现给思想的事物,我们描述其他关于这些事物的思想——就好像这些和最初的思想是同一个东西。例如,如果那个思想是"那副牌在桌子上",我们说,"对呀,它不是关于那副牌的思想吗?它不是关于那副牌里面的纸牌的吗?不是关于那张桌子的吗?不也是关于那张桌子的腿的吗?桌子有腿——你怎么能思想那张桌子而不实际上也思想它的腿呢?那么,我们的思想不是有所有这些部分——一个是那副牌的部分,另一个是那张桌子的部分——吗?而且,在那副牌的部分里,不是有每张牌的一个部分,在那张桌子的部分里,不是有每条桌腿的一个部分吗?这每一个部分不都是一个观念吗?那么,除了观念的集合或者群集(其中每一个观念对应于思想所知道的东西的某个元素)以外,我们的思想还能是什么呢?"

　　这些设想中没有一个是正确的。作为例子的那个思想,首先就不是关于"一副牌"的。它是关于"那-副-牌-在-桌子-上"(the-pack-of-cards-is-on-the-table)的,是一个完全不同的主观现象,其对象隐含了那副牌,以及那副牌中的每一张纸牌,但是它的意识构造,与关于那副牌本身的思想的意识构造并没有多少相同之处。一个思想是什么,与它可以发展成为什么,或者可以被解释为代表什么或者等同于什么,是两回事,而不是一回事。[1]

我希望,分析在我们说出那副牌在桌子上(the pack of cards is on the table)的短语时有什么东西从心中经过,能使这一点清楚起来,也许同时还可以将许多前面讨论过的问题浓缩在一个具体的例子中。

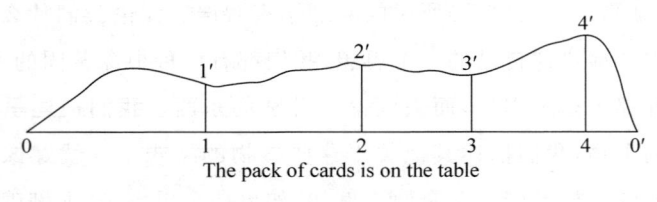

图 30　意识流

说出这个短语要花费时间。图 30 中的水平线表示时间。这样,线上的每一个部分都代表一段时间,每一个点代表时间的一刹那。当然,这个思想拥有时间部分。思想的 2-3 部分尽管与 1-2 相连续,却仍然是一个与 1-2 不同的部分。现在,关于这些时间部

---

[1] 我知道有这样一些读者,无论什么也不能使他们确信,关于复杂对象的思想,并不是由像在对象自身中可以区分开来的那么多部分所构成的。那好,让语词的部分过去。我只说这些部分不是传统心理学的分离的"观念"。它们中间没有一个可以离开那个特殊的思想而存在,就像我的头不能离开我那特殊的肩膀而存在一样。在某种意义上,一个肥皂泡有部分;它是并列在一起的球面三角形的聚合。但是这些三角形不是分离的实在;思想的"部分"也不是分离的实在。触碰那个肥皂泡,三角形就不复存在了。消除那个思想,其部分也就离去了。你不能用曾经为你所用的"观念"再造出一个新思想来,就像你不能用过去的三角形再造出一个新的肥皂泡来。每一个肥皂泡,每一个思想,都是一个新的、独特的有机整体。

## 第九章 思想流

分我要说的是,我们不能将它们之中的任何一个部分看得如此之短,以至于它无论如何也不会是关于"那副牌在桌子上"这整个对象的思想。它们就像渐隐画面那样逐渐相互融入,没有两个部分会感受到正好一样的对象,但是每个部分都以统一完整的方式感受到整个对象。这就是我否认思想的任何一个部分都与对象的部分相对应所要表达的意思。时间部分不是这样的部分。

现在,让图中的垂直维度代表对象或思想内容。垂直于水平线任何一点的线段,如 1—1′,就代表在刹那 1 时心中的对象;水平线上方的空间,如 1—1′—2′—2,代表在它所覆盖的线段 1-2 这段时间里从心中经过的所有东西。从 0 至 0′的整个图形代表思想流的一个有限长度。

现在我们能够说清这一片断中每个垂直截面的心理构造吗?能够的,尽管是以一种非常粗略的方式。紧接在 0 之后,甚至在我们张开嘴说话之前,整个思想以要说出那个句子的意图的形式,呈现在我们心中。这个意图,虽然没有简单的名称,虽然是立即为第一个词所取代的过渡状态,还是思想的一个非常确定的阶段,与任何其他东西都不一样(见第 253 页)。再有,紧接在 0′之前,在语句的最后一个词说出之后,所有人都承认,当我们在内部意识到它已经全部完成了时,我们又一次思想了它的全部内容。经由那个图中的任何其他部分所做的垂直截面,都分别由感受这个句子意义的其他方式所填充。例如,经由 2,对象最明显地呈现于心中的那个部分是纸牌(cards);经由 4,是桌子(table)。图中思想流的结尾处比开始处高,因为对内容感受的最后方式比最初的方式更加丰满和丰富。正如朱伯特(Joubert)所说,"在说出它之后,我们才知道我们想要说什么。"也正如埃格(Egger)所说,"在说话之前,一个人几乎不知道他想要说什么,但是在说出之后,就会为如此得当地说出和思考了它而赞叹和惊喜。"

在我看来,这后一位作者比任何其他意识分析者都更加接近事实。① 但是,就连他也没有完全击中目标,因为,根据我对他的理解,他认为每一个词在占据人心之时,都取代了思想的其他内容。他将"观念"(我称之为整个对象或者意义的东西)与词的意识区分开来,说前者是一种非常微弱的状态,并且将它与词(即使只是默默地在心中复述时)的活泼有力相对照。他说,"对词的感受在我们的意识中比话的意义要喧闹十或二十倍,后者对于意识来说只是一件很小的事情。"② 对二者做出了区分之后,他继续将它们在时间上分离开来,说观念可以出现在词之前或之后,但是设想它们是同时的,则是一种"纯粹的错觉"。③ 现在我认为,在所有的词都得到理解的情况下,整个观念可以并且通常不仅出现于说出

---

① 见他的著作,《内部话语》(巴黎,1881),特别是第 6 章和第 7 章。
② 第 301 页。
③ 第 218 页。为了证明这一点,埃格诉诸于这个事实,即我们时常全神贯注地倾听某个人讲话,却不理解他的话,直到后来的某一时刻我们突然"认识到"他说的是什么意思。我们从不熟悉的语言中挖掘出语句的意义,情形也是这样,此时词早在观念得到理解之前就呈现给我们了。在这些特殊的例子中,词确实出现在观念之先。相反,只要我们努力地表达自己,像在一种外国语言中,或者一个不同寻常的知识创新的领域里,观念就会先于词而出现。然而,这两类情况都有例外,而且埃格先生自己在深思熟虑之后可能也会承认,在前一种情况下,当观念得到把握时,观念中有某种词的弥漫(无论是多么容易消散),——我们在捕捉它们的意义时,能听到词的回声。他可能还会承认,在第二种情况下,在伴随这么多努力的词终于找到之后,观念仍然持续着。在正常情况下,如他所承认的那样,显然存在着同时性。

那个话之前和之后,而且也出现在说出每一个单独的词的时候。①这就是在那个句子中说出的词的泛音、晕轮者边缘。它从不会缺席;一个理解了的句子中的所有的词,都不是作为一个单纯的声响而来到意识之前的。在它经过时我们感受到它的意义;而且,虽然我们的对象就词语的内核或核子而言每时每刻都在变化,但在思想流的整个片断中它都是一样的。处处认识的都是这同一个对象,此时从这个词的观点(如果我们可以这样说)来认识,彼时从那个词的观点来认识。而且,在我们对每一个词的感受中,都发出每一个其他的词的回声和预示。因此,"观念"的意识和词的意识是同体的。它们由相同的"心的要素"所构成,并且形成一条不间断的流。在任何一个瞬间停止思想,在思想尚未完成时将其中断,并且检查呈现给这突然造成的横断面的对象;你所发现的,并不是说话过程中的那个光秃秃的词,而是弥漫着整个观念的那个词。埃格会说,那个词可能会如此响亮,以至于我们说不出它的弥漫感受起来是什么样子,或者它与下一个词的弥漫有什么不同。但是它确实不同;而且我们可以确信,如果我们能够看到大脑的内部,我们就会看到同样一些过程在不同程度上活跃于整个语句说出的期间,每一个过程依次兴奋到最大限度,然后产生出思想内容的瞬间词语"内核",在其他时间,它们只是处于亚兴奋状态,并与其他

---

① 单独理解词和意义的一个好方法,就是在内部一个词一个词地清晰说出另一个人的话。这样,我们就会发现,意义通常是在从句或者语句完成之后,波动式地进入到心中的。

亚兴奋过程相结合,形成泛音或边缘。①

我们可以通过进一步发展第 279 页的图来说明这一点。让我们不再用线表示思想流的任一垂直截面的客观内容,而是用平面图形来表示,与对象的无论什么部分相对应的最高点,都是在那个截面形成的时刻意识中最显著的东西。在使用语词的思想中,这个部分通常就是某个词。在时刻 1、2、3 取得的 1—1′ 截面的序列于是看上去就像是这样:

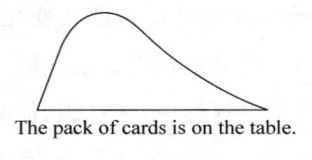

The pack of cards is on the table.

图 31

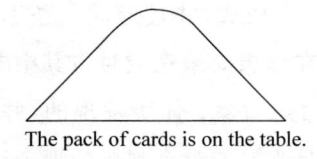

The pack of cards is on the table.

图 32

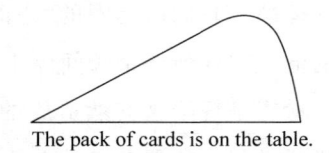

The pack of cards is on the table.

图 33

在每一个图形中,水平宽度都表示整个对象;那个对象的每一个部分上方的曲线高度,标志那个部分在思想中的相对显著程度。在由第一个图形表现的那个时刻,副是显著的部分;在第三个图形中,显著的部分是桌子,等等。

我们可以很容易地将所有这些平面截面拼在一起,做成一个立体图形,它的一个立体维度代表时间,在这个维度上所做的直角切割给出的是做出切割那一时刻的思想内容。

---

① 与这里提出的学说最为接近的进路(对此我很熟悉),是 O. 利布曼《论现实的分析》的第 427—438 页中的讨论。

## 第九章 思想流

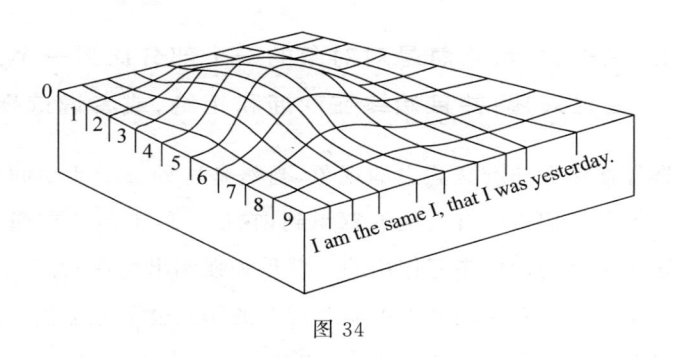

图 34

让这个思想是"我与昨天的我是同一个我"（I am the same I, that I was yesterday.）。如果在时间的第四个时刻，我们让思想者消失，检查其意识的最后脉动是如何构成的，我们会发现，它是对整个内容的一种觉知，其中最为显著的是同一个（same），所知事物的其他部分则相对不那么清楚。随着这个示意图在时间方向上的每一点延伸，截面曲线的顶点就会向句尾靠近。如果我们将这个语句写在一个立体木架的正面，在这个木架的一侧写上时间刻度，如果将一张印度橡胶平铺在它的顶部，在这张橡胶上画出直角坐标，并且在橡胶的下面在从 0 到"昨天"的方向滚动一个光滑的球，在相继的时刻这张膜在这条对角线上的凸出部分，就十分显而易见地表示思想内容的变化，在我们说过了前面的那些话之后，对此就不需要再做更多的解释了。或者用大脑方面的术语来表达就是，它表明在相继的时刻与思想对象的各个部分相对应的不同神经过程的相对强度。

在对意识流的这种最初的粗略描述中，我们需要注意的最后一个意识特性就是

**5. 在思想时，它总是对对象的一个部分比另一个部分更感兴趣，并且始终在欢迎和拒绝，或者说选择。**

选择性注意和有意意志的现象，当然是这种选择活动的显著例子。但是我们很少有人能够意识到，它是如何不断地在通常不是叫这样名字的操作中起作用的。着重和强调出现在我们的每一个知觉中。我们发现完全不可能对许多的印象公平分配我们的注意。单调的一连串响亮的敲击声，由我们给不同的敲击声加上不同的重音，就被拆散成了不同的节律，此时是一种，彼时又是另一种。其中最简单的一种是成对的节律，滴答，滴答，滴答。在一个表面散布开的圆点，被感知为一排一排和一组一组的。线条被分开到不同的图形中。我们心中无处不在的那些区分，这个和那个，这里和那里，此时和彼时，就是我们对地点和时间的部分进行同样的选择性强调的结果。

但是我们所做的远不止于对事物做出强调，并将一些结合起来，将其他一些分离开来。我们实际上在忽略我们面前的大部分事物。让我简要地说明这是如何发生的。

让我们从最基本之处开始，我们的感官自身不是选择器官又是什么呢？物理学告诉我们外部世界是由无限混乱的运动组成的，在这无限混乱的运动中，每一个感觉器官都挑选出某种速度范围之内的运动。它对这些运动做出反应，却完全忽略其他运动，就好像它们根本不存在一样。它因而就以一种客观上似乎没有正当根据的方式，强调了特定的运动；因为，正如兰格所说，我们没有任何理由认为，自然界中最高声波和最低热波之间的裂缝，是一个突然的中断，就像我们感觉之间的裂缝一样；也没有任何理由认为，紫色光和紫外线之间的区别，具有像由明亮和黑暗之间的区别所主观表象出来那种客观重要性。从自身是一个难以区分的拥挤的连续统、缺乏差别或重点的东西中，感官通过留意这个运动并忽略那个运动，而为我们建造了一个充满了差异、明确的重点、突然的变化和别致的光亮与阴影的世界。

如果我们从一个器官接收来的感觉，它们产生的原因是由这个器官的终端构造挑选出来的，注意则在另一方面从产生的所有感觉中，挑选出值得它注意的某些感觉，并且抑制所有的其他感觉。赫姆霍尔茨的光学著作，几乎全部都是对这些普通人从来不曾意识到的视感觉的研究——盲点、飞蝇幻视、后像、辐照、色彩边缘、边缘的颜色变化、双像、散光、调节和会聚动作、视野竞争等等。不经过特殊训练，我们甚至不知道一个视象是落在了我们的哪一只眼睛上。大部分人对这一点的无知都是如此地习惯，以致一个人可能会始终都不知道自己的一只眼睛失明了多年的事实。

赫姆霍尔茨说，我们只注意那些对于我们来说是事物标记的感觉。但是什么是事物呢？正如我们将要充分了解的那样，它们只是特殊的可感性质的群，这些东西碰巧实际地或者审美地引起了我们的兴趣，我们因此给它们以实体性的名称，并且将它们提升到这种独一无二的独立与高贵的地位。但是，撇开我的兴趣，大风天里刮起的特别的一圈尘土本身，和我自己的身体一样，是一个个别事物，也同样值得或者不值得有一个单独名称。

那么，在我们从每一个单独事物那里得到的感觉中间，发生了什么事情呢？心再次进行选择。它选择某些感觉来最真实地表象那个事物，并且将其他感觉看作为此刻的条件所改变了的那一事物的显象。因此，我的桌面只是由它产生出来的无限视网膜感觉之一，而被称为正方形，其余是关于两个锐角和两个钝角的感觉；但是，出于我自己的审美方面的理由，我称后者为透视图，称四个直角为桌子的真实形状，并将正方形的属性提升为桌子的本质。同样，圆形物的真实形状，被认为是视线垂直于它的中心时，它给予我们的感觉——它的所有其他感觉都是这个感觉的标记。大炮的真实声音是耳朵靠近它时得到的感觉。砖块的真实颜色是眼睛避开阳光却又不在阴暗中从近处正对着它看时，给予我们的感觉；在其他情况下，它给予我们的是其他颜色感觉，这些颜色感觉只是这种颜色感觉的标记——于是我们看见它似乎实际更粉或更暗一些。读者知道的对象，都是他通过优先选择某种典型姿态、某种正常尺寸、某个特定距离、某种标准色彩等等而向自己表现出来的对象。这些基本性质共同为我们构造出了事物的真实客观性，并且与某个时刻它在我们这里造成的主观感觉形成对照，但是所有这些基本性质都只不过是和后者一样的感觉。心选择了自己作主，它决定将哪种特殊感觉看得比所有其他感觉更为实在有效。

因此知觉包含双重选择。在所有当下感觉中，我们主要注意能够表示不在场的感觉的东西；在它们提示的所有不在场的联结项中，我们又挑选出非常少的一些，来表示典型的客观实在。我们没有比这更精美的选择活动的例子了。

这种活动继续处理这样在知觉中给出的东西。一个人的经验思想依赖于他所经验的事物，但是这些事物是什么，则在很大程度上取决于他的注意习惯。一个事物可以呈现给他上千次，但是如

## 第九章 思想流

果他一直未能注意它,我们就不能说它进入了他的经验。我们都见过大量的苍蝇、蛾子和甲虫,但是,除了昆虫学家以外,我们对其中的哪一个能说出任何清楚的东西呢?另一方面,一生中只遇到过一次的事物,却可能在记忆中留下去除不掉的经验。四个人到欧洲旅行。一个人带回家的只有生动的印象——服装和色彩,公园、风景和建筑,绘画和雕像。对于另一个人来说,这一切都不存在;距离和价格,人口和排水装置的布置,门窗插销,以及其他实用的统计资料将取代那些东西的位置。第三个人会大谈剧院、餐馆和公共舞会,此外就什么也没有了。而第四个人则可能一直全神贯注于他自己主观的冥思苦想,以至于只能说出几个所经之地的名称。在同样的那一堆出现的对象中,每一个人都选择了适合于他自己私人兴趣的那些对象,并由此获得了他的经验。

现在,如果不管对象的经验结合,我们问心是如何合理地将它们联系起来的,我们又一次发现选择无所不能。在后面的一章我们将会看到,所有的推理都依赖于心将所要推理的现象的总体分解为部分,并且从这些部分中挑选出对于当下的问题可以导致正确结论的特殊部分的能力。另一种困境需要另一个结论,需要挑选出另一个元素。天才人物是这样的人,他总是在恰当的点位入手,然后取出合适的元素——如果当下的问题是理论的,这个元素就是"理由",如果是实践的,就是"手段"。我在这里只作这样一个简要陈述,但是它可能足以表明,推理只是心的选择活动的另一种形式。

如果我们现在转到心的审美部门,这个法则就更加显而易见了。众所周知,艺术家选择他的东西,拒绝所有互不和谐以及与其作品的主要意图不和谐的色调、色彩和形状。那种使艺术作品高于自然之作的统一、和谐以及泰恩所说的"特征的趋同",完全归功于排除。任何一个自然主题都可以,如果艺术家足够机智能抓住它的某一个特征当作是典型的,并且抑制所有与之不和谐的仅仅是偶然的东西。

进一步地上升,我们就到达了伦理学的高度,众所周知,选择在这里是最高的统治。只有当一个行动是从一些同样可能的行动中选择出来的时候,这个行动才具有伦理的性质。坚持善行的理由,始终不忘,抑制对更奢华的生活方式的渴望,在艰辛的道路上不让脚步退缩,这些就是典型的伦理力量。但还比这更多;因为这些应对的只是满足被人看作至高兴趣的手段。杰出的伦理力量必须走得更远,必须要在一些具有同等强制力的兴趣中,选择出成为至高兴趣的那一个。这里讨论的是一个最为意义深长的问题,因为它决定了一个人的整个生涯。当他思忖着,我犯这个罪吗?选择那个职业吗?接受那个职位,或者和这个有钱人结婚吗?——他确实是在几种具有同等可能性的未来品格之间进行选择。他将要成为什么,就由此刻的行为决定了。为了辩护他的决定论,叔本华论证说,对于一种固定品格来说,在给定的情况下,只有一种反应是可能的。他忘记了,在这些关键的伦理时刻,被人意识到好像成问题的,是品格本身的性质。那个人的问题,与其说是此刻要选择做出什么行动,不如说是此刻要决定成为什么样的人。

回顾这方面的思考,我们看到,心在每个阶段都是一个同时存在多种可能性的剧场。意识就表现为将这些可能性相互比较,通过注意的强化和抑制作用,选择一些可能性,并抑制其他可能性。

## 第九章 思想流

最高级和最复杂的心理产物,是从下一级能力选择的材料中过滤出来的,这些材料选自再下一级能力提供的众多材料,后者又是从更大量却更简单的材料中筛选来的,等等。总之,心致力于它接收的材料,非常像一个雕塑家致力于他的石块。在某种意义上,这尊雕像永远都矗立在那里。但是除它之外还有上千尊不同的雕像,这尊雕像能够从其他雕像中脱颖而出,就只能归功于雕塑家了。我们每一个人的世界也是这样,无论我们对它的个别看法可能有多么不同,这些看法都深嵌在感觉的原始混乱之中,它不偏不倚地将纯粹的质料给予我们所有人的思想。如果愿意,我们可以通过推理将事物松绑,使之回到科学称之为唯一实在世界的黑暗且无接缝的空间连续性和挤满原子的移动浮云状物那里去。但是,我们感受和生活在其中的世界,始终是祖先和我们自己通过慢慢积累起一次次的选择,像雕塑家那样,放弃给定材料的某些部分,而从那里脱颖而出的世界。另外的雕塑家会从同一块石头中雕出另外的雕像!另外的心会从同样单调而无表现力的混乱中,脱颖出另外的世界!众多的世界以同样的方式嵌置着,并且对将它们抽象出来的人来说都同样地实在,我的世界只是其中的一个。蚂蚁、墨鱼和螃蟹意识中的世界一定是多么地不同!

但是在我和你的心里,原初世界材料的被放弃部分和被选择部分,在很大程度上是相同的。人类作为一个整体,对于它要注意和命名什么、不要注意和命名什么,在很大程度上是一致的。而在受到注意的部分中,我们以非常相同的方式选择要注重和优先的东西,或者次要和不喜欢的东西。然而,有一种完全非同寻常的情况，在其中从来没有两个人是以同样的方式进行选择的。我们每个人都将整个宇宙分为两半；而且，对于我们每个人来说，几乎全部的兴趣都隶属于这两半中的一半；但是我们都在不同的地方画出这两半之间的分界线。如果我说我们都用相同的名称称呼这两半，这名称分别是"我"和"非我"，人们立刻就明白我的意思了。每一个人心在它可以称为我或者我的的部分中感受到的那种十分独特的兴趣，可能是一个道德之谜，但它却是一个基本的心理学事实。没有哪一个心能对其邻居的我和他自己的我产生一样的兴趣。邻居的我与所有其他事物一起被归入了异质的一群，以此为背景，他自己的我就令人吃惊地突出了出来。如洛采在某个地方所说，甚至连脚下的蠕虫也将自己苦难的自我与整个剩余的宇宙相对照，虽然他对自己和那个世界是什么并没有任何清楚的观念。对于我来说，他只是世界的一部分；对于他来说，我也只是世界的一部分。我们各自在不同的地方将宇宙一分为二。

现在转入比这最初的一般性概述更为精细的工作。在下一章我们将对再度遇到的这个自我意识的事实进行一些心理学方面的探索。

# 第十章　自我意识

让我们从自我(Self)的最宽泛的意义开始，然后一直深入到它的最精细和最微妙的形式，从对经验自我(empirical Ego)(德国人是这样称呼它的)的探讨，进展到对纯粹自我(pure Ego)的研究。

## 经验自我或[宾格的]①我(me)

我们每一个人的经验自我(Empirical Self)，就是他用我(me)这个名称所称呼的东西。但是很显然，在一个人称作我的东西和他只是称作我的(mine)的东西之间，很难画出一条界线。我们对我们的东西产生感受和做出行动，就像我们对我们自己产生感受和做出行动一样。我们的名声、我们的孩子、出自我们双手的作品，对于我们来说可能和我们的身体一样亲切，在受到攻击时，会引起同样的感受和同样的报复行为。而且我们的身体本身，它们仅仅是我们的(ours)，还是它们就是我们(us)？确实，曾有人情愿否认他们的身体，将他们的身体仅仅看作是覆盖物，甚至看作是用泥土制成的牢房，他们很愿意有一天能够从中逃离出来。

于是我们看到，我们是在处理一种变动不定的材料。同一个

---

① 方括号里的内容为译者所加。——译者

对象,有时被当作我的一部分,有时又仅仅被当作是我的,有时又好像我与它完全没有任何关系。然而,在可能的最宽泛的意义上,一个人的自我是他**能够**称之为他的(his)的所有事物的总合,不仅有他的身体和他的心理能力,还有他的衣服和住房、他的妻子和孩子、他的祖先和朋友、他的名誉和作品、他的土地和马匹,还有他的游艇和银行账户。所有这些事物都会使他产生相同的情绪。如果它们增长和繁荣,他就感到喜悦;如果它们减少和消失,他就感到沮丧,——对每一个事物他感受的程度不一定相同,但是对所有事物他感受的方式都非常相像。在这种最宽泛的意义上理解自我,我们可以从将自我的历史划分为三个部分开始,这三个部分分别与下述三个方面相关——

1. 它的构成要素;
2. 它们唤起的感受和情绪,——自我感受;
3. 它们促成的行动,——自利和自保。

**1. 我们可以将自我的构成要素分为两类,它们分别构成——**

(a) 物质自我;
(b) 社会自我;
(c) 精神自我;
(d) 纯粹自我。

(a) 身体是我们每一个人的物质自我的最内在部分;而且身体的某些部位似乎比其他部位更亲密地是我们的。衣服在其次。那句古老的谚语,一个人的人格由三个部分——灵魂、肉体和衣服——组成,并非只是一句玩笑话。我们把自己的衣服据为己有,并且将自己同一于这些衣服,以至于如果让我们选择,是将漂亮的身体永远穿着在褴褛肮脏的衣服里,还是将丑陋肮脏的身体穿戴得整齐干净,我们中间很少有人在做出确定的回答之前不会有片刻的犹豫。① 其次,我们的直系亲属是我们自己的一部分。我们的父亲和母亲,妻子和孩子,都与我们血肉相连。他们去世时,我们自我的一个部分就逝去了。如果他们做了错事,我们会感到羞愧。如果他们受到侮辱,我们就怒火中烧,就好像我们就处在他们的位置。再其次是我们的家。它的景物是我们生命的一部分;它的样子能唤起最温柔的情感;而且,我们不会轻易原谅挑剔家中布置或者轻视它的陌生来访者。所有这些不同的事物,都是本能偏爱的对象,这些本能的偏爱是与生活中最重要的实际兴趣联系着的。我们都有一种盲目的冲动,要看护我们的身体,用装饰性的服装将它打扮起来,关爱父母、妻子和孩子,以及找到一个自己的家,我们可以住在其中并且"改善"它。

一种同样是本能的冲动,驱使我们聚集财产;聚集起来的财产以不同的亲密程度,成为我们经验自我的组成部分。我们的财富中最亲密地属于我们的部分,是那些饱含我们辛劳的部分。很少有人在毕生用双手或大脑建造起来的东西——比如昆虫学方面的收集,或者一部巨著的手稿——突然消失了时,不会有整个人都被摧毁了的感受。守财奴对他的金子也有同样的感受,而且,虽然

---

① 一个有意思的段落,见"穿衣的哲学"(Philosophy of Dress),H. 洛采的《微观宇宙》,英译本,第 1 卷,第 592 页以下。

失去财产时的沮丧部分地来自于我们的下述感受,即我们现在必须要在没有某些物品的情况下过活了,我们本来是期待那些财产随后会带来这些物品的,然而除此之外,每一次都还会有一种我们的人格贬值的感觉,一种我们自己部分地转化为虚无的感觉,这自身就是一种心理现象。我们大家立刻就变得和我们轻视的乞丐和讨厌的恶棍一样了,与此同时,我们还比以往任何时候都与那些幸运儿离得更远了,他们用财富和权力带给他们的充沛精力,对土地、海洋和人类称王称霸,在他们面前,我们借助于反对势利的第一原理让自己强硬起来,然而,我们还是无法摆脱公开或隐匿的敬重和畏惧的情绪。

(b) 一个人的社会自我是他从同伴那里得到的辨认。我们不仅是群居动物,喜欢出现在同伴的面前,而且,我们还有一种使自己受到同类注意,而且是赞许的注意的先天倾向。人们能够设计出的最残忍的惩罚,如果这在物理上是可能的,莫过于让一个人在社会中不受拘束,让那个社会的所有成员始终对他完全不予注意。如果在我们走进来的时候没有人转身,在我们说话的时候没有人回应,对我们的所作所为没有人在意,如果我们遇到的每一个人都"极度怠慢我们",在他们的行为举止中就好像我们根本不存在,我们的心里很快就会充满愤怒和无力的绝望,最残酷的肉体折磨也会是对它的一种解脱;因为这些折磨会使我们感到,不管我们的处境有多么糟糕,我们还没有沉入到完全不值得别人注意的深渊。

适当地说,一个人有多少人辨认他,并且将他的形象装在心里,这个人就有多少个社会自我。伤害他的这些形象中的一个,就

## 第十章 自我意识

是伤害他。[①]但是由于装着这些形象的个体自然分属于不同的类别，我们实际上可以说，有多少个他在意其看法的人的群体，他就有多少个不同的社会自我。他通常对这每一个不同群体表现出自己的一个不同方面。许多年轻人在父母和老师面前一本正经，可是在"难对付的"年轻朋友中间，却像海盗一样诅咒、吹牛。我们在自己的孩子和俱乐部同伴面前表现不同，在我们的顾客与我们雇用的劳工面前表现不同，在自己的上司和雇主与我们的亲密朋友面前表现不同。由此产生的结果，就是实际上将人分为了不同的自我；而且这可以是一种不和谐的分裂，一个人会害怕让他的一些熟人知道他在其他地方的表现；或者，这也可以是一种完全和谐的分工，比如一个对孩子温柔的人，对他所控制的士兵或囚犯却是严厉的。

一个人倾向于拥有的最独特的社会自我，是在他所爱的那个人心中。这个自我的运气的好坏，会引起最强烈的兴奋和沮丧——用那个个体的器官感受以外的任何其他标准来衡量，都是非常不合理的。只要这一特殊的自我未能得到辨认，对于他自己的意识来说，他就是无，而当这个自我得到辨认时，他就会得到无限的满足。

一个人或好或坏的名声和他的荣誉或耻辱，是他的许多社会自我之一的名称。被称为荣誉的特殊社会自我，通常是我们已经提到过的那些分裂之一的结果。它是他在自己的"圈子"眼中的形象，这个圈子会根据他是否符合特定的要求，来赞扬或谴责他，而

---

[①] "从我这里偷走好名声的人"，等等。

这些要求也许对另外一个行业的人来说是无关紧要的。因此,普通人可以离开一座感染了霍乱的城市;但是牧师或医生却会认为这样的行动有损他的荣誉。士兵的荣誉要求他在特定的情境下战斗或死亡,但是在同样的情境下,另一个人却可以道歉或逃开,而决不会使他的社会自我受到玷污。法官和政治家,也同样由于职业的荣誉,而不能进入对于私人生活中的人来说完全无损荣誉的金钱关系。听到人们这样区分他们的不同自我是再普通不过的事情:"作为一个人,我同情你,但是作为一个官员,我不能怜悯你;作为一个政治家,我把他看作同盟,但是作为一个道德家,我憎恶他;"等等。可以被称为"社团意见"的东西,是生活中最强大的力量之一。[1]小偷不能偷其他小偷的东西;赌徒必须付赌债,虽然他不付任何其他的债。在全部人类历史中,上流社会保全荣誉的礼法都一直充满着许可与否决,服从于这种许可或否决的唯一理由,

---

[1] "认为褒奖和贬抑不足以成为很强的动机的人……似乎很不熟悉人类的本性和历史;他会发现,人类的绝大部分都主要(如果不是全部)由这种时尚的法则所统辖;因此,他们做着那些使他们在同伴间保持名誉的事情,而很少顾及到上帝的法则或者法院的法律。一些人,或者大多数人,很少认真反省违背上帝的法则所要遭受的惩罚;而在那些能够反省的人中,许多人在违背法则时,却想着将来的顺从与补偿;而对于违背国法所应得的惩罚,他们则常常怀着免受惩罚的希望。但是,没有人在触犯了其同伴或是他想要取悦的那些人的时尚法则和意见后,能够逃脱他们的责难和厌恶。一万个人中也没有一个人,会僵硬而且麻木不仁地在他自己群体的不断憎恶和鄙弃中支撑下去。如果一个人在他自己特殊的社会内受着不断的鄙视和非议而能满意地生活下去,那他一定是个奇怪和不同寻常的人。许多人寻求孤独,而且会安于孤独;但是任何人只要对自己还有一点点人的思想或感觉,他就不会在他熟识的朋友们的不断厌恶和非难之下生活于社会中。这个负担太重了,人类无法承担;如果一个人能够在交友中得到乐趣,又不在意其同伴的鄙弃和轻视,那他一定自己就是一个不可调和的矛盾。"(洛克的《人类理解论》,第二卷,第28章,第12节)

就是这样做才最有利于我们的社会自我之一。你通常不能说谎,但是当问起你与一位女士的关系时,你却可以如你所愿去编造谎言;你必须接受能与你匹敌的人的挑战,但是如果受到弱者的挑战,你就会嘲笑他:这些就是我所说的意思的例子。

(c) 精神自我,就它属于经验的我而言,我是指一个人的内部或主观存在,是被具体看待的他的精神能力或倾向;而不是仍然有待讨论的人格统一体的赤裸本原,或者"纯粹"自我。这些精神倾向是我们最真实所是的那个自我的最为持久和亲密的部分。在我们想到我们的论辩和区分能力,想到我们的道德感受性和良心,想到我们的坚强意志时,我们所得到的自我满足,比我们审视自己的任何其他所有物时都更加纯粹。只有当这些东西变化了时,我们才说一个人从自身异化了(alienatus a se)。

我们可以以各种方式思考这一精神自我。我们可以将它分为不同的能力,就像刚才的例子中所讲的,将它们相互隔离开来,再将我们自己依次同一于其中的任何一个。这是处理意识的一种抽象方法,在意识中,如它实际呈现的那样,我们总是能够同时发现许多这样的能力;或者我们可以坚持一种具体的观点,这样,我们内部的精神自我就或者是我们个人意识之流的全部,或者是那个意识之流的当下"片断"或"截面",这取决于我们是采取一种广义的还是狭义的看法——意识流和它的截面都是时间中的具体存在,而且各自都是自成一类的统一体。但无论是抽象地还是具体地看待它,我们对精神自我的思考都是一个反思过程,都是我们放弃向外看的观点的结果,是我们能够思考这样的主体性,将我们自己思想为思想者的结果。

对思想的这种注意本身,以及将我们自己同一于它,而不是同一于任何由它显示出来的对象,是一种重大而且在某些方面相当神秘的运作,对此,我们在这里只需说,事实上它存在着;以及在每一个人生活的早期,心就已经熟悉了思想自身和它所"关于"的东西之间的区别。我们也许很难找到这种区分的更深层根据;但表层的根据有许多,并且近在眼前。几乎所有的人都会告诉我们,思想是一种与事物不同的存在,因为有许多种类的思想都不是关于任何事物的——比如,快乐、痛苦和情绪;一些思想是关于并非存在的事物的——错误与虚构;还有一些思想是关于存在的事物的,但却是以一种象征的和并非与事物相似的形式——抽象观念和概念;而在确实与他们所"关于"的事物相似的思想中(知觉象,感觉),我们可以感受到,与被认识的事物比较起来,关于那事物的思想是作为心中的一种完全独立的活动和运作而进行的。

现在,我们可以如前面所说,以一种具体或者抽象的方式,来把握这种与经由它而认识的对象有着明显区别的我们的主观生活了。关于具体的方式,我现在只想说,意识流的真实"截面",不久将会在我们关于意识统一性原则的性质的讨论中,起到非常重要的作用。抽象的方式需要首先引起我们注意。如果作为整体的意识流,比任何外面的事物都更与自我相同一,那么,从其他部分中抽取出来的意识流的一个特定部分,则在一种非常奇特的程度上与自我相同一,并且所有人都会感受到它是圆圈中最内部的中心,是城堡里面的避难所,由作为整体的主观生活所构成。与意识流的这个元素相比较,其他部分,甚至是主观生活的部分,似乎都是

## 第十章 自我意识

短暂的外部所有物，可以依次放弃，而放弃它们的那个东西却一直存在。那么，所有其他自我的这个自我是什么呢？

也许所有人都会在某种程度上以非常相同的方式描述它。他们会称它为所有意识中的主动元素；说无论一个人的感受有什么样的性质，无论他的思想包含什么内容，在他的内部都有某种精神的东西，它好像走出来迎接这些性质和内容，而它们则好像是走进去为它所接收。它就是进行着欢迎和拒绝的那个东西。它主管对感觉的感知，并且通过给出或拒绝给出许可，而影响这些感觉趋向于引起的运动。它是兴趣之家——不是快乐或痛苦的事情，甚至不是快乐和痛苦本身，而是在我们之内快乐和痛苦、以及快乐和痛苦的事情对其发出声音的那个东西。它是努力和注意之源，而且似乎是意志命令的发出之地。我想，从自己个人这方面对其进行反思的生理学家，几乎禁不住要多少有点含糊地将它与观念或者进来的感觉由以得到"反思"或转变为外部行动的过程相联系了。并非它必然就是这个过程或对这个过程的单纯感受，它是以某种紧密的方式与这个过程相联系的；因为它在精神生活中起着与之类似的作用，它是一个会合点，感觉观念终止于此，运动观念始发于此，在二者之间形成一种链环。它比任何其他单独的心理生活要素更加持续不断地存在于那里，其他要素最终好像都依附在它周围并且是属于它的。它与它们相对立，就像持久不变的事物与变化无常的事物相对立一样。

我认为，无需惧怕为任何以后的高尔顿式信函所惊扰，一个人可以相信所有人都必须从其他他们称作他们自己的东西中，挑选出某个中心本原，每个人都认识到前面的东西是对这一中心本原的很好的一般性描述,——无论如何,足够准确地表示了它的意思,并使它不会与其他事物相混淆。然而,一旦他们更加接近它,试图更准确地定义它的确切性质,我们就会发现意见开始分歧了。一些人会说,它是一个简单的主动实体,即灵魂,他们意识到的就是它;其他人会说,它只是一种虚构,是我这个代名词所指示的想象的存在;在这些极端的意见之间,还存在各种各样的中间看法。

我们在后面定要亲自讨论所有这些意见,而在这之前就让它们先是这个样子吧。现在,让我们尽可能明确地弄清,自我的这一中心核子感受上去是什么样子,而不管它是一个精神实体,还是仅仅是一个虚妄的词。

自我的这一中心部分就是被感受。它可以是先验论者说它所是的东西,也可以是经验论者说它所是的东西,但它决不是仅仅由理智方式认识的单纯的理性存在(mere ens rationis),不是记忆的单纯聚合,也不是一个词在我们耳中的单纯声音。我们对它也有直接的感性的亲知,它在确实呈现于其中的意识的每一瞬间,都完全呈现出来,就像它呈现于这些瞬间的全过程一样。前不久我们称它为一种抽象,那并不意味着,像某种一般观念那样,它不能呈现于特殊经验之中。那只是说,我们永远也不会发现它独自存在于意识流中。当它被发现时,它就被感受到;正如身体被感受到时,对它的感受也是一种抽象一样,因为身体永远也不会独自被感受到,而总是与其他事物一起被感受到。现在我们能更准确地说出,这一中心的主动自我的感受是在于什么吗?——目前还不必说那个主动自我是什么,是一个存在还是一个本原,现在要说的是,当我们开始觉知它的存在时,我们感受到了什么?

我认为,在我自己这里我能说出来;由于从我说的话引出一般性的结论很可能会招致异议(因为它确实可能部分地不适用于其他个体),我最好以第一人称继续讨论,让那些通过反省能够认识到它正确的人接受我的观点,并且承认我没有能力满足其他人的要求,如果有其他人的话。

首先,我觉知到我的思想中有不间断的促进和阻碍、制止和释放的活动,有与欲望同行的倾向和不与欲望同行的倾向。在我思想到的事物中,有一些与思想的兴趣相一致,而另一些则不那么友好。这些客观事物相互之间的矛盾与一致、强化与阻碍,反射回来,引起我的自发性对它们做出似乎是不间断的反应,迎接或对抗,占有或放弃,争取或反对,同意或不同意。在我这里,这种跳动的内部生活,就是刚才我试图用所有人都会使用的术语描述的那个中心核子。

但是,当我放弃这种一般性的描述去把握细节,去尽最大的可能接近事实时,我就很难在那种活动中觉察到任何纯粹的精神要素了。每当我反省的目光足够快速地转过来,捕捉到这些活动中的自发性表现之一时,所有它可以清楚感受到的,就是某种身体过程,这个过程多半是发生在大脑之中的。暂且不管这些内省结果中的模糊之处,让我试着谈谈那些对于我自己的意识来说似乎是不容置疑的和清清楚楚的细节。

首先,注意、赞成、否定和做出努力的动作,被感受到是头脑中某种东西的运动。我们在许多情况下都可以非常准确地描述这些运动。当注意一个观念或属于一个特殊感觉范围的感觉时,运动就是在发生时被感受到的感官调节。比如,如果没有感受到眼球中的压力、会聚、发散和适应性调节的变动,我就不能用视觉的方式进行思想。物体被认为存在的方向,决定了这些运动的性质,对于我的意识来说,对这些运动的感受与准备好去接受可见之物的方式相同一了。我的大脑中好像有一条条方向线穿过,当我的注意移向相继出现的外物,或者追随变化着的感觉观念序列,从一个感官转移到另一个感官时,我就开始意识到这些方向线。

当我要回忆或者反省时,相应的运动不是朝向外周,而似乎是由外周向内,感受起来就好像是从外部世界缩了回来。就我所能察觉的而言,这些感受的产生是由于眼球实际的向外和向上的转动(我相信在我的睡眠中也有这样的转动发生),而且与它们在确定有形物体时的活动方向正好相反。在推理时,我心中很容易有一种位置模糊的图形,思想对象的不同部分处于图形上面特殊的点上;注意从其中的一个转移到另一个,被清楚地感受为发生在头脑中的运动方向的变化。①

在赞成和否定时,在做出一种心理努力时,运动似乎更加复杂,对它们的描述也更加困难。声门的开放和闭合在这些运作中起很大的作用,不那么明显地,还有软腭的运动,等等,将后鼻孔与口腔阻断。我的声门就像一个敏感的阀门,在每一次心理犹豫之时,或者对思想的对象感受到厌恶之时,它即刻阻断呼吸,而问题一旦克服,它马上就打开,让空气通过我的喉咙和鼻子。在我这里,对这种空气运动的感受是赞成之感的重要组成部分。眉毛和眼皮肌肉的运动,对我心中所现事物的愉快和不快的每一次变化反应也非常敏感。

---

① 对这些运动感受的进一步解释,请见下一章。

在任何一种努力中,除了眉毛和声门肌肉的收缩以外,还有下巴肌肉和呼吸肌肉的收缩,于是感受就到了真正意义上的头部之外。每当强烈地感受到对对象的欢迎或拒绝时,它就到了头部之外。这样,一批感受从身体的许多部分涌入,它们全部都是我的情绪的"表现",头部感受本身在这更大的一批感受中被吞没了。

在某种意义上,至少在一个人身上,我们可以真实地说,当认真检查"众多自我的那个自我"时,我们发现它主要是由头部或者头部和喉咙之间的那些奇特运动的集合组成的。我暂且不说这就是它所包含的一切,因为我完全了解内省在这方面是多么地困难。但是我感到非常有把握的是,这些头部运动是我最清楚觉知到的我的最内部活动的一部分。如果我尚且不能说清楚的模糊部分,被证明和我内部那些清楚的部分一样,而且我和其他人一样,那么就可以推出,我们对精神活动的全部感受,或者对这个名称通常所指的东西的全部感受,实际上就是对身体活动的感受,这些身体活动的确切性质为大多数人忽视了。

现在我们不以任何方式采纳这一假说,而是先来琢磨一下,看看如果它是真的,会引起一些什么结果。

首先,处于观念和外显动作之间的自我的中心部分,就是在生理学上与外显动作本身并无实质性区别的活动的集合。如果我们将全部可能的生理动作区分为调整和实施,那个中心自我就是全部调整的集合;而那个不那么亲密、更富于变化的自我,就它是主动的而言,就是实施。调整与实施都属于反射的类型。二者都是感觉过程和观念活动过程的结果,这些过程或者在大脑里面相互释放到对方之中，或者释放到大脑外面的肌肉和其他部分。调整的独特之处在于，它们是最低限度的反射，数量上寥寥无几，不断地重复，在心的其他内容的巨大变动之中经久不变，除了在促进或抑制各种事物和活动在意识之前的呈现这个方面所起的作用以外，它们一点也不重要，而且无趣。这些特性自然会使我们在内省的方面不会对它们有太多细致的注意，而同时又使我们将它们觉知为一组连贯的过程，与意识包含的所有其他事物形成强烈的对照，——甚至依照情况，会与"自我"的其他组成部分，物质的、社会的或者精神的，形成强烈的对照。它们是反应，而且它们是原初的反应。每件事情都会唤起它们；因为未能引起其他结果的对象，也会短暂地引起眉毛收缩和声门关闭。这就好像所有心的来访者，都必须经受一次入门考试，露出脸来，得到通过或者被送回去。这些最初的反应就像是开门或关门。在心理变化中间，它们是转向和转开、服从和阻止的永久中心，与它们由以发生的外部事物相比较，这些东西自然显得重要和内在，而且，它们占据着仲裁者的决定性位置，与我(Me)的任何其他构成部分占据的位置都完全不同。如果我们将它们感受为结论的诞生地和动作的起点，或者如果它们看上去就像是前不久我们称之为个人生活"城堡里面的避难所"的东西，就一点也不奇怪。①

---

① 我们应当将冯特关于自我意识的解释与此相比较。我称之为"调整"的东西，他称之为"统觉"(Apperception)过程。"在(意识的)这种发展中，一组特殊的知觉象具有特别的重要性，这就是其源头在我们自己内部的东西。我们从自己身体得到的感受意象，以及我们自己的动作表象，通过形成一个持久的群集，而与所有其他表象区别了开来。由于总是有某些肌肉处于或紧张或活动的状态，可以推出，我们从来也不会缺乏关于我们身体的位置或者动作的或模糊或清晰的感觉。……而且，这种持久的感

## 第十章　自我意识

如果它们真的是最内部的避难所,是我们始终可以直接经验其存在的所有自我中的最终极的自我,那就可以推出,严格地说,所有被经验到的东西都是客观的;这个客观的东西分为两个相对的部分,一个实现为"自我",另一个实现为"非我";除了这两个部分之外,只有它们被知道的事实,以及思想流是它们之被经验的不可缺少的主观条件的事实,就没有任何其他东西了。但是这个经验的条件,并不是当时被经验到的事物之中的一个;这个知道也不是即刻知道。它只是在其后的反省中才被知道的。思想流并不是共-意识(con-sciousness)之一,"将它自己的存在与任何它思想到的其他事物一起思想"(如费里尔所说),也许更好的办法是将它

---

觉有这样一种奇特之处,即我们觉知到我们拥有可以在任何时候随意将它的任何一个组成部分唤起的能力。我们通过本身将要引起动作的意志冲动,立刻唤起动作的感觉;我们通过感觉器官的随意动作,唤起身体的视觉和触觉的感受。因此,我们认为这种持久的感受群集,直接或间接地服从于我们的意志,并且称之为关于我们自己的意识。在开始时,这种自我意识完全是感觉的。……只是渐渐地,它的排在第二位的特性,它对我们意志的服从,才占据了优势。随着我们全部心理对象的统觉对我们表现为一种意志的内部运作,我们的自我意识才开始同时既扩张自己,也缩小自己。它就在那个心理活动之中扩张自己,不管与我们的意志发生关系的是什么东西;它也缩小自己,也就是说,它越来越使自己集中于统觉的内部活动,与之相反,我们自己的身体和所有与之相联系的表象,都表现为外部对象,与我们的严格意义上的自我相区别。这个被缩小到统觉过程的意识,我们称之为我们的自我;而一般心理对象的统觉,根据莱布尼茨的看法,可以由此而被看作是向我们的自我意识的提升。因此,自我意识的自然发展,含蓄地包含了哲学描述这一能力的最抽象的形式;只有哲学才喜欢把抽象的自我放在开端,并由此而颠倒了发展的过程。我们也不应该忽略这样的事实,即完全抽象的自我[作为纯粹的活动],尽管为我们意识的自然发展所暗示,我们却永远也不会真正在那里找到它。最思辨的哲学家,也无法将他的自我从构成了其自我觉知的不间断背景的身体感受和意象中分离出来。和其他看法一样,对其自我的这种看法本身,就来自于感受性,因为统觉过程自身,主要就是通过与之相伴随的那些紧张感受[我在上面称之为内部调整],而被我们认识的。"[《生理心理学》(*Physiologische Psychologie*),第二版,第 2 卷,第 217—219 页。]

称作纯粹的单独意识(Sciousness)流,思想着对象,其中一些对象被它当作它称之为"我"的东西,而只是以一种抽象、假定或者概念的方式,觉知到它的"纯粹"自我。这个流中的每一个"截面",于是就都是这种单独意识或者知识中的一点,包含并且思考着作为对象,并且携手起作用的它的"我"和"非我",但是尚未包含或思考它自己的主观存在。这里所说的单独意识就是思想者,而这个思想者的存在是作为一种逻辑假定,而不是作为对我们自然认为自己拥有的精神活动的直接内部知觉,而给与我们的。"物质"作为物理现象后面的某种东西,就是这样一种假定。在被假定的物质和被假定的思想者之间,各种现象来回摆动,其中的一些("实在")更接近于物质,其他(虚构、意见和错误)则更接近于思想者。但是,那个思想者是谁,或者我们应当设想宇宙中有多少个独特的思想者,这都是未来形而上学探究的主题。

这样的思辨否定了常识;而且,它们不仅否定了常识(这在哲学中并不是有力的反驳),还与每一个哲学学派的基本假定相矛盾。唯灵论者、先验论者和经验论者,都承认在我们内部有一种对具体思想活动的连续的直接知觉。无论他们在其他方面可能多么不一致,他们都争相真诚地认为我们的思想是怀疑论无法触及的一种存在。[1]因此,我将把前面几页的内容当作附加的离题话,从现在起一直到书的末尾,都回到常识的道路上来。我的意思是说,我将继续假定(就像我一直假定的那样,特别是在上一章)对我们

---

[1] 我所知道的唯一例外是苏里奥(Souriau),参见他在《哲学评论》第 22 卷第 449 页的重要文章。苏里奥的结论是"良知并不是存在物"(que la conscience n'existe pas)(第 472 页)。

思想过程本身的直接觉知，并且简单地坚持这个事实，即它是一种比我们大多数人所设想的更加内在和精细的现象。然而，在书的结束部分，我会再回到我在这里匆匆提出的疑问上来，做一些由它们所提示的形而上学思考。

现在，我得到的唯一结论是：（至少在一些人那里）被最清晰感受到的最内在自我的那个部分，在很大程度上就是头部"调整"运动的集合，由于缺乏对这些运动的注意和反思，通常它们都未能被感知为它们之所是，未能被归入它们之所是的一类；在这些运动之外，还有一种对于更多的什么东西的模糊感受；但是，至于这感受是关于更微弱的生理过程的，还是并非关于任何客观事物，而只是关于主体性自身，是关于成为"它自己的对象"的思想的，这在目前还必须是一个开放的问题，——就像它是否是不可分的主动灵魂实体的问题，或者是否是代名词"我"的人格化的问题，或者任何其他猜测其性质的问题一样。

对自我成分的清晰分析，目前我们还不能走得比这更远。那么现在我们就来讨论由它们唤起的自我的情绪吧。

## 2. 自我感受

自我感觉首先是自我满足和自我不满。我将在后面一点的地方讨论人们所说的"自爱"。语言中有足够多的用来表达这两种原初感受的同义词。骄傲、狂妄、虚荣、自尊、傲慢、自负是一方面；另一方面是谦逊、谦卑、窘迫、缺乏自信、羞耻、羞辱、后悔、耻辱感和个人绝望。这两类相反的情感，似乎是我们本性中直接和基本的禀赋。联想主义者们会说,另一方面,它们是次级现象,产生于对可以感觉到的快乐和痛苦的快速计算,这些快乐和痛苦很容易由我们的顺利发达或者受贬抑的个人困境所引起,被表象的快乐的总合构成了自我满足,被表象的痛苦的总合构成了相反的羞耻感。毫无疑问,当自我满足时,我们就高兴地预演所有可能的应得奖赏,而当感到自我绝望时,我们就预感到不幸。然而,对奖赏的单纯期盼并不就是自我满足,而对不幸的单纯忧惧也并不就是自我绝望,因为我们每个人都一直会带有一种自我感的平均心境,它是独立于我们满足与不满足的客观理由的。这就是说,一个处境非常卑贱的人可能会始终都很自负,而一个对生活中的成功完全有把握并且得到了所有人尊重的人,却可能一直对他的能力缺乏自信。

然而人们会说,自我感受的正常刺激物是一个人实际的成功或失败,以及他在世界上所拥有的好的或者坏的实际位置。"他伸进大拇指挖出一只李子,然后说,我真是个好的男孩。"一个拥有广泛扩展开来的经验自我,拥有始终带给他成功的能力,拥有地位、财富、朋友和名声的人,不大可能像他是个小男孩时那样,对自己病态地缺乏信心和充满疑问。"这不是我建立的伟大的巴比伦吗?"[①]然而,一个不断犯错误,到了中年还在山脚下为错误所包围的人,就很容易进入自我不信任的惨淡心境,在他实际有能力对付的考验面前退缩回去。

自我满足和自我贬低的情绪本身是独特的一类,各自都可以

---

① 参见贝恩教授在其《情绪与意志》之"能力情绪"中的精彩评论。

被算作一类原始的情绪，就像比如愤怒或者痛苦那样。它们各自都有自己独特的相貌表情。自我满足时，伸肌受到神经支配，眼睛明亮有光，步态轻盈，鼻孔扩大，唇间挂着特有的笑容。我们可以在疯人院看到这全部复杂症状的精致表现。疯人院里经常有一些这样的病人，他们实际上是幻想狂，自满的表情和可笑的昂首阔步大摇大摆的步态，与他们所有良好个人品质的缺乏，形成了可悲的对比。也正是在这些令人绝望的城堡中，我们发现了相反相貌表情的最鲜明的例子。善良的人认为自己曾犯下"不可饶恕的罪行"，并且永远地迷失了。他们蹲伏着，畏缩着，避免引起别人的注意，而且不能大声讲话，也不能看着我们的眼睛。像恐惧和气愤一样，在类似的病态条件下，自我的这些相反感受，可能会在没有充分刺激原因的情况下被唤起。事实上我们自己也知道，我们的自尊和自信的晴雨表，会由于内脏和器官的原因，而不是理性的原因，而且肯定与我们在朋友中所受尊重的相应变化无关的原因，而一天一天地上升又下降。至于人类的这些情绪的起源，在我们讨论了自利和自保的问题以后，就可以更好地讨论了。

## 3．自利和自保

这些词涵盖了我们许多基本的本能冲动。我们有身体的自利冲动，社会的自利冲动，以及精神的自利冲动。

所有通常在营养和防卫方面有用的反射动作和运动，都是身体的自保活动。恐惧和气愤激起以同样的方式有用的活动。然而，如果用自利这个词，我们是指与对现在的维持相区别的为将来做准备，那我们就必须将气愤和恐惧与狩猎、采集、建造房屋和制造工具的本能归为一类，作为身体的自利冲动。然而，后面这些本能，还有爱情、父母之爱、好奇心和竞争，所寻求的其实并不只是身体自我的发展，而且还有最宽泛意义上的物质自我的发展。

我们的社会自利是直接通过我们的爱情和友情，我们取悦他人、吸引他人注意和受到他人赞美的欲望，我们的竞争与妒忌，我们对荣誉、影响力和权力的热爱而实现的，而间接地，它是通过所有被证明能够充当实现社会目的之手段的物质自利的冲动而实现的。直接的社会自利冲动，可能是纯粹的本能，这很容易了解。关于得到他人"认可"的欲望有一点值得注意，这就是它的强度与用感觉和理性的术语计算出来的认可价值没有多少关系。我们热衷于索得长长的访问者名单，以便在任何一个人的名字被提及时，我们都可以说，"噢！我和他很熟"，我们还渴望在街上遇到一半人都向我们鞠躬致意。当然，了不起的朋友和赞美性的认可是我们最想望的东西——撒克瑞（Thackeray）在某个地方曾让他的读者坦白，当他们挽着一位公爵在帕尔马尔街遇到熟人时，这是否不会使他们每一个人都感到异常地快乐。但是，如果没有公爵和令人羡慕的致意，对于我们中间的一些人来说，几乎什么都行；现今有那么一群人，他们所热衷的事情，就是让自己的名字出现在报纸上，而不管是在什么标题之下，"到达与出发""个人短讯""访谈"——如果没有更好的东西，闲谈甚至丑闻对他们来说也是好的。加菲尔德（Garfield）的刺客吉托，就是这种对在出版物上扬名的渴望在病态之下走向极端的一个例子。报纸限制了他的心理视野；绞刑台上可怜的不幸者的祷告中，最令人感动的话之一就是："这个地区的报纸出版界要和你做一笔大交易，哦，上帝！"

不仅仅是人，还有我所了解的地点和事物，也以一种隐喻意义上的社会方式，扩展着我的自我。就像法国工匠提及他用得很好的工具时所说，"这我知道（ça me connait）"。因此，对那些我们并不在意其想法的人，我们也渴求他们的注意；而且一个又一个真正了不起的男人，一个又一个在很多方面都难以取悦的女人，也会不辞劳苦地去向他们从心里鄙视其全部人格的无赖炫耀。

在精神自利的标题之下，应该包括每一个有助于精神进步的冲动，无论这进步是理智的、道德的，还是狭义的精神的。然而，我们必须承认，许多通常被看作是这种狭义精神自利的，其实只是死后的物质自利或社会自利。在伊斯兰教徒对天堂的想望，和基督徒对免受地狱之苦的渴求中，所求之物的物质性是未加掩饰的。在比较积极和精致的对天堂的看法中，许多所求之物，圣人和我们已故亲朋的相伴，上帝的显现，都只是最高级的社会之物。只有对得救的内在本性的寻求，对此时此后都与罪恶无染的寻求，才能算是纯粹无瑕的精神自利。

但是，如果不对下面的问题进行讨论，这种对自我生活事实的宽泛的外部评论，就是不完整的。

## 不同自我之间的竞争与冲突

对于大部分欲望对象来说，身体的性质限制我们只能在许多被表象的事物中选择一个，这里就更是如此。我时常必须坚守我的经验自我之一而放弃其他。并非我不愿意（如果我能够）既英俊又丰满又穿着漂亮,还是一个了不起的运动员,一年能挣一百万,智慧、快活,让女人一见钟情,还是一个哲学家;一个慈善家,政治家,武士,非洲探险家,还是一个"交响诗人"和圣人。但是这根本不可能的。百万富翁的工作与圣人的工作相矛盾;快活的人与慈善家也会相互磕磕绊绊;哲学家和让女人一见钟情的人也不能很好地共处一顶屋檐之下。也许可以想象,在生命的开始,这些不同的性格特征对一个人都同样是可能的。但是要使其中的任何一个成为现实,其余的就必须或多或少受到抑制。因此寻找他的最真实、最有力和最深层自我的人,必须认真审视那个清单,选择出一个,把自己的命运押在上面。于是所有其他自我就变得不真实了,而这个自我的命运是真实的。它的失败是真正的失败,它的胜利是真正的胜利,羞耻和欢乐与之相伴随。这就是我在前面(第284页及以下诸页)所持的心的选择机制的一个有力的例子。我们的思想不断在同类事物中决定哪些将成为现实,此时它选择了许多自我或者性格特征中的一个,而没有被清楚地接纳为它自己的自我的失败,立刻就不再被看作是它的耻辱了。

我把自己的命运押在了做心理学家上,如果其他人对心理学的了解比我多得多,我就会感到苦恼。但是我却满足于始终对希腊语一无所知。这方面的不足,一点也没有让我感到个人的羞辱。如果我的"抱负"是成为语言学家,情况就会正好相反。于是我们就有了这样的悖论,一个人因为他只是世界上的第二拳击家或者第二划手而羞愧得要死。除了一个人以外,他能够打败世界上所有的人,这完全无关紧要;他"要"他自己去打败那个人;只要他没有做到这一点,其他什么就都不算数。对于他自己来说,他就好像不存在,他确实不存在。

然而,那边那个弱小的人,每一人都能打败他,他却对此一点儿不感到气恼,因为他早就完全放弃了"向那个方向发展"(如商人们所说)自我的要求。没有要求就没有失败;没有失败也就没有羞辱。因此,我们在这个世界上的自我感受,完全取决于我们下赌注要自己成为什么和做什么。它是由我们的现实性与我们设想的可能性的比率决定的;是分母为抱负、分子为成功的分数;因此,

$$自尊 = \frac{成功}{抱负}$$

。可以通过增大分子或者减小分母来增大这个分数。① 放弃抱负是与实现抱负同样令人愉快的解脱;在不断失望和奋斗永无止境的地方,人们就总是会这样做。福音派新教神学的历史,以及它对罪恶的确信、它的自我绝望,还有它对通过行动得到拯救的放弃,就是可能的例子里面最深刻的一个,而在每一个行业中我们都还可以看到有其他的例子。一个人一旦真心诚意地接受了自己在某个特殊方面的空无,心里就有一种不同寻常的轻松。被最后一声无情的"不"送走的情人的命运中,一切都不再是痛苦。许多波士顿人(恐怕还有其他城市的居民),相信有经验者的话(crede experto),如果能永远放弃保持一个音乐自我的想法,并且在别人听到他们称交响乐为讨厌的东西时也不感到羞耻,那他们就会是更幸福的女人和男人。放弃让自己年轻或者苗条的努

---

① 参见卡莱尔(Carlyle):《旧衣新裁》(*Sartor Resartus*),"持久的肯定"。"我告诉你,傻瓜,这全都出自你的虚荣;你所想象的东西,也就是你应得的赏罚。想象你应该受绞刑(很可能就是这样),你就会觉得被枪击是一种幸福;想象你应该被绞死在头发绞索之中,死在麻绳里就是一种奢侈。……你对立法机构的什么决议会感到满意?不久前你还完全没有存在的权利,"等等。

力的那一天是多么地幸福！感谢上帝！我们说,那些幻想消失了。加在自我上面的每一个东西,既是一种骄傲,也是一个负担。一个在国内战争中失去了所有钱财的人,走在尘土中,事实上是滚爬在尘土中,说他自出生以来还从未感受到过如此的自由和幸福。

再说一次,我们的自我感受在我们自己的掌握之中。正如卡莱尔所说:"让你对报偿的要求为零,这样,整个世界就都在你的脚下。我们这个时代的最智慧的人写得好,确切地说,生活在放弃中开始。"

威胁或恳求只有在触及到一个人的某个潜在或者真实的自我时,才能触动他。只有这样,我们通常才能"买到"别人的意志。相应地,外交家、统治者、以及所有想要支配或影响他人的人首先关心的事情,就是找出受害者最强的自我关心的本原,以将其作为所有要求的支点。但是,如果一个人放弃了那些由外来的运气控制的东西,不再将它们看作是他自己的一部分,我们几乎就对他无能为力了。斯多葛学派让人知足满意的妙方,就是让你事先放弃所有那些不在你掌控之内的事物,——这样,你就可能感受不到命运打击的降临。爱比克泰德（Epictetus）告诫我们,通过这样缩小并同时巩固我们的自我,来让它不受伤害:"我一定会死;但我一定也要呻吟着死吗？我要说出我认为正确的话,如果暴君说我让你去死,我会回答:'我什么时候告诉过你我是不朽的？你尽你的职责,我尽我的;杀戮是你的职责,勇敢地死去是我的;驱逐是你的职责,无烦恼地离开是我的。'我们在航海中是怎么做的？我们选择领航员、水手和时间。其后一场风暴降临。我在意什么？我的职责已经尽到。这是属于领航员的事情。但是船在下沉;这时我必须做什么？我能做的只有一件事——让大海把自己吞没，没有恐惧，没有叫喊，也没有对上帝的谴责，知道凡出生者必定会死亡。"[1]

这种斯多葛主义的方式，尽管在它的地点和时间足够有效和英勇，但是我们必须承认，只有对于狭隘和无同情心的人，它才有可能是灵魂的一种习惯性心境。它完全是通过排除进行的。如果我是一个斯多葛主义者，我不能占有的物品就不再是我的物品，而且，我已经很接近于要否认它们是物品了。我们发现，在其他方面不是斯多葛主义者的人们中间，这种通过排除和否定来保护自我的方法也非常普遍。所有狭隘的人，都固守他们的**我**，将它从他们不能安全拥有的地域缩回来。对于与他们不相像的人，不关心他们的人，以及他们不能对其有所影响的人的存在，无论在本质上多么值得称赞，他们如果不是以确实的仇恨，也是以冷酷的否定来看待。不属于我的人，我就把他完全排除在存在的事物之外；也就是说，只要我能够做到这一点，这些人就如同不存在一般。[2]因此，我的**我**之轮廓中的某种绝对性和确定性，就会弥补它内容的狭小而给我以慰藉。

相反，有同情心的人则以一种完全相反的扩充和包含的方式过活。他们自我的轮廓时常变得非常不确定，但是内容的扩展却足以弥补这一点，并且还富富有余。没有一个人与我不相干(Nil humani a me alienum)。让他们轻视我的这个小人，对待我就像

---

[1] T. W. 希金森(T. W. Higginson)的译本(1866)，第105页。
[2] "减轻失望和受轻视的打击的一般方法，就是在可能的时候降低对造成这种情况的人的估价。这是我们对带有党派精神的非正义责难和个人恶行的救治方法。"(贝恩：《情绪与意志》，第209页。)

对待一条狗,只要我的身体里面尚有灵魂,我就不会否定他们。他们和我一样是实在。他们有什么确实的善,那也是我的,等等。这些胸襟开阔者的宽宏大量确实时常令人感动。这样的人想着,不管他们可能多么病弱,多么其貌不扬,身处多么低劣的环境,通常有多么地孤立,他们仍然是这勇敢世界整体中不可缺少的部分,分有着拉车马匹的力量,年轻人的幸福,智者的智慧。而且在范德比尔特们(the Vanderbilts)和霍恩佐伦们(the Hohenzollerns)的好运中也并非完全没有他们自己的一份,此时他们会感受到一种美妙的欣喜。因此,无论是通过否定还是包含,自我都可以在实在世界中确立起自己。和马可·奥勒留(Marcus Aurelius)一样能够真诚地说出"哦,宇宙,我愿所有你之所愿"这句话的人,在他们的自我中已全无否定和阻碍——所有的风都为它扬帆。

有一种还算一致的意见,将一个人可以"抓住和拥有"的不同自我,以及他的自我关心的相应的不同状态,安排在了一个层次等级中,身体自我在最下面,精神自我在最上面,身体之外的物质自我和各种社会自我在中间。单纯自然的自利,会促使我们扩展所有这些自我;我们有意放弃的,只是它们中间我们发现自己无法保持的东西。因此,我们的慷慨无私很容易就是一种"必然美德";愤世嫉俗者引用狐狸和葡萄的寓言来描述我们这方面的进步,也并非全无道理。但是,这是人类的道德教育;而且如果我们最终同意,总的来说我们能够保持的自我是本质上最好的自我,我们也就无需抱怨以这样一种拐弯抹角的方式了解了它们的更高价值。

当然,这并不是我们学会让较低级自我服从较高级自我的唯一途径。直接的伦理判断无疑也起着作用,还有最后(但并非最不重要),我们还将最初由其他人的行动引起的判断运用到我们自己身上。这是我们本性中最奇怪的法则之一,即许多我们在自己这里感到满意的东西,在别人那里看到时,却感到厌恶。几乎没有人会同情另一个人身体方面的"肮脏";——对他的贪婪、他的社会虚荣心和渴求、他的妒忌、他的专制和他的傲慢,也几乎同样没有人会同情。如果完全让我自行其是,我可能会允许所有这些自发倾向不受阻止地在我内部繁茂生长,而且需要很长的时间,我才能对它们的次属地位形成清晰的看法。但是,通过不断对我的同事做出判断,我不久就[如霍维茨(Horwicz)所说]在他人欲望的镜子里看到了我自己的欲望,并且用与单纯去感受完全不同的方式思考这些欲望。当然,自童年以来慢慢灌输给我的道德准则,极大地加速了这一自我反省判断的出现。

因此就出现了这样的情况,如上所述,人们根据他们可以寻求的各种自我的价值,将这些自我安排在了一个层次等级上。一定量的身体方面的自私,必须作为所有其他自我的基础。但是过多地耽于声色是受轻视的,或最多也只是由于个人的其他品质而得到宽恕。较广义的物质自我被看得比切近的身体更高。一个不能为了立身处世而少一点肉和酒、少一点温暖和睡眠的人,被人们看作是可怜的人。此外,作为整体的社会自我比作为整体的物质自我等级更高。与好皮肤和财富相比,我们一定更加关心我们的荣誉、朋友和人际关系。而精神自我是如此无上地珍贵,为了不失去它,一个人应该心甘情愿地放弃朋友和好名声,放弃财产,放弃生命本身。

在物质的、社会的和精神的这每一种自我里面,人们在切近和现实的与遥远和潜在的东西之间,在较狭义和较广义的看法之间做出区分，这个区分不利于前者，而有利于后者。一个人必须为其总体健康的缘故而放弃当下的肉体快乐；必须为即将到来的上百块钱而放弃手里的一块钱；必须与他现在的对话伙伴为敌，如果这可以使他结交他更重视的圈子里的朋友；必须摒弃学问、优雅和才智，以更好地获得灵魂的拯救。

在所有这些更广义、更潜在的自我中，潜在的社会自我是最有意思的，因为它会在行为中导致某些明显的自相矛盾，还因为它与我们的道德和宗教生活的联系。当出于荣誉和良心的动机，我勇敢地谴责自己的家人、社团和"朋友圈子"；当我从新教徒转变为天主教徒；从天主教徒转变为自由思想者；从"正规从业者"转变为顺势医疗者；等等，我总是在这样的过程中从内部强化自己，心里想着另外的、比此刻对我做出不利判决的审判者更好的可能的社会审判者，来坚强地面对我的真实社会自我的遗失。我通过诉诸他们的决定而寻求的那个理想非常遥远；它可能被认为几乎是不可能的。我也许并不希望在自己的一生中实现它；我甚至可能期望我的后代们（如果他们认识我就会赞同我），在我逝去以后对我一无所知。然而，那召唤着我的情绪，无疑是对一个理想的社会自我的追求，对一个至少值得最高的可能审判者同伴满意认可的自我的追求，如果有这样的同伴存在的话。①这个自我是我所寻找

---

① 必须看到，如此理想地建立起来的自我的性质，首先是为我的真实同伴所赞成的所有性质；还有，我暂且离开真实同伴的判决，而诉诸理想审判官的判决的理由，是在于当下情况的某种外部特性。我身上曾经被称赞为勇气的东西，此刻在人们的眼中变成了"鲁莽"；坚韧变成了固执；忠诚变成了盲信。我现在相信，只有理想的审判官才能真实地解读我的品质、我的意愿和我的能力。我的同伴，为兴趣和偏见所误导，曾走入歧途。

的真实、亲密、终极和永久的我。这个审判者就是上帝，绝对的心，"伟大的同伴"。在这些科学启蒙的日子里，我们听到了许多关于祷告效验的讨论；有许多理由告诉我们为什么不应该祷告，而又有其他理由告诉我们为什么应该这样做。但是在所有这些讨论中，却很少谈到为什么我们确实祷告的理由，这理由就是我们不得不祷告。尽管"科学"可以起相反的作用，人们似乎还是要永远地继续祷告，除非人的心理本性发生了变化，变得我们知道的任何事情都不会让我们去期待。虽然一个人最内部的经验自我是某种社会自我，它在理想世界中才能找到它那唯一适当的同伴（Socius）。祷告的冲动就是这个事实的必然结果。

社会自我的所有进步，都是较高级的法庭替代了较低级的法庭；这个理想法庭是最高级的，而且大多数人（无论是持续地还是偶尔地）都会将它装在心中。世界上最低微的流浪者，可以通过这种高级认可而感受到自己是实在和正当的。另一方面，对于我们大多数人来说，如果在外部社会自我遭受失败并且从我们这里坠落下去之时，没有这样一个内部避难所，这样的世界就是恐怖的深渊。我说"对于我们大多数人来说"，是因为很可能在受这个意义上的理想观者的纠缠方面，不同的个体在程度上有很大的差异。与另一些人相比，它是一些人意识中的一个更为本质的部分。对它最为依赖的人，可能是最有宗教感的人。但是我能肯定，甚至那些嘴上说完全用不着它的人，也是在欺骗自己，而事实上他们也在某种程度上拥有它。只有非群居动物才有可能完全用不着它。很可能，如果不在某种程度上把人们为之付出牺牲的公正原则人格化，并且期待它的回报，就没有人会为"公正"做出牺牲。换言之，完全的社会无私几乎不存在；人们也几乎不会想到完全的社会自伤。甚至像约伯（Job）的文本"虽然他杀了我,我还是信任他",或者是像马可·奥勒留的文本,"如果上帝恨我和我的孩子们,他一定有恨我们的理由",也完全不能用来作为对相反情况的证明。因为毫无疑问,约伯沉湎于在宰杀完成之后,耶和华就会了解他的崇拜的想法之中；而那位罗马皇帝则确信,绝对理性不会对他对上帝厌恨的默认完全无动于衷。那个古老的虔诚测试,"你愿意为了上帝的荣耀而被罚入地狱吗？"也许除了那些在内心深处确信上帝会为了他们的心甘情愿而"信任"他们、相信与在上帝那神秘莫测的计划中没有将他们罚入地狱相比,上帝会更加重视他们的人以外,谁也没有对这个问题做出过肯定的回答。

所有这些关于自伤之不可能性的谈论,都是以积极的动机为假定而说出来的。然而,当为恐惧的情绪所支配时,我们处于消极的心理状态之中；也就是说,我们的欲望局限于消除某种东西,而不考虑取而代之的将是什么。在这样的心理状态之下,无疑会有真正的自伤的思想和行动,精神的、社会的和身体的自伤。在这样的时刻,只要能逃开,只要能不存在,任何事情,任何事情都可以！但是这种自伤的狂乱状态在性质上是病态的,完全违反了人的自我生活中的所有正常的东西。

## 在"自爱"中被爱的是哪一个自我？

现在我们必须试着从内部更精细地解释自爱和自利的事实。如果一个人的任何一种自利得到了极大的发展,人们就说这

## 第十章 自我意识

个人是自私的(selfish)。①另一方面，如果他表现出对自己以外其他自我的利益的关心，人们就说他无私。那么，他的自私情绪的内在性质是什么？它关心的原初对象是什么？我们曾经说过，他先是追求和增进一组事物，然后又是另一组事物，都是作为他的自我来追求和增进的；我们曾经看到，同样一组事实在他眼中产生兴趣或者失去兴趣，使他漠不关心，或者让成功或绝望充塞他的心间，这取决于他是否有占有它们的要求，是否将它们当作自己潜在或者真实的部分。我们知道，某个人，某个被一般和抽象地看待的人，在生活中是失败者还是成功者，这对我们是多么地无关紧要，——他被绞死我们也不在乎——但是我们知道，如果那个人就是叫我们自己的名字的人，问题就非常重大和可怕了。我一定不能是失败者，这是我们每一个人心中最大声的要求：让无论谁去失败吧，至少我必须成功。现在，这些事实提示的第一个结论就是，我们每个人都为对他自己个体存在之纯粹本原的关心的直接感受所推动，不管那本原可能是什么，这里只是就它本身而言。似乎我们在自私方面的所有具体表现，都可以是许多三段论的结论，每一个三段论都以这一本原为其大前提的主词，因此：所有是我

---

① 自私的种类随着所寻求的自我的不同而不同。如果它是单纯的身体自我；如果一个人抢夺最好的食物、抢夺最温暖的角落、抢夺空座位；如果他不给任何人让地方，到处吐痰，对着我们的脸打嗝，——我们就称之为贪婪。如果它是以他所渴望的声望或者影响力为形式的社会自我，他就可能会在物质的方面让自己屈从于他人，以此作为实现其目的的最好手段；在这种情况下，他很容易被人们以为是一个无私的人。如果它是他所寻求的"彼岸的"自我，如果他苦行般地寻求它，——即使他宁愿看到人类全部永远被罚入地狱，也不愿意失去他的个人灵魂，——他的自私很可能就会被人们称为"神圣"。

者都是珍贵的,这是我,所以这是珍贵的;无论什么是我的都不能失败,这是我的,所以这不能失败;等等。我想说,这个本原似乎将它自己内在的价值性质,嫁接到了所有它所触及到的事物之上;就好像在被它触及之前,所有事物都可能是无关紧要的东西,没有任何事物是凭其自身的条件而值得注意的;就好像我对自己身体的关心也不就是对这个身体本身的兴趣,只有当它是我的身体时,我才对它感兴趣。

319  但是这个抽象的具有数的同一性的本原,这个根据公认的哲学我应当始终"照看"着的我内部的"第一位"是什么?它是我的精神自我的内在核子,那个被模糊感受到的"调整"的集合,也许再加上我们刚谈到过的被更模糊感知到的主观性自身吗?或者,它也许是我的具体的思想流的全部,或者是这个思想流的某一个截面吗?或者它可能是正统看法认为的我的能力所在的不可分的灵魂实体吗?或者,最后,它会是单纯的代名词我吗?当然,它,那个我对其感受到如此热切关心的自我,不是这些东西里面的任何一个。如果将所有这些东西都一起放到我的内部,我还是会照样缺乏热情,表现不出任何配得上自私这个名称,或者配得上对"第一位"的热诚的东西。要拥有一个我能够关切的自我,自然必须首先向我呈现某种有趣得足以让我本能地为它自己的缘故而想要占有它的对象,并且从它那里制造出我们已经讨论过的那些物质的、社会的或者精神的自我之一。我们会发现,所有那些使我们受到冲击的竞争与替代的事实,所有被看作是我(me)和我的(mine)的范围的改变、扩展和收缩,只不过是这样一个事实的结果,即某些事物激起了我们本性中的原始和本能的冲动,我们以一种与反省无关的兴奋追随着它们的脚步。我们的意识将这些对象当作我的原始要素。无论什么其他对象,不管是通过与这些对象的命运的联系,还是以任何其他方式,引起了同样类型的兴趣,它们就形成了我们较遥远和较次级的自我。这样,**我**和**自我**这两个词,就它们引起感受和隐含情绪价值而言,是**对象性**指示词,意指有能力在意识流中引起特殊种类兴奋的**所有事物**。让我们试着细致地辩护这一命题。

一个人最明显的自私,是他的身体自私;而他的最明显的自我,是与那种自私相联系的身体。现在我说,他将自己与这个身体相同一,因为他爱它,而他爱它却并不是因为他发现它与自己是同一的。回到心理学的自然史,会帮助我们了解这个说法是真的。在关于本能的一章我们将了解,每一种动物都在世界的特定部分有某种选择的兴趣,获得性的和先天的一样常见。我们对事物的兴趣,是指对这些事物的思想会激发起的注意和情绪,以及它们的出现会引起的行动。因此,每一个物种都特别对它自己的猎物或食物、它自己的敌人、它自己的性伴侣,以及它自己的孩子感兴趣。这些事物以它们内在的令人着迷的力量而令人着迷;它们是为了它们自己的缘故而受到关心的。

然而,我们的身体与之完全一样。它们也是我们的对象领域中的知觉象——只不过是那里最有趣的知觉象。它们发生的事情在我们心中激起行动的情绪和倾向,这些情绪和倾向比任何由这个"领域"中的其他部分所激起的情绪和倾向都更有力、更惯常。我的同伴们称为我的身体自私或者自爱的东西,只不过是对我身体的这种兴趣自发地从我这里引发的所有外部动作的总和。在这里,我的"自私"只是一个用来把我的外部表现划归到一起的描述性名称。当我出于自爱坐在座位上而让女士们站着，或者首先抢夺某个东西并且将我的邻居挤开，我真正爱的是舒适的座位，是我抢夺的东西本身。我原本就爱它们，就像母亲爱她的孩子，或者像一个慷慨之人爱英勇的举动。只要（就像在这里）自利是简单本能倾向的结果，它就只是特定反射动作的名称。某种东西不可避免地使我集中起注意，并且不可避免地激起"自私的"反应。如果我们能够巧妙地建造一架自动机，使它能够模仿这些动作，它就可以像我一样恰如其分地被称为是自私的。确实，我不是自动机，而是思想者。但是，和我的动作一样，我的思想在这里只与外部事物相关。它们既不需要知道、也不需要关心任何内部的纯粹本原。事实上，我以这种原始的方式"自私"得越彻底，我的思想就越是盲目地全神贯注于我的欲望对象和冲动，就越是缺乏投向内部的目光。婴儿通常还未发展出关于纯粹自我的意识和关于作为思想者的他自己的意识，在这方面，他就正如一个德国人所说，是"完完全全的利己主义者"（der vollendeteste Egoist）。他的肉体的人，以及满足其需要的东西，就是我们有可能说是他之所爱的唯一自我。他的所谓自爱，只是一个名称，表示他只对这一类事物具有感受性。也许他需要一个纯粹的主体性的本原，一个灵魂或者纯粹自我（他肯定需要一个思想流），来使他对任何事物具有感受性，来使他能够进行区分并且确实地（überhaupt）爱，——我们不久就会知道为什么会是这样；但是作为它此时爱的条件的这个纯粹自我，不必是他所爱的对象，正如它不必是他思想的对象一样。如果他的兴趣完全在其他身体上，而不是在他自己的身体上，如果他的全部本能都是利他的，而且他的所有动作都是自伤性的，他仍然像现在一样需要有一个意识本原。这个本原就像不是他可能表现出来的任何其他倾向的本原一样，也不是他的身体自私的本原。

关于身体自爱就说这么多。但是我的社会自爱，我对其他人为我建造的形象的兴趣，也是对一组外在于我思想的对象的兴趣。其他人心里的这些思想也在我的心外，对于我来说是"在外的"。它们来了又去，增大又缩小，我对其结果骄傲得趾高气扬，羞愧得面红耳赤，就像我追求物质事物时对自己的成功或失败所表现出来的那样。因此，就像在前面的情形中一样，在这里，纯粹本原似乎也不是关心的对象，而只是作为使关心和思想在我这里得以进行的一般形式或条件而呈现出来的。

但是，有人会立刻反驳说，这是对事实的一种残缺不全的解释。其他人心中的我的这些形象，确实是在我之外的事物，我感知它的变化，就像感知任何其他外部变化一样。但是我所感受到的骄傲和羞愧，却并非仅仅与那些变化相关。当我感到我在你心中的形象变坏了时，我感觉好像某种别的东西也变化了，那个形象所隶属的在我之内的某种东西，不久前我感受到在我之内的强大而且健壮的东西，此时变弱了，收缩了，崩溃了。让我感到羞愧的变化，难道不是这后一个变化吗？难道我内部这个东西的状况，不是我的利己心的恰当对象，不是我自我关心的恰当对象吗？而且，难道它不是我的纯粹自我，我的与其他人相区别的赤裸裸的本原，不包含我的任何经验部分吗？

不，它不是这样的纯粹本原，它只是我的全部经验自我，我的历史的我，是你心中那个被贬低了的形象所"隶属"的全部客观事实的集合。我有什么资格要求你给我礼貌的问候，而不是这种轻蔑的表情？我不是作为一个赤裸裸的我在这样要求；而是作为一个始终受到尊敬，属于某个家庭和"朋友圈子"，拥有某些权力、财产、公共职责、感受性、责任、目的、优点和功绩的我在这样要求的。所有这一切都为你的轻蔑所否定、所反驳；这是"在我之内的那个东西"，我为它改变了的待遇感到羞愧；这就是曾经强壮，现在却由于你的行为而崩溃了的东西；而这当然就是一个经验性的客观事物。确实，在我感到羞愧之时，我感受到向坏的方面更改和变化了的那个东西，通常甚至比这还要具体，——它是我的肉体的人，在这个人里面，你的行为立即并且未经我的任何反省，就引起了肌肉、腺体和血管的变化，这些变化共同构成了羞愧的"表情"。就像在我们最初讨论过的较粗俗的情形中身体是自利的载体一样，在这种本能的、反射式的羞愧中，身体也是自我感受的全部载体。正如在简单的"贪婪"中，多汁的菜肴通过反射机制引起特定的行为，这些行为在旁观者看来是"贪婪"的，并且认为它们是出自于某种"自我关心"；在这里，通过同样是反射的和直接的机制，你的轻蔑引起另一种行为，旁观者将这种行为称为"羞愧"，并且认为它是出自于另一种自我关心。但是在这两种情形中，可能都根本不存在为心所关心的特殊自我；而自我关心这个名称，也可能只是一个描述性名称，从外面施加给反射动作本身和直接由反射动作的释放引起的感受。

在身体和社会自我之后就是精神自我。但是，我的哪一个精神自我是我真正关切的呢？我的灵魂实体？我的"先验自我，或者思想者"？我的代名词我？我的主体性自身？我头部调整的中心要素吗？或者我的更具现象性的和不持久的力量，我的爱与恨，意欲和感受性,等等?当然是后者。但是,不管它们是什么,与中心本原相比较,它们都是外部的和客观的。它们来去不定,而中心本原却持久不变——"摇动磁石,磁极不变"。也许这中心本原确实必须在那里,这样它们才能被爱,但是在那里并不等于被爱本身。

总之,我们没有理由认为,自爱首先,或者其次,或者在任何时候,是对一个人单纯的意识同一性本原的爱。它总是对某种东西的爱,与那本原相比较,这个东西是肤浅的、短暂的,而且很容易被随意拿起或放下。

动物心理学可以帮助我们理解,而且可以向我们表明情况必须是这样。事实上,当回答在一个人的自爱中这个人所爱的是什么这个问题时,我们已经含蓄地回答了那个更进一步的问题,即他为什么爱这些东西。

除非他的意识不仅仅是认知的,除非它经验到对某些相继占据其视野的对象的偏爱,否则,它就不能长久保持它自身的存在;因为通过一种难以了解的必然性,每一个人心在这个地球上的出现,都以它所隶属的身体的完整性为条件,以那个身体在其他人那里受到的待遇为条件,以将它当作工具、并将它引向长寿或者毁灭的精神倾向为条件。这样,首先是它自己的身体,其次是它的朋友,最后还有它的精神倾向,**必定**是每一个心的最为有趣的**对象**。首先,每个心都必须要有某种采取身体自利本能形式的最低限度的自私,才能存在。这个最低限度的自私,必须作为所有进一步意识活动的基础而存在于那里,无论是自我否定的意识活动,还是更微妙的自私的意识活动。所有的心一定都通过适者生存的方式(如果不是通过更直接的路径),对它们与之紧密结合的身体产生了强烈的兴趣,而完全撇开了对它们同样拥有着的纯粹自我的任何兴趣。

这些心所属的个人在其他人心中的形象也是这样。如果我对投射了自己生活的那些面孔上的赞同与不赞同的表情不曾敏感,我就不会活到现在。其他人的轻蔑表情,倒不必以这么奇特的方式影响我。如果我的心理生活完全取决于某个其他人的幸福,无论是直接地还是间接地,那么自然选择就一定会带来这样的结果,即我对那个人社会方面的兴衰变化,与我现在对自己社会方面的兴衰变化会一样地敏感。这样,我就不是利己的,而应该自发地就是利他的。但是在这种情况(只是部分地实现于真实的人类状况)下,尽管我经验地爱着的自我变化了,我的纯粹自我或者思想者则必须一直保持它现在的所是。

还有,出于同样的原因,我的精神力量必须比其他人的精神力量更让我感兴趣。除非我培养了这些精神力量,并且防止它们衰退,否则我就根本不会在这里。而使我曾经对它们产生关心的同样的法则,也使我仍旧关心它们。

因此,我自己的身体和满足其需要的东西,是由本能决定的我的利己兴趣的原始对象。其他对象可以通过与任何这些东西的联系(或者作为手段,或者作为习惯性的伴随物),而具有派生的兴趣;因此,利己情绪的原始领域,可以以无数种方式扩展开来,并且改变它的边界。

这种类型的兴趣,实际上就是"我的"(my)这个词的意义。凡是拥有它的东西,都因而(eo ipso)是我的一个部分。我的孩子、朋友去世了,我感到自己的那个部分现在并且永远去了他所去的地方：

> 因为这种失去是真正的死亡；
> 这是高贵者的倒下；
> 是他缓慢而确定的倾倒，
> 星星点点，他的世界消失了。

然而，事实仍然是，某些特殊种类的事物趋向于原始地拥有这种兴趣，并且形成自然的我。但是，所有这些事物都是思想着的主体的对象（严格地说）。①这后一个事实，立刻推翻了旧式感觉主义心理学的格言，即利他激情和兴趣与事物的本性相矛盾，如果它们存在于任何地方，那一定是次级产物，本质上可以被消解为从经验中学来的由伪善掩饰的自私。如果动物学和进化论的观点是正确的，那么就没有理由认为，有任何对象不会像任何其他对象一样原始和本能地引起激情和兴趣，而不管是否与我的利益有联系。激情现象在起源和本质上都一样，无论它的释放以什么为目标；那个目标实际上碰巧是什么，完全是一个事实问题。我关心邻居的身体，可以令人信服地像关心自己的身体一样着迷，而且是原始地着迷。唯一阻止这种非凡利他兴趣的东西是自然选择，它会除掉对个体或者他的族类非常有害的东西。然而，有许多这样的兴趣仍然未被除掉——比如，对异性的兴趣，在人类这里，它似乎比实际需要的更加强烈；此外，还有一些兴趣，如对醉酒的兴趣，或者对音乐的兴趣，就我们所看到的而言，也许根本就没有任何效用。

---

① 洛采：《医学心理学》，第 498—501 页；《微观宇宙》，第 2 卷，第 5 章，第 3、4 节。

因此，同情的本能和利己的本能是相配的。就我们所知，它们产生于相同的心理层次。它们之间唯一的不同，是利己本能的数量要多得多。

霍维茨在他非常博学和敏锐的《心理分析》（*Psychologische Analysen*）中，讨论了"纯粹自我"本身是否可能成为关心对象的问题。就我所知，他是讨论过这个问题的唯一作者。他也说，所有的自我关心都是对某些对象性事物的关心。他非常好地处理了一类反驳，在这里我必须引证他的部分言论作为结束。

首先是那个反驳：

> 这个事实无可怀疑，即一个人总是认为自己的孩子是最漂亮、最聪明的，自己酒窖里面的酒是最好的——至少就它的价格而言，自己的房室和马匹是最精良的。我们品味起自己小小的善行时带着多么亲切的赞美啊！如果我们有时竟能注意到自己的过失和劣行，我们又是多么愿意以"情有可原"为自己开脱！我们自己讲的笑话，比其他人的笑话要可笑得多。不同于我们自己的笑话，其他人的笑话决不会被重复讲上十次或者十二次！我们自己的演说是多么雄辩、动人和有力量！我们自己的致辞是多么恰当！总之，我们自己的东西与其他人的相比，是多么机智、热情和美妙得多！艺术家和作家们的自负和虚荣就属于这一类。
>
> 我们对自己所有的东西感受到的这种明显偏爱的普遍流行，确实是惊人的。难道不是就好像我们那可爱的自我，必须首先将它自己的色彩和味道加入到事物中去，以使后者能够

## 第十章 自我意识

取悦于我们吗?……设想形成我们思想生活之源泉和中心的自我,同时也是我们感受生活的原初的和中心的对象,而且是随后发生的全部特殊观念和特殊感受的基础,这难道不是对所有这些相互一致的现象的最简单的解释吗?

霍维茨接着提到我们已经注意到的问题,即我们在其他人那里感到厌恶的各种东西,在我们自己这里则完全不会感到厌恶。

> 对于我们大多数人来说,甚至连另一个人身体的温热,如另一个人坐过的椅子的温热,都让我们觉得不舒服,而对我们自己坐过的椅子的温热,则一点也不使我们感到不快。

在做出进一步的评论之后,他对这些事实和推理做出了如下回答:

> 我们可以自信地断言,我们自己的所有物在大多数情况下更令我们愉快[不是因为它们是我们的],而只是因为我们对它们更了解,对它们的"认识"更亲密,对它们的感受更深刻。我们学会了在细节和细微差别的方面欣赏自己的东西,而其他人的物品则只对我们显示出粗糙的轮廓和粗略的平均值。这里有几个例子:一支乐曲,自己演奏的时候比别人演奏的时候听得更清楚,也理解得更好。我们会更精确地捕捉到全部细节,会更深地进入到音乐思想之中。我们可能同时完全感知到另一个人是更好的演奏者,然而——不时地——我们还是从自己的演奏中得到更多的乐趣,因为它的音调与和谐让我们听起来是那么地舒服。这个例子几乎可以被当作其他自爱例子中的典型。仔细考察,我们就几乎总是会发现,

我们关于自己的东西的感受,在很大的程度上是由于这样一个事实,即我们活得离我们自己的东西更近,所以我们对它们的感受就更彻底、更深入。我的一个朋友在即将结婚时,经常重复并且琐细地向我讲述他的新家布置的细节,让我心烦。我对一个这么聪慧的人竟会对如此外在的事物有这么深的兴趣而感到惊奇。但是,几年以后,当我自己进入与他相同的处境时,我对这些事情就有了完全不同的兴趣,这次轮到我不断地提起这件事,并且谈论它。……原因只是在前一种情况下,我完全不理解那些事情以及它们对家庭舒适的重要性,而在后一种情况下,我理解了它们那不可抗拒的急迫性,它们充满活力地占据了我的想象力。许多嘲笑勋章与头衔的人也是一样,直到他自己得到了,情况才不一样了。这肯定也说明了,为什么一个人自己的肖像或者镜中形象,是一个如此值得凝视的有特殊兴趣的东西……并不是由于任何绝对的"这是我(c'est moi.)",而是和由我们自己演奏的音乐的情形一样。映入我们眼帘的东西,我们最了解,也理解得最深刻;因为我们自己曾经感受过它,并且经历过它。我们知道这些皱纹是怎么添上去的,这些暗色是怎么加深的,这根头发是怎么变白的;别人的脸可能更漂亮,但是没有一张脸会像这张脸这样吸引我们,让我们感兴趣。[①]

而且,这位作者继续表明,对于我们来说,自己的东西比其他

---

[①] 《生理学基础上的心理分析》(*Psychologische Analyzen auf Physiologischer Grundlage*),第二部,第二部分,第 11 节。我们应该读这整个一节。

## 第十章 自我意识

人的东西更加丰满,这是由于它们唤起的记忆和引起的实际希望和期待。暂且不提由它们之属于我们而派生出来的任何价值,单单这一点就足以使它们得到重视。我们可以随着他得出这样的结论,原初的中心自我感受,决不能解释自我关心情绪的那种充满热情的温暖,相反,这样的情绪必须直接诉诸在内容上不那么抽象和空洞的特殊事物。我们可以将"自我"的名称给予这些事物,或者将"自私"的名称给予我们对它们做出的行动,但是那个纯粹思想者,无论是在自我还是在自私中,都并不扮演"片名角色"(title-rôle)。

这里我只需再提及一个与自我关心相联系的问题。到现在为止,我们一直将它称为主动的本能或情绪。它还可以被称为冷静的理智的自我评价。我们可以像评价其他人一样容易地在赞扬和责备的平衡中评价我们自己的我,——尽管也同样带有相当的困难。公正的人是能够公平评价自己的人。公平评价以摆脱(如维茨所说)如我们自己的所有物和操作般亲密认识的事物吸引我们想象力的那种生动性的能力为前提;还有一种同样罕见的清晰表象其他人的事情的能力。但是,承认这些罕见的能力,还是没有理由可以解释,为什么一个人不应该对他自己像对任何其他人一样,做出客观和适当的判断。不管他对自己感受如何,是过分得意,还是过分沮丧,通过用他评价别人的外部标准来评价自己,他还是会真实地知道自己的价值,并且抵消他无法完全避免的感受的不公正性。这种自我测量过程,与我们一直在讨论的本能的自我关心完全没有关系。它只是理智比较的一种运用,我们不需要在这里停留更长的时间。然而,请再次注意,那个纯粹自我如何仅仅是使

评估得以进行的载体,而被评估的对象却全部都是经验事实,①

---

① 贝恩教授在其关于"自我的情绪"的一章中,确实将公正限制于我们大部分自我感受的原始性质上,并且似乎将它还原为了这种冷静理智的反省式自我评价,当然,大部分公正都不是这样的。他说,当将注意转向内部的作为人格的自我时,"我们对自己做的是与我们对其他人的注视相伴随的事情。我们习惯于详细察看周围人的行动与行为,通过将两个人相比较,给一个人比另一个人更高的评价;怜悯不幸中的人;对某个特殊的个体感到满意;祝贺一个人交了我们愿意看到他交的好运;赞美我们任何一个同伴表现出来的了不起和优秀之处。所有这些事情内在地都是社会的,就像爱和恨一样;孤立的个体永远也不能获得这些评价,也不能做出这些评价。那么,以什么方式,用什么样的虚构[!],我们能够转过身来,把这些用在自我的上面呢?或者,我们怎么会通过将自我放在另一方的位置上,而获得任何满足呢?也许反省行为的最简单形式,就是由自我价值和自我评价所表达的形式,这是以对自己同胞的方法和行为的观察为基础,并且开始于这种观察的。我们会立刻将我们周围的个体进行比较;我们看到一个人更强壮,比另一个人做的工作更多,而且可能还因而得到更多的报酬。我们看到一个人也许比另一个人更加仁慈,并因而得到更多的爱。我们看到一些个体在某些惊人的技艺方面超过了其他人,并且吸引了众多的目光与赞美。我们与处于如此境地的人们建立起一系列固定的关系;对好的我们给予赞许,对不好的我们给予否定。对强壮又能干的人,我们估量他会得到更多的报酬,并且感到处在他的位置上,比落到其他人的位置上更幸运。我们出于自己的原初动机,而想望拥有好的东西,又看到一个人通过出众的努力而得到这些,我们感受到对这种努力的尊敬,并且希望这就是我们的努力。我们知道,我们也对自己的那份好东西做出了努力;而且在看到别人时,我们就倾向于想起自己,并且将其与自己相比较,这种比较的兴趣得自于实质性的结果。一旦这样学会了看其他人或多或少在做出努力,并且取得了相应的成果;而且,在各个方面都像是我们自己的同伴,——我们发现,将自我看作是在从事工作并且接受报酬,这是一项既非困难亦非无意义的事情。……正如我们在一个人和另一个人之间做出决定,说出哪一个更有价值,……我们也在自我和所有其他人之间做出决定;然而,这种决定要受到我们自己欲望偏向的影响。"几页之后我们又读到这样的话:"自我满足和自我满意这两个术语,表示沉湎于我们自己的优点和所有物时的一种积极的快乐感。正如在其他情况下一样,这里的起点是对一个人身上的美德和令人愉快的品质的注视,或多或少有喜爱和爱相伴随。"贝恩教授也注意到了自怜,在这里,他将自怜看作是从一个较直接对象转向我们自己的一种情绪,"以一种我们可以称之为假想的和不真实的方式。而且,由于我们可以依照另一个人的样子来看自我,所以,我们可以对它感受到那种由其他人处于我们的境地而引起的怜悯情绪。"

我们可以看到,贝恩教授的这种说法,是那种旧式解释方法的一个很好的范例,那种方法将不同的情绪解释为对结果的快速计算,解释为感受从一个对象到另一个对象人的身体、信用、名声、智力、善良,或无论什么。

自我的经验生活如下表被区分为

|  | 物质的 | 社会的 | 精神的 |
|---|---|---|---|
| 自利 | 身体欲望和本能 对装饰品的喜爱 浮华、贪得、建设性、对家的爱等 | 取悦他人、得到关注和赞美等等的欲望 好交际,竞争,嫉妒,爱,对荣誉的追求、野心等 | 理智、道德和宗教的渴望,正直 |
| 自我评价 | 个人虚荣心、谦逊等 对财富的骄傲,对贫穷的恐惧 | 社会和家庭的骄傲,自负,势利,谦卑、羞耻等 | 道德和精神的优越感、纯洁等 低下感或者内疚感 |

## 纯 粹 自 我

在上面的表格中,我总结了这一章到目前为止的主要讨论结果,对现象自我的构成要素和自我关心的性质所需要说的话,我都说过了。我们已经为应对人格同一性的纯粹本原做好了准备,在我们的初步解释中,我们一直不断地与这个本原相遇,却一直在避

---

的转换,这后一个对象通过接近与相似而与前者相联系。相反,动物进化论(自从贝恩教授最先的写作之后就发展起来)使我们了解到,许多情绪原初一定是为特殊的对象所唤起的。最值得被看作为原初的东西,是在主要的生命活动中,与我们自己的成功与失败相伴随的自我满足和羞辱。对这些感受,我们无需借用反省。贝恩教授的说法只适用于我们自我感受中的那一小部分,即反省的评论可以将其添加进整体,也可以将其从整体中减去。——洛采写过几页关于由普遍判断使我们的自我关心发生改变的内容,见《微观宇宙》,第5卷,第5章,第5节。

开它,把它当作一个留待以后解决的困难问题。自休谟的时代以来,它一直被公正地看作是心理学必须要处理的最令人迷惑的难题;而无论一个人赞同什么观点,他都不得不在困难重重之下持有他的观点。如果一个人像唯灵论者那样,坚信实体性的灵魂,或者是超验的统一本原,他就不可能对那是什么给出积极的解释。而如果一个人像休谟派的人那样,否认这样的本原,并且说流过的思想之流就是一切,他就是在与人类的全部常识作对,这种常识的一个不可缺少的部分就是关于独特的自我本原的信念。无论我们在后面要采纳什么样的解决办法,我们不妨事先认定,它不会让大多数读者感到满意。处理这个问题的最好方法就是先考虑——

## 人格同一性的感觉

在上一章我们以尽可能激进的方式表明,我们真实知道其存在的思想,并不是到处飘来飘去,每一个思想都属于某一个而不是另一个思想者。每一个思想,在它可以思想到的众多其他思想中,能够将那些属于它自己的自我的思想和那些不属于这自我的思想区分开来。在前者的周围环绕着一种在后者那里是完全没有的温暖与亲密,后者只是以冷冷的和不相关的方式被想到,而不是像血肉相连的亲人那样,从过去将它们的问候带给我们。

这种人格同一性的意识,可以被当作主观现象来处理,也可以被当作客观意见来对待,当作一种感受或者一种真理。我们可以解释思想的一个部分如何可以判断思想的其他部分与它自己同属于同一个自我;或者我们可以评价它的判断,并且确定它在多大程度上与事物的本性相符合。

作为单纯的主观现象,这个判断没有表现出它自己独有的困难或者神秘之处。它属于同一性判断的一个大类;而且以第一人称做出同一性判断,一点也不比以第二或者第三人称做出这样的判断更加不同寻常。无论我说"我是同一个我",还是说"这支笔和昨天那支笔是同一支笔",理智的运作在本质上是相同的。这样想与思想相反的情况,说"我和这支笔都不是同一个我或者同一支笔",是一样地容易。

这种将事物放到一起作为一个单一判断的对象的做法,当然对于所有的思想来说都是基本的。不管事物可能在什么样的关系中呈现给思想,它们都在思想中结合起来。思想他们就是一起思想它们,即使思想的结果只是判明它们并非同属一处。这种对知识本身(只要它有一个复杂对象)具有实质意义的主观综合,一定不能与我们知道存在于事物之间的客观综合或结合,而不是差异或断裂,相混淆。① 主观综合包含思想的单纯存在。甚至一个实际

---

① "只有当我能够将给定表象中的杂多统一于一个意识之中时,我才有可能使这些表象中[全部]的意识同一性在我自己这里得到表象。换句话说,统觉的分析统一只有以某种综合统一为前提才有可能。"(Also nur dadurch, dass ich ein Mannigfaltiges gegebener Vorstellungen in einem Bewusstseins verbinden kann, is es möglich dass ich die Identität des Bewusstseins in diesen Vorstellungen selbst vorstelle, d. h. die analytische Einheit der Apperception ist nur unter der Voraussetzung irgend einer synthetischen mÖglich. )[《纯粹理性批判》(Kritik d. reinen Vernunft),第 2 版,§ 16]在这一段落中,康德用分析的和综合的统觉这两个名称,分别指我们这里所说的客观的和主观的综合。我们期待有人能够发明一对能表明这种区分的好的术语——我在这里使用的术语肯定很糟糕,但康德的术语还不如我的。"范畴统一"(categorical unity)和"先验综合"(transcendental synthesis)是好的康德用语,但几乎不是好的人类语言。

上支离破碎的世界,也只能通过暂时将它的各个部分统一在某个意识脉动的对象之中,才能被认识到是支离破碎的。①

因此,人格同一性的感觉并不是所有思想都必不可少的这种综合形式。它是对被思想感知到、并且断言为被思想事物之属性的同一性的感觉。当下的自我和昨天的自我就是这样的事物。思想不仅思想到它们二者,并且思想到它们是同一的。在一旁观看并且扮演着批评家角色的心理学家,也许会证明这个思想是错误的,并表明根本就没有真正的同一性,——也许根本不曾有昨天,或者无论如何,不曾有昨天的自我;或者,如果有这些东西,所断言的同一性也可能并不成立,或者可能这一断言的做出并没有充分的根据。无论是哪种情况,人格同一性都不会作为一个事实而存在;但是,它作为一种始终相同的感受而存在着;思想对它的意识就在那里,心理学家还是必须要做出分析,并且表明错觉是在哪里。现在,让我们扮演那个心理学家,看看说我和昨天的我是同一个自我,是正确还是错误。

我们也许立刻就会说它是正确的和可理解的,只要它假定一个过去的时间,过去的思想或自我包含在其中——这些是我们在这部书的开始就假定了的东西。就它想到一个当下自我——那个我们刚刚研究过其各种形式的当下自我——而言,它也是正确的

---

① 因此我们可以用一种坏的双关语说,"只有处于联系之中的世界,才能被认识为是支离破碎的。"我说坏的双关语,是因为观点在相互联系和支离破碎之间变换。支离破碎的是被认识的实在;而相互联系的是关于实在的知识;而从在这几页里我们一直坚持的心理学的观点看,实在和关于实在的知识是两个不同的事实。

## 第十章 自我意识

和可理解的。我们面临的唯一问题是，当意识说当下的自我与它记得的某个过去的自我是同一个自我时，它说的是什么意思。

我们前面谈到过温暖与亲密。这将我们引向了正在寻求的解答。因为，无论我们正在评价的什么思想想到它的当下自我，那个自我都带着温暖与亲密为它所熟悉，或者真实地被它感受到。当然，它的身体部分就是这样；我们始终都感受到我们的身体这一大块体积，它给予我们一种不间断的个人存在的感觉。或者以微弱的生理调整的形式，或者（采纳那个普遍的心理学信念）以所发生思想的纯粹活动的形式，我们也同样感受到内部"精神自我的核子"。我们较遥远的精神的、物质的和社会的自我，就它们得到认识而言，也带着某种热度与温暖；因为关于它们的思想确实会引起某种程度的器官情绪，这些器官情绪以加快的心跳、急促的呼吸或某种其他变化的形式（即使它只是一般身体状态方面的轻微变化）表现出来。在当下的自我中，"温暖"的性质将自己还原为这两个事物之中的一个，——我们对思想自身之为思想的感受中的某种东西，或者我们对身体在此刻真实存在的感受——或者最终还原为这二者。如果不同时感受到这两个之中的一个，我们就不可能意识到我们当下的自我。任何将这二者带入到意识之中的其他事实，都会像附着在当下自我之上的事实一样，带着温暖与亲密被思想到。

满足这一条件的任何一个遥远自我，都会温暖与亲密地被思想到。但是，被想到的哪一个遥远自我确实能够满足这一条件呢？

显然是那些而且只是那些在活跃生动之时满足了这个条件的遥远自我。我们想象它们带着肉体的温暖，它们可能还散发着芬芳，带着做出那个行为时的思想的回声。而且，由一种自然的结果,我们还会将它们相互同化,将它们与思想时我们在自己内部感受到的那个温暖和亲密的自我相同化,并且将它们作为一个集合体与所有没有这一标志的自我分离开来,这就像在某个广阔的西部牧场上自由过冬的一群家畜中,家畜的所有者在春季赶拢牲畜的时间到来时,把他在其身上发现有他自己特殊烙印的所有牲畜都挑选出来,并且赶到一起一样。

每当这样区分出来的集合体的各个成员被思想到的时候,它们就都被感受为是相互同属一处的。肉体的温暖等等,是它们的群体标记,是它们永远也避不开的烙印。它贯穿在所有的成员之中,就像一根线贯穿在项圈之中一样,它使它们成为被我们看作一个单元的整体,而不管在其他方面这些部分之间可能会有多么大的差异。在这特征之上我还要加上一点,即在我们的思想看来,这些遥远的自我长时间以来都相互连续着,其中最近的那些与现在时刻的自我相连续,慢慢地融化在其中;于是我们有了一个更强的联系纽带。每当这样的时候,即一个物体尽管有结构上的变化,却持续存在于我们的眼前,或者无论它的呈现如何被中断,它再回来时性质却没有变化,我们就认为自己看见了同一的物体;和这种情况一样,当自我以类似的方式呈现给我们的时候,我们就经验到一个同一的自我。连续性使我们将可能会由差异分离开来的东西统一起来;相似性使我们将可能会由非连续性分离开来的东西统一起来。因此,最后,与保罗在同一张床上醒来的彼得,回忆他们两人入睡前心里所想的事情,再次将"温暖的"观念认定为是他的,并且占有了那些观念时,他决不会将这些观念与他归与保罗的那些冷漠而苍白的观念混淆起来。他也不会把保罗的身体(他只看见这身体）与他自己的身体（这身体他看得见，也感受得到）弄混。我们每一个人在醒来时说，这又是那同一个以前的自我，就像他说这是同一张以前的床、同一个以前的房间、同一个以前的世界一样。

我们自己的人格同一性感觉，与我们对现象间同一性的所有其他感知完全一样。它是一个以基本方面的相似性或者以所比较现象在心中的连续性为根据而得出的结论。

我们一定不能以为它意味的东西比这些根据所能保证的更多，也不能把它当作一种所有区别都淹没于其中的形而上学的或者绝对的统一来对待。仅仅就它们是同一的而言，相比较的过去自我和当下自我是同一的，仅此而已。一种对肉体存在的始终如一的"温暖"感受（或者一种对纯粹心理力量的同样始终如一的感受？）充满了它们；这就是给予它们类属的统一性，并使它们在种类上相同的东西。但是，这种类属的统一性，和与之同样真实的类属的差异是共存的。如果从一种观点看，它们是一个自我，从其他观点看，他们又确实不是一个而是许多自我。连续性的属性也一样；它将自己的那种统一性给予了自我——单纯的联系或者非间断性的统一性，一种非常确定的现象性的东西——但是它一点也不多给。自我之流中的这种非间断性，就像在"渐隐画面"中展现出来的非间断性一样，决不意味着任何进一步的统一，也不与任何其他方面的多样性相矛盾。

相应地我们发现，在我们不再感受到相似和连续之处，人格同一性的感觉也消失了。我们从父母那里听到自己婴儿时期的各种轶事，但是并不像占有我们自己的记忆那样占有它们。那些不礼貌的事情并不让我们脸红，那些聪明的话语也不会引起自我满足。那个小孩是个不相关的人，在感受上，我们当下的自我与这个小孩，并不比与某个陌生人的活蹦乱跳的孩子，更具有同一性。为什么？部分是因为，巨大的时间间隔让这些早先的年代断开了——我们不能通过连续的记忆上升到它们那里；部分是因为，没有关于那个小孩如何感受的表象与那个故事一同出现。我们知道他说了什么，做了什么；但是，没有对他的小小身体、他的情绪、他的心理努力的感受所带来的感情，给我们听到的叙述增添一点温暖与亲密，于是，与我们当下自我相联系的主要纽带就消失了。某些我们模糊回忆起来的经验也是这样。我们几乎不知道是将它们认作己有，还是当作想象或者读到或听到但并非经历过的事情，而加以否认。它们的肉体热度已经消失；曾经与它们相伴随的感受在回忆中是如此缺乏，或者与我们此刻拥有的感受是如此不同，以至于我们不能确定地做出同一性判断。

　　与在所有其他方面都极为不同的事物一起被经验到的感受（特别是身体感受）连续统的各个部分之间的相似性，因此就构成了我们所感受到的真实的和可证实的"人格同一性"。在上一章我们讨论过的主观意识"流"中，只有这一种同一性。它的部分之间存在差异，但是虽然有这所有的差异，这些部分还是以这两种方式结合在一起；如果任何一种结合方式不复存在了，统一感也就没有了。如果一个人在某个晴朗的早晨醒来，回忆不起他的任何过去的经验，因此必须重新学习他的个人经历，或者，如果他只是以一种冷漠的抽象方式，记起他经历中的事实确实发生过；或者，如果没有失去记忆，但是他身体方面和精神方面的习惯在一夜之

## 第十章 自我意识

间都改变了,每个器官的状况都有所不同,思想活动以不同的方式觉知到它自己;他感受到了,而且他说,他变了一个人。他不再拥有他以前的我,他给自己起了新的名字,不将他现在的生命与以前的任何东西相同一。这样的病例在心理病理学中并不少见;但是,由于我们还要做一些推论,在到达这一章的末尾之前,我们最好还是不要对此给出具体的解释。

受过指导的读者,会将对人格同一性的这种描述看作经验学派的普通学说。英国和法国的联想主义者和德国赫尔巴特学派的人,都将自我描述为一种集合,集合的每一个部分,就其存在而言,都是一个单独的事实。到现在为止还算不错;不管后面还有什么事情是真的,前面这些都是真的;而且,使人格同一性的意义得到如此的澄清,并且使自我成为一个经验的和可证实的事物,这是休谟和赫尔巴特及其后继者的不朽的光荣。

但是,将问题就进展到这里,说经过的事物之总合就是一切,这些作者忽略了意识统一性的某些更精细的方面。我们在下面必须对此做一些讨论。

我们前面关于那群家畜的明喻可以给我们以帮助。我们还记得,那些牲畜被带到了畜群里,是因为它们的所有者在它们每一个的身上都发现了他的烙印。"所有者"在这里象征意识的那个"截面",或者思想的那个脉冲,我们一直将这个截面或脉冲看作是同一性判断的媒介物;"烙印"象征温暖和连续性的特征,判断就是以此为理由而做出的。在那里发现自我烙印,就像在那里发现畜群烙印一样。到目前为止,每一个烙印都是我们知道某些事情同属一处的标记或原因。但是如果那个烙印是同属一处的认识根据（ratio cognoscendi），在畜群的例子中，同属一处也就是那个烙印的存在根据（ratio existendi）。只有当一头牲畜属于畜群的所有者时，它才会被打上这样的烙印。它们不是因为有这烙印才是他的；他们有这烙印是因为它们是他的。因此，我们将各种自我的同属一处，描述为只是在后面的思想脉冲中得到表象的同属一处，这似乎将这件事情推翻了，并且忽略了畜群的所有特征中最具特性的一个——常识也在人格同一性现象中发现了这一特征，而且由于我们忽略了这一特征，她会要我们负全部的责任。常识坚持认为，所有自我的统一性，不是根据事实查明的相似性或者连续性的单纯显象。她确信，这个统一性是说真正属于一个实在的所有者，属于某种纯粹精神性的实存。与这个实存的关系，就是使自我的组成部分结合起来用以思想的东西。个体的牲畜不会结合在一起，尽管它们都带有相同的烙印。每一头牲畜都与它偶然找到的配偶一起游荡。在那个牧人或者所有者到来之前，畜群的统一性只是潜在的，它的中心是理想的，就像物理学的"重心"一样。他为牲畜的集合提供了真实的中心，牲畜们被赶到这个中心里，并且被控制在这里。牲畜通过单独与他相粘连，而相互粘连在一起。常识坚持说，就是这样，在自我的情形中，必须有一个真实的所有者，否则它们就永远不会真正集合到"个人意识"中去。对于关于个人意识的一般经验主义解释来说，这是一个可怕的责难，因为在普通联想主义看来，所有"到此时为止"相继出现的单独的思想和感受，都是以某种难以理解的方式独自将自己"结合"或者粘合起来，并融合为一条流的。我们在第六章看到的主张事物离开媒介物而相互融合到一起的观点的所有难以理解之处,都适用于对人格同一性的经验主义描述。

但是在我们自己的解释中,媒介物完全是指派的,牧人在那里,以不属于被集合事物的某种东西的形式存在于那里,但是却高于所有被集合事物,也就是说,是实在的、此刻旁观着、记忆着、"判断着的思想",或者是思想流中识别同一性的"截面"。这就是进行集合者,——"拥有"它审视着的某些过去的事实,而不认其他的事实,——于是就产生了一个实现了、固定了,而不是仅仅漂浮在可能性的阴沉气氛之中的统一体。我们还记得,对于这种思想脉冲及其认识功能的实在性,我们并不想进行推论或解释,而只是将它们设想为心理学家必须承认其存在的终极事实。

但是,虽然这种设想认可了许多东西,却还是没有能够认可常识所要求的全部。**思想**(Thought)——我暂时用大写 T 开头的这个词指称当下心理状态[①]——将个别的过去事实,也将它自己一起聚拢在统一体中,有了这个**思想**,统一体才能存在。就像野外牲畜第一次被新来的移居者捕拢到一起,并且被拥有一样。但是在常识看来,问题的本质在于,过去的思想永远也不是野外的牲畜,它们始终被拥有着。**思想**并没有捕获它们,它一产生,就发现它们已经是它自己的了。如果这个**思想**与前任所有者之间没有实质的同一性,——不是像我们说的单纯的连续性或相似性,而是真正的统一性——这又如何可能呢?常识事实上会促使我们承认,我们暂时可以称之为主要自我(Arch-Ego)的东西,支配着全部思想流

---

[①] 译文中用黑体字的"**思想**"表示原文中大写 T 开头的"Thought"。——译者

以及可能出现在其中的所有自我,它是隐含在这些东西的联合体中的永远自我同一和不变的本原。正如我们很快将会看到的那样,形而上学的"灵魂"和康德哲学的"先验自我",只是为满足常识的这种迫切要求而做出的努力。但是,至少暂时我们还无需做出任何这样的假定,来表达那种为常识所坚持的永不消失的拥有现象。

如果**思想**,那个当下做着判断的**思想**,并非以任何方式实质性地或者先验地与过去自我的先前拥有者相同一,而只是在此刻继承了他的"所有权",并因此而成为了他的合法代表,那又会如何呢?如果它的出生与另一个拥有者的死亡完全吻合,那么,一旦它发现过去的自我,它就会发现那个自我已经是它自己的了,所以那个过去的自我决不会是野外的,而是始终被永不消失的所有权拥有着。我们可以想象一连串的牧人,通过用遗赠的方式转换最初的所有权,而快速地相继拥有同一头牲畜。对自我集合体的"所有权",不能也以某种类似的方式,从一个**思想**转换到另一个**思想**吗?

这样的转换确实发生着,这是一个明显的意识事实。每一个认知意识的脉冲,每一个**思想**,都会逝去并由另一个取而代之。那另一个,在它所知道的事情中,就有它自己的前任,它以我们已经描述过的方式发现它的前任是"温暖的",向它问候说,"你是我的,是那个与我相同一的自我的一部分。"知道以前的**思想**并因而将其包含进来的每一个后面的**思想**,都是以前的**思想**所包含和拥有的全部东西的最后容器——并且拥有它们,因而也是它们的最后所有者。因此,每一个**思想**生来就是所有者,在被拥有中死去,将所有它认为是它的自我的东西,转送给它自己后面的所有者。正如康德所说,这就像有弹性的球不仅有运动,而且还拥有关于运动的

## 第十章 自我意识

知识,第一个球将其运动和意识传递给第二个球,第二个球将二者都纳入到它的意识之中,又将它们传递给第三个,直到最后一个球拥有了所有其他球曾经拥有的东西,并且认识到它是自己的。初生的思想拥有的就是这样一种技巧,即关注正在消逝的思想并且"接受"它。这是将自我的大部分遥远组成部分占为己有的基础所在。谁拥有最后一个自我,谁就拥有那自我之前的自我,因为谁拥有拥有者,谁就拥有被拥有的东西。

不可能在人格同一性这方面发现任何未包括在这一概述中的可证实的特性,不可能想象,任何超验的非现象的主要自我(如果他存在),除了产生意识流以外,如何能够将事情形成任何其他结果,或者最终由任何其他成果而得到认识;这意识流的每一个"截面",都应该知道,并且正在知道所有那些在它之前的东西,将所有那些东西紧紧抱住并且接受过来,——因此而成为全部过去的意识流的代表;它同样还应该接受已经为这精神之流的任何部分所接受的对象。这种作为代表,以及这种接受,是非常清楚的现象关系。这个思想在知道另一个思想及其对象的同时,也占有了那个思想及其所占有的对象,却仍然是与那个思想完全不同的现象;它可能几乎不与它相像;它也可能在空间和时间上远离了它。

唯一的模糊之点是占有活动本身。在列举自我的组成部分及其竞争时,我已经不得已地使用了占有这个词。在听到一个组成部分如何被丢下和抛弃、而另一个组成部分被紧紧抓住和得到支持时,机敏的读者那时可能就注意到了,只有当那些组成部分是另外某个事物手中的对象时,那个短语才有意义。一个对象不可能占有自己；它是它自己；它更不可能抛弃自己。必须要有一个进行占有和抛弃的能动者；但是我们已经给那个能动者命了名。它就是各种"组成部分"为它所认识的**思想**。那个思想是选择和认知的媒介物；在它做出的选择里面，就有对它的"自己"的占有或拒绝。但是，**思想**永远也不是它自己手中的对象，它永远也不会占有或者抛弃它自己。它是给它自己占有，它是增生的实际中心，是过去的自我之链悬挂其上的吊钩，它牢固地生根于唯一被认为是真实的当下，因而那链条就不是一个纯粹理想的东西了。不久，那吊钩自己也会带着它所负载的全部东西落入到过去，被当作一个对象，为新的当下的新思想所占有，这个新思想又成为了活着的吊钩。正如霍奇森先生所说，意识的现在时刻在整个序列中是最黑暗的。它可以感受到自己的直接存在——我们一直都承认这种可能性，虽然通过直接的内省来确认这个事实十分困难——但是直到它死去，我们才能知道关于它的事情。因此，它的占有，与其说是给它自己，不如说是给当下对象被最亲密感受到的部分、给身体、以及给与思想活动相伴随的头部中心调整的。这些是我们人格同一性的真实核子，正是它们作为一种可靠的当下事实的真实存在，使得我们说"就像我存在那样确定无疑，这些过去的事实是我自己的一部分。"它们是自我的被表象部分被吸收、附着和结合的核心；甚至如果**思想**在思想活动中对自己完全没有意识，其当下对象的这些"温暖"部分也是人格同一性的意识所依赖的坚实基础。①

---

① 一些敏感的读者会反驳说，**思想**不可能将其对象的任何部分称为"我"，并且将其他部分与它相结合，除非首先将那个部分与它自己结合起来；而它不可能将它与它自己结合起来，除非它知道它自己；——因此，我们的假定（前面第 304 页），即可以设

因而,这样的意识作为一个心理事实,就可以得到充分的描述,而除了一个正在逝去的思想的序列以外,无需假设任何其他的能动者。这个正在逝去的思想的序列被赋予了占有和排斥的功能,其中的一部分能够知道、占有或者排斥已经为其余的部分知道、占有或者排斥的对象。

让我们用示意图来表示。A、B和C代表三个相继的思想,每一个的里面都有它的对象。如果B的对象是A,C的对象是B;那么,A、B和C就代表人格同一性意识中的三个脉冲。每一个脉冲都是某种与其他脉冲不同的东西;但是,B会知道并且接受A,C会知道并且接受A和B。每一个经验在经过时都会在大脑中留下自己标记,这同一个大脑中的三个相继状态,很可能会产生出恰好有这种差异的思想。

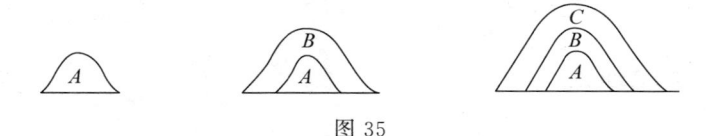

图35

---

想思想不具有关于它自己的即刻知识,就被推翻了。对此我的回答是,我们必须注意不要受语词的愚弄。我(I)和我(me)这两个词,并不表示任何神秘的和绝不仅有东西——它们实际上只是强调性的名称;而**思想**总是在强调着什么。在它所认识的一片空间中,它将这里与那里相比较;在一段时间中,他将现在与那时相比较;对一对东西,它称一个为这个,另一个为那个。我和你,我和它,这些区分与上面的区分完全一致——这些是在一个完全客观的知识域中的可能区分,"我"对于**思想**来说只意味着它即刻感受到的肉体生命。关于我的身体存在的感觉,无论对其本身的认识是多么模糊,都可以是我的有意识自我的绝对原型,是我存在(I am)那种基本知觉。当时没有即刻为它自己所认识的**思想**,也可以对它进行各种占有。至于这些是否不仅是逻辑上的可能性,而且是真实的事实,我在这部书中没有武断地做出决定。

因此,转瞬即逝的**思想**似乎就是那个思想者;而且,虽然在这后面可能还有另一个非现象的思想者,但是至此我们还不需要用他来表达那些事实。直到我们听过了在历史上用来证明其实在性的理由,我们才能对他拿定主意。

## 纯粹自我或者人格统一性的内在本原

下面让我们对自我理论做一个简短的概览。有以下三种理论:

（1）唯灵论理论;
（2）联想主义理论;
（3）先验论理论。

**灵魂理论**

在第六章,我们走到了关于"灵魂"的唯灵论理论那里,那时,我们是把它作为一种工具,以避开心的要素与它自己"结合"的不可理解性、避开大脑中有思想附着于其上的物质单子在生理学上的不可能性。但是,在那一章的结尾处我们说,应该在后面批判性地考察这个"灵魂",看看它作为一种理论,与对遵循尚未得到解释的法则伴随大脑活动之流的思想流的简单现象看法相比,是否还有任何其他的优点。

灵魂理论是通俗哲学的理论,也是经院哲学的理论,后者只是系统化了的通俗哲学。它宣称我们内部的个体性本原必须是实体性的,因为精神现象是活动,而没有一个具体的能动者就不可能有活动。这个实体性的能动者不可能是大脑,它必须是某种非物质的东西;因为它的活动(思想)即是非物质的,也以一般的和可以理解的,以及特殊的和可以感觉的方式,认识着非物质的事物和物质的事物,——所有这些能力都与构成大脑的物质的性质相矛盾。而且,思想是简单的,而大脑活动却是由其每一个部分的基本活动复合而成的。还有,思想是自发的或者自由的,而所有物质活动都是从外部(ab extra)决定了的;意志可以让自己抵制所有物质性的物品和欲望,而如果它是一个物质性的功能,这就是不可能的了。由于这些客观的理由,精神生活的本原就必须既是非物质的和简单的,又是实体性的,必须是人们称为灵魂的那个东西。主观的理由也支持同样的结果。我们的人格同一性意识,使我们确知自己本质上的简单性;如我们已经看到的自我的各种组成部分的所有者,我们暂时认为可能的假定的主要自我,是一个我们通过自我意识直接觉知其存在的实在的实存。没有物质能动者能够这样转过身来把握它自己——物质活动始终是在把握某些别的东西,而不是那个能动者。如果大脑能够把握它自己,并且拥有自我意识,那这就是对它自己作为大脑的意识,而不是作为某种完全不同的东西的意识。这样,灵魂就作为简单的精神实体而存在了,各种心理能力、操作和作用都存在于这个实体之中。

如果我们问实体是什么,唯一的回答就是,它是一个自存的存在,或者是一个不需要存在于其他主体之中的存在。从根本上说,它唯一确实的规定就是存在,尽管很难对其做出解释,但是它的意思我们大家都知道。灵魂还是一个个体性的存在,而如果我们问那是什么，回答就是要我们去看看我们的自我，通过直接的直觉，我们会了解比任何抽象的回答所能给予的更多的东西。许多人认为，我们对自己内在存在的直接知觉，事实上是原初的原型，我们关于简单主动实体的一般看法，就是由此形成的。灵魂之简单性和实体性的结果，就是它的不腐和自然的不朽——只有上帝的直接命令才能将它消除——还有它始终对其全部所作所为所负的责任。

对灵魂的这种实体论看法，本质上是柏拉图和亚里士多德的观点。它在中世纪得到了非常正规的详尽发展。霍布斯、笛卡尔、洛克、莱布尼茨、沃尔夫和贝克莱都相信这个观点，而它现在得到了全部现代二元论的或者唯灵论的或者常识的学派的辩护。康德坚持这个观点，但否认它作为用来演绎出尘世间可证实结果的前提的有效性。康德的后继者，那些绝对唯心主义者，宣称放弃了它，——很快我们就会探讨那是怎样的情况。让我们先确定我们自己是如何看待它的。

无论如何，要将真实的主观意识现象表示为它们显现的那样，我们并不需要这种观点。无需借助于它，我们已经通过对思想流的假定，对这些现象全部进行了明确的阐述。在这个思想流动中，每一个思想都与其他思想有实质性的不同，但却认识其他思想，并且这些思想还相互"占有"对方的内容。至少，如果我还没有成功地让读者对此感到信服，我就没有希望说服他接受我下面要说的话。在精神生活中显现出来的统一性、同一性、个体性和非物质性，因此就完全被解释为现象的和暂时的事实，除了当下**思想**或者思想流的"截面"以外，这个解释不需要提及任何更简单或者更具实体性的能动者。我们已经看到，它在没有可分部分的意义上是简单和独特的(前面,第239页及以下诸页)——也许要断言给灵魂的,就只有这种类型的简单性。当下**思想**也有存在,——至少所有相信灵魂的人都这么相信——而如果它不"存在"于任何其他的存在当中,它自身就应该是一个"实体"。如果断言给灵魂的就是这种简单性和实体性,那么在我们把当下**思想**当作能动者和所有者等等的时候,我们就是一直在谈论灵魂,而并不知道我们谈论的是它。但是,这个**思想**是一个逝去着而非不朽和不易腐坏的东西。它的后继者可以不断地接替它,与它相似,并且占有它,但它们不是它,而灵魂实体则被认为是一个固定不变的东西。灵魂总是指某种在当下**思想**后面的东西,它是另一种实体,存在于非现象的层次。

当我们在第六章的末尾提到灵魂,将它看作是各种大脑过程同时对其产生影响,而它通过思想的单一脉冲对它们的联合影响做出反应的一个实存时,我们是要一方面避开聚合起来的心的要素,另一方面避开不可能的大脑单子。但是当(就像现在,当我们自写下前面那个段落以来又做过那么多的讨论之后)我们考虑两种阐述,其中第一个是关于只是思想脉冲与其过程相一致的大脑的阐述,第二个是关于灵魂中的思想脉冲与其过程相一致的大脑的阐述,并且将这两种阐述放在一起进行比较时,我们看到,实际上第二种阐述只是以比第一种阐述更兜圈子的方式,表达了相同的枯燥事实。那个枯燥的事实就是,当大脑活动时,思想就会发生。唯灵论的阐述是说,大脑过程可以说是将思想撞出了准备好接收其影响的灵魂。更简单的阐述是说,那个思想只是出现了。但是,当我们进行细致的追究时,除了思想之可能性的根据之外,灵魂还有什么确实的意义呢？而且，除了决定从可能性转到现实性之外，那个"撞击"又是什么呢？还有，除了对人们关于思想出现在大脑过程发生之时，这在事物的本性中有某种根据的信念，给出一种具体的形式之外，所有这一切终究又是什么呢？如果灵魂这个词[①]被理解为仅仅是对那个主张的表达，它就是一个可用的词。但是，如果我们让它做更多的事情，让它去向那个主张让步，——比如，去理性地将出现的思想和发生的过程联系起来，以可理解的方式做这两种全异性质之间的媒介——那么，它就是一个虚假的术语。事实上，灵魂这个词和一般意义上的实体这个词的情况一样。说现象存在于实体之中，实际上表明的也只是一个人对现象的赤裸存在就是全部真理这一观点的抗议。我们坚持认为，除非有多于现象的某种东西存在，否则现象不会自己存在。对那多出来的东西，我们临时给它一个名称，就是实体。因此，在现在的阶段，我们的确应当承认，存在比转瞬即逝的思想和转瞬即逝的大脑状态共存这个赤裸事实更多的东西。但是，当我们说它是受到大脑状态影响的"灵魂"时，我们并没有对"那更多的东西是什么？"的问题做出回答。这种更多没有解释任何东西；而当我们一旦去尝试形而上学的解释时，不尽可能地走到最远就是愚蠢的。在我自己这方面，我承认，当我试图从形而上学的立场来定义那更多的东西时，我发现，与主张许多绝对个体灵魂的观点相比，主张在我们所有人之中都有某种世界灵魂（anima mundi）在思想的观点，是一个更有希望的假说，尽管它也有自己的困难。同时，作为心理学

---

① 原文为 world，疑为 word 之误。——译者

家,我们完全不需要形而上学的立场。现象就足够了,转瞬即逝的**思想**自身,就是唯一可证实的思想者,它与大脑过程的经验联系,就是我们所知道的终极法则。

对于其他用来证明需要有个灵魂的论证,我们也可以听而不闻。由自由意志所做的论证,只能说服那些相信自由意志的人;而即使他们也不得不承认,至少可以说,自发性就像在灵魂那样的永恒能动者中是可能的一样,在像我们的"**思想**"这种非永恒的精神能动者中也是可能的。由被认识事物的种类所做的论证,情形也一样。即使大脑不能认识普遍的东西、非物质的东西,或者它的"自我",我们的解释所一直依赖的"**思想**",并不就是与之紧密联系的大脑;而且,归根结底,如果大脑能够认识,人们还是很难弄清,为什么它不会既认识一种东西,也认识另一种东西。主要的困难是在于了解一个事物如何能够认识任何东西。将认识着的那个事物起名为灵魂,这一点也没有解决那个困难。唯灵论者没有从以其他方式认识的灵魂的性质中,演绎出心理生活的任何性质。他们只是在心理生活中找到各种现成的特性,然后把这些特性塞进灵魂里,说"看!看它们从中流淌出来的源头!"这种"解释"显而易见只是语词上的。被召唤来的灵魂远没有让那些现象变得更容易理解,它只有通过借用它们的形式,才使自己变得可以理解,——它必须被说成是一条复制了我们所知意识流的超验意识流。

总而言之,灵魂是这样一种哲学研究的产物,根据霍奇森博士的看法,这种哲学研究的伟大座右铭是:"凡是你完全不知道的东西,你就宣称它是所有其他东西的解释。"

洛克和康德虽然仍然相信灵魂，却开始了对我们于灵魂有所知这个观点的破坏性工作。许多温和的唯灵论或者二元论哲学的现代作者——苏格兰学派，我们经常这样称呼它——进一步宣布这种无知，并且只关注如我们已经表明的可证实的自我意识现象。例如，韦兰（Wayland）博士用这个短语开始他的《理智哲学原理》（Elements of Intellectual Philosophy）："我们对于心的本质一无所知，"然后他继续说，"我们对心所能断言的只是，它是感知、反思、记忆、想象和意欲着的某种东西；但是，我们不知道那个发挥这些能量的东西是什么。只有当我们意识到这些能量的活动时，我们才意识到心的存在。只有通过运用它自己的能力，心才认识到这些能力的存在。然而，对心的能力的认识，并不能使我们拥有任何关于我们断言拥有这个能力的那个本质的知识。在这些方面，我们关于心的知识与我们关于物的知识正好是类似的。"我们这两种无知的这种类似，是苏格兰学派的人喜欢做出的评论。这只是把它们归为单一无知的一个步骤，那种关于"不可知者"的无知，任何一个喜欢哲学中多余之物的人，都可以向它送上热情的信念，如果这确实能够让他获得满足，但是，任何其他人也都可以同样自由地忽视和拒绝它。

因此，就对真正得到证实的意识经验事实的解释而言，灵魂理论完全是一种多余之物。到目前为止，还没有人出于明确的科学理由而不得不赞成它。如果不是由于其他更为实际的要求，这个问题就可以到此为止，让读者去自由地做出自己的选择了。

这些要求中的第一个，就是不朽，灵魂的简单性和实体性似乎对此提供了可靠的保证。一条思想"流"，无论我们认为它的本质中包含什么，都可以在任何时刻完全终止下来；但是一个简单实体是不会腐坏的，而且，只要那个创造者没有通过直接的奇迹将它熄灭，它就会通过自己的惯性持续地存在。无疑，这是唯灵论信念的大本营，——确实，所有哲学的流行的试金石就是这个问题，"它们与来生有什么关系？"

然而，详细地考察就会发现，灵魂并不担保任何一种我们所关心的不朽。它们的永恒(in sœcula sœculorum)实体那原子般的简单性所带来的愉悦，似乎并不是大多数人所虔诚愿望的完满。那个实体必须产生出与当下意识流相连续的意识流，才能唤起我们的希望，但是，仅仅那个实体本身的持存，并不能对此提供任何保证。而且，在道德观念的一般发展中，我们的祖先将不朽的希望建立在他们的实体简单性的基础上，这种做法是有些荒谬的。如今，对不朽的要求基本上是目的论的。我们相信自己是不朽的，因为我们相信自己适合于不朽。我们认为，如果事物的性质是像我们相信的那样以合理的方式组织起来的，那么，一个"实体"如果不值得生存，它就当然应当死亡，而一个非实体性的"流"，只要值得生存，就应当持续存在。实体或非实体，灵魂或"流"，洛采关于不朽所说的话，差不多说出了人类智慧所能说出的一切：

> 我们没有其他原则可以用来对这个问题做出决定，我们只有这个一般的理想主义信念：每一个其持续性具有世界意义的造物，只要它具有世界意义，就都会持续下去；而每一个只是在世界进程的一个短暂阶段具有实在性的造物都会死去。几乎无需说，这个原则在人类的手中不可能有进一步的应用。我们当然知道，优点不能给一个存在以不朽的权利，缺

点也不能结束其他人的生命。①

　　人们宣称的灵魂实体的第二个必要性,是我们在上帝面前的取证责任。当洛克说意识统一体使一个人成为同一个人,而不管是否为同一个实体所支撑,说在世界末日,上帝不会让一个人为他一点也不记得的事情负责时,他引起了一场喧嚣。人们认为这带有诽谤性,即我们的健忘可能会因而剥夺上帝的某些施以报应的机会,这些报应本可以增加上帝的"荣耀"。这确实是保留灵魂的一个很好的思辨理由——至少对于那些要求完全报应的人来说是这样。带有记忆失误的单纯意识之流,不可能像灵魂那样"负责任",后者在审判之日仍是它一直所是的东西。然而,对于不像其祖辈那样看重报应的现代读者来说,这一论证很难再有以前的那种说服力了。

　　灵魂的一个了不起的用处,始终是解释并同时保证每一个个人意识的封闭的个体性。人们认为,一个灵魂的思想必须统一在一个自我之中,必须永远与所有其他灵魂的思想相隔绝。但是我们已经开始看到,虽然统一性是每一个人的意识的规定,然而,至少一些个体那里,思想可能会从其他思想那里分裂开来,形成单独的自我。至于隔绝,考虑到思想感应、催眠作用和精神控制现象——现在这些现象得到了比以往任何时候都更有权威的认可,

---

① 《形而上学》,第 245 节结尾处。这位作者在其早期著作《医学心理学》中,是一个(根据我的解读)灵魂-实体理论的强有力的辩护者,在其《形而上学》第 243—245 节中,他提出了现有的对这一理论最漂亮的批评。

## 第十章 自我意识

过于确信那一点是太轻率了。我们个人意识的那种确定的封闭性质,很可能是许多情况的平均统计结果,而不是一种基本的力量或事实;因此,如果一个人想要保留灵魂,他越少从那个方面引出他的论证就越好。只要我们的自我在整体上完善它自己,并且实际上将它自己保持为封闭的个体,正如洛采所说,这难道还不够吗?为什么以某种难以理解的形而上学方式是——个-个体(being-an-individual),是比这更加值得骄傲的成就呢?[①]

关于实体性的灵魂,我的最后结论是,它没有解释任何东西,也没有保证任何东西。它的相继的思想,是关于它的唯一可以理解和可以证实的东西,而且弄清这些思想和大脑过程之间的关联,就是心理学所能经验地去做的事情。从形而上学的观点看,人们确实可以声称这种关联有合理的根据;而且,如果灵魂这个词只是指某种这类模糊的成问题的根据,那它就是无可反对的。但问题是,它以一种可信度非常值得怀疑的肯定的术语,宣称给出了这样的根据。因此我感到,我可以在这部书的其余部分将灵魂这个词完全抛弃掉。如果用到这个词,我也是以一种最模糊和最通俗的方式使用它。然而,能够在灵魂观念中得到慰藉的读者,也完全可以继续相信它;因为我们的推理并没有确立灵魂的不存在;它们只是证明它对于科学的目的来说是多余之物。

我们要讨论的另一个关于纯粹自我的理论是

---

[①] 关于对自我统一的经验的和先验的看法,见洛采,《形而上学》,第244节。

**联想主义理论**

洛克通过提出同一个实体拥有两个相继意识,或者同一个意识为多个实体所支撑的假说,为这一理论铺平了道路。他使读者觉得,自我的重要的统一性是它的可证实和可感受的统一性,还有,只要有关于多样性的意识,形而上学的或者绝对的统一性就没有意义。

休谟表明多样性意识实际上有多么重要。在《人性论》(Treaties on Human Nature)关于人格同一性的著名一章里,他写道:

> 有些哲学家认为,我们在每一时刻都亲切地意识到我们称之为我们的自我的东西;认为我们感受到它的存在和存在的连续性,并且在论证的证据之外,确信它的完美同一性和简单性。……不幸的是,所有这些肯定的断言,都与用来为它们辩护的那种经验相矛盾,而且,我们也不是依这里解释的方式拥有任何自我观念。……每一个真实观念都一定是由某个印象引起的。……如果有任何印象引起了自我观念,那个印象就必须在我们的整个生命进程中持续不变地是同一个,因为自我是被设想为以那种方式存在的。但是,不存在任何恒定和不变的印象。痛苦与快乐、悲伤与喜悦、情感与感觉,相互接续而来,永远也不会全部同时存在。……在我这方面,当我最亲密地进入我所谓的我自己之中时,我总是碰上这个或者那个特殊的知觉,如关于热或冷、明或暗、爱或恨、痛苦或快乐的知觉。没有知觉,在任何时候我都无法抓住我自己,而且,除了知觉,我永远也不能观察任何事物。如果我的知觉在一段时间内失去了,例如在酣睡中,那么,在这个时期内,我就

不能感觉到我自己,因而真正可以说是不存在的。如果死亡使我失去全部的知觉,在我的身体分解之后,我就不能思想,不能感受,不能看,不能爱,也不能恨,我就是完全被消除了,我想不出还需要什么东西来使我成为一个完全的非实存。如果在认真而无偏见的反思之后,还有人认为他对他自己持有一种不同的见解,那么我只能承认,我是无法再与他论理了。我能向他做出的让步只是,我们可能都有道理,但是在这一特殊之点上我们是有本质差异的。也许他可以感知到某种他称之为他自己的简单而且持续的东西;尽管我确信在我这里不存在这样一个本原。

但是把这类形而上学家放在一边,我可以大胆地断言,人类的其余成员,只是一包不同的知觉,或者不同知觉的集合,这些知觉以不可想象的速度互相接续,并且处于永远的流动和运动之中。我们的眼睛在眼窝中稍一转动,我们的知觉就会发生变化。我们的思想比我们的视觉更易于变化;我们的所有其他感官和能力都促进这种变化;灵魂也没有任何一种能力,可以保持也许只是一瞬间的同一不变。心是一个舞台,在这个舞台上,单独的知觉相继出现;这些知觉经过,再经过,悄悄逝去,并混杂于无数多样的状态和情境之中。严格地说,在同一时间,心中没有简单性,在不同的时间,心中没有同一性;无论我们有什么样的想象那种简单性和同一性的自然倾向,情况都是这样。我们不能被这个舞台的比喻所误导。它们只是构成为心的相继的知觉;关于表现这些场景的那个地方,和构成那个地方的材料,我们是一点概念也没有的。

但是，在完成了这件了不起的内省工作以后，休谟接着就把婴儿和洗澡水一起倒掉了，并且跳到了和实体论哲学家一样远的极端。正如他们说自我只是统一性，是抽象和绝对的统一性，休谟说，它只是多样性，抽象和绝对的多样性；而实际上，它是统一性和多样性的混合物，我们自己已经发现，拆散这个混合物是件很容易的事情。在意识流的对象中，我们发现某些感受几乎没有变化，带着过去的温暖与生动，就像当下感受的情况一样；我们还发现，当下感受是增生的中心，是判断着的**思想**感受到其他感受逐渐（de proche en proche）附着其上的中心。关于判断着的思想，休谟什么也没说；而且他否认这种穿过自我各种成分的相似性线索和同一性核子，哪怕是作为一种现象的东西而存在。对于他来说，在纯粹的统一性和纯粹的分离性之间，不存在第三者（tertium quid）。一连串的观念"由紧密的关系联系起来，在精确的观点看来，提供了一种好像根本没有关系存在般完美的关于多样性的看法"。

我们的全部个别知觉都是个别存在物，心永远无法在个别存在物之间感知到任何真实的联系。如果我们的知觉是某种简单的或个体的事物固有的一部分，或者心感知到它们之间的某种真实联系，那么在这个问题上就没有什么困难了。就我而言，我不得不要求有怀疑论者的特权，承认对于我的知性来说，这个困难太大了。然而，我也不冒昧地断言这个困难是不可克服的。也许其他人……会发现某个可以调和这些矛盾的假说。①

--------

① 休谟《人性论》第一卷附录。

休谟实际上是个和托马斯·阿奎那（Thomas Aquinas）同等程度的形而上学家。难怪他无法发现"假说"。意识流的不同部分之间的统一，只是一种"真实的"联系，这和它们的多样性是一种真实的分离一样真实；联系与分离都是过去思想呈现给当下**思想**的方式；——相互之间在时间和某些性质方面的不同——这是分离；在其他性质方面的相似，以及在时间上的连续——这是联系。出于对比这种明显和可证实的相似性和连续性更"真实"的联系的要求，休谟寻找着"混乱后面的世界"，成了哲学思想巨大弊端的那种绝对主义的一个显著范例。

休谟的所有后继者，都将由休谟从"意识流"拆分出的单独存在物所组成的链条，作为事实的全部而接受了下来。联想主义哲学建立了起来。所有意识的高级形式，包括关于人格同一性的意识，不知怎么就通过每一个都是单独的、都对其伙伴一无所知，但却粘在一起，并且依据特定的法则相互唤醒的"观念"，得到了解释。这是一个艰巨的任务，我们所说的心理学家谬误（第 196 页及以下诸页）在这里起着主要的作用。两个观念，一个是关于"A"的观念，另一个是跟随其后发生的关于"B"的观念，变形为第三个关于"A 在 B 之后"的观念。一个现在重现的去年的观念，被当作是关于去年的观念；两个相似的观念，代表关于相似性的观念，等等；这是明显的混淆，在这里，某些只有对于从外面知道观念的人来说才有可能的关于那些观念的事实，被当成了观念自身专有和有限的意义和内容。人们不知怎么就猜想，由不连续的观念和感受序列中的这种重现与相似，一种知识就在每一个这样的感受中产生了，即它是重现和相似的，它帮助形成了有我这个名称加入其统一体的序列。以同样的方式，德国的赫尔巴特①试图实质性地表明，观念的冲突如何会融合为一种以我为神圣名称的表象它自己的一种方式。②

所有这些尝试的缺陷在于，声称从特定前提推导出来的那个结论，却决非合理地包含在那些前提之中。任何一种感受，如果它只是返回来，就应该只是它最初所是的东西。如果在它返回时，将关于先前存在物的记忆，以及各种其他认知功能归与它，它就不再是同一个感受了，而是一种完全不同的感受，并且应当这样来描述。我们已经以最清楚的方式对它进行了这样的描述。我们已经说过，感受决不会真的回来。我们不曾声称要解释这一点；我们将它标明为一条在经验上得到确定的法则，与某些脑生理学法则相类似；而且，在试图说明新感受不同于旧感受的方式的过程中，我们发现新感受认识和占有旧感受，而旧感受又总是认识和占有别的东西。我再说一次，这种解释只被当作是对事实的一种完全的描述。它并没有比联想主义的理论更多地对这些事实做出解释。但是，联想主义理论却既要解释它们，同时又要证伪它们，而这两方面都会使它受到责难。

这只是说，联想主义的作者们通常对自我有一种潜在的内疚感；而且，尽管他们对自我是什么已经说得够明白了，即它是一个感受或思想的序列，但是，对于直率地解决自我如何觉知它自己的

---

① 赫尔巴特也相信灵魂；但是对于他来说，为我们所"意识"到的"自我"是经验自我——而不是灵魂。
② 比较前面第158—162页的评论。

## 第十章 自我意识

问题,他们却是非常畏缩的。例如,贝恩和斯宾塞都没有直接接触这个问题。通常,联想主义作者不停地谈论"心",谈论"我们"做什么;因此,他们是将本该公开以当下"**判断着的思想**"的形式做出假定的东西,偷偷地私运了进来,或者他们是在利用读者识别力的缺乏,或者他们自己就没有识别力。

D. G. 汤普森先生是我所知道的完全避开了这种混淆的唯一一位联想主义作者,他公开对他需要的东西做出假定。"所有意识状态,"他说,"都暗示和假定一个主体自我,它的实体是未知和不可知的,意识状态被当作了这个实体的[为什么不说通过这个实体?]属性,但是在这个过程中,这个实体被客观化了,而且它自己也变成了更远处的主体自我的一个属性,虽然它一直为认知所假设,却始终躲避着认知。"[1]这恰恰就是用复杂一点的术语描述的我们那判断和记忆着的当下"**思想**"。

在汤普森先生之后,尽可能做到清晰的,就是泰恩和两位密尔了。泰恩在其《智力》一书的第一卷中告诉我们自我是什么,——一个意识事件的连续的网,这些意识事件相互之间[2],就和用粉笔画在板上的菱形、三角形和正方形相互之间一样,并非真正是截然分开的,因为那块板自身是一个整体。在第二卷他说,所有这些部分都有一个共同的性质嵌置其中,那就是内在的性质[这就是我们所说的"温暖"性质,名称不同而已]。这个性质通过一种心理虚构被抽象和孤立了,它是被我们意识为我们的自我的东西——"这个

---

[1]《心理学体系》(1884),第 1 卷,第 114 页。
[2] "只是对观察来说才是截然分开的,"他补充说。对谁的观察?是外部心理学家的、自我的、它们自己的、还是那块板的?关键在这里(Darauf kommt es an)!

稳定的在内部就是我们每一个人称之为我(I)或者我(me)的东西。"显然，泰恩忘了告诉我们，"我们每一个人"是什么，它突然出现，进行着抽象，并且"称"其产物为我(I)或者我(me)。那个性质不会抽象它自己。泰恩的"我们每一个人"，只是指带着记忆和占有倾向的当下"判断着的**思想**，但他没有足够清晰地指明它，而是陷入了这样一种虚构，即整个思想序列，整块"板"，就是那个反省着的心理学家。

在将记忆定义为开始于我的过去自我的观念，结束于我的当下自我的观念的联想观念序列之后，詹姆斯·密尔将我的自我定义为一个观念的序列，记忆声称其中的第一个观念和最后一个观念不间断地联系着。相继的联想观念"似乎涌入了意识的一个单一的点"①。约翰·密尔对这一解释做注解说：

> 自我现象和记忆现象只是同一个事实的两个方面，或者是看待同一事实的两种不同方式。作为心理学家，我们可以从它们之中的任何一个出发，并将另一个归之于它。……但是我们很难将二者都作为出发点。至少我们必须说，这样做不能使它们之中的任何一个得到解释。我们只是表明这两个东西本质上是同一个东西；表明我关于在某一天登上了斯基多山的记忆，与关于与那天登上斯基多山的人是同一个人的意识，是陈述同一个事实的两种方式：一个心理学迄今未能将其分解为任何更为基本的东西的事实。在分析复杂的意识

---

① 《分析》(*Analysis*)，等等，J. S. 密尔版，第 1 卷，第 331 页。那"似乎是"是这一学派有意思的特点。

现象时,我们一定会到达某种终极的东西;我们似乎已经触及了两个要素,这两个要素初看起来确实有资格得到那个头衔。首先,……是事实和关于那个事实的**思想**之间的区别:这个区别过去可以为我们所认识,然后构成了记忆,将来则构成我们的期望;但是在任何情况下,除了说它存在着,我们不能对它做出任何解释。……第二,除此之外,从这样一个信念……出发,即我现在拥有的观念来自于先前的感觉……我们会得到一个更进一步的信念,即这个感觉……是我自己的;它发生于我的自我。换言之,我觉知到一个长而不间断的过去感受的序列,这一序列向后延伸到记忆所及的尽可能远的地方,并终止于我在现在的时刻拥有的感觉,所有这些都由一条不可解释的纽带联系在一起,这条纽带不仅将它们与单纯思想中的任何相继或者结合区别开来,而且还将它们与和它们并行的感受序列区别开来,我有令人满意的证据相信,我感知到在我周围的每一个和我形状一样的其他存在,都有这样的感受序列。这一感受序列(我称之为我对过去的记忆),就是我用来辨别我的自我的东西。我自己就是拥有那个感觉序列的人,而且,除了知道我拥有它们以外,我对自己没有任何直接的知识。但是在这一序列的所有部分之间存在着某种联系,我因此说,它是一个人的感受,这个人始终都是同一个人[根据我们的解释,这就是此刻真实感受到的它们的"温暖"和与"中心精神自我"的类同],并且是与拥有并行感受序列的那些人不同的那个人的感受;对于我来说,这种联系就构成了我的自我。我认为,在有心理学家能够成功超越所有其他人已经取得的成就,提出我们能够对问题做出进一步分析的方法之前,这个问题必须先搁置在这里。①

我们自己在进一步的分析方面成功与否,必须由读者来判断。我们已经做出的各种区分,都是我们在这方面所做努力的组成部分。约翰·密尔自己在后来写下的一个段落中,远没有在分析的方面取得进展,却似乎退回到了某种危险地接近于灵魂的东西那里。他说:

> 认识一种感觉……记起它以前曾经被感受过这一事实,是记忆的最简单和最基本的事实;还有,那个将当下意识和它使我想起的过去意识联系起来的不可解释的纽带……,几乎就是我认为我们能够得到的关于自我的明确概念。在这一纽带中有某种实在的东西,像感觉自身那么实在,而不仅仅是一种没有任何事实与之相应的思想法则的产物,我认为这是不容置疑的。……这个原初的元素,……除了它自己那奇特的名称以外,如果不暗示某种错误的或是没有根据的理论,我们就不能用任何名称来称呼它,它就是自我。这样,我给了自我——给了我自己的心——一种实在性,这实在性与作为一种永久可能性的实在的存在不同,那是我给与物质的唯一实在性。……我们不得不这样理解,序列中的每一个部分,都由某种共同的东西而与其他部分相联系,这共同的东西不是感受自身,就像感受的序列不是感受自身一样;而且,由于那个在第一个与在第二个中是同一个、在第二个与在第三个中是

---

① J. 密尔的《分析》,第 2 卷,第 175 页。

同一个、在第三个与在第四个中是同一个等等的东西，肯定在第一个和第五十个中也是同一个东西，所以，这一共同元素就是永久性元素。但是超出这个范围，除了意识状态自身以外，我们对它不能做出任何断言。属于它或者曾经属于过它的感受或意识，以及它拥有更多感受或意识的可能性，是我们能够对自我做出断言的唯一事实——除了永久性以外，这是我们能够归与它的唯一明确的属性。①

---

① 《汉密尔顿研究》，第四版，第263页。

② 他的"关于心的心理学理论"（Psychological Theory of Mind）一章，是这方面的一个很好的例子，他在那里所做的让步非常著名，为读者考虑，我必须要引证它们。他用这样的话来结束那一章（上述引文中，第247页）："因此，以感受的可能性为背景，将心分解为一系列感受的理论，可以有效地经受住最冒犯的反对论证。但是，外来的批评固然没有根据，这理论却有着我们尚未提出的内在困难，而且在我看来，形而上学的分析是无力将这些困难驱逐的。

"组成心之现象生活的意识流，不仅由当下的感觉所组成，而且还同样部分地包括记忆和期望。那么，这些东西是什么？就其自身而言，它们是当下的感受，是当下的意识状态，而且，就这一点而言与感觉没有区别。还有，它们都与我们先前经验过的某些特定的感觉或感受相类同。但是，它们有一个特性，即它们都涉及一个对超出了其自身的当下存在的信念。一个感觉只涉及其自身当下的存在；但是对感觉的回忆，即使没有提及任何一个特殊的日期，也涉及这样的暗示和信念，即一个它作为其复本或表象的感觉，真实地存在于过去；而期望则或多或少肯定要涉及这样的信念，即一种感觉或者它直接提及的其他感受，将存在于未来。如果不假定这两种意识状态涉及的信念，是我自己以前拥有或者我自己（而不是其他人）以后将要拥有的被回忆起来或者被期望的感觉，在这两种意识状态中涉及到的现象，也就不能得到充分的表达。人们相信的事实是，感觉确实构成，或者今后将要构成自我同一的状态序列或者意识流的一部分，对那些感觉的回忆或期望，是这个序列或者意识流现在呈现出来的部分。因此，如果我们说心是一个感受的序列，我们就不得不进一步完成这个陈述，将它称为将自己觉知为过去和将来的感受序列；这样，我们的讨论就缩小到了下面两种观点之一的选择，即是认为心或者自我是某种与任何感受序列或者这些感受序列的可能性都不同的东西，还是接受这样一个悖论，即假定为（ex hypothesi）只是一个感受序列的东西，能够将自己觉知为一个序列。

"事实是，我们在这里面对的是那个最终的不可解释性，正如 W. 汉密尔顿爵士观密尔先生进行哲学思考的习惯方法,是大胆地肯定某个来自他父亲的一般学说,然后对其敌人做出许多细节上的让步,就像实际上将这一学说完全抛弃了一样。[②] 在这里,让步(就它们是可以理解的而言)就等于是承认了某种与灵魂非常相像的东西。这一将感受联系起来的"不可解释的纽带",这一使感受联系起来,自己又不是正在发生的感受自身,而是某种"持久的"、除了其属性和永久性以外我们"什么也不能断言"的"某种共同的东西",不是形而上学实体的复活,又是什么呢? 就像我们必须尊敬密尔的美好性情一样,我们也必须为他在这一点上缺少敏锐而表示遗憾。从根本上说,他犯了和休谟一样的错误:他认为,感觉自身没有"纽带"。

---

察到的,这是当我们到达终极事实的时候,必然会到达的地方;而且,一般地说,对它的一种陈述方式似乎只是比另一种方式更加不可理解,因为全部人类语言只适应于那一种,而与另一种是如此地不适合,以至于它不可能以任何不自相矛盾的术语得到表达。真正的障碍物,也许不是在于关于事实的任何理论,而是在于事实本身。也许真正的不可理解性是在于,某种已经终止了的、或者尚未存在的事物,可以仍然以某种方式呈现出来;一个其无限大的部分是过去或将来的感受序列,似乎可以在关于实在的信念的伴随之下,被集中到一个简单的当下观念之中。我认为,到现在为止我们所能做的最明智的事情,就是接受这个不可解释的事实,而不要提出任何理论来解释它是如何发生的;当我们不得不用以某种理论为假定的术语来谈论它时,在对这些术语的使用中,就要对其意义有所保留。"

在同一本书后面的一个地方(《汉密尔顿研究》第561页),密尔在谈到什么是对一个理论家的正当要求时说:"他没有权利由一类现象构造出一个理论,将这个理论延伸到它并不适合的另一类现象上,然后为自己辩解说,如果我们不能让它适合,那是因为终极事实是不可解释的。"联想主义学派用来构造其自我理论的那类现象,是相互没有觉知的感受。自我所呈现出来的那类现象是这样的感受,这感受的后面的部分强烈地觉知到它前面的部分。这两类现象相互不"适合",任何创造性的工作都不能使它们适合起来。将没有觉知的感受搅混在一起,并不能使它们产生觉知。要得到觉知,我们必须公开假定一种拥有觉知的新感受。这个新感受不是关于那种现象的"理论",而只是关于那种现象的一个简单陈述;同样,我在讨论中将当下转瞬即逝的思想假定为一个心理整体,带着它关于以前发生的事情的知识。

## 第十章 自我意识

记忆着的**思想**在感觉中发现的相似性和连续性的纽带,并非是"实在的纽带",而"只是思想法则的一个产物";当下**思想**"占有"它们的事实,也不是实在的纽带。但是,休谟心甘情愿地说,也许根本就不存在"实在的纽带",不情愿承认这种可能性的密尔,却像经院哲学家那样,将它放进了非现象的世界。

我们可以将约翰·密尔的让步,看作关于自我意识的联想主义描述的最后失败,这种描述确实是开始于最好的意图,模模糊糊意识到前进的路线,但最终"极度困惑"于它唯一愿意携带的那些非认知、非超越自身的"简单感受"的不充分性。人们必须乞求记忆,即关于自身之外事物的感受性知识。如果承认了这一点,那么每一其他真实的事物就会自然跟随其后,很难走入歧途。当下感受关于过去感受的知识,是它们之间的实在纽带,它们的相似性也一样;还有它们的连续性;还有一个对另一个的"占有":它们都是实在的纽带,实现于每一时刻判断着的**思想**之中,如果有断裂,也只能在这里实现。休谟和密尔都暗示,断裂能够在那里实现,纽带则不能。但是,在自我意识的问题上,纽带与断裂完全是一回事。当下**思想**占有过去思想的途径是实在的途径,只要没有其他所有者以更实在的方式占有它,只要当下思想拒绝它的理由不比占有它的理由更强。但是实际上从来不曾有其他所有者占有我过去的思想;而且,我觉察到的占有它的理由——即与当下思想的连续性和相似性——超过了我觉察到的否认它的理由——即时间上的距离。因此,我的当下**思想**充分拥有着我的过去自我的序列,不仅是事实上的所有者,而且是法律上的所有者,是可能存在的最真实的所有者,而且,所有这一切都无需假定任何"不可解释的纽带",而是以一种完全可以证实的和现象的方式拥有着。

现在让我们转到我们所称的

## 先验论的理论

上来。这个理论来源于康德。康德自己的陈述太长,也太晦涩,不适合在这里逐字引用,因此,我不得不只给出它们的要义。根据我的理解,康德开始于一种对对象的看法,这个看法与我们在第275页及以下诸页关于对象的描述基本上是一致的,也就是说,对象是关系中的事物、性质或事实的系统。"对象是在关于它的知识(Begriff)中,一个给定知觉的杂多得以联系起来的东西。"①但是,尽管我们只是以所谓的当下**思想**或者意识流截面(我们断言它是心理学的终极事实)的形式,求得了这种联系着的知识的媒介物,康德却否认这是终极事实,并且坚持将它分析为许多独立却同样基本的元素。对象的"杂多性"产生于感受性,感受性本身是混乱的,而统一性则产生于由直观、理解、想象、知性和统觉这些高级能力对杂多所进行的综合处理。是知性的那一个根本的自发性,在这些不同的名称之下,将统一性给与了感觉的杂多。

> 事实上,知性只是前验统一的能力,是将特定观念的杂多带到统觉的统一之下的能力,这统觉因而就是全部人类知识的最高原则。(第16节)

---

① 《纯粹理性批判》,第二版,第17节。

## 第十章 自我意识 425

联系起来的材料，必须是由低级能力给与知性的，因为后者不是直观能力，它在本性上是"空的"。而将这个材料带到"统觉的统一之下"，在康德的解释中是指始终思想它，这样，无论它有什么其他规定，它都可以被认识为被我思想。①尽管这种意识，即我思想它，不必每时每刻都明确地实现出来，但是它始终能够实现。因为如果存在一个不能与思想者的观念相结合的对象，它又如何能够得到认识，如何能够与其他对象相联系，如何构成"经验"的一部分呢？

因此，对我思的觉知是蕴涵在全部经验之中的。没有自我意识作为假定和"先验"条件，就没有关于任何事物的相互联系的意识！所有事物，就其可以理解而言，都通过与纯粹自我意识的结合而得到理解，离开了这种至少是潜在的结合，就没有任何事物能够为我们所知。

但是康德同时也否认了这个自我——康德将自我意识演绎地确立为经验之不可缺少的条件（conditio sine quâ non）——具有任何明确的属性。尽管康德给它起的名字——"统觉的原初的先验综合统一"——很长，在康德看来，我们关于它的意识却非常短。

---

① 必须注意，对前面在第 274 及以下诸页所说的话秉公而论，无论是康德还是其后继者，都从未在任何地方做出过这种区分，即对统觉的自我对结合起来的对象的呈现，和这个自我对其自身的呈现以及对它与被统觉的东西的区别的觉知的区分。对象必须为某个思想着的事物所认识，和它必须为某个思想着其在思想着的事物所认识，这在他们看来有着同样的必要性，——根据什么逻辑，似乎还看不出来。康德试图减缓这个推理中的跳跃，说自我这方面对它自己的思想只需是潜在的——"那个'我思'必须能够与其他知识相伴随"——但是仅仅潜在的思想其实根本就不是思想，这实际上是放弃了问题。

这种"先验的"自我意识告诉我们的,"不是我们显现为怎样,不是我们内在地怎样,而只是我们在"(第 25 节)。在我们的自我知识的基础之中,只有"这个简单和完全空虚的观念:我;对于它,我们甚至不能说有一种想法,只能说有一种与所有想法相伴随的意识。在这个思想着的我,或者他或者它(事物)中,被表象的只有那个知识＝x 的赤裸的先验主体,它只能通过作为其谓词的思想所认识,而且,对于它自身而言,我们不能形成任何的观念"(同上,"谬误推理")。因此,对于康德来说,全部统觉的纯粹自我不是灵魂,而只是在所有知识中都是对象之必要关联物的"主体"。康德认为确实有灵魂,但是我们这种单纯自我形式的意识,关于灵魂什么也没有说,无论它是否是实体性的,是否是不朽的,是否是简单的,是否是永恒的,都没有说。正是康德对纯粹自我意识的这种完全的空乏性,对由此而来的任何演绎或"理性"心理学之不可能性的这些断言,使他得到了"全面破坏者"这个头衔。他认为,我们拥有任何关于它的明确知识的唯一自我,是经验的我,而不是纯粹的我;这个自我是其他对象中间的一个对象,其"组成要素"已经为我们了解和辨识为以空间和时间的形式显现出来的现象事物。

就我们的目的而言,这已经是对"先验"自我的一个充分说明了。

我们的目的只是要确定,在康德的想法中是否有任何东西,会让我们放弃自己对不断更新的记忆着和占有着的**思想**的主张。在许多方面,康德的意思是晦涩的,但是我们没有必要紧抓文本不放,以弄清实际上和在历史上康德表达的是什么意思。如果我们能够清楚地确定两三个康德可能表达的意思,那同样可以帮助我们澄清自己的观点。

从总体上看,对康德观点的一种可以辩护的解释,会或多或少采取下面这种形式。和我们自己一样,他相信在他所研究的心之外有个实在,但是对那个实在做出担保的批判者,是以信仰为根据做出担保的,因为它不是一个可证实的现象事物。它也不是杂多。由理智的功能结合起来的"杂多",完全是一种心理杂多,因而处于统觉的自我和其他实在之间,但仍然在心的内部。在认识的功能中,有一种有待联系起来的多样性,康德将这种多样性放到了心的内部。实在成为了一个单纯的空的处所,或者不可知者,那个所谓的本体;杂多的现象存在于心内。相反,我们是将多样性与实在一起放在心外,让心变得简单。我们双方处理的是相同的元素——思想和对象——唯一的问题是把多样性放在这二者中的哪一个里面。无论把它放在哪里,当它被思想时,它都必须得到"综合"。一种存放它的特殊方式,如果除了能够自然地描述事实以外,还能使"综合的秘密"最容易理解,就是较好的方式。

康德描述事实的方式是神话式的。将思想看作这种精细的内部机械工厂的观点,受到我们在第 276 页及以下诸页在赞扬思想的简单性时说过的所有话的责难。我们的思想并非由部分组成,不管它的对象是如何这样组成的。在它的内部,不存在有待被还原为秩序的原初混乱的杂多。这么圣洁的功能孕育着这种康德式的混乱,这种看法几乎令人震惊。如果我们对思想和实在持二元论的观点,我们就应当将多样性放到实在中,而不是放到思想中。部分及其关系，当然更多地属于被知者，而不是知者。

但是，即使全部神话都是真的，综合的过程也决不会通过将心的内部称为它的处所而得到解释。这样的方法不能减少神秘的程度。"自我"如何能够利用生产性的想象力，让知性利用范畴，将认识、联想和理解得自于感性直观的材料结合起来，与**思想**如何能够将客观事实结合起来一样，是一个谜。无论人们怎么表达它，困难始终都是一样的：多为一所认识。或者，一个人会认真地以为，当他称知者为先验自我，称对象为"直观的杂多"时，他比分别称它们为思想和事物更好地理解了知者是如何"联系"对象的了吗？认识必须要有一个媒介物。将这个媒介物称为自我，或者称它为思想、精神、灵魂、智能、意识、心、理性、感受——随你便——它都必须认识。认识这个动词的最好的语法主词，（如果可能）应该是这样一个主词，即认识活动能够从它的其他性质中演绎出来。而如果没有这样的主词，那么最好的就是最少歧义和最少夸张名称的主词。康德承认，先验自我没有属性，而且没有任何东西可以从它这里演绎出来。它的名称是夸张的，而且正如我们很快就会看到的那样，它的意义与实体性灵魂的意义模糊地混淆在一起。因此，无论如何，我们都有理由不是把它，而是把我们自己的当下转瞬即逝的"**思想**"，当作多所由以同时得到认识的本原。

在先验自我的意义中提到的那种歧义是在于，康德是用它指一个能动者，用通过它构造起来的经验指一种操作；还是那个经

## 第十章 自我意识

验是以未指定的方式生产出来的一个事件,而自我只是包含在其中的一个单纯的内在元素。如果他指的是操作,那么,自我和杂多就都必须先于由其中的一个对另一个的经验而造成的冲突而存在。如果他指的是单纯的分析,那就没有这种在先的存在,而那些元素,就它们结合着而言,就只是存在。康德在所有地方的语气和语言,都完全是谈论操作和从事操作的能动者的语言。[①]然而,我们有理由认为,实际上他心里想的可能根本不是那种东西。[②]对于这种不确定性,我们同样只需要决定,如果他的先验自我是能动者,我们如何去理解这个先验自我。

好,如果它是能动者,那么,先验论就只是害羞的实体论,而自我就只是灵魂的一个"廉价和不讨人喜欢的"版本。当将灵魂缩回到这个状态时,我们宁要"**思想**"不要"**灵魂**"的所有理由,就都加倍地适用了。这个灵魂确实什么也没有解释;她所从事的"综合",也只是拿来现成的东西加之于她,作为对由事实得来的它的性质的表达;但是至少她还有高贵和有前景的外表。人们称她为主动的,能选择的,负责任的和以她的方式持久的。自我却只是无:是哲学所能表现出来的无效与空洞的流产。如果可尊敬的康德以其全部的真诚和艰辛努力,相信这个观念是其思想的重要创举,那就真的是理性的悲剧了。

---

[①] "现在,关于灵魂、或者'我'、'思想者',康德对休谟和感觉心理学的推进的整个趋向,是要证明知识的主体是能动者。"[G. S. 莫里斯(G. S. Morris),《康德的批判及其他》(Chicago,1882),第 224 页。]

[②] "在康德的导论中,"II. 科恩(Cohen)说,——我自己没有找到这个段落,——"他清楚地说,问题不是要表明经验是如何产生的(ensteht),而是它是由什么组成的(besteht)。"[《康德的经验论》(*Kant's Theorie d. Erfahrung*)(1871),第 138 页。]

但是我们看到,康德认为它几乎完全不重要。它是留给康德的费希特派和黑格尔派后继者们的,他们将它称为第一哲学原理,用大写字母拼写它的名称,敬慕地读出它的发音,总之,无论什么时候关于它的想法涌上他们的心头,他们行动起来就好像是在乘坐着气球向上升。然而,我还是对历史事实感到没有把握,并且知道我可能没有对那些作者们做出正确的解读。在我看来,康德和后康德思辨的全部教训,似乎就是简单性的教训。思想和陈述的复杂,是康德天生的缺点,哥尼斯堡生活的陈腐学院风气又强化了这个缺点。在黑格尔那里,天生的缺点是狂热。因此,这些哲学先辈们吃下的酸葡萄,确实也让我们的牙齿发酸。然而,我们在英国和美国看到了黑格尔主义在当代的延续,幸运的是,更简单一些的看法由此产生了出来;由于无法在黑格尔、罗森克兰茨(Rosenkranz)或者厄尔德曼(Erdmann)关于自我的言论中找到任何明确的心理学理论,我现在转向凯尔(Caird)和格林。

实际上,这些作者与康德之间的主要区别,是在于他们完全从旁观的心理学家和心理学家认为自己知道的实在抽离了出来;或者不如说,是在于他们将这两个不相关的术语,都吸收进了心理学的特有主题,即关于被观察的心的心理经验。实在与相互联系的杂多融合起来,心理学家与自我融合起来,认识变成了"联系",其结果就不再是有限的或者可批判的经验,而是"绝对的"经验了,这种经验的对象和主体始终是同一的。我们的有限"思想",实际和潜在地就是这个永远的(或者不如说"永恒的")绝对自我,只是暂时地看上去是它初看起来所是的那个有限之物。"思想流"的后面的"截

## 第十章 自我意识

面"——它们出现并且占有前面的截面——就是前面的那些截面,就像在实体论中灵魂始终是同一的一样。① 被人们绝对化了的经验的这种"唯我论"性质,确实阻碍了心理学成为一门独立的科学。

心理学是一门自然科学,是对在时间中共存和相继的特殊而有限的思想流的解释。当然我们可以想象(尽管还远不是清楚地想象),在最后的形而上学思考中,所有这些思想流都可以被一个普遍的思想一切者(All-thinker)所思想。但是心理学在这种形而上学的观点中得不到什么好处;因为即使承认有一个思想者在我们所有人的内部思想,他在我的内部和在你的内部思想什么,还是永远不能从关于他的赤裸观念中演绎出来。关于他的观念似乎甚至会对心有一种明确的麻痹作用。有限思想的存在完全被压制了。正如格林教授所说,思想的特征

不能到短暂的个体生命的偶然事件中去寻找。……所有知识

---

① 这种一元论观点与我们自己的心理学观点之间的对比,可以用图式来表示。方块中的术语表示在我们看来是心理科学之不可还原的终极材料的东西,方块上面的连结线表示后康德唯心主义所进行的还原:

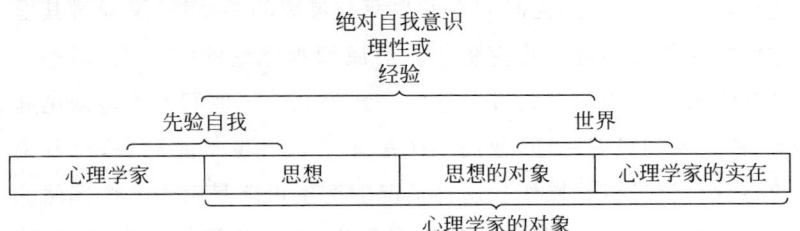

```
              绝对自我意识
              理性或
              经验
      ┌───先验自我───┐    ┌────世界────┐
      │             │    │           │
  ┌─────────┬─────────┬─────────┬─────────┐
  │ 心理学家 │  思想   │思想的对象│心理学家的实在│
  └─────────┴─────────┴─────────┴─────────┘
              心理学家的对象
```

这些还原是"心理学家谬误"(第2卷,第1章,第32页)普遍存在的原因。对于我们来说,在谈论思想的知识(无论是关于对象的还是关于它自身的)时,不事先发出警告就改变术语,用心理学家的知识取而代之,却仍然像是在继续谈论着同一个事物,这是一种不可原谅的逻辑错误。对于一元论观念论来说,这是一种哲学的真正解放,当然不能过于沉溺其中。

和所有与知识相关的心理活动,都不能被恰当地称之为"意识现象"。……因为现象是可以感觉到的事件,以先行或者后续的方式与其他可以感觉到的事件相联系,但是构成知识的意识……则不是这样联系着的事件,也不是由这样的事件构成的。

还有,如果

我们考察任何一个被感知对象的组成要素,……我们同样会发现,它们只能为意识而存在,而它们为其存在的意识,不可能只是一个现象的序列或者状态的相继。……因此,很清楚,有一种意识功能,如它在最基本的经验中所行使的功能[即综合的功能],将意识定义为任何一种现象的任何一种相继,都是与这功能不相容的。①

如果同意这些说法,我们就必须放弃关于"**思想**"的观点(在时间中不断更新,但因此而始终是认知的),不是去提倡它,而是去提倡一种在所有基本的方面都是与思想一致,只有"在时间之外"这一点与思想不同的实存。心理学通过这样的交换能够得到些什么还很难预测。而且,无时间性的自我与灵魂的相似性,又通过其他方面的相似性而进一步完备了。后康德观念论的一元论,似乎总是会陷入到正规的旧式唯灵论的二元论之中。他们不停地谈论起来,就好像和灵魂一样,他们那个思想一切者也是能动者,对分离的感觉材料进行着操作。这种情况的产生可能是由于一个偶然的事实,即这一学派的英文著述较多争论,较少建设性的东西,而读者通常可能会把想要作为归谬法一部分的仅从个人偏好出发的陈

---

① T. H. 格林:《伦理学绪论》(*Prolegomena to Ethics*),第 57、61、64 节。

述，当作一种肯定的声明，或者将对知识的分析，误解为关于知识之创造的戏剧性神话的要素。但是我认为这个问题还有更深的根源。格林教授一直将自我的"活动"说成是知识发生的"条件"。他说事实只有通过"对感觉材料进行结合的自我意识的作用"，才能与其他事实结合起来。

> 我们感知的每一个对象……要呈现出来，都需要有一个自身不以时间为条件的意识本原作用于相继的显象，这样的作用可以将显象结合（不是融合）在一个理解了的事实之中。①

我们无需再重复说，将我们知识中的事物的联系，变成以自我同一性为本质、存在于时间之外的能动者的行为，丝毫也没有对这种联系做出解释。现象性思想的能动者在时间中来来去去，也同样容易理解。而当人们进一步说，进行着联系的能动者是那同一个"自我区分的主体"，它"以另一种活动方式"将杂多对象呈现给自己，这时，那种不可理解性就相当突出了，于是我们被迫承认，这里谈到的这个思想的学派，尽管偶尔能看到些较为精致的东西，还是习惯性地停留在思想的神话阶段，在这个阶段，现象被解释为由只是复制了现象自身特性的实存扮演的戏剧的结果。自我必须不仅知道它的对象，——这个关系太单调和呆板了，不能就这样把它写下来，留在它那静止的状态。知识必须被渲染成一场"著名的胜利"，在这场胜利中，对象的独特性以某种方式被"战胜"了。

只有当自我将作为对象的自己与作为主体的自己相对

---

① 在上述引文中，第 64 节。

立,并且立刻否认和超越那种对立时,它才作为一个自我而存在。只因为它是这样一个具体的统一———它在自身之内包含了一个解决了的矛盾,智力才能处理浩瀚宇宙的杂多性与区分,并期望掌握它的秘密。正像闪电在露滴中安睡一样,在简单和清晰的自我意识统一体里,平衡之中孕育着对立面之间生死攸关的对抗,这对抗……似乎要将世界撕成碎片。智力能够理解这个世界,或者换句话说,能够克服它自己和事物之间的障碍,并且在事物中发现它自己,这只是因为,它自己的存在,就蕴含着事物之间所有区分和冲突的解决。①

这种表象知识的动态的(我差点写成有爆炸性的)方式有一个优点,就是不会平淡乏味。从这种方式转到我们自己的心理学阐述,就像从哑剧的焰火、舞台上的地板门和儿童剧的种种变化,转到午夜的枯燥无味,在这里

> 恐怖地在蒙蒙细雨之中,
> 光秃的街上无味的黎明破晓!②

然而,我们必须做出这一转向,承认我们的"**思想**"——时间中的认知的现象事件——(如果它存在)自身就是事实所要求的唯一**思想者**。先验自我主义为心理学提供的唯一服务,就是它对休谟的心的

---

① E. 凯尔德:《黑格尔》(1883),第 149 页。
② 人们几乎很愿意相信,心的哑剧状态和黑格尔辩证法的状态(从情绪上考虑)是一回事。在哑剧中,所有普通的事情都被表现为以不可能的方式发生着,人们相互跳进对方的喉咙,房屋里外翻转了过来,年老女人变成了年轻男子,所有的东西都以不可思议的敏捷和技巧"变成了它的对立面";这一切远远没有引起困惑,却给观看者的心带来了喜悦。在黑格尔的逻辑学中也是这样,在其他地方以表示区别(如认识者与对象、多和一之间的区别)的平淡名称而得到认识的关系,必须首先被转化为不可能性与矛盾,然后,在彻底欣赏其景色的恰当心情产生出来之前,通过奇迹得到"超越"与识别。

## 第十章　自我意识

"包捆"理论的抗议。但是这个服务并没有履行好；因为自我主义者们自己——随他们想怎么说——就相信那个包捆,他们只是在自己的体系中用单独为那个目的而发明的那根特殊的先验绳索,将它捆扎了起来。此外,他们说起话来就好像通过这种不可思议的捆扎或"关联",自我的责任就履行完了。对于它那更重要的责任,即选择它所捆扎起来的一些东西,占有它们,并排除其他东西,他们却始终一个字也没有说。总结我自己对先验论学派的看法,它是（无论它能够预示什么未来的形而上学真理）这样一个学派,心理学从它那里至少是学不到任何东西,特别是它对自我的看法,决不会迫使我们修正自己对思想流的阐述。①

---

① 请读者理解,我十分愿意在一般思辨的基础上,对作为转瞬即逝的思想之替代物的先验自我假说放开讨论。只是在这部书中,我宁愿坚守常识的假定,即我们拥有相继的意识状态,因为所有的心理学家都做出了这个假定,还因为我们不能理解,一种不将这思想假定为其终极材料的心理学,如何有存在的可能。所有自然科学的材料,反过来又成为了一种批判性讨论的主题,它比科学本身的讨论更加精致；因此,我们的转瞬即逝的**思想**最终可能是有希望的。我们自己已经看到（第299—305页）,对于其存在的可感觉的确定性,比通常人们想的要弱一些。我与先验自我主义者们的争论,主要涉及到他们坚持其信念的根据。如果他们一贯地将它作为转瞬即逝的**思想**的替代品,如果他们一贯地否认转瞬即逝的**思想**的存在,我们就会对他们的立场有更多的尊重。但是就我对他们的理解而言,他们同样也习惯性地相信转瞬即逝的**思想**。他们甚至似乎还相信洛克的分离的观念之流,因为他们书页中的自我的主要荣耀,始终是它"克服"这种分离性,以及将自然地分离着的东西统一起来的能力,在先验论作者们那里,将观念"综合"、"联结"或者"联系"到一起,是作为同时认识各种对象的同义词使用的。不是有意识,而是对许多事物一起有意识,才被人们认为是我们心理生活中只有奇迹般的自我才能做到的困难事情。但是,当一个人将认识一个对象的明确观念,改变为将关于其各个部分的观念统一或者综合起来的非常模糊的观念时,他是站在了何等不牢固的基础之上啊！——在关于感觉的一章,我们还要再次讨论这个问题。

至此，所有可能的相互竞争的阐述，就都已经讨论过了。关于自我的文献很多，我们可以把讨论这个问题的所有作者，归为我们前面提到的三个学派的激进或者温和的代表，这三个学派是实体论、联想主义、或先验论。我们自己的观点必须被单独归为一类，尽管它从前面的每一个学派中都吸收了一些基本的成分。如果联想主义承认每一个思想脉冲的不可分解的统一性，如果它的对立面愿意承认"消逝着的"思想脉冲可以回忆和认识，那么在这两者之间就永远也不会发生争吵了。

我们可以总结说，人格意味着两个要素的不断呈现，一个客观的人，为转瞬即逝的**思想**所认识，并被辨识为是在时间中延续的。此后，让我们用我（ME）和我（I）这两个词表示经验的人和判断着的**思想**。

我（me）中的某些变化，需要得到我们的注意。

首先，尽管它的变化是逐步的，但却终究要强大起来。我（me）的中心部分，是对身体和头部调整的感受；在对身体的感受中，应当包括对一般情绪状态和趋向的感受，因为从根本上说，这些状态和趋向只是机体活动和感受性运作的习惯。是的，从婴儿到老年，这一堆最为持久的感受，还是会成为缓慢变化的牺牲品。我们身体的和心理的能力，至少也变化得同样快。① 我们的所有物

---

① "当我们将婴儿冷漠的不活跃状态（吃了奶就睡，一直睡到他醒来再要奶吃的那一刻），与他成年后将要成为的那个强大存在的永无休止的活力（以快速的和令人眼花缭乱的丰富性探知世界的一个又一个真相，或者将帝国的命运把握在他一人手中）相比较时，我们可以追溯到的与他后来展现出来的智能相类似的情况是多么的少；除了服务于那架单纯生命机器的微弱运动以外，我们看到的东西是多么的少！……如果

也众所周知是易朽的事物。

我(I)在审视这一长长的序列时发现的同一性,只能是一种相对的同一性,一种总是有某种共同成分保留下来的缓慢变化的同一性。① 其中最共同的成分,最始终如一的东西,就是对相同记忆的拥有。不管一个人与年轻时的他有多么不同,他们都会追忆起

---

我们可以将人类生命的历程分为几个阶段,每一个阶段都似乎以一个独特的特性为标志。每一个阶段都有其独特的激起生动感情的对象;在每一个阶段,活动都会由在另一个阶段不会引起活动欲望的感情所激发。男孩子在比限定他可见视域的空间更小的空间中,发现了一个世界;他在他的领地内到处徘徊,竭尽他的力量追踪那些在其后的年代里只会为他所忽略的对象;而对于他来说,后来会吸引他全部灵魂的对象,就和他此刻的激情对象后来注定要变成的那样,完全无关紧要。……我们每一个人,都有过多少机会来目睹智力衰退的进程,目睹那冷漠之感慢慢潜入曾一度乐善好施的心中!我们离开自己的国家(也许是在我们生命的早期),在离开许多年之后,我们带着对过去美好感受的记忆回来了,这些感受在接触到其对象时,就变得更加温馨。我们带着同样的敬意,热切地寻找那曾为我们听惯了的父亲的声音,就好像它的预言拥有神谕般的确定性,——那是最先将我们领进知识王国的人,他的形象不断地出现在我们心中,并且在那里激发起与爱相伴随的崇敬。也许,我们会发现他降低到了白痴般的低能,无法认出我们——他同样对过去和将来一无所知,而只生活在一种动物般对满足的感受之中。我们寻找童年时期的亲密伙伴,寻找他内心的那种温柔之情,等等……我们发现他已成长为一个冷酷无情的男人,几乎都不用那种伴装友谊的冷酷伪善来迎接我们——在他与世界的一般关系中,他对他没有感受到的痛苦漠不关心。……当我们观察到所有这一切,……当我们说他变成了一个不同的人、他的心和品质改变了时,我们是仅仅使用了一个没有多少意义的比喻吗? 那种同一性存在于哪里?……当把那种想象中的同一性试验,运用于这些例子中的人心时,就完全失败了。它既不是在同样的情况下以同样的方式发生影响,也不是在同样的情况下以同样的方式受到影响。因此,如果那个试验是正当的,它就不是同一个心了。"(T. 布朗:《关于人类心灵哲学的演讲》,"论心理同一"(on Mental Identity)。)

① "约翰·卡特勒(John Cutler)先生有过一双黑色毛纺长袜,他的女仆经常用丝线织补这双长袜,最后它变成了一双丝袜。现在,设想约翰先生的长袜在每一次特别的织补时,都有某种程度的意识,这意识就会感觉到它们在织补前和织补后是同一双长袜;而在所有相继的织补过程中,这种感觉都会在它们中间持续;然而,在最后一次织补后,也许连一根第一双长袜中的线都没有了:它们变成了我们在前面说过的丝袜。"(《教皇的马丁努斯约定》(Pope's Martinus Scriblerus),布朗引证,同上。)

同样的童年,将它称为自己的。

因此,由我(I)在它的我(me)中发现的同一性,只是一个意思宽泛的东西,是一种"大体上"的同一性,就像任何一个外部观察者都会在同一堆事实中发现的东西一样。我们经常这样谈论一个人,说"他的变化之大,几乎让人认不出来了";不那么经常地,一个人也会这样说起自己。在我(me)内部发生的这些由我(I)或者外部观察者所辨识的变化,可能巨大,也可能轻微。这些变化值得我们在这里加以注意。

## 自我的变化

可以被划分为两个主要类别:

1. 记忆的变化;以及
2. 当下的身体自我和精神自我的变化。

1. 记忆的变化或者是失去记忆或者是错误的回忆。在这两种情况下,我(me)都变化了。一个人应当为他儿时所做而现在不再记得的事情受惩罚吗?他应当为在癫痫后的无意识中、在梦游症中或者在任何他没有记忆的不随意状态中所犯的罪受惩罚吗?与常识相符合,法律是这样说的:"不;从法律上说,现在的他与那时的他已不是同一个人。"在年纪很老的时候,记忆的丧失是正常的事情,一个人的我(me)与消失掉的事实成比例地收缩了。

我们在梦境中忘记了自己醒时的经验;它们就好像不存在一样。相反的情况也同样真实。通常,在清醒状态下也不记得在催眠恍惚状

## 第十章 自我意识

态下发生的事情,尽管当再次进入恍惚状态时,这个人可以清楚地回忆起它,并且可能又忘记了清醒状态下的事实。由此,在健康心理生活的范围内,我们就有了一种了解我(me)的变化的方法。

在我们大部分人中,错误记忆决不是罕见的事情,而且,无论它们什么时候发生,它们都扭曲了关于我(me)的意识。可能大多数人都对归与他们过去的某些事件感到怀疑。他们可能见过这些事情,说过这些事情,做过这些事情,或者他们也可能只是梦见过或者想象过他们这样过。梦中的内容经常以一种最为令人困惑的方式,将自己插入到真实的生活之流当中。错误记忆的最常有的来源,就是我们向他人述说自己的经验。我们几乎总是述说得比事实更简单更有趣。我们传达的是我们本该说的话,或者本该做的事,而不是我们实际说过的话,或者做过的事;而且在第一次这样做时,我们可能清楚地知道这个区别。但是不久,虚构将事实逐出了记忆,自己代替事实居于了统治地位。这就是本来用意非常诚实的证词却具有可错性的一个重大原因。特别是当涉及到令人惊奇的事情时,故事就发生了那样的倾斜,记忆紧随在故事之后。卡彭特博士从科博小姐那里引证了下面的话,作为一种非常普遍发生的情况的例子:

> 作者有一次碰巧听到一位极为认真尽责的朋友讲述一件桌子旋转的事情,对这件事她还加上保证说,那张桌子在其周围一码的范围内没有一个人的时候,发出了敲击声。作者被这后一个事实搞糊涂了,那位女士,虽然对其陈述的准确性感到十分满意,还是答应看一下她在这个对话发生十年前记下的笔记。她检查了笔记,发现笔记上清楚地写着,当六个人的手放在桌子上时,桌子发出了敲击声!那位女士的记忆在其他方面都被证明是完

正确的；而在这一点上她却完全真诚地犯了错误。①

要准确地讲出这类故事的全部细节，几乎是不可能的，尽管变化最多的是一些无关紧要的细节。②据说狄更斯（Dickens）和巴尔扎克（Balzac）经常将他们的小说与真实经验相混淆。每个人一定都曾经知道某个卑微的凡人，陶醉于自己个人的想法和自己意见的声音，以至于在考虑自己的传记时，他甚至始终都不会想到真实的情况。和蔼可亲、不怀恶意和光芒四射的 J. V.！愿你永远不要察觉你真实的和你天真想象中的自我之间的区别！③

2. 当我们越过记忆的变化，到达当下自我中反常的变化时，我们就有了更大的障碍。从描述的观点看，这些变化有三种主要的类型。但是，某些病例中结合了两种或更多种类型的特征；而且我们对这些人格变化的要素和原因的认识是如此之少，以至我们不能将这里的类型划分看作具有任何深刻的意义。这些类型是：

（1）精神病人的妄想；

（2）交替性自我；

（3）灵媒能力或占有现象。

（1）在精神失常中，我们经常有投射到过去的妄想，根据疾病

---

① 《工作与嬉戏的时间》(Hours of Work and Play)，第 100 页。

② 关于对叙述错误的认真研究，参见 E. 格尼：《活着的幻觉》(Phantasms of the Living)，第 1 卷，第 126—158 页。在 1887 年 5 月的《精神研究协会会刊》(Proceedings of the Society for Psychical Research) 中，理查德·霍奇森先生用一系列离奇的实例表明，每个人根据记忆对快速发生的事件序列的描述，肯定会有多么地不准确。

③ 参见乔赛亚·罗伊斯（《心》，第 13 卷，第 224 页和《美国心理学研究会会刊》，第 1 卷，第 366 页)，那里有关于某种他称之为"假预感"(pseudo-presentiment) 的记忆幻觉并非罕见现象的证据。

## 第十章 自我意识

的性质,这些妄想或者是忧郁的或者是乐观的。但是,自我的最坏的改变,来自于当下感受性和冲动的反常,这些反常没有打扰病人的过去,却使得病人以为当下的我(me)是一个全新的人。有一些这类的事情会正常地发生于整个个性(理智的和意志的)迅速发展的时期,这种情况出现于青春期到来之后。病理学的病例则非常奇特,值得我们更多地注意。

正如里伯特所说,我们人格的基础是我们对生命力的感受,由于它持久地呈现,所以就一直存在于我们意识的背景之中。

> 它是基础,因为,始终呈现着,始终活动着,从不静寂和歇息,它既不知睡眠,也不知昏迷,它持续得和生命自身一样长久,它就是生命的一种形式。它支撑着由记忆组成的自我意识的我(me),是它的其他部分之间联系的媒介。……现在设想我们可以立刻将自己的身体换掉,把另一个身体放在它的位置:骨骼、脉管、内脏、肌肉、皮肤,除了带着已储存好的过去记忆的神经系统以外,所有的一切都是新的。在这种情况下,不熟悉的生命感觉的汇集,无疑会引起极大的混乱。在铭刻于神经系统中的旧的存在感,和以其实在性和新颖性的全部强度起作用的新的存在感之间,会出现不可调和的矛盾。[①]

---

[①] 《记忆缺失》(*Maladies de la Mémoire*),第 85 页。施特林派尔(Strümpell)教授报告了[见《德国临床医学文库》(*Deutsches Archiv f. Klin. Med.*)(1878),xxii. 第 347 页]一个离奇的感觉缺失青年的病例,这个青年的言谈表明,如果所有的感官都停止了工作,我们的个人意识就所剩无几了。这个男孩——后面我们将会发现,他在许多方面都是有教益的——外部和(就我们可以测试而言)内部都完全感觉缺失了,只有一只眼睛的视力和一只耳朵的听力除外。当闭上眼睛时,他说:"如果我不能看,我就根本不存在(wenn ich nicht sehen kann, da BIN ich gar nicht)——我不再存在。"

在大脑疾病的开始,经常会出现一些与下述非常相似的情况:

大量此前与那个个体不相关的新感觉,同样未经验过的冲动和观念,如恐惧、对犯下的罪行和敌人的追赶等等的表象。起初,这些作为一个陌生和时常令人惊异与反感的你,与旧有的熟悉的我(me)形成对照。①通常,它们向后一类感受的侵入,感觉起来就好像旧的自我被隐秘的无法抵抗的力量占有了,而这种"被占有"的事实是表现在奇异的意象中的。这种双重性,这种旧自我与新的不和谐经验的斗争,总是与痛苦的心理冲突、与激情、与猛烈的情绪激动相伴随。这在很大程度上就是这种共同经验的原因,即极大部分心理疾病病例的最初阶段,都表现为情绪的变化,特别是忧郁类型的情绪变化。如果作为新的反常观念序列直接原因的大脑疾病没有解除,那个新的反常观念序列就会得到确认。它可以逐渐与表现旧的自我特征的观念序列联结起来,或者后者的一些部分也可能在大脑疾病的进展中消失或者丧失掉,于是渐渐地,两个有意识的我(me)的对立缓和了,情绪的风暴也平息了。但是到了那个时候,通过这些联结,通过将感受和意志的反常元素接收进它自己之中,旧我(me)自身就已经被否定了,并且

---

① "将这个病人的状态比作毛虫的状态是再好不过的了,后者保持着毛虫的所有观念和记忆,会突然变成一只带有蝴蝶感官和感觉的蝴蝶。在旧的和新的状态之间,在第一个自我(毛虫的自我)和第二个自我(蝴蝶的自我)之间,有一道深深的断裂,一道完全的裂缝。新的感觉找不到可以将自己编织进去的前面的序列;病人既不能解释也不能使用它们;他认不出它们;它们是未知的。因此有两个结果,第一个是他所说的,我不再存在(I no longer am);第二个,稍后一些,是他所说的,我是另一个人。"(H. 泰恩:《论理解力》(de l'Intelligence)(1878),第三版,第 462 页。)

## 第十章 自我意识

变成了另一个我(me)。病人可以再次安静下来,他的思想有时在逻辑上是正确的,但是病态的错误观念会带着它们获得的附着力,作为无法控制的前提不断出现在其中,他已不再是那同一个人了,而是一个真正的新人,他的旧我改变了。①

但是,除非他的新身体感觉,或者他的旧身体感觉的丧失,产生了突出的影响,病人自己很少继续用这些术语来描述发生的变化。单纯的视觉和听觉反常,甚或冲动的反常,很快就不再被感受为是与我(me)的统一性相矛盾的东西了。

引起这些矛盾的独特的身体感受性的反常可能是些什么,对于心理健康的人来说,一般是不可想象的。有一个病人拥有另一个自我,这个自我不断地向他重复他的所有思想。其他人(其中包括一些历史上的重要人物)则有一些熟悉的精灵和他们讲话,并且得到回答。在另一个病人那里,某个人为他"制造"他的思想。另一个病人有两个身体,躺在不同的床上。有的病人感到好像他们失去了身体的一些部分,牙齿、大脑、胃等。在有的病人那里,身体是由木头、玻璃、黄油等等做成的。在有的病人那里,它不再存在了,或者死亡了,或者成为了一种与谈话者的自我完全分离的异质对象。有时,身体的一些部分对于意识来说失去了与身体其他部分的联系,并且被当作是属于另一个人的,被一种敌对意志所移动。于是,右手可以与左手搏斗,就像与敌人搏斗一样。②或者,病人自己的哭泣被当成了他对其抱有同情之心的另一个人的哭泣。

---

① W. 格里辛格(W. Griesinger):《心理疾病》(*Mental Diseases*),第 29 节。
② 参见《美国心理学研究会会刊》第 552 页那个关于"老树桩"的有趣病例。

有关精神病方面的文献充满了对这类错觉的描述。泰恩从克里谢巴(Krishaber)医生的一个病人那里引证了一段对痛苦的描述,从这段描述中,我们可以看到一个人的正常经验会多么突然地变得完全疏离了:

在第一天或者第二天以后,有几个星期都不能对自己做出观察或分析。那种痛苦——心绞痛——真是无法抵抗。直到一月份的最初几天,我才能向自己解释我经验了些什么。……这是我保留着清楚记忆的第一件事情。在突然感觉到一种更加显著的视觉障碍时,我独自一人,并且已经在遭受永久性的视觉疾患。物体变小了,退到了无限遥远的地方——人和事物都是这样。我自己也是无限地遥远。我惊恐地看着自己的周围;世界正在从我这里逃开。……我同时注意到,我的声音也离我非常远,不再像是我的声音了。我用脚击地,接收到地面的抵抗力;但这种抵抗力却好像是错觉——并非土壤是松软的,而是我身体的重量几乎减轻到了零。……我感觉没有了重量……"除了这般遥远以外,"物体在我看来似乎是扁平的。当我与任何人说话时,我看见他就像是从纸上剪下来的没有起伏的形象。……这种感觉间歇地持续了两年的时间。……我的腿经常好像不是我的。我胳膊的情况几乎也同样地糟糕。至于我的头,它好像不存在了。……我感觉自己好像是自动地做出动作,出于一种与我不相关的冲动。……在我内部有一个新的存在,还有我自己的另一个部分,即那个对新来者全无兴趣的旧的存在。我清楚地记得对自己说,这个新存在的痛苦对于我来说是无关紧

## 第十章  自我意识   445

要的。我始终没有真正被这些错觉所欺骗,但是我的心时常对不停地更正新的印象感到厌倦,于是我就对自己放开了手,过上了这个新人的不快乐的生活。我有一个热切的愿望,想再看看我那旧有的世界,想回复到我的旧我。这个愿望使我没有自杀。……我是另一个人,我恨这另一个人,轻视这另一个人;他非常令我讨厌;肯定是另一个人用了我的形体,承担了我的职责。①

在与之类似的病例中,我(I)没有发生变化,和我(me)发生了变化一样确定。这就是说,只要记忆保持良好,病人的当下**思想**对旧我(me)和新我(me)就都是认知的。只是在先前很容易适合辨识性和利己式占有性判断的那个对象领域内,奇怪的困惑才发生了。当下的和过去的都出现于那里,二者不会统一。我的旧我(me)在哪里?这个新我(me)是什么东西?它们是同一的吗?或者我有两个我(me)吗?无论用病人能够想到的什么可行的理论来回答,这样的问题都构成了他的精神病生活的开端。②

我通过蒂克斯伯里(Tewksbury)的 C. J. 费希尔(Fisher)医

---

① 《论理解力》(1878),第三版,第 2 卷,第 461 页注。克里谢巴的书[《脑脊-心脏神经系统疾病》(*La Névropathie Cérébro-cardiaque*)(1873)]中有许多类似的观察。

② 外部时运的突然变化,通常会引起经验的我(me)中几乎等于是自我意识病理障碍的变化。当一个穷人购买彩票中了大奖,或者无意中继承了一笔不动产;当一个极有名望的人当众受到羞辱,一个百万富翁变成乞丐,或者一个慈爱的丈夫和父亲看到他的家庭一下子毁灭,过去所有的习惯,无论是主动的还是被动的,都与新情境的各种紧急情况和可能性之间发生了断裂,以致那个个体找不到将他自己从其生活的一个阶段带到另一个阶段的连续性或联系的中介。在这样的情况下,经常出现的结果就是精神错乱。

生而得知的一个病例,可能就是这样产生的。那位女士,布里奇特 F.(Bridget F.),

> 已经疯了许多年,总是将她假想的自我称为"老鼠",让我"掩埋那只小老鼠"等等。她用第三人称谈论她的真实自我,称她为"好女人",说"那个好女人认识 F. 医生,并且为他工作过",等等。有时她悲哀地问:"你认为那个好女人还会回来吗?"她做着缝纫、编织和洗熨等等活计,拿出她的作品,说"难道这不是只适合一只老鼠吗?"在沮丧时期,她会将自己藏在建筑物下面、爬到洞里和箱子下面。"她只是一只老鼠,她想死,"当我们发现她时她会这样说。

2. 最简单的交替性人格现象,似乎是基于记忆的丧失。如我们所说,任何人如果忘记了他的诺言、保证、知识和习惯,就都会与自己不相一致了;而且,在什么时候我们可以说他的人格改变了,这只是个程度问题。在那些双重人格或者交替性人格的病理学病例中,记忆的丧失是突然的,并且在这之前通常有一个持续不同时间长度的无意识或者昏厥的时期。在催眠恍惚状态中,我们很容易用下面两种方式造成人格的改变,一是告诉被试忘记某个日子以来发生在他身上的所有事情,这时他就(有可能)又会变成一个孩子,或者告诉被试他是另一个完全虚构的人物,那么所有关于他自己的事实似乎就都暂时从他的心里消失了,他以一种与他所持有的戏剧性的想象力相当的活力,将自己投入到新的角色当中)。[①]但是在病理学的

---

① 能够进行多种人格转变的被试数量,是相对非常小的。

病例中,转变是自发性的。也许记录在案的最著名的病例是由波尔多的阿泽姆(Azam)医生报告的费利达·X.(Fèlida X.)的病例。① 在14岁的时候,这位女士开始进入以一般性情和性格的变化为特征的"第二"状态,就好像以前存在的某些"抑制作用"突然消失了。在第二状态中,她记得第一状态,但是,在从第二状态中出来进入到第一状态时,她就将第二状态忘得一干二净了。在她44岁时,第二状态(它总的来说在质上优于原初状态)的持续时间已经大大地超过了后者,而占据了她的大部分时间。在此期间,她记得属于原初状态的事件,但是当原初状态重现时,她对第二状态的完全遗忘时常使她非常沮丧,例如,当转变发生在她乘坐马车去参加葬礼的途中时,她完全想不起是她的哪一个朋友去世了。她在早期的一个第二状态期间怀孕了,而在她的第一状态期间,她却一点也不知道这是怎么发生的。她为这些记忆空白而感到的沮丧有时很强烈,有一次竟使她想要自杀。

举另一个例子。里格(Rieger)医生讲述过一个癫痫症患者的事情②,有17年的时间,这个人的生命是在自由中、在监狱里或者在精神病院交替着度过的。在正常状态,他的性格很正常,但却周期性地发生改变,在这样的时期,他会离开家几个星期,过起小偷和流浪汉的生活,被送入监狱,癫痫发作并且兴奋起来,被指控为装病,等等,却从来不曾对应当为他的悲惨经历负责的不正常状态

---

① 先是在1876年5月26日的《科学评论》中,然后是在他的书《催眠术,双重意识和人格改变》(*Hypnotisme, Double Conscience, et Altérations de la Personnalité*)(巴黎,1887)中。

② 《催眠术》(*Der Hypnotismus*)(1884),第109—115页。

有过一点记忆。

里格医生说,"我从来没有从任何人那里得到过从这个人这里得到的这般奇异的印象,对于这个人,我们完全不能说他拥有任何严格意义上的有意识的过去。……确实不可想象一个人的自我进入这样一种心理状态。他的最后一次盗窃罪是在纽伦堡犯下的,他对此一无所知,看到自己在法庭上,然后又在医院里,却丝毫也不理解为什么会如此的原因。他知道癫痫病发作过。但是却不可能让他相信,有好几个小时的时间,他都在咆哮和做出反常的举动。"

另一个值得注意的病例是玛丽·雷诺兹(Mary Reynolds)的病例,最近由韦尔·米切尔(Weir Mitchell)医生再次发表出来。①这位在1811年居住于宾夕法尼亚荒野之中的呆滞、忧郁的年轻女士,

> 有一天早晨,人们发现她在习惯性的起床时间之后很久,处于深度睡眠中,不可能叫醒她。在18或者20个小时的睡眠后,她醒来了,却处于一种不自然的意识状态。记忆消矢了。无论从哪一方面看,她都像是一个被第一次领到这个世界中的存在。"她保留下来的全部过去,就是说出几个词的能力,而这似乎就像婴儿的嚎啕大哭一样,是一种纯粹的本能;因为她最初说出的词与她心中的观念完全没有联

---

① 《费城内科医学院学报》(Transactions of the College of Physicians of Philadelphia),4月4日,1888。还有,在1860年5月的《哈珀杂志》(Harper's Magazine)中,不那么完整。

系。"在人们教给她那些词的意义之前,它们一直都是没有意义的声音。

"她的眼睛实际上是第一次向世界睁开来。旧的事物消失了;一切都变成了新的。"她认不出她的父母、兄弟、姐妹和朋友,或者不承认他们与她有这样的关系。她以前从没有见过他们,——从不认识他们,——她没有意识到这些人曾经存在过。现在她第一次与他们相伴和熟悉起来。对于周围的景色,她也完全是一个陌生人。房屋、田野、森林、山坡、山谷与河流,——所有这一切都是新奇的事物。她还完全没有领略过这里的美丽风景。

对于从那次神秘睡眠中醒来的那一刻之前她曾经存在过,她一点意识也没有。"总之,她是个婴儿,刚刚出生的婴儿,然而却是在成熟的状态中,带着欣赏大自然那丰富、崇高和华丽的奇迹的能力出生的。"

对她进行教育的第一课,就是告诉她将她与其周围的人联系在一起的关系纽带,以及她的相应的责任。对此她学得非常缓慢,而且,"其实一直也没有真正学会,或至少,从来也没有承认过血缘关系的纽带,也几乎没有承认过朋友关系的纽带。她认为曾经认识的这些人大多是陌生人或敌人,以某种不同寻常和不可解释的方式,她被移植到这些人中间,至于是从哪一个地区或者存在的状态移植而来,则还是一个未解决的问题"。

下一课是再次教给她阅读和书写的技艺。她足够灵巧,在两个方面都取得了迅速的进步,在几个星期里,她就很容易地再次学会了阅读和书写。她抄写她的兄弟为她写下的她的名字作为第一课,她非常笨拙地拿起笔,以希伯来语的方式,从右至左开始抄写起来,就好像她是从一块东方的土地上移植来的。……

下一个值得注意的事情,就是她的性情的变化。此时她不再忧郁,而是极度地快乐。她也不再缄默,而是变得活泼和爱交际。先前她沉默寡言和羞怯,现在却愉快和诙谐。她的性情全部和完全地改变了。在这个第二状态中,她非常喜欢与人相伴,同时也更加热爱展现在森林、山坡、山谷和水流中的大自然的作品。她习惯从清晨到黄昏或者步行或者骑马在整个地区漫游;至于是行进在路上,还是行进在没有路的森林中,她一点也不在意。她对这种生活方式的爱好,可能是由她的朋友们不得不施加于她的限制所引起的,这限制使她把他们当成了敌人,而不是同伴,她很高兴避开他们。

她不知道害怕,森林中有很多熊和黑豹,而且到处都是响尾蛇和铜斑蛇,她的朋友告诉她面临的危险,但这只引发了她轻蔑的大笑,她说,"我知道你们只想吓唬我,把我留在家里,但是你们不会得逞的,因为我经常看见你们的熊,我确信它们只不过是黑猪。"

一天晚上,在完成每日的远足回来后,她讲了下面这件事情:我今天骑马走在一条狭窄的路上时,一只大黑猪从森林里跑了出来,在我的前面停了下来。我以前从没见过这么放肆无礼的黑猪。它用后脚站立起来,咧开嘴对我咬牙切齿。我无法让马再走起来。我告诉他,他是个被一头猪吓坏了的傻子,并且鞭打他想让他走过去,但他就是不走,还想转回去。我让那头猪让开路,但是他根本不理会我。"好吧,"我说,"如果说的话你不听,我就对你不客气了;"于是我下了马,拿起一根棍子,向它走去。当我走到离它很近时,它四脚着地,慢慢地、不高兴地走开了,每走几步就停下来,向后看看,咧开嘴咆哮两声。然后我骑上马向前走了。……

这种情况持续了五个星期,一天早晨,她在睡了一个长觉之后醒来,又变回了她自己。她承认了父母、兄弟和姐妹关系,就好像什么也不曾发生过一样,并且立刻就四处忙着履行起她的职责,这些事情都是她在五个星期之前计划好的。看到一夜间(她是这样以为的)竟发生了这么大的变化,她感到非常惊奇。大自然也和以前不一样了。她曾经经过的那些令人眼花缭乱的景象,在她的心里也踪迹全无了。她在森林中的漫步,她的恶作剧和诙谐,都从她的记忆中消退了,连一个影子也没有留下。她的父母又见到了他们的孩子;她的兄弟姐妹又见到了他们的姐妹。她此时又拥有了变化发生之前她在第一状态中所拥有的全部知识,仍然新鲜,并且运作自如,就像什么变化也没有发生过一样。但是她的所有新收获和新观念,此时对于她来说都失去了——还不是失去了,而是被储存在了看不见的地方保管起来,以备将来之用。当然,她的自然性情又回来了:关于曾经发生了什么事情的讯息,使她的忧郁更加深了。一切都以旧有的方式进行,人们天真地希望这五个星期中的神秘事件永远不要再发生,但是这些预期并没有实现。几个星期的时间过去之后,她进入了深度睡眠,并且在她的第二状态中醒来,恰恰在她先前离开那种状态的地方,过起了她的新生活。此刻,她又不是女儿和姐妹了。她拥有的全部知识,就是在她先前处于第二意识期间的那几个星期里获得的知识。对于介于其间的时间,她一无所知。远远分离开的两个时期又连接起来。她认为那只不过是一夜之隔。

在这种状态中,不是通过记忆,而是通过讯息,她完全了解了自己的实情。然而,她的精神非常愉快,没有产生任何沮丧的情绪。相反,这增进了她的快乐,而且像所有其他事情一样,成为了她欢笑的源泉。

这种从一种状态到另一种状态的变化,以不同的时间长度为间隔,持续了15或16年,最后在她35岁或者36岁的时候停止了,永久性地将她置于了第二状态之中。在她生命的最后25年,她处于这种状态中一直没有变化。

然而,这两种状态的情绪上的对立,在玛丽·雷诺兹那里似乎渐渐被抹掉了:

从一个快乐、歇斯底里、戏谑、喜欢讲俏皮话、容易持有荒唐或者虚妄信念的女人,转变成一个保留了快乐感和对社交的喜爱,但是对待实际有用的事情却变得沉着认真的人,这个过程是渐进的。在其后25年的大部分时间里,正像她不同于第二状态最初几年的那种欢闹状态,她也不同于她那忧郁、病态的自我。她家里的一些人将这称作她的第三状态。人们说她变得理性、勤勉,而且非常快乐,却也相当认真;她的性情非常平稳,丝毫也没有心理损伤或者障碍的迹象。她在学校教了几年书,在那个位置上,她既能干,又受人欢迎,年长者和年轻者都喜欢她。

在这最后的 25 年中,她和她的侄子约翰·雷诺兹(John V. Reynolds)牧师和医生同住在一所房子里,其中有一部分时间为他管理家务,她表现出了健全的判断能力,并且对她所处地位的职责有透彻的了解。

"雷诺兹医生现在仍住在米德维尔,"米切尔医生说,"他非常善意地让我自由使用这些事实,他在 1888 年 1 月 4 日写给我的一封信中说,在她生命后期的一个阶段,她说有时确实好像对影子般的过去有一种模糊的、梦一样的观念,她不能完全把握这观念,而且不能确定这观念是来自于部分得到恢复的记忆,还是来自处于反常状态期间其他人对那些事件的陈述。"

雷诺兹小姐于 1854 年 1 月去世,那时她 61 岁。去世的那天早晨,她起床时和平时一样健康。她吃了早餐,照管了家务。在做这些事情的时候,她突然将双手高举到头部,大声叫道:"哦!不知道我的头怎么了!"然后立刻就倒在了地上。被抬到沙发上以后,她喘了一两口气,就死去了。

在这类第二性格胜过第一性格的病例中,我们似乎有理由相信,第一性格是病态的。抑制这个词描述出了它的迟钝与忧郁。费利达·X.的原初性格与她后来获得的性格相比是迟钝和忧郁的,性格的变化可以被看作是去除了从早年起就一直持续起作用的抑制。当我们回忆不起或者不能以某种其他方式驾驭自己的心理资源时，我们所有人都曾经短暂地知道这种抑制。被要求忘记所有的名词、或者所有的动词、或者字母表中的某个特殊字母、或者所有与某个人相关的东西的催眠被试，他们的系统化失忆症（丧失记忆）是更深程度的抑制。它们有时会作为疾病的症状而自发地发生。[①]皮埃尔·詹尼特已经表明，如果这类抑制对特定类型的感觉（让被试感觉不到这类感觉）和对这类感觉的记忆产生了影响，它们就是人格改变的基础。感觉缺失和"失忆"的歇斯底里症病人是一个人；但是，当你通过让她进入催眠恍惚状态来恢复她被抑制的感受性和记忆时——换言之，当你将它们从"分离开"和分裂开的状况下解救出来，并且使它们与其他感受性和记忆再度结合起来时——她就变了一个人。正如前面（第 203 页）所说，催眠恍惚状态是让歇斯底里症病人恢复感受性的一种方法。但是有一天，在歇斯底里感觉缺失患者露西已经处于催眠恍惚状态时，出于某种原因，詹尼特仍然继续对她施加催眠手法长达半个小时，就好像她并没有睡着一样。其结果是使她进入了昏厥状态，半小时后，她在第二梦游状态中苏醒过来，与她此前的特性截然不同——简单地说，不同的感受性，不同的记忆，不同的人。在清醒状态，那个可怜的年轻女子全身感觉缺失，快要聋了，视野也严重缩小了。然而，尽管情况如此糟糕，视觉却是她最好的感觉，她使用视觉引导所有的动作。将她的眼睛蒙起来，她就变得完全无助了，和其他病例记录在案的处于类似情况中的人一样，由于拿走了她的最后

---

① 关于这类病例参考里伯特的《记忆疾病》(*Diseases of Memory*)。在福布斯·温斯洛(Forbes Winslow)的《脑和心的不明疾病》(*Obscure Diseases of the Brain and mind*)第 13—17 章中有更多这样的病例。

## 第十章 自我意识

的感觉刺激,她几乎立刻就睡着了。詹尼特将这种清醒的或原初的(我们很难在这种情况下说"正常的")状态称为露西1。在露西2,即她的第一种催眠恍惚状态,感觉缺失减轻了,但是并没有消除。在以刚才描述的方式引起的更深的恍惚状态,即"露西3",感觉缺失现象完全消失了。她的感受性变得完美,不是极端的"视觉"类型了,而是变成了夏尔科教授的术语所称的运动人。这就是说,虽然清醒时她只有用视觉表达项表达的思想,只能通过回忆事物看起来的样子来想象事物,此时,在这种更深的恍惚状态,在詹尼特看来,她的思想和记忆似乎在很大程度上都是由动作和触觉意象构成的。

发现了露西这种更深的恍惚状态和人格变化以后,詹尼特自然就渴望在他的其他被试那里发现同样的情况。他在罗斯、玛丽和利奥尼那里发现了;他的兄弟朱尔斯·詹尼特医生是萨尔皮特里尔医院的实习医师,在那个著名的被试威特那里也发现了这种情况。……那所医院的许多医生对威特的恍惚状态研究了许多年,都不曾唤起过这种非常奇特的个性。①

随着在更深恍惚状态中各种感受性的返回,这些被试似乎也返回到了正常的人。特别是他们的记忆更宽泛了,詹尼特由此做出了一种理论概括。他说,当某种感觉在一个歇斯底里症病人那里消除了时,所有对过去这种感觉的记忆也随之一起消除了。例如,如果缺失的那种感觉是听觉,病人就不能想象声音或者语音,而不得不通过动作或者发音提示的方式讲话(当他仍然能够讲话

---

① 参见詹尼特在 1888 年 5 月 19 日《科学评论》上所做的有意思的解释。

时)。如果运动感觉消失了,病人就必须首先在心中用视觉表达项对四肢的动作做出规定,然后才能意欲四肢的动作,必须先按照词的发声方式对观念进行预感,然后才能发出声音。这一法则的实际结果非常重大,因为其后发生感觉缺失的那个感受性范围的全部经验,比如像触觉,是被用触觉表达项的方式储存和记忆的,而一旦皮肤和肌肉的感受性在疾病进展的过程中消失了,这些经验就不可控制地被遗忘了。另一方面,只要触觉一恢复,关于这些经验的记忆就又恢复了。在詹尼特进行实验的歇斯底里症被试那里,触觉确实在催眠恍惚状态中恢复了。其结果是,各种在正常状态下没有的记忆都恢复了,而且它们可以向后退,解释被试生活中许多否则就无法解释的事情的起因。例如,癔病癫痫症惊厥大发作的一个阶段,就是法国作者们所说的动情姿态阶段(phase des attitudes passionelles)。在这个阶段中,病人不说话,或者不为自己做任何解释,却做出了表达恐惧、愤怒或某种其他情绪的心理状态的外部动作。每一个病人的这个阶段通常都非常定型,看上去就像是自动的一样,人们甚至曾经怀疑,在这一阶段持续期间,是否有任何意识存在着。然而,当病人露西的触觉感受性在较深恍惚状态中得到恢复时,她解释了她的歇斯底里症发作的起因,那是在她儿时的一天,当一个藏在窗帘后面的男人突然扑向她时,她所经历的一次极大的恐惧;她谈到她如何在每次发作中都会再次经历这样的情景;她谈到儿时阵发的在整个房间里的梦游,以及她如何由于眼疾而被关在黑暗的房间中长达几个月的时间。所有这些事情她在清醒时都无法回忆起来,因为它们主要是运动和触觉经验的记录。

但是詹尼特的被试利奥尼很有意思,并且最好地表明了,记忆和性格如何会随着感受性和运动冲动而发生变化。

这位从3岁起就开始经历自发梦游症发作女士的生活,更像是一部不大可能的传奇,而不是一部真实的历史。16岁以后,不断有各种各样的人对她施行催眠术,现在她已经45岁了。她的正常生活是以一种方式在贫穷的乡村环境中度过的,而她的第二种生活,则是在会客室和医生的办公室中度过,这自然是朝向了一个完全不同的方向。今天,在她的正常状态下,这个可怜的农妇是个严肃而且很悲哀的人,她冷静、缓慢,对每一个人都非常温和,并且极为羞怯。只需看上她一眼,人们就绝不会怀疑她的个性。但是刚一被催眠,改变就发生了。她的脸和以前不一样了。她确实闭着眼睛,但是其他感官的敏锐,取代了眼睛的作用。她快乐、吵闹、不安宁,有时到了让人难以忍受的程度。她仍然和蔼可亲,但却变得异常地喜欢讽刺和精明的戏谑。最奇怪不过的,是在催眠过后听她述说其间她曾经接受想要看她睡觉的陌生人的访问。她用语词描述他们,模仿他们的行为举止,假装知道他们琐细的可笑样子和激情,对其中的每一个都编造出一段传奇故事来。这个角色一定拥有大量的记忆,她在清醒时甚至不会猜疑它的存在,因为那时她的失忆症是完全的。⋯⋯她拒绝使用利奥尼这个名字,却采用利奥汀(利奥尼2),这是她最初的催眠者让她习惯了的称呼。"那个好女人不是我自己,"她说,"她太愚蠢了!"她将所有的感觉和行为都归与她自己,利奥汀或利奥尼2,总之将她在梦游症中经历的所有意识经验都归与她自己，并将这些经验编织在一起，形成了她那本来已经很长的生活的历史。另一方面，她只将清醒时经历的事情归与利奥尼1[詹尼特称之为清醒的女人]。我起初注意到这个规则的一个重要例外，并且倾向于认为，在对她记忆的这种分割中，可能存在着某种任意性。在正常状态，利奥尼有丈夫和孩子；但是梦游的利奥尼2承认孩子是她的，却说丈夫是"那另一个"的。这种选择也许可以解释，却不符合任何规则。直到后来我才了解到，她早年的催眠者像某些近期的催眠者一样大胆，曾经在她第一次分娩前将她催眠，在以后的分娩中，她就会自发地进入那种状态。利奥尼2承认孩子是她自己的，这非常正确——正是她生了这些孩子，而她的第一恍惚状态形成了一个不同的人格，这一规则也没有被打破。她的第二或最深的恍惚状态也是这样。在继续施加催眠手法和昏厥等等过后，她进入了我称之为利奥尼3的状态，她又成了另一个不同的人。她不再是个不安静的孩子，而是变得严肃和低沉了，她缓慢地讲话，很少活动。她又一次将自己与清醒的利奥尼1分离开来。"一个善良但却非常愚蠢的女人，"她说，"不是我。"她也将自己与利奥尼2分离开来："在那个疯子那里，你怎么可能看见一点我的影子呢？"她说。"幸运的是我与她毫无共同之处。"

利奥尼1只知道她自己；利奥尼2知道她自己和利奥尼1；利奥尼3知道她自己和另外两位。利奥尼1有视觉意识；利奥尼2有视觉和听觉意识；在利奥此3那里，意识同时是视觉的、听觉的和触觉的。詹尼特教授起初认为，他是利奥尼3的发现者。但是她告诉他说,她以前经常处于那种状态。她过去的一个催眠者,在用施加催眠手法来加深利奥尼 2 的睡眠时,也像詹尼特那样遇见了利奥尼 3。

消失了 20 年的梦游人格的复苏,确实令人难以理解;在对利奥尼 3 说话时,我此时自然地就采用了利奥诺尔这个名字,这是她的第一位主人给她起的名字。

得到最细致研究的多重人格病例,是年轻歇斯底里症患者路易斯·V. (Louis V.)的病例,布吕(Bourru)和比罗(Burot)先生曾写过一本关于他的书。①那些症状太复杂了,我们无法在这里把它们细致地再现出来。只说下面这些就够了。路易斯·V. 在军队、医院和教养院里过着不规则的生活,当他在不同的时间,居住在不同的地方时,歇斯底里感觉缺失、瘫痪和挛缩经常以不同的方式发作。18 岁时,他在一个农村感化院被毒蛇咬伤,这引起了痉挛发作,并且使他的双腿瘫痪了三年。在这种状态下,他温和、有道德,而且勤奋。最后,在一次长时间的痉挛发作之后,他的瘫痪症状突然消失了,瘫痪期间的全部记忆也都与之一起突然消失了。他的性格也改变了:他变得爱争吵、贪吃、粗鲁、偷伙伴的酒和服务员的钱,最后他逃出了那个机构,当人们追上并抓住他时,他猛烈地反抗。后来,在他最初接受这几位作者的观察时,他的右侧是半瘫痪的,并且没有知觉,他的性格令人难以忍受;金属制品的施用使瘫痪转移到了左侧,消除了他对另一种状态的记忆,并且在心

---

① 《人格改变》(Variations de la Personnalité)(巴黎,1888)。

理上将他带回到了曾经为他医治过类似身体状况的比塞特医院。他的性格、观点和教养都经历了与之相伴随的转变。他不再是片刻之前的那个人。不久,情形似乎就成了这样,任何当下的神经紊乱,都可以暂时为金属、磁体、电或其他的刺激等等的施用而消除;所有过去的紊乱,都可以通过催眠暗示得到恢复。在每一次间歇性的痉挛发作之后,他还会自发地快速重复过去的一系列紊乱。这两位作者观察到,他所处的每一种身体状态,都排除了某些记忆,并且都带有一种明确的性格改变。

"这些变化的法则,"这两位作者说,"是相当清楚的。在身体状态和心理状态之间存在着精确、不变和必然的关系,以至于不可能改变一个方面,而不以相应的方式使另一个方面也得到改变。"①

这个多变个体的病例,似乎很好地确证了詹尼特的那条法则,即感觉缺失与记忆中的缺口是并行的。将詹尼特的法则与洛克关于记忆的改变引起人格改变的法则结合起来,我们就应该对一些至少是交替性人格的病例有了显而易见的解释。但是,仅仅感觉缺失还不足以解释性情的变化,性情变化可能是由于运动通道和联想通道的畅通性的变化,这些变化与感觉通道中的变化并列,而不是继那些变化之后发生的。确实,看一下不是詹尼特手头的病

---

① 在前面引用的书中,第 84 页。在这部书以及在阿泽姆博士的书(在前面的一页引证过)中,还有在 Th. 里伯特教授的《人格疾病》(1885)中,读者会找到与更多的这类已知病例相关的信息与参考书目。

例,就足以向我们表明,感受性和记忆的结合并不是不变的。① 詹尼特的法则(适用于他自己的病例)似乎并非在所有情况下都适用。

当然,对作为自我改变之根源的失忆症原因的思考,只是一种猜测。供血的变化自然会发生。两个大脑半球的交替性活动,很久以前就由威根(Wigan)博士在其《心的二元性》(*Duality of the Mind*)一书中提出来了。在讨论过第三类自我改变——即我称之为"占有"的改变——之后,我将回到这一解释上来。

最近我自己认识了一个"动态"(ambulatory)交替性人格病例的被试,他允许我在下面的几页中提及他的名字。②

罗得岛州的格林有一位安塞尔·伯恩(Ansel Bourne)牧师,先是学成了木匠的手艺;但是,在快到30岁的时候,由于在非常奇特的境况下突然暂时性地失明和失聪,他从一个无神论者转变成了基督徒,而且自那时起,大部分时间都过着巡回传教士的生活。他在其生命的大部分时间里,都遭受着头

---

① 他自己弟弟的被试威特……,尽管在感觉缺失的清醒状态,对那两种恍惚状态都回忆不起来,在较轻的恍惚状态中,她还是能够记得她的较深恍惚状态(在这个状态中她的感受性变得完好无缺——参见前面第 207 页)。然而,在较轻的恍惚状态中,她与清醒时一样是感觉缺失的。(在上述引文中,第 619 页。)——似乎在费利达·X.的两种状态之间,感受性并没有任何重要的区别——就人们可以从阿泽姆的解释中断定她在两种状态中都有某种程度的感觉缺失而言(在上面引用的书中,第 71、96 页)。——在迪费(Dufay)报告的双重人格的病例中(《科学评论》,第 18 卷,第 69 页),记忆似乎在较严重的感觉缺失状态下是最好的。——被致盲的催眠被试,并非必然丧失视觉观念。似乎失忆可以没有感觉缺失的伴随而发生,感觉缺失也可以没有失忆的伴随而发生,虽然它们也有可能一起发生。由暗示致盲的催眠被试会告诉你,他们清楚地想象着他们不能再看见的事物。

② 在 1890 年的《精神研究协会会刊》中,有 R. 霍奇森先生对这个病例的详尽说明。

痛和暂时性精神抑郁症发作的侵扰,并且还有过几次持续一个小时或更短时间的无意识发作。他的左大腿部有一块区域的皮肤感受性降低了。在其他方面,他的健康状况良好,而且他的肌肉力量和耐力非常好。他的性格果断而自信,说一不二;在群体中,他品质正直,以至于认识他的人谁也不会有片刻的时间认为他的病例可能并不完全是真实的。

1887年1月17日,他在普罗维登斯的一家银行取了551美元,用来支付位于格林的一块土地的费用,他付了一些账单,登上了一辆波塔基特马车。这是他记得的最后一件事。那天他没有回家,而且在两个月的时间里他音讯全无。报纸上登出了他走失的消息,有人怀疑这是一次谋杀,警察也没有找到他的下落。然而,在3月14日的早晨,在宾夕法尼亚的诺里斯敦,一个自称为A. J. 布朗的人在惊吓中醒来,把店里的人叫进来,问他们他在哪里。他在6个星期前租了一个小店铺,在里面储存了文具、糖果、水果和一些小商品,并且安静地开始经营他的生意,没有让任何人感到不自然或异常。他说他叫安塞尔·伯恩,说他完全不知道诺里斯敦,说他对管理商店一无所知,还说他记得的最后一件事——好像就在昨天——是在普罗维登斯的银行取钱,等等。他不相信已经有两个月的时间过去了。店里的人以为他患有精神病;因此,他们先是叫来路易斯里德(Lowis H. Read)医生给他看病。后来他们给普罗维登斯发去电报,确认的消息传来,不久,他的外甥安德鲁·哈里斯先生来到了事情发生的地方,将所有事情都处理妥当,带他回了家。他很虚弱,在出奔期间显然掉了二十多磅肉,而且想到糖果店就非常恐惧,不能再踏入糖果店中。

那段时间的最初两个星期仍然无从解释,因为在他一度恢复了正常人格之后,他对那段时间的任何部分都没有记忆,而过去认识他的人,又似乎在他离家后都不曾见过他。当然,这种变化的最值得注意的部分,是所谓的布朗从事的特殊职业。伯恩先生在生活中从未与生意沾过边。邻居们将"布朗"描述为沉默寡言、习惯上很有条理、并且一点也不古怪。他去过几次费城;补充他的库存;他在后店自己做饭,也睡在那里;他定期去教堂;还有一次在祈祷会上做了令听者满意的演讲,在演讲过程中,他讲述了自己在伯恩的自然状态中目击的一个事件。

直到1890年,人们对这个病例的了解就这么多。在那一年,我劝说伯恩先生接受了催眠术,想看看在催眠恍惚状态他的"布朗"记忆是否也不能恢复。没想到这个记忆很容易就恢复了;而且恢复得如此之好,以至完全不可能让他在催眠状态中回忆起他正常生活中的任何事情了。他听说过安塞尔·伯恩,但是"不知道他曾经遇见过那个人"。遇到伯恩夫人时,他说他"以前从未见过这个女人",等等。另一方面,他谈论起他在那迷失的两个星期中的旅行,[1]并且谈到了诺里斯敦时期的各种细节。整个事情都很平常;而那个布朗人格,似乎

---

[1] 他在波士顿过了一个下午,在纽约过了一夜,在纽瓦克过了一个下午,在费城度过了10天或更长的时间,没有结识任何人,先是在某个饭店,后来是在一个膳宿处"休息"、阅读和"四处看看"。不幸的是,我不能独立获得对这些细节的确证,因为饭店登记簿已被毁坏,他提到的那个膳宿处也被拆除了。他忘记了开办那家膳宿处的两位女士的姓名。

也只是伯恩先生自己的一个相当收缩、沮丧和失去记忆的抽取物。他没有给出漫游的动机,只是说"那里有麻烦",而他"想休息"。在恍惚状态下,他看上去老了,嘴角拉下来,声音缓慢而且微弱,遮蔽着眼睛坐在那里,徒劳地试图回忆在那两个月的布朗经历之前和之后的事情。"我完全被围在里面,"他说,"我从哪一头也出不来。我不知道是怎么坐进那辆波塔基特马车的,不知道是怎么离开那个商店的,也不知道那个商店变成什么样了。"他的双眼实际上很正常,而且,他的所有感受性(除了较慢的反应以外)在催眠状态和清醒状态也差不多是一样的。我曾希望通过暗示等方法,将这两个人格合而为一,并且将记忆连续起来,但是什么办法对此都无济于事,而至今伯恩先生的头骨里还装着两个不同的个人自我。

这个病例(无论是否包含癫痫的因素)显然应当被归类为持续了两个月之久的自发性催眠恍惚状态。这个病例的奇特之处是在于,在那个人的生活中,从来没有其他类似的事情发生过,而且没有出现过古怪的性格。在大多数类似病例中,那些发作会再复发,感受性和行为都有明显的变化。①

3. 在"灵媒能力"或"灵附现象"中,次级状态的侵入和逝去都比较突然,状态的持续时间通常较为短暂——从几分钟到几小时。只要次级状态得到充分发展,关于这期间发生的任何事情的记忆,

---

① 我们将会看到,这个病例的细节,都与装假相一致。我只能说,所有检查过伯恩先生的人(包括里德医生、威尔·米切尔医生、盖·休斯戴尔医生和 R. 霍森先生),实际上都没有怀疑过他是完全诚实的,就我所知,他的熟人也没有怀疑过。

就都不会在原初意识恢复之后保留下来。被试在次级意识期间的说话、书写或动作，都好像是受到一个外来人格的操纵，并且还常常给这个外来人格起名字，还会编出他的历史。过去，这个外来"控制"通常是魔鬼，现在，在仍然持有这一信念的社群中，仍然还是这样。在我们这里，在最坏的情况下，他自称是印第安人，或其他说话奇怪但却无害的人。通常，他声称是在场的人认识或者不认识的死者的灵魂，被试于是就成了我们所说的"灵媒"。各种等级的灵附现象，似乎都会形成完全自然的特殊类型的交替性人格，而且在没有其他明显神经异常的人那里，某种形式的对灵附现象的敏感，也决非少见。这种现象非常难以理解，而且刚刚才开始以恰当的科学方法得到研究。灵媒的最低级阶段是自动书写，而自动书写的最低级，是被试知道什么词要出现，但是感到好像被一种外部力量推动着写出这些词。然后就是无意识书写，甚至是在进行阅读或谈话的时候。赋有灵感的演讲、乐器的演奏等，也属于相对较低阶段的灵附现象，在这里，正常自我没有被排除在对表演的有意识参与之外，虽然它们的主动性似乎是来自于其他地方。在最高级的阶段，入迷状态是彻底的，声音、语言和所有一切都改变了，而且直到下一次入迷状态到来，才会有事后记忆出现。入迷状态中的言谈有一个奇怪之处，就是它们在不同个体那里类属上的相似性。在美国，"控制者"或者是一个奇异的、好用俚语和能说会道的人（称女士为"印第安女人"称男人为"勇士"称房子为"棚屋"等的"印第安"控制者非常普遍）；或者，如果他敢于作更高的理智上的飞跃，他的话里就会充满奇奇怪怪含糊乐观的带水分的哲学，精神、和谐、美丽、法则、前进、发展等等的短语会反复出现。这恰恰就像是由一位作者编出了大半入迷状态的讯息,而不管这些讯息是由谁说出的。我不知道是否所有潜意识自我都特别容易受到某个反映时代精神的(Zeitgeist)阶层的影响,并且从那里得到灵感;但是,在唯灵论圈子里"发展"起来的第二自我那里,情况显然就是这样。在那里,灵媒入迷状态的开始阶段与催眠暗示的效果无法区分。被试扮演灵媒的角色,只是因为当时情形下的大众看法期望他扮演这个角色;他扮演这一角色的呆板或生动程度,与他的戏剧天赋成比例。但奇怪的是,从未接触过唯灵论传统的人在进入催眠状态时,也经常会以同样的方式行事,以逝者的名义说话,经历他们死亡前的痛苦挣扎,送来他们在天国乐园幸福的家的讯息,并对在场者的疾病做出描述。这些案例中有几个是我亲眼看到的,对于这些案例,我没有理论可以发表。

作为自动书写的一个例子,我引证罗得岛沃伦的悉尼·迪安(Sidney Dean)先生善意提供给我的对他自己情况的叙述。在1855至1859年间他是来自康涅狄格州的国会议员,他一生都是精力充沛和活跃的记者、作家和事务缠身的人。在许多年的时间里他都是一个自动书写者,收藏有大量的自动书写下的书稿。他写信告诉我们说:

> 其中的一些是图画文字,或者是任意字符的奇怪混合,在一般布局或特征方面,每一个序列都有一种表面上的统一性,其后是声称为一种翻译为母语英语的东西。我从来不曾尝试那种看上去不可能的模仿那些字符的技艺。它们是用雕刻工具般的精确性刻出来的,通常就像用铅笔快速地划上一笔。人们说这里面有许多种语言——有些已过时,已经从历史上

消失了。看看它们你们就会了解,除了描写以外没有人能够模仿它们。

然而,这些还只是这种现象的一小部分。"自动者"曾经让位于施印者,在写作进行的过程中,我处于正常状态,而两个心、两个智力和两个人格好像实际上都在忙碌着。是我自己的手在写,但是做出口授的却并不是我自己的心或意志,而是另一个人的,对写作的主题我没有知识,也几乎没有什么理论;当手在记录那个题材,甚至是在记录要它写下的词的时候,我,我自己,则在有意识地对思想、事实、表达方式等等进行批评。如果我拒绝写下那个句子,甚或那个词,施印立刻就终止了,在工作重新开始之前,我愿意写那个句子的意欲必须在心理上表达出来,而且它总是在中断之处重新开始,即使那是在一句话的中间。这些句子在我对它们的主题或结尾一无所知的情况下就开始了。事实上,我从来不曾事先知道探究的主题。

现在,在不确定的时间,也不服从我的意志,一个长达24章的关于生活之科学特征——道德的、精神的、永恒的——的系列,正在写作当中。7章已经以前面提到的方式写好了。在这些之前还有24章,一般性地涉及到超越身体死亡的生活及其特性等。每一章都由某个曾经在地球上生活过的人署名,——一些人是我自己熟识的,其他是历史上的著名人物。……在每一章写完、给出名字并把名字加上去之前,我对任何一章所宣称的作者都一无所知。……我不仅对挂名的作者——对此我完全不能确定——感兴趣,而且还对其中所讲的哲理感兴趣,对于这些哲理,我是在这些章完成之后才了解的。从我的生活立场看——那一直是《圣经》的正统立场——那些哲理是新的,似乎有道理,而且也合乎逻辑。我承认,我没有能力让自己满意地成功反驳它。

是一个有智力的自我在写作,否则就是那种影响力采取了个体的形式,这实际上是使那种影响力成为了一个人格。它不是我自己;我在那个过程的每一个阶段都意识到我自己。在我有能力对其进行批判性检验的情况下,我还仔细检查了所谓"无意识大脑作用"主张的整个领域,当将它运于我的这项奇怪工作时,作为一种理论,它在无数的地方都失败了。对于我来说,接受愚蠢的灵魂轮回假说——旧式灵魂轮回学说——,像当今一些唯灵论者所教导的那样,相信我在这里有过前世的生活,它不时地支配我的理智能力,并且写下一些关于生活哲理的章节,或者,它开了一家邮局,让灵魂们得以发来他们的倾诉,然后将它们写进英文手稿,这样要合理和令人满意得多。不;对于我来说,最容易和最自然的解决办法,是承认所声称的,即从事写作的是一个不具肉体的智力。但那是谁呢?这是问题的所在。曾经活着的学者和思想家的名字,被附加在了最不合文法和最不牢靠的胡言乱语之上……

这对于我来说似乎是合理的——根据它是使用另一个人的心或大脑的人格的假说——即一定或多或少地有那另一个人的风格和语调融合进那个讯息之中,还有,思想、事实或哲理,而不是风格或语调,都属于那个看不见的人格,即施印的力量。例如,当那个影响力以最大的力量和最快的速度对我的大脑施印，以使我的铅笔清晰地飞过纸页记录下那些思想时，我意识到，在许多情况下，这些思想的媒介物，即语言，对于我来说是非常自然和熟悉的，就好像不知怎么，我的作为作者的人格就与那个讯息混合起来了。但是，风格、语言，以及所有的一切，都与我自己的风格完全不同。

对一个灵媒入迷状态的大量了解，让我自己确信，那个"控制者"也许与这个灵媒的任何可能的醒时自我都完全不同。在我想到的案例中，它声称是某个已经逝去的法国医生；而且我相信，它熟知自己从未遇到过、也从未听说过其名字的无数受施者的境况以及他们活着和死去的亲戚和熟人的事实。我将我的没有给予证据支持的观点写在这里，当然不是为了让任何人转向我的观点，而是因为我相信，对这些入迷现象的认真研究是心理学最重大的需要之一，以及我认为，我的个人供词有可能会将一两个读者引入自命的"科学家"通常拒绝探索的领域。

许多人已经找到证据使自己确信，在一些案例中，控制者确实就是它假扮的已逝去的灵魂。这个现象非常缓慢地过渡到了这种说法明显荒谬的案例，因此这个推测（完全撇开前验的"科学"偏见）的真实性很成问题。鲁兰西·维纳姆（Lurancy Vennum）的病例，可能是我们可以找到的现代"灵附现象"的一个极端案例。[①]鲁兰西是一个14岁的女孩，和父母一起住在伊利诺伊州的沃齐卡，（在经历了各种痛苦的歇斯底里错乱和自发性入迷状态，为多少有

---

[①] E. W. 史蒂文斯（E. W. Stevens）所著《沃齐卡奇事》（*The Watseka Wonder*）(Chicago, Religio-Philosophical Publishing House, 1887)。

些怪异的已逝灵魂所灵附之后)最后宣布自己为玛丽·罗夫(邻居的女儿,12年前在一个精神病院去世)的灵魂所操纵,并且坚持要人们将她送回"家"到罗夫先生的房子。经过了一个星期的"想家"和强求之后,她的父母同意了,而可怜她的唯灵论者罗夫夫妇让她进了家门。一到那里,她似乎就让那家人相信了他们死去的玛丽已经与鲁兰西交换了处所。她说鲁兰西暂时在天堂里,而玛丽的灵魂现在控制着她的机体,并且再次生活在她先前的俗世家中。

现在在她的新家的那个女孩,看上去非常快乐和满足,知道20或25年以前玛丽在她原先的身体中时所知道的每一个人和每一件事,认识并且叫得出那些1852至1865(玛丽死于那一年)年间这个家庭的朋友和邻居的名字,提起人们对许多事情的注意,是的,对许许多多在她的自然生活中发生的事情的注意。在她逗留于罗夫先生家的全部时间里,她对维纳姆先生的所有家人、朋友或邻居都一无所知,也认不出他们,然而维纳姆先生和夫人还有孩子们还是去看望她和罗夫先生那边的人,人们将她介绍给他们,就像介绍给陌生人一样。在频繁的访问、时常听人提起和赞许地谈论他们之后,她学会了把他们当作熟人来爱他们,并且和罗夫夫人一起访问过他们三次。她每一天都表现得自然、松弛、和蔼可亲和勤奋,像一个可靠、精明的女儿那样,勤勉和忠实地履行自己的家务责任,帮助家里处理一般性的事务,唱歌,阅读,有机会时就与家人谈论有关私人和普遍兴趣的事情。

在罗夫家中的那位所谓的玛丽,有时会"回到天堂去",而将身体置于一种"安静的恍惚状态",也就是说,原初的鲁兰西人格没有回来。然而,在8或9个星期之后,鲁兰西的记忆和习惯有时会部分而不是完全地返回几分钟。有一次,鲁兰西在一个短时间内似乎完全附在了她身上。最后,在大约14个星期之后,与"玛丽"最初接受"控制"时做出的预言相一致,她确确实实地离开了,鲁兰西的意识又永久地回来了。罗夫先生写道:

> 她想让我送她回家,我这样做了。她叫我罗夫先生,像一个不认识我的女孩子那样与我谈话。我问她事情对她显得怎么样——它们是否显得自然。她说对于她来说,那就像是一场梦。她充满感情地与其父母和兄弟们见了面,在喜悦的泪水中相互拥抱和亲吻。她用双臂长时间地搂抱着她父亲的脖子,亲吻得他都快要窒息了。我刚刚见过她的父亲(11点钟)。他说她一直非常自然,而且似乎也十分健康。

几个月之后,鲁兰西的母亲写道,她

十分健康和自然。在回家后的两或三个星期里,她好像对前一年夏天生病之前的样子感到有点生疏,但也许在这个女孩身上只是发生了自然的变化,只不过她感觉好像是一直在做梦或者睡觉,等等。鲁兰西比以前更聪明,更有才智,更勤奋,更具女子气质,也更文雅了。我们将她的完全治愈和回归家庭,归功于E. W. 史蒂文斯医生和罗夫夫妇,他们让她搬到罗夫先生家去,她就是在那里痊愈的。我们坚定地相信,如果她一直呆在家里,她会死去,或者就是我们不得不将她送到精神病院去;如果是这样,她就会死在那里;而且,随着忧虑和烦恼转移到我的身上来，我也不会活得长久。鲁兰西的一些亲属，包括我们自己，现在都相信她是由精神力量治愈的，玛丽·罗夫控制着这个女孩。

八年后，有消息说鲁兰西结婚了，做了母亲，身体很健康。她显然已经走出了其生活的灵媒阶段。①

人们很少对发病期间感受性的情况做观察。我发现两个自动书写者的手在书写动作中是感觉缺失的。在另外两个人那里，我发现情况却不是这样。臂神经的刺激性疼痛和臂肌的不规则收缩，通常发生在自动书写之前。我还发现在（说话的）入迷状态，一个灵媒的舌头和嘴唇对针刺明显没有感觉。

如果我们探究所有这些不同的人格颠倒期间的大脑条件，我们看到，我们必须假定，大脑的条件能够相继改变它的各种作用方式，并且暂时放弃使用已经充分组织起来的整套联想通道。否则，我们就无法解释在一种交替状态到另一种交替状态的转换中所发生的失忆现象。不仅如此，我们还必须承认，有组织的通道系统与其他系统也有可能脱节，因此一个系统中的过程引起一个意识，而另一个系统中的过程引起另一个同时存在的意识。只有这样我们才能理解病人不在入迷状态时的自动书写事实，以及歇斯底里式的虚假感觉缺失和失忆状态。但是，我们甚至不能推测，"脱节"这

---

① 我的朋友 R. 霍奇森先生告诉我，他于1889年4月访问了沃齐卡，并且严密询问了这个病例的主要目击者。他的所得增强了他对最初叙述的信心；许多未发表的事实都得到了确定，这使得对那种现象的唯灵论解释似乎更有理了。

个短语可能表示的是哪一种分离；我只是认为，我们不应该这样来谈论双重自我，就好像它是在于通常能够结合的某些观念系统结合的失败。最好是谈论通常结合着、而现在在相关歇斯底里和自动操作的病例中却在两个"自我"之间分离开来的对象。每一个自我都产生于独自运作的大脑通道系统。如果大脑运作正常，相互分离的系统重新联系起来，我们就有了一种新的意识倾向，它以不同于另外两个自我、却同时知道那两个自我的对象的第三个"自我"的形式存在着。——有了我在上一章说过的话，这几乎就不需要再做解释了。

低级自动操作中的一些独特之处向我们提示，相互脱节的系统一个在大脑右半球，另一个在左半球。例如，被试经常逆向书写，或者颠倒字母顺序，或者写出镜像文字。所有这些都是失写症的症状。在大多数人那里，如果让左手听任自然冲动的支配，那么这只手写镜像文字比写正常文字还要容易。F. W. H. 迈尔斯 (F. W. H. Myers)先生曾经强调过与之类似的情况。[①]他还让人们注意到了普通占写板书写中的那种通常比较低下的道德格调。根据休林斯·杰克逊的原理，较发达的左半球平时抑制着右半球的活动；但是迈尔斯先生指出，在自动操作过程中，通常的抑制可能被消除，右半球可以完全独立地活动。在某种程度上，情形很可能就是这样。但是，用"两个"半球来粗糙地解释"两个"自我，这当

---

① 参见他关于自动书写等等的那些非常重要的文章系列，《心理学研究会会刊》，特别是文章 II(1885 年 5 月)。同时与莫兹利博士发表在《心》第 14 卷第 161 页上的有教益的文章，和卢伊斯的论文"关于两重性"(Sur le dédoublement)等，1889 年的《脑》(l'Encéphale)。

然远不是迈尔斯先生的想法。自我可能不止两个,我们必须将分别为每一个自我所用的那些大脑系统,看作是以非常细微的方式相互渗透的。

## 总　　结

现在我对这较长的一章进行总结。自我意识涉及一条思想流,思想流的每一个部分作为"我"可以(1)记得它前面的部分,并且知道它们所知道的事情;(2)特别强调和关心它们之中的某些部分,把这些部分作为"我"(me),让它们占有其余的部分。"我"(me)的核子始终是当时感受到在场的身体存在。任何回忆起来的过去感受,如果与当下感受相类似,就都被认为与这个当下感受属于同一个我(me)。任何被感知为与这个感受相联结的其他事物,都被认为是形成了那个我(me)的经验的一部分;其中的一些事物(或多或少会有变动)在更广泛的意义上被认为自身就是我(me)的组成要素,——一个人得到或者可以得到的衣服、物质财产、朋友、荣誉和尊严就都是这类事物。这个我(me)是作为对象而被认识的事物的经验集合。认识它们的我自身,不可能是一个集合,出于心理学的目的,它也不需要被看作是"存在于时间之外的"像灵魂那样的不变的形而上学实存,或者像纯粹自我那样的本原。它是一个**思想**,在每一时刻都与上一时刻的思想不同,但却占有着后者,以及一切为后者称为己有的东西。全部经验事实都在这种描述中有了自己的位置,除了关于转瞬即逝的思想和心理状态存在的假说以外,不受任何其他假说的牵制。同一个大脑可以

## 第十章 自我意识

服务于许多交替的或者共存的有意识的自我；至于是通过大脑作用中的什么变化，或者是否会有超大脑状态的介入，这是我们现在还不能回答的问题。

如果有人说，我没有说明为什么相继的转瞬即逝的思想应当相互继承其所有物，或者为什么这些思想和大脑状态之间应当互为函数（在数学意义上）的理由，我的回答是，如果有理由的话，这个理由就必定在所有真实理由的所在之处，在世界的整体含义或者意义之中。如果有这样的意义，或者有任何走近这样的意义的方法（我们应当这样相信），它自身就会让我们清楚地了解，为什么这种有限的人类思想之流，会在对大脑的这种函数依赖关系中存在。这就如同说，心理学这门特殊的自然科学，必须终止于单纯的函数公式。如果转瞬即逝的思想是直接可证实的存在，迄今没有任何学派对此发生过怀疑，那么，这个思想自身就是思想者，心理学无需探究到更远的地方。我所能发现的可以将一种更先验的思想者带进来的唯一路径，就是否认我们拥有任何关于思想本身的直接知识。思想的存在于是就只成了一个假定，一个关于必须存在与所有被认识事物相关联的知者的断言；谁是那个知者的问题，就成了一个形而上学问题。一旦这样陈述这个问题，唯灵论和先验论的解决方案就一定会被认为初看起来与我们自己的心理学解决方案是一样的，应当得到不偏不倚的讨论。但是这样，我们就远离了心理学的或者自然主义的观点。

# 第十一章 注意

　　说来奇怪,英国经验主义学派的心理学家们几乎没有注意到始终存在选择性注意这个明显的事实。德国人明确地将它看作能力或结果,但是在洛克、休谟、哈特利、两位密尔和斯宾塞这些作者的著作中,那个词却几乎没有出现过,或者如果出现了,似乎也是在漫不经心之中被顺便说出来的。① 忽视注意现象的动机十分明显。这些作者热衷于表明心的高级能力何以是纯粹"经验"的产物;而经验则被认为仅仅是某种所与的东西。注意意味着某种程度的反应的自发性,似乎会冲破构成"经验"的纯粹接受性的范围,因此就一定不能谈论它,否则就会有碍叙述的流畅。

　　但是人们一旦去想这个问题,就会看到将经验等同于外部秩序对感官的单纯呈现,这种关于经验的看法是多么的错误。外部秩序中有大量呈现给我的感官却从未真正进入过我的经验的东西。为什么?因为我对它们不感兴趣。我的经验是我同意加以注意的东西。只有我注意的东西才能塑造我的心——没有选择性兴趣,经验就完全是一片混乱。兴趣独自产生出注重与强调、光亮与阴影、背景与前景——总之,可理解的透视图。它在每一个动物那

---

① 贝恩在《感官与理智》(*The Senses and the Intellect*)的第 558 页提到了注意,在《情绪与意志》的第 370—374 页甚至还提出了关于注意的理论。我将在后面回到这个理论上来。

## 第十一章 注意

里都不一样，但是如果没有它，每个动物的意识就都是暗淡混乱的无差别性，甚至让我们无法想象。比如，像斯宾塞先生这样的经验主义作者，将动物看作绝对被动的一块黏土，"经验"雨点般地落在上面。雨点落得最密集的地方，黏土就被压得最深，心的最后形状就这样被塑造了出来。给予足够的时间，所有有感觉的东西，都应该以这种速度最终获得相同的心理构造——因为那唯一的塑造者"经验"是一个不变的事实，经验内容的秩序也一定会得到我们所谓的有感觉生物体这面被动镜子的准确反映。如果这个解释是正确的，那么，一个品种的狗世世代代在比如说梵蒂冈养大，大理石雕刻的视觉形象，以各种形式和组合呈现给它们的眼睛，不久，它们就应该能够辨别这些奇特形象中的最细微的色调。总之，如果有足够的时间，它们就应当成为熟练的雕塑鉴赏家。任何人都判断得出取得这种成就的可能性有多大。确实，由于缺少一种将它所做的各种辨别结合起来的原初兴趣，无穷无尽的雕像经验也只能使一只狗和最开始时一样毫无艺术性。同时，在这个品种的狗的意识中，基座底部的气味却会将自己组织成一个"联系"的系统，世代相传最为长久的看管人也永远无法接近这样的系统，这只是因为对于他们（作为人类）来说，狗对这些味道的兴趣永远是一个无法解开的谜。这些作者完全忽视了这个明显事实，即主体的兴趣可以通过将其有力的食指放在某些特殊的经验内容上而强调它们，从而将塑造我们思想的力量给予最不经常出现的联结，这个力量比那些最常出现的联结所拥有的力量要大得多。尽管兴趣的起源无疑是完全自然的，兴趣本身产生出经验，甚于为经验所产生。

每个人都知道什么是注意。它是心以清晰和生动的形式,在那些看上去同时具有可能性的对象或者思想的序列中,占有其中的一个。意识的聚焦和集中就是它的本质所在。它意味着从某些事情中退出来,以有效地处理其他事情,而且,它是一种与在法语中被称为分心(distraction)、在德语中被称为精神涣散(zerstreutheit)的困惑、茫然和注意不集中的状态真正相反的状态。

我们都知道那样的状态,甚至知道它的极端程度。大多数人可能都会在一天中有几次陷入这样的状态:双眼虚视,世上的声音融入混杂的统一性,注意是分散的,以至于整个身体似乎是同时被感受到,意识的前景如果充实着任何东西的话,那就是充实着一种任由时间空空流逝的滞重感。在心的模糊背景中,我们同时知道应当做什么:起床、穿衣、对与我们说话的人做出应答、努力在我们的推理过程中进到下一个步骤。但是不知怎么我们无法开始;隐秘的思想(pensée de derrière la tête)不能刺穿那包裹着我们的状态的冷漠外壳。每时每刻我们都期待魔法停止,因为我们知道它没有理由要继续下去。但是它确实继续着,一阵接一阵,我们随着它飘浮,直到——我们还是无法找到理由——来了一种能量,某种东西——我们不知道是什么——使我们打起精神,我们眨眨眼,摇摇头,后景的观念发生了效力,生活之轮又转动起来了。

我们可以用双眼虚视的方法,在短时间内随意制造出这种奇怪的抑制状态。一些人可以随意将心清空,"什么也不想"。正如埃克斯纳教授在谈及他自己时所说的那样,对于许多人来说,这是最有效的入睡方法。我们很难不去猜想,兽类在没有主动做什么事情时,其通常的状态就类似于这种心的不集中状态。疲劳和最终会变得自动化了的单调的机械活动,在人这里就趋向于导致那种状态。这不是睡眠;然而当一个人被从这样的状态中唤醒时,他常常说不出他在想什么。如果将处于催眠恍惚状态的被试放任不管,他们似乎就会进入这种状态;问他们正在想什么,他们回答说,"没有想什么特别的事情"![1]

终止这种状态就是我们所说的唤起注意。此时一个主要对象进入意识的焦点,其他对象暂时被抑制了。注意的唤起可能是由于来自外部的刺激,也可能是某种未知的内部变化的结果;而它所带来的改变,就是集中于一个单一的对象,而将所有其余事物都排除在外,或者是处于这种状态和完全涣散的状态之间的一种状态。

## 我们可以同时注意多少事物?

人们经常问起关于意识"跨度"的问题,并且做出回答——有时是前验地,有时是通过实验来回答。此处似乎是我们讨论这个

---

[1] "教育之初的第一个和最重要、但也是最困难的任务,就是逐渐克服心的那种漫不经心的涣散,这种涣散出现在所有有机生命胜过理智生命的地方。动物的训练……必须首先以唤起注意为基础[参见阿德里安·伦纳德(Adrian Leonard),《论动物的调教》(*Essai sur l'Education des Animaux*)(Lille,1842)],这就是说,我们必须努力让它们逐步去个别地感知那些它们自己本不会去注意的事物(因为这些事会与许多其他感觉刺激融合为一团混乱印象,在其中每一个个别事物只会使其他事物变得暗淡,并且干扰其他事物)。对于人类儿童来说,最初的情况也是一样。聋哑教育,特别还有智障教育的巨大困难,主要就是由我们为了成功地从一般的混乱知觉中将单独的事物充分清晰地显示出来,所需要使用的缓慢而且痛苦的方法造成的。"[魏茨(Waitz),《心理学教科书》,第632页。]

问题的合适的地方；根据在第九章建立的原则,我们的回答将不会很困难。我们可以注意的事物的数量,是完全不确定的,这取决于个体理智的能力,取决于理解的形式,还取决于那是些什么事物。当事物被概念地理解为一个相互联系的系统,其数量就会非常之大。但是,不管事物有多么多,它们只能在单一的意识脉动中被认识,这些事物对这个意识脉动构成一个复杂"对象"(第276页以下),因此,严格地说,任何时候在心之前都不会存在严格意义上的众多观念。

许多相信"观念"的单独原子性质的哲学家曾经设想,"灵魂统一体"一次最多只让一个对象性事实(表现在一个观念中)呈现给它。甚至杜格尔德·斯图尔特(Dugald Stuart)也认为,每一个有最低可见度的图形

> 都对心构成一个清楚的注意对象,就好像它是由一个空的空间间隔与其他事物分离开了一样。……心不可能同时注意这些点中两个以上的点;而且,由于对图形的知觉意味着关于不同的点相互之间相对位置的知识,我们必须得出结论说,眼睛对图形的知觉,是许多不同注意活动的结果。然而,这些注意活动进行得如此之快,以至于对于我们来说,其结果就像知觉是在瞬间发生的一样。①

这种耀人眼目的人为看法,只能来自于异想天开的形而上学,或者来自于"观念"这个词的模糊性,它有时指心理状态,有时又指

---

① 《原理》,第1部分,第2章,结尾处。

被认识的事物,这使得人们不仅将属于心理状态的统一性,而且甚至将被认为是属于灵魂的简单性,也归与了那事物。

如果事物是由感官得到理解的,能够同时注意的事物的数目就很小,"越是紧张,对单一感官的感受就越少"(Pluribus intentus, minor est ad singula sensus)。

"查尔斯·邦尼特(Charles Bonnet)认为,心可以同时对六个对象形成单独的观念;亚伯拉罕·塔克(Abraham Tucker)将这个数目限制为四个;而德斯蒂·特拉西(Destutt Tracy)又把它扩大为六个。这些哲学家中的第一个和最后一个的看法"[汉密尔顿爵士继续说]"在我看来似乎是正确的。你可以很容易地自己做实验,但是你必须注意将对象进行归类。如果你将一把石子掷在地板上,你会发现很难同时观看六个或最多是七个以上的石子,而不产生混淆;但是,如果你将这些石子归为两个、三个、或五个一组,那么你归了多少个组,你就可以理解多少个组;因为心只将这些组看作是单元——它将它们看作是整体,而不考虑它们的部分。"①

杰文斯(Jevons)教授用同时计数掷入一个盒子中的豆子的方法,重复了这一实验,他发现,在 147 次实验中对数字 6 的猜测对了 120 次,在 107 次实验中对数字 5 的猜测对了 102 次,而 4 和 3 则总是对的。②很显然,这类观察对我们严格意义上的注意没有做出任何判决。更恰当地说,它们部分地测量了我们的视觉——特

---

① 《形而上学演讲》(*Lectures on Metaphysics*),第 14 讲。
② 《自然》(1871),第 3 卷,第 281 页。

别是原初记忆意象——的清晰性①,部分地测量了在个体那里,所见排列与数字名称之间的联想的数量。②

每一个数字名称,都是一种将豆子把握为一个整体对象的方式。在这样一个整体对象中,所有的部分都和谐地会聚到一个作为结果而产生的概念中;没有任何单独的豆子,拥有它自己特殊的不一致的联想;因此,通过练习,我们能够正确估量的数目会变得非常大。但是,如果我们面前的"对象"分开为互不联系的部分,而且每个部分似乎都形成为一个独立的对象或系统,无法在与其

---

① 如果向一个处于正常状态的人,短暂地展示一张纸上的许多点或者笔画,要求他说出那里有多少点或笔画,他会发现它们在他的心眼(mind's eye)之前分成了组,而当他在记忆中分析和计数一个组时,其他的组就消失了。总之,由点造成的印象快速地变成了某种别的东西。相反,在催眠被试那里,这个印象似乎持续着;我发现,处于催眠状态的人很容易用心眼来数那些点,只要那些点的数目不要太多地超过 20 个。

② 卡特尔先生以一种精确得多的方式做了杰文斯的实验(《哲学研究》,III,第 121 页以后)。卡片上画着短线,短线的数目从 4 到 15 不等,将卡片在眼前暴露百分之一秒。当数目是 4 时或 5 时,通常人们不会出错。数目更大时,趋向是低估而不是高估那个数目。人们还用字母和图形做了类似的实验,得到了相同的结果。当字母形成为熟悉的词时,认出字母的数目,是当字母做无意义排列时认出字母数目的三倍。如果词又形成为一个语句,把握词的数目,是当词没有联系时把握词的数目的两倍。"这时语句是作为整体得到理解的。如果不是这样得到理解,那么对于那些单独的词几乎就什么也没有理解;但是如果理解的是作为整体的语句,那么词就非常清晰。"——冯特和他的学生迪策(Dietze)曾就快速重复的声响尝试过类似的实验。冯特让这些声响按组相继发出,他发现,不超过 12 声响的组,当那些声响以最佳速度(即十分之三至十分之五秒)发出时,声响可以被辨认和识别出来[《生理心理学》(*Phys. Psych.*),II,第 215 页]。迪策发现,如果一个人倾听时在心里将那些组再划分为次级的组,有 40 个声响之多可以被识别为一个整体。这些声响于是被领会为 8 个每个 5 声的次级组,或者是 5 个每个 8 声的次级组。(《哲学研究》,II,第 362 页。)——后来在冯特的实验室中,贝希德莱观察了两个同时消逝着的节拍器击打声的序列,其中一个序列比另一个序列多一声击打。最佳接续速度是 0.3 秒,他显然将 18 声的一组和 18+1 声的一组区分了开来。[《神经病学中心报》(1889),第 272 页。]

第十一章 注意 483

他对象的联系中得到理解,那么,同时理解所有这些部分就变得比较困难了,心就会趋向于在注意一个对象的时候放弃掉其他的对象。然而,在一定的限度之内这还是可以做到的。波尔汉曾对这个问题做过认真的实验,他大声朗诵一首诗,同时在心中复述另一首诗,或者在写一句话的同时说另一句话,或者在纸上进行计算的同时背诵诗歌。[①]他发现

> 将心加倍的最佳条件,是将它同时运用于两种容易而非同类的操作。两种相同种类的操作,两种乘法运算,两种背诵,或者背诵一首诗和写另一首诗,会使过程变得更加不确定和困难。

注意在这些操作过程中经常会(但并非总是)发生摇摆;有时任务的一个部分中的一个词会悄悄进入另一个部分之中。当我试着同时背诵一个东西和写另一个东西时,我发现每一个词或短语的开始都是需要注意的部分。一旦开始了,我的笔就好像是靠它自己的力量又写下一两个词。波尔汉将同时或者相继进行的同样两种操作所占用的时间进行了比较,他发现,同时做事情通常在时间上会有相当大的收获。例如:

> 我写阿萨利(Athalie)的前 4 个诗行,同时背诵缪塞(Musset)的 11 个诗行。整个运作用了 40 秒。但是,单独的背诵要用 22 秒,单独的写要用 31 秒,总共要用 53 秒的时间。因此,差别是支持同时操作的。

---

① 《科学评论》(1887 年 5 月 28 日),第 39 卷,第 684 页。

此外，

> 我用 2 乘以 421、312、212；操作用了 6 秒的时间；背诵 4 个诗行也用了 6 秒。但是，如果同时进行这两种操作，则只要用 6 秒的时间，因此，将它们合并起来没有时间损失。

当然，这些时间测量不够精确。当有三个对象系统时（每一只手都书写，同时还背诵），操作就变得困难多了。

如果那个原初的问题——我们能够同时注意多少个观念或事物——的意思，是指有多少个完全不相联系的观念系统或者过程能够同时进行，回答就是超过一个就不容易，除非那些过程是非常习惯性的；如果是这样，那就是两个甚或三个，而无需注意方面的太大摇摆。然而，如果过程不是那么自动，就像朱利尤斯·恺撒（Julius Caesar）在口述四封信的同时又写着第五封信的故事中那样，①那就一定会发生心从一个过程到另一个过程的快速摇摆，并且不会有时间上的所得。任何一个体系都可以有无数多的部分，但是当我们考虑的是由部分所构成的整体时，我们是对它们全体一起加以注意的。

当被注意的事物是细微感觉时，当努力要准确地注意它们时，人们发现，对一种感觉的注意，会极大地妨碍对另一种感觉的感知。人们已经在这一领域做了大量优秀的工作，对此我必须做出一些说明。

---

① 参见 Chr. 沃尔夫（Chr. Wolff）：《经验心理学》（*Psychologia Empirica*），第 245 节。沃尔夫对注意现象的解释一般地说是非常好的。

## 第十一章 注意

人们早就注意到,当预期注意集中于两个感觉中的一个时,另一个感觉就很容易暂时离开意识,随后再出现;尽管实际上这两个感觉可能是同时发生的事件。一些书籍中提供了现成例子,外科医生有时会在看到器具扎入病人皮肤之前,先看见血从他要为其放血的病人的胳膊里流出来。同样,铁匠可能会在看见锤子重击铁块之前,先看见火花飞溅,等等。因此,当两种印象不是同等地引起我们的注意,并且在类型上是全异的时,要感知它们发生的确切时间,肯定是有困难的。

埃克斯纳教授(我们将在另外一章引证他关于两种感觉时间上的最小可感知相继性的实验)对在时间非常短的情况下,必须要调整注意以捕捉感觉的间隔和正确次序的方式,提出了一些值得注意的评论。问题的关键,是说出两个信号是同时的还是相继的;还有,如果是相继的,它们中的哪一个先发生。

他发现他自己进入第一种注意的方式,是在两个信号之间的区别不大的时候——比如,当它们是由两只耳朵分别听到的类似声音时。他静等第一个信号(不管它会是什么),下一刻在记忆中识别它。总是能通过缺省而知道的第二个信号,通常自身不会得到清楚的辨别。如果时间太短,第一个信号就完全不能与第二个信号分离开来。

第二种方式是调节注意以适应某种信号,下一刻在记忆中觉知它是发生在它的同伴之前还是之后。

这种方式随之带来了极大的不确定性。毫无准备的印象出现在我们的记忆中,它比另一个印象更弱,是朦胧的,很难在时间上确定。我们倾向于将主观上较强的刺激(即我们关注的刺激)当作是先发生的,正如我们倾向于将客观上较强的刺激当作是先发生的一样。情况也可能会有所不同。在从触觉到视觉的实验中,在我看来情况常常是,当另一个印象到来时,注意对其没有准备的印象就已经在那里了。

埃克斯纳发现,当印象之间差别非常大时,他自己经常就会采用这种方法。①

在这类观察中(我们不能将这类观察与那些两个信号完全一样,信号的相继是单纯的重复,而不存在哪一个信号先出现的差别的观察相混淆),很显然,每个信号都必须在我们的知觉中与一个不同的时间瞬间稳定地结合在一起。这是两个不同概念同时占据心灵的最简单的可能情况。两个信号同时发生似乎是另一种不同的情况。我们必须去冯特那里寻找能够对此做出进一步解释的观察。

读者应当还记得我们在第三章讨论过的反应时间实验。在冯特的实验中有时会发生这样的情况,即反应时间减到了零,或者出现负值,翻译为普通语言,意思就是观察者有时对信号是如此地关注,以至于他的反应在时间上实际是与信号同时的,或者是先于信号的,而不是如本来应该的那样,以若干分之一秒的时间滞后于它。我们将在后面对这些结果做更多的讨论。同时,在对这些结果的解释中,冯特说了这样的话:

通常,如果两个刺激在强度上差别不大,我们对这两个刺

---

① 《弗吕格文库》,第11卷,第429—431页。

激的同时性就会有非常准确的感受。而且在一系列有预警以固定的间隔出现于刺激之先的实验中,我们不随意地试图去对刺激做出反应,不仅尽可能地快,而且我们的动作还可能与刺激同时发生。我们设法让自己对触觉和神经支配[肌肉收缩]的感受,客观地与我们听到的信号同时发生;经验表明,在许多案例中我们都大致成功了。在这些案例中,我们清楚地意识到听到了信号,对信号做出了反应,感受到反应发生了,——一切都发生在同一个时刻。①

在另一个地方,冯特补充说:

> 这些观察的困难,以及很少能够让反应时间这样消失的情况表明,在注意高度紧张时,要使它同时固定在两个不同的观念上是多么地困难。此外还请注意,当这种情况发生时,人们总是试图将那些观念联系起来,将它们作为某个复杂表象的组成部分来把握。因此,在所谈的实验中,我经常觉得是我通过自己的记录动作制造出了球落在木板上所发出的声音。②

冯特谈到的案例中的"困难",是迫使两个非同时性的事件明显地结合进同一个时间瞬间。正如他承认的那样,将我们的注意分给两个真正同时发生的印象,以感受到它们是同时的,这并不困难。他所记述的案例,实际上是错误时间知觉的案例,用他自己的话说,是主观的时间移置案例。他还极为认真地研究了这方面更

---

① 《生理心理学》,第 2 版,II,第 238—240 页。
② 同上,第 262 页。

加奇特的案例。这些案例将我们引向更进一步的研究,因此,我在这里将尽可能地使用他的原话来引证这些案例：

当我们接收有一个异质印象突然出现于其中的一系列由清晰的时间间隔分隔开来的印象时,情况就变得更加复杂了。于是就有了这个问题,我们将那个附加上的印象感知为是与这个系列中的哪一个成员同时发生的呢？是那个它真的与之同时发生的成员,还是会有某种偏差呢？……如果那个附加刺激属于不同的感官,那么就有可能出现相当可观的偏差。

最好的实验方法,是用若干(很容易通过运动物体得到的)视觉印象做那个系列,用声音做那个全异的印象。比如,让指针以均匀和足够慢的速度在圆形刻度盘上运动,以使它给出的印象不会混到一起,但它在任何一个时刻的位置却都能被清晰地看到。让转动它的钟表装置有一个机制,在它旋转的每一圈都发出一次铃声,但是在哪一个点发出铃声是可以变化的,这样观察者就始终不会事先知道什么时候铃声会响起来。在这样的观察中有三种可能的情况。铃声可以或者在铃响时指针所指的那一时刻被感知到——在这种情况下就没有时间移置；或者我们也可能将它与铃响之后指针的一个位置结合在一起——……我们将称它为正时间移置；或者,最后,我们也可能将它与铃响之前指针的一个位置相结合——我们将称这种情况为负移置。最自然的移置显然应该是正的,因为统觉总是需要一定的时间。……但是经验表明,事实正好相反：最经常发生的情况是,声音出现在它的真实时间之前——而与它的真实时间同时出现或晚于真实时间出

## 第十一章 注意

现的情况则要少得多。我们应当注意到,在所有这些实验中,获得对声音与指针的某个特定位置的结合的清晰知觉,需要一些时间,而指针转动一圈永远不足以达到这个目的。运动必须进行足够长的时间,才能使声音自身形成一个规则的序列——其结果是对两个截然不同的事件序列的同时感知,其中的任何一个序列,都可以通过速度的改变来使结果发生变化。人们注意到的第一件事,是声音属于刻度盘的某个特定区域;渐渐地,人们才感知到它与指针的某个特定位置结合在一起。然而,即使是通过对许多圈转动的观察而得到的结果,也可能在确定性上有缺陷,因为注意的偶然结合会对其发生很大的影响。如果我们故意设法将铃声与一个任意选取的指针位置结合,我们会毫无困难地取得成功,只要这个位置与真实位置的距离不是太远。再有,如果我们将整个刻度盘遮盖起来,只留下一块我们可以看见指针经过的区域,我们就会非常趋向于将铃声与这个实际看到的位置结合起来;而在这样做时,我们可能会很容易漏掉超过四分之一秒的时间。因此,有价值的结果必须是从长期持续和非常多的观察中得出的,在这样的观察中,注意的不规则变化会依据大数法则而相互抵消,并使真实的规律显现出来。虽然我自己的实验(有间断地)进行了许多年,它们的数量也还没有大到足以对这个问题进行详尽研究的程度——尽管如此,它们还是表明了在这样的条件下注意所遵循的主要法则。①

---

① 《生理心理学》,第 2 版,II,第 264—266 页。

冯特相应地将铃声的方向与铃声明显的时间移置的量区分了开来。方向取决于指针运动的速度以及(相应的)铃声接续的速度。一秒钟旋转一次时,他对铃响时刻估量的错误趋向于最小。如果转得比这更快,正的错误就开始出现了;如果比这更慢,就几乎总是出现负的错误。另一方面,如果速度不断加快,错误就变成负的了;如果不断变慢,错误就会变成正的。总之,速度及其变化越慢,错误就越多。最后,个体之间的差异很普遍,而且同一个体在不同时间也有差异。①

---

① 这是贝塞尔(Bessel)最初对"个人在观察上的误差"的观察。观察者通过赤道仪,注意一颗星跨越子午线的时刻,子午线在赤道仪视界上由一条可见的线标示出来,在这条线的旁边还有其他距离相等的线。"在那颗星到达那条线之前他看了表,然后,眼睛看着赤道仪,根据钟摆的节拍数秒。由于那颗星很少恰恰在一个节拍发生的时刻通过子午线,为了估量出分数,观察者不得不注意它在经过之前和之后节拍响时它的位置,然后像子午线将空间划分开来一样,将时间划分开来。比如,如果一个人已经数了20秒,在第21秒那颗星似乎由子午线 c 移动了 ac,而在第22秒它在距离子午线 bc 处;那么,如果 ac=bc==1=2,那颗星就该是在第 $21\frac{1}{3}$ 秒时经过的。在我们的实验中,情况与之类似:那颗星就是指针,那些线就是刻度盘;时间移置也会发生,速度快时,时间移置就是正的,速度慢时就是负的。天文学观察不允许我们去测量时间移置的绝对的量;但下述事实却表明它的存在是确实的,这事实就是,将所有其他可能的错误都排除之后,在不同观察者之间仍然存在着一种个人观察上的差别,这个误差时常比单纯反应时间之间的差异要大得多,有时会有……大于1秒的时间。"(在前面引用的书中,第270页。)

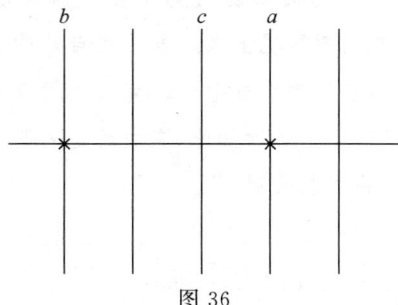

图 36

冯特的学生冯奇希(von Tschisch)在更精细的水平上进行了这些实验,[①] 他使用的不仅是一个铃声,而是使用了 2、3、4 或 5 个同时发生的印象,以使注意不得不留意指针在整个一组事情发生的时刻的位置。在冯奇希那里,单一的铃声总是过早被听到——移置始终是"负的"。当加进其他同时发生的印象时,移置最初变成了零,最后又变成了正数,即这些印象与过晚的指针位置结合起来。这些同时发生的印象的性质截然不同时(对不同地方施加的电触觉刺激、简单触觉刺激、不同的声音),延迟比这些印象都为同一种类型时要大。随着每一个印象加进来,延迟的增加就变得相对较小了,这样,六个印象的结果很可能会与五个印象的结果几乎一样,五个是冯奇希先生使用的最大量。

冯特用他先前的观察解释所有这些结果,说反应有时先于信号发生(见前面第 411 页)。他设想,心是如此地专注于铃声,以至于在每声铃响之后,它的"统觉"都在对下一声铃响的期待中不断周期性地完备起来。它的最自然的完备速度,可能比铃声到来的速度更快或者更慢。如果更快,那么它就过早地听到铃声;如果更慢,它就过晚听到铃声。同时,指针在刻度盘上的位置,也在主观听到铃声的时刻(或早或晚)被注意到。用几个印象代替单一的铃声,延缓了知觉的完备过程,指针也被过晚地看到。因此,至少我确实理解赫伦·冯特和冯奇希做出的解释。[②]

---

[①] 《哲学研究》,II,601。

[②] 《生理心理学》,第 2 版,第 2 卷,第 273—274 页;第 3 版,第 2 卷,第 339 页;《哲学研究》,第 2 卷,第 621 页以后。——我知道自己愚蠢,但是我承认我感到这些理论陈述,特别是冯特的陈述有些模糊。冯奇希认为对指针位置的知觉来得过晚是不可能

关于同时拥有两个不同概念的困难,关于我们能够同时加以注意的事物的数目,我要说的就这么多。

的,并且说我们无需对它给以特别的注意(第622页)。然而,情形却似乎并不是这样。两位观察者都谈到在正确的时刻看到指针的困难。这与将注意公平分配给同时发生的瞬间感觉的情况完全不同。铃声或者其他信号引起瞬间的运动感觉,指针引起连续的运动感觉。注意后者的任何一个位置,就是在一个无论多么短的时间里中断这运动感觉,并且用一个完全不同的知觉象——即位置知觉象——替代它。这涉及到对指针旋转的注意方式的突然变化;这个变化应当既不早于也不晚于那个瞬间印象发生,并且确定此时此地可观察到的指针的实际位置。这不是这样一种简单情况,即同时得到两个感觉并且这样感受它们——那应该是一个和谐动作;而是在得到第三个感觉的同时,停止一个感觉,并将这个感觉改变成另一种。这些动作中有两个动作是完全不同的,而三个动作更正确地说是在相互干预。在我们捕捉到瞬间印象的那一刻"确定"指针位置变得很难了;于是我们就开始在印象到来之前的最后可能时刻,或者在它到来之后的最初可能时刻确定它。

这至少在我看来是更具有可能性的事态。如果我们在印象真正到来之前确定指针位置,这就意味着我们对它的感知过晚了。但是,为什么当印象来得慢而且简单时,我们就在之前确定它,当印象来得迅速而且复杂时,我们就在之后确定它呢?为什么在某些情况下会完全没有移置发生?出现在人们心中的答案是,当印象之间有正好足够的时间来使注意得以使自己充分适应这些印象和指针时(在冯特的实验中是1秒),它就同时进行这两个过程;当空闲时间过多时,注意——服从它自己的完备法则,并且已对在其他印象到来之前注意指针做好了准备——当时就注意到了它,因为那是最容易做出动作的时刻,而片刻之后到来的印象,则妨碍再次注意到它;最后,当空闲时间不足时,瞬间印象(作为更确定的材料)首先得到注意,而指针则稍迟得到确定。在太早的时刻对指针的注意,就是对一个真实事实的注意,在许多其他有节律的经验中都有类似情况。例如,在反应时间实验中,在刺激有规则地发生的序列中,当刺激间或被遗漏时,观察者有时就会做出好像那刺激到来了的反应。这里,正如冯特在某个地方观察到的那样,我们发觉自己做出动作只是因为我们的内部准备已经完成了。对指针的"确定"就是一个动作;因此,我的解释与在其他地方得到承认的事实相符合;但是,冯特对那些实验的解释(如果我理解它的话)要求我们相信,一位像冯奇希那样的观察者会不断地、并且是毫无例外地在铃响之前得到铃响的幻觉,而在其后听不到真实的铃声。我怀疑这是否可能,而且在我们的其他经验中,我想不出有类似的情况。这整个过程都值得再重做一遍。冯特应当由于在弄清楚事实方面的耐心而得到最高的荣誉。他在早期著作[《关于人和动物的灵魂的讲座》(*Vorlesungen üb. Menschen und Thierseele*),I,第37—42页,365—371页]中对这些事实的解释只是诉诸了意识统一性,我们可以说这是相当粗糙的。

第十一章 注意

## 各 种 注 意

人们认为我们注意的事物令我们感兴趣。我们对它们的兴趣,被认为是我们注意的原因。我们不久就会知道是什么东西使得一个对象令我们感兴趣;然后,我们将要探讨在什么意义上兴趣可以引起注意。同时

我们可以以各种方式将注意区分为不同的种类。它或者是对

(1) 感官对象的注意(感觉注意);或者是对

(2) 观念的或者被表象对象的注意(理智注意)。它或者是

(3) 直接的;或者是

(4) 派生的:当主题或刺激无需与任何其他事物相关而自身就是有趣的时,就是直接的;当其趣味来自于与某个其他直接有趣的事物的联系时,就是派生的。我称为派生注意的东西,曾被冠之以"统觉"注意之名。注意还可以或者是

(5) 被动的,反射的,非有意的,无努力的;或者是

(6) 主动的和有意的。

有意注意始终是派生的;我们决不会做出努力去注意一个对象,除非是为了某种需要付出努力的遥远兴趣的缘故。但是感觉和理智的注意都可以或者是被动的,或者是有意的。

在被动的直接感觉注意那里,刺激是感觉印象,或者非常强、非常多,或者是突然的,——在这种情况下,它的性质是什么,是视觉、声音、味道、打击、还是内部的疼痛,并没有什么关系,——否则,它就是一种本能刺激,一种由于其性质而不只是力度而诉诸我

们某个正常的先天冲动,并且直接具有令人兴奋的性质的知觉。在关于本能的一章我们将看到,这些刺激在不同动物那里是如何的不同,以及在人这里这些刺激主要是些什么:奇怪的东西,运动着的东西,野生动物,明亮的东西,漂亮的东西,刺耳的东西,话语,打击,血液,等等。

对直接令人兴奋的感觉刺激的感受性,是童年和青年时代注意的特性。在成熟的年龄,我们通常已经选择了与一个或者更多所谓的永久兴趣相联系的刺激,我们的注意已经发展得对其他刺激没有反应了。[1]童年的特点是拥有巨大的主动性能量,很少有组织起来的兴趣,用来应对新印象,并确定这些印象是否值得注意,其结果就是在儿童中常见的并且使得儿童最初的学习成为一件苦事的注意的极度不稳定。任何一种强烈的感觉,都会使感知它的器官发生调节,并且暂时将正在做着的事情完全遗忘。注意的这种反射和被动的特性,如一位法国作者所说,使儿童看上去与其说属于他自己,不如说属于碰巧吸引了他注意的每一个对象,这正是教师必须要克服的第一个困难。在一些人那里,这个困难从来也不曾克服过,直到生命的终结,他们的工作都是在走神的空隙完成的。

如果一个既不强烈,也不具有本能地令人兴奋性质的印象,通过先前的经验和教育,而与具有这些性质的事物联系了起来,被动的感觉注意就是派生的。这些事物可以被称为注意的动机。印象

---

[1] 请注意,持久的兴趣本身,是以我们直接和本能地感兴趣的特定对象和关系为基础的。

# 第十一章　注意

从它们那里汲取兴趣,甚或会与它们融合进一个单一的复杂对象;结果就是它被带到心的聚焦之点。一声微弱的叩击本身并不是有趣的声音;人们很可能不会从世上的各种普通声响中将它分辨出来。但如果它是一个信号,比如情人在窗格上的轻声叩击,它就很难不被感知到。赫尔巴特写道:

> 一点点语法错误,会给纯化论者的耳朵带来怎样的伤害!一个错误的音符,会令音乐家感到多么不舒服!或者,对规矩的冒犯,会使上流社会的人感到多么难受!当一门科学的主要原理给我们留下如此深刻的印象,以至我们可以在头脑中极为清晰和轻松地将它们再现出来时,这门科学的进步是多么地快啊!另一方面,当我们对与那个主题相关的更为基本的知觉象还不具有充分的感受性时,我们对那些原理自身的学习,又是多么地缓慢和不确定啊!——在非常年幼的儿童听到长者说出他们尚不理解的话,偶尔突然地捕捉到一个听懂了的词,并且自己重复着这个词的时候,我们可以清楚地观察到统觉的注意;是的!甚至在我们谈论它并且说出它的名字时掉过头来看我们的那只狗,情形也是这样。心不在焉的学生,在老师讲课时会注意到老师讲故事的每一个时刻,这种才能也与前面的情况差不多。我还记得这样的课,讲授毫无趣味,纪律很松懈,耳边总是响着嗡嗡低语声,而每当老师讲起奇闻轶事时,这声音就消失了。那些似乎什么也没有听到的男孩子,如何能够在奇闻轶事开始的时候唤起注意呢?他们中的大部分人肯定始终听着老师讲的某些东西;但是其中的大部分内容与他们先前的知识和所从事的活动没有联系,

因此，那些只言片语一进入他们的意识中就又掉落出来；但是另一方面，那些语词一旦唤起旧有的思想，形成新印象很容易与之结合的紧密联系的系列，一个总的兴趣就从新旧印象中产生了，它将漂飘不定的观念驱赶到意识的阈限之下，暂时让确定了的注意取而代之。①

当我们在思想中追随自身就令人兴奋或者令人感兴趣的意象序列时，被动的理智注意就是直接的；当那些意象只是作为达到遥远目的的手段，或者仅仅因为它们与某种使它们变得可爱的东西的联系而令人感兴趣时，注意就是派生的。在直接和间接的理智注意之间，没有一条清楚的界线，这是由大量的实在事物由以整合为我们思想的单一对象的方式造成的。当我们专心于理智注意时，我们可能会对外部事物非常疏忽，以至于变得"心不在焉"、"走神"和"漫不经心"。所有的遐思或者精力集中的沉思，都很容易将我们带入这种状态。

众所周知，阿基米德是如此地专注于几何学的沉思，他是通过自己的致命伤才察觉到锡拉丘兹风暴的到来，而他对罗马士兵的进入所发出的惊叹是：不要打扰我画圆（Noli turbare circulos meos）！同样，最有学识的约瑟夫·塞亚利格（Joseph Sealiger）在还是巴黎的一个新教徒学生时，是如此地全神贯注于荷马研究，他是在灾难之后的日子里才意识到圣巴塞洛缪大屠杀和他自己的逃亡的。哲学家卡尼德斯

---

① 赫尔巴特：《作为科学的心理学》（*Psychologie als Wissenschaft*），第128节。

(Carneadese)有习惯性地陷入深度沉思的倾向,为防止他因营养不良而衰弱,女仆发现有必要像喂孩子那样来喂他。有报告说,牛顿在进行他的数学研究时,有时会忘记进餐。最杰出的哲学家和数学家之一加尔当(Gardan),在一次旅行中迷失在了思想中,他忘了路,也忘了旅行的目标。对司机提出的是否还要继续前行的问题,他不做回答;在黄昏时清醒过来,他吃惊地发现马车停着,并且就停在一个绞架下面。数学家维塔(Vieta)有时会深陷在沉思当中,以至于有好几个小时的时间,他都更像是死人而不是活人,对所有发生在他周围的事情都完全没有意识。在结婚的那一天,伟大的布多伊斯(Budaeus)在他的语言学沉思中忘记了一切,从婚礼那边过来的迟到的使节,将他唤回到外部世界的事务之中,那位使节发现他正在全神贯注地写作他的《评论》(Commentarii)。①

这种专注可以达到非常深的程度,不仅通常的感觉,而且连最严重的疼痛都可以消失。有人说帕斯卡(Pascal)、韦斯利(Wesley)和罗伯特·霍尔(Robert Hall)就曾经有过这种能力。卡彭特博士谈到他自己说

> 他经常在遭受着严重神经痛的时候开始演讲,神经痛严重得使他觉得不可能进行演讲了;然而,一旦他通过坚定的努力成功地让自己进入到思想流之中,他就发现自己一点儿也不分心地持续被推着向前,直到演讲结束,注意放松下来;此

---

① W. 汉密尔顿爵士:《形而上学》,第14讲。

时，那种疼痛又以无法抵抗的力度发作了，这使他感到惊讶，不知他怎么会曾经感受不到它。①

卡彭特博士谈到通过坚定的努力使自己开始工作。这种努力是我们称之为主动或有意注意的特性。这是每个人都知道的一种感受，但是大多数人都会认为这种感受是完全无法描述的。每当我们试图捕捉一种极为微弱的印象时，无论它是视觉的、听觉的、味觉的、嗅觉的、还是触觉的，我们就在感觉的领域有了这样的感受；每当我们试图辨认出混合在许多其他类似感觉中的一种感觉时，我们就有了这样的感受；每当我们抵抗更强刺激的吸引力，并让我们的心专注于某个本来并不引人注目的对象时，我们也有了这样的感受。在理智的领域，我们也是在完全相同的条件下得到这种感受：比如，当我们努力使似乎只是模模糊糊拥有的观念变得明确和清晰时；或者痛苦地从各种相似的意义中分辨出一种意义时；或者坚决地紧紧抓住一个与我们的冲动非常不和谐、以至于一松手它就会让位于令人兴奋和激动的意象的思想时。我们可以设想一个人在晚宴上下决心要倾听邻座低声对他提出的平淡而令人厌烦的忠告，而此时周围的所有客人都在大声地笑着，谈论着令人兴奋和有趣的事情，这个人一定会同时调动起各种形式的注意的努力。

有意注意一次最多只能持续几秒钟。人们所说的持续的有意

---

① 《心理生理学》，第 124 节。那个常被人引用的士兵对自己的受伤没有知觉的例子与之类似。

## 第十一章 注意

注意,是将主题带回到心中的努力的不断重复。①主题一旦回到心中,如果是适意的,就得到发展;如果发展是有趣的,它就会一度受到被动的注意。在前面不远的地方,卡彭特博士用"推着他向前"这样的话,来描述一旦进入的思想之流。这种被动的兴趣可短可长。只要它衰退了,注意就会转移到某些不相关的事情上,此时随意的努力可以将它再带回到那个主题上来;在有利的条件下,这种情况可以总共持续几个小时。然而,我们要注意,在这全部的时间中,不是心理学意义上(第275页)的同一对象,而只是构成同一主题的相互关联的对象的接续,才是注意的集中之处。没有人能够连续关注一个不变化的对象。

总是会有一些对象暂时不会发展。它们停止运转了;要让心持续关注任何与它们相关的东西,都需要有最坚定的意志在短时间内尽其所能做出不断更新的努力,在它尽可能长时间地抵挡住那些更令人兴奋的诱惑之后,才让它的思想去追随那些诱惑。每个人都知道有这样一些主题,他会像受惊吓的马一样避开它们,他看上它们一眼就要躲避开。比如他的不断减少的财产会被快速地挥霍掉。如果对于每一个为激情驱使的人来说,关于否定那种激情的兴趣的思想,在心中最多只是转瞬即逝,那么,为什么把挥霍挑选出来呢?这就像在得意的年富力强时期的"死亡警告(memento mori)"一样。自然给出了这样的暗示,却不让人们了解:

---

① 卡特尔教授做了关于反应时间可以通过分散注意或者随意集中注意而缩短的程度的实验,关于这些实验我们在后面还将进一步讨论。关于后一种情况的一系列实验,他说"一般情况表明,可以让注意的紧张——即中枢保持在一种不稳定平衡态——保持一秒钟"(《心》,XI,第240页)。

健康的读者,你现在能持续多长时间来思考你的坟墓呢?——在不那么严峻的情况下,困难也是同样的大,特别是当大脑疲劳的时候。人们会抓住任何一个和每一个一时的借口,不管这个借口有多么微不足道和表面化,来躲避眼前令人讨厌的事情。比如,我认识一个人,他会用拨火棒拨火,把椅子摆整齐,捡起地上的东西,摆桌子,拿起报纸,取下引起他注意的任何一本书,修剪指甲,总之,无论用什么方式打发掉上午的时光,而且一切都没有预先计划,——只是因为他应该专心去做的唯一事情,是他所厌恶的为午间的形式逻辑课程做预习。除了那件事情,什么都行!

　　再说一次,对象必须有变化。如果我们过于不变地注意一个对象,当它是视觉对象时,它就会实际上变得看不见了;当它是听觉对象时,就会变得听不见了。通过用双眼观看在普通生活中明显会被忽略的对象,而对他自己的感觉注意做过最严格测试的赫尔姆霍茨,在其关于视野竞争的一章中,对这一点做过一些有趣的评论。①视野竞争这个名称指的是这样一种现象,即如果我们用每只眼睛观看一个不同的画面(就像下面这张立体幻灯片中的情形

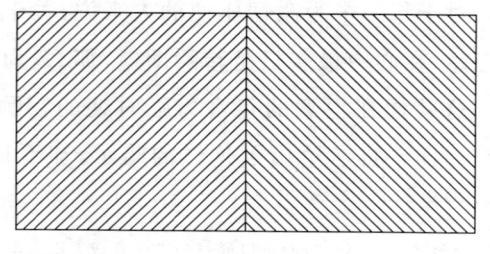

图37

① 《生理光学》(*Physiologische Optik*),第32节。

那样),进入到意识之中的有时是一个画面,有时是另一个画面,或者是两个画面的一些部分,但二者几乎从不会结合起来。赫尔姆霍茨说:

> 我发现我能够随意地一会儿注意一个、一会儿注意另一个线条的系统;还有,当另一个系统完全消失时,这个系统可以在一段时间内独自为我所见。比如,每当我试图先数一个系统中的线条,然后再数另一个系统中的线条时,这种情况就会发生。……但是要想长时间地将注意固定在其中的一个系统上是极为困难的,除非我们将某种使得注意活动不断更新的明确目的与我们的观看联系起来。数线条、比较线条之间的间隔等等就是这样的目的。保持任何时间长度的注意的平衡,是无论如何都达不到的。如果对注意放任自流,其自然趋向就是不断移向新的事物;而且,一旦对其对象的兴趣结束了,一旦没有什么新的东西可以注意了,它就会无视我们的意志,而转向某种别的东西。如果我们想要让它保持在同一个对象上,我们就必须不断在那个对象上找出新的东西,特别是如果有其他强烈的印象要将我们吸引过去时就更是这样。

还有,在批评一位将注意看作一种完全服从于有意识意志的活动的作者时,赫尔姆霍茨写道:

> 这只在有限的方面是对的。我们通过意志来转动眼睛;但是没有受过训练的人不会这么容易就实现让两只眼睛会聚的意图。然而,在任何时候,他都可以实现看一个近距离对象的意图,这个动作包含眼睛的会聚。现在,我们同样很难实现

将注意稳定地固定在一个特定对象上的目的,如果我们对那个对象的兴趣已经枯竭,而且那个目的是以这种抽象方式在内部形成的。但是我们可以向自己提出关于那个对象的新问题,这样新的兴趣就产生了,于是注意就会一直集中在那里。因此,注意与意志的关系与其说是直接的,不如说是间接的控制关系。

赫尔姆霍茨的这些话具有十分重大的意义。如果这些话对于感觉注意是正确的,那么它们对理智注意的正确程度又会高出多少啊!持续注意一个给定思想主题的不可缺少的条件(conditio sine quâ non)是,我们应该不断地翻转它,依次考察它的不同方面和关系。只有在病态之下,固定且永无变化的反复发生的观念才会占据我们的心。

现在可以看到,为什么我们称为持续注意的东西越是来得容易,心的获得物就越是丰富,心就越是具有活力和创造性。在这样的心中,各种主题萌芽、抽枝和生长。在每一时刻,它们都由新的结果而获得满足,并且重新将注意固定。但是,一种缺少素材的、停滞的和无创造性的理智,就几乎不可能长时间地考虑任何主题。匆匆一瞥就穷尽了它所有可能的兴趣。人们普遍认为,天才人物胜过其他人的地方就是他们的持续注意的能力。[1]恐怕对于他们

---

[1] "'天才,'爱尔维修说,'只是一种持续的注意'(une attention suivie)。'天才,'布丰(Buffon)说,'只是持久的耐心'(une longue patience)。'至少在精确科学中,'居维叶(Cuvier)说,'正是不可战胜的健全理智的耐性,才真正造就了天才。'切斯特菲尔德(Chesterfield)也注意到,'将稳定的和不分散的注意施加于一个单一对象的能力,是高级天才的可靠标志。'"(汉密尔顿:《形而上学演讲》,第14讲。)

中的大多数人来说,这种所谓的"能力"都是被动的。他们的观念闪闪发光,每一个主题都在他们那富于创造力的心中无限地分叉,于是他们就可以全神贯注达几个小时之久。然而,是天赋使他们专心,而不是专心使他们成为天才。追寻到问题的根基,我们发现他们与普通人的差别,更多是在于他们持续给予注意的对象的性质,而不是其注意的性质。在天才人物那里,这些对象形成一个连续的序列,根据某个合理的法则而相互提示。因此我们说那种注意是"持续的",说长时间沉思的主题是"同一的"。在普通人那里,这个序列大部分是不连贯的,对象间没有合理的联系,我们说那种注意是游离的和不固定的。

天赋有可能实际上趋向于妨碍一个人形成有意注意的习惯,而中等的智力天资则可能是这样一块土壤,在这里我们可以最大限度地期盼严格意义上的意志的德性发扬光大。但是,无论注意是出于天赋的魅力,还是出于意志的力量,一个人越是长久地注意一个主题,他就越是能够更好地把握它。而那种一次又一次随意将游离的注意带回来的能力,是判断、品格和意志的真正根基。一个人如果不具有这种能力,他就不是自制的(compos sui)。致力于完善这一能力的教育,就是那种卓越的教育。但是,阐述这一理想比给出实现这一理想的实际指导要更加容易。与注意有关的唯一一条通用教学法准则就是,儿童事先对主题越是有兴趣,他就会注意得越好。因此,用这样的方式来引导他们,将每一个新事物都编织进某个已有的知识之中;如果有可能,唤起他们的好奇心,这样,新事物就会像是对先已存在于他心中的问题的回答或者部分回答而出现。

已经讨论过了注意的种类,现在让我们转向

## 注意的效果

注意的遥远效果很难估量,所以无法记录在案。整个物种以及个体的实践的和理论的生活,都产生自与他们的习惯性注意方向相关的选择。我们将在第十四章和十五章讨论其中的一些效果。同时,了解这一点就足够了,即每个人都通过他注意事物的方式,而实际上选择着他自己看上去居住的那种世界。

注意的直接结果,是使我们比在没有注意的情况下:

a. 感知——

b. 思考——

c. 区分——

d. 记忆——

得更好——感知、思考、区分和记忆更多相继的事物,以及更清晰地感知、思考、区分和记忆每一个事物。它还

e. 缩短"反应时间"。

a 和 b 多数人会说,受到注意的感觉比这种感觉未受注意时变得更强了。然而,这个观点并不十分清晰,并且引起了一些讨论。[①]我们必须将一种感觉的清晰度与它的力度和强度区分开来;

---

① 参见,比如,乌尔里齐:《身与心》(*Leib u. Seele*),II,第 28 页;洛采:《形而上学》,第 273 节;费克纳:《心理物理学修订》(*Revision d. Psychophysik*),XIX;G. E. 米勒:《关于感性注意的理论》(*Zur Theorie d. sinnl. Aufmerksamkeit*),第 1 节;斯顿夫:《声音心理学》(*Tonpsychologie*),I,第 71 页。

对于一些心理学家来说,注意所能做的事情最多是增加前者。然而,在考察了事实以后,我们必须承认,当一个感觉受到注意而另一个感觉未受注意时,这两个感觉的相对强度在某种程度上是可以改变的。每个艺术家都知道他怎样可以让眼前的景色依照他注意的方式在色彩上表现得更暖一点或者更冷一点。如果要暖一点,他立刻就开始看到红色从所有事物中突显出来;如果要冷一点,就是蓝色。同样,要在和弦中听出特定的音符,或者在乐音中听出泛音,受到我们注意的声音可能会比它以前更响也更重。当我们在心中通过强调所有第二个或第三个等等的打击声,来打断一个单调无变化的打击声的序列,使之成为一种节律时,受到注意强调的打击声似乎就变得更重和更强了。严密注意带来的视觉后像和双像增加了可见度,这只能被解释为视网膜感觉本身真正加强了。这种观点特别由于下述事实而更具可能性,即如果足够长时间地将注意集中于一个想象的视觉对象,这个对象就会向心之眼呈现出几近逼真的鲜明度,而且当它逝去时,还会(在一些格外有天赋的观察者那里)留下一个它自己的负后像(见第十八章)。对印象的某个强度或性质的自信期待,通常会使我们在实际上没有这种印象强度或性质的对象中,明显地看到或者听到它。面对这样的事实,说注意不能使感官印象变得更强,是太轻率了。

但是,另一方面,可能会产生的强度的增加,似乎从不会将判断引入歧途。由于我们可以正确地在各种不同的光线下感知并说出同一种颜色,在各种不同的距离感知并说出同一种声音;因此,我们也以类似的方式允许了观察对象时注意强度变化;不管注意带来什么感受上的变化,我们都说是注意的缘故,并仍将对象感知和思考为同一个对象。

无论我们增加多少注意的紧张程度,灰色的纸都不会看上去更浅,钟摆的摆动也不会听起来更响。没有人能通过这样做使灰色的纸看上去是白的,或者使钟摆的响声听起来像是响锤的敲击,——相反,每个人都将这种增加感受为是转向那个事物的他自己的意识活动的增加。①

否则,我们就不可能通过对强度施加注意而观察到强度。正如斯顿夫(Stumpf)所说②,通过被观察这个事实,弱的印象可以变强。

我应该完全听不到微弱的声音,而只能听到以最高强度呈现给我的声音,或者至少是随着我的观察而增加强度的声音。然而实际上,通过稳定地增强注意,我能很好地追随一种渐弱的声音。

如果能够设计出方法,我们应该对这个问题进行精确的实验。同时,毫无疑问,注意增加了我们借助于它而感知或思考的一切事物的清晰度。但是这里所说的清晰度是什么意思呢?

c. 清晰度(就它产生于注意而言)的意思是指与其他事物的区别以及内部的解析与再分。这些主要是理智辨别的产物,涉及到对各种关系的比较、记忆和知觉。注意本身并不进行区分、解析和关联。我们最多只能说,它是我们做这些事情的条件。由于我

---

① 费克纳,在前面引用的书中,第271页。
② 《声音心理学》,I,第71页。

们将会在后面对这些过程进行描述，所以我们在这里最好不对由它们产生的清晰度做更进一步的讨论。这里要注意的重要之点是，它不是注意的直接后果。①

d. 不管我们对此会得出什么进一步的结论，我们都不能否认，一个对象一旦受到注意，就会保留在记忆中，而我们不加注意随其消失的东西，则不会留下任何踪迹。在第六章（见第163页及以下诸页），我们已经讨论过是否有一些心理状态是"无意识的"，或者是否它们并非没有受到注意，而且记忆在事后也找不到其经过痕迹的状态。杜格尔德·斯图尔德说：②"许多作者都谈到过注意与记忆之间的联系。"他引证了昆提连（Quintilian）、洛克和爱尔维修（Helvetius）；并且通过一种漫不经心得没有留下任何关于自己的记忆的心理活动的出现，极为详细地解释了"次级自动作用"（见前面第114页及以后诸页）现象。在后面关于记忆的一章中这个问题将再次出现。

e) 在缩短反应时间这个标题之下，有许多关于注意的效果的内容可以讨论。由于冯特对这个问题所做的探讨可能比任何其他研究者都更为详尽，并且使之成为了他自己的一个特有主题，下面的内容最好是尽可能用他自己的话来阐述。读者应该还记得在第三章讨论过的关于"反应时间"的实验方法与结果。

---

① 关于清晰度是注意的基本成就这一点，比较洛采的《形而上学》，第273节。
② 《原理》，第1部分，第2章。

我在下面要引证的事实,也可以被看作是对那一章的补充。冯特写道:

> 当我们以紧张的注意等待一个刺激时,情况通常是,我们并没有感知到那个刺激,而是对某个完全不同的印象做出了反应,——而且这也不是由于将二者搞混淆了而造成的。相反,在我们做出动作的那一刻,我们完全知道自己是在对错误的刺激做出反应。有时,尽管并不那么经常发生,错误刺激甚至会是另一种完全不同的感觉,——例如,一个人在声音实验中可能会感知到或者是出于意外、或者是由于设计而发生的光的一闪。我们不能对这些结果做出其他的解释,而只能设想,对我们所期待印象的注意的紧张,与负责那一反应的运动中枢的预备性神经支配共存,最轻度的震荡就足以将这个神经支配实际释放出来。这个震荡可能由任何偶发的印象引起,甚至可能由我们从来不曾想要对其做出反应的印象引起。一旦预备性神经支配达到了这个强度,介于刺激和做出反应的肌肉的收缩之间的时间,就可能变得难以察觉地小。①

当有一个事先宣布印象即将发生的预告先行于印象时,对印象的知觉就容易产生。每当一些刺激以相等的间隔依次发生时,——比如,当我们用眼睛注意钟摆的运动,或者用耳朵注意钟摆的敲击时——这种情况就会出现。在这里,每一声敲击都成为下一声敲击的信号,使得后者受到有充分准备的注意。当一个单一预告以特定的间隔先行于要感知的刺激

---

① 《生理心理学》,第 2 版,II,第 226 页。

第十一章 注意

时,同样的情况也会发生:时间总是显著地缩短了。……我对有预告信号和没有预告信号的反应时间,做过一些比较观察。要对其做出反应的印象,是球落在"下落器"板上时产生的声音。……在第一个序列中,没有预告先行于球声;在第二个序列中,下落器释放球的时候发出的声音充当了信号。……这里是两个序列的实验的平均数:

| 下落高度 | | 平均数 | 平均误差 | 实验次数 |
| --- | --- | --- | --- | --- |
| 25cm | 没有预告…… | 0.253 | 0.051 | 13 |
| | 预告…… | 0.076 | 0.060 | 17 |
| 5cm | 没有预告…… | 0.266 | 0.036 | 14 |
| | 预告…… | 0.175 | 0.035 | 17 |

……在一长串实验中,(预告和刺激之间的时间间隔保持不变)反应时间变得越来越短,有时有可能将它缩短至一个不可察觉的量(千分之几秒),缩短至零,甚至缩短至一个负值。[①] ……对这种现象我们可以给出的唯一理由,就是注意的准备(vorbereitende Spannung)。很容易理解这种方法会使反应时间缩短;但是,它有时会下降至零甚至是负值,则令人感到惊讶。然而,这后一种情况也可以通过"在刚刚提到的"简单反应时间实验中所发生的事情得到解释",在那些实验中,"当注意的紧张达到顶点时,我们准备好要做出的动作就逃开了意志的控制,于是我们就感知了错误的信号。在另外那些有预告预示刺激时刻的实验中,同样很显然,注意精确地

---

[①] 冯特用反应时间的负值,指反应动作发生于刺激之前的情况。

调整自己以接收后者，以致后者一旦客观地出现，就会得到充分的感知，而且运动释放也随着感知同时发生了。①

通常，当印象得到充分预期时，注意使运动中枢对刺激和反应都完全做好了准备，此时唯一的时间丧失，就是向下的生理传导所占用的时间。但是，即使这个时间间隔也可能消失，也就是说，刺激和反应可以客观地同时发生；或者，更值得注意的是，反应可以在刺激实际发生之前被释放。②正如我们在几页之前（第411页）所看到的，冯特通过心这样做出反应的努力，即让我们在同一时刻感受到自己的动作和促使这个动作发生的信号，来对此做出解释。由于动作的做出必须先行于我们对它的感受，所以，要同时感受刺激和动作，它也必须先行于刺激。

这些实验的特殊理论意义在于，它们表明预期注意和感觉是连续或者同一的过程，因为它们可以产生相同的运动效果。尽管有其他特殊的观察也表明它们的连续性是主观的，冯特的实验没有表明这一点：在过早反应的时刻，他似乎从来不曾被误导地认为实在的刺激就在那里。

集中的注意会加快感知，反过来，任何阻碍或者分散我们用以等待一个刺激的注意的东西，都会延迟对那个刺激的感知。

比如，如果我们以这样一种方式对声音做出反应，即弱刺激和强刺激不规则地相互交替，以使观察者永远也不能肯定

---

① 在前面引用的书中，第239页。
② 读者一定不要认为这种现象会经常发生。像埃克斯纳和卡特尔这样有经验的观察者，也否认在他们的个人经历中遇到过这种情况。

地期待一种确定的强度,对所有不同信号的反应时间就增加了,——平均误差也增加了。我附加上两个例子。……在序列 I 中,强声音和弱声音有规则地交替,因此每次都能事先知道声音的强度。在序列 II 中,两种声音的交替是不规则的。

I. 有规则交替

|  | 平均时间 | 平均误差 | 实验次数 |
| --- | --- | --- | --- |
| 强声…………… | 0.116″ | 0.010″ | 18 |
| 弱声…………… | 0.127″ | 0.012″ | 9 |

II. 无规则交替

|  | 平均时间 | 平均误差 | 实验次数 |
| --- | --- | --- | --- |
| 强声…………… | 0.189″ | 0.038″ | 9 |
| 弱声…………… | 0.298″ | 0.076″ | 15 |

当一个弱印象意外插入到一个强印象的序列之中时,时间就会增加得更多,反过来也一样。以这种方式,我曾经看到对一个刚刚可以感知到的微弱声音的反应时间上升到了 0.4″或 0.5″,对一个强声音的反应时间上升到了 0.25″。一个以通常的方式受到期待,但注意不能事先适应其强度的刺激,要求较长的反应时间,这也是人们的一般经验。在这种情况下……差别的原因只能是在于这样的事实,即只要不可能有注意的准备,知觉和意志所需的时间就都延长了。也许,在微弱得刚刚可以感知的刺激那里得到的非常长的反应时间,也可以通过这一点得到解释,即注意总是趋向于适应比这种最小刺激更大的东西,因而出现了与在意外刺激的情况下所产生的状态类似的状态。……完全在意料之外的印象比先前不知道的刺激会更多地延长反应时间。有时,当观察者的注意

不是集中于即将到来的信号,而是分散的时,这种情况就会时有发生。我们可以故意在等间隔刺激的长序列中,突然插入一个观察者没有预期的短得多的间隔,来让这种情况出现。这里的心理效应,很像受到震惊时出现的情况;——通常,震惊是可以从外部看出来的。对于强信号,反应时间可以很容易延长到四分之一秒,对于弱信号,延长到半秒。如果在实验中,观察者不知道刺激会是视觉、声觉还是触觉印象,不能事先将注意转向任何特殊的感官,那么,延迟就轻微一些,但仍然是显而易见的。由于与注意相伴随的紧张感不停地在几个感官之间摇摆不定,人们同时可以看到一种特殊的不安。

当被感知的是在性质和强度方面都得到预期的印象,但是有其他使注意难以集中的刺激相伴随时,另一种复杂情况就出现了。此时,反应时间总是或多或少地延长。这类情况中最简单的一种,就是一个瞬间印象在另一个连续和有相当强度的感觉刺激发生期间被感知。连续的刺激可以与要反应的刺激属于同一个感官,也可以属于另一个感官。如果属于同一个感官,由它引起的延迟可能部分地是由于它分散了注意,但部分地还由于这样的事实,即要反应的刺激比独自存在时要弱,并且实际上成为了一种强度较弱的感觉。但是实际上还有其他因素;因为我们发现,与强刺激相比,在弱刺激的时候,相伴随的刺激使反应时间延长得更多些。我做过这样的实验,主要印象或者用来对其做出反应的信号是铃声,它的强度可以通过带有可移动平衡物的锤上的弹簧而分成不同的等级。每组观察由两个序列组成;在一个序列,铃声以通常的方式被感知,在另一个序列,在整个实验过程中,精密时计装置中的一个齿轮撞击金属弹簧而发出有规律的噪声。在后一个序列中有一半时间(A)铃声只有中等强度,因此相伴随的噪声在相当的程度上减弱了它,但是并没有使它变得无法分辨。在另一半时间(B)铃声很响,可以压过噪声而被非常清晰地听到。

|  |  | 平均值 | 最大值 | 最小值 | 实验次数 |
|---|---|---|---|---|---|
| A | 无噪声 | 0.189 | 0.244 | 0.156 | 21 |
| (铃声中等) | 有噪声 | 0.313 | 0.499 | 0.183 | 16 |
| B | 无噪声 | 0.158 | 0.206 | 0.133 | 20 |
| (铃声很响) | 有噪声 | 0.203 | 0.295 | 0.140 | 19 |

在这些实验中,由于有噪声伴随的声音 B 比没有噪声伴随的声音 A 产生的印象要强得多,我们一定能在图中看出干扰噪声对反应过程的直接影响。当瞬间刺激和与之伴随的干扰作用于不同的感官时,这种影响就不会与其他因素相混合。为了测试这一点,我选择了视觉和听觉。瞬间信号是在暗色背景下从一个铂点跳到另一个铂点的诱导火花。有规律的刺激是上面描述过的噪声。

| 火花 | 平均值 | 最大值 | 最小值 | 实验次数 |
|---|---|---|---|---|
| 无噪声 | 0.222 | 0.284 | 0.158 | 20 |
| 有噪声 | 0.300 | 0.390 | 0.250 | 18 |

回想在使用同一个感官的实验中,信号的相对强度始终是降低的[这种情况自身是一种延迟条件],那么最后这些观

察中的延迟量,就使得下述情况成为可能,即不同种类的刺激比同属一个感官的刺激对注意的干扰作用更大。事实上,当铃声在噪声中间响起时,观察者并不觉得即刻感知到这个铃声有特别的难;但是,如果火花是信号,当观察者从噪声转向它时,就会有被强迫的感受。这个事实与注意的其他性质有直接的联系。依所使用的感官,注意的努力有各种身体感觉相伴随。存在于努力注意过程中的神经支配,因此可能在每一个感官那里都是不同的。[1]

在做过一些我们现在不需要引证的理论分析之后,冯特给出了下述延迟表:

延迟

1. 印象的意外强度:
   a) 意外强的声音 ………………………………… 0.073
   b) 意外弱的声音 ………………………………… 0.171
2. 相同刺激的干扰(声音干扰声音)……………… 0.045[2]
3. 不同刺激的干扰(声音干扰光)………………… 0.078

---

[1] 在上面引用的书中,第 241—245 页。

[2] 还应当补充说,卡特尔先生(《心》,XI,第 33 页)在通过将干扰噪声施加于两个有经验的观察者来重复冯特的实验时发现,对光和声的简单反应时间,都几乎不可感知地有所增加。强硬地随意集中注意,会使其平均缩短大约 0.013 秒(第 240 页)。在等待刺激到来时做心算加法,会最为明显地延长这个时间。关于其他不那么仔细的观察,比较奥伯斯坦纳,《大脑》,I,第 439 页。卡特尔的否定结果,表明一些人在多大程度上能够从其他人会受到干扰的刺激那里转移其注意。——A. 巴特尔斯(A. Bartels)[《注意转移研究》(Versuche über die Ablenkung d. Aufmerksamkeit)(Dorpat,1889)]发现,对一只眼的刺激有时会妨碍、有时会增进随后迅即发生的对另一只眼的非常微弱的刺激。

## 第十一章 注意

从由心的初步运作而得出的这些结果看,似乎很可能所有的过程,甚至包括回忆、推理等高级过程,只要注意集中在它们这里,而不是分散的和疲倦的,就都会更快地完成。①

明斯特贝格曾经做过一些更有趣的反应时间观察。读者一定还记得我在第三章(第 93 页)提到过的那个事实,即反应时间在注意集中于预期运动时比集中于预期信号时要短。明斯特贝格发现,如果反应不是简单反射,而是只能发生在智力运作之后,情况也是一样。在一系列实验中,五个手指是用来做出反应的,反应者必须根据信号种类的不同,而使用不同的手指。当一个词的主格出现时,他使用拇指,与格使用另一个手指;形容词、名词、代名词和数字等等也同样,或者城市、河流、动物、植物和元素;或者诗人、音乐家、哲学家等等,各自与它的手指相对应,这样,当属于其中一类的一个词被提及时,特定的手指而不是其他手指就必须做出反应。在第二个系列的实验中,反应是说出一个词来回答一个问题,比如有这样一些问题,"说出一种可食用的鱼"等等;或者"说出席勒的第一个戏剧"等等;或者"休谟与康德谁更伟大?"等等;或者(先说出苹果、樱桃和几种其他水果)"你更喜欢哪种,苹果还是樱桃?"等等;或者"歌德的哪部戏剧最好?"等等;或者"哪个字母在字母表中排在后面,是字母 L 还是最美丽的树的第一个字母?"等等;或者"15 或者 20 减 8,哪个更小?"②等等。即使是在

---

① 参见冯特《生理心理学》,第 1 版,第 794 页。
② 《实验心理学论文集》(*Beigräge zur Experimentellen Psychologie*)(1889),卷 I,第 73—106 页。

这个反应序列中，反应者事先将注意转向答案，比事先转向问题所用的反应时间要短得多。较短的反应时间很少超过五分之一秒；较长的反应时间有前者的四到八倍长。

要理解这样的结果，我们必须记住，在这些实验中，反应者始终事先以通常的方式知道他将要接收的问题的种类，并因而知道其可能的回答所在的范围。[①]因此，在从一开始就将注意转向回答的过程中，与这整个"范围"相联系的大脑过程，就一直处于亚兴奋状态，于是问题就能以最小的时间损耗在特别属于它的那个"范围"里释放出那个独特的回答。相反，如果注意一直专一地指向问题，而避开可能的回答，那么，所有这些运动通道的预备性亚兴奋就不会发生，做出回答的整个过程就只能在听到问题之后进行。难怪时间延长了。这是刺激聚合的一个很好的例子，也是预期注意（即使集中程度不高）使运动中枢做好准备，并且缩短刺激作用于中枢的时间，以当刺激到来时产生出特定结果的一个很好的例子。

## 注意过程的亲密性质

现在我们有了充分的事实来确保我们对这个更为深奥的问题的思考了。我们已经有所了解的两种生理过程立刻就提示，它们自己结合起来可能就构成了一个完备的回答。我是指

1. 感觉器官的调节或调整；以及

---

① 至少，他总是能使他发声方面的神经支配接近于释放点。明斯特贝格描述说，头部肌肉的紧张是对回答施加注意时所带有的特点。

## 第十一章 注意

2. 与被注意对象相关的观念活动中枢内部的预期准备。

1. 感觉器官和有利于感觉器官运作的身体肌肉,在感觉注意(无论是直接和反射的,还是派生的)中得到最活跃的调整。但是,我们有很好的理由认为,既使是理智注意(对感觉对象的观念的注意),也在某种程度上伴随着受对象影响的感觉器官的兴奋。另一方面,只要我们对对象——不管是感觉的还是观念的——的兴趣,派生于其他兴趣或者其他对象在心中的呈现,或者是以任何方式与后者相联系,那么就有观念活动中枢的准备。这样派生出来的注意被归类为被动注意时,和被归类为有意注意一样,也有这样的准备。因此,在整体上,我们可以自信地得出结论——由于在成年生活中我们决不会注意任何这样的东西,即我们对它的兴趣不是在某种程度上从它与其他对象的联系中派生出来的——感觉调整和观念活动准备这两个过程,可能在我们所有的具体的注意活动中都是共存的。

现在,我们必须对两个问题给出更细致的证明。首先是感觉调整。

显然,当我们注意感觉事物时,就会有感觉调整。在我们看或听时,我们不知不觉地调整眼睛和耳朵,我们还转动头和身体;当我们用嘴品尝和用鼻子闻时,我们使舌头、嘴唇和呼吸适合于对象;在感受物体表面时,我们以适当的方式移动触觉器官;在所有这些活动中,除了做出明确的不随意肌肉收缩以外,我们还抑制其他可能结果有所妨碍的活动——我们在品尝时闭上眼睛,在倾听时暂时屏住呼吸,等等。其结果是或强或弱的关于注意在进行着的器官感受。以我们在第 302 页描述过的方式,这种器官感受与它所伴随的对象感受相对照,被当作是我们所独有的,而对象则构成了非我。我们将它当作是对我们自己的活动的感觉,尽管和对任何对象的感受一样,它们是在感官做出调节之后,从感官来到我们这里的。任何对象,如果直接令人兴奋,就会引起感官的反射调节,而这又有两个结果——第一,对象清晰度的增加;第二,对相关活动的感受。二者都是"传入的"感觉。

但是在理智注意那里,正如我们已经看到的(第 300 页),也会发生类似的活动感受。我相信,费克纳是对这些感受进行分析,并将它们与刚刚提到的更强感受进行区分的第一个人。他写道:

> 当我们将注意从一个感官的对象转移到另一个感官的对象时,我们对改变了的方向,或者对位于不同地方的紧张(Spannung),就会有一种无法描述的感受(虽然这个感受同时是完全确定的,并且可以随意再现出来)。我们在眼睛那里感受到向前的紧张,在耳朵那里感受到向两侧的紧张,这种紧张随着注意程度的增加而增加,并且依我们是仔细看一个对象还是专心听某个东西而不同;我们相应地称之为使注意紧张。当注意在眼睛和耳朵之间快速转换时,我们可以最明显地感受到这种区别;依我们是想用触觉、味觉还是嗅觉,来精细地辨别一个东西,感受以最确定的差别将自己定位于不同的感官。
>
> 但是现在,当我试图清晰地回忆我记忆或想象中的一个画面时,我就有一种与我想要用眼睛或耳朵敏锐地领会一个东西时所体验的感受完全类似的感受;而这种类似感受的定位是完全不同的。当对实在的对象(以及对后像)施以可能的最集中的注意时,紧张明显是向前的,而注意从一个感官到另一个感官的转换,只改变它在几个外部感官之间的方向,而头

## 第十一章 注意

的其余部分并没有紧张,而记忆或想象中情况就不同了,因为在这里,感受完全撤离了外部感官,却好像是到头的大脑所在的那个部分去寻求庇护了;比如,如果我想要回忆一个地方或者一个人,它就会在我面前清晰地出现,这并不需要我将注意向前紧张起来,而可以说是与我向后收回注意相应的。[①]

我自己对记忆中的观念等等施以注意时所感受到的"向后收回",好像主要是由对眼球向外和向上实际滚动的感受构成的,就像在睡眠中发生的那样,而且与我们看物体时眼球的动作正好相反。我已经在第 300 页讨论过这种感受。[②]对这些器官感受的出

---

① 《心理物理学》,第 2 卷,第 475—476 页。

② 我必须说,我完全没有意识到费克纳描述的那种头皮里面的奇特感受。"不同感官中对紧张注意的感受,似乎都只是一种肌肉感受,这种肌肉感受是在使用这些不同感官的过程中,通过一种反射活动使属于这些感官的肌肉开始运动而引起的。人们可以问,在回忆某件事情的努力中,紧张注意的感觉与什么特殊的肌肉收缩相联系?对于这个问题,我自己的感受给了我一个确定的答案:它清清楚楚地来到我这里,不是对头内部的紧张的感觉,而是对头皮里面的紧张和收缩的感受,伴随着对整个头盖骨从外向内的压力,这个压力无疑是由头皮肌肉的收缩引起的。这与德国的那个通俗说法"集中精力"(den kopf zusammennehmen)等等非常和谐。在以前经历过的一场病中(那时我不能忍受最轻微的连续思考的努力,并且对这个问题并不抱有理论的偏见),每当我想要思考时,头皮的肌肉,特别是枕骨部的肌肉,就呈现出完全是病态程度的感受性。"(同上,第 490—491 页。)在马赫(Mach)教授的一部早期著作中,在谈到我们通过注意将复杂的乐音分解为元素的方式之后,这位探索者继续说:"当一个人说我们在声音中'搜寻'时,这不仅仅是一种比喻。这种仔细倾听的搜寻,很显然是一种身体活动,就像眼睛在注意看时的情况一样。如果顺从生理学的趋向,我们不将注意看作任何神秘的东西,而只看作一种身体倾向,那么到耳部肌肉的可以变化的紧张中去寻求它,就是再自然不过的了。同样,普通人所说的注意观看,也将主要是视轴的调节与调整。……据此,在我看来这似乎是一个非常可信的观点,即非常概括地说,注意的处所就在身体的机制之中。如果神经的运作是在某些通道中进行,这自身就是其他通道关闭的一个机械基础。"[《维也纳会刊》(*Wien. Sitzungsberichte*),《数学-自然科学卷》(*Math. Naturw.*)(1863),XLVIII,2,第 297 页]。

现有所怀疑的读者,可以再次阅读那整个段落。

然而,曾经有人说,我们可以注意视野边缘的一个对象,而无需让眼睛对对象做出调节。教师们就是这样注意着他们好像并没有在看的教室里孩子们的动作。女性通常比男性更多地训练她们的边缘视觉注意。这反对了那种认为调节动作作为注意过程的组成部分而不变和普遍出现的观点。众所周知,通常位于视野边缘的对象如果不同时"抓住我们的眼睛"——即不可抗拒地激发起旋转和调节的动作,以使其映象集中在视网膜的中央窝或感受性最强之点上——就不能抓住我们的注意。然而,练习使我们能够通过努力在保持眼睛不动的情况下注意边缘的对象。处于这种情况之下的对象,从来不会变得非常清晰——其映象在视网膜上的位置使得它不可能清晰——但是(就像任何人都可以通过努力而使自己感到满意一样)与做出努力之前相比,我们更鲜明地意识到了它。赫尔姆霍茨非常引人注目地陈述了这一事实,我将引证他的全部观察。他试图将一对同时由电火花照亮的立体画合并在单独一个立体知觉象中。立体画在一个暗盒里,暗盒不时地由电火花照亮;为了防止眼睛偶尔游离开来,在每一张画的中间刺了一个针孔,透过针孔,房间里的灯光照进来,这样在黑暗的间隙,就有一个单一的亮点呈现给每一只眼睛。通过平行视轴,两个点结合为一个单一意象;眼球如果有轻微的运动,就会立刻由这个意象变成了两个而提示出来。赫尔姆霍茨发现,当眼睛这样保持不动时,由线条构成的简单图形,可以在电火花的一次闪烁中被感知为立体图形。但是如果图形是复杂的照片,就需要有许多次相继的闪光,才能把握到图形的整体。

> 发现下述情况很有趣,"他说,"虽然我们稳定地凝视着针孔,始终不让它们合并的意象分开为两个,然而,在电火花到来之前,我们可以随意让注意转向我们想让它转向的黑暗视野中的任何一个特殊部分,以至当火花到来时,只接收来自位于这一区域的图像的印象。在这方面,我们的注意完全独立于眼睛的位置和调节,独立于这个器官中的任何已知变化;并且可以通过有意识的和随意的努力,而使自己朝向黑暗和无差别视野中的任何一个被选择的部分。对于未来的注意理论来说,这是最为重要的观察之一。①

然而赫林又添加了下述细节:

> 在注意边缘对象时,"他说,"我们必须始终同时注意直接凝视的对象。如果我们即使只让后者从心中溜出一瞬间,我们的眼睛就会移向前者,我们可以很容易通过所产生的后像,或者通过所听到的肌肉声音知道这一点。将这种情况称为不同寻常的广泛分散注意,比称之为注意易位要更恰当一些,在这种注意的分散中,最大的一部分注意仍然是在直接观看的事物上面,②

因而也是直接对其做出调节的事物上面。和其他地方一样,这里也有调节,而且,如果没有它,我们就会失去一部分对注意活动的

---

① 《生理光学》,第 741 页。
② 赫尔曼的《手册》,III,I,第 548 页。

感觉。事实上,这个活动的紧张(紧张程度在那个实验中非常高),部分是由于为保持眼球不动所需的不同寻常的强烈肌肉收缩,这引起了器官中少有的压力感。

2. 但是如果没有对实验中图画的外围部分做出物理的调节,说这个部分分有我们的注意,这是意思什么呢?当我们将注意"分布"或者"分散"到我们一直不愿意对其做出"调节"的事物上时,会发生什么事情呢?这将我们引向了那个过程的第二个特性,即我们谈到过的"观念活动准备"。注意那张画的边缘区域的努力,恰恰就是对画在那上面的东西形成尽可能清晰的观念的努力。观念的到来是要给感觉以帮助,使之更清楚。它随着努力到来,而这样一种到来的方式,就构成了那些情况下我们的注意"紧张"的其余部分。让我们来表明这种强化的想象力,这种内在的再现,这种对我们所注意事物的预期的思想,在注意活动中的出现是多么的普遍。

如果注意是理智的,它就自然会出现,因为此时得到注意的事物只是一个观念,一个内部的再现或者概念性认识。如果我们能证实,对象的观念构造会出现在感觉注意中,那么,它就出现在所有的地方。然而,当感觉注意达到最高点时,我们无法说出在知觉象中有多少是来自于外部,多少是来自于内部;但是如果我们发现,我们为它所做的准备,始终部分地包含在心中创造出想象的对象副本,心做好准备就像是在印模中那样接收外部印象,这将会非常充分地支持那个尚有争议的论点。

在上面引证的冯特和埃克斯纳的实验中,对印象的等待,以及对做出反应的准备,包含的只是对印象或反应是什么的预期想象。

# 第十一章 注意

当刺激不为人所知,反应也尚未确定时,就会丧失时间,因为在这种情况下无法事先形成稳定的意象。但是,如果事先被告知了信号和反应的性质与时间,预期注意就完全表现为预告式的想象,以至正如我们已经看到的(第341页注,第373、377页),它可以模仿实物的强度,或者无论如何也会产生出实物的运动结果。我们不可能在阅读冯特和埃克斯纳那些描述性的书页时,不将"统觉"、"紧张"和其他术语,解释为想象力的等价物。特别是在冯特那里,统觉这个词(他对此非常重视)与想象力和注意是完全可以互换使用的。这三个词都是表示来自于大脑观念活动中枢内部的兴奋的名称,莱维斯(Leves)先生的前知觉似乎是其可能的最好名称。

当要捕捉的印象非常微弱时,不错过它的办法,就是与它进行较强的预备性接触,来使我们对它的注意更加敏锐。

如果想要听到泛音,一个可取的方法,就是在要对其进行分析的声音就要到来之前,非常轻微地发出我们想要听到的音符的声音。……钢琴和风琴都非常适合做这种用途,因为它们都可以发出强的泛音。首先在钢琴上敲击[先前已经在课本中给出的某个音乐实例中的]$g'$;然后,在振动已经客观地停止了时,用力敲击音符$c$,$g'$是它的第三个泛音,并且将你的注意稳定地集中在刚刚听到的$g'$的音高上;此时你会听到这个音调在$c$音的中间发出。……如果你将与一个特定泛音(比如$c$音的$g'$)相一致的共鸣器贴近耳朵,然后发出$c$音,你会听到共鸣器将$g'$强化了很多。……我们可以利用这种通过共鸣器而产生的强化,来让裸耳注意它要捕捉的声音。因为当共鸣器渐渐被移开时,$g'$也就变得越来越弱了;但是一旦注意过它,此时就更容易把握它了,观察者这时用其未得到帮助的耳朵,就可以听到音调 $g'$ 的自然的未被改变的声音了。①

**冯特在对这类实验进行评论时说**

在认真的观察中,人总是发现,他首先试图在记忆中回忆所要听到的音调的意象,然后听到它的完整的声音。对于微弱或短暂的视觉印象,我们也可以注意到同样的情况。用以相当的间隔分隔开的电火花照亮一幅画,在第一个火花之后,而且时常是在第二和第三个火花之后,几乎什么东西也看不出来。但是混乱的意象牢牢地留在记忆中;每一次相继的照亮,都使它更加完整;最终我们得到了较清晰的知觉。这种内部活动的最初动机,通常发生于外部印象本身。我们听到一个声音,通过某些联想,在这个声音中觉察到某个泛音;下一件事情就是在记忆中回忆这个泛音;最后,我们在听到的声音中捕捉到它。也许,我们看到了以前曾经看到过的一些矿物质;印象唤起了记忆意象,记忆意象又或多或少完全地与印象自身融合了。以这种方式,每一个观念都要用一定的时间才能进入到意识的焦点。而在这段时间里,我们总是在自己的内部发现那种奇特的注意感受。……这个现象表明,注意对印象的适应发生了。意料之外的印象给与我们的惊奇,基本上就是由于这个事实,即在印象发生的时刻,我们的

---

① 赫尔姆霍茨:《声音的感受》(*Tonempfindungen*),第 3 版,第 85—89 页(英译本,第 2 版,第 50、51 页;还可参见第 60—61 页)。

## 第十一章 注意

注意还没有对它做好调节。调节自身具有双重性质,实际上既与刺激的性质也与刺激的强度相关。不同性质的印象需要不同的适应。我们认为,我们对内部注意的紧张的感受,随着我们想要感知的印象强度的每一点增加而增加。①

理解所有这一切的自然方法,就是以一个受到两个方向作用的大脑细胞的象征形式来理解。当对象从外部刺激它时,其他大脑细胞,或者也许是精神力量,从内部将它唤起。这后一个作用就是"注意的适应"。大脑细胞的充分能量要求两个方面因素的协作;不只是在呈现时,而是在呈现了而且受到注意时,对象才被充分感知。

另外的一些经验此时也完全清楚了。例如,赫尔姆霍茨将这个观察加到了我们不久前引证的涉及由电火花照亮的立体图画的那个段落当中。他说:

> 这些实验就注意对双像所起的作用而言,是非常有趣的。……对于简单得难以让我将其看作双重的图画,一旦我努力清晰地想象它们那样看上去应当是什么样子,即使照明只是瞬间的,我也能成功地将其看成是双重的。在这里注意的影响是单纯的;因为所有的眼部运动都被排除了。②

在另一个地方,③同一位作者说:

> 当我的眼前有一对很难结合起来的立体图画时,要想让

---

① 《生理心理学》,II,第 209 页。
② 《生理光学》,第 741 页。
③ 第 728 页。

相应的线和点相互重合,是非常困难的,眼睛的每一次轻微运动,都会使它们分离开来。但是,如果我碰巧获得了关于被表象立体形状的鲜明的心理意象(*Anschauungsbild*)(这是经常会凭运气而发生的事情),那么我就会非常确定地将双眼移到那个图形上,而不会让那个画面再分离开来。

再有,在写到视野竞争时,赫尔姆霍茨说:

> 这不是两种感觉之间强度的检验,而是取决于我们是否固定了注意。确实,很少有任何现象能够这么适合关于对注意起决定作用的原因的研究。形成先用一只眼看,然后再用另一只眼看的有意识的意图是不够的;我们必须对我们期待看到什么形成尽可能清晰的看法。然后它才会实际地出现。①

在结果有歧义的图 38 和 39 中,我们可以通过事先努力地想象我们想要看见的形状,而从一种明显的形状变换到另一种。同样,在这样的谜题中,即图画中特定线条的结合,会组成与那幅画表面上表现的东西毫无联系的对象,或者,实际上在每一个难以觉察、并且很难从背景中分辨出来的对象那里;我们可能很长时间都无法看见它;但是,一旦看见了它,我们就可以借助于想象对它进行的心理复制,来在任何我们愿意的时候再次注意它。在"pas de lieu Rhône que nous"这些没有意义的法语词中,有谁能够立即识别出"管好自己的事"(paddle your own canoe)这些英语词呢?②

---

① 《通俗科学演讲》,英译本,第 295 页。
② 在"Gui n'a beau dit, que sabot dit, ned a beau dit elle?"的诗句(有一天某人想要用这个诗句来迷惑我)中也是一样。

第十一章　注意

但是，曾经注意过这种同一性的人，谁又不能再次注意到它呢？当守候远处的钟声敲响时，我们的心中充满了它的意象，每时每刻，我们都以为听到了那渴望的或者畏惧的声音。被人预期的脚步也是这样。森林中的每一声响动，对于猎者来说都是他的猎物；对于逃亡者来说，都是他的追赶者。街上的无边帽会立刻被情人当作是戴在他崇拜对象的头上。心中的意象就是注意；前知觉（正如莱维斯先生所称呼的）是对所预期事物的一半知觉。①

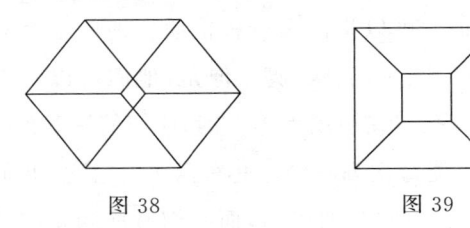

图 38　　　　　　　图 39

① 我必须在注释中提及洛采在其《医学心理学》第 431 节所列举的一组其他事实，尽管我并不满意他做出的解释（感官的疲劳）。"静静地躺在那里凝视墙纸的图案，有时是背景，有时是更清晰因而也更近些的图案。由许多单色旋绕线条组成的蔓藤花纹，一会儿我们觉得是由一种、一会儿又让我们觉得是由另一种连接着的线的系统所组成，而在这整个过程中，我们都没有对它给以任何注意。[莫里什（Moorish）图案漂亮地表现了这一点；但是如图 40 这样的简单图形，也可以很好地表现它。我们有时将它看作是两个叠压着的大三角，有时将它看作是六条边上立着三角形的六边形，有时将它看作是以角相连的六个小三角]……在退思中时常会出现这样的情况，即当

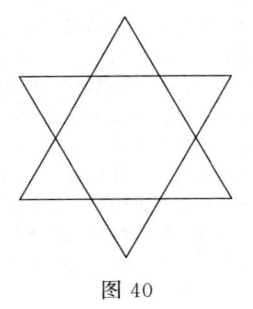

图 40

443 　　正是由于这个原因,人们只能看见事物的那些他们已经知道要去分辨的方面。对于一个只有不到万分之一的人能够独自发现的现象,我们中的任何一个人,都能在它被指出来以后注意到这个现象。甚至在诗歌和艺术中,也必须有人告诉我们,哪些方面是可以挑选出来的,哪些结果是可以赞赏的,我们的审美本性才能最大限度地"膨胀",并且始终不会"带有不当的情绪"。在幼儿园的教育中,一项练习就是让儿童知道在诸如一朵花或者一个鸟的标本
444 这样的对象中,他们可以指出多少种性质。他们很容易说出已经知道的性质,如树叶、尾巴、喙、脚。但是,他们可以看上好几个小时,而区分不出鼻孔、爪、鳞皮等等,直到他们的注意被引向这些细节;此后,他们就能每次都看到这些东西了。总之,我们通常看到的只是我们对其有前知觉的东西,而我们有前知觉的只是那些为我们做了标签,而标签又印在了我们心上的东西。如果失去了这些标签,我们就会在理智的方面迷失在世界之中。

　　因此,所有注意活动都涉及器官调节以及观念活动准备或前

---

我们凝视一幅图时,突然它的某个特征会特别清晰地明亮起来,虽然它的光学性质和意义都没有揭示任何可以这样唤起注意的动机。……一个人在昏昏欲睡之时,周围的一切都交替着暗淡下去又突然明亮起来。旁观者的谈话此时似乎是来自于无限遥远的地方;但是在下一时刻,它又成了我们耳边吓人的响声,把我们惊醒了",等等。在我看来,似乎每个人都曾经注意过的这些变化,可以很容易由我们观念活动中枢(永恒的变化是其法则)的不稳定平衡得到解释。我们将一组线条看作对象,将另一组线条看作背景,第一组线条立刻就成了我们看见的那一组。这种概念的变化无需逻辑的动机,根据营养方面的偶发事件,大脑通道相互的扩散"就像燃烧着的纸上的火花一样,"这就够了。昏昏欲睡中的变化,更明显地是由于这个原因。

## 第十一章 注意

知觉。一个有意思的理论得到了贝恩[①]和里伯特[②]教授这样的权威的辩护,并受到 N. 兰格(N. Lange)[③]先生的有力支持,他认为,观念活动准备自身是肌肉调节的结果,因此,肌肉调节可以被称为贯穿注意过程始终的本质。这至少是这些作者的理论实际上要说的话,虽然前两位作者没有用这些术语来陈述。对这一理论的证明,是在于展示有器官调节相伴随的理智注意的例子,或者展示我们必须要做出动作的思想对象的例子。因此兰格说,当他试图想象一个彩色的圆时,他发现自己首先用眼睛做出与那个圆相应的动作,然后,作为这个动作的结果,去想象那种颜色,等等。他补充说:

> 让我的读者闭上眼睛想一个有广延的对象,比如一支铅笔。他会很容易注意到,他首先做出相应于直线的轻微[眼部]动作,而且,他时常会有一种对手部神经支配的微弱感受,就好像是在触摸铅笔的表面。因此,在想一个声音时,我们转向它的方向,或者用肌肉重复它的节律,或者发出模仿它的声音。[④]

但是,指出肌肉收缩作为我们思想的永久伴随物而出现是一回事,像兰格那样说肌肉收缩独自就使得思想成为可能却是另一回事。很可能,如果思想的对象包含两个部分,一个部分通过动作被感知,而另一个部分不是这样,那么,通过动作被感知的那个部分,就由动作的做出而习惯性地先出现,并且固定在心中,另一个

---

[①] 《情绪与意志》,第三版,第370页。
[②] 《注意心理学》(*Psychologie de l'Attention*)(1889),第32页以后。
[③] 《哲学研究》,IV,413页以后。
[④] 见兰格上述引文,第417页,那里有由视野竞争引出的对其观点所做的另一个证明。

部分则作为动作的单纯附属物而出现于其后。但是,即使所有人的情况都是这样(我对此感到怀疑①),它也只是一个实际习惯,而不是一种终极必然性。在关于意志的一章,我们将会了解,动作本身是意象呈现给心的结果,有时是对动作部分感受的意象,有时是对动作对眼睛和耳朵所产生的结果的意象,有时(如果动作最初是反射的或本能的)是对动作的自然刺激或兴奋原因的意象。事实上,否认感受的性质可以直接以观念的形式产生,并且主张只有动作观念才能将其他观念引入心中,这是与所有更广泛和深刻的类推相矛盾的。

关于调节和前知觉就说这么多。我能够想到的始终存在的唯一的过程,就是对不相关的动作和观念的抑制。然而,对于有意注意来说,这似乎是一个偶然性质,而不是整个注意的基本性质,②

---

① 在我的要求下,我的许多学生用想象中的字母表里面的字母做了实验,他们告诉我,他们可以无需用眼睛追随它们的轮廓,而在内部看到它们是完全有色彩的图形。我自己的视觉想象力不好,我始终都在做出各种运动。——我的书写出之后,马利莱尔(Marillier)在一篇关于显著的内省能力的文章[《关于注意机制的评论》(*Remarques sur le Mécanisme de l'Attention*),在《哲学评论》第 27 卷,第 566 页,这篇文章出现在我的正文写完之后]中,已经与里伯特和其他人相反,主张在与注意的关系中,感觉意象是不依赖于运动意象的。我很高兴将他作为我的同盟者来引证。

② 费里尔(《大脑的功能》,第 102—103 节)和奥伯斯坦纳(《大脑》,I,第 439 页以后)博士将其看作是基本性质。到现在为止对这个问题研究得最彻底和最令人满意的作者是 G. E. 米勒教授,他的小书《关于感性注意的理论》,就职论文(Inauguraldissertation),莱比锡,Edelmann(1874?),在学识和敏锐性方面都是专论的楷模。我很想引证这部书中的内容,但是其写作中的德语表达方式使得引证成为了完全不可能的事情。还请参见 G. H. 刘易斯:《生命与心的问题》,第 3 集,第 2 个问题,第 10 章;G. H. 施耐德:《人的意志》,第 294 页及以下诸页,309 及以下诸页;C. 斯顿夫:《声音心理学》,I,第 67—75 页;W. B. 卡彭特:《心理生理学》,第 3 章;1886 年 7 月《大脑》中的卡皮(Cappie)[《充血理论》(*hyperæmia-theory*)];1890 年 10 月《大脑》中的 J. 萨利。

所以我们现在无需对它给以特别的关注。只关注我们已经在注意和想象、辨别、记忆这两个方面之间建立起来的紧密联系,让我们做一些实际的推论,然后再转向剩下来的较为思辨的问题。

这些实际的推论是教学上的。首先,强化对所学科目毫无兴趣并且心不在焉的儿童的注意。这里的兴趣,必须"派生"于教师与任务联系起来的某种东西,如果想不出不那么外在的东西,那么奖赏或惩罚也可以。里伯特教授说:

> 一个儿童拒绝阅读;他不能让心专注于对他毫无吸引力的字母;但是他热切地看着一本书的插图。'这些图是什么意思?'他问。父亲回答:'当你能阅读时,这本书会告诉你。'在几次这样的对话之后,儿童放弃了,并开始了阅读,开始是缓慢的,然后习惯就形成了,最后,他表现出了必须加以抑制的激情。这就是一个有意注意发生的例子。一种人为和间接的欲望,必须被移植到一个自然和直接的欲望上来。阅读没有直接的吸引力,但是它有一种借用的吸引力,那就足够了。第一步一经迈出,那个儿童就进入了一个转动装置。

我再举一个来自于佩雷斯(Perez)的例子:[①]

> 一个有习惯性心不在焉倾向的六岁儿童,有一天主动对着钢琴坐下,重复起他母亲曾经非常陶醉的一个曲调。他的练习持续了一个小时。在七岁时,这同一个儿童看见他的兄弟忙于

---

[①] 《三至七岁的孩子》(*L'Enfant de trios à sept Ans*),第108页。

做假期作业,就走到父亲的书桌旁,坐下来。"你在那里做什么?"保姆吃惊地发现他在那里,就问他。那个儿童说:"我正在学习一页德文;这不怎么有意思,但是我要给妈妈一个惊喜。"

有意注意的发生,这次移植在了同情的情感,而不是第一个例子中的自私情感上面。钢琴和德文都不会唤起自发注意;但是,他们通过从别的地方借来一种力量,而唤起和保持了它。①

其次,我们看看在大一些的年龄会给我们在阅读或倾听谈话方面带来麻烦的心不在焉。如果注意是从内部再现那种感觉,那么,不仅用眼睛阅读,不仅用耳朵听,而且还向自己发出看见或听到的词的声音的习惯,就应当能够加深一个人对那些词的注意。经验表明情况就是这样。与仅仅是听那些词相比,如果我积极地对自己再发出那些词的声音,我就能让我那恍惚的心更多地集中于谈话或者演讲;我的一些学生告诉我,他们通过有意采取类似的方法而得到了益处。②

第二,一个想要让他的班级集中注意的教师,必须将新鲜的东西编织进他们已经对其具有前知觉的事物之中。旧的和熟悉的东西容易受到心的注意,这反过来又有助于把握新的东西,使用赫尔巴特学派的措词,就是形成对它的"统觉团"。当然,要知道使用哪个"统觉团",这在任何情况下都是一个非常微妙的问题。心理学只能制定一般性的法则。

---

① 《注意心理学》,第53页。
② 这种重复并没有将说到的东西交与智能,它只是不让心漫游到其他道路上去。智能有时似乎会在句尾来临,或者在词的中间来临,在这之前这些词都只是单纯的词。

## 有意注意是结果还是力？

在几页之前,当我用从内部对其发生作用的大脑细胞,来象征注意中的"观念活动准备"的要素时,我补充说"由其他大脑细胞,或者由某种精神力量",而没有确定是哪一种。"哪一种?"这个问题,是将不同学派区分开来的重要心理学奥秘之一。当我们想到注意的转向构成了我们内在自我的核子时;当我们看到(正如我们在关于意志的一章将要看到的那样),意志不是别的,就是注意时;当我们相信,我们在自然中的自治性,取决于我们并非是单纯的结果,而是原因时,——

某个破坏与神谕的盟约的原则,

从不确定的东西出发不能有原因继原因产生——

Principium quoddam quod fati fœdera rumpat,
Ex infinito ne causam causa sequatur—

我们必须承认,注意是否涉及精神活动本原的问题,是心理学问题,也是形而上学问题,而且,值得我们付出全部的艰辛来寻求它的答案。它事实上是形而上学的关键问题,是我们的世界图景从唯物主义、宿命论、一元论摆向唯灵论、自由、多元论——或者反过来——的那个转折点。

这又回到了自动机理论。如果感受是惰性伴随物,那么当然大脑细胞就只能受其他大脑细胞的作用,而我们在任何时间给与任何主题的注意(不管是以感觉适应的形式,还是以"前知觉"的形式),就都只是物质法则的不可避免的先定结果。另一方面,如果与大脑细胞活动共存的感受,能动地作用于那种活动,促进它或者阻碍它,那么,注意就至少部分地是原因。当然,我们并不能由此断定,这种起反向作用的感受在它的量和方向事先都未确定的意义上是"自由的",因为它很可能在所有这些方面都是先定的。如果它是那样的,那么,我们的注意就不是在物质上被决定的,它也不会在自发的或者事先不可预测的意义上是"自由的"。这个问题当然是一个纯思辨问题,因为我们还没有办法客观地确定我们的感受是否作用于我们的神经过程;以其中任何一种方式回答这个问题的人,都是通过从其他领域引出的一般性的类比和假定而做出回答的。只是作为观点,关于注意的结果理论和原因理论是同样清晰的;无论谁要肯定其中的一个观点为真,都必须在形而上学的或者普遍的,而不是在科学的或者个别的基础上做出这种肯定。

关于直接的感觉注意,几乎所有人都只将它看作是结果。[1]我

---

[1] 请读者注意,我是在将所有支持结果理论所可能说的话都说出来,因为,尽管我自己倾向于原因理论,我不想低估敌人。事实上,一个人可以利用直接感觉注意的现象,从一开始就采取反对结果理论的立场。他可以说,注意引起了(比如)眼睛的调节运动,而不仅仅是这些运动的结果。赫林特别强调地表达了这个意思:"从一个注视点到另一个注视点的运动,是由注意位置的变化而引起和控制的。当一个最初被间接看见的对象吸引了我们的注意,作为注意转移和我们使那对象变得清楚的努力的结果,眼睛相应的运动随后立即就会发生。注意的游移必定包括注视点的游移。在它的运动开始之前,它的目标已经存在于意识之中,并且为注意所把握,这个点在整个所见空间中的位置,就决定了眼睛运动的方向和量。"(赫尔曼的《手册》,第534页。)在这里我并不坚持这个观点,因为我们很难说清注意和运动哪一个是先出现的(赫林在第535—536页和544—546页给出的理由在我看来似乎很模糊,还因为即使对对象的注意确实是先出现的,它也可能是刺激和联想的一个单纯结果。我们可以将马赫关于看的意志就是空间感受本身的理论,与赫林这方面的理论相比较。"参见马赫的《感觉分析论文集》(1886),第55及以下诸页。

## 第十一章 注意

们是"进化"出来用特殊的适应活动对特殊的刺激做出反应的,这些特殊的适应活动,一方面在我们内部引起清晰的知觉,另一方面引起上面描述过的对内部活动的感受。适应和作为其结果的感受就是注意。我们并非把它给与什么东西,是对象将它从我们内部引出。是对象而不是心具有主动权。

当没有随意的努力时,派生注意为一种单纯结果的可能性似乎也最大。还是对象拥有主动权,并将我们的注意引向它自己,不是由于它自己的内在趣味,而是因为它与某些其他有趣事物的联系。派生注意的大脑过程与另一个或者兴奋着或者趋向于兴奋起来的大脑过程相联系,而分享那种兴奋并且被唤起的倾向,就是注意所在的"前知觉"发生的倾向。如果我受到侮辱,我可能不会每时每刻都主动地思考它,然而,关于它的思想却处于一种高度应激状态,只要有人提及我的受辱地点或者侮辱我的人,我的注意就会像是跳到那个方向上,因为关于整个过程的想象又恢复了。这样的刺激发生时,也必须有器官调节,而且,观念必须在某种程度上对肌肉进行神经支配。因此,如果我们承认存在有趣得足以唤起和固定关于任何可能与它相联系的事物的思想的东西,无意派生注意的整个过程就都得到了解释。这种固定就是注意;而且它还带着一种有活动在进行着的模糊感觉,带着默许、推进和采纳的模糊感觉,后者让我们感到那个活动是我们自己的。

赫尔巴特在用统觉注意这个名称称呼我们所描述的变化时,心里想到的就是心中的先在内容使观念和印象得到的这种强化。现在我们很容易了解,为什么情人的轻声叩击可以被听到——它找到了事先已经做好了一半激发准备的神经中枢。我们知道怎能在噪声中注意到同伴的声音,这些噪声尽管客观上比我们听到的语词的声音要大得多,却没有引起我们的注意。每一个语词都被双重地唤起；一次是通过说者的嘴唇从外部被唤起,但是在那之前,已经通过由先前的语词所启发的预兆性过程、通过与谈话"主题"相关的所有过程的模糊激发,而从内部被唤起了。另一方面,那些不相关的噪声只被唤起一次。它们构成了一个没有联系的序列。学校里的那些只有当老师开始讲奇闻轶事时才会竖起耳朵给老师以注意的男孩子们,也很容易解释了。奇闻轶事中的语词迅速进入与令人兴奋的对象的联系之中,后者对那些语词做出反应并且固定下它们；而其他的语词则不是这样。纯化论者听到的语法和我们在418页引证的赫尔巴特的其他例子也是这样。

甚至当注意是有意的时,将它看作结果而不是原因,看作产物而不是能动者,这也是可能的。我们注意的事物根据它们自己的法则来到我们面前。注意并没有创造任何观念；在我们注意到一个观念之前,它必须已经存在于那里。注意只是固定和保持被普通联想法则带到意识的"脚灯之前"的东西。但是,一旦我们承认了这一点,我们就看到,注意本身,关于在注意的感受,就像无需引起观念一样,也无需固定和保持它们。引起观念的联想物也通过它们给出的趣味而固定了观念。总之,有意和无意注意可能在本质上是一样的。确实,当观念内在地非常不受欢迎,而且要付出巨大的努力才能注意它们时,我们就觉得,频繁更新的努力似乎就是这些观念被牢牢把握住的原因,于是我们自然就将这努力看作是一种原初的力量。事实上,我们真正是要将自发的力量归于去注意的努力,而不是单纯的注意。我们认为,如果我们愿意,我们就能做出更多的努力；而我们做出的努力的量，并不是那些观念本身的固定函数，而如果我们的努力是一种结果而不是一种精神力量，那么，它就必然会是这样的固定函数。但是即使在这里也有可能机械地考虑那些事实，将努力看作是单纯的结果。

只有当心中存在兴趣的冲突时，我们才能感觉到努力。观念A可能内在地令我们兴奋。观念Z可能会从与某种遥远的善的联系中，派生出它的趣味。A可能是我们的心上人，Z可能是我们灵魂得救的某种条件。在这样的情况下，成功地注意Z一定需要付出努力。对A的"观念活动准备"和"前知觉"一直在主动地进行，而对Z的"观念活动准备"和"前知觉"，则需要有不断有意强化的冲动——这就是说，在每一个关于Z的思想在我们心中明亮闪耀的相继时刻，我们都有有意强化（或努力）的感受。然而，在动力学的方面，那可能只意味着下述情况：使Z获得成功的联想过程，实际上是更强的过程，而且如果没有A，这些过程就会使我们对Z施以一种"被动的"和未受阻碍的注意；但是，只要A出现了，这些过程的一些力量就会被用来抑制与A相关的过程。这样的抑制，部分抵消了否则就可用于流畅思想的大脑能量。但是，在思想这里丧失的东西转换成了感受，在这个例子中，就转换成了对努力、困难或者紧张的独特感受。

我们的思想流就像一条河。从容简单的流动在整体上占据着优势，物体随着引力的牵引而漂流，无努力的注意是惯例。但是，障碍物、逆流和阻塞会不时地出现，使水流停止，产生旋涡，并且暂时使物体以其他的方式运动。如果真实的河流能感受，它就会将这些旋涡和逆流感受为努力之所在。它会说，"我此时在向有最大阻力的方向流动,而不是像通常那样向最小阻力的方向流动。是我的努力使我得以做出这一壮举。"确实,那个努力也许只是一个被动指示物,指示壮举正在做出。能动者也许始终是水的其余部分整个的向下漂流,而在这个部位迫使其中的一些向上流;而且,尽管平均说来最小阻力的方向是向下的,那并不是它不会时而向上流的原因。我们的有意注意动作就是这样。它们是有奇特感受相伴随的对思想流的一些部分的瞬间吸引。但是,吸引力本身不是这个奇特感受,而可能只是碰撞所由以产生的过程。对努力的感受,如布拉德利(Bradley)先生所说,可能是"一种或多或少有些多余的伴随物",就像锤子落在手指上,手指的疼痛无助于锤子的重量一样,它也无助于结果的产生。因此,那种认为注意的努力是原初能力,是一种以大脑和心为处所的其他力量以外的力量的观点,可能是可怜的迷信。也许像许多曾被看作是基本的能力一样,像许多语词幻象一样,像许多种族假相一样,注意也不得不被放弃。它可能是心理学的赘生物。当我们知道了观念之间是如何完美地相互拖拽和固定时,我们就不需要用它来将观念拖拽到意识之前,并且固定起它们了。

我已经尽可能有说服力地陈述了结果理论。[①]它是一个清晰、有力和装备精良的观点,和所有这样的观点一样,在不存在相反证明的地方,很容易令人信服。对努力的感受,当然可以是一种没有

---

[①] F. H. 布拉德利,"存在特殊的注意活动吗?"(Is there a Special Activity of Attention?),《心》,XI,第 305 页,以及利普斯,《精神生活的基本事实》,第 4 和 29 章,对此做出了类似的陈述。

## 第十一章 注意

活动力的伴随物，而不是它看上去所是的主动元素。到目前为止，还没有人进行过测试，表明它为结果的产生提供了能量（可以安全地说永远也不会有这样的测试）。我们于是可以将注意看作是多余物，或者"奢侈品"，并且武断地否定它的因果功能，在这样做时，我们心中唯一的感受就是自豪，为我们正将奥卡姆的剃刀应用于一种"不必要地"增长了的实存而自豪。

但是，虽然奥卡姆的剃刀是很好的方法准则，它却无疑不是自然法则。刺激和联想的法则很可能是所有注意之表演中的不可缺少的演员，甚至可能是无需任何帮助就能进行许多表演的足够好的"上演全套节目的剧团"；然而，它们也可以不时地只是为"明星表演者"充当背景，这个明星表演者不再是它们"没有活动力的伴随物"或"偶然产物"，就像哈姆雷特不是霍雷肖和奥菲莉亚的伴随物和偶然产物一样。如果这个明星表演者是一种原初的心理力量，它就是有意的注意努力。我断定，自然可以从事这样的复杂活动；我认为，以为这里是自然之所为的观点，与以为这里不是她之所为的观点，是一样清晰的（如果不是逻辑上一样"节俭的"）。为了辩护这一断言，让我们追问如果注意的努力是一种原初力量，它会导致什么结果。

它会让无数否则就会更快消失的观念在意识中更深和更长久地停留。这样获得的延迟，可能在持续时间上还不到一秒——但是那一秒却可能是至关重要的；因为各种考虑在心中不断地起落，如果其中两个相互联结的系统接近处于平衡状态，开始时通常就是差不多一秒钟时间的注意，就会决定一个系统是会获得占据领地、发展自己、并将另一个系统排除在外的力量，还是被另一个系统所排除。如果得到发展，它就会使我们做出行动；而那个行动又可能会决定我们的命运。在关于意志的一章我们将会看到，随意生活的整个内容，都取决于竞争运动观念受到的注意的量（稍多一点或者稍少一点）。但是，关于实在的全部感受，我们随意生活的全部刺激和兴奋，都依赖于我们感觉到在它这里，事情确实每时每刻都在被决定着，它不是在无限久远的时间以前就已经塑造好了的一连串事件的呆滞表演。生活和历史看上去带有这样一种悲剧式热情的激动，这也许并不是错觉。由于我们向机械论的倡导者让步，承认它可能是错觉，所以他也必须向我们让步，承认它可能不是。其结果是，两种可能性的观念对峙着，却没有足够确定的事实让人们认为可以在它们之间充当仲裁者。

在这样的情况下，可以让这个问题开放着，等待启发，或者也可以做最具思辨性的心之所做，诉诸于一般哲学来让秤杆倾斜。相信机械论的人毫不犹豫地这样做了，他们不应该拒绝相信精神力量的人的相同特权。我自己属于后一类，但是，我的理由是伦理的，不适合将其引入心理学的著作之中。① 心理学在这里的定论就是无知，因为涉及到的"力量"确实是太微妙和太多了，无法对它们在细节上加以把握。同时，鉴于最轻率的唯物主义思辨在坚称自己为"科学"时的那种奇怪的傲慢，我们很有必要回忆一下，关于注意的结果理论是通过什么推理得到确认的。它是一种类比论证，从河流、反射动作和其他看上去意识完全不存在的物质现象，扩展到意识好像是其基本特征的现象。意识不值得考虑，这些推

---

① 当我们到达关于意志的一章时，我会对这个问题做更多的讨论。

理者说；对于科学来说它不存在，它是无；你完全不必考虑它。我们无需对这一切的极为鲁莽的性质进行评论。它是在千方百计地（per fas aut nefas）使机械论为真。为了那个理论的缘故，我们从一些现象到另一些与它们明显不同的现象进行归纳；我们假定，完全不值得对由自然产生出的复杂性（即感受和努力的出现）进行科学认识。这样的做法可能是明智的，虽然我对此感到怀疑；但是我们不能认真地说它是科学的（与形而上学相对照）。①

## 注意缺乏

在充分讨论了注意之后，让我对注意缺乏再说几句。

我们不注意钟表的滴答声，城市街上的噪声，或者房子附近溪水的流淌声；而且，如果厂里的工人已经在那里呆了足够长的时间，甚至铸造车间或工厂里的喧嚣，也不会与工人的思想搅在一起。在我们第一次戴上眼镜时，特别是如果这副眼镜有一定程度的曲率，窗户等等在眼镜中的明亮反光混合在视野中，是非常令人烦恼的。几天后，我们就完全忽视它们了。各种眼内视象，飞蝇幻视等等，虽然始终存在，却几乎从不为人所知。衣服和鞋的压力，心脏和脉搏的跳动，呼吸，某些经久不变的肉体痛苦，惯常的气味，口中的味道等等，是其他感官那里不变化的内容不知不觉滑入无意识之中的例子——霍布斯曾经在著名的短语"对同一个东西的

---

① 对内部活动这一观点的辩护，请见詹姆斯·沃德先生的论证细致的文章，《心》，XII，45 和 564。

感觉和不感觉经常归于同一个东西"(Semper idem sentire ac non sentire ad idem revertunt)中表达过这种情况。

这种无意识的原因,当然不只是感觉器官的迟钝。如果那个感觉是重要的,我们就会非常好地注意它;而且只要它还没有变得那么习惯,对它的注意缺乏已经在我们的构造中根深蒂固,就像在飞蝇幻视、网膜双像等等中的情况那样,我们就可以在任何时候,通过特别将我们的注意施加其上而注意到它。[①]但是,即使在已经变得习惯了的情况下,人为的观察条件和耐心,也会让我们很快把握住试图把握的印象。因此,注意缺乏一定是以比单纯感觉疲劳更高级的条件为基础的一种习惯。

赫尔姆霍茨曾经提出了一条注意缺乏的一般法则,对此我们将在下一章进行研究,这里我只谈一点。赫尔姆霍茨的法则是,我们对所有作为辨别事物之标志没有价值的印象,都不加注意。这些印象至多与其伙伴一起,融合成为一个聚合的结果。将人的声音区分开来的上部泛音,只是使人的声音作为整体而区分开来的——我们不能将那些泛音自身分离出来。构成某种物质(肉、鱼、奶酪、黄油、酒)特殊味道的必要组成部分的味道,并没有作为味道而来到我们的注意之前。构成对"潮湿"、"弹性"、"粘团似的"

---

[①] 必须承认,在这项努力成功以前,通常会有一点时间逝去。当我还是个孩子的时候,我睡在托儿所,房间里有一个声音很大的滴答作响的钟,我还记得不止一次在倾听它的滴答声时,发现自己似乎在一个长时间里竟无法捕捉到它,并为此而感到惊讶;然后,它又会突然以一种几乎令人吃惊的响度进入到我的意识之中。——德尔博夫曾经讲述过,睡在农村的一个靠近磨坊水坝的地方,他是如何在夜间醒来,以为水停止了流动,但是从开着的窗户向外看,却发现它在月光下流淌着,就在那时,他也听到了水流的声音。

## 第十一章 注意

等性质的知觉的各种肌肉感受和触觉感受,并没有以它们本来的面目被单独分离出来。所有这一切都是由于我们已经染上的一种根深蒂固的习惯,这就是经由它们直达它们的意指,而把它们的真实性质放在一边。它们已经在心中形成了此时难以打破的联系;它们是难以阻止并且与引起注意的过程完全不同的过程的组成部分。在赫尔姆霍茨想到的案例中,不仅仅我们,还有我们的祖先,都已经形成了这些习惯。然而,我们在开始时谈到的水车、眼镜、工厂、喧器以及挤脚的鞋等等的例子中,注意缺乏的习惯出现得比较新近,而它们的起源方式似乎是能够——至少以假说的方式——追溯的。

不为理智所需的印象,如何能够如此避开与意识其余部分的一切关系呢?G. E. 米勒教授对这个问题做出过一种似乎可能的回答,下面的大部分内容都是从他那里借用来的。[①]他从这个事实开始

> 我们在一个磨坊或工厂里呆了足够长的时间,习惯了那里的噪声,当我们刚刚从那里出来时,我们感到好像缺了什么东西。我们的整体存在感受与在磨坊中的整体存在感受不同。……一个朋友写信给我说:"在我的屋里有一只小钟,如果不上发条,它就走不到 24 个小时。所以它经常停下来。每当这种情况发生时,我就注意到它,而在它走着时,我自然就注意不到它。当这种情况最初发生时,有这么一点变化:我突然感受到一种不明确的不安或空缺,而无法说出问题的所

---

① 《关于感性注意的理论》,第 128 及以下诸页。

在；只是在做过一些思考之后，我才发现原因是那个钟停了。"

一种未被感受到的刺激的停止本身却可以被感觉到，这是一个广为人知的事实：在教堂里睡着的人，在布道结束时醒来；磨坊工人也在转轮停下时醒来，这些都是普通的例子。现在（因为落在神经系统上的每一个印象都必须将它自己传送到某处），米勒提出，在思想中枢正忙于其他事情的时候到来的印象，可能因此而受到阻碍或抑制，从而不能侵入这些中枢，并可能溢出到较低级的释放通道中去。他还进一步提出，如果这个过程足够经常地反复发生，那么，这样创建起来的侧旁通道就会变得非常畅通，以至于不管在上面的中枢那里发生着什么，这些通道都可以得到使用。在前面提到的获得性注意缺乏那里，不停的刺激总是首先引起干扰；只有当大脑对其他事情处于强烈的兴奋状态时，关于它的意识才能被成功地挤压出来。挤压渐渐地变得更容易了，最后就成了自动的。

学会了将妨碍思想的刺激进行分流的侧旁通道，没有任何的精确性。它们很可能终止于器官过程或者无关紧要的肌肉收缩，当由于激起它的原因的停止而停止时，这些器官过程或肌肉收缩就会立刻使我们产生某种东西从我们的生活中离开了的感受（如米勒所说），或者是（如他的朋友所说）那种空缺的感受。[①]

---

[①] 对于在车间机器的喧嚣声停下来以后，工人们的任何可以测量的功能是否发生了变化这个问题，我已经开始了实验研究。到目前为止，就脉搏、呼吸或手的握力而言，我还没有发现任何恒常的结果。我希望进行进一步的考察（1890年5月）。

## 第十一章 注意

　　米勒的提示唤起了另一个思想。这是一个众所周知的事实，即努力将注意保持在一个困难题目上的人，会求助于各种无意义的动作，如在房间里踱步，用手指连续敲击，玩钥匙或手表链，抓头，拔胡子，跺脚，等等，这因人而异。关于 W. 斯科特(W. Scott)先生有一段轶事。在还是一个男孩子的时候，他剪下了班长衣服上的一个纽扣，那是班长上课时习惯用手指旋转的纽扣，他因此而当上了那个班的班长。纽扣没有了，其拥有者的背诵能力也离去了。——这种活动无疑主要产生自焦虑和思想集中过程中的情绪兴奋的溢出。它排开了那些如果进入思想中枢就很可能会使那里更加混乱的神经流。但是，它可不可以也是一种将那一刻所有不相关的感觉分流，并因而使注意更完全地集中于它的内在任务的手段吗？每一个个体通常都有他自己独特的习惯性动作。向下的神经通道于是就在集中思想的过程中始终打开着；而且，由于这似乎是一条经常（如果不是普遍）适用的法则，即偶然的刺激趋向于通过已经在进行释放的通道，而不是其他通道得到释放，这整个安排就可以保护思想中枢不受外界的打扰。如果这就是这些奇特动作的真实道理，我们就不得不设想，为动作本身的每一个阶段所产生的感觉，也立即就被下一个阶段分流，并帮助保持这个迂回过程的运行。我提出这个想法，不管价值如何；动作本身与持续的注意努力之间的联系，确实是一个真实和奇特的事实。

# 第十二章　概念性认识

## 同一性的含义

在第八章第 221 页，我区分了对事物的两种知识，即对事物单纯的亲知和关于事物的知识。这两种知识的可能性取决于一个最重要的心理特性，我们可以称之为"心的意义的恒定性原则"（the principle of constancy in the mind's meanings），我们可以这样来表达它："相同的东西可以在心理之流的相继部分被思想，其中的一些部分能够知道它们与其他部分意指相同的东西。"我们也可以用不同的话来表达，我们可以说"心始终能够意欲去思想相同者，并且在意欲时知道这一点"。

这种同一性的感觉正是我们思想的脊骨和支柱。在第十章我们看到，人格同一性意识是如何地依赖于它，当下思想在记忆中发现与它此时感受到的温暖和亲密相同的温暖和亲密。一些哲学家将这种对认识主体同一性的感觉，当作世界由以成为一体的唯一媒介。好像几乎不必说，对被认识对象的同一性感觉，也会执行完全相同的统一功能，即使对主体同一性的感觉丧失掉了也同样。如果没有一次又一次地思想相同外部事物的意图，没有对我们正在这样思想的感觉，我们对自己人格同一性的感觉对于形成我们

## 第十二章 概念性认识 547

的经验世界就不会有多少帮助。

然而,请注意,我们首先仅仅是从心的结构的观点,而不是从世界的观点出发来谈论同一性感觉的。我们进行的是心理学研究,而不是哲学研究。这就是说,我们不关心在事物中是否存在任何真实的同一性,或者心对同一性的设想是真还是假。我们的原则只是断言,心在不断地运用同一性观念,如果没有了这个观念,心的结构就与现在不同了。总之,心可以意指相同者这条原则,是在其意义上为真的,而并非必然对于除此而外的任何事物为真。①心必须认为相同者呈现在它之前是可能的,这样我们的经验才能成为它之所是的那种东西。如果没有心理学意义上的同一性,既使我们总是遇到来自外部世界的同一性,我们也仍然会一无所知。另一方面,有了心理学意义上的同一性,外部世界就可以是不间断的流,而我们就会感知到重复的经验。即使现在,世界可能还是一个相同的事物从来不曾、也永远不会出现两次的地方。我们所指的事物可能从头到脚都改变了,而我们却不知道这个事实。但是,就我们的意义本身而言,我们没有被欺骗;我们的意图是思想相同者。当我将那条原则称为意义的恒定性法则时,我给予的这个

---

① 在哲学中有另外两种"同一性原理"。本体论同一性原理断言,每一个实在的事物都是其所是,即 a 是 a,b 是 b。逻辑同一性原理主张,曾经对一个判断的主词为真者,就永远对那个主词为真。本体论的法则是一个重言式的自明之理;逻辑原理则已经包含更多的东西了,因为它蕴含着主词是不随时间变化的。心理学法则也蕴含可能无法实现的事实:可能不存在思想的连续性;或者,如果存在这种连续性,后面的思想也可能不思想前面的思想;或者,如果它们思想前面的思想,它们还可能回忆不起它的内容;或者,如果能够回忆起这内容,它们还可能不会将它看作与任何其他事物是"同一者"。

名称就强调了它的主观性质,并使我们将它作为心理结构的最重要特征的做法得到了辩护。

我们无需设想所有的心理生活都需要具有以这种方式建立起来的同一性感觉。在蠕虫和珊瑚虫的意识中,尽管相同的事实会频繁地对其施加影响,同一性感受却可能很少出现。然而,我们像蜘蛛一样在自己编织的网上跑前跑后,感到自己在反复研究同一的材料,并且以不同的方式思想它们。而最能看出事物同一性的人,就被认为拥有最富哲理的心。

## 概念性认识的定义

概念性认识(conception)是我们用以识别完全独特和持久的谈话主题的功能;而作为媒介物的思想,则被称为概念(concept)。但是,在人们对"概念"这个词的通常使用中,就好像它代表谈话的对象本身;这种松懈的用法助长了讨论中的含糊其词,我将完全避开使用概念这种表达,而代之以"心的思考状态"或其他类似的东西。"概念性认识"这个词没有歧义。它既不指示心理状态,也不指示心理状态所表示的东西,而是恰当地指示二者之间的关系,即心理状态表示那个特殊事物的功能。很明显,同一个心理状态可以是许多概念性认识的媒介物,可以意指一个特殊事物,还可以意指许多其他事物。如果它有这种多重概念功能,我们就可以称它为复合的概念性认识作用。

我们可以思考精神之外的实在,如蒸汽机;可以思考虚构的东西,如美人鱼;还可以思考纯粹的理性存在者(entia rationis),

## 第十二章 概念性认识

如差异和非实存。但是,不管我们思考什么,我们的概念性认识都是关于那个东西,而不是关于任何其他东西的——不是任何其他东西,就是说,除了那个东西之外,尽管它可以是关于那个东西之外的许多其他东西的。每一个概念性认识都产生于我们的注意在世界所呈现的众多事物中,为思想挑选出某个部分,并且紧紧地把握住它,从不混淆。①当我们不知道某个对象是否与我们的一个意义相同时,就会出现混淆;因此,完全地说,概念功能要求思想不仅应该说"我意指这个",而且还应该说"我没有意指那个"②。

因此,每一个概念性认识都永远保持着它之所是,永远也不会变成另一个。心可以在不同时间改变自己的状态和意义;可以放下一个概念性认识,开始另一个,但是,我们决不会在任何可以理

---

① 在后面的章节中,我们将会看到,在受到心的关注的各种材料之间存在着确定的关系。这些关系被称为先验的或者自明的关系。对这些材料的简单查看,就能让我们感知到这些关系;而且,一次查看就足以有效地使我们确信,在那些材料之间,一定始终存在着那种关系。要改变那种关系,我们就必须改变那些材料。"材料的一致性和充分性的保证",只能是心自身关注任何客观的内容、并如其所愿经常意指那个内容的能力。心从经验材料中为自己"建构"持久的观念对象的权利,对许多人来说似乎(非常奇怪)是一块绊脚石。罗伯逊教授在《大不列颠百科全书》(第9版)中他的那篇清晰而有教益的文章"公理"(Axioms)中提出,可能只是当运动进入到观念对象的构造之时(就像在几何图形中),我们才能"使那种终极关系,在各种情况下成为对于我们来说它们所必须是的东西。"确实,他做出了一个让步,支持了从"在时间中相继的主观事件"中抽象出来的数的概念,因为这些也是"依赖于我们随意决定主观意识之流的能力的建构"活动。另一方面,"被动感觉的内容可以不受我们的控制而无限变化。"如果它真的变化了,就我们可以继续思想和意指它变化之前的性质而言,情况又怎么样呢?我们可以从不可恢复的少量被动经验中为我们自己"制造"观念对象,就像从很容易重复的主动经验中为我们自己"制造"观念对象做得一样完美。而且,当我们将我们的对象放在一起来进行比较时,我们不是制造出,而是发现它们的关系。

② 参见霍奇森:《时间与空间》,第46节;洛采:《逻辑学》,第11节。

解的意义上说放下的概念性认识变成了它的后继者。一张纸,片刻之前是白色的,此刻我可能看见它被烧成了黑色。但是我的"白色"的概念性认识并没有变成"黑色"的概念性认识。相反,它作为我心中的一种不同的意义,与那个客观的黑色在一起,并由此而让我将黑色判断为纸张的变化。除非它在那里,否则我就应该只是说"黑色",而不会知道更多的东西。因此,在意见和物质事物的流变中,概念性认识或者我们要思想的事物的世界,是呆滞和不变的,就像柏拉图的理念世界那样。[①]

一些概念性认识是关于事物的,一些是关于事件的,一些是关于性质的。任何事实,不管它是事物,事件,还是性质,只要它被挑选出来,并且做好了标记与其他事物分离开来,就都可以为识别的目的而得到充分的思考。简单地称它为"这个"或者"那个"就足够了。用技术性的语言说,一个主题可以通过它的外延,不带内涵,或者只带最少的内涵,而被思考。这里的要点是,它应当被我们再识别为所谈论的事物;对于这个目的来说,对它的完全表象是不必要的,甚至当它是一个完全可以表象的事物时也是这样。

在这个意义上,处于非常低的智力等级的动物,也可以拥有概念性认识。唯一的要求,就是它们能够再次辨认出相同的经验。如果一种"喂!又是那个东西!"的感受曾经掠过它的心中,那么珊瑚虫也可以是一个概念思想者。

然而,我们思想的大部分对象都不仅被指出,而且也在某种程

---

[①] "因为虽然一个正在发烧的人会从糖里尝出苦味,这个糖在其他时间是会让他尝到甜味的,然而,这个人心中的苦的观念,应当就像他只尝过胆汁一样清楚。"(洛克:《人类理解论》,第2卷,第11章,第3节。请阅读那整个一节!)

度上被表象。它们或者是被感知或想象的事物和事件，或者是得到明确理解的性质。甚至当我们对一个事物的性质没有直观的亲知时，如果我们了解它的任何关系，了解关于它的任何事情，那就足以让我们能够从我们可以意指的所有其他事物中，将它个别对待和区分出来。我们的许多谈话题目都因而是未决的，或者仅仅是由它们的关系来定义。我们思想一个事物，关于这个事物的某些事实必须成立，但是我们还不知道这个事物实现出来时是什么样子。我们思考永动机。这是一项完全确定的探究（quœsitum），——我们始终都能说出提供给我们的真实机器是否与我们这个词所指的东西相符合。事物自然的可能性或不可能性，与事物的这种成问题的可想象性问题无关。"圆的方"、"黑白之物"都是完全确定的概念性认识；就概念性认识而言，它们碰巧代表了大自然永远也不会让我们感知的事物，这纯粹是偶然。①

---

① 大自然给与了我们足够多的黑的圆东西，以及相反地，方的白东西。但是，它拒绝实现的那些结合，却可以在我们心中以假定的形式清晰地存在着，就和那些它实现了的结合可以在我们心中以正像的形式清晰地存在一样。事实上，每当皮肤上接近得无法做出位置区分的两个点，一个受到一块暖的金属触碰、一个受到冷的金属触碰时，大自然就可以实现出一个温暖的冷东西。于是，人们通常就感受到暖与冷好像是在同一个客观位置上。在同样的条件下，两个物体，一个锋利，一个钝，就可以感受起来像是一个锋利的钝东西。如果，通过光学技巧，让一种颜色看上去是透过另一种颜色而被看到的，同一块空间就会显现出两种颜色——在是否显现为占据同一个空间和瞬间的意义上，是否任何两种属性都兼容，这仅仅取决于自然物体和我们感官的实际特性。从逻辑上说，不同性质的任何一种结合都是完全可设想的，并且为思想提供了同样清晰的意义。一些作者（如斯宾塞：《心理学》，第 426—427 节）有意将不可设想的东西与不可清楚想象的东西混淆起来，这是使我做出上述评论的原因。除非首先设想那些事物，意指它们而不是其他东西，否则我们怎么会知道什么是我们不能想象的事物呢？

## 概念性认识是不可改变的

同一个真实的谈话主题,此时被思考为单纯的"那个"或者"那个……,等等",彼时又被思考为有了另外的细节。这个事实被许多作者当作了概念性认识自身可以繁殖和自我发展的证据。根据哲学中黑格尔派的人的看法,概念性认识"发展出它自己的意义","使它暗含的东西变得明确",有时转化"为它的对立面",总之,完全失去了我们认为它保持着的单调的自我同一的性质。我们看作是多边形的图形,现在看起来像是并列在一起的三角形的总和;至今被认为是 13 的数字,最后被看作是 6 加 7,或者质数;人们以为诚实的人,现在被确信是一个无赖。这些作者将我们的这类意见变化,看作是我们的概念性认识内部发生的演化。

这些事实是毫无疑问的;我们的知识确实通过理性的内部过程以及经验的发现,而生长和变化。如果发现是经验的,没有人声称那个起推进作用的能动者,那个使知识发展的力量,是纯粹的概念性认识。所有人都承认,它是我们与事物的持续接触,具有在我们的感官留下印象的能力。我们就是这样发现味道很苦的番木鳖碱可以置人于死地的,等等。我认为,在新知识仅仅来自于思想的地方,事实也基本相同,而且,谈论概念性认识的自我发展,是一种非常坏的陈述这种情况的方式。不是新的感觉(像在经验的实例中那样),而是新的概念性认识,才是发展之不可缺少的条件。

因为我相信,如果考察人们宣称的自我发展的情况,我们就会发现,在每一种情况中都有新的事实表明,在原初的概念性认识主

## 第十二章 概念性认识

题和后来新想到的主题之间,存在着一种关系。这些新的概念性认识主题以各种不同的方式出现。我们的每一个概念性认识都是关于某个事物的,即某个我们的注意最初从感受到的经验连续统中撕开来,并且暂时将它孤立起来,以使它成为单独话题的事物。其中的每一个,如果为心所专注,都能提示出它从中撕开来的那个连续统的其他部分,以使概念性认识能够以类似的方式工作。这种"提示"通常只是我们后面要说的观念联想。然而,它时常是一种激励,让心活动起来,加上一些线条,将数字组拆开,等等。无论它是什么,它都将新的概念性认识带到意识之中,后者随即可能明确或不明确地注意到新概念性认识与旧概念性认识的关系。我有一个关于等距离线条的概念性认识。突然地,不知道从什么地方,它们相交的概念性认识就进入了我的头脑之中。又是突然地,我同时思想着相交和等距,感知到它们是不相容的。"那些线条永远也不会相交",我说。又是突然地,"平行"这个词进入了我的头脑。"它们是平行线",我继续说;等等。原初的概念性认识是开始;偶然的概念性认识被各式各样的心理原因向前推进;然后是对二者的比较和结合;以作为结果的概念性认识结束;后者可能是理性的或者经验的关系。

对于这些关系,人们也许可以说,它们是二级概念性认识,心本身就是它们的出生地。在第二十八章,我将以相当长的篇幅为心在产生它们时所具有的创造性和多产性辩护。但是,没有任何一个心中的概念性认识自身,像我所批评的看法所声称的那样,是多产的。当和弦的几个音符一起奏响时,我们从它们的结合中获得了新的感受。这个感受是由于心以那种确定的方式对那组声音做出了反应,而没有一个人会想到要说,那个和弦中的任何一个单一的音符，自身"发展"成了其他音符或者那个和谐的感受。概念性认识也同样。没有一个概念性认识会发展成为任何其他概念性认识。但是，如果两个概念性认识同时被思想，它们的关系就可能会进入到意识当中，并且构成第三个概念性认识的内容。

以人们说可以变成"质数"的"13"为例。实际情况是，我们将完全不变的 13 的概念性认识，与各种其他概念性认识（那些 2、3、4、5 和 6 的不同倍数的概念性认识）相比较，然后断言它与所有这些概念性认识都不同。这个不同是一种刚刚确定的关系。只是为了简短起见，我们才称它为那原初的 13 的一种性质——质数的性质。在下一章我们将会看到，（如果不把事物之间的审美和道德关系考虑在内）通过对概念性认识的单纯审查，我们可以了解的唯一重要关系，就是比较关系，即它们之间有差别与没有差别的关系。6+7=13 这个判断，表达了被相继考虑到并且得到比较的两个观念对象（13 和 6+7）之间的相等关系。6+7＞12 或 6+7＜14 这两个判断，以相同的方式表达了两个观念对象之间的不相等关系。但是，如果说 6+7 的概念性认识产生 12 或者 14 的概念性认识，就不合理了，那么当然，说它产生 13 的概念性认识也同样不合理。

12、13 和 14 的概念性认识，各自都是由心的单独活动（摆弄它的材料）产生出来的。当我们比较两个观念对象，发现它们是相等的时，一个对象的概念性认识可能是关于整体的，而另一个对象的概念性认识却可能是关于它的所有部分的。在我看来，似乎只有在这种特殊情况下，一个概念性认识发展为另一个概念性认识这个观点，才听起来有点道理。但是，即使在这种情况下，关于整体的概念性认识也并没有发展为关于部分的概念性认识。让我们

## 第十二章 概念性认识

首先给出关于某个作为整体的对象的概念性认识。最初,它指向并为进一步的思想识别出一个特定的那个。这里的"整体",可能是那些难于将各个部分分离开来的机械性难题之一。在这种情况下,没有人会声称,我们在解决难题之后获得的关于这个难题的更丰富细致的概念性认识,直接来自于我们最初关于它的粗糙的概念性认识,因为众所周知,它是我们亲手实验的结果。确实,由于我们先前的思想和后来的思想都意指同一个难题,它们有同一个概念功能,是同一个概念性认识的媒介物。但是,除了作为这个单调不变的概念性认识("那同一个难题")的媒介物以外,后来的思想还是所有通过亲手实验获得的其他概念性认识的媒介物。当那个整体是数学的而不是机械的时,情况也完全一样。让它为一个多边形空间,我们将其剪切成三角形,然后我们断言说它就是那些三角形。这里的实验(虽然是不同寻常地用手中的铅笔完成的),可以通过独立的想象来完成。我们将这个最初只被想象为多边形的空间,保持在我们的心眼之前,直到在它内部来回游走的注意将它剪切成了三角形。那些三角形是一个新的概念性认识,是这项新操作的结果。然而,一旦想到了它们,并且将它们与我们最初想到并且从未停止过想到的那个旧多边形做了比较,我们就断定,它们正好适合那个多边形的区域。我们认为,先前的和后来的概念性认识,是关于同一个空间的。但是,心在将三角形和多边形进行比较时就一定会发现的二者之间的这种关系,被旧概念性认识发展为新概念性认识这种说法表达得非常糟糕。新概念性认识来自于新感觉、新动作、新情绪、新联想、新的注意活动和对旧概念性认识的新比较,而不是来自于其他的方式。内生的多产性不是概念

467

性认识有资格声称具有的一种生长方式。

因此我希望,当我坚持说概念性认识心理学不是处理连续性和变化的地方时,人们不会指责我草率地把疑团推出了视线之外。概念性认识构成了在任何情况下都不可能发生变化的一类实存。它们可以完全停止存在;它们也可以保持它们各自的所是;但是对于它们来说,没有中间道路可走。它们形成了一个本质上非连续的系统,并且把具有流变性质的知觉经验过程,转化为了一套呆滞和僵化的术语。变动本身的概念性认识就是心中的一个绝对不变的意义;它只是固定不动地表示那一个事物——变动。——说了这些,我们就可以放下概念流变的学说了,并且也不必再让它来占据我们的注意。①

---

① 在哲学问题上,论证很少发生转变;我知道,一些人发现他们对某一个问题的看法与以前不同,宁愿说他们对同一个概念性认识有两个不同的版本,一个从另一个中发展出来,而不愿说他们关于同一个事物有两种不同的概念性认识。这终归取决于我们如何定义概念性认识。我们自己将它定义为心理状态所由以思想它以前思想过的同一个事物的功能。如果两个心理状态中的一个确实要思想另一个状态思想过的东西,那么,它们就是同一个概念性认识的两个版本;但仅此而已。如果其中的一个要思想另一个没有思想过的东西,它就是与那另一个不同的概念性认识。而且,如果其中的一个要思想那另一个思想过的全部东西,以及更多的东西,就有那个更多而言,它也是一个不同的概念性认识。在这最后一种情况下,一种心理状态具有两种概念功能,每一个思想都自己决定在所有向它开放的概念功能中,它现在要恢复的是哪一个功能;在哪一个其他思想那里,它将自己确定为一个思考者,以及在什么程度上这样确定。"我曾经意指的那同一个 A,"它说,"我现在要再一次意指它,并且像以前那样把 C 而不是 B 作为它的谓词(诸如此类)。"因此,在所有这一切过程中,都绝对不存在变化,而只有概念性认识的分解与结合。复合的概念性认识作为新的心理状态的功能而产生。其中的一些功能与先前的功能相同,一些不同。于是,任何一个改变了的意见,都部分地包含先前的概念性认识的新版本(然而,与旧的版本完全一样),部分地包含全新的概念性认识。在每一个具体情况下都很容易做出这种区分。

## "抽象"观念

我们现在转向一个更为难以原谅的错误。有一些哲学家否认思考着的心可以将联结着的事物拆散开来，甚至暂时的也不行。唯名论的观点认为，我们实际上决不会对一个经验的部分元素形成任何概念性认识，每当我们思想一个经验时，我们都被迫思想它的整体，就像它发生时那样。

我将对中世纪的唯名论保持沉默，而从贝克莱开始。人们认为他独自重新发现了那个学说。他反对"抽象观念"的断言是哲学文献中最经常被引证的段落之一。他说：

> 人们都同意，事物的各种性质或样式决不会真正各自孤立地存在，与别的性质或样式相分离，而是一些性质或样式混合和掺杂在同一个对象之内。但是人们说，由于心可以单独思考每一个性质，或者思考从与之结合在一起的其他性质中抽象出来的性质，所以它可以通过这样的方法构造出抽象观念。……人们说，我们以这种方式获得了人的抽象观念，或者如果你愿意，获得了人性或人的本性的抽象观念；在这个观念中，确实包含颜色，因为没有人是没有颜色的，但是这个颜色既不能是白，也不能是黑，也不能是任何特殊的颜色，因为没有一种特殊颜色是为所有的人所共有的。同样，在这个观念中还包含身材，但它既不是高身材，也不是矮身材，也不是中等身材，而是从所有这些身材中抽象出来的某种东西。其他的性质也是这样。……别人是否具有这种奇妙的对观念进

行抽象的能力,最好是让他们自己来回答:我发现我自己确实具有一种能力,可以想象或者表象我感知过的那些特殊事物的观念,可以用各种方式将它们混合起来和分割开来。……我可以分别思考从身体的其余部分抽取出来或者分离开来的手、眼睛和鼻子。但是在这样做时,无论我想象的是什么样的手或眼睛,它都必须有某种特殊的形状和颜色。同样,我对自己构造出的人的观念,也必须或者是一个白人,或者是一个黑人,或者是一个黄褐色的人,必须或者是一个挺直的人,或者是一个驼背的人,必须或者是一个高个子的人,或者是一个矮个子的人,或者是一个中等身材的人。通过任何的思想努力,我都无法想象上面谈到的抽象观念。而且,我也同样不可能离开运动的物体,来形成一个非快非慢、非曲线非直线的抽象运动观念;对于所有其他抽象一般观念,也都可以这样说。……我有理由相信,大多数人都会承认,他们自己是与我的情况相同的。大多数简单和没有文化的人,是从来不自称具有抽象观念的。人们说,抽象观念很难,不经过痛苦与学习是无法获得的。……现在,我很愿意知道,人们是在什么时候才努力去克服那种困难,使自己掌握那些为交谈所必需的帮助的。那不可能是在他们成年的时候,他们似乎并没有在此时意识到任何这样的辛劳;因此,这是他们童年的事情。对于幼年来说,形成抽象观念的辛劳确实是一项艰巨的任务。几个孩童如果不先把无数的矛盾缝合起来,从而在心中形成抽象的一般观念,并把它们附加到使用的每一个普通名称上,他们就不能在一起闲谈糖果、摇鼓和其他小玩意,这不是一件很难想象的事情吗?①

然而,贝克莱如此勇敢地发出的声音,在下述对于每一个人来说都非常明显的事实面前,就维持不下去了,这事实就是,我们能够意指颜色而不意指任何特殊的颜色,意指身高而不意指任何特殊的高度。确实,在他的《分析》中关于分类的一章里,詹姆斯·密尔英勇地表示了赞同;但是在他的儿子约翰那里,唯名论的声音就变得非常微弱了,以至于虽然"抽象观念"作为一种传统形式受到了批判,但是他表达出来的看法,却实际上只是一种羞于用自己的合法名称来称呼自己的概念论。②概念论说,心可以脱离世上所有的其他事物,孤立地思考任何它愿意思考的性质或关系,并且仅仅意指它。当然,这就是我们曾经提出过的学说。约翰·密尔说:

> 概念的形成不是在于将人们认为构成概念的属性与同一对象的所有其他属性分离开来,使我们能够脱离所有其他属性而思考那些属性。我们从不以任何方式将它们作为孤立的事物来设想、思考或认识,而只把它们看作是在与许多其他性质的结合中形成了个别对象的观念。不过,虽然只是将这些属性当作更大集合体的一个部分而意指它们,我们还是有能力将注意集中于它们而忽略我们认为与它们结合在一起的其他属性。当注意的集中延续着时,如果集中的程度足够高,我

---

① 《人类知识原理》(Principles of Human Knowledge),导言,第 10、14 节。
② "拘谨的观念论"(Conceptualisme honteux),拉比尔(Rabier),《心理学》(Psychologie),第 310 页。

们就有可能对所有其它属性暂时处于无意识状态,而且可以在一个短暂的时间里,只让那个概念的构成属性呈现于心中。……因此,严格地说,我们没有任何一般概念;我们只拥有关于具体对象的复杂观念;但是我们能够专一地注意具体观念的某些部分;而且通过这种专一的注意,我们使得那些部分能够独自决定随后由联想唤起的思想进程;而且能够进行一系列只与那些部分相关的沉思或推理,恰恰就像我们能够离开所有其他部分来思考它们。①

这是密尔虔诚坚守他的一般陈述,却逐一承认其对手全部要求的一个有趣例子。如果对心之拥有"抽象观念"有比我用斜体字标出的语词更好的描述,我对此尚不了解。贝克莱式的唯名论就这样垮台了。

找出作为迄今关于这个问题的全部讨论基础的错误假定并不难。这个假定就是,为了认识,观念必须被铸造得与他们所认识的事物完全相像,而能够被认识的唯一事物,就是观念可以与之相类似的事物。这个错误并不局限于唯名论者。一切认识都将通过认识者的相似性而被认识(Omnis cognitio fit per assimilationem aognoscentis et cogniti),这曾经是为每一个学派的作者或多或少明确采

---

① 《汉密尔顿研究》,第393页。并可参见《逻辑学》,第2卷,第5章,第1节,以及第4卷,第2章,第1节。

## 第十二章 概念性认识

纳的座右铭。实际上它的意思是说,观念必须是它所认识事物的复本[①]——换言之,它只能认识它自己——或者,更简短地说,任何严格意义上的知识,作为一种自我超越的功能都是不可能的。

我们自己关于认知关系的终极性,以及思想的"对象"与其单纯"主题"或"谈论题目"之间的区别(参见第 275 页及以下诸页)的直率陈述,与任何这样的理论都是背道而驰的;随着这部书的进展,我们会有越来越多的机会来否定它的一般真理性。要认识一个实在,意指它,或者"关于"它,心理状态所需要做的全部事情,就是导向一个更遥远的心理状态,后者或者作用于那个实在,或者与那个实在相类似。唯一有可能被说成是与其对象类似的那类思想,就是感觉。我们的全部其他思想所由以组成的材料是符号性的,而且思想是通过或迟或早终止于与一个主题相似的感觉,来证明它与这个主题的相关性的。

但是密尔和其他人为,思想必须是它所意指者,而且意指的是它之所是,还有,如果它是一张整个人的画像,那它就不可能意指他的任何部分,而把其他部分排除在外。我在这里没有谈及那种极为错误的描述心理学,这种心理学陈述说,我们能够对其进行心理描画的唯一事物,是在各个方面都完全确定的个别事物。第十八章将对这个问题进行一些讨论,在这里我们可以忽略它。因为即使我们的意象确实始终是关于具体个别事物的,我们也决不能由此得出结论说,我们的意义也同样是这个。

---

① 比如:"关于事物的知识一定意味着心在这些事物中发现了它自己,或者,事物与心之间的区别以某种方式被消解了。"[E. 凯尔德,《康德哲学》(*Philosophy of Kant*),第 1 版,第 553 页。]

我们的意义感是思想的一个十分奇特的要素。它是心的那些短暂和"过渡性"的事实之一，内省不能转向它，将它孤立起来，并且留住它以接受检查，就像一个昆虫学者用针将一只昆虫整个固定住那样。用我曾经使用过的（有一点笨拙的）术语说，它属于主观状态的"边缘"，并且是一种"关于趋势的感受"，其神经对应物无疑是许多太微弱、太复杂以至难以追踪的出现和逝去着的过程。几何学者面对一个确定的图形，完全知道他的思想也适用于无数其他的图形，而且，虽然他看见了特定大小、方向和颜色等等的线条，他并没有意指任何一个这样的细节。当我在两个不同的语句中使用人这个词时，我可以两次发出完全相同的声音，并且在我的心之眼里出现相同的画面，但是我可以意指，并且在说出那个词和想象那个画面的那一刻知道我意指，两个完全不同的事物。因此当我说"琼斯是一个多么了不起的人啊！"时，我完全知道我使用的人这个词不包括拿破仑·波拿巴或者史密斯。但是当我说"人是一个多么了不起的东西啊！"时，我同样知道，我要包括进来的不仅有琼斯，而且还有拿破仑和史密斯。这种附加意识是十分明确的感受，将否则就是单纯的噪声或影像的东西，转换为了理解了的东西；并且以一种完全确定的方式，决定了我思想的后继者，即后面的语词和意象。我们在第九章看到，那个意象本身，那个核子，在功能上是思想最不重要的部分。因此，就涉及到心理学而言，我们的"边缘"学说引向了对唯名论和概念论争论的一个非常令人满意的解决。我们必须做出有利于概念论者的解决，并且断言，将事物、性质、关系或者无论什么可能的其他要素，从它们出现于其中的全部经验中孤立和抽象出来去思想它们的能力，是我们思想的

第十二章　概念性认识

最无可争议的功能。

## 普　遍

抽象之后是普遍！让我们相信了这其中一个的"边缘"，也会让我们相信另一个。个别的概念性认识涉及在应用中局限于单一情况的某种事物。普遍或一般的概念性认识涉及整个一类事物，或者涉及属于整个一类事物的某个事物。带有抽象性质的概念性认识自身，既不是普遍的，也不是个别的。①如果我今天早晨将白色从其余的冬天风景中抽象出来，它是一个完全确定的概念性认识，是一个我可以再次意指的自我同一的性质；但是，由于我还没有通过明确地将它局限于这些特殊的雪，而将它个别化出来，也完全没有想到它可能适用的其他事物的可能性，至此，它就还只是一个"那个"，一个"漂浮的形容词"，如布拉德利先生所说，或者是一个从世界的其他部分脱离开来的主题。严格地说，在这种状态下，它是一个单数形式的词——我"将它挑选了出来"；后来，当我将它的应用普遍化或者个别化，我的思想转而意指这个白色或者所有可能的白色时，我实际上意指的是两个新事物，并且形成了两个

---

①　传统的概念论学说认为，抽象的东西当然也一定是普遍的。即使像杜威教授（《心理学》，第207页）这样的现代独立作者也遵从于传统："心抓住某一个方面，……对它进行抽象或剥离。正是这种对某一个元素的抓握概括出了抽象的东西。……在引出它时，注意使它成为了意识的一个独特内容，并因而将它普遍化了；它不再在它与对象的特殊联系中被思考，而是独立地被思考；这就是说，作为一个观念，或它向心意指的东西；而意义永远是普遍的。"

新的概念性认识。①我的意义的这种改变,与我心之眼中的意象的任何变化都毫无关系,而只与环绕那个意象的关于其适用领域的模糊意识有关。对于这种模糊意识,我们已经在第249—266页做出了解释,无法再给出比那更确定的解释了。但那并不是否认它存在的理由。②

然而,唯名论者和传统概念论者在这些简单的事实中找到了长期争论的素材。他们主张,一个观念、感受或意识状态实际上只能觉知它自己的性质;他们双方都同意,这样的观念或意识状态是一个完全确定的、单一的和短暂的事物;他们认为不可想象,它怎么会成为关于任何永久或者普遍事物之知识的媒介物。"要认识普遍,它就必须是普遍的;因为相同者只能为相同者所认识,"等等。由于不能使这些不相容的事物——认识者和被认识者——协调起来,每一方就都牺牲了其中的一个,以保全另一个。唯名论者通过否认被认识者为真正的普遍,来"制服"被认识者;概念论者通过否认认识者为一种心理状态(在作为与其他感受性事实同

---

① C. F. 里德的《理智能力》,论文五,第3章,——白色是一回事,这张纸的白色是另一回事。

② F. H. 布拉德利先生说,概念性认识或"意义""包含内容的一部分,这部分内容被心孤立起来、固定下来,并且是离开标记的存在而得到考虑。添加并且求助于另一个真实主题是不正确的;因为在我们思想而无判断的地方,在我们否定的地方,那个描述就不适用"。这似乎和我们的学说是一样的;对被考虑的抽象事实的一个或者全部主题(即它的个别性或者普遍性)的应用,构成了一个新的概念性认识。然而,我不能完全肯定布拉德利先生不变地坚持着这一基础。参见其《逻辑学原理》(*Principles of Logic*)的第一章。我为之辩护的学说在罗斯米尼(Rosmini)的《哲学体系》(*Philosophical System*)[托马斯·戴维森(Thomas Davidson)做的导言,第43页]中得到了坚决的支持。

质的思想流的一个正在消亡的片断的意义上),来除去认识者。他们发明出一种纯粹理智行为(actus purus intellectûs),或者自我,作为关于普遍的知识的媒介物,它的功能被看作是准奇迹般的和极其令人敬畏的,想要解释它,将它普通化,或者将它还原为较低级的术语,就是对它的亵渎。这个更高级的本原,最初是作为关于普遍的知识的一种媒介物而调用的,此时成为了所有思想活动的不可缺少的媒介物,因为人们主张,"在每一个思想之中都有一个普遍的要素。"同时,不喜欢纯粹行为(actus puros)和令人敬畏的本原,并且藐视虔敬心态的唯名论者满足于说,我们错误地以为看到过普遍;迷惑我们的东西不是别的,就是成群的"个别观念",这些个别观念可以在任何时候通过听到一个名称而被唤起。

如果翻开这两个学派中的任何一个学派的书籍,我们会发现,在关于普遍和个别的混乱中,我们不可能弄清什么时候作者是在谈论心中的普遍,什么时候是在谈论客观的普遍,这二者是非常奇怪地混在一起的。例如,詹姆斯·费里尔是最杰出的反唯名论作者。但是,谁有足够的聪明智慧能够由下面这些从他那里引证的语句中,数清他从被认识者跨到认识者,并将他在任何一方发现的无论什么性质归与双方的次数呢?

> 思想的过程就是从单一或个别到达观念[概念]或普遍。……观念是必要的,因为没有它们思想就不能发生。它们是普遍的,因为它们完全摆脱了作为所有单纯感觉现象之特征的特殊性。要把握这种普遍性的性质并不容易。也许可以达到这一目的的最佳途径,就是将它与个别相比较。不难理解,一个感觉,一个感觉现象,始终都仅仅是它所是的那个

个别。就其严格的特殊性而言,它是完全不可思想的。在被思想的活动中,某个多于它的东西出现了,而这多出来的某个东西不可能再是那个个别。……十个个别本身并不比一个个别被更多地思想;……在思想中总会出现一个多出来的某个东西,在很大程度上它就是其他个别的可能性。……那个其他个别为其实例的模糊的多出来的某种东西,就是普遍。……观念或普遍不可能在想象中得到描画,因为这立刻就会将它还原为个别。……不能对观念形成任何的图像或表象,这并不是由于我们的能力不完美性或者有局限性,而是智力的本性所固有的一种性质。设想一个观念或普遍可以成为感官或想象的对象,这是矛盾的。观念因此是直接与意象相对立的。①

唯名论者在他们那方面承认一种准普遍,某种尽管不是普遍,但我们却认为好像是普遍的东西;在他们关于这个某种东西(他们将其解释为"不确定数量的个别观念")所说的话中,在主观的观点和客观的观点之间同样的摇摆不定又出现了。读者永远也无法弄清谈到的"观念"应该是认识者还是被认识者。作者自己不做这种区分。他们想要在心中得到某种与心外的东西相类似(无论多么模糊)的东西,他们认为,如果这个事实得到了实现,就没有进一步的问题要问了。詹姆斯·密尔写道:②

我们想说,人这个词最初是应用于一个个体的;它最初

---

① 《希腊哲学演讲》(*Lectures on Greek Philosophy*),第 33—39 页。
② 《分析》,第 8 章。

## 第十二章 概念性认识

与关于那个个体的观念相联系,并且获得了唤起关于那个个体的观念的力量;然后它又应用于另一个个体,并且获得了唤起关于他的观念的力量;然后是另一个,又是另一个,直到它与一个无限的数目相联系,并且获得了不偏不倚地唤起无数这类观念的力量。发生了什么事情?确实它的每次出现都会唤起无数关于个体的观念;并且将这些观念紧密联系在一起,形成关于它们的一类复杂观念……。当一个观念由于所包含观念的多样性而在某种程度上变得复杂了时,它必然也就模糊了,这也是一个事实;……这种模糊性无疑是它曾经具有的神秘性的主要原因。……因此,似乎人这个词并不是一个带有非常简单的观念的词,就像实在论者所主张的那样;也不是完全不带观念的词,就像[较早期的]唯名论者所主张的那样;它是这样一个词,它通过不可抗拒的联想法则而唤起无数观念,并将它们构成为一个非常复杂和独特,但却并没有因此而变得不可理解的观念。

贝克莱已经说过:[①]

一个词并不是通过成为一个抽象一般观念的标记,而是通过成为许多单独个别观念(它不偏不倚地将其中的任何一个提示给心)的标记,而变成一般的。一个自身是个别的观念,是通过表象或代表同类所有的其他个别观念,而成为一般的。

---

① 《人类知识原理》,导言,第 11、12 节。

"代表",而不是知道;"成为一般的",而不是觉知到某种一般的东西;"个别观念",而不是个别事物——到处都是同样的战战兢兢,生怕求助了知道这个事实,到处都是可怜的无效努力,试图将它以"观念"的一种存在样式偷偷地混进来。如果要思考的事实是一个类中无限多的实际和可能的成员,人们就假定,只要我们能够有片刻的时间在心中聚集起足够多的观念,那里面每一个单独观念的存在就等同于知道或者意指上述那个类中的一个成员;而且它们的数量之大竟会使我们的计数发生混乱,使我们怀疑是否那一类中所有可能的成员都令人满意地计数过了。

当然,这样说毫无意义。一个观念既不是它知道的东西,也不知道它是什么;一堆堆相同"观念"的复本,以一成不变的形式,或者"通过形成于一个观念中的不可抗拒的联想法则"反复发生,这与关于一个类中"所有可能成员"的思想,永远也不是一回事。我们必须用完全特殊的特别意识来意指那个。但是,将贝克莱、休谟和密尔关于一堆观念的看法翻译为大脑术语,从而让它们代表某种实在的东西,这很容易;在这个意义上,我认为,这些作者的学说不像那个相反的学说那么空洞,那个学说把普遍概念性认识的媒介物变成了灵魂的纯粹行为(actus purus)。如果每一个"观念"都代表某个特殊的初生神经过程,那么,这些初生过程的集合,就可能有一个心理"边缘"作为它的意识关联物,这应该就是那个普遍意义,或者就是这个意图,即所使用的名称或者心理图像应该意指那个类中所有的可能个体。大脑过程的每一个独特因素,都必须在灵魂中有独特的关联物。一个对像人这个词的范围有不限定所指的思想,应当与一组过程相对应;一个指向个别的思想,应当

## 第十二章 概念性认识

与另一组过程相对应；一个对那同一个词的范围有普遍所指的思想，应当与第三组过程相对应。与其中任何一组过程相对应的思想，自身始终是一个独特和单一的事件，关于它对特殊神经过程的依赖，我当然还远不能说是可以解释了。①

---

① 引证在第 224 页提到的《心》中那篇文章的一个段落，也许会加强正文的效果。

"为什么我们不能站在概念论者一边，说一个词的普遍意义确实与某种心理事实相对应，而同时又同意唯名论的观点，即所有心理事实都是主观感受性的改变，为什么我们不能称那个事实为一种'感受'？总之，意指人类的人，与作为一种单纯噪声的人，或者与意指那个人（即仅仅指约翰·史密斯）的人，是不同的感受。并不是说区别仅仅是在于这个事实，即将那个词看作是普遍的时，它带有高尔顿先生的人的"混合"意象之一。许多人似乎曾经认为，这些混合的，或者如赫胥黎教授所说的'类属（generic）'意象，就等于是概念。但是，就其自身而言，一个模糊的东西和一个清晰的东西一样是个别的；而清晰意象或者模糊意象的类属性质，都依赖于它带着其表象功能一起被感受。这个功能就是那个神秘的添加，是被理解的意义。但是，它决不是任何从上面施加于意象的东西，没有纯粹的理性活动存在于超感觉和半超自然的层次。我们可以将它图解为是与主观之流的所有其他片断相连续的。它就是那个被模糊感受到的与许多其他将要发生的意象之关系的色斑、边缘或晕轮，还没有清晰地处于焦点上，对此我们已经[在第 9 章]进行过充分的讨论。

"如果意象到来时没有边缘，它就只表现一个简单的性质、事物或事件；如果它带着边缘到来，它就可以表某种明确被当作是普遍的东西，或某种处于一个关系图式中的东西。思想和感受的区别，于是就在最后的主观分析中将自己还原为了'边缘'的出现与缺乏。而这反过来又很有可能在最后的生理学分析中，将自己还原为了其他脑回亚兴奋状态的出现与缺乏，而不是其释放构成了思想较确定核子（实体性成分）——在这个例子中，是它可能碰巧唤起的词或意象——之基础的脑回。

"这并非像柏拉图主义者们说的那样，是被称为意象和感觉的特定主观事实和被称为关系智能活动的其他事实之间的对比；前者是盲目的正在消亡的东西，甚至都不知道它们自己的存在，而后者却在对其认知的神秘综合中将两极结合了起来。这实际上是两个方面之间的对比，所有心理事实毫无例外都可以从这两个方面进行考察；主观结构的方面，和认知功能的方面。在前一个方面，最高级和最低级的都是感受，是那个流中的一个带有独特气息的片断。使它带上独特气息的，就是它的敏感的身体，那个如他的心情（wie ihm zu Muthe ist），它在经过时感受起来的方式。在后一个方面，最低级的心理事实和最高级的心理事实，都可以把握住一些真实的东西作为内容，尽管那确实,与每一个概念性认识(无论它是关于什么的)都是心的不变所有物这个事实相比,它是意指一个单一事物、还是整个一类事物,或者仅仅是一个未分派的性质这个问题,是一个没有意义的细节问题。我们意义是以各种方式混合在一起的单一者、个别者、不限定者和普遍者。如果以相同的方式来对待,一个单一个体在我心中与世界的其余部分隔绝和区别开来时,与他所拥有的最纯净和最普遍适用的性质——比如,存在——是在同样的程度上为我所持有的。① 从各种立场看,我们归与普遍概念性认识的那种压

---

真实的东西就像单纯的没有位置、没有时间特征的疼痛的性质一样,是一个不带关系的东西。从认知的观点看,所有心理事实都是智力活动。从主观的观点来看,它们都是感受。一旦承认那种转瞬即逝、渐渐消失着的东西与清晰而且相对持久的东西一样,是那个流中的真实部分;一旦承认边缘和晕轮,以及那些其对象还未命名、还只是认知的发生、是前兆、是方向觉知的未得到清楚表达的知觉,和清晰的想象和命题一样,都是独特的思想;一旦让模糊的东西收回其心理学上的权利,事情没有再多的困难了。

"于是我们看到,目前这种感受与知识的对立,完全是一个错误的问题。如果每一个感受同时也是一点知识,我们就不应该再说心理状态是根据带有的认知性质的多少而被区分开来了;它们只是在知道得多少、在对其对象掌握的事实多少方面相区别。对大的关系图式的感受,就是所知甚多的感受;对一种简单性质的感受就是所知甚少的感受。但是知道自身,不管所知甚多还是甚少,在各种情况下都具有相同的本质,并且都是真正的知道。这样通过其对象而区分开来的概念与意象,在内在性质方面是同质的,都是感受的方式。其中的一个,作为个别,不再被认为是一种被自然而然接受的相对低级的实存,而另一个,作为普遍,则被赞美为一种持久的、应受崇拜而不是应被解释的奇迹。概念和意象,作为主观的东西,是单一和个别。二者都是那个流的瞬间,它们发生了,然后在一瞬间又逝去。普遍性这个词,当被应用于它们的始终有限的心理部分或结构时,是没有意义的。只有当应用于它们的使用、意指、或者是对它们可以揭示的那类对象的指称时,它才有意义。对普遍对象的表象本身,与对那个我们对其知之甚少以至于能够说出来的只是"哈!"这么一个感叹词的对象的表象一样,是个别的。我们应该对二者用同一个标准来衡量,应该给它们同一个尺度,不管是崇拜的还是轻视的。"(《心》,IX,第18—19页。)

① 霍奇森:《时间与空间》,第404页。

倒一切和不同寻常的性质，是令人惊讶的。知道更值得崇尚的知识应当是关于更值得崇尚的事物的知识，以及有价值的事物都是具体者和单一者，那么，为什么自柏拉图和亚里士多德以来，哲学家们会竞相轻视关于个别的知识，而崇尚关于一般的知识，就是令人难以理解的了。普遍性质的唯一价值是在于，通过推理，它们帮助我们认识关于个别事物的新的真理。将意义局限在一个个别事物上，可能比将它延伸至一个类的所有个例，需要更复杂的大脑过程；而且，不管被认识的事物是一般还是个别，知识的奥秘本身都是同样的巨大。总之，我们只能将传统的普遍崇拜称之为违反常情的多愁善感，一种哲学的"洞穴偶像"。

似乎没有必要补充说，如果不是在完全不同的心理状态中被思考，任何事物都不可能被思考两次（这自然可以从第229—237页推论出来，并且始终暗含在我们的主张之中）。因此，我的扶手椅是我对其拥有概念性认识的事物之一；我昨天知道它，在我看见它时我就认出了它。但是，如果我今天把它思想为是我昨天看见的那同一把扶手椅，显然，关于它是那同一把的概念性认识，就是思想的一个附加因素，这个思想的内在构造必须因此而发生变化。总之，同一个事物会被同一个思想的两个相继复本认识为是同一个，这在逻辑上是不可能的。事实上，我们由以知道自己意指同一个事物的那些思想，相互之间其实往往是非常不同的。我们此时在一个语境中思想这个事物，彼时又在另一个语境中思想它；此时以明确的意象思想它，彼时又以符号思想它。有时我们对其同一性的感觉只涉及我们思想的边缘，有时它又涉及我们思想的核子。我们永远也不能将思想分成碎片,然后说它的哪一个小块恰恰是这样一个部分,这个部分使我们知道所指称的是哪一个主题;然而我们始终确实知道在所有可能的主题中我们心中想着的是哪一个。内省心理学在这里必须认输;它的粗糙方法无法捕捉主观生活的精细变化。它必须让自己只限于为这个事实作证,即各种不同的主观状态,确实构成了认识相同者的媒介物;它必须否定相反的观点。

普通的"观念"心理学似乎总是在说,被认识的同一事物的媒介物,必须是再次发生的同一心理状态,就好像再次拥有同一个"观念",不仅是两次意指同一个事物的必要条件,而且是充分条件。但是,同一观念的再次发生,会完全否定关于任何事物的重复知识的存在。它可能是简单回复到一种以前存在的状态,在那段时间间隔中一无所得,而且对那种状态以前曾经存在过也完全没有意识。我们不是以这种方式思想的。通常,我们完全知道以前曾经思想过我们现在思想着的事物。主题的连续性和永恒性是我们智力活动的本质。我们认出了那个老问题和那些老答案;我们用一个谓词来改变、改进和替换另一个,而一直不让主词发生变化。

当人们说思想是在于做出判断时,他们所说的就是这个意思。一连串的判断可以都是关于同一个事物的。促使我们继续不断思想的一条一般的实践假定就是,通过不断地思想,我们就会对同一事物做出更好的判断。①在一连串的判断中,各种新的操作施加于事物之上,各种新的结果产生出来,而从不会感到失去了主题。开

---

① 比较霍奇森的《时间与空间》第 310 页上的那个绝妙段落。

始时，我们只是拥有那个主题；然后我们对它进行操作；最后我们以更丰富和更真实的方式再次拥有了它。复杂的概念性认识替代了简单的概念性认识，但是我们完全意识到这两个概念性认识是关于那同一个主题的。

拥有和操作之间的区别，在心理世界和物质世界一样地自然。正如我们可以手里拿着一块木头和一把刀，却不用它们做任何事情；我们的心也可以仅仅觉知一个事物的存在，却既不注意它，也不辨别它，既不找出它的位置，也不考虑它，不比较它，不喜欢它，不讨厌它，不推断它，不清晰地辨认出以前曾经遇到过它。同时我们知道，我们可以不以这种失神和无感的方式凝视它，而是立即重振我们的活动，找出它的位置，给它归类，比较、清点和判断它。所有这些活动所涉及的，全部都是我们在内省工作的一开始就假定了的东西：实在，即心外（extra mentem）、思想，以及二者之间可能的认知关系。思想对给与感官的材料进行操作的结果，就是将经验的发生秩序转变为一种完全不同的秩序，即被思考的世界的秩序。比如，不存在这样一个光点，我将其挑选出来并且定义为鹅卵石，它没有因此而与只是时间和空间上邻近的事物撕裂开来，并且与自然的宽度所造成的物理上与之分离的事物一起被思想。请将事实出现在物理教科书上的形式（作为逻辑上的次属法则），与我们自然亲知这些事实的形式相比较。概念图式是我们用来收集世界的内容的一种筛子。大部分事实和关系，都由于太精细或者太无关紧要以致无法安放进任何概念性认识之中，而被过滤出去了。但是，每当一个物理实在被捕捉到，并且被识别为与已经思考过的某个事物相同一时，它就会留在筛子里，识别它的那个概念性认识的所有谓词和关系,就也成了它的谓词和关系;换句话说,它受控于那个筛网。这就是霍奇森先生所说的将知觉的世界秩序转变为概念的世界秩序。①

在第二十二章我们将看到,这种转变如何总是由于某种主观兴趣的缘故而发生,我们用以处理感觉经验的概念性认识,如何实际上只是一个目的论的工具。思考、确定和紧紧把握意义的整个功能,离开了下述事实就没有意义,即思考者是一个带着有倾向性的目的和私人目标的造物。关于概念性认识可说的还很多,但是目前这些就足够了。

---

① 《内省的哲学》,I,第 273—308 页。

# 第十三章　辨别和比较

一般人都会注意到,有些人有比其他人更灵敏的感官,有些人有更敏锐的心,能够"对事物做出细微的区分",在大多数人只能了解一种意义的地方,他们能够看出两种意义。洛克在很久以前就将辨别能力作为带有个体差异的能力而区分了出来。他写得很好,我们可以引用来作为这一章的导言:

> 我们在自己心中注意到的另一种能力,就是在心所拥有的各个观念之间进行分辨和辨别的能力。只是一般性地对某物有一种混乱的知觉是不够的:除非心对不同的对象及其性质有了清晰的知觉,否则它就几乎不能拥有什么知识;尽管作用于我们的物体和现在一样不停地活动,而且心也在持续地进行着思想。甚至一些被看作天赋真理的一般命题,其证据与确定性也依赖于这个将一事物与他事物区分开来的能力;因为人们忽略了那些命题得到普遍同意的真实原因,而将它完全归因于天赋的一致印象;然而,它实际上是依赖于心的这种清晰的分辨能力的,由于这种能力,它将两个观念感知为相同或是相异。关于这一点,我们以后再做进一步的讨论。
>
> 人们不能精确分辨各种观念的原因,多少是在于感官的迟钝或缺陷,多少是在于知性不够敏锐、缺少运用或者不加注

意,多少是在于有些人的性情天生就轻率和急躁,对此我不在这里进行探究。注意这一点就够了,即这是心可以在其自身中反省和观察到的操作之一。这种操作对心的其他知识有很大影响,如果这种能力自身迟钝了,或者我们未能适当地用它来区分事物,那么,我们的观点就会混淆,我们的理性和判断就会受到干扰和误导。如果心智的敏捷是在于能够随意调用记忆中的观念;那么,我们观察到的一个人比另一个人判断的准确和理性的明白,在很大程度上就在于能够保持清晰的观念,并且能够在只存在最细微差别的地方,将事物精细地区分开来。这样,也许就可以对那种人们普遍观察到的现象——即那些机智多端和记忆迅捷的人,并非总是也拥有最清晰的判断或者最深刻的理性——做出解释了。因为,机智主要是在于观念的集合,在于敏捷地将多种多样具有相似性和一致性的观念集合起来,由此在想象中制造出令人愉快的图像和惬意的景象;判断则与此相反,它是在于将有最细微差别的观念精细地区分开来,以避免为相似与类同所误导,而将事物混淆起来。这种进展的方法与隐喻和暗示是完全相反的,机智的动人与娱人之处,主要就是在于隐喻和暗示,它是如此生动地打动想象,由于我们一下子就能看见它的美丽,而且不需要思想的劳作来考察其中有什么真理或理性,所以它又是那么迎合众意。①

但是,洛克的弟子踏上其先师已指出前景的这条道路的脚步

---

① 《人类理解论》(*Human Understanding*),第2卷,第11章,1、2。

太迟缓了,并且忽视了对辨别能力的研究,以至我们几乎可以说,英国古典心理学家,作为一个学派,几乎没有认识到它的存在。在他们那里,"联想"是心的包揽一切的能力。马蒂诺(Martineau)博士在关于贝恩的讨论中,对洛克学派的这种一边倒做了一些非常有分量的评论。他说,在这个学派的观点看来,我们的心理历史是

> 不断地形成新的复合物:"联想"、"结合"、"融合"、"不能分解的联系"这些语词都表达了从多种材料到某种统一结果的变化。因此,对这个过程进行解释就需要做两件事情:真实地列举原来的要素,以及正确陈述其联系的法则。正如在化学中,我们有一个简单元素的清单,然后是这些元素的合成原则。现在我们看到,联想心理学家满足了这后一个条件,但是没有满足前一个条件。他们在元素编目方面,或者在简单元素与复合元素的区分标志方面,没有达成一致意见。心理单元不是固定的;被哈特利称为一个印象的东西,在密尔看来就是半打或者更多个印象。在这个问题上,现代大师们趋向于从其先师选择的这条较好的道路上后退得越来越远。比如,哈特利将任何单一对象——如一只橙子——对我们所起的全部当下作用,都看作是个别感觉;将它留下的全部痕迹,都看作是个别"感觉观念"。另一方面,他的现代信徒则将这同一种作用,看作是多种感觉的集合,将它留下的观念的踪迹,看作是高度复合的。"关于一个对象的观念",不是它们的基本起点,而是重复与经验的复杂结果之一;人们不断认为它显著地表明了习惯性联想的融合力量。詹姆斯·密尔说:
> 
> "我们正是将关于被称为外部对象的观念的形成,追溯到

这条伟大的联想法则;即关于特定数量的感觉观念,如此频繁地一起被接收,就好像它们是结合在一起的,并且在统一性的观念之下得到谈论。于是就有了我们所说的树的观念、石头的观念、马的观念、人的观念。在使用树、马、人的名称时,即我所说的对象的名称时,我只是在指称而且只能在指称我自己的感觉;因此,事实上,我只是命名了被看作处于一种特殊结合状态——即共存——的特定数量的感觉。特殊的视觉、触觉和肌肉感觉是这样一些感觉,颜色、大小、粗糙程度、坚硬程度、平滑程度、味道和气味,与关于这些感觉的观念结合得就好像是一个观念,我给它树的观念这个名称。"[1]

对这同一种作用,贝恩先生评论说:

"外部对象一般通过多种感官影响我们。海岸上的鹅卵石呈现给眼睛的是形状和颜色。我们将它拿在手里,用触觉这另一种感受来让形状的印象再现。将两块石头互相敲打,就会发出特有的声音。要使这样一个对象的印象保持下来,就必须有所有这些不同作用的联想。当这样的联想成熟与稳固了时,就是我们的观念,是我们对鹅卵石的智力的把握。转到有机世界,摘下一朵玫瑰花,我们的眼睛和手上会有同样的形状效果,还有颜色和触觉效果,再加上气味和味道的新效果。需要一定的时间来将所有这些性质统一在一个集合体中,以给我们持久的玫瑰意象。当我们完全获得了它时,任何一个特有的印象就都会使其他印象复苏;那气味、那样子、那

---

[1] 《分析》,第1卷,第71页。

## 第十三章 辨别和比较

多刺的茎的感受——这每一个印象本身都会让整个印象呈现出来。"①

我们将这个衍生顺序,即我们的客观知识开始于印象的多样性,然后到达统一性,看作我们心理历史的一种完全的倒置。哈特利不在意对象对我们发生作用的渠道的多样性,而且,尽管如此,还是将那作用看作是一,我们认为他这样做是完全正确的。……甚至现在,在生活给我们上了许多的分析课程(与我们能够专注的环境和我们自己的姿态成比例)之后,我们印象中的多样性感觉隐退了,我们不知不觉进入了完整的意识之中。例如,我们失去了对耳中任何不变的嘈杂声、眼中的光亮、身上衣服的重量的单独注意,尽管它们中的每一个在我们的感受中都是起了作用的。一旦同意了这条法则,我们就必须将它带到远远超越哈特利观点的地方。不仅每一个对象都必须在显露出它的性质之前,将自己整体地呈现给我们,而且我们周围的整个环境,也必须通过突现与变化,为我们将一个又一个的对象与背景分离开来;甚至我们和与我们形成鲜明对照的世界要自己分离开来,也必须等待我们发出的力和我们接受的力之间冲突的开始。让我们看一个最简单的例子:当我们第一次看见的红色弹子球弹回时,它会留下它自己的心理表象,在这个心理表象中,所有它同时给我们的东西都没有区分地共存着。让一个白色的球相继其后;此时,而不是在这之前,一种属性就会自己分离出来,通过对比

---

① 《感官与理智》,第411页。

的力量,那个颜色就在前景展现出来。让我们用鸡蛋代替那只白球,这个新的差别会将形状从它以前的沉睡状态带入到注意之中,因此,最开始只是脱离开周围环境的那个对象,对于我们来说,先是变成了一个红色的对象,然后又变成了一个红色的圆的对象;等等。因此,不是被个别给予的性质一致同意并合起来呈现给我们一个作为其集合物的对象,而是对象预先就在它们那里,它从自己的整体性中将这些属性一个一个地释放到我们的知识里面。在这个分解过程中,原来的核子永远也不会失去其实体性或名称;而它展现出来的差别,则表现为用形容词表达的单纯属性。因此,我们不得不认为是对象拥有其性质,而非对象就是那些性质;而且,我们永远也不会真心承认这样的信念,即任何一堆松散的属性确实会将自己融合为一个事物。我们不是感受到那个原初整体的统一体破碎了,并被分解成它相继表现出来的性质;它保留了一种残留的存在,这构成了它的实体,与出现的性质相对照,后者只是它的现象谓词。如果没有这种不断的将自我与世界、对象与环境、属性与对象区分开来的过程,抽象活动就一步也不能进行;就没有任何性质会受到我们的注意;而且,即使我们有一万个感官,它们也只能全部在一个意识中聚合与相遇。但是,如果是这样,那么,说感觉将它们自己组合为集合物,并且由此为我们构成了思想的对象,就完全歪曲了自然的秩序;就同时性存在的领域而言,这一理论的全部语言都是对真理的直接颠倒。经验发生着,理智不是通过联想,而是通过离解,不是通过将众多的印象还原为一,而是通过将一展现为多而得到训练。真实的心理历史必须以分析的而不是综合的术语来解释自己。那些被这一体系看作无限复杂,看作无数元素汇合的最终结果的——关于实体、心、原因、空间的——观念,事实上正是残留的简单意识要素,其稳定性不会受到现象经验的旋涡与涌流的打扰。①

真实的情况是,经验受到联想和离解两个方面的训练,心理学必须用综合和分析这两方面的术语来书写。我们原初的感觉整体,一方面受到辨别注意的再分,另一方面又与其他整体结合起来——或者通过我们自己的运动,将感官从空间的一个地方带到另一个地方,或者因为新的对象相继到来,并且替代了最初给我们留下印象的那些对象。休谟的"简单印象"和洛克的"简单观念"都是抽象物,从未在经验中实现过。经验从一开始就向我们呈现出具体的对象,这些对象模模糊糊地与将它们包封在时空之中的世界上的其他部分相连续,并且可以潜在地被划分为内在的要素和部分。我们将这些对象分解开来又重新结合起来。必须以两种方式处理它们,我们的知识才能得到增长。总之,很难说清哪一种方式更占优势。但是,由于传统联想主义的建构所用的那些元素——即"简单感觉"——都是高度辨别的产物,我们似乎应该首先讨论分析的注意和辨别这个主题。

对于对象的任何一个部分的注意,都是辨别活动。在第 404 页,我已经描述过我们时常自发性地陷入无区别状态的方式,甚至

---

① 《哲学与神学论文集》(*Essays Philosophical and Theological*),第一集,第 268—273 页。

是对我们已经学会分辨的对象,我们也时常会陷入这种状态。像氯仿、一氧化二氮等等这样的麻醉剂,有时会让人更完全地短暂陷入这种状态,特别是数的辨别能力[①]似乎没有了;一个人看见光亮、听到声音,但却完全无法说出这光亮和声音是只有一个还是有许多个。当对象的部分已经得到了分辨,而且每个部分都是一种特殊辨别活动的对象时,我们就能困难地再次感受到那个对象的原本的统一性;我们关于它的构成的意识可以显著得让我们几乎不相信它曾经完整地出现过。但这是一个错误观点,不可否认的事实是,来自于任何数量感觉源泉的任何数量的印象,同时落到**尚未分别经验过它们**的心上,对于那个心事说,它们会融合为一个单一的整体对象。这里的法则是,一切能够融合的事物都会融合,而除非必须,没有事物会分离开来。在这一章我们必须研究是什么东西使得印象分离开来。虽然如果它们从不同的神经进来就更容易分离,但是不同的神经却并不是它们得到分辨的无条件的基础,我们很快就会了解这一点。一个婴儿同时为眼睛、耳朵、鼻子、皮肤和内脏所袭扰,将所有这一切感受为极大的涌动而吵闹的混乱;而到了生命的最后,我们将一切都定位在一个空间里,则是因为这样的事实,即同时受到我们注意的所有感觉的原初广度和强度都融合进了同一个空间之中。没有其他的理由能够解释,为什么"我摸到和看见的手与我即刻感受到的手在空间上恰好重合。"[②]

---

① 关于"数的辨别"的意思,参见第 532 页(原书页码)关于"数的同一"的译者注。——译者

② 《心》,X,第 527 页的蒙哥马利。还有利普斯:《精神生活的基本事实》,第 579 及以下诸页;还请参见后面的第 19 章。

## 第十三章 辨别和比较

确实,当迄今一直没有受到我们注意的对象细节出现在我们面前时,我们有时会惊呼,"我们怎么会忽略了这些东西却仍然感受到那个对象,或者得出结论,就好像它是一个连续统,一个充实的东西?应该有裂缝,但是我们没有感受到裂缝;所以,我们一定是看到和听到了这些细节,从中得到启发;它们一定曾经作用于我们的心,就像它们现在这样,只不过是无意识地,或者至少是未加注意地。我们最初的未加分析的感觉,实际上就是由这些基本感觉组成的,我们最初快速得出的结论,实际上就是以这些中间推论为基础的,只是我们始终未能注意到这个事实。"但这只是那个致命的"心理学家谬误"(第196页),它认为心的次级状态一定以某种方式含蓄地知道心的高级状态关于那同一个主题所明确知道的一切。被思想的事物无疑是同一个事物,但它却是在两个完全不同的心理过程中被思想了两次,———次是作为完整的统一体,另一次是作为得到分辨的部分的集合。这不是一个思想的两个版本,而是关于同一个事物的两个完全不同的思想。每一个思想在它自身之内都是一个连续统,一个充实的东西,无需另一个来帮助它填补裂缝。正像我坐在这里,我思想着对象,我做出推论,这些在将来一定会得到分析,得到清晰的表达,并且得到充分的分辨,在我此时只注意到一个事物的地方,向我展示出许许多多的事物。然而,我的思想目前对它自己感到非常满足;它自由地在各处漫游,没有意识到曾经忽略了任何东西,就好像它拥有着最伟大的辨别力。我们都在某一点上停止对世界进行分析,并且不再注意到差别。我们停在那里的最后单元,就是我们的存在的客观要素。一只狗的这些要素与洪堡的要素不同;有实际经验者的这些要素与形而上学家的要素不同。但是,狗的思想和有实际经验者的思想感受上去都是连续的,而对于洪堡或者形而上学家来说,它们却像是充满了裂缝和缺陷。它们作为思想是连续的。只是作为事物的反映,超凡的心才发现它们满是遗漏。当被遗漏的东西得到发现、未被注意的差别暴露出来时,并不是旧的思想分裂了开来,而是新的思想取代了它们,这些新思想对同一个对象世界做出了新判断。

## 间接比较原理

在我们辨别一个元素时,我们可以将它与它自己缺席的情况,与它自己不在那里的情况相比较,而不考虑那里有什么;或者,我们也可以将后者考虑进去。让我们称第一种辨别为存在辨别,称后者为差异辨别。差异辨别的一个奇特之处是在于它们会引起一种差异知觉,它被感受为一个比另一个更大或者更小。我们可以将各类差异放在不同的系列之中,例如音乐的等级和颜色的等级。我们经验的每一个部门,都可以将其材料安放在均匀顺次排列的等级之中,从最低级的成员到最高级的成员。而且任何一个材料都可以是几个这样的等级中的项。一个特定的音符可以在音调序列中居于高位,在响度序列中居于低位,而在悦耳性的序列中居于中间位置。为了要完全确定一个特定的色彩,我们就必须确定它在性质序列中,在纯度(不含白色)序列中,在强度或明亮度的序列中的位置。它可能在其中的一个方面处于低位,而在另一个方面处于高位。在任何一个这样的序列中一项一项地经过,我们不仅意识到每一步的差异都等于(或者大于,或者小于)上一个,而且我们还意识到自己是在一个相同的方向上进行,与其他可能的方向不同。这种关于连续增加的差异的意识是我们理智生活的基本事实之一。随着我们一项一项地进展,我们就断定有更多、更多、**更多**的相同种类的差异,并且认识到,我们走得越远,在我们到达的项和我们由以开始的项之间的裂缝就越大。这类序列中任何两个项之间的差异,都大于任何两个中间项之间的差异,或者大于一个中间项和一个端点之间的差异。比大声更大声,就是比较低的声更大;比远的更远,就是比不那么远的远;比早的更早,就是比晚的更早;比高的更高,就是比低的高;比大的更大,就是比小的大;或者,简单地和一般地说,比多的更多,就是比少的更多;这就是人心拥有连续增加的感觉所涉及的伟大的间接比较综合原理。在二十章,我们将会看到这一原理在我们所有高级理性运作过程中的完全压倒一切的重要性。

## 所有的差异都是构成上的差异吗?

这些统一序列中的每一个差异,感受起来都像是一个确定的可以感觉到的量,而每一个项都像是上一个项再加上这个量。在许多彼此不同的具体对象那里,我们可以清楚地看到,差异确实只是在于这样的事实,即一个对象就是与另一个对象相同的东西再加上某个别的东西,或者它们二者有一个同一的部分,又各自对这同一的部分添加上一个不同的东西。两张来自同一个印版的画,其中的一张可能由于添加了颜色而与另一张不同;两块地毯可能有相同的图案,但两块地毯的图案可能由不同的色彩织成。同样,两类感觉可以有相同的情绪特征，但却在其余的方面相互否定——如黑暗的颜色和低沉的声音；或者，两张面孔可能有一样的鼻子形状，但所有其他的东西都并不相像。由不同音质的乐器奏出的同一个乐符的相似性，可以由它们共同拥有的基本音调，和只有它们中的一个拥有的泛音的共存来解释。将我的手浸入水中，然后再浸入更冷的水中，于是我就可以观察到某些另外的感受，可以说，是在前一个经验中所没有的那种冷的更广和更深的发散，尽管我也许可以说，否则那两种感受就是一样的。先"举起"一个重物，然后再举起另一个，新的感受可能会从我的肘关节、手腕和其他地方开始，使我认为那第二个重物是两个重物中较重的一个。在所有这些例子中，每一个有差别的事物都可以由两个部分来表象，一个是它和其他事物共同拥有的部分，另一个是它自己所独有的部分。如果它们形成一个 A、B、C、D 等等的序列，我们称那个共同的部分为 X，称最小的差异为 d，那么，这个序列的构成就应该是这样的：

$$A = X + d;$$
$$B = (X + d) + d, 或者 x + 2d;$$
$$C = X + 3d;$$
$$D = X + 4d;$$
$$\cdots\cdots \quad \cdots\cdots$$

如果 X 自身最终由 D 所构成，我们就应该将那整个序列解释为是由于一个不变元素与它自己的变化着的结合、再结合而产生的；所有性质上的明显差异都应当被解释为单纯是量的差异。这是被物理学中的原子论和心理学中的心的要素理论视作其理想的那种还原。因此，从我们的例子进行类推，人们很容易就会想要进行概括，并且说所有的差异都只是加和减，说我们称之为"差异"辨别的东西，只不过是经过了伪装的"存在"辨别；这就是说，当 A 与 B 有区别时，我们只是在一个里面分辨出在另一个里面没有的某个东西。根据这一理论，事物某种程度的绝对同一性，然后是绝对非同一性，就会取代我们通常所相信的事物之间那些终极的质的区别；不再被看作是终极功能的心的辨别功能，就会变成为单纯的逻辑肯定与否定，或者变成为关于在一个事物中发现的特征在另一个事物中不存在的知觉。

然而，在理论上，这个理论充满了困难。如果我们感受到的所有差异都是在一个方向上，所有对象都可以被安排在一个序列（无论有多么长）之中，那它就可能是有效的。但是，当我们考虑到对象在不同的方向上相互区别这个众所周知的事实时，它就几乎不可能有效了。因为设想对象在一个方向上与其他事物的差异为增量 d，它还会在另一个方向上与其他事物有另外一种不同增量的差异，让我们称之为 d'；这样，在排除了对象之间的质的差异之后，我们还是要在它们的增量之间找回质的差异。我们当然可以反复运用我们的方法，并且说 d 和 d' 之间的差别不是质的差别，而是一个构成方面的事实，其中的一个是与另一个相同的东西再添加上一个更高等级的增量，比如 δ。但是，当想起世界上的每一个事物都能与所有其他事物相比较，以及差异的方向有无限多时，我们就知道，根据这一理论，要避免将世界上无数差别中的任何一个当成终极的种类差异，这些差别就要通过终极差异增量来解释，而这种差异增量自我复合的复杂性却是根本无法设想的。这就是心的微粒理论,它的所有困难都特别地顽固;而且一切都是为了那种想象中的快乐的缘故,即能够任意地说,在世界上的事物之间和心中的"观念"之间,只存在元素的绝对同一和绝对非同一,同一不存在程度的差异。

对于我来说,更明智的做法似乎是放弃这种无节制的先验思辨,而尊重自然的显象。这些自然的显象会使差异表现为事物之间的一种不可分解的关系,而且是一种带有各种程度的关系。绝对非同一是这种差别的最高程度,绝对同一是这种差别的最小程度,对这种差别的分辨是我们的终极认知能力之一。[1]确实,自然的显象是全然反对不存在质的差异这种观点的。在某些对象中我们清晰地感受到差异只是加和减,在另一些对象中我们同样清晰地感受到差异并不是这样。比较我们对两条直线的长度差异的感受,与我们对蓝色与黄色差异的感受,或者是对右和左的差异的感受。右是等于左再加上点什么东西吗?蓝是等于黄再加上点什么东西吗?如果是这样,那是加上什么呢?[2]只要我们坚持可证实的

---

[1] 斯顿夫(《声音心理学》,I,第116及以下诸页)试图证明,在我们想要确定最小的单位时,那种认为所有差异都是构成上的差异的理论,必然会导致无穷倒退。我觉得在他的独特的推理中,他好像忘记了心的要素理论的终极单元。我认为完全的无穷倒退并不是不相信这一理论的障碍,尽管我完全接受斯顿夫的一般推论,并且很高兴发现我自己与这样一位格外清晰的思想家是站在同一方的。瓦勒(Wahle)在《科学哲学季刊》中的责难在我看来似乎没有什么力度,因为作者没有在明显是复合的事物的相似与明显是简单的事物的相似之间做出区分。

[2] 我们一定不能将这个信念,即被我们感受为有质的区别的结果的原因,只是在量上有区别的事实(比如,蓝色由许多以太波引起,而黄色由较少的以太波引起),与结果本身在量上有区别的感受相混淆。

心理学，我们就必须承认，简单**类型**的差异构成了我们经验中一些元素之间的一种不可还原的关系，我们还不得不否认，在所有地方差异辨别都可以被还原为只是确定在一个事实中出现的元素，在另一个事实中不存在。总之，对元素在一个事物中存在而在另一个事物中不存在的知觉，和对质的区别的知觉，是完全分离开的心理功能。①

但是，在坚持这一点的同时，我们还必须承认，质的差异（无论有多么多）不是我们的心必须要处理的唯一差别。看上去单纯是构成上的、数量上的、加和减的差异，也大量存在着。②但是，我们现在最好是不管这些量的差异的情况，而是看一些其他情况（根据最不利的计算，这些情况也仍然是足够地多），思考我们认识简单**类型差异**的方式。我们不能解释那种认知；我们只能确定它由以发生的条件。

## 辨别的条件

那么，我们对以一种简单方式相互区别的事物进行辨别的条

---

① G. H. 施耐德先生在年轻时写的小册子[《辨别》（*Die Unterscheidung*）(1877)]中试图表明，不存在确实存在的感受性元素，不存在其间具有差异的实质性的性质，但是，我们这样使用的那些术语，我们的感觉，都只是差异的总和，是许多差异方向由以展开的地点或起点。他将它们称之为"差异感情结"（Unterschiedsempfindüngs-Complexe）。对我们将在第17章提到的那个"相对性原理"的这种荒谬展开，可以被当作心的要素理论的一个平衡物，那个理论主张，只有真实的感觉存在着，并且完全否认这些真实感觉之间存在差异关系。

② 参见斯顿夫：《声音心理学》，I，第121页；还有詹姆斯·沃德：《心》，I，第464页。

件是什么呢?

首先,事物必须有所区别,或者在时间方面,或者在地点方面,或者在性质方面。如果其中任何一个方面的差异有足够的大,我们就不会忽略它,除非我们完全没有注意到那些事物。所有的人都一定能看出白色背景上的黑色条纹,或者感受到低音音符和紧接在其后发出的高音音符之间的差异。这里的辨别是不随意的。但是在客观差异较小的地方,辨别就不一定是这样不可避免地发生的了,甚至可能需要付出相当的注意的努力,辨别活动才能够进行。

另一个有利于辨别的条件是,不同对象激起的感觉,不是同时来到我们这里,而是紧接着**相继**施加于同一个感官。相继的声音比同时发出的声音更容易比较,用同一只手一个接一个地测试两个重物或者两个温度,比用两只手同时对二者进行测试更容易将二者进行比较。同样,将眼睛从一种光亮或色彩移向另一种光亮或色彩,让它们相继刺激同一个网膜通道,就比较容易对它们进行辨别。人们发现,在使用两脚规的尖对皮肤的局部辨别能力进行测试时,把它们一个接一个地施加于皮肤,比同时将它们施加于皮肤,更容易被感受为触及到了不同的点。当同时施加它们时,在背部或大腿部等等它们之间可以有两或三英寸的距离,但人们还是感受到它们好像是被施加在了一个点上。最后,在嗅觉和味觉中,几乎完全不可能对同时发生的印象进行比较。相继发生的印象更有利于产生结果的原因似乎是,从一个知觉到另一个不同知觉的转换的冲击,唤起了真实的**差异感觉**。这个差异感觉具有它自己的独特性质(作为差异),不管有差异的是哪种事物,这种性质都一直是可感觉的。总之,这就是我在前面的地方(第 245 页及以下诸

## 第十三章 辨别和比较

页)讨论过的那些过渡感受或者关系感受之一;一旦被唤起,它的对象就和在它之前和随它之后出现的实体性的项一起逗留在记忆中,并使我们能够做出比较判断。我们很快就会有理由相信,两个项不可能同时被感知为不同,除非在预备性的运作中,我们已经相继注意过它们每一个,而且在这样做时,那种过渡性的对它们之间差异的感觉被唤起了。一个意识的领域,无论多么复杂,都决不会分解,除非它的一些成分改变了。我们现在知道,确实在我们周围每时每刻都有许多事物共存;但这是因为我们受到过长时间的训练,而且现在被我们看作是独特的每一个事物,都已经通过相继的显象的重复,而和它相邻的事物区分了开来。在婴儿那里,声音、景象、触碰和疼痛,可能构成了未分解的一团混乱。①

当相继感觉之间的差异很轻微时,为了得到最佳结果,它们之间的过渡必须尽可能立即完成,而且二者都必须在记忆中进行比较。品尝两种相似的酒,当第二种酒还在口中时,就不能准确地判断出二者的差异。声音、温度等也是这样——我们对两种被比较对象的感觉,都必须到达最后的阶段。然而,当差异很大时,这个条件就不重要了,而且我们还可以将一个实际感受到的感觉,与另一个仅仅出现于记忆中的感觉相比较。感觉之间的时间间隔越长,对它们的辨别就越不确定。

直接感受到的两个事物之间的差异,独立于我们识别其中任何一个事物自身的能力。我可以感受到皮肤上两个不同的点受到

---

① 对这种情况的通常处理办法,就是把它说成是许多本身相互分离的感觉融合的结果。这是纯粹的神话,正像我们后面将要充分表明的那样。

触碰,而不知道哪一个点在上面,哪一个在下面。我可以观察到两个相邻的音调有区别,却不知道其中哪一个音调更高。同样,我可以分辨两块相邻的色泽,却不能确知哪一块更蓝或者更黄,或者不知道它们之间有什么不同。①

　　我们一定不能将那些完全不同的情况与这种直接的差异知觉混淆起来,在那些不同的情况中,我们推论说两个事物肯定不同,是因为我们对它们各自都有足够的认识,可以确保将它们归为不同的类别。当两个经验之间的间隔很长时,下述情况时常发生,即我们的判断更多地不是受到前一个经验的明确意象或者复本的指引,而是受到我们对关于它的某些事实的回忆的指引。我知道今天的阳光没有上星期某一天的阳光明亮,因为那时我说它很耀眼,而我此时却不想这么说。或者,我知道自己此时比前一个夏天感受好些,因为我现在可以进行心理学研究,而那时不能。我们经常忙于对想象力在当时对其性质毫无亲知的感受进行比较——比如快乐或痛苦。众所周知,很难让其中任何一类感受中的生动意象出现在想象之中。联想主义者可能会空谈说,关于快乐的观念就是令人愉快的观念,关于痛苦的观念就是令人痛苦的观念。但是,人类质朴的感觉则与之相反,它与荷马(Homer)一致,认为对过

---

　　①　"通常,我们先是在一个感觉或者一组感觉中模糊地觉知到一种差异,然后才能指出那个不同者具有任何确定的性质。我们就是这样在一道熟悉的菜肴中发觉一种奇怪的或者是异质的成分或味道,或者在一支熟悉的曲调中发现一个音调,却一时完全无法说出那个侵入者是什么样的。因此,我们也许可以将辨别看作是理智活动的最早和最原始的方式。"[萨利:《心理学提纲》(*Outlines of Psychology*),第142页。还请参见 G. H. 施耐德:《辨别》,第9—10页。]

## 第十三章 辨别和比较

去了的悲痛的记忆可以是一种快乐,它也同意但丁(Dante),认为没有比在痛苦中回忆一个人的幸福时光更悲哀了。

以这种不完美的方式回忆起来的感受,必须借助于我们对它们的了解,而与当下或者新近的感受相比较。在这种情况下,我们通过思考遥远过去的经验而识别出这样的经验。思考它的最完美方法,就是依据某个标准的分级来规定它。如果我知道温度计今天指向 0 度,而在上个星期日曾经指向 32 度,我就知道今天比上个星期日冷,而且还知道比上个星期日冷多少。如果我知道某个音符是 c,知道这个音符是 d,我就知道这个音符一定是两个音符中较高的一个。

这样的推论,即两个事物有所区别是因为它们的伴随物、结果、名称、种类——或者一般地说——它们的标记不同,当然容易带来无限的复杂化。科学提供了这方面的例子。在科学中,人们通过对结果中的差异的注意,而设想出与任何此前知道的原因都不同的新的假定的原因。但是不管做出这类推论性辨别所需要的步骤可能有多么多,它们都在某个地方结束于对差异的直接的直观。推论 A 与 B 不同的最后根据,一定是 A 是 m,B 是 n,而人们看到 m 和 n 是不同的。让我们忽略 A 和 B 的复杂情况,回过头去研究对其标记 m 和 n(如果它们看上去都是简单项)之间差异的不可分析的知觉。

我说过,在直接的相继中,它们之间差异的冲击会被感受到。当我们在 m 和 n 之间往复时,我们就会反复感受到它。如果冲击太小,感知起来困难,这样的反复(至少是通过变换我们的注意)就十分重要。但是,除了在过渡的短暂瞬间被感受到以外,差别感受起来还像是被结合和接收进了第二个项(它甚至在持续时感受起来也"与-第一个-不同")(different-from-the-first)]之中。很显然,在这个例子中,心中的"第二个项"不是单纯的 n,而是一个非常复杂的对象;而且那个序列也并非先是"m",然后是"差异",然后是"n";而是先是"m",然后是"差异",然后是"与- m -不同的-n"(n-different-from-m)。然而,呈现出这三个单独对象的单独的思想,是心理之"流"的三个普通"片断"。

由于大脑和心的实际构造,我们不可能在直接的接续中得到 m 和 n,并让它们保持为单纯的状态。保持单纯意味着它们一直没有得到比较。在我们这里,通过一种到现在我们还没有理解的机制,差异的冲击不可避免地会在它们之间被感受到,第二个对象不是单纯的 n,而是与- m 不同的- n(n-as-different-from-m)。①对处于相互关系之中的 m 和 n 的认知会在这样的条件下发生,这并不是自相矛盾的,就像对 m 或 n 的简单性质的认知会在其他条件下发生不是自相矛盾的一样。但是,由于它曾经被看作是自相矛盾的,由于人们曾经调用自身并非思想流的一个部分的精神能动者来对它做出解释,所以,有必要再做一点进一步的评论。

人们将会注意到,我的解释只是对所发生事实的描述:每一个感受(或思想)都知道某事,但是,如果有某个前面的感受先行,后一个感受就会比没有前一个感受先行时知道更复杂的对象。我

---

① 在差异很小的情况下,如前面所说,我们可能需要在与 m 不同的 n 被清晰地感受到之前,先获得不仅是 m 而且还有 n 的消逝着的阶段。在那种情况下,必然相继的感受(就我们能够切断这样连续着的东西而言)就是四个,m,差异,n,与 m 不同的 n。这一微小的进一步复杂化,一点也不会改变这种情况的基本性质。

## 第十三章 辨别和比较

没有对这样的认知顺序做出任何解释。将来总有一天(我真诚地期望),人们会发现这种解释依赖于大脑条件。在它到来之前,我们只能将这个顺序看作是下述一般法则的一个特例,即大脑经历的每一个经验,都在大脑中留下一种改变,这种改变是确定后面的经验是何种经验的一个因素(参见第 232—236 页)。对于任何否认这一法则的可能性的人,在他拿来证据之前,我无话可说。

同时,感觉主义者和唯灵论者(他们都持有这样的看法,即心必须以某种方式包含它所知道的东西)都开始于对这些事实做出的歪曲解释。他们双方都承认,要想让 m 和 n 以任何方式得到认识,心中就必须包含它们各自完全和完成了的作为独立实存的小副本。这些分别是关于 m 和 n 的所谓的纯粹观念在心中相继着。感觉主义者说,由于它们是独立的,因而就是得到了辨别的。"拥有不同的观念和拥有得到辨别的观念,是同义的表达式;不同的和得到辨别的,完全是同一个意思,"詹姆斯·密尔说。[①]"得到辨别的!"唯灵论者说,"由什么得到辨别?确实,心中关于 m 和 n 的观念是各自独立的。但正是由于这个原因,它们任何一方都不能将自己与另一个分别开来,因为要那样做,就必须觉知到另一方,并因而暂时成为那另一个,而这样就与那另一个混在一起了,失去了它自己的独特性。观念的独特性和关于独特性的观念不是一个东西,而是两回事。后者是一种关系。只有在本性上与所有感受事实相对立的关联性本原,自我,灵魂或主体,才有能力通过以同样的方式呈现给两个观念而将它们结合在一起,同时又保持着它

---

[①] 《分析》,J. S. 密尔版,II,第 17 页。还可参考第 12、14 页。

们的独特性。"

但是,如果我们承认这个简单的事实,即如果"m"曾经在前面出现,心中就决不会有关于"n"的纯粹观念;还有"与-m-不同的-n"这个感受自身,是一个完全独特的思想脉冲,那么,这场矫揉造作的争吵的基础就没有了,任何一方就都没有什么可争的东西了。确实,我们应当欢迎这样的结局,特别是当这个结局产生自对事实的自然和朴实的阐述之时,就像在这里这样。①

---

① 只有一个障碍,那就是我们持有下述信念的根深蒂固的倾向,即当我们将两个事物或者性质进行比较时,一定是这两个东西的精确副本已经进入到心中并且在那里相互比较。对此的第一个回答是"到你的心中去看看"这个经验回答。当我认识到我此时提起的重物不如我刚才提起的重物重时;当我感知到我此时的牙痛不如一分钟以前的牙痛厉害时;我所批评的那些作者们会承认,在心中得到比较的两个事物,一个是真实的感觉,一个是记忆中的意象。这些作者普遍同意,记忆中的意象是比感觉更弱的东西。然而在这些例子中人们却断定它更强;这就是说,只有为这个意象所表象才能被认识的对象,是被断定为更强的一个。这不会动摇人们对分离的表象性"观念"在心中相互比较、或者通过自我来相互比较这个看法的信念吗?我们不要说,那个使我们断定感受到的疼痛比对不久前疼痛的想象更弱的东西,是我们在从前一个时刻进入到现在的时刻时所感受到的对差异冲击的下向性质的回忆。那个冲击无疑有一种不同的性质,因为它出现于两个项之间,其中第二个项有所减少或增加;而且,人们可能会承认,如果含糊糊地记得那个过去的项,对冲击的记忆作为加或减,有时就可能会使我们能够建立起一种否则我们就不会感知到的关系。但是,我们几乎不能期待,对这个冲击的记忆会压倒我们对都是当下的(在前面的例子中作为意象和感觉)两个项的实际比较,并使我们将较弱的一个断定为较强的。——于是又有了第二个回答:设想心确实通过将它自己表象两种实在的两个观念相比较,来比较那两种实在——这样做的收获又是什么呢?相同的谜团还在那里。观念还必须被认识;而且,由于在比较中,注意在两个被比较的事物之间来回摆动,过去必须和以前一样与现在一起被认识。如果最后你只能说,你的"自我"既不是关于 m 的观念,也不是关于 n 的观念,却认识和比较这两个观念,那么,为什么不让你的思想脉冲——它既不是事物 m,也不是事物 n——直接认识和比较这两个事物呢?这只是一个如何最少人为性地为事实命名的问题。自我主义者将它们命名为对两个观念进行'结合'或者'综合'的自我,并不比我们将它们命名为认识两个事实的思想脉冲,能解释更多的东西。

## 第十三章 辨别和比较

现在,我们可以将对简单不随意辨别产生的方式的考察总结如下:(1)它的媒介物是思想,这个思想拥有关于两个比较项及其差异的知识;(2)唤起这个思想的必要和充分条件(就人心而言)是,关于一个被辨别项的思想或感受,应该尽可能直接地先行于认识另一个被辨别项的思想或感受;还有(3)认识第二个项的思想,也认识那个差异(或者在较为困难的情况下,连续地为认识那个差异的思想所接续)和那个差异存在于其间的两个项。

然而,这后一个思想无需就是有差异的项,也无需包含它们。一个人的思想可以认识和意指各种事物,而不让那些事物本身进入到它之中——比如距离,将来,还有过去。①占据我们心中的消失着的项消失了;但是,因为它是它所是的那个特殊的项而不是任何其他东西,当它消失时,它就留下了一种特殊影响,这个影响的结果,就是以完全独特的方式决定随后的思想脉冲。无论后面发生的是什么意识,它都必须知道那个消失了的项,并将其看作是与此时存在于那里的项不同的东西。

现在,对相继感受到的简单事物的不随意辨别的问题,讨论已经到达了我们所及范围的终点。目前没有希望对它进行更深入的

---

① 我担心很少有人会通过我说的话而改变看法。所有学派的思想家们都是顽固地拒绝承认认识一个事物(knowing a thing)的无中介功能,他们还固执地用是那个事物(being the thing)来取代它。例如,在唯灵论哲学最近发表的作品中[鲍恩的《心理学理论导论》(*Introduction to Psychological Theory*)(1887),仅仅发表于这一写作的三天之前],我最先看到的几句话中有这样一句:"什么在记忆?唯灵论者说,是灵魂在记忆;它在年代的变迁和身体的变化中始终保持下来,并且收集起它的过去,携带着它"(第28页)。哦,鲍恩,看在上帝的份上,为什么你不能说"认识它"呢?如果有任何你的灵魂不会对它的过去做的事情,那就是携带它。

了解，我们必须结束对这个问题的讨论，而转向不那么简单的辨别。

## 分析的过程

首先是对同时感受到的印象的辨别！我们看一个实在的最初方式，通常是将它设想为简单的，但是后来我们可以学会将它感知为复合的。我们可以方便地称这种认识同一个实在的新方式为分析。它显然是我们所有心理过程中最常运作的过程之一，所以让我们来考察它发生的条件。

我认为，我们可以安全地在一开始就提出这条基本原理，即任何在心上留下的整体印象都必须是不可分析的，它的元素永远也不会被分开经验到。绝对没有变化和不在其他地方出现的一群属性的组成部分，永远也不能被区分开来。如果所有凉的东西都是湿的，所有湿的东西都是凉的，如果所有硬的东西都刺痛我们的皮肤，而且只有硬的东西才刺痛我们的皮肤；我们有可能会分别对凉和湿、硬和刺痛做出区分吗？如果所有的液体都是透明的，而且只有液体才是透明的，那我们就很难用不同的名称来表达液体和透明。如果热度是地球表面上方的位置的函数，以至于一个物体越高就越热，那么用一个词来表达热和高就够了。事实上，我们有许多伴随物几乎始终不变的感觉，而且我们相应地发现，几乎不可能从带有这些伴随物的整体中将这些伴随物分析出来。横膈膜的收缩和肺的扩张，一些肌肉的收缩和关节的转动就是例子。对于对象的每一个距离来说（在眼睛的一般使用中），眼球的会聚和对

## 第十三章 辨别和比较

近处对象的调节都不可分地联系在一起,(如果没有我们很快就会提到的人为训练)它们都不能单独被感受到。我们知道,这些感受群有多种多样的原因,因此我们就用"融合""整合""综合"或者别的什么,来构造感受自身组合的理论。但我们从不曾通过直接内省对它们做出过分析。显而易见的案例会出现在讨论情绪的部分。每一种情绪都有它自己的"表情",急促的呼吸,快速的心跳,晕红的脸,等等。表情引起身体的感受;情绪因而就必然总是有这些身体感受相伴随。其结果就是不可能将它单独理解为一种精神状态,或者将它从上述较低级的感受那里分析出来。事实上,我们不可能证明它是作为一个独特心理事实而存在的。我非常怀疑它确实这样存在。但是,那些最坚定地相信它存在的人,必须等到他们能够找到迄今尚未发现的这样一个病理学病例的时候,才能证明他们的观点。这个病例中的个体在身体里拥有那些情绪,而这个身体或者由于完全的瘫痪而不能表达这些情绪,或者由于完全的感觉缺失而不能感受这些情绪。

总之,如果对象同时以多种方式(abcd)影响我们,我们就得到一个独特的整体印象,其后这个印象向我们的心表明那个对象的个性特征,并且成为那个对象出现的标志;而且只有借助于进一步的经验,它才能被分析为 a、b、c、d。现在我们来讨论这一点。

如果这样一个对象的任何个别性质或要素 a,先前曾经单独为我们所认识,或者曾经以其他方式已经成为了我们单独的亲知对象,以至于在我们的心中已经有了与 bcd 相分离的关于它的或清晰或模糊的意象,那么,我们就可以将那个要素 a 从整个印象中分析出来。分析一个事物就意味着对它的各个部分施加单独的注意。在第十一章我们已经看到,注意一个事物的一个条件,就是在内部形成关于那个事物的单独意象,这个意象好像会出来迎接被接收的印象。注意是分析的条件,而单独的想象是注意的条件,由此可以推出,单独的想象也是分析的条件。只有这类我们单独亲知并且能够单独想象的成分,才能在一个整体的感觉印象中得到辨别。这个意象似乎会欢迎自己的同伴从那个复合物里面出来,并且会强化关于那个同伴的感受;但是它抑制和反对关于其他成分的感受;因此,对于我们的意识来说,那个复合物就被分成了部分。

在第十一章被引用来证明注意涉及内部再现的所有事实,也能够证明这一点。比如,当我们在房间里寻找任何物体时,在图书馆寻找一本书时,如果除了仅仅知道它的名称等等以外,我们的心里还有关于其外观的清晰意象,我们就更容易找到它。对于所有不曾品尝过阿魏本身的人来说,"伍斯特沙司"中阿魏的味道是不明显的。在一种"冷"色中,艺术家永远也分析不出弥漫于各处的蓝色,除非他先前对那种蓝颜色本身有过亲知。我们实际经验到的所有颜色都是复合的。甚至最纯的原色在我们看来也总是带有一点白。我们永远经验不到绝对纯的红色、绿色或者紫罗兰色,所以这些颜色永远也不可能在我们要处理的所谓原色中被分辨出来;因而后者也就被认为是纯色了。——读者应该还记得,在乐器演奏中,一个泛音如何只有通过预先单独发出它的声音,然后才能在它的合声中受到注意。此时充满了这一泛音的想象力,在复合音调中听见了与它相似的声音。赫尔姆霍茨(我们在前面曾经引用过他对这一观察的解释)继续解释这个例子中的困难之处,他

的解释方式漂亮地确证了我想要证明的要点。他说:

> 音调感觉的终极简单元素,纯音本身,很少单独被听到。即使那些可以制造出它们的乐器(如共鸣箱前的音叉),在受到强烈的刺激时,也会产生出似真似幻的弱和声的上部泛音。……因此,能够给记忆留下关于这些基本纯音的准确和确定意象的机会是非常少的。但是,如果我们只是不确定和模糊地知道构成要素,将它们的合成物分析为这些要素的过程,就一定也是不确定的。如果我们不能确知听到的音调在多大程度上可以被归于它的和音,我们就无法确定哪些是泛音。因此,我们必须首先让要区分的个别元素各自都能听得见,以获得对相应感觉的全新回忆,而这整个过程都需要有不受打扰和集中的注意。我们甚至没有可以通过经常重复进行实验而得到的那种轻松自如,就像我们在将音乐和弦分析为个别音符时所拥有的那种感觉。在那种情况下,我们足够经常地听到那些个别音符本身,可是我们却很少听到纯音,而且也许几乎可以说是从来也不会听到一个和声由纯音组合出来。①

## 抽象活动的过程

实在的元素很少是在绝对孤立的状态下为我们经验到的。在复合现象 abcd 的一个组成要素 a 那里通常最多发生的情况是,它

---

① 《音调感觉》(*Sensations of Tone*),英文版第 2 版,第 65 页。

的强度相对于 bcd 从最大变化到最小；或者，它看上去在其他复合物（如 aefg，或者 ahik）中与其他性质相联系。在有利的条件下，我们经验 a 的这两种不同方式中的任何一种，都可能使我们感受到它与其伴随物之间的差异，并将它挑选出来——当然，不是绝对地，而是近似地——以对它为其组成部分的那个复合物进行分析。我们于是将这种挑选动作称为抽象活动（abstraction），而分离出来的元素就是抽象物（abstract）。

首先让我们考虑相对力量或者强度的变化。设想有三个复合物的等级，Abcd，abcd，和 abcD。在这些复合物之间进行观察时，心会感受到差异的冲击。而且，差异会连续增加，其方向会被感受为是独特的一类。从 abcd 到 Abcd 的增加是在 a 的方面；从 abcd 到 abcD 的增加是在 d 的方面。这两个方向上的差异感受起来是不同的。我并不是说，这种对 a 方向和 d 方向的辨别，会抽象地给我们一种关于 a 或者 d 的真实直观。但是，它使我们对这每一个性质做出设想或假定，并且将它规定为特定方向上的极端。比如，"干"葡萄酒和"甜"葡萄酒不同，并且形成了一个序列。我们在糖的味道中经验过纯粹的甜味，而我们可以将这种甜味从葡萄酒味中分析出来。但是，没有人知道"干"独自品尝起来是什么味道。然而，它一定是在干的方向上的某个极端的东西；而且，如果我们确实品尝过它，我们也许就能将它识别为我们的抽象构想的原型。以差不多同样的方式，我们撇开肉在舌头上的感受，形成了关于肉的味道的看法，撇开水果的酸性，形成了关于水果味道的看法，等等，我们还将物体的触觉抽象为与其温度不同的东西。我们甚至还能将一块肌肉的收缩性质与它的广度区分开来，或者将一块肌

## 第十三章 辨别和比较

肉的收缩与另一块肌肉的收缩区分开来,正像通过用棱镜行练习,在眼睛的调节保持不变的情况下,改变眼睛的会聚,我们了解了眼睛会聚感受与眼睛调节感受的方向上的不同。

但是,与和一种性质相伴随的其他性质的多样性相比,这种性质的强度变化对于我们要对它进行的抽象来说,帮助要小一些。此时与一个事物结合,彼时又与另一事物结合的东西,趋向于与这两个事物离解开来,并成为心之抽象沉思的对象。我们可以称之为通过变化着的伴随物而离解的法则。这一法则的实际结果,就是使已经对一种性质进行过这种离解与抽象的心,每当再一次遇到这种性质时,就能将它从整体中分析出来。这条法则经常受到心理学家们的认可,虽然我不知道有任何人曾经给过它在心路历程中应得的突出地位。斯宾塞先生说:

> 如果性质 A 在这里与性质 B、C、D 一起发生,在那里与性质 C、F、H 一起发生,在另一个地方又与性质 E、G、B 一起发生,……那么,随着经验的增加,这些性质在有机体中产生的印象就一定会分离开来,而且,这些印象在有机体中就会像那些性质在环境中一样是独立的,因而最终一定会产生出一种离开特殊的物体而认识性质自身的能力。[①]

在我已经引证过的那个段落中,马蒂诺博士的话进一步表明了这一点:

> 当我们第一次看见的红色弹子球弹回时,它会留下它自

---

① 《心理学》,I,第 345 页。

己的心理表象,在这个心理表象中,所有它同时给与我们的东西都没有区分地共存着。让一个白色的球相继其后;此时,而不是在这之前,一种属性就会自己分离出来,通过对比的力量,那个颜色就在前景展现出来。让我们用鸡蛋代替那只白球,这个新的差别会将形状从它以前的沉睡状态带入到注意之中,因此,最开始只是脱离开周围环境的那个对象,对于我们来说,先是变成了一个红色的对象,然后又变成了一个红色的圆的对象;等等。

为什么那个性质在不同整体中的重复出现,会使它断开与任何一个整体的联系,就像是独自滚到了意识之桌上,这还是一个谜。人们可以设想各个伴随物的神经过程或多或少相互抵消或抑制,只剩下那个共同项的过程明显地活跃着。斯宾塞先生似乎认为,那个共同项比它的任何一个同伴都重复得更多这个单纯的事实本身,就会使它具有如此的强度,以至于对它的抽象活动一定会随后发生。

这些话听上去似乎有理,但却经不住细致的推敲。因为当伴随物发生了一定次数的变化时,最先受到注意的并非总是经常重复的性质;它更有可能是所有伴随物中最新颖的那一个。如果一个男孩在他的生活中只见过单桅帆船和纵帆船,那么,在对"帆"的看法中,他也许始终不曾清晰地区分出被纵向悬挂的性质。当他第一次看见横帆的船时,他就有机会将纵向悬挂的方式看作是特殊的,并将它与对帆的一般看法分离开来。但是更有可能的是,这并非那个男孩的意识形式。他所注意到的,可能是交叉悬挂这种新的和例外的性质。他回到家里会谈起这件事,但也许永远也不会有意识地说出那种更常见的特性是什么。

这种模式的抽象活动实现得非常广泛，因为我们自己所在世界中的元素，事实上出现在这里、那里以及各个地方，并且始终变换着它们的伴随物。但是另一方面，抽象活动可以说永远也不是完全的，对复合物的分析永远也不会完备，因为没有任何元素能够完全单独地被给与我们，因此，我们在处理复合物时，永远也不能在心中以一种完全纯粹的形式拥有关于它的任何一个成分的意象。颜色、声音、味道和诸如广延、强度、努力、快乐、差异、相似、和谐、有害、力量，甚至意识自身这些更正式的经验元素一样，是与其他东西混合在一起的。所有这一切都被嵌置在一个世界之中。然而，通过我们已经讨论过的变化和改变，我们可以对每一个元素和其他元素相区别的方向形成非常好的观念，因此，我们就将它看作是一个终端，并且继续将它作为一个个别事物来意指。在许多元素（像热、冷、颜色、味道等等这样的简单感觉元素）那里，方向的终端几乎可以触及，而且，在这些情况下，我们对想要抽象的东西有比较准确的知觉。但这也仅仅是一种近似，在真正严格的数学意义上，我们必须承认，我们的全部抽象物都只是不完美的想象的事物。从根本上说，这是一个概念性认识过程，并且在所有地方，甚至在简单感觉性质的领域，都和我们通常获得抽象的善、完美的幸福、绝对的权力等等观念的过程是一样的：对复合物之间差异的直接感知，在想象中将差异的方向延伸至一个理想的终端，确定那些终端的观念，并且将其作为我们永久的谈论主题之一。

关于抽象活动，或者关于由抽象活动所导致的分析，我所能说的有用的话就这么多。

## 通过练习提高辨别能力

在前面考虑过的全部例子中,我都将所涉及的差异设想为大得很明显,并且将连续的辨别看作是不随意的。但是,辨别远非总是不随意的,它时常极为困难,而且多数人从来也不曾完成过。德摩根(de Morgan)教授认为,概念辨别而非知觉辨别才是这样的,他非常机智地写道:

> 受教育者的群体中有大量无逻辑头脑的人——我不知道是多数还是少数,也许一个群体里面有六个,另一个群体里面有半打——都没有进行区分的能力,当然也就不能让他们接受一种区分,当然他们也从来不曾想要动摇一种区分。对于他们来说,所有这类事情都是借口、托词、逃脱、漏洞等等。他们会依据偷羊条例绞死窃马的人。如果你争辩说马和羊之间有区别,他们就会笑话你。[①]

然而,对辨别所获结果的任何个人的或实际的兴趣,都会使人的头脑在察知差异方面令人惊异地清晰。羁押犯自己不大可能会忽略一匹马和一只羊的区别。辨别方面的长期训练和练习,也与个人兴趣有同样的效果。这两种机制,使得少量客观差异就能对心产生与在其他情况下只有大量差异才能产生的相同的效用。让我们试着深入它们起作用的方式——从练习和习惯开始。

---

[①] 《悖论集成》(*A Budget of Paradoxes*),第 380 页。

"熟能生巧",这在运动技能的领域中是众所周知的。运动技能部分依赖于感觉辨别。打台球、步枪射击、绷索舞蹈,都要求有对微小感觉差异的精细感知,以及对这些差异准确做出渐次肌肉反应的能力。在纯感觉的领域中,各种物品的职业采购员和测试者,展现出众所周知的精湛技艺。一个人可以通过品尝,区分出一瓶陈年马德拉酒的上半瓶和下半瓶。另一个人能通过触摸桶中的面粉,识别出麦子是长在爱荷华还是田纳西。盲聋哑人劳拉·布里奇曼(Laura Bridgman)曾经改进她的触觉能力,以至于可以在一年的时间间隔之后,识别出曾经与她握过手的人的手;而据说她那不幸的姊妹朱莉亚·布雷斯(Julia Brace),曾经受雇于哈特福德精神病院,用受过良好训练的嗅觉,将大量同院病人洗过的被单区分开来。

这个事实十分常见,以至很少有心理学家认为需要对它做出解释。他们似乎认为,练习理所当然一定会使辨别力更加敏锐,于是就把这个问题放下了。他们最多会说:"注意可以解释它;我们对习惯性的事物给以更多的注意,而得到我们注意的东西,就会得到我们更精细的感知。"这个回答是对的,但是太一般化了。在我看来,我们还可以更精确一些。

我们可以看到,每当经验使辨别力得到改进时,至少有两种独立的原因在起作用:

第一,那些我们要感知其差异的项,带有不同的联结物,后者有助于将那些项分离出来。

第二,那个差异使我们想到相同种类的更大差异,后者有助于我们注意那个差异。

让我们先来研究第一个原因,从设想两个各自拥有十个元素的复合物开始。设想这两个复合物中,哪一个里面都没有一个元素与另一个复合物里面的相应元素有足够大的差异,以在将这两个元素单独进行比较时,能够将它与另一个元素区分开来,让我们说这个不可感知的差异的量等于1。然而,两个复合物之间相互区别的方式有许多种;而且,虽然每一个差异可能独自都不能被感知,但是整体差异(等于10)却很可能足以给感官以冲击。总之,增加一个差异中的"点"的数量,可以像在任何一个点上增加差异的量一样有效地刺激我们的辨别力。两个嘴、鼻、眼、颊、下巴和头发都有少许差异的人,和同一个人有假鼻子和没有假鼻子的两种外观一样,都不会被我们弄混淆。这两个例子的唯一不同是在于,在一个例子中我们可以很容易指出差异点,而在另一个例子中我们不能。

两个事物,B和C,单独放在一起比较时无法区分,却可能各自都黏着有不同的联结物,而这样形成的复合物作为整体,就可以判断得非常清楚。因此,练习对于增进辨别力的效果,肯定部分地是由于不同项各自带有的不同联结物之间的附加差异,对那些项之间原初轻微差异的强化效果。让B和C为那两个项:如果A黏着B,C黏着D,AB就可能看上去与CD有很大的差异,尽管B和C本身可能几乎是一样的。

举例说明,人是怎么学会将红葡萄酒与勃艮第酒区分开来的呢?也许他们曾经在不同的场合喝过这些酒。第一次喝红葡萄酒时,我们听到人们用那个名称来称呼它,我们正在吃如此这般的一顿正餐,等等。下一次喝这种酒,当我们品尝到它的味道时,所有那些事又模模糊糊地被它带过来。当品尝勃艮第酒时,我们的第一印象是,它是一种红葡萄酒;但是又不完全与那酒相同,好像缺少点什么东西,而此时我们听到人们称它为勃艮第酒。在后面的几次经验中,辨别可能还是不确定的——我们问自己,"我们现在喝的是哪一种葡萄酒?"但是最后,红葡萄酒的味道使我们非常清晰地想起了它的名称"红葡萄酒","我在某某人的餐桌上喝过的那种酒",等等;而勃艮第酒的味道使我们想起了勃艮第酒的名称和另一个人的餐桌。只有当找到了每一种味道的不同**背景**时,我们对这两种味道的辨别才是坚实和稳定的。过了一会儿,除了那个名称以外,餐桌和背景的其他部分就都变得七零八落了,以致不能清晰地进入到意识之中。但是与此同时,每一种酒与它自己名称的黏着,却变得越来越牢固了,最后,每一种味道就都能立即和确定地提示出它自己的名称,而且仅仅是它自己的名称。名称比味道的区分大得多,并且把味道的距离拉得更远了。我们所有的经验中一定都有这样的过程。牛肉和羊肉,草莓和悬钩子,玫瑰的气味和紫罗兰的气味,它们有不同的黏着物,这些黏着物强化了我们已经在那些项里感受到了的差异。

读者可能会说,这与让我们感受到两个项之间的差异无关。它只是确定并识别那些项,也可以说是将那些项实体化。但是,我们应该感受的是让我们感受为其差异的东西,尽管我们还叫不出那些项的名称,或者不能以其他方式识别出那些项。

对此我的回答是,我相信差异始终是具体的,而且通过认出了那些项而变得更加具有实体性了。比如,有一天我走出去,发现刚刚落下的雪花样子很奇怪,与普通雪花的样子不同。我当即称它为"云母状"的;而且对于我来说,好像在我做这件事的那一刻,那种差异就变得比原来更清晰、更确定了。"云母状"这个词的其他内涵,进一步拉大了这种雪花与普通雪花之间的距离,而且甚至好像还强化了那种奇特的样子。我认为,人们会普遍承认,对我们感受差异的方式所产生的这类效果,来自于对有差异的项的命名;尽管我自己也承认,我们很难有说服力地表明,命名或者以其他方法识别任何一对难以区分的项,对于它们最初被感受为有差异是至关重要的。①

---

① 我的解释有这样一个预设,即一种微弱得不能直接让心注意到它的差异,却可以足够强地不让它的"项"唤起相同的联结物。从许多观察中,我们似乎看到情况可能就是这样。全部"无意识"推理的事实都是对它的证明。我们说一幅画看上去像是某个艺术家的作品,尽管我们无法说出那些典型的特性。我们从一个人的脸上看出他是真诚的,尽管我们对自己的信念给不出任何确定的理由。下面几页从赫尔姆霍茨那里引证来的感知觉事实,对此提供了更多的例子。这里有另外一个好例子,在读过关于空间知觉的那一章以后,这个例子将更容易理解。拿两张立体幻灯片,让每半张幻灯片上都出现 a 和 b 两个

幻灯片 1      a      b      a      b′
幻灯片 2      a      b″      a      b‴

点,这样来安排这些点之间的距离,即在两张幻灯片上 a 之间的距离都相等,而 b 之间的距离在幻灯片 1 上比在幻灯片 2 上更近。另外,让距离 ab=ab‴,距离 ab′=ab″。然后,相继立体地看这两张幻灯片,直接凝视两张幻灯片上的 a(即让 a 落在两个中央凹或者是最清晰视觉的中心上)。于是,两个 a 看上去就是一个,可能 b 也是这样。但是,此时幻灯片 1 上似乎是单一的 b,看上去比 a 近,而幻灯片 2 上的 b 则看上去比 a 远。然而,如果那两个图画得正确,b 和 b″ 就一定会影响"对合"点,在中央凹右面与之等距的点,b 在左眼,b‴ 在右眼。b′ 和 b″ 也是同样。对合点是其感觉不可能得到这样的辨别的点。然而,因为在这两个观察中它们引起了对距离的相反知觉,并且激发了相反的运动趋向(因为在幻灯片 1 中,当我们从 a 看到 b 时,我们会聚,而在幻灯片 2 中,我们则分散),因此就可以推出,引起无法为直接意识所区分的感受的两个过程,却可以各自与感觉的和运动的异质联结物相结合。参见东德斯(Donders):《眼科学文库》(Archiv f. Ophthalmologie)(1867),第 13 卷。他那篇论文的基础是,我们无法感受一张复合图画的任何一个特殊元素为哪一只眼睛所捕捉,但是,它对我们整个知觉的影响,在两只眼睛那里是不同的。

## 第十三章　辨别和比较

我提出的解释只是部分解释；它肯定是不完备的。以练习使我们对皮肤位置的辨别得到改进的方式为例。接触手掌的两脚规的两个点，必须保持比如说半英寸的距离，才能不被误当成是一个点。但是在用两脚规练习了大约一个小时以后，我们就能在它们相距甚至不到四分之一英寸的情况下，将它们辨别为两个点。如果皮肤上两个相同的区域不断受到触碰，在这种经验中，我们考虑的解释就完全适用。设想 abcdef 是皮肤上排成一条线的点。设想 a 和 f 之间的位置差异感受是如此之强，每当那两个点同时被触碰，就能立即被识别出来，但是，设想 c 和 d 之间的位置差异感受对于这一目的来说最初是太微弱了。如果我们开始时将两脚规置于 a 和 f，然后逐渐缩小那两只脚的开口，当两脚规的尖接近 c 和 d 的位置时，最初为我们识别出来的那种强烈的双点感受还是会出现；因为 e 点那么接近 f，又那么与它相像，只要它被唤起，f 就也一定会出现在心中。同样，d 会召回 e，以及更遥远的 f。这样，c--d 也就不再是单纯的 c--d，而更像是 abc--def，——明显不同的印象。但是在真实的经验中，训练可以以一种远非那么有系统的方式发生，我们最终学会了辨别出 c 和 d，而无需依靠其中一个点与 ab 之间有任何持续性的黏着，以及另一个点与 ef 之间的任何持续性的黏着。沃尔克曼的实验表明了这一点。他和费克纳为切尔马克（Czermak）关于盲人皮肤辨别力是有视力者皮肤辨别力的两倍的观察所启发，想通过实验表明练习对他们自己产生的效果。他们发现，甚至就在一次实验中，两脚规的尖被感受为两个的那个距离，到最后可以缩小到比它们最初的一半还要短许多；还有，有一部分增进了的感受性（尽管不是全部）持续到了第二天。

但是他们还发现,以这种方式锻炼一部分皮肤,不仅可以增进身体对侧相应部分的辨别力,而且还增进了邻近部分的辨别力。在一次实验的开始,两脚规两个点之间的距离,必须有一条巴黎线那么远,才能为小指尖所辨别。但是练习过其他手指以后,他们发现,小指尖就能辨别相距只有半条线长的点了。① 在胳膊和手上的不同点之间,也有同样的关系。②

很显然,我最开始提示的原因对这里的情况不适用,我们必须寻找另一个原因。

确切的实验现象是什么?在两个点的间隔大于将它们感知为两个点所需的最小间隔以前,那两个点本身的位置并不清晰,而对那两个点的感受的差异本身,也未被清晰地感受到。我们最初的感受是迟钝的,然后猜疑到有两个点,很快就清晰地感受到有两个点,最后是感受不同、位置不同的带有确定空间距离的两个点。在进行实验的一些部位,我们立刻就会达到这最后一个知觉阶段;在一些部位,我们只能达到最初的阶段;而各个中间部位则处于这两种情况之间。但是,一旦在辨别力较强的位置上被感受到的两个点的意象进入了我们的记忆中,它就会帮助我们在否则也许就会将其漏掉的部位发现它的相似物,这很像最近听到的一种"泛音"会帮助我们在一种复合声音中察觉到它一样(前面,第439—440页)。模糊的两个点,通过被吸收进片刻之前感受到的较清晰的两个点的意象之中,而变得较清晰了。它由后者得到解释。像

---

① A. W. 沃尔克曼:《论训练的影响》(*Ueber den Einfluss der uebung*)等,《莱比锡报道》(莱比锡 Berighte),《数学-物理学分卷》(*Math.-phys. Classe*)(1858),X,第 67 页。
② 同上,表I,第 43 页。

任何其他类型的印象一样,任何差异也都是这样,当我们心中带着关于我们要寻找的是哪种东西、它的性质可能是什么的清晰意象来迎接它时,它就更容易被感知。①

这两个过程,用不同的联结物来强化那些项,和用过去的差异(与当下差异在相同的方向上,但在量上更显著)来颠充记忆,是我对这方面的训练效果所能提供的唯一解释。这两个过程所完成的基本上是同一件事情:它们让小差异就好像是大差异一样影响我们——大差异就应该这样影响我们,这仍然是一个不可解释的事实。在原则上,这两个过程应该足以解释所有可能的情况。至于它们事实上是否充分,是否还有其他我们未能察觉和分析出来的因素,我还不敢确定。

## 实践兴趣限制辨别

我们还记得,在第509页,我们将个人兴趣和练习一起说成是辨别的磨削器。但是,个人兴趣可能是通过注意起作用的,而不是以任何直接或者特殊的方式起作用。我们集中精力寻觅的差异,是有实际意义的差异。我们经常能够找到它,而且我们得到了这样做的全部好处,我们刚刚解释过的好处。然而,另一方面,如果一种差异没有实践兴趣,如果我们将一种特征从它为其组成部分

---

① 我觉得利普斯教授用来解释盲人触觉辨别力的方法(除去其"神话般的"假定),似乎与这在本质上是一致的。他认为,较强观念通过与较弱观念的融合,而将后者提升到意识的阈限之上,融合的趋向与观念的相似性成比例。参见《精神生活的基本事实》,第232—233页;并参见第118、492、526—527页。

的复合整体中分析出来以后一无所得,我们就形成了不注意它的习惯,并且最后对它的出现变得毫无感觉。赫尔姆霍茨是第一个在研究这些事实时给了它们以应有强调的心理学家。最好的办法就是引证他自己的话。

他说,"在许多有不同种类感觉或者身体不同部位的感觉同时存在的情况下,我们习惯于每当感知到它们就认出它们是不同的,并且随意将我们的注意分别引向它们中的任何一个。所以,在任何一个瞬间,我们都能分别意识到我们见到、听到和感受到的东西;并且分辨出我们的手指或大脚趾感受到的东西,无论是压力,是轻轻的触摸,还是温热。在视觉领域也是这样。确实,正如我在下面要尽力表明的,当我们对它们是复合的有一种确切的知识时,比如,当通过经常的重复和不变的经验,我们确知我们的当下感觉产生于许多单独刺激的同时作用,这每一个刺激通常都会激起同样为我们熟知的个别感觉时,我们就很容易将我们的不同感觉区分开来。"

我们将会看到,这只是对我们的下述法则的另一种表述,即我们能够从复合物中挑选出来的唯一个别成分,是我们以不同的形式对其拥有单独知识的成分。

这促使我们想到,当有许多不同感觉同时被激起时,没有比将它们个别地区分开来更容易的事情了,这是我们的心的一种先天能力。

因此我们发现,分别听见一起触及我们感官的不同音调是尤其自然的事情;而且我们预期,在任何情况下只要它们之中的两个音调一起出现,我们就应该能够分别听见它们。

## 第十三章 辨别和比较

当我们开始着手研究较为不同寻常的知觉的情况,并且像在感官生理学中常做的那样,试图更加彻底地理解能或不能做出上面提到的区分的条件时,事情就变得非常不同了。这时我们意识到,在我们开始对一种感觉产生意识的时候,两个不同的种类或等级必须得到区分。在较低等级的意识中,我们只在自己对外部事物和过程所形成的观念中,感受到上述感觉的影响,这些影响又帮助了那些观念的确定。我们无需确知或有能力确知,应当将知觉中的这种或那种情况归功于感觉的哪一个特殊部分,这种情况就可以发生。在这种情况下我们会说,上述感觉的印象是综合地被感知的。当我们立即将上述感觉辨别为在我们内部兴奋起来的感觉总体中的一个现存部分时,我们就到了第二个较高的等级。我们于是说,那个感觉是被分析地感知的。我们必须仔细将这两种情况区分开来。①

赫尔姆霍茨所说的被综合地感知的感觉,是指它完全没有得到辨别,而只是与许多其他同时发生的感觉一起被感受。他认为,下述事实证明了它确实被感受到了,这个事实就是,如果任何事情的发生改变了那个感觉的外部原因,我们对整体的判断就会改变。②从一个较早的版本中引证的下面这几页文字,表明了综合的知觉和分析的知觉的具体情况通常是什么样的:

在感官的使用中,练习和经验所起的作用,比我们通常想

---

① 《音调感觉》,英文第 2 版,第 62 页。
② 关于这一点,请比较我在前面第 5 章第 172—176 页说过的话。

象的要大得多。我们的感觉在开始时只是就它们使我们能够对周围世界做出正确的判断而言是重要的；我们为区分它们所做的练习，通常就只能达到实现这一目的的程度。然而，我们太倾向于认为，我们一定立即意识到我们的感觉的每一个成分了。这种自然的偏见是由于这个事实，即我们确实是立即而且无需努力地意识到了我们的感觉中对那些实际目的（为了这些目的的缘故，我们想要认识外部世界）有影响的所有东西。在我们的全部生命中，每一天，每个小时，我们只为这个目的而训练着我们的感官，而且为了它的缘故，我们的经验才得到积累。然而，即使是在这些确实与外部事物相适合的感觉的范围内，人们也能感受到训练和练习的作用。人们都知道，在辨别颜色和照明方面，画家比眼睛没有受过这方面训练的人要细致和快捷得多么多；音乐家和乐器制造者能多么容易和确定地感知对于外行人的耳朵来说根本不存在的音高和音调；甚至是在较低级的烹饪和品酒的领域，如何必须要有长时间的比较的习惯，才能造就出大师来。然而，当我们考察只依赖于我们器官的内部条件，完全不与外部事物及其对我们的影响相适合，并因而在为我们提供关于外部世界的信息方面没有任何价值的感觉时，我们会更加惊异地看到练习的效果。感官生理学近来已经让我们了解了许多这类现象，其中部分现象是通过理论思辨和质疑而发现的，部分现象是由像歌德和普基涅（Purkinje）这样拥有做这类观察的天赋才能的个人发现的。这些所谓的主观现象很难被发现；而且，一旦它们被发现，也几乎总是需要给注意以特殊的帮助，才能观察到它们。即使一个人已经知道先前的观察者对这些现象的描述,他通常也很难再次注意到这些现象。原因在于,我们不仅在挑选出这些主观感觉方面缺乏练习,而且,由于它们只会妨碍我们对外部世界的观察,所以,我们还相反受到过最彻底的训练,来将注意从这些主观感觉那里转移开来。只有当它们的强度大得实际上阻碍了我们对外部世界的观察时,我们才开始注意它们;或者,在睡梦中和谵妄状态下,它们有时会成为幻觉的起点。

让我举几个生理光学中的著名案例。我们的每一只眼睛可能都会有所谓的飞蝇幻视;这是一些纤维和颗粒等等漂浮在玻璃体液中,将影子投在视网膜上,出现在视野中就成了运动着的小黑点。注意地看着像天空那样宽广、明亮和空白的表面,我们就最容易发觉这些小黑点。大部分不曾将注意特别指向这些东西的存在的人,在眼睛患了某种疾病,将他们的注意吸引到这个器官的主观状态上来的时候,就很可能会第一次注意到它们。通常人们抱怨说,飞蝇幻视是与那个疾病一起发生的;这常常使得病人对这些无害的东西感到非常焦虑,并且去注意它们的所有奇特之处。要让他们相信这些东西在他们先前的全部生活中都始终存在着,所有健康的眼睛都有飞蝇幻视,是非常困难的。我认识一位老先生,他有一次遮盖起他那只偶然患病的眼睛,于是发现他的另一只眼睛完全失明了,他吓了一大跳;而这是一种肯定已经持续了多年,而他从来也没有意识到的失明。

此外,不进行恰当的实验,有谁会相信当他闭上一只眼睛时,在离那只睁开的眼睛视野中间的不远之处,就会有一个巨大的间隙——即所谓的"盲点",他看不见其中的任何东西,却用他的想象力填充了它?当通过理论思辨而发现了这个现象的马里奥特(Mariotte)在英格兰查尔斯二世的法庭上指明这一点时,曾经引起过不小的惊异。在那个时候,人们以多种不同的方式重复了这个实验,并且成了一种时髦的娱乐。事实上,那个间隙是如此之大,以至于一个挨一个排成一行的七个满月也没有它的直径长,而且6或7英尺远处的人脸也会消失在它里面。在我们对视觉的普通使用中,视野中的这个大洞完全未能受到我们的注意;因为我们的眼睛不断地转动着,在一个对象使我们发生兴趣的那一刻,我们就将双眼都投向了它。由此可以推出,在任何一个真实时刻激发起我们注意的对象,永远也不会碰巧落在这个间隙中,因此,我们永远也不会意识到视野中的这个盲点。为了注意到它,我们必须首先有目的地固定凝视一个对象,然后在盲点附近来回移动第二个对象,同时在不改变我们对第一个对象的凝视方向的情况下,努力去注意这后一个对象。这与我们所有的习惯都相反,因此是一个很难做成的事情。在一些人那里,这甚至就是不可能的。但是,只有当我们做成了这件事时,我们才能看见第二个对象消失了,并且使自己确信这个间隙的存在。

最后,让我来谈谈普通双目视觉的双像问题。每当我们用双眼看着一个点时,所有在它这一侧或者另一侧的对象似乎都是双的。我们只需做出一点努力去观察,就可以确认这一事实。由此我们可以得出结论说,在我们的一生中,外部世界有比这多得多的东西在我们看上去都是双重的,尽管有许多人并未意识到这一点,而且当让他们注意到这一点时,他们会表现得极为吃惊。事实上,我们从来不曾以这种双重的方式看到过我们的注意当时所指向的任何特殊对象;因为我们总是将双眼会聚于这些对象之上。在对眼睛的习惯用法中,我们的注意总是从这类当时给了我们双像的对象那里移开;这就是为什么我们很少知道这些双像存在的原因。为了发现它们,我们必须给我们的注意一个新的和不同寻常的任务;我们必须让它去探索视野的侧面部分,不是像通常那样去弄清那里有什么对象,而是去分析我们的感觉。只有这样我们才能注意到这一现象。①

在对与一个单一对象相适合的复合感觉的分析中,我们同样会遇到在对没有外部对象与之相适合的主观感觉的观察中所遇到的困难。许多声音感觉都属于这一类。小提琴的声音(不管我们是多么经常地听到它)一次又一次地在我们耳中激起相同的泛音的总和,其结果就是,我们对这种泛音总和的感受,最终变成了那把小提琴的声音在我们心中的一个单纯标记。另一种不同泛音的结合,变成了单簧管声音的可以感

---

① 如果一个人斜视,双像就在视野的中心形成。事实上,人们发现大多数斜视者都有一只眼睛是失明的,或者几乎失明;而且,眼科医师早就有这样的猜测,即失明是由随意抑制其中的一组双像,换句话说,是由明确而持久地拒绝使用其中一只眼睛而导致的次级疾病。然而,对失明的这种解释在最近几年受到了人们的异议。对这个问题的简短解释,参见 O. F. 沃兹沃思(O. F. Wadsworth):《波士顿医学和外科学杂志》(*Boston Med. And Surg. Journ.*),CXVI,49(1887年,1月20日),还有不久以后德比(Derby)和其他人的回答。——威廉·詹姆士

觉到的标记,等等。任何一种这样的结合越是经常被听到,我们就越习惯于将它感知为一个完整的整体,也就越难通过直接观察对它进行分析。我相信,这就是为什么对人的歌声中的音符的分析,相比之下是如此困难的主要原因之一。许多感觉融合为对于有意识的知觉来说像是一个简单整体的东西,这种情况大量地发生于我们的各个感官。

生理光学还提供了其他有趣的例子。对近处对象的形状的知觉,通过由两只眼睛分别从它那里接收来的两个不同画面的结合而产生,而这两个画面的不同,是由于每只眼睛所处的不同位置改变了眼前之物的透视图。在立体镜发明之前,人们只能对这种解释做出假设;但是现在我们可以在任何时候通过使用那种工具来证明这种解释。将代表两只眼睛透视图的两张平面图画插入立体镜,以使每一只眼睛都在恰当的位置看到它自己的透视图;结果我们就得到了对单独一个有广延的立体物的知觉,就像有真实的对象在我们眼前一样完备和逼真。

确实,现在我们可以通过轮流闭上两只眼睛并且注意那个点,来看出两张图画中的差异——至少当这个差异不是太小的时候。但是,对于通过立体镜而得到的立体知觉来说,图画的差异可以小到最细心的比较也难以察觉的程度。而且,在日常对物体对象的粗心的观察中,我们肯定从来不曾想到那个知觉是两个透视图融合为一的结果,因为它是和对其中任何一个平面透视图本身的知觉都完全不同的知觉。因此,确实是我们两只眼睛的两个不同感觉,融合为了与这二者完

## 第十三章　辨别和比较

全不同的第三个知觉。正如泛音融合为对某个乐器的声音的知觉；正如我们压住节点，让不同的泛音单独发出，从而学会将振动弦上的泛音分别开来；所以我们也是通过相继睁开和闭合两只眼睛，而学会将它们各自的视象区分开来的。

还有其他更为复杂的例子，可以表明许多感觉如何结合起来充当了一种非常简单的知觉的基础。比如，在感知特定方向上的对象时，我们必须以某种方式牢记这样的事实，即我们的某些而不是其他视神经纤维受到来自这个对象的光的影响。而且，我们必须分别通过眼部肌肉和颈部肌肉的感受，来正确判断我们的眼睛在头上的位置，以及我们的头在身体上的位置。如果其中任何一个过程受到干扰，我们就会得到关于对象位置的错误知觉。神经纤维可以由放置在眼前的棱镜而发生改变；或者，眼球的位置也可以通过将这个器官压向一个方向而改变；这样的实验表明，要简单地看到对象的位置，这两种感觉都必须发生。但是，要直接从对象造成的感觉印象那里得到它是完全不可能的。甚至当我们已经做过了实验，并且以每一种可能的方式使自己确信事实肯定就是这样时，它也仍然不能为我们的直接内省观察所发现。

这些[关于"综合的知觉"，即在其中每一个起作用的感觉都在整体上被感受到，并且都是对整体将是什么的共同决定因素，但却没有将注意单独吸引到它自身的知觉的]例子，可能足以表明观察中的注意方向和练习，在感知觉中所起的至关重要的作用。现在将这一点运用于耳朵。当许多声音同时冲击耳朵时，我们的耳朵必须要完成的普通任务，就是分辨出不同发声物体或者乐器的声音；除此之外，它没有其他客观的分析兴趣。许多人一起讲话时，我们想要知道每一个人说了什么，许多乐器和嗓音混合在一起时，我们想要知道它们各自发出了什么悦耳的声音。任何更深刻的分析，如将每一个单独音符分析为不同的泛音（尽管它可以由与第一种分析相同的方法和听觉能力来完成），对于实际出现的声音的来源，都不会告诉我们任何新的东西，却可能会使我们弄错它们的数量。出于这个原因，在分析许多声音时，我们将注意限制于不同乐器的声音，并特别地避免去辨别后者的基本成分。我们对这后一种辨别很不熟练，相反却对前一种辨别训练有素。[1]

---

[1] 《声音的感受》，第三版，第 102—107 页。——接受了我们第 5 章内容的读者此时无疑会说，在这些段落中，这位杰出的生理学家陷入了我们在那里证明是对事实的错误解释。然而，在将感知到的对象、知觉的有机条件、以及会为对象的不同部分或者为不同的有机条件（只要它们各自单独起作用或者单独受到注意）所唤起的感觉混淆在一起的方面，在设想对于其中任何一种事实为真的东西，对所有其他种类的事实也一定为真的方面，赫尔姆霍兹并非比大多数心理学家更疏忽大意。他认为，如果每个有机条件或者对象的部分在那里，那么，其感觉也一定在那里，只是以一种"综合的"——这与我们前面讨论过的那些作者称之为"无意识"的东西无法区分——状态存在着。我不想重复前面章节中那些足够细致的论证（请特别参见第 170—176 页），而只想说，他所说的"许多感觉融合为一"，实际上是通过许多有机条件的合作产生出一种感觉；还有，知觉未能辨别的东西（当它是综合的时），并不是已经存在却没有被挑选出来的感觉，而是被判断为比已经被综合感知的事实更真实的新的客观事实——关于立体物体的两个画面，许多和谐的音调，而不是一个画面和一个音调，迄今还不为我们所知的眼球肌肉状态，等等。当第一次被发现时，这些新的事实在直到那一刻才真正实现出来的意识状态中得到认识，这些意识状态同时又将它们判断为由先前实现的相同事实所决定的。赫尔姆霍兹关于阻碍和促进分析的条件所说的一切，也自然适用于通过新感受的出现，将对象分析为它们的元素，就像适用于将聚合的感受分析为始终被认为是隐藏在它们之中的基本感受一样自然。

读者自己可以将这种批评分别应用于洛采和斯顿夫的下述段落，我引用这些段落

## 第十三章 辨别和比较

是因为它们最好地表达了与我自己的观点相对立的观点。在我看来,两位作者似乎都犯了心理学家谬误的错误,将他们后来对感受到的事物的知识,偷偷插进了他们对感受这些事物的原始方式的解释之中。

洛采说:"这一点是不容置疑的,即许多不同刺激对不同感官或者甚至对同一个感官的同时冲击,使我们处于一种混乱的一般感受状态,在这种状态之下,我们确实没有有意识地对不同印象进行清晰的辨别。尽管如此,我们并不能由此推出,在这种情况下,我们对观念内容的真实统一体有一种确实的知觉,产生自它们的混合;我们的心理状态更正确地说似乎是在于(1)这样一种意识,即意识到我们无力将实际上一直是不同的东西分离开来,以及(2)对由刺激的同时冲击在我们身体系统中造成的干扰的一般感受。……并不是感觉相互融合起来,而只是缺乏对它们进行区分的活动;而这当然也不是指有所差异的事实一直完全未被感知,而只是说阻止我们确定差异的量,阻止我们理解不同印象之间的其他关系。任何一个同时为炽烈的热度、耀眼的光亮、震耳欲聋的声音和令人作呕的气味所苦的人,肯定不会将这些异质的感觉融合为带有能够被感知的单一内容的单一感觉。这些感觉在他那里始终是分离的,他只是发现不可能离开其他感觉而只意识到其中的一个感觉。但是,更进一步地,他会有一种不舒服的感受——我在前面提到这是他整个心理状态的第二种成分。因为每一个在意识中引起确定感觉内容的刺激,也是一定程度的干扰,并因而要求有那种神经力量;而这些微小变化(作为干扰,它们不像由它们引起的意识内容那么多样化)的总合,引起了那种一般感受,添加到对区分的无能为力之上,就使我们错误地相信了我们感觉中的多样性的缺乏。只是以某种这样的方式,我才能想象那种有时被说成是我们全部训练之开始的状态,那种其自身被认为是简单的,后来又通过分离的活动而被分成不同感觉的状态。在没有真实的多样性存在的地方,分离的活动就决不会建立起差异来;因为没有东西可以将它引导到它要建立起那些差异的地方,或者预示它所要给予它们的广度。"(《形而上学》,第260节,英译本。)

斯顿夫这样写道:"在意识中,或者(如果人们愿意称未得到辨别的东西为无意识的)在灵魂中,总是有大量共存的感觉未得到辨别。然而,它们并没有融合为一种简单性质。当我们走进一个房间,一起接收到气味和温暖的感觉,而没有特别对其中任何一个感觉给予注意,那两种感觉性质并不是一个全新的简单性质,这个简单性质在注意分析地进入的那一刻,首先改变为气味和温暖。……在这样的情况下,我们发现自己遇到了无法规定、无法命名的感受整体。在成功地分析了这个整体之后,当我们将它那未得到分析的状态召回到记忆之中,并且将它与我们发现的元素进行比较时,后者(在我看来)可能就会被识别为是包含在前者之中的真实部分,而前者则被看作是后者的总合。比如,当我们清晰地感知到薄荷油感觉的内容部分是味道感觉,部分是温度感觉的时候,就是这样。"(《声音心理学》,I,第107页。)

我宁愿说,我们感知到,那个被我们当作薄荷油味道的客观事实,包含着其他一些客观事实,这些客观事实分别被我们称之为芬芳或者好味道的性质和凉爽的性质。我们没有根据认为,这一种非常复杂的知觉的媒介物,与前面的心理表现有任何同一性——更不用说被包含在其中了。

522　说过了这一切之后,似乎就不需要再对赫尔姆霍茨这些有趣和重要的事实与反思进行评论了。

523
### 辨别之后的反应时间

人们已经开始对辨别所需的时间进行实验测试。冯特称之为辨别时间(Unterscheidungszeit)。他要求被试(其简单反应时间——见第85页及以下诸页——已经事先得到确定)在分辨出接收到的是两个或更多个信号中的哪一个信号的瞬间,做出一个始终一样的动作。信号到来的确切时间和动作的确切时间,由一个电流微时测定器自动记录下来。被试事先不知道将要接收的特殊信号,而对这个信号的性质最初进行分辨的反应所占用的时间超过简单反应时间的部分,根据冯特的观点,就是对辨别活动所需时间的测量。他发现,不规则地使用四个不同的信号,与只使用两个信号相比,这个时间更长。在前一种情况下,它在三个观察者那里的平均时间分别为(信号是突然出现的黑色或者白色对象):

0.050 秒;

0.047 秒;

0.079 秒

524　在后一种情况下,在前面两个信号上又加了红色和绿色的信号,还是那三个观察者,他们的平均时间为:

0.157;

0.073;

## 第十三章 辨别和比较

0.132.①

后来,在冯特的实验室里,蒂舍尔(Tischer)用同样的方法做了许多细致的实验,在这些实验中,要分辨的事实是声音信号的不同程度的响度。我附上蒂舍尔的结果表,在这个表中,在第一列后面的每一列所给出的,都是从单独一个人那里所得到的平均结果,第一列中的数字表示在特定反应序列中所预期的可能响度的数字。时间是以千分之一秒表示的。

| 2 | 6    | 8.5  | 10.75 | 10.7 | 33   | 53   |
| 3 | 10   | 14.4 | 19.9  | 22.7 | 58.5 | 57.8 |
| 4 | 16.7 | 20.8 | 29    | 29.1 | 75   | 84   |
| 5 | 25.6 | 31   | ....  | 40.1 | 95.5 | 138② |

这里的有趣之处是巨大的个体差异,以及辨别时间随可能辨别项的增加而快速增加的方式。个体差异在很大程度上是由于对特殊任务的练习的缺乏,但部分地也是由于心理过程的差异。例如,一位先生说,在有三种声音的实验中,他在心里准备好中间那个声音的意象,然后比较他听到的声音是更高,更低,还是相同。这样,他对三种可能性的分辨就很像是对两种可能性的分辨。③

卡特尔先生发现,他使用这种方法没能得到结果,④于是就回

---

① 《生理心理学》,II,第248页。
② 冯特的《哲学研究》,I,第527页。
③ 同上,第530页。
④ 《心》,XI,第377及以下诸页。他说:"我显然或者区分出了那个印象并且同时做出了动作,或者如果我试图避免这样做,而是等待着直到我有了一个清晰的印象才开始做出动作,我就在那个简单反应上面不仅添加了知觉,而且还添加了意志。"——这个评论可能充分确认了我们对任何这类测量的严格心理学价值的怀疑。

525 到了冯特之前的观察者所使用并且受到冯特否定的一个方法。这就是冯特所说的简单选择方法(einfache Wahlmethode)。反应者等待着信号,如果它是某一种信号,就做出反应,如果它是另一种信号,就不做反应。这样,反应就在辨别之后发生;在被试知道信号是什么之前,运动冲动就不可能被送到手上。正如卡特尔先生所说,神经冲动很可能到达大脑皮层并且刺激起那里的变化,在意识中引起对信号的知觉。这些变化占据了辨别时间(或者如卡特尔先生所说,知觉时间)。但是,此时神经冲动必须要从皮层下降到已经做好了释放准备的低级运动中枢;于是(如卡特尔先生所说)这又需要意志时间(will-time)。全部反应时间既包括"意志时间",也包括"辨别时间"。但是,由于分别占据这两个时间的传出过程和传入过程很可能大致是一样的,而且在皮层中使用的时间大致可以在感知信号和准备运动释放之间平均分配,如果我们平均将它分配给知觉(辨别)和意志,误差就不会很大。[①]而且,我们还可以在不改变意志时间的情况下改变知觉的性质,从而对知觉时间的长度进行相当彻底的研究。

在这些原理的指导下,卡特尔教授发现,在两个观察者那里,辨别出在没有信号的情况下出现的白色信号,所需时间为:

    0.030 秒   和    0.050 秒;

将一种颜色与另一种颜色区分开来,所需时间为:

     0.100   和    0.110;

从 10 种其他颜色中辨别出一种特定的颜色,所需时间为:

---

① 《心》,XI,3。

## 第十三章 辨别和比较

     0.105   和   0.117；

将普通印刷体的字母 A 与字母 Z 区分开来，所需时间为：

     0.142   和   0.137；

从字母表的所有其他字母中辨别出一个给定字母，所需的时间为（直到那个字母出现才做出反应）：

     0.119   和   0.116；

将一个词与另外二十五个词中的任何一个区分开来，所需的时间从

     0.118 秒  到   0.158 秒。

差异取决于词的长度和被试对这些词所属语言的熟悉程度。

  卡特尔教授促使人们注意到这样的事实，即辨别一个词所用的时间，通常几乎并不比辨别一个字母所用的时间长：

  "因此，我们不是对组成词的字母分别进行辨别，而是将那个词作为一个整体来辨别。很显然，人们在教授儿童阅读中运用了这一方法。"

  他还发现，人们辨别不同字母所用的时间有很大差异，E 用的时间特别长。[①]

  在对这些实验的描述中，我效仿了以前的作者，就好像信号性质决定反应的过程是与辨别知觉和意志的普通意识过程相同一的。然而，我确信事实并非如此；而且尽管结果相同，意识的形式

---

  ① 关于其他使用这一方法对辨别时间的确定，参见 v. 克里斯和奥尔巴赫（Auerbach），《生理学文库》（*Archiv f. Physiologie*），第 1 卷，第 297 及以下诸页（这些作者得到的数字小得多）；弗里德里克（Friedrich），《心理学研究》，I，第 39 页。布科拉的书《轻快的旋律》（*Le legge del tempo*）的第 9 章对这一主题做了全面的解释。

却完全不同。读者应该还记得我的论点(前面,第90页以及下诸页),即简单反应时间(人们通常认为它包括有意识的感知过程)实际上只是对反射动作的测量。任何一个要做出辨别反应的人,都很容易使自己确信,这里的过程更像是反射作用,而不是有意的操作。我曾经对我自己和学生做过大量的测量,在一个系列的测量中,预期信号是后背或头部皮肤某处的触碰,在另一个系列的测量中,预期信号是视野中某处的一个火花。手必须尽可能快地向触碰的地方或者有火花的地方移动。它无误而且即刻就这样做了;而地点和动作似乎都是在过了一会儿以后,才在记忆中被知觉到的。这些实验的进行有明确的目的,这就是探知在看见火花时做出的动作,是直接通过视知觉释放的,还是有一个"运动观念"插入到了对火花的知觉和反应之间。①我们首先反省到的是,没有任何种类的知觉或观念先行于反应。每当信号到来时,它就自己跳出来;而知觉则是回溯式的。于是我们必须设想,对某个确定范围内的可能释放的热切期待状态,预先激活了一整套通道,当一个特殊感觉到来时,它太快地就被带到了适当的运动出口,知觉的过程根本还来不及被唤起。在我描述的实验中,那些条件是最有利于快捷的,因为信号与动作之间的联系几乎可以被说成是先天的。将手移向看见的东西或者被触碰的皮肤,是本能的。但是,如果动作是按惯例隶属于信号的,那就会有更多的延迟机会,于是速度就由练习的量所决定。第524页引用的蒂舍尔的结果,很好地表明

---

① 如果是这样,那么,对火花的反应就一定比对触碰的反应慢。人们放弃了这些研究,因为他们发现,不可能将视觉实验条件和触觉实验条件之间的差异,缩小到插入的运动观念在后者中正好有可能出现的程度。不可能将其他差异排除掉。

了这一点,在那些结果中,最训练有素的观察者(蒂舍尔自己),以其他观察者之一所需时间的八分之一的时间做出了反应。①但是,所有研究者在这些实验中所要确定的都是最小时间。我相信,我说的话已经足以使人们确信,这个最小时间所测量的,决不是我们有意识地知道是辨别的东西。它只是测量了在实验条件下导致类似结果的某种东西。但是,设想在结果相似之处过程也一定相同,这正是心理学的祸根所在。心理学家太容易像几何学家那样推理了,后者说,圆的直径与它的半周长是一回事,因为它们确实终止于相同的两点。②

## 相 似 知 觉

相似知觉实际上与差异知觉有非常密切的关系。也就是说,我们表明为差异,在量的方面进行评估,并且沿一个等级进行排列的唯一差异,是我们在同一个属的成员之间发现的相对有限的差异。在此时搜寻不可比较之事物的例子之前,我从不曾想过要去对引力和这墨水的颜色进行比较。同样,这只印度橡皮筋的弹性性质,昨夜睡眠的舒适,可以用一笔遗产做成的善事,这些东西都

---

① 蒂舍尔给出了相当不熟练的个体情况的数字,我没有引证这些数字。这些个体之一的辨别时间,比蒂舍尔自己的辨别时间长了22倍!(《心理学研究》,I,第527页。)

② 比较利普斯在其《精神生活的基本事实》第390—393页写下的带有同样批判性结果的那个精彩段落。——我就让我的书稿保持在我于第92页和第432页引证的兰格和明斯特贝格的结果发表之前写成的样子。当预期注意指向可能的反应而不是刺激时,他们得到的那些"缩短了的"和"肌肉的"时间,构成了我所说的最小反应时间,我在书稿中所说的一切,都漂亮地与他们的结果相一致。

太异质了，直到现在都不曾有人将它们进行过比较。它们之间的关系与其说是差异关系，还不如说是单纯逻辑否定的关系。要将一些事物看作是不同的，这些事物通常就必须具有某种可通约性，必须具有某个共同的方面，这种可通约性和共同的方面提示出以相同的方式处理它们的可能性。这当然并非是理论的必然——因为如果一个人喜欢，他可以将任何区别都称作"差异"——而是一个实际的和语言方面的观察。

因此，唤起差异知觉的事物通常也唤起相似知觉。人们为确定差异和相似分别是在于哪里而对这些事物进行的分析，称为比较。如果我们开始将事物仅仅作为相同或者相像的东西来对待，我们就很可能会为差异而感到惊奇。如果我们开始将它们仅仅作为不同的东西来对待，我们就很可能会发现它们是多么地相像。通常所说的差异存在于同一个属的种之间。我们用以感知作为属之基础的相像之处的能力，和我们用以感知作为种之基础的差异的能力，都同样是终极的和不可解释的心理天赋。当从一个事物转到另一个我们最初只是在数的方面进行了辨别，但在引起我们注意的那一刻，我们就感知到它与前一个事物相似的事物时，我们会感受到相似的冲击；就像当我们从一个事物转到另一个与它不相似的事物时，所感受到的差异冲击一样。[1]像差异的客观程度一样，相似的客观程度决定冲击的量级。相似之处可以很容易消失，或者相像的基础可以如此具有习惯性，并且不大可能受到注意，以

---

[1] 参见萨利：《心》，X，第494—495页；布拉德利，同上，XI，83；博赞基特（Bosanquet）：同上，XI，第405页。

至于它完全没有被观察到。然而,我们在哪里发现了它,我们就在那里对同属的事物进行了比较;它们在其他方面的差异和不可通约性,可以被看作是如此之多的种的种差。作为"可思之物"或者"存在之物",甚至连香烟的烟雾和一元钱的价值,都是可以比较的——还有"容易腐烂的"和"可享受的"就更是这样。

我在这一章关于差异所说的许多话,通过做一点语言上的简单变化,也适用于相似。我们在这个世界上生活,一起执行着这两种功能,在相似者中发现差异,在不同者中发现相似。对差异或者相似(当它不是终极的时)的基础进行抽象,要求将给定的对象分析为它们的部分。因此,分析依赖于对被抽象性质的初步的单独亲知,依赖于它拥有各种各样的伴随物,我们对此所说的一切,在相似心理学和差异心理学中都占有一席之地。

但是,当对于有利于我们的相似知觉和我们对其基础进行抽象的条件的所有话都已经说过了,事情都已经做过了时,那个赤裸的事实却还在那里,这就是一些人比其他人对相似敏感得多,也更容易指出这些相似之处在哪里。他们是才子、诗人、发明家、科学家和有实际经验的天才人物。贝恩教授以及在他之前和之后的人,将感知相似之处的天赋才能,看作是各个领域天才人物的最主要的事实。但是,由于这一章已经很长了,由于关于天才的问题我们最好等到第二十二章再谈,在那里我们可以同时讨论这个问题的实际结果,现在,我对天才人物和注意相似之处的能力就都不再多说什么了。如果读者感到我对这个能力的处理不够充分,感到这个问题应该得到探询,对它应该有比这最后几页更多的理解,在我们到达后面那一章时,它也许可以得到一些补偿。我认为,当我称它为智力生活的终极基础支柱之一(其他的基础支柱是辨别、记忆和联想)时,我已经给了它足够的重视。

## 差异的量级

在第489页,我曾经谈到更大或者更小的差异,谈到我们可以对某些种类的差异进行连续增加式的线性排列。一个其中的项与起点的差异越来越大的序列,也就是一个其中的项与起点越来越不相似的序列。如果反过来说,它们就与起点越来越相似。因此,这类序列中的任何一个项的位置与起点的相似与不相似,都是互逆函数。

斯顿夫教授提出用距离这个词表示一个项在这类序列中的位置。这个项与起点越少相似,它离起点的距离就越大。这一类型的理想规则序列,是那种在其中所有成对的相邻项之间的距离——相似或差异的程度——都相等的序列。这是一种均匀渐次变化的序列。在我们感受性的许多领域,我们都能毫无困难地以这种均匀渐次变化的方式来排列那些项,这是一个有趣的心理学事实。换言之,相邻项的不同对子(如一方面是 a 和 b,另一方面是 c 和 d)[1]之间的差异,在量上可以被判断为相等或者不同。在序列中从一个项到另一个项的距离是相等的。长度的量级和音乐

---

[1] 如果两对项有一个共同成员,比如,如果要比较的是 a—b 与 b—c,做出判断就更容易些。正如斯顿夫所说(《声音心理学》,I,第 131 页),这可能是因为,第四个项的引入无意中带来了交叉比较,a 和 b 与 d,b 与 c 等等,这使我们的注意离开了我们应该对其进行单独判断的关系上,从而把我们搞糊涂了。

第十三章 辨别和比较

的音符,可能是我们最容易用这种方法进行排列的印象。下一个是光或颜色的深浅,对此,我们按照可以感觉到的等值差异程度进行排列,也没有多少困难。普拉托(Plateau)和德尔博夫先生发现,很容易确定哪一种灰色会被每一个人都判断为恰恰是处在一种较深的灰色和一种较浅的灰色的中间。①

我们如何这么容易就知道不同对子的项之间的两个差异是相等的呢?或者,更简单地说,我们如何知道一个差异的量级呢?斯顿夫教授以有趣的方式讨论了这个问题;② 他的结论是,我们对差异大小的感受,以及我们对两个不同对子中的项之间的距离是相等还是不相等的知觉,无法用更简单的心理过程来解释,但是,和差异的冲击本身一样,目前我们必须将它看作是心的一种无法分析的才能。这位敏锐的作者特别反对那种会让我们对两个感觉之间距离的判断,依赖于我们在心理上往返移动于各个中间程度的观点。我们当然可以这样做,而且时常会发现这样做是有用的,就像在音乐的音程和用数字标出的线那里所做的一样。但是我们

---

① J. 德尔博夫:《心理物理学原理》(*Éléments de Psychophysique*)(巴黎, 1883),第 64 页。斯顿夫的《声音心理学》, I, 第 125 页中之普拉托。我曾经注意过在氯仿作用下对特定差异"距离"的奇特扩大。例如,马车从通道中走过,马身上挂着的铃铛发出的叮当声和马车自己发出的隆隆声,对于我们的普通听觉来说,很容易就融合到一起,成为了一种准连续声音,而此时距离则似乎相当遥远,以至于需要有一种面对不同方向的心理能力,才能从一种声音转到另一种声音,就好像它们属于不同的世界一样。我倾向于根据特定的材料猜想,关于差异和相似的终极哲学,必须要建立在致醉经验的基础之上,特别是一氧化二氮气体的致醉,这种气体可以让我们直觉到在清醒状态无法察觉的细微之处。参看 B. P. 布拉德(Blood):《麻醉的启示和哲学的要义》(*The Anæthetic Revelation and the Gist of Philosophy*)(阿姆斯特丹,纽约,1874)。并参考《心》, VII, 第 206 页。

② 在前面引用的书中,第 126 及以下诸页。

不需要这样做;要对一个"距离"的量做出比较判断,除了三到四个属于同一种类的印象以外,我们实际上不需要任何更多的东西。

两个在数上不同的事物之间所有可感知差异的消失,使得它们在质上成为了相同或者相等的东西。等同性,或者质的(与数的相区别)同一①,因而就只是极端程度的相似。②

我们在前面(第 492 页)看到,一些人认为两个对象之间的差异由两个东西构成,即它们在特定方面的绝对同一,加上它们在其他方面的绝对非同一。我们知道这个理论并非适用于所有情况(第 493 页)。因此在这里,任何让相似以同一为基础,而不是让同一以相似为基础的理论,都一定会失败。也许大多数人都认为,两个相似事物之间的相似性,来自于它们在某个或某些属性方面的绝对同一,连同其他部分的绝对非同一。这一点也许对于复合事物来说是正确的,但是到了简单印象这里,它就彻底失败了。

在将一个低音音符、一个中音音符和一个高音音符(如 C,升 f 和 a‴)进行比较时,我们立刻就注意到,第一个音符比第二个音符更不像第三个音符。在音阶同一区域的 c d e 情况也是这样。我们将其中的一个音符称为"中"音,正是对这种判断的表达。但是,同一的部分和非同一的部分在哪里呢? 我们不能考虑泛音;因为最先提出的三个音符没有任何共同之处,至少在乐器上没有。而且,我们可以考虑简单音调,但

---

① 数的同一(numerical identity)是逻辑上的同一关系(A= B),即 A 和 B 是同一的,当且仅当它们是同一个事物。质的同一(qualitative identity)是精确的相似关系,即两个事物有精确的相似性,它们就具有质的同一性。——译者

② 斯顿夫,第 111—121 页。

第十三章　辨别和比较

是只要我们选择的音调不是太接近，判断立即就是一样的了。……我们也不能说同一之处就在于它们都是声音，而并非分别一个是声音、一个是气味、一个是颜色。因为这种同一属性以相同的方式出现在它们每一个之中，而那个比第二个音符更不像第三个音符的第一个音符，根据我们所批评的理论，应该拥有较少的同一性质。……因此，将所有可能的相似个例都定义为部分同一加上部分不同似乎是不切实际的；在所有的个例中寻找同一的元素也是徒劳的。①

由于所有复合的相似都以这种简单相似为基础，根据前面那个段落的开头表达的命题，我们可以推出，我们一定不能将完全的相似(likeness überhaupt)看作是同一的一种特殊复杂化，而是应该将同一看作是相似的一种特殊程度。相似与差异是感知到的终极关系。事实上，在我们所知道的所有感觉和对象中，没有两个感觉，也没有两个对象，是在严格的科学意义上同一的。我们将其差异未被感知的感觉和对象称为同一的。除此之外，我们确实有关于绝对同一的概念性认识，但是，这和我们的许多概念性认识一样

---

① 斯顿夫，第116—117页。为了不使我的行文过于复杂，我省略了一个极为敏锐和结论性的段落，我将这个段落放在这里："我们可以这样概括：只要许多感觉印象被理解为一个序列，最后就一定会有关于简单相似的知觉。证明：假定一个序列中的所有项，比如音调的性质 c d e f g，都有某种共同的东西，——不管它是什么，称它为 X；于是我说，这每一个项的不同部分，就必须不仅各自有不同的构成，而且还必须自身形成一个序列，它的存在是我们以序列的形式理解最初那些项的基础。我们于是得到的不是最初的序列 a b c d e f……，而是相等的序列 Xα, Xβ, Xγ, ……等等。我们得到了什么？问题立即就出现了：我们是如何知道 αβγ 是一个序列的呢？根据这个理论，这些元素自身必须由一个大家共有的部分和一些各自不同的部分所组成，后面的部分又形成一个新的序列，如此下去以至无穷。这是荒谬的。"

（参见第 508 页），是沿着某个连续增加的方向，到达能够想象得到的最大极限，而得到的一种理想建构。和我们拥有的其他持久意义一起，它在我们理想的智力建构中起着重要的作用。但是，在对我们如何感知简单事物之间的相似性做出心理学的解释方面，它不起任何作用。

## 对辨别感受性的测量

1860 年，莱比锡的 G. T. 费克纳教授，一个学识渊博和心智敏锐的人，发表了题为《心理物理学》的两卷本著作，要确立和解释一条被他称之为心理物理法则的法则，他认为这条法则表达了心理世界和物理世界之间最深刻和最基本的关系。这是对感觉的量和感觉的外部原因的量之间的关系所进行的阐述。它的最简单的表达就是，当我们从一个感觉转向另一个相同类型的更强的感觉时，感觉强度的增加与刺激这些感觉产生的原因的对数成比例。费克纳的著作开辟了心理学文献的一个新的领域，也许就透彻和精细的性质而言，没有文献可以与之相比，但是，以本人的微薄之见，我认为，这部著作中没有真正意义上的心理学成果。关于心理物理法则的争论，曾经促使人们对感官辨别做了大量的观察，并且使得对这些观察的讨论进行得非常严格。它还澄清了我们关于当特殊的观察不相同时，获得平均结果的最好方法的看法；除此之外，它并未成就任何事情；但是，由于它是我们科学史的一个篇章，我应该在这里向读者对它做一些解释。

人们曾经对费克纳的思路做过许多通俗的解释。由于我没有什么新的东西要说,我只想引证一个现有的解释。我选择冯特在其 1863 年《关于人和动物的灵魂的讲座》中给出的解释,我省略了许多内容:

> 我们从来都无法说出一个感觉比另一个感觉强多少或者弱多少。我们没有能力判断太阳比月亮明亮一百倍还是一千倍,大炮比手枪的声音响亮一百倍还是一千倍。我们拥有的对感觉的自然测量能力,使我们能够对相等,对"更多"和"更少",而不是对"更多多少倍或者更少多少倍"做出判断。因此,每当我们要精确地确定感觉的强度时,这种自然测量能力实际上和完全没有测量能力一样。尽管它可以一般性地告诉我们,相伴随的感觉随着外部物理刺激的强度增大或减小,但是,它还是没有告诉我们,感觉是以与刺激完全相同的比例变化,还是以更慢或更快的速度变化。总之,凭着自己的自然感受性,我们对将感觉与其外部原因联系在一起的法则一无所知。要发现这条法则,我们就必须首先找到一种对感觉自身进行精确测量的方法;我们必须能够说:强度为 1 的刺激引起强度为 1 的感觉;强度为 2 的刺激引起强度为 2、3 或者 4 等等的感觉。但是要这样做,我们就必须首先知道一个感觉比另一个感觉强二倍、三倍、或者四倍的意思是什么。……
>
> 我们很快就能学会精确地确定空间的量级,因为我们只是对照着另一个空间来对一个空间进行测量。对心理性质量级的测量则要困难得多。……但是测量感觉量级的问题,是使心理性质的量级完全得到精确测量的大胆计划的第一步。……如果我们的全部知识都局限于这样的事实,即刺激

出现时感觉也出现,刺激消失时感觉也消失,那么我们就不会有多少收获。然而,甚至直接的肉眼观察也能告诉我们一些事实,这些事实至少能一般地提示出感觉跟随其外部原因变化的法则。

每个人都知道,在寂静的夜晚,我们听到在喧闹的白天没有注意到的东西。钟表温和的滴答声,烟囱中流动着的空气,房间里椅子发出的劈啪声,还有许多其他的轻微声响进入到我们的耳朵之中。每个人也都知道,在街上混乱的吵闹声中,或者在铁路上的喧嚣声中,我们不仅可能听不见旁边的人对我们说的话,我们甚至会听不到自己发出的声音。夜晚最明亮的星星在白天就隐而不见了;虽然那时我们能看到月亮,她也比在夜晚时苍白得多了。每一个曾经与重量打交道的人都知道,如果将一磅的重量加到手上已有的一磅重量之上,我们立刻就能感受到差异;但是,如果将它加到一百磅的重量之上,我们就完全觉察不到差异了。……

钟表的声音,星星的光芒,一磅的压力,这些都是对我们感官的刺激,是其外在的量保持不变的刺激。这些经验告诉了我们什么?显然它只告诉了我们这一点,即同一个刺激,依照它起作用的环境,可以被感受为较强或者较弱,或者完全没有被感受到。感受的这种变化可能依赖于环境中的哪种变化呢?通过认真思考这个问题,我们认识到,在任何情况下环境的变化都属于同一个种类。钟表的滴答声是对听觉神经的微弱刺激,当只有这一个声音时,我们就听得清清楚楚,但是,当它添加到车轮的强刺激和白昼里其他的噪声之中时,我们就

## 第十三章 辨别和比较

听不清楚了。星光是对眼睛的刺激。如果星光的刺激被添加到白天的强刺激之中,我们就感受不到它,尽管当它出现在暮色较微弱的刺激之中时,我们就能清楚地感受到它。一磅的重量是对皮肤的刺激,当它被添加到先前同等强度的刺激上时,我们能够感受到它,但是,当它结合进比它重一千倍的刺激中时,它就消失了。

我们于是可以提出这样一条一般规则,即一个刺激要被感受到,如果那个感官已有的刺激很小,它就可以更小,但是,如果那个已有刺激较大,它就必须更大。由此我们可以以一般的方式了解刺激和由它唤起的感受之间的联系。至少情形似乎是这样,即依赖法则并非像我们可以事先预期的那样简单。最简单的关系显然是,感觉应当以和刺激完全相同的速度增加,如果有一个强度为 1 的刺激引起了感觉 1,强度为 2 的刺激也应当引起感觉 2,强度为 3 的刺激引起感觉 3,等等。但是,如果这种最简单的关系占了优势,那么,一个添加到已有强刺激上的刺激所引起的感受的增加,就应该和它添加到一个弱刺激上所引起的感受的增加一样大;比如,星光添加给白昼的就应当和它添加给暗夜的一样多。我们知道情况并非如此:在白天星星是看不见的,它对我们的感觉所添加的东西是我们注意不到的,而同样的东西添加在我们的暮色感受上,确实就相当地大。因此很清楚,感觉强度的增加并非与刺激的量成比例,而是更慢。现在的问题是,随着刺激的增加变得更大了,感觉的增加变得更小,这二者之间的比例是什么。日常经验不足以回答这个问题。我们需要有对各种刺激的量以及感觉自身强度的精确测量。

然而,如何进行这些测量却可以从日常经验中得到提示。正如我们已经知道的,我们不可能对感觉的强度进行测量;我们只能测量感觉的差异。经验向我们表明,等量的外部刺激差异可以引起多么不等量的感觉差异。但是,所有这些经验都表达了一个事实,即相同的刺激差异在一种情况下可以被感受到,而在另一种情况下则可能完全感受不到——如果将一磅的重量添加到另一磅的重量之上,这一磅的重量就能被感受到,而如果将它添加到一百磅的重量之上,我们就感受不到它了。……从一任意刺激强度开始,注意它使我们产生什么感觉,然后再看我们可以使刺激增加多少而使感觉保持不变,我们就可以最快地得到我们的观察结果。如果我们用绝对量变化着的刺激进行这样的观察,我们不得不以同样变化的方式选择使我们能够对更多产生刚好可以觉察的感受的刺激添加量。在暮色中刚好可以感知的光亮,不必接近于星光的亮度;但是,如果要在白天被感知,它就必须要亮得多。如果我们现在开始对各种刺激的所有可能强度进行这样的观察,并且注意对于每一个强度来说引起刚好可以觉察的感觉变化所需的刺激添加量,我们就会得到一个数字的序列,这个序列直接表达了表明刺激增加时感觉会发生变化的法则。……

依这种方法进行的观察,在光的感觉、声音感觉和压力感觉的领域特别容易进行。……让我们从后一种情况开始,

## 第十三章 辨别和比较

我们发现了一个令人惊讶的简单结果。刚好能被感觉到的原初重量的增加,一定与原初重量成完全相同的比例,必须是它的相同比值,而不管实验中那些重量的绝对值可能是什么。……一些实验的平均结果告诉我们,这个比值大约是 1/3;这就是说,无论皮肤上已经受到什么压力,每当增加或者减去的重量达到已有重量的三分之一时,压力的增加或减少就会被感受到。

冯特然后谈到在肌肉感受、温度感受、光的感受和声音感受中,差异是如何被观察到的;他这样结束了他的第七讲(我们前面的摘录就来自于这一讲):

因此,我们已经知道,我们能够对其刺激进行精确测量的所有感官,都服从于一条统一的法则。无论它们各自辨别的精密度有多么不同,下面这一条都适用于它们,即为感觉的增加所必需的刺激的增加,与总刺激保持一个不变的比率。我们可以用表格来表示在不同感官中这一比率的数字:

光亮感觉,……………………1/100
肌肉感觉,……………………1/17
压力感觉,⎫
温度感觉,⎬……………………1/3
声音感觉,⎭

这些数字与我们期望的准确测量还相差很远。但是,它们至少恰当地表达了关于不同感官辨别方面的相对易感性的一般观点。……生理学家厄恩斯特·海因里希·韦伯(Ernst

Heinrich Weber）最先发现，那个以如此简单的形式表明感觉与引起感觉的刺激之间关系的重要法则，在特殊的案例中是成立的。古斯塔夫·特奥多尔·费克纳最先证明，它是适用于所有感觉领域的一条法则。心理学将从物理学的观点对感觉所做的第一个全面考察，将精确的感受性理论的最初基础归功于他。

关于费克纳所说的韦伯法则，我们就做这么多一般性的解释。它所带来的感受性理论的"精确性"，是在于这样一个假定的事实，即它提出了用数字表示感觉的方法。任何种类感觉的单元就是那个增量，即当刺激增加时，我们刚好能够感知到它被增加了上去的那个增量。任何给定感觉所包含的单元总数，都是由这样的增量的总数构成的，这是从没有这种感觉到拥有当下大小的感觉时，可以被感知到的增量的总数。我们不能直接得到这个数字，但是，我们知道韦伯法则，所以可以借助于它为其函数的物理刺激，来获得它。因为，如果我们知道用多少刺激就可以引起刚好可以觉察的感觉，以及这个刺激的多少百分比的增加，能持续引起刚好可以感知的感觉增量，这实际上就只是一个复利计算的问题，即从我们在任何时刻所使用的刺激总量中计算出这类增量，或者换句话说，计算出它可以引起的感觉单元的数量。这个数字与总刺激的关系，和逝去的时间与资本加上增加的复利的关系是一样的。

举一个例子：如果刺激 A 未能引起感觉，如果 r 是 A 自己的一个百分比，它必须被加到刺激 A 之上才能得到刚好可以觉察的感觉——让我们称它为感觉 1——于是，我们就有了下面这个与不同刺激相对应的感觉数目的序列：

感觉 0 ＝ 刺激 A；

感觉 1 ＝ 刺激 A(1 ＋ r)；

感觉 2 ＝ 刺激 A(1 ＋ r)$^2$；

感觉 3 ＝ 刺激 A(1 ＋ r)$^3$；

..............................

感觉 n ＝ 刺激 A(1 ＋ r)$^n$。

感觉在这里形成了一个算术序列，而刺激则形成了一个几何序列，这两个序列一项一项地相互对应。在以这种方式相对应的两个序列中，我们称算术序列中的项，为几何序列中与它们在排列上相对应的项的对数。普通对数表中列出了从零开始的常规算术序列，这样我们就可以正确地说（假定我们的事实到现在为止都是正确的），感觉以与它们各自刺激的对数完全相同的比例变化。于是，我们就可以通过用随特殊感觉变化的常数因子，乘以刺激的对数，对任何给定感觉中的单元数量进行计算了（设定感觉单元等于大于零的最小可觉的增量，刺激单元等于使之得以产生的刺激增量 r）。如果我们称刺激为 R，称常数因子为 C，我们就有了这个公式

$$S ＝ C \log R,$$

费克纳称这个公式为心理学的测算公式（Psychophysischer Maasformel）。简单地说，根据我的理解，这就是费克纳的推理。

这个测算公式（Maasformel）可以在不同的方向上得到数学方面的发展，并且引起了艰难的讨论。很高兴我在这里可以免于进入这些讨论之中，因为这些讨论的兴趣是数学和形而上学方面

的,而完全不是心理学方面的。①在几页之后,我必须从形而上学的方面对这些讨论说些什么。同时我们应当理解,在涉及感觉的任何一项研究中,从来不曾有人使用过以这种方式或者任何其他方式计算出来的数字,来验证一个理论,或者得出一个新的结果。简单地说,对感觉进行数字测量的全部想法,仍然是一种从未得到实际运用的关于可能性的单纯数学思辨。然而,在关于这个问题的讨论中,人们附带发现了大量有关辨别的特殊事实,这些事实值得在这一章中占有一席之地。

人们首先发现,当两个感觉的差异接近可分辨性的界限时,我们时而能分辨出它,时而又分辨不出它来。我们的内在感受性有偶然的波动,所以如果不采用许多次测评的平均值,我们就不可能弄清感觉的最小可觉增量是多少。这些偶然误差,像可能会降低我们的感受性一样,也可能会增强我们的感受性,这些误差在这种平均数中消失了,因为在界线之上和之下者总体上相互抵消了,而正常的感受性(如果有这样的感受性,即由不同于这些偶然原因的不变原因而产生的感受性)就呈现出来。人们对获得平均感受性的最佳方法做了非常细致而且充分的研究。费克纳讨论了以下三种方法:

(1) 最小可觉差法。拿一个标准感觉 S,不断地增加它,直到你能清晰地感受到增量 d;然后从 S+d 往下减,直到你能清晰地

---

① 德尔博夫在《关于感觉测量的研究》(*Recherches sur la Mesure des Sensations*)(1873)的第 35 页提出的公式,还有埃尔萨斯(Elsas)在《论心理物理学》(*Über die Psychophysik*)(1886)这本小册子的第 16 页提出的公式,是对费克纳公式所做的最重要的改进。

感受到这种减少的效果;<sup>①</sup> 将这个差异量称为 d′。那么最小可觉差就是 $\frac{d+d'}{2}$;费克纳将这个量与最初的 S(或者与 S+d−d′)的比率称为差异阈限。如果韦伯法则普遍有效,这个差异阈限就应该是一个恒定分数(无论 S 的大小)。运用这一方法的困难在于,我们经常难以确定是否有任何东西被添加到了 S 之上。而且,如果简单采用我们从来不曾怀疑过或者不曾弄错过的最小 d,那么,我们得到的最小可觉差,当然就比理论上它应该是的要大。<sup>②</sup>

当然,如果最小可觉差大,感受性就小,反之亦然;换言之,感受性与差异阈限是逆相关的。

(2) 正误法。由于一长串实验中的偶然误差,比另一个感觉只大一点点的感觉,有时会被判断为相等,有时会被判断为更小;也就是说,对于我们正在比较的两个感觉之间的差异,我们会做出错误判断,也会做出正确判断。

但是,这个差异越大,正确判断的数量就会在错误判断减少的情况下增加得越多;或者,用另一种方法来表达,分母表示全部判断的数量、分子表示正确判断数量的分数,就越接近于一。如果 m 为通过比较 A 和 B 两个刺激而得到的这种性质的比率,我们可以寻找另一对刺激 a 和 b,当将这两个刺激进行比较时,就会得出正确与错误判断的相同比率。<sup>③</sup>

---

① 颠倒这个顺序,是为了让由"对比"而产生的相反的偶然错误相互抵消。
② 在理论上,它似乎应该等于被我们判断为增加的全部增量的总和,除以所做出的判断的总数。
③ J. 德尔博夫:《心理物理学原理》(1883),第 9 页。

如果这样做了，而且 a 与 b 的比率等于 A 和 B 的比率，那就会证明，只要每对刺激中两个刺激相互间的比率相同，一对弱刺激和一对强刺激对我们辨别感受性的影响就是相同的。换句话说，就此而言，韦伯法则得到了证明。费克纳使用这一方法来确定他自己的辨别重量差异的能力，记录了不少于 24,576 个独立判断。计算出的结果是，在 500 克附近，他对相同的相对重量增加的辨别力，不如在 300 克那里好，但是在 500 克以后直到 3000 克（这是他实验的最大重量），这个能力提高了。

（3）平均差误法，即先给出一个普通程度的刺激，然后再给出另一个与之完全相等的相同种类的刺激。此时通常会有误差出现，当起作用的辨别感受性小时，这个误差就大，反之亦然。误差（无论正数还是负数）的和，除以误差的数量，就是平均误差。费克纳认为，做出某些更正以后，它就是上述辨别感受性的"倒数"。如果韦伯法则为真，它就应当与刺激成恒定的比例，而无论刺激的绝对大小可能是多少。

这些方法是用来处理最小可觉差的。德尔博夫和冯特曾用冯特所说的中等分层方法（Methode der mittleren Abstufungen）对较大差异做过实验，我们可以称这个方法为

（4）等距法。这个方法是将三个刺激排列在一个序列中，使第一和第二个刺激之间的间隔，看上去与第二和第三个刺激之间的间隔相等。初看上去，在这个方法和前面几个方法之间似乎没有直接的逻辑联系。通过前三种方法，我们比较的是在刺激等级的不同区域，同等可感知的刺激增量；而通过第四种方法，我们比较的是对我们表现为一样大的增量。但是，我们刚好能注意到的

增量，不必在得到注意之后总是表现为同样的大小。相反，如果我们处理的是已经很大的刺激，它就会显得大得多。

(5) 加倍刺激法已经为冯特的合作者默克尔(Merkel)使用过了，他试图让一个刺激看上去恰恰是另一个刺激的两倍，然后测量这二者之间客观的关系。刚刚做过的评论也适用于这种情形。

关于方法就说这么多。不同的观察者得到的结果是不相同的。我还要补充几个结果，首先我谈谈对光的辨别感受性。

通过第一种方法，沃尔克曼、奥博特(Aubert)、马森(Masson)、赫尔姆霍茨和克雷佩林(Kräpelin)发现，数字在原初刺激的 1/3 或 1/4 和 1/195 之间变化。光线较强时，辨别的是较小的分数增量；光线微弱或者强烈时，辨别的是较大的分数增量。这就是说，当被比较的是微弱或者过强的光线时，辨别感受性就低，而在某种中间亮度时，它就最强。因此，它是光线强度的函数；但是，它在这个强度的特定范围内保持不变，就这一点而言，韦伯法则对光的适用性得到了证实。我们无法得到绝对的数字，但是默克尔通过方法 1 发现，韦伯法则适用于 96 和 4096 之间的刺激（用他的任意单元测量），他没有做过超过这个强度的实验。[①] 柯尼西(König)和布罗德洪(Brodhun)使用方法 1 进行的测量覆盖的序列最长，并且适用于六种不同颜色的光。这些实验（显然是在赫尔姆霍茨的实验室里做的）涉及的强度，从称之为 1 的强度一直到它的 100,000 倍的强度。韦伯法则适用于 2000 到 20,000 之间的强

---

① 《哲学研究》，IV，第 588 页。

度；在这个范围之上和之下，辨别感受性都降低了。这里，得到辨别的增量对于所有颜色的光来说都一样，在（根据那些表格）刺激的百分之一到百分之二之间。① 德尔博夫运用方法 4 证实，韦伯法则适用于特定范围的发光强度；也就是说，他发现，出现在两种其他光线中间的光线，它的客观强度确实就是那两种光线强度的几何平均值。但是，A. 莱曼（Lehmann）以及后来的奈格里克（Neiglick）在冯特的实验室中发现，对比效果在以这种方法进行的实验中所起的作用很大，德尔博夫的结果并非是决定性的。默克尔后来重复了这些实验，他发现，我们判断为处于另外两种光线中间的那种光线的客观强度，既不是在中间，也不是几何平均值。与两个数字的差异都很大，但是与中间数字或者两个极端强度的算术平均值的差异最小。② 最后，从远古时代起，人们就将星星以有等距差异的"量级"进行排列。后来，人们用光度计来测量这些星星的亮度，并将主观序列与客观序列做了比较。J. 贾斯特罗教授是这一领域中最近的研究者。以皮克林（Pickering）的哈佛光度表为基础，他发现，当我们从较低的量级进到较高的量级时，每一个"量级"的平均强度与它下面那个"量级"的平均强度的比率是降低的，这是对韦伯法则的一种一致性的偏离，如果有人认为等距法与韦伯法则有任何直接的关系的话。③

---

① 《柏林科学院会刊》(1888)，第 917 页。其他观察者[多布罗（Dobro）、沃尔斯基（Wolsky）、拉曼斯基（Lamansky）]发现，颜色不同时差异巨大。
② 参见默克尔的表格，上述引文，第 586 页。
③ 《美国心理学杂志》(*American Journal of Psychology*)，I，第 125 页。降低率很小，却是稳定的，而且我不能完全理解 J. 教授说他的数字证实了韦伯法则是什么意思。

## 第十三章 辨别和比较

声音强度的辨别不如光强度的辨别那么细致。一个困难是来自于关于对刺激的客观强度测量的争论。较早期的研究表明,可感知刺激增量大约是刺激的 1/3。默克尔运用最小可觉差法所得的最新结果表明,在韦伯法则适用的那部分强度等级(它是 20 到 5000 的默克尔任意单元)中,它大约是 3/10。[①]在这以下,那个分数增量就必须更大。在这之上,他没有做过测量。

至于压力和肌肉感觉,我们的结果颇有分歧。韦伯通过最小可觉差法发现,当用同一只手相继提起两个重物时,他能辨别出 1/40 的重量增加。当将重物置于放在桌子上的手上时,更大的分数才能得到察觉。他似乎只用两对不同的重物查证了他的结果,[②]并且以此为基础提出了他的"法则"。赫林实验室中所做的提起从 250 克到 2750 克的 11 个重物的实验表明,最小可感知增量的变化范围,是从 250 克那里的 1/21,到 2500 克那里的 1/114。到 2750 克时,它又升至了 1/98。默克尔最近做了一些非常细致的实验,在这些实验中,手指压下天平的一端,另一端的平衡物从 25 克到 8020 克不等。这些实验表明,在 200 和 2000 克之间,当手指不动时,能感受到约为 1/13 的恒定分数增量;当手指运动时,能感受到约为 1/19 的恒定分数增量。在此界线之上和之下,辨别力都更弱了。它在压力施加于 1 平方毫米的表面时比压力施加于 7 平方毫米的表面时更大。[③]

---

① 《哲学研究》,V,第 514—515 页。
② 参见 G. E. 米勒:《论心理物理学的基础》(Zur Grundlegung der Psychophysik),第 68—70 节。
③ 《哲学研究》,v,第 287 及以下诸页。

人们也以温度和味觉为主题进行过类似的实验,其结果是证实了某种像韦伯法则之类的东西。然而,在这里,对刺激单元的确定非常困难,我就不给出数字了。我们可以在冯特《生理心理学》第 3 版第 1 卷的第 370—372 页找到这些结果。

人们发现眼睛对长度的辨别也在一定程度上遵循韦伯法则。读者可以在前面引用过的 G. E. 米勒书的第二部分的第十章找到全部数字。贾斯特罗教授发表了一些采用也许可以称之为等距法的一种变形的方法,对我们对棍子长度的判断所进行的实验,这些实验似乎表明,判断的长度和实际长度之间是成正比的,而不是成对数比的。这与默克尔将那种方法运用于重量、光线和声音所得到的结果相似,而与贾斯特罗自己关于星星量级的发现不同。[1]

如果我们回过头来整体地看这些事实,我们就知道,并非添加到印象上去的任何固定的量,都会使我们注意到印象的增加,那个量取决于印象已经有多么大。那个量可以被表达为它添加到其上的整个印象的一个确定分数;我们还发现,那个分数在上述印象强度等级的整个区域,几乎是一个恒定数字。在这个区域之上和之下,那个分数的值都有所增大。这就是韦伯法则,它至此表达了具有实际意义的经验概括,而没有涉及任何理论,也没有寻求任何对感觉自身的绝对测量。正是在

---

[1] 《美国心理学杂志》,III,第 44—47 页。

## 对韦伯法则的理论解释

中,也就是说在他的下述假定中,我们才看到费克纳的创造性。这些假定是(1)最小可觉增量就是感觉单元,而且在那个等级的各个部分都是相同的(以数学的方式表达,$\Delta s = \text{Const.}$);(2)我们的所有感觉都由这些单元的总和组成;最后,(3)之所以唤起这个单元的是一个恒常分数形式的刺激增量,原因是在于一条关于心物联系的终极法则,根据这条法则,我们感受的量与这些感受的对象的量是对数相关的。费克纳似乎在这种形式的终极"心理物理"法则的存在中,发现了某种不可思议的崇高之物。

  这些假定都特别脆弱。首先,在实验中与刺激的增加相对应的心理事实,并不是一个放大了的感觉,而是一个关于感觉被放大了的判断。被费克纳称之为"感觉"的东西,是对心呈现为光线、温度、重量、声音、身体的受作用部分等等客观现象的东西。费克纳如果不是公开地,也是默默地假定,这类增量判断是在于这个简单事实,即增加了的感觉单元的数量对心呈现了出来;因此,与对小的差异进行判断相比,在对大的差异或者对大项之间的差异进行判断时,这个判断自身就是一个在量上更大的心理事物。但是,这些观念确实是荒谬的。最困难的判断,即让注意最为紧张的判断(如果那可以是判断之"大小"的标准),是关于最小的事物和差异的判断。但是,说一个判断比另一个判断更大,这实际上没有任何意义。而且,既使我们不谈判断,只谈感觉,我们也已经知道自己(在第六章)完全不能给它们是许多单元的结合这个观点赋予任何清晰的意义。对于内省来说，我们的粉红色感受当然不是我们的深红色感受的一部分；电弧光自身似乎也并不包含牛脂蜡烛的光。复合物包含部分；一个复合物所包含的部分，可以是另一个复合物所包含部分的两倍或者三倍之多。但是，当我们谈论像光或声这样的简单可感觉性质，并且说它现在的显现是片刻之前它的显现的两倍或者三倍时，尽管我们说的好像与我们谈论复合物体时是同一个意思，但是我们实际上说的是不同的意思。我们是说，如果我们要将那种性质的各种可能程度排列在一个连续增加的等级中，我们面前较强和较弱的样本之间的距离、间隔或者差异，看上去差不多就和较弱者和那个等级的开端之间的距离、间隔或者差异一样大。我们测量的正是这些**关系**和这些**距离**，而不是如费克纳所想的那些性质自身的合成。同时，如果我们转向可分对象，当然，大对象可以为小思想认识。内省进一步表明，在大多数感觉中，一种新的感受总是伴随着我们对增加了的印象所做的判断；费克纳的公式忽略了这个事实。[①]

然而，除了这些前验的困难以外，即使假定感觉确实包含添加上的单元，费克纳那个关于所有同等可感知增量是相等大小的增量的设想，也完全是任意的。为什么添加到一个小感觉上的小的

---

[①] 参见斯顿夫，《声音心理学》，第397—399页。"一个感觉不可能是另一个感觉的成倍增加。如果有这种可能，我们就应该能够将一个感觉从另一个感觉中减去，并且感受剩下来的东西本身。每个感觉都将它自己作为一个不可分的单元呈现出来。"冯克里斯教授在《科学哲学季刊》，VI，第257页以后非常清楚地表明，设想我们的较强感觉将较弱感觉作为部分包含在自身之内是荒谬的。它们是作为质的单元而不同的。还请比较 J. 塔内里（J. Tannery），见德尔博夫的《心理物理学原理》（1883），第134页以后；J. 沃德，《心》，I，第464页；洛采，《形而上学》，第258节。

增量,不能和添加到一个大感觉上的大的增量一样具有可感知性呢? 在这种情况下,韦伯法则就不适用于增量自身,而只适用于它们的可感知性。我们对两个感觉中的单元差异的注意,就依赖于那两个感觉有固定的比率。但是,差异本身则直接依赖于这两个感觉各自的刺激之间的比率。那么多的单元添加到了刺激之中,那么多的单元添加到了感觉之中,如果刺激以一种确定的比率增长,感觉也会以完全相同的比率增长,虽然它的可感知性是依照对数法则增长的。①

如果 $\Delta$ 表示我们感知的最小差异,那么,我们的公式就不应该是 $\Delta s = $ const.(这是费克纳的公式),而应该是 $\Delta s/s = $ const.,这个公式以与费克纳所用的完全不同的理论方法,解释了韦伯法则的全部事实。②

因此,费克纳在那些事实之上建立起来的整个上部结构,都不仅被认为是任意和主观的,而且也被认为是最不具可能性的。他用掩盖韦伯法则效果的其他未知法则与韦伯法则相混合,来解释在韦伯法则不适用的那些区域对韦伯法则的背离。就好像在任何现象集中都找不到任何法则,只要一个人有充分的头脑能够发明

---

① F. 布兰塔诺,《心理学》,I,第 9 页,第 88 及以下诸页。——默克尔认为,他使用等距法所得的结果表明,我们对相当大的间隔进行比较时所使用的法则,与我们由以注意到最小可觉间隔的法则不同。刺激在前一种情况下形成一个算术级数(根据他的数字,这是一个相当任意的级数),在后一种情况下形成一个几何级数——至少我是这样理解这位勇敢的实验者的,但是作为敏锐的作者他就有点模糊了。

② 这就是默克尔认为他已经用他根据方法 4 所进行的实验证实了(如果我正确地理解了他)的那个公式。

出足够多的其他共存法则来与它交迭并抵消它！就关系到费克纳的理论而言,这场讨论的全部结果实际上就是无。只有韦伯法则作为适用于恰当范围的一种经验概括还是真的：我们对添加到大刺激上去的东西,比对添加到小刺激上去的东西注意得少,除非它相对于那个刺激来说也是那么大。

### 韦伯法则很可能是纯生理学的

我们可以用另一种方法表达这种事态,说刺激的整体似乎并不能有效地让我们产生关于"更多"的知觉,对这种事态的最简单的解释是物理的。效果的丧失发生于神经系统之中。如果感受产生自刺激较难使其增长的神经分子的一种状况,那么,这些感受的增长速度自然以比刺激本身更慢了。刺激作用的一大部分用作克服阻力,一小部分用作实现引起感受的状态。韦伯法则因而就是神经机器的摩擦力法则。[1]如何理解这种内部阻力和摩擦力,是一个思辨问题。德尔博夫曾经将它们解释为疲劳；伯恩斯坦(Bernstein)和沃德将它们解释为扩散。最近的,也可能是最为"真实的"假说,是埃比希豪斯(Ebbinghaus)的假说,他设想感觉的强度依赖于在单位时间里被分解的神经分子的数量。在任何时候,都只有特定数量的神经分子能够分解；其中的大部分处于平常的不稳定状态,而有一些几乎是稳定的,还有一些已经接近于分解了。

---

[1] 埃尔萨斯：《论心理物理学》(1886),第 41 页。当天平盘里已经放上了东西并且处于平衡状态时,要给其中的一个盘里添加上相对更大的重量,才能使天平倾斜。

## 第十三章 辨别和比较

最小的刺激只影响接近于分解的分子;由于它们的数量非常之少,由添加特定量的刺激而来的感觉效果,最初是比较小的。中等程度的刺激影响大部分的分子,但是随着数量的减少,它们所影响的分子也相应地越来越少了。最后的刺激增量到来时,所有中间分子都已经分解了,这些刺激增量就只能影响剩下来的少量相比之下不能分解的分子,并因而引起相应比较小的感受增量。(《弗吕格文库》,45,113。)

确实可以用某种这样的方式来解释韦伯法则(如果它要得到解释)。费克纳的测算公式,以及认为它是终极"心理物理法则"的看法,将仍然是一个"洞穴偶象"(如果曾有这样一个假象)。费克纳自己确实是一位理想的德国学者(Gelehrter),既简单又精明,既是神秘主义者,又是实验主义者,既朴实又大胆,对事实和对他的理论都一样忠诚。然而,如果像这样一位可爱的老人,也能永远以耐心的奇思异想影响我们的科学,在这样一个充满更为丰富多彩的注意对象的世界中,强迫所有未来的学生去艰难地研究不仅是他自己的著作,而且还有那些更枯燥的反驳他的思想的著作,那是很可怕的。那些渴望得到这种糟糕文献的人可以找到它;它有一种"训练价值";但是,我甚至都不打算在脚注中列举它。它的唯一有意思之处是在于,在毫不留情地痛击他的理论并使其片甲不留之后,费克纳的批评者们总是觉得应该振奋起来,说最先对这些问题做出解释,并由此将心理学变成一门精确科学的不朽光荣,仍然是属于他的(!)。

> "每个人都赞扬那位公爵,
> 他赢得了这场伟大的战斗。"

"但是这最终带来了什么好处?"
小彼德金问。
"哎呀,那我倒说不出来,"他说,
"不过那是一场著名的胜利!"

# 第十四章[1]　联想

辨别之后,就是联想!为了解释一些辨别能力通过练习得到改善的情况,我在上一章就已经谈到了所要辨别的对象与其他有更多差异的对象的"联想"。显然,我们的知识的进展必须包含两方面的操作;最初呈现为整体的对象被分析为部分,以及分开来呈现的对象被统一到一起,并且对心呈现为新的复合整体。因此,分析和综合是不断交替的心理活动,一个活动为另一个活动的开展做准备,就像在行走中人的双腿交替使用,二者都是有序的行进所不可缺少的。

意象和思考的序列在我们思想中相继的方式,一个观念在下一个观念之前不安的逃离,我们的心在相距甚远的事物之间所做的过渡,那些初看起来因出其不意而令我们惊讶,但是仔细查看却时常显示出完全自然和恰当的中间环节的过渡——这一切不可思议和不可估量的流动,从无法追忆的时代起,就已经引起了碰巧注意到其无处不在的秘密的人的惊叹。而且,它还进一步向哲学家提出了挑战,让他们通过用更简单的术语来阐述这个过程而消除掉那种神秘的东西。哲学家自己提出的问题,是要弄清那些看上

---

[1] 这一章提出的理论,以及大量的文本内容,最初发表在1880年3月的《大众科学月刊》上。

去是一个由另一个中生出的思想之间联系的原理,这些原理应该可以解释这些思想的奇特的相继或共存。

但是马上就有了歧义:这里所说的是哪种联系?是思想到的联系,还是思想之间的联系?这是两个完全不同的东西,而且只在其中的一个那里才有发现"原理"的希望。杂乱的思想到的联系决不可能得到简单的阐述。每一种可以设想的联系都能被思想到——共存,相继,相似,差异,矛盾,原因和结果,手段和目的,种和属,部分和整体,实体和属性,早和晚,大和小,地主和佃户,主人和仆人,——天知道还有什么,这个清单实际上是无穷尽的。唯一可能期求的简化,就是将这些关系还原为更少数量的类型,如康德和雷诺维尔(Renouvier)这样的作者称之为知性"范畴"的东西。[①]根据我们遵从的是这一个还是另一个范畴,我们就会以这种或者那种方式通过我们的思想展开这个世界。所有这些范畴都会是逻辑的,都会是理性的关系。它们会将那些东西融合进一个连续统。如果这就是我们在思想的一个瞬间和另一个瞬间之间所寻找的那种联系,那么我们这一章在这里就可以结束了。因为对这些过渡的无限可能性的唯一概括性描述,就是它们都是理性活动,心通过某条理性的联系通道从一个对象进展到另一个。从心理学的目的考虑,这个阐述的真实性几乎就相当于它的内容的贫乏。实际上,它只不过将探询者引向了事实或事物之间的关系,并且告诉他,他的思想跟随着它们。

---

① 比较雷诺维尔在其《全面批判论,逻辑学》(*Essais de Critique générale, Logique*),II,第493及以下诸页对联想主义所做的批评。

## 第十四章　联想

但是事实上,他的思想只是有时跟随着它们,而这些所谓"理性的过渡"远非都一样是合理的。如果纯粹思想运作着我们所有的思想序列,为什么她将一些思想的序列运作得那么快,一些又那么慢,一些经过单调的平地,一些又经过非常美丽的场景,一些到达山巅和宝石矿井,一些又经历阴沉的沼泽和黑暗?——而且还会让一些思想的序列完全脱离轨道,进入到狂乱的荒野之地?为什么我们花费一年又一年的时间钻研某个科学或者实践的问题,但又完全白费力气——是思想拒绝给出我们期待的解答?为什么,某一天行走在街上,我们的注意远离探寻的问题,那个答案却不经意地漫步走进我们心中,就好像它从来也不曾被追寻过——也许是被前面那位女士软帽上的花朵所提示,或者,也许不是被任何我们能够发现的东西提示出来的?如果理性此时能够宽慰我们,为什么她早些时候不这样做呢?

我们必须承认这个事实,即思想是在由外部(*ab extra*)施加的条件下工作的。习惯的伟大法则本身——即二十次经验比一次经验更能让我们回忆起一件事情,长时间地放任错误会使正确的思考变得几乎不可能——似乎在理性中缺少必要的基础。思想是要把握真理——经验的数量与思想对真理的把握应该没有任何关系;而且,在多年不见真理的踪影之后,思想按理应该能够更紧地拥抱它。相反的安排似乎相当荒诞和任意,但却正是我们心之精髓的一部分。在我们每一个人的思想中,理性只是上千种可能性之一。谁能数得出他在一天的时间里做出的所有愚蠢的空想、令人讨厌的推测和完全不相关的思考?谁能发誓说,在他的心理储备中偏见和非理性的信念比清晰的意见所占份额更少?确实,主管的仲裁者似乎坐在心中的高处,始终着重较好的提示,但最终还是沉了下去,混乱也没有记录下来。但这是天壤之别。有价值者和无价值者发生的方式似乎是一样的。我们实际思想的法则,已思之物(cogitatum)的法则,对于那位仲裁者所要决定的坏的和好的材料,对于智慧和愚蠢,都必须是一样的。仲裁者的法则,所思之物(cogitandum)的法则,我们应该思想什么的法则,之于前者,就像伦理法则之于历史法则。除了黑格尔派历史学家以外,有谁声称过行动中的理性在本质上是欧洲政治变化的充分解释?

思想也依赖于机械的条件,至少,这些条件决定思想所要比较、选择和决定的内容或材料呈现的顺序。这是一个有提示性的事实,即洛克以及许多更近时期的大陆心理学家发现自己不得不求助于机械过程来解释思想的偏差、预先处理过程的阻塞以及理性的受挫。他们在习惯法则或者我们现在称之为接近联想的东西中找到了它。但是这些作者从未想到过,一个能够在心中实际生产出某些观念和序列的过程,也很可能会生产出其他观念和序列;而且,这些推进思想的习惯性联想也会与那些阻碍思想的联想有相同的机械来源。哈特利相应地提议将习惯看作我们思想的所有联系的充分解释,而且在这样做时,他直接定位在了联系问题的完全心理学的方面,并试图从单一的视角来处理理性的和非理性的联系。他要回答(无论有多么站不住脚)的问题是纯粹心理状态之间的关系,而无关这些心理状态所认识的对象的联系。一个人怎么会在思想了 A 之后又在下一个时刻思想到 B? 或者,他怎么会想到 A 和 B 总是在一起的? 这些是哈特利要通过脑生理学来解释的现象。我相信,在许多根本的方面,他的思考方向是正确的,我只是提议借助于他没有做出的一些区分来修正他的结论。

但是具有历史意义的心理联想的整个学说都受到了一个巨大错误的污染——即认为思想的建构出自于不变和不断反复出现的"简单观念"自身的复合。人们认为"联想的原理"就是要解释这些观念的结合。在第六章和第九章,我们看到了将简单观念或心理原子的学说看作是神话般的很多理由;在这之后,我们的问题就是要保留联想主义学说发现的所有真理,而不让它和联想发生在"观念"之间这个站不住脚的累赘一起下沉。

就联想这个词代表一个结果而言,它发生在**思想到的事物**之间——在心中联结起来的是**事物**,而不是观念。我们应该谈论对象的联想,而不是观念的联想。而就联想代表一个原因而言,它发生在大脑过程之间——正是这些大脑过程,通过以特定的方式联结起来,而决定将要思想到的是哪些相继的对象。让我们首先通过审视几个熟悉的事实,来向着最后的概括前进吧。

人们对神经系统低级中枢的运动习惯法则没有争议。以特定次序重复过的一系列动作,其后就趋向于总是轻而易举地以那个次序展开它们自己。第一个唤醒第二个,第二个又唤醒第三个,等等,直到最后一个动作产生出来。这类习惯一旦积习深厚就会自动进行。我们的思想所涉及的对象也是这样。在一些人那里,一首旋律的每一个音符,只听过一次,就能准确地以正确的顺序再现出来。学校里的小男孩坐在书桌前,从传入他们耳中的高年级同学的反复背诵声中,学会了希腊语名词、形容词或者动词的多种变音。没有当事人这方面的有意努力,也没有想到这些单词的拼写,这一切就发生了。儿童在游戏中使用的打油诗的韵文,比如用于"大声数"的这两句

"Ana mama mona mike
Barcelona bona strike,"

是依次听到的事物在记忆中以相同次序连贯在一起的另一个熟悉的例子。

在触觉方面的例子少一些,虽然也许每一个用某种固定方式洗澡的人都熟悉这个事实,即他身体上每一个挤上了海绵水的部分,都在皮肤上那个习惯性地下一个要被淋湿的部分唤起一种预感的兴奋意识。味觉和嗅觉在我们的经验中没有形成真正的习惯性序列。但是即使它们形成了这样的序列,习惯是否会像在其他感觉那里那么好地固定它们的再现次序也是值得怀疑的。然而,在视觉中,我们感觉到再现事物的次序与回想起来的声音的次序受习惯影响的程度很接近。我们非常熟悉其外观的房间、风景、建筑、图画或者人,只要想到它们的任何一个组成部分,其完整外观的全部细节就在我们的心眼之前涌流。一些人,在用心背诵印刷出来的东西时,在发声诵出每一个相继的单词之前,似乎都能看见这个单词以它的次序显现在一张想象的纸页上。有报告说,有一个棋手,他是那些训练自己蒙着眼睛同时下几盘棋的了不起的人物之一,说在一场比赛之后的夜晚躺在床上,那些棋局在他的心眼之前又整个重演了一遍,每一盘棋都在想象中按照它的每一个相继的步骤依次经过。当然,在这种情况下,先前强烈的视觉表象能

## 第十四章 联想

力的随意紧张,使得固定次序的重演变得容易了。

联想的发生在不同感官印象之间和在同类感觉之间是一样地多。看见的与听到的,以及与气味和味道,在表象中是相连贯的,连贯的次序与它们作为关于外部世界的印象相连贯的次序是一样的。接触的感受会同样再现出经验使它们与之联结起来的场景、声音和味道。事实上,像树、人、房子、显微镜这些似乎构成了实在世界的知觉"对象",只是一堆性质,这些性质通过同时发生的刺激而联合起来,以至一个性质一旦被实际激发起来,就充当了引发其他性质观念的标记或者提示。让一个人在黑暗中进入他的房间,在房间里的物体中摸索。火柴的触觉立刻让他想起它们的外观。如果他的手碰到桌子上的一个橙子,这种水果的金黄颜色,它的味道和香气就会即刻投射到他的心上。手从餐具柜上摸过,或者脚轻轻碰上煤桶,其中一个大而光滑的深暗状态,和另一个不规则的黑暗颜色,就像一道闪光唤醒并构成了我们所说的对物体的辨认。手在黑暗中放在小提琴上,小提琴的声音就在心中微弱地回响,而对挂在房间里的衣服和折叠好的织物的感受,直到与这种感受相关联的外观被唤起,才能得到理解。众所周知,嗅觉具有召回它们过去被感受到时(也许是很多年前)惯常与之相伴随的其他经验的力量;在这样的时刻突然涌入心中的意象所引发的强烈的情绪特质,构成了通俗心理好奇的主要话题之一——

"失去了,失去了!
一口气息,一声耳语——神圣的告别——
凄凉的甜蜜——多么遥远。"

不去想火车长长的一节一节的样子,不去想它极快的速度,我们就无法听到火车的持续喧闹声,或者火车汽笛的鸣叫。不去连同说话者的名字一起想起他的面孔,我们就不能在人群中听出他熟悉的声音。但是,最初一起经验到的听觉和视觉印象心理结合的最广为人知和最重要的案例,是由语言提供的。儿童得到了新的好吃的水果,同时有人告诉他这个水果叫"无花果"。或者,看着窗外他喊道"多么有趣的一匹马!",此时有人告诉他这是"花斑"马。在学习字母时,在字母的形状出现在眼前时,他重复听到每个字母的声音。在此后的生命中,每当他看见无花果、花斑马或者字母表中的字母,都会有最初和这每一个东西一起听到的名称在心中与这些东西紧紧结合在一起;反之,他永远也不会听到那个名称而没有对象的意象被微弱地唤起。[①]

## 联想的速度

阅读能更好地例示这类联结。这是通过过去总是与声音连在一起的视觉,而对声音的不间断和长时间的回忆。我发现,我能在两分钟的时间里念出一页打印纸上的六百个字母。在我的心里,每一秒钟都一定有五种不同的视觉和声音之间的联想动作(先不说所有其他的相关过程)发生。整个词的阅读速度更快。瓦伦丁在其《生理学》中说,他阅读包含 2629 个字母的一页校样用了 1 分

---

[①] 除非那个名称是在一个快速说出的语句中,这时没有具有实质意义的意象能够有时间出现。

钟32秒。在这个实验中,理解每一个字母的时间是1/28秒,但是由于字母是结合为词的,每个词都是直接与一个单独声音意象相联结的单独的组合印象,所以我们不需要设想一个声音中有28个这么多的不同联想。然而,这些数字足以表明,一个实际发生的感觉召唤出它的习惯联想项的速度是极快的。事实上,对于我们一般的注意而言,二者似乎是同时进入心中的。

近年来做时间测量的心理学家用更加精细的方法探讨了这个问题。高尔顿使用一种非常简单的仪器发现,看到一个没有预想到的词,会在大约5/6秒的时间里唤起一个联想"观念"。[①]冯特在这之后也做了测定,"提示物"(cue)是由助手喊出的单音节词。词的声音一唤起联想观念,被试就必须马上按下一个键。词和反应都被计时器记录下来。在四个观测者那里,二者之间总的时间间隔分别是1.009、0.896、1.037和1.154秒。单纯的生理反应时间和对词的声音的单纯识别所用的时间(冯特称之为"统觉时间")必须从这里减去,以获得联想观念的产生所需的准确时间。这些时间是分别测定和减除的。所得的差(冯特称之为联想时间)在同样的四个人那里分别是千分之706、723、752和874秒。[②]最后一个数字之长是由于这个事实,即做出反应的那个人(G. S. 霍尔会

---

[①] 他说,在他的观测中,对作为提示物的那个词的理解用去了时间,这是"由于为了不分散思想的注意而将它呈现出来所必需的那种相当不显眼的方式。而且,对于我们没有延迟的恰当理解而言,一个单独的名词通常和一个过于抽象的观念是一样的。因此,我们很难对'马车'这个词有一个快速的理解,因为有这么多不同种类的马车——两轮的,四轮的,开放的和封闭的,处在这么多不同的可能位置,心很可能会在关于不能混合到一起的许多选项的一种模糊意义中踌躇。但是将这个观念限制为一辆四轮有篷马车,心理联想的发生就比较快了。"(《研究》等等,第190页)

[②] 《生理心理学》,II,第280页及以下。

长)是美国人,他对德文词的联想自然比本地人要慢。标记出来的最短联想时间,是"Sturm"这个词在 0.341 秒的时间里向冯特教授提示出"Wind"这个词。[①]——最后,卡特尔(Cattell)先生对字母外观与其名称之间的联想时间做了一些有意思的观测。他说,"我在一只旋转的鼓上裱糊了字母,测量当它们经过一块隔板的缺口时能够以什么速度被大声读出。"他发现这个速度依通过那个缺口一次能够看到的是一个还是更多的字母而不同,看和读出单独看到的单一字母所用的时间是半秒。

当可见的始终是两个或更多的字母时,不仅看和读出的过程相互重叠,而且在被试看一个字母的时候,他就在开始看接在后面的字母,因而能更快地读出它们。在接受实验的九个人里面,有四个人能够在五个字母同时可见的时候更快地读出这些字母,但不会得益于第六个字母;三个人不会得益于第五个字母,两个人不会得益于第四个字母。这表明,当一个观念处于中心的时候,两个、三个或者四个另外的观念可能处于意识的背景之中。第二个可见字母缩短了大约 1/40 秒的时间,第三个缩短了 1/60 秒,第四个缩短了 1/100 秒,第五个缩短了 1/200 秒。

我发现,读出(大声地,尽可能快地)没有联系的词所用的时间,大约是读出构成句子的词所用时间的两倍,读出没有联系的字母所用的时间是读出构成词的字母所用时间的两倍。

---

[①] 关于对在这些实验中与提示词发生联想的事物种类的有趣评论,见高尔顿,在前面引用的书中,第 185—203 页,以及冯特《心理学研究》中的特劳朔尔特(Trautscholdt),I,第 213 页。

当词构成句子和字母构成词的时候,不仅看和读出的过程相互重叠,而且被试通过一次心理努力就能辨认出整组词或字母,通过一次意志动作就能选择在读出那个词时所要做出的动作,所以读出这些词和字母的速度实际上只受言语器官动作的最快速度的限制。作为大量实验的结果,作者发现,他读出不构成句子的词的速度是每个词 1/4 秒,构成句子(斯威夫特(Swift)的一段)的词是每个词 1/8 秒……。一个人读外国语言的速度与他对那种语言的熟悉程度是成比例的。例如,在尽可能快地阅读时,作者的速度是英语 138,法语 167,德语 250,意大利语 327,拉丁语 434,希腊语 484;数字给出的是读每个词所用的千分之几秒。对其他人所做的实验惊人地确证了这些结果。被试不知道他正在用比读自己的语言更慢的速度读这门外国语言;这解释了为什么外国人显得说话那么快。测定一个人对一种语言熟悉程度的这个简单方法也许可以用在学校考试中。

看和说出颜色以及物体图画所需的时间也是以同样的方法测定的。我发现这个时间对于颜色和图画是大致相同的(超过 1/2 秒),大约是词和字母时间的两倍。我做过的其他实验表明,我们可以用比词和字母稍短的时间辨认出一个颜色或一张图画,但是说出颜色或图画则要用较长的时间。这是因为,在词和字母那里,观念和名称之间的联想经常发生,以致这个过程已经变成自动的了,而在颜色和图画这里,我们则必须通过有意的努力来选择名称。[①]

---

[①] 《心》,XI,第 64—65 页。

在后来的实验中,卡特尔先生研究了终点(提示物和应答)都是词的各种联想的运作所用的时间。一种语言里面的一个词唤起它在另一种语言中的对等者,作者的名字唤起他写作的措词,城市的名字唤起它所在的国家,作家的名字唤起他的作品之一,等等。在所有这些实验中,对平均时间的平均偏差都非常大;它们显示出来的一个有趣特点,是不同种类的联想之间有某些恒定的差异。因此,

从国家到城市,C先生的时间是0.340秒

从季节到月份,C先生的时间是0.399秒

从语言到作者,C先生的时间是0.523秒

从作者到作品,C先生的时间是0.596秒

两个观测者的八个不同种类联想的平均时间分别是0.420和0.436秒。①

---

① 这个值比上面冯特得到的值小得多。卡特尔先生没有对这个差别提示任何原因。冯特让人们注意这个事实,即他发现的数的平均值是 0.720″,与在他的实验中(见下页,关于时间的一章)不出错误再现出来的时间间隔,以及[根据韦伯斯(Webers)的说法]为腿的快速移动所需的时间间隔完全一样。他补充说,"这并非没有可能,即这个关于平均联想时间和关于对时间间隔最正确的察知的心理常数,可能是在最通常的身体运动的影响之下产生出来的,这些身体运动也决定了我们倾向于有节律地进一步细分较长时间段的方式。"(《生理心理学》,II,第286页)这种和解是不会给心理学家带来损害的试探性的那种,只要他们记住所有这些来自在不同条件下工作的不同观测者的平均数是如何地不真实和相互不可比较。卡特尔先生的数字与冯特独创性的相似工作完全不一致。——迄今仅有的看上去可能具有理论意义的关于联想时间的测量,是由冯奇希对神经失常病人所做的几个测量(门德尔的《神经病学中心报》,5月15日,1885,3年度,第217页)。在三个病人那里,简单反应时间大约是正常的,一个人患有进行性瘫痪,一个人患有习惯性的迫害躁狂症,还有一个人正处在普通躁狂症的恢复中。然而,在康复期的躁狂者和瘫痪者那里,联想时间几乎不到冯特正常数字的一半

这种大范围的变化无疑是以下事实的结果,即作为提示物而使用的词,以及所研究的联想的不同种类,在熟悉程度方面有很大差别。

比如,B是数学老师;C将更多的时间用在文学上。C和B一样好地知道 $7+5=12$,然而他需要多用 1/10 秒来让它呈现在心中;B 和 C 一样好地知道但丁是诗人,但是他需要多用 1/20 秒来想到它。这样的实验以令人吃惊但并非总是使人愉快的方式将心理生活揭示了出来。①

## 接 近 法 则

除了时间测定以外,我们可以将讨论过的事实都总结在这样一个简单陈述中,即对象一旦被一起经验到,就趋向于在想象中联系起来,当其中的任何一个被思想到的时候,其他对象就很可能也会以与以前相同的次序或共存被思想到。我们可以将这个陈述称

---

(0.28″和 0.23″,而不是 0.7″——比卡特尔的数字也小),而在迫害妄想和幻觉的患者那里,联想时间是正常数字的两倍之大(1.39″,而不是 0.7″)。这后一个病人的时间是瘫痪病人时间的 6 倍。冯奇希评论了这种短的时间与降低了的清晰连贯思想过程的能力之间的联系,以及长的时间与将注意持续集中于单调对象(妄想)之间的联系。玛丽·瓦利茨基(Marie Walitzky)小姐[《哲学评论》(Revue Philosophiçue),XXVIII,第583 页]进一步推进了冯奇希的观测,总共做了 18,000 项测量。她发现联想时间在瘫痪的精神失常病人那里增加了,而在躁狂症病人那里减少了。相反,选择时间在躁狂症病人那里增加了。

① 《心》,XII,第 67—74 页。

为心理接近联想法则。①

我保留这个名称是为了尽可能少地偏离传统,尽管也许沃德先生和冯特的用语更好些,沃德先生将这个过程叫做连续联想过程②,冯特称之为外部联想(与内部联想相区别,我们很快就将在相似联想的名称下了解它)过程③。无论我们如何给这个法则命名,由于它只是表达了一种心理习惯现象,最自然的解释它的方法就是将它看作神经系统中习惯法则的结果;换句话说,就是将它归于生理学的原因。如果这确实是将感觉和运动过程协调到一起的那些神经中枢的法则,即通道一旦用于匹配任何一对这样的过程,就因而更加具有渗透性,那么,同样的法则也应该适用于观念活动中枢及其匹配通道,就是理所当然的了。④ 曾经一起活动过的

---

① 比较贝恩的接近联想法则:"一起发生或者紧密相继发生的动作、感觉和感受状态,趋向于以这样的方式混合或者粘合在一起,以致后来当它们中的任何一个在心中呈现的时候,其他的也很容易出现在观念中"[《感觉和理智》(Senses and Intellect),第327页]。再比校哈特利的阐述:"任何感觉A、B、C等等,通过以充分多的次数被相互联想,就对相应的观念a、b、c等等有了这样一种力量,以致当任何一个感觉A单独出现时,就能在心中唤起b、c等等其他感觉的观念。"[《人的观察》(Observations on Man),第1部分,第1章,第2节,论题x。]文中的陈述与这些表述的区别在于坚持了客观的观点。在我们的思想中得到联想的是事物和事物中的客观性质。
② 《大英百科全书》,第9版,"心理学"一文,第60页,第2栏。
③ 《生理心理学》,第2版,II,第300页。
④ 完全像在习惯那里一样,这里的困难是在于了解新通路最初是如何形成的(参见前面109)。经验表明,每当感觉印象中枢一起震动或者快速相继震动,新的通路就在这些中枢之间形成了。儿童看见一只瓶子,并听到有人叫它"牛奶",此后,当他再次看到这个瓶子时就会想到这个名称。但是,我们还不能立刻明白,为什么独立受到外部刺激(一个通过视觉,另一个通过听觉)的两个中枢的相继或者同时的兴奋,就会在它们之间产生出一个通路来。我们只能提出假说。尽管可能具有模糊性,任何与观察到的联想事实相一致的关于其特殊形成方式的假说,到目前为止都是可信的。明斯特贝格认为(《实验心理学论文集》,第1期,第132页),相继由外部兴奋起来的中枢之

## 第十四章 联想

这些中枢的部分,因而会这样关连起来,以致一个点的兴奋就会扩散到整个系统。先前的兴奋如果是经常性的,当下重新兴奋起来的点如果很多,完全扩散的机会就相应地强。如果所有的点最初是一同兴奋的,当任何一个点或一组点被触发时,整个系统中的扩散可能就明显是同时的。但是如果最初的印象是相继的——比如一个希腊语动词的词形变化——以一种确定的次序唤起神经通路,那么,当其中的一个被唤起时,它们就会以那种确定的次序而不是任何其他的方式相互释放下去。

读者可以记起我对神经通道中增加了的紧张和刺激的聚合曾经做过的讨论(第82页及以下诸页)。因此,我们必须设想,在这些观念活动通道里以及其他地方,在任何特定的区域,活动都可以由一些自身不能引起真实释放的紧张在那里的聚合所唤起。比如,设想区域 M 与四个其他区域 K、L、N 和 O 具有功能上的连续性。再设想在四个先前的场合,它曾经在一项共同活动中分别与这四个区域中的每一个结合在一起。于是,M 可以间接地由任何趋向于唤起 K、L、N 或者 O 的原因所唤起。但是如果比如说唤起 K 的原因微小得只是增加了它的紧张,而没有引起它的完全释放,

---

间不会形成通路,因而所有接近联想都发生在同时的经验之间。相反,沃德先生(在上述引文中)认为,它只能发生在相继的经验之间:"关于同时呈现的对象的联想可以被解释为关于相继注意到的对象的联想……。我们几乎说不出一个对联想对象的注意不是相继的案例。事实上,注意可以同时集中于其上的那些对象的聚合应该已经是联想起来的了。"在这些极端的可能性之间,我克制自己不在行文中做出决定,并且将接近联想描述为发生在相继和同时呈现的对象之间。至于我们可以如何设想这些通路的起源这个生理学问题,我们最好推迟它,直到在关于意志的那一章中它再次出现在我们的面前,那时我们可以更宽泛地处理它。在这里,让人们注意到它是一个重大的问题就足够了。

那么K就只能轻微地增加M的紧张。但是如果与此同时L、N和O的紧张也同样增加了，那么这四者对M的合并效果就会大得在这后一个区域唤起真实的释放。同样，如果M和其他四个区域之间的通道曾经被先前的经验轻微地发掘过，需要这四个区域中的一个有非常强烈的兴奋才能唤起M，那么，任何一个区域中比这更弱的兴奋都不能达及M。但是，如果四个区域同时轻微地兴奋起来，它们对M的复合效果就足以将M完全唤起。

关于由思想对象先前在思想或者经验中的接近性而来的这些对象的心理联想的法则，因而就是下述物理事实的一个结果（在心中），即神经流最容易通过用过最多的传导通道扩散自己。笛卡尔和洛克都想到过这个解释，而现代科学还没有能够对它做出改进。

> "惯常性，"洛克说，"在知性中确立思想的习惯，在意志中确立决定的习惯，在身体中确立运动的习惯；所有这些似乎都只是动物元气[洛克用它指与我们理解的神经过程相同的东西]中的运动系列，这些习惯一旦运转起来，就会以它们的惯常步骤继续下去，通过经常的踩踏，就磨出了一条平滑的路径，路径上的运动就变得容易，也可以说自然了。"①

---

① 《人类理解论》第Ⅱ卷，第33章，第6节。比较休谟，他和洛克一样只用这个原理解释不合理的和有障碍的心理联想：

"本来可以很容易在想象中解剖一个大脑，然后表明为什么一旦我们想到任何观念，那个动物元气就会流入所有接近的路径，并且唤醒与之相关联的其他观念。但是，尽管我忽略了在解释观念的关系方面我也许可以从这个话题中得到的任何好处，为了解释由这些关系中产生的那些错误，我恐怕在这里就必须求助于它了。因此，我将会看

## 第十四章 联想

哈特利对这个原理的把握更加彻底。在他这里,对象完全呈现时产生的感觉神经流是"振动",而对象不在场时产生出对象观念的感觉神经流是"微振动"。他用一个单一的阐述总结了心理联想的原因,他说:

> 任何振动,A、B、C 等,通过足够**多次**地联结起来,就会对相应的微振动 a、b、c 等有这样一种**能力**,当任何振动 A 单独发生时,都能激发其他振动的微振动 b、c 等等。①

显然,如果存在与之类似的神经习惯法则,在外部经验中遇到的接近、共存和相继,就一定会在我们的思想中有几乎完美的复制。如果 A B C D E 是曾经引起相继"观念"a b c d e 的一系列外部印象(它们可以是事件,也可以是相继被经验到的对象的属性)那么,只要 A 再次影响我们,并且唤起了 a,那么,b c d e 甚至就会在 BCDE 作为印象进来之前作为观念而产生。换句话说,在下一次,印象的次序是被预期的;心理次序复制外部世界的次序。再次遇到的任何对象,通过其大脑通路的溢流涌进通向其先前伴随物的通路,而让我们预期它先前的伴随物。而所有这些提示都是一条物质法则的结果。

---

到,由于心天生具有激发它想要激发的任何观念的能力;每当它将这种元气发送进观念所在的大脑的那个区域,当这些元气确切地流入那个专有路径,搜查属于这个观念的细胞,这些元气就总是激发起这个观念。但是由于它们的运动很少是直接的,而是自然地向一边或者另一边转一点;由于这个原因,进入这些接近路径的动物元气,呈现出来的就是其他相关的观念,来代替心最初想要察看的观念。我们并非始终能够觉察这个变化;相同的思想序列却仍在继续,利用呈现给我们的相关观念,在我们的推理中使用它,就好像它和我们想要的东西是一样的。这是哲学中许多错误和诡辩的原因;我们可以自然地这样猜想,而且,如果有机会,也很容易表明这一点。"

① 在前面引用的书中,论题 XI。

在联想涉及到相继呈现的事物的情况下(就像在这里),我在这一章的开始对思想到的联系和思想的联系所做的区分,就是不重要的。因为思想到的联系是伴随或者相继;而思想之间的联系也恰是同样的东西。"对象"和"观念"适合于并行方案,而且可以用相同的语言来描述,因为接近的事物趋向于再次一同被思想到,或者接近的观念趋向于再次一同出现。

如果这些情况就是全部联想的好样本,那我们就完全可以将我所做的区分称为 Spitzfindigkeit,或者迂腐的吹毛求疵,并把它丢弃掉。但是事实上我们不能如此简单地处理这个问题。相同的外部对象可以提示先前与它相联结的许多实在中的任何一个——因为在外部经验的变迁中,我们总是易于在不同的伴随物中碰到同一个东西——只是说它会提示它们之中的一个,或者甚至是它们之中它最经常伴随的那一个的联想哲学,离这个问题的基本原理并不遥远。然而,这是就大多数联想主义者已经处理好了他们的"接近原理"而言的。给定一个对象 A,他们从未预先告诉我们它将要提示哪一个联结物;他们的智慧仅仅局限于在它已经提示了第二个对象之后表明,那个对象曾经是一个联结物。在能够开始适当处理这些事实的丰富性之前,他们曾经不得不用其他原理,如相似原理和对比原理,来补充他们的接近原理。

## 联想的基本法则

在紧接下来的讨论中,我将尽力表明,除了神经习惯法则以外,不存在其他基本的联想因果法则。我们所有的思想材料都缘于大脑半球的一个基础过程趋向于激发他先前曾经激发过的任何其他基础过程的方式。然而，起作用的基础过程的数量，以及随时能够完全有效地唤起其他基础过程的性质，决定了全部大脑活动的特点，并且也因此决定了在那一时刻思想到的对象。取决于由此产生的对象是个什么，我们称它为接近联想的产物，或者相似联想的产物，或者对比，或者任何被我们视为基本的其他种类。然而，在其中任何一种情况下，它的产生都是由那一刻依习惯法则起作用的基础大脑过程中单纯量的变化来解释的，因此心理的接近和相似等等都是单个更深层事实的派生物。

这样简短陈述出来的我的论题，很快就会更加清楚起来；同时，与神经习惯相联系的一些使人不安的因素也会浮现出来。

让我们将下述法则设想为后面全部推理的基础：在两个基础大脑过程曾经一同活跃过或者无间隔地相继活跃过的情况下，其中一个的再次发生就趋向于将其兴奋传播至另一个。

但是事实上，出于不可避免的外部原因，每一个基础过程在不同的时间都是与许多其他过程一起兴奋的。它会唤起这些其他过程中的哪一个现在成为了问题。此刻的 a 下一步激起的是 b 还是 c 呢？我们必须基于神经组织中的紧张的事实，以及每一个自身并不完备的或处于潜在状态的兴奋聚合为一种合力的事实，做一个进一步的假定。①如果除了振动着的通路 a 以外，某个其他通路 d 处于亚兴奋的状态，而且它先前是单独与 b 而不是与 a 一起兴奋的，那么，将要唤起的就是过程 b，而不是 c。总之，我们可以说：

---

① 见第三章，第 82—85 页。

大脑皮层任何一个给定点上的活动的总量,是所有其他点释放进这个点的趋向的总和,这些趋向与下述情况是成比例的:(1)每一个其他点的兴奋与这个点的兴奋相伴随的次数;(2)这个兴奋的强度;以及(3)在功能上与第一个点相分离,而释放又可能会转向它的任何竞争点的缺失。

以这种最为复杂的方式来表达这条基本法则,导致了最极致的简单化。现在,让我们只处理自发的思想和观念活动的序列,比如在遐思和冥想中发生的序列。朝向特定目标的随意思想将放到后面讨论。

为了确立我们的观念,让我引用"洛克斯利大厅"中的两个诗句:

"(I, the heir of all *the ages* in the foremost files of time),"

以及

"(For I doubt not through *the ages* one increasing purpose runs)。"

为什么当我们从记忆中背诵这其中的一行诗,背到 the ages 的时候,另一行诗中跟随在 the ages 之后的部分,也可以说是从 the ages 中生长出来的部分,并没有也从我们的记忆中生长出来,并混淆了语词的意思呢? 这只是因为跟随在 the ages 之后那个词的大脑过程不只是由 the ages 的大脑过程独自唤起的,而是由这个过程再加上出现在 the ages 之前的所有语词的大脑过程唤起的。the ages 这个词本身在最活跃的时刻会不加区别地释放进"in"或者"one"。之前的语词（它们的紧张此刻比 the ages 的紧张弱得多）也同样，每一个都会不加区别地释放进它们曾经在不同的时间与之结合的大量其他语词中的任何一个。但是如果"I, the heir of all the ages"的过程同时在大脑中振动，其中最后一个处于最大兴奋阶段，其他几个处于逐渐减弱的兴奋阶段；那么，最强的释放路径就是它们全都同样趋向于采取的路径。接下来被唤起的将是"in"而不是"one"或任何其他的词，因为它的大脑过程先前不仅与 ages 的大脑过程，而且也与活动正在逐渐减弱的所有其他词的大脑过程是一起振动的。这是我们在第 258 页称为"边缘"者对思想具有效力的一个好的实例。

但是如果某个前面的词——如"heir"——与在经验中和"洛克斯利大厅"这首诗完全脱离开的大脑通道有一种非常强的联结——比如，如果背诵者正颤抖着等待一份遗嘱的打开，而这份遗嘱有可能使他成为百万富翁——那么很可能诗中的词之间的释放通道会在"heir"这个词这里突然中断。他对那个词的情绪上的兴趣会使那个词自己的特殊联结压倒其他词的结合起来了的联结。他会突然想起自己的个人境况，而那首诗会完全从他的思想中流逝掉。

笔者每年都会获知按字母顺序坐在教室里的许多学生的名字。他最后学会了在他们坐在惯常的位子上时叫出他们的名字。然而在一年里的早些时候，在街上遇到一个学生，学生的面孔很难让他回想起姓名，但却让他想起拥有这张脸的人在教室里的位置，与他相邻的学生的面孔，以及他在字母顺序中的大体位置；然后，通常作为所有这些结合起来的材料的共同联想项，这个学生的名字就涌上了心头。

在幼儿园的训练中,一位父亲想要向宾客表现其相当木讷的孩子的进步。在桌上竖直着握住一把刀,他说,"我的儿子,你把这叫作什么?""我把这叫作刀,确实",这是一个确定的回答,问题方面的任何变化都不能使孩子改变这个说法,直到父亲想起幼儿园里使用的是铅笔,而不是刀,他从口袋里抽出一支长铅笔,用同样的方式握着它,然后就得到了他预期的回答,"我把这叫作垂直的"。所有幼儿园经验的伴随物的效果都必须结合起来,"垂直"这个词才能再次被唤起。

贝恩教授在关于"复合联想"的章节中曾以精准和详尽的方式对这类心理序列进行了探讨,他已经做得那么好的事情,我们不需要在这里重复了。[①]

## 无偏向的重整

复合联想法则的完美运作,如果没有为任何外来作用所更改,就会让心一直处于不遗漏任何细节的不间断的单调具体的回忆之中。比如,设想我们由思想某个晚餐聚会开始。晚餐聚会的所有组成部分结合起来所能够召回的唯一东西,就是随后而来的第一个具体事件。这个事件的全部细节反过来又只会结合起来唤起下一个跟随的事件,等等。比如,如果 a、b、c、d、e 是为晚餐聚会的最后动作(我们称它为动作 A)所激发的基础神经通道,l、m、n、o、p

---

① 我强烈建议研究者阅读他的《感觉和理智》,第 544—556 页。

是为在严寒的夜晚步行回家（我们可以称之为 B）所激发的基础神经通道，那么，关于 A 的思想一定会唤起关于 B 的思想，因为 a、b、c、d、e 每一个而且全部都会通过它们最初的释放所由以发生的通路释放进 l。同样，它们也会释放进 m、n、o 和 p；每一个后面的通道也都会强化其他通道的活动，这是因为在经验 B 中它们已经一同振动过。第 570 页图 41 中的线条，代表向 B 的每一个组成部分的释放的聚合，以及随之而来在总体上唤起 B 的作用的结合起来的力量。

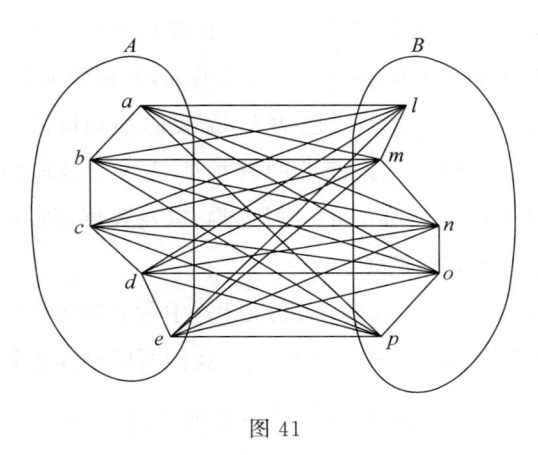

图 41

汉密尔顿最先使用"重整"这个词来表示全部的联想。像我们刚刚描述过的那样的过程，可以在一种强调的意义上被称为重整，因为如果未受阻碍，它们必然会导致过去经验庞大序列的全部内容在思想中的复原。除非有某个新鲜而且强烈的当下感官印象突然闯入，或者某个基础大脑通道有独立释放进一个大脑反常区域的过度趋向，否则就无法逃脱这种完全的重整。这就是我们的第一个例子"洛克斯利大厅"诗句中"heir"这个词的趋向。我们很快就会小心地探讨这样的趋向是如何构成的。除非它们出现,过去的全貌一旦打开,就一定会以致命的刻板方式将自己展开至尽头,除非某种外部的声音、景象或者触觉使思想流发生转向。

让我们将这个过程称为无偏向的重整。我们不能肯定它是否曾经以绝对完备的形式发生过。然而,我们都能直接看出,思想的流动采取这种形式的趋向在一些心中比在另外一些心中要大得多。让人难以忍受的喋喋不休的老妇人,对所述事实的无论多么微小的细节都决不放过,叙述中所有不相关的东西就像最重要的东西一样执拗地聚拢起来的枯燥乏味的人,刻板事实的奴隶,对思想中最小的突然步骤结结巴巴的人,是我们都知道的。喜剧文学作品就得益于这些人。朱丽叶的看护就是一个经典的例子。乔治·艾略特(George Eliot)的乡村人物,以及狄更斯(Dicken)的一些小人物也是极好的例子。

也许,奥斯汀(Austen)小姐《爱玛》中的贝茨小姐这个人物,就是这一心理类型一个成功表现。让我们听听她是怎样重整的:

"但是,你能从哪儿听说呢?"贝茨小姐喊着,"奈特利先生,你可能从哪儿听说呢? 因为我收到科尔的便笺还不到五分钟——不,不可能超过五分钟——或者,至少十分钟——因为我已经戴了帽子,穿了短上衣,准备好了要出去——我只是走下去要和帕蒂再说说猪肉的事——简正站在过道里——不是吗,简?——因为我妈妈害怕我们没有足够大的撒盐的盘子。所以我说要下去看看,而简说:'我下去吧?因为我想你有点受凉了,而帕蒂一直在清洗厨房。''哦,亲爱的,'我说——正在这里那个便笺来了。一位霍金斯小姐——我就知道这些——巴思的霍金斯小姐。但是,奈特利先生,你怎么可能听说呢?科尔先生告诉科尔夫人这件事的那一刻,她坐下来给我写了这个便笺。一位霍金斯小姐——"

但是,我们每一个人都有过这样的时刻,即一个过去经验的全部内容完全再现出来。这是什么时刻?这就是在情绪上将过去回忆为曾经存在却永远消失了的东西——这个时刻的兴趣是在于感受到我们的自我曾经与它现在的所是不同。在这样的情况下,任何能使过去的图景更加完整的细节,无论多少微小,都也会起到增大现在和构成我们思考之核心兴趣的那时之间的总体对比的作用。

## 普通的或者混合的联想

这种情况有助于我们理解,为什么我们观念的一般性自发流动不遵循无偏向的重整法则。如果没有过去经验的复活,我们思想中的所有成分在决定下一个思想是什么这方面所起的作用就都是同等的。某个成分总是比其他成分更有优势。在这种情况下,它的特殊提示或联想通常和它与整组成分共有的提示和联想不同;它唤起远离中心的联想项的趋向,会使我们遐思的道路突然转向。正如在原初的感觉经验中,我们的注意聚焦在面前景象的少许印象之上,在再现这些印象时,同样的偏向也会在这里显示出来,某些成分比其他成分得到更多的强调。在大多数的遐思中,很难事先确定这些成分是什么。我们用主观性的术语这样说,优势的成分是那些最能引起我们**兴趣**的东西。

兴趣法则用大脑术语来表达就是：在唤起其他地方的活动这方面，某一个大脑过程始终比它的伴随者更有优势。

"两个过程，"霍奇森先生说①，"不断进行着重整。一个是腐蚀、融化和朽坏的过程；另一个是更新、发生和生成的过程……。所有表象的对象都不会在意识之前长时间处于同样的状态，而是会变弱、朽坏，并变得模糊起来。然而，对象的那些有兴趣的部分，抗拒整个对象的这种渐渐朽坏的趋向……。对象中的这种不平等——某些部分，那些无兴趣的部分，听命于朽坏；其他部分，那些有兴趣的部分，则抗拒它——在持续了特定的时间以后，就终结于变成一个新的对象。"

只有在兴趣同等地散布在所有部分之上的地方（如在刚刚提到过的情绪性的记忆中，在那里，由于都是过去，它们全都一样地让我们感兴趣），才会背离这条法则。拥有的兴趣种类最少和强度最弱的心，最少遵循这条法则——这些人由于本性上在审美的方面普遍是单调和贫乏的，所以始终都在他们局域的和个人的历史片断中转来转去。

不过，我们大部分人都比他们组织得更好，我们的遐思走的是一条不确定的路线，在每一个被唤起的复合表象中，我们的兴趣总

---

① 《时间与空间》，第 266 页。比较科尔里奇："真正实际的一般联想法则是这样的：任何使得整体印象的特定部分比其他部分更加生动和清楚的东西，都决定了心会回忆起这些东西，优先于同样为同时性（contemporaeity）或者接近性的共同条件而联系在一起的其他东西。但是通过限制和增强注意，意志自身可以任意让任何对象生动或者清楚起来。"[《文学传记》(*Biographia Litteraria*)，第 5 章]

是会落到某个有偏向的成分上，遐思就不断地转向为变换着的兴趣表演所追踪的新的方向。因此，经常会出现这样的情况，我们发现自己在几乎相邻的两个时刻思考着完全为空间和时间分隔开来的事情。直到仔细回忆自己思考的每一步，我们才知道，我们是多么自然地遵循着霍奇森法则从一个事情进展到另一个。比如，刚刚看过时钟之后（1879），我发现自己在思考参议院关于合法货币新近做出的决议。时钟唤起了曾经修理过它的锣的人的意象。他提示了我最后一次见到他的那家珠宝店；那家店提示了我曾在那里买过的某种衬衫领扣；衬衫领扣提示了黄金的价值及其最近的下跌；后者提示了美钞的稳定价值，而这自然又提示了它们能持续多久以及贝亚德（Bayard）命题的问题。每一个意象都提供了各个兴趣点。构成我的思想转折点的兴趣点很容易确定。钟锣暂时成为了时钟的最有兴趣的部分，因为它开始发出的声音美妙，后来却变得不和谐，并令人失望了。但是这只钟也可能提示出送给我这只钟的朋友，或者上千个与钟相联系的情形之一。珠宝店提示了衬衫领扣，因为在珠宝店的所有物品里只有它们夹带着那种拥有它的利己兴趣。对领扣及其价值的兴趣，使得我挑选出作为其主要来源的材料，等等，直到最后。任何一位在任何时刻停下来并且说"我怎么会想到这个？"的读者，都肯定能找出一个由紧密结合在一起的接近关系和兴趣点联系起来的表象的序列。这就是在普通人心中自发进行的观念联想的一般过程。我们可以称之为**普通的**或者**混合的联想**。

另一个例子是由霍布斯（Hobbes）在一个经常被引用以致成为经典的段落中给出的：

在一场关于当前国内战争的谈话中,如果有人问(正如一个人问过)一枚罗马便士的价值是多少,还有什么看上去比这更无礼呢?然而对于我来说,其间的连贯性是足够明显的。因为关于战争的思想引导出将国王移交给敌人的思想;这后一个思想又引来了基督被移交的思想;这个思想又引来了关于那三十便士的思想,这三十便士是这次背叛的价格;由此,那个不善的问题很容易就紧随其后了;而所有这一切都发生在片刻的时间里;因为思想是快捷的。[①]

当进行着的思想的某个部分,凭借兴趣而变得如此具有优势,以致它自己独有的联想项成为了即将到来思想的最重要特征之时,我们能够确定——我是说,我们能够确定它自己的联想项中的哪一个将会被唤起吗?因为它们的数量很多。正如霍奇森所说,

> 衰退中的对象的有兴趣部分,可以自由与它们先前无论何时曾经与之结合过的对象或者对象的部分再度结合。先前这些部分的所有结合都可能再回到意识之中;有一个必须回来;但是,是哪一个?

霍奇森先生回答说:

> 回答只能有一个:以前最惯于与它们结合的那一个。这个新对象立刻开始在意识中形成它自己,并且围绕着先前对象留下来的部分组合它自己的部分;一个个部分依次出现,

---

① 《利维坦》,第 1 部分,第 3 章,开始。

并将自己安排在过去的位置上；但是这个过程刚一开始，原初的兴趣法则就开始对这个新的形成过程起作用，抓住有兴趣的部分，让它们单独引起注意，而这整个过程又以无尽的多样性再次重复。我大胆地提出，这是对整个重整过程的完备而真实的解释。

在限制有兴趣的成分向只是在最经常的意义上最习惯的通道的释放方面，霍奇森的解释肯定是不完美的。一个意象决非总是复苏其最经常的联想项，尽管经常性肯定是复苏的最有力的决定因素。如果我突然说出 swallow① 这个词，读者如果是一位习惯了的鸟类学家，就会想到鸟；如果是一位生理学家或者咽喉疾病方面的医学专家，就会想到吞咽能力。如果我说 date②，水果商人或者阿拉伯旅客就会想到棕榈的产物；惯常学历史的学生的心中就会出现前面带有公元或者公元前的数字。如果我说床、浴缸、早晨，他自己的日常梳洗活动就会不可阻挡地被三个习惯性联想项的名字的结合提示出来。但是经常性的过渡通常会化为乌有。看见 C. 戈林(C. Göring)的《批判哲学体系》(System der kritischen Philosophie)，在我这里最经常唤起的是书中提出的思想。自杀的观念从来不曾与这部书有过联系。但是片刻之前，当我的眼睛落在书卷上的时候，突然浮现在我心头的思想就是自杀。为什么？因为就在昨天，我收到了来自莱比锡的一封信，信上告诉我这位哲学家近期的溺水身亡是一个自我毁灭的行为。因此，思想趋向于

---

① "Swallow"的意思有燕子、吞咽等。——译者
② "Date"的意思有椰枣、日期等。——译者

唤起的是它们最新近的以及最惯常的联想项。这是一个众所周知的经验,事实上它太广为人知了,以至不需要再加以解释。如果我们今天早晨见到过朋友,此刻提及他的名字就会让我们想起相见的情景,而不是任何与他相关的更遥远的细节。如果提及莎士比亚的戏剧,而我们前一天夜里阅读的是《查理二世》,浮现在我们心中的就是这部剧的遗迹,而不是《哈姆雷特》或者《奥赛罗》的遗迹。大脑中特有通道的兴奋,或者普通兴奋的特有方式,在其后留下一种敏感性,或者加强了的感受性,这要假以时日才能逐渐消失。只要它持续着,这些通道或者这些方式的活动就很容易为在其他时间也许对它们不起作用的原因所唤起。因此,经验中的新近性是决定思想中的复苏的一个首要因素。①

在带来复苏的可能性方面,原初经验中的生动性可能也与习惯或新近性有相同的作用。如果我们曾经目睹过一场死刑处决,其后任何关于死刑处罚的谈话或者阅读都几乎肯定会提示出那个特殊场景的意象。因此,青年时期只经历过一次的事件,由于其令人兴奋的性质或者情绪上的强度,可以被我们的心用作类型或事例,来解释所有其兴趣与这个事件的兴趣关联最为遥远的发生着的话题。如果一个人在童年时期与拿破仑谈过话,任何人提起伟大的人物或历史事件、战役或王位、或者命运的变迁,或者海洋中的岛屿,都很容易将那次难忘会面的情节带到他的嘴边。如果牙齿这个词此刻突然出现在读者眼前的这页纸上,如果给它时间唤

---

① 我指的是几个小时的新近性。高尔顿先生发现,与以后的经验相比,孩童和青年时期的经验更有可能为偶然看到的词所提示。参见他在《人的能力的研究》第 191—203 页中对实验所做的极为有趣的解释。

起意象,那么100次里有50次机会,这会是他曾经遭受过的某次牙科手术的意象。他每天都触碰牙齿,并且用它们咀嚼食物;就在这天早上他还刷过它们,嚼碎了他的早餐,并且剔过它们;但是较少发生的和较遥远的联想产生得更快,这是因为它们的强度要大得多。①

探查再现路线的第四个因素,是再现的观念和我们的心情之间情绪调子的一致性。在我们高兴和忧郁的时候,相同的对象并不能让我们回想起相同的联想项。事实上,当我们的精神处于沮丧状态时,我们完全不能让快乐意象的序列保持下去,这是最令人吃惊不过的事情了。暴风雨、黑暗、战争、疾病的景象、贫穷以及死亡,持续不断地折磨着忧郁症患者的想象力。而拥有乐观性情的人,当精神高涨时,则不可能让不好的预感或者令人不快的思想持续下去。在一瞬间,联想的序列就舞到了鲜花和阳光上,舞到了春天和希望的意象上。在一种心情之下阅读北极地区或者非洲旅行的记录,只会唤起对自然之凶恶的恐惧的思想;而在另一时间进行阅读,这些记录则只会提示对人的不屈不挠的力量和勇气的热情思考。很少有小说像大仲马的《三剑客》这样洋溢着欢乐的动物精神。然而,在一个为晕船而沮丧的读者心中(如笔者能亲自证明的那样),它也许会唤起一种最痛苦和悲哀的冷酷与残杀的意识,这种意识会让像阿托斯、波尔托斯和阿拉米斯这样的英雄自己感到内疚。

习惯、新近性、生动性和情绪上的一致性,是正在离开的思想

---

① 其他的例子,见瓦勒,《科学哲学季刊》(1885),IX,第144—417页。

中有兴趣的部分之所以唤起这一个而不是另一个表象的全部原因。我们可以可靠地说,在大多数情况下,即将到来的表象或者是习惯的,或者是新近的,或者是生动的,并且是一致的。如果所有这些性质都统一在一个不在场的联想项中,我们就几乎能够可靠地预测,进行着的思想的那个联想项将会构成即将到来的思想的一个重要成分。然而,尽管事实上表象的相继因而脱离了完全的非决定论,而是限制在了其独特性为我们过去经验的性质所确定的不多的种类上,我们还是必须承认,在我们的表象链条中有大量的项是处于所有确定规则的范围之外的。让我们看看第 586 页[①]那个钟表的例子。为什么珠宝店提示的是衬衫领扣,而不是我在更新近的时间在那里买的更贵而且感情上的联想更有趣的一条链子?链子和领扣都曾经与那家店铺同时刺激了大脑通道。来自店铺通道的神经流之所以流入领扣通道而不是链子通道的唯一原因,一定是在那个时刻领扣通道碰巧更加开放,这或者是因为其营养方面的某种偶然变化,或者是因为刚出现的大脑整体潜意识紧张的平衡的分布,使得这个地方比链子通道更加不稳定。任何一位读者都很容易通过内省找到类似的例子。因此,在某种程度上这仍然是事实,即甚至在那些最接近无偏向重整的普通混合联想的形式中,将要出现的是有兴趣成分中的哪一个联想项,这在很大程度上说是一件偶然的事情——偶然,是对我们的智力而言的。它无疑是为大脑原因决定的,但是对于我们的分析来说,这些原因太细微、太变化多端了。

---

[①] 此处疑为作者笔误。应为 573 页。——译者

## 相似联想

在有偏向的或者混合的联想中,我们一直设想在即将消失思想中有兴趣的部分有相当的广度,并且对于由它自身构成一个具体对象而言也足够复杂。例如,威廉·汉密尔顿先生说,在想到本洛蒙德山之后,他发现自己想到了普鲁士的教育体系,并且发现联想的链环是他曾经在德国的本洛蒙德山遇见过的一位德国绅士,等等。在他的经验中,本洛蒙德山的有兴趣的部分,对决定他的观念序列起作用的部分,是关于一个特殊的人的复杂意象。但是现在让我们设想,那个能够将无偏向重整转化为有偏向联想的对有兴趣注意的选择机制——让我们设想,它进一步改进自己,强调转瞬即逝的思想的一个部分,这个部分是如此之小,以至不再是具体事物的意象,而只是一个抽象性质或属性的意象。让我们进一步设想,在思想的其他部分逐渐消失以后,得到强调的这个部分在意识中留存下来(或者用大脑术语说,它的大脑过程继续着)。按照我们已经了解的方式,这个小小的幸存下来的部分将会被它自己的联想项所围绕,而新思想的对象和已经消失的思想的对象之间就是相似关系。这一对思想就构成了被称为"相似联想"的一个实例。①

---

① 我保留相似联想这个名称,是为了不违背普通的用法。然而,读者会看到,我的命名法并非始终基于相同的原则。无偏向的重整指的是神经过程;相似性是为心所感知的一种客观关系;普通或者混合联想只是一个指示词。对联想项的全部回忆、部分回忆和聚焦回忆是更好的术语。但是由于后面这个词的所指几乎与相似联想的所指是一样的,我认为最好还是为了通俗性而牺牲适当性,并且仍然使用后面这个老套的短语。

在这里被联结起来的相似物,或者在心中第一个为第二个所跟随的相似物,是被看作复合物的。经验证明情况总是这样。**简单的"观念"、属性或性质没有让我们想起其相似物的趋向**。关于一个蓝色调的思想不会让我们想起另一个蓝色调,等等,除非我们心里确实有某种诸如命名那种色彩的一般性目的,这时我们自然会通过目的、名称、色彩的"混合联想"而想到那个等级上的其他蓝色。但是单纯的性质没有在心中唤起其相似物的基本趋向。

在关于辨别的一章中我们看到,当某个性质或某组性质为两个复合物所共同拥有时,这两个复合物就是相似的,尽管就其他性质而言,它们可能没有任何共同之处。月亮与煤气喷嘴相似,它也与足球相似;但是煤气喷嘴与足球相互却并不相似。当我们断言两个复合物的相似性时,我们始终应该说明在哪个方面这是成立的。就发光度而不是任何其他东西而言,月亮和煤气喷嘴是相似的;就圆的形状而不是任何其他东西而言,月亮和足球是相似的。足球和煤气喷嘴没有任何相似之处——也就是说,它们没有共同点,没有相同的属性。复合物的相似性是部分同一性。当相同的属性出现在两个现象当中时,尽管它是它们唯一的共同属性,这两个现象在这一点上也是相似的。现在回到我们的联结着的表象上。如果关于月亮的思想跟随着关于足球的思想,而后者又跟随着关于 X 先生的一条铁路的思想,这是因为月亮的圆形属性摆脱了所有其他属性,让全新的一组伴随物——弹性、坚韧的外壳、服从人的任性想法的快速运动,等等——围绕着它自己;还因为上面提到的足球属性又摆脱了它的伴随物,它自己留存下来,让构成了"铁路大王"、涨涨落落的股票市场等想法的新的属性围绕着它

## 第十四章 联想

自己。

可以用图来表示通过我们所说的普通混合联想,从无偏向的重整到相似联想的逐渐转变。图 42 是无偏向的重整,图 43 是混合联想,而图 44 是相似联想。在每一个图中,A 是转瞬即逝的思想,B 是即将到来的思想。在"无偏向"的重整中,A 的所有部分对于唤起 B 都同样起作用。在"混合"联想中,A 的大部分都不起作用。只有 M 部分突出出来,唤起了 B。在"相似"联想中,聚焦的 M 部分比在前一种情形中小得多,而且在唤起新的一组联想项之后,它自己不是逐渐消失,而是持续与它们一同起作用,在两个观念中形成一个同一的部分,并使它们在这个范围内彼此相似。

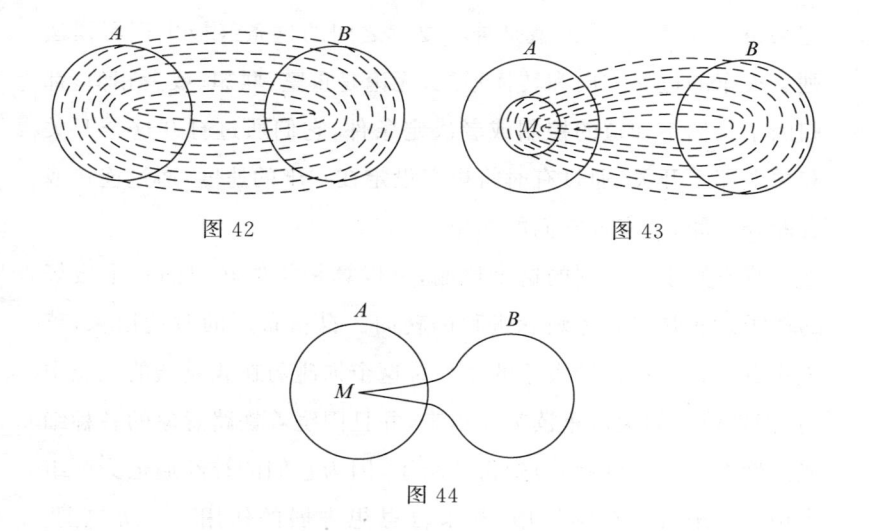

图 42

图 43

图 44

为什么转瞬即逝的思想的一个单独部分会从它与其他部分的协作中突出出来,并且像我们所说的那样独自活动?为什么其他部分会变得不起作用？这是我们能够确定却无法解释的谜团。也许对神经活动法则更细微的洞察会在某一天把这件事情弄清楚；也许神经法则也不是充分的，我们需要诉诸意识形式对其内容的动态反应。但是我们现在不能进入这个问题。

总之，我们看到三种联想之间的差异缩减为了一个简单差异，即神经通道中支持唤起即将到来思想的当下思想的那个部分的量的差异。但是无论大小，这个起作用部分的运作方法都是一样的。在每一种情况下，构成即将到来的对象的要素被激发起来，都是因为它们的神经通道曾经不断地与当下对象或者其起作用的部分一起兴奋。开动火车①的就是神经要素之间的这条终极生理习惯法则。火车的进展方向和转换形式，无论是重整、联想、或者相似，都归因于我们不知道的控制或者决定条件，它们通过打开这个开关和关上那个开关，通过有时将机车设定在一半的速度，通过连接或者断开车厢，来实现它们的作用。

我不知不觉用到的这个比喻，可以算是相似联想的一个极好的例子。我是在思考观念进程的转向。自霍布斯的时代以来，英语作者一直喜欢谈论表象的序列。这个词碰巧在我复杂的思想中间，带着独特的尖声重读突显出来，并且围绕着铁路意象的各种细节。然而，只有这些细节变得清晰了，因为它们的神经通道为两组作用——来自火车的作用，和来自思想进展的作用——所包围。

---

① Train，在英文中有"火车"和"序列"等意思。詹姆斯谈论的是思想的序列（train of thought），此处用火车做比喻。——译者

## 第十四章 联想

此刻提示 train 这个词的优势,可能是由于几页之前选择的铁路大王与股票市场踢足球的例子所引起的铁路大脑通道的新近兴奋。

从这样的例子可以清楚地看到,促成我们形成遐思序列的所有因素是多么地复杂。在大多数情况下,试图勾画出它们的路线是愚蠢的。从上面这种相似联想的中心点由一个明确而具体的词 train 构成的情况,到那些微妙得让我们完全无法分析的情况,中间并没有断裂。我们可以找出一系列的例子。当白芝浩(Bagehot)先生说,野蛮人的心远非处于自然的状态,上面纹满了骇人听闻的迷信,情形就很像我们刚刚讨论过的例子。当詹姆斯·斯蒂芬(James Stephen)先生将我们对自然统一性,即未来与过去具有一致性的信念,比作一个人向一边划船的同时看着另一个方向,通过将船尾与后面的物体对齐来驾驶船只时,起作用的环节就比较难分析出来了。它在霍尔姆斯博士的用语中更加微妙,他说故事在口口相传的过程中形成了与其进展成比例的偏差;或者在洛厄尔(Lowell)先生对德国句子的描述中,他说在写下那些句子之后的几分钟,它们能够偏离航线,向后倒退,而不去掌舵。最后,当人们说淡蓝色与女子气质、血红色与男子气概类同时,这就是真正的难题了。如果我听见朋友说某个家庭有吸墨纸的声音,那个形象虽然立刻让人感到是贴切的,却阻碍了最强的分析能力。优秀的诗人都使用出其不意的表示性质和特征的词,它们都同样既亲密又遥远,而且,正如爱默生(Emerson)所说,通过邀请我们去它们那不可及的家,来温柔地折磨我们。

在后面这些例子中,我们必须设想在相似的对象中存在一个同一的部分,它的大脑通道起劲儿地工作着,又不能在活动中充分孤立起来以使自己突显出来，并形成得到清楚辨别的"抽象观念"的条件。我们甚至不能通过认真的搜寻找到从一个表象的核心转到下一个表象的核心的桥梁。然而，在一些大脑中，这个转换的方式却极为普通。如果我们能够确定使得一个大脑的思想紧紧坚守无偏向的重整，而另一个大脑的思想在整个相似性的无法则狂欢中四处开火的机械的或化学的差异，这将是最重要的生理学发现之一。我们似乎不可能猜测，为什么活动在后面这类大脑中趋向于聚焦在小的点上，而在其他大脑中，活动却耐心地填充宽广的河床。无论区别是什么，它都是将天才人物和拥有习惯与日常思维的平凡造物区分开来的东西。在第二十二章，我们将再次回到这一点。

## 随意思想中的联想

至此，我们一直设想一个对象提示另一个对象的过程是自发的。意象的序列按它自己的可爱意志漫游，时而脚步沉重地走在习惯的严肃常规之中，时而跳着、蹦着、跃着在时间和空间的整个领域中穿梭。这是遐思或冥想，但是我们观念之流的大部分都是由某种与之十分不同的东西组成的。它们为独特的目的或有意识的兴趣所引导。正像德国人所说，我们后思（nachdenken），或者朝向某个目的去思想。现在有必要考察，心中有了目的这件事给我们的意象序列带来了什么样的改变。我们的观念进程此时被称为随意的。

从生理学的方面考虑，我们必须设想，目的的意思是指在思想的整个进程中某些相当明确的大脑过程的持续活动。我们最平常的思考并不是纯粹的遐思或完全的漂流,而是在某个中心兴趣或者话题的周围打转,大部分的意象都与这个兴趣或话题相关,并且在偶尔的离题之后我们马上就向它返回。这个兴趣是由我们设想的持续活跃的大脑通道推动的。在我们研究过的混合联想中,每一个对象的构成思想相继转向中心点的部分的兴趣,在很大程度上是由它们与当时占据心中的某个一般兴趣的联系决定的。如果我们称 Z 为一般兴趣的大脑通道,那么,如果对象 abc 出现,而且 b 比 a 或 c 与 Z 有更多的联结,b 就会成为这个对象的有兴趣的中心点部分,并且会单独唤起它自己的联想项。因为 b 的大脑通道的能量将会通过 Z 的活动得到增加,——由于 Z 与 a 或者 c 之间先前没有联系,所以这个活动对 a 或者 c 没有影响。比如,如果我在饥饿的时候想到巴黎,我就可能会发现它的餐馆是我思想的中心点,等等。

但是在理论的以及实践的生活中,有一种更强烈的兴趣,采取的形式是关于我们想要取得的某种成就(不管是行动还是获得物)的明确意象。在这种兴趣的影响之下产生的观念序列,通常就是关于实现目的的手段的思想。如果目的出现不能即刻提示出手段,对后者的搜寻就成为了一个智力问题。对问题的解决是最典型和独特的随意思想。如果想到的目的是某个外部行为或好处,问题的解决在很大程度上就由导向它的真实运动过程所组成,包括走路、说话、书写等。如果目的最初只是观念上的,如在设计一个运营场所的时候,步骤就纯粹是想象中的。在这两种情况下,手段的发现都可以构成一种新的目的。这种新的目的具有完全独特的性质,也就是说,在获得它之前我们强烈地渴求它,但是甚至在我们对它具有最强烈的渴望时,对于它的性质我们也没有任何清楚的想象。这样的目的是个问题。

每当我们想要回忆已经忘记了的事情时,或者想要陈述我们凭直觉做出的判断的理由时,同样的状况就发生了。欲望在它感到正确的方向上紧拉并挤压,但朝向的却是它看不见的点。简而言之,一个成分的不在场和它的在场一样确定地是我们表象的决定因素。这条裂隙变得不仅仅是空无了,而是人们所说的渴望的空无(aching void)。如果我们试图用大脑活动来解释只是潜在存在着的思想如何能够起作用,我们似乎就不得不相信,它的大脑通道必须真实地激发起来,但只是微小地和潜意识地。例如,试着想想在一个正在绞尽脑汁回忆上星期曾经有过的一个思想的人那里发生着什么。这个思想的联想项就在那里,至少它们之中的许多在那里,但是它们拒绝唤起那个思想本身。我们不能认为它们完全没有投射进它的大脑通道,因为他的心在找回这个思想的边缘上颤动。它的真实韵律在他的耳边回响;那些词好像就要出来了,但却失败了。我们猜不出是什么东西阻止了释放,不让大脑的兴奋越过初生的阶段而进入生动的阶段。但是我们在欲望和快乐哲学中看到,这种自发趋向于强大起来,但为其他原因所抑制或阻止的新生的兴奋,可以变成强有力的心理刺激和欲望的决定因素。所有询问、疑惑和好奇的情绪都一定起源于某个这种类型的大脑原因。努力回忆忘记了的事情和寻找达到特定目的的手段之间的重大区别是在于,后者尚未而前者已经构成了我们的经验的一部分。首先研究回忆忘记了的事情的方式,可以让我们更好地理解对未知事物的随意探求。

忘记了的事情被我们感受为其他事情中间的一条裂隙。如果它是一个思想,我们就有一种关于它在我们心中发生时我们在哪里以及我们在做什么的模糊观念。我们回忆与它有关的一般的事情。但是所有这些细节都拒绝一同倾注到一个坚固的整体当中,因为缺少这个不在场的思想的生动特点,它与每一个细节的关系此刻形成了后者的主要兴趣。我们在心中不断浏览这些细节,感到不满意,渴望更多的东西。每一个细节都发射出构成许多尝试性猜测的联想路线。其中有许多猜测立刻就被看作是不相关的,因此是没有兴趣的,并立刻从意识中消失了。其他猜测与在场的其他细节相联结,也与那个缺失的思想联结着。当这些猜测涌动时,我们有一种我们"兴奋"(warm)着的奇特感受,就像孩子们玩捉迷藏时说的那样;我们紧紧抓住这样的联想项,保持着对它们的注意。于是我们相继回忆起,我们有那个思想的时候是在餐桌旁;然后,我们的朋友 J. D. 也在那里;然后,谈论的话题是如此这般;最后,关于某段轶事的思想恰好(à propos)就出现了,它与一段法文引语相关。所有这些添加进去的联想都是通过我们已经了解的自发过程,独立于意志而出现的。意志所做的全部事情就是强调和细想那些看上去相关的东西,而忽略其他。通过注意在被想望对象附近的盘旋,联想项就大大地积累起来,其神经过程的紧张结合起来,冲破了障碍,神经波涌入至此一直在等待其到来的通道之中。带着渴望潜意识的期待者突然有了丰富的生动感受,心得到了难以形容的宽慰。

这整个过程可以用一个图示来粗略的表示。我们将忘记了的事情称为 Z,将我们感受到与它相关的最初的事实称为 a、b 和 c,将在唤起它的过程中最终起作用的细节称为 l、m 和 n。每一个圆圈代表关于圆圈里面的字母所表示对象的思想基础的大脑过程。

Z中的活动最初只是一种紧张；但是由于a、b和c中的活动渐渐投射进l、m和n，由于所有这些过程都以某种方式与Z相联系，为向心箭头所代表的它们结合起来在Z上的投射，就成功地帮助了那里的紧张克服抵抗，并唤起Z的充分活力。

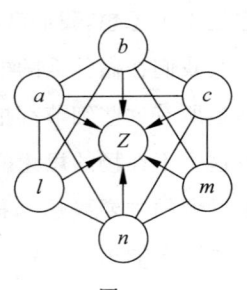

图45

一开始在Z中出现的紧张，尽管处在释放的阈限以下，很可能在某种程度上与a、b和c合作着决定了l、m和n将要被唤起。如果没有Z的紧张，与它相联系的对象可能会较慢地积累起来。但是正如前面已经说过的，对象依照大脑自己的法则来到我们面前，而思想者的自我可以说只能停留在附近，辨认它们的相对价值，念念不忘其中的一些，同时丢弃另外一些。正如在丢失了一件物品时，我们无法直接找到它，就只能在它可能在的地方附近走动，并且相信它随即就会落入我们的眼帘；所以在这里，通过始终将注意集中在我们所找之物的附近，我们相信它终将会主动与我们打招呼。①

---

① 没有人比霍布斯更好地描述过这个过程："有时一个人寻找他丢失了的东西；从丢失它的地点和时间开始，他的心一个地点一个地点、一段时间一段时间地向回追溯，查明在什么地点和什么时间他还曾拥有它；这就是说，查明某个确定和有限的时间和地点以开始寻找。他的思想从这里开始把相同的地点和时间过一遍，以查明是什么动作或其他的情况可能使他丢失了这个东西。这就是我们所说的记忆或者回忆。有时，一个人知道他的搜寻范围之内的一个确定的地方；然后他的思想像清扫房间寻找一件珠宝的人，或者像搜索旷野找出猎物踪迹的猎犬，或者像浏览字母表以找出韵脚的人一样，找遍它的所有部分。"（《利维坦》，165，第10页）

## 第十四章 联想

现在让我们转向找出实现清楚想到的目的的未知手段的情况。在这里,目的处在图中 a、b 和 c 的位置。它是提示投射的起点;这里,有意注意所做的事情同样只是排除一些不相关的提示,紧紧抓住感到更具有相关性的其他提示——我们用 l、m 和 n 表示这些提示。这些提示后来最终会足够充分地积累起来一起释放进 Z,在心理的领域,这个过程的兴奋就等同于问题的解决。这种情况与上一种情况的唯一不同是在于,在这里,Z 里面不需要有从一开始就参与合作的原初亚兴奋。在我们搜寻一个忘记了的名字时,由于在回想起来的那一刻所怀有的那种独特的再认感,我们必须设想,这个名字的中枢从一开始就处于活跃的紧张状态。思想的完备似乎只是我们的心事先已经预见到的某个东西达到了最大的程度。它立刻就充满了完全以它的形状铸型的豁口;将我们对豁口的感受和对充实豁口的东西的感受的相同性质,归因于兴奋程度不同的神经通道的同一性,似乎是最自然的事情了。相反,在解决问题的过程中,认识到我们已经找到了手段,却远没有那么直接。在这里,我们事先觉知到的似乎是它与我们已经知道的事物的关系。它必须承载一种因果关系,或者它必须是一个结果,或者它必须包含为两个事物所共有的属性,或者它必须是一个不变的伴随物,等等。简单地说,关于它我们知道得很多,而直到现在却对它还没有亲知的知识(见第 221 页),或者用霍奇森先生的话说,"在某种意义上,在它的第二个含义上,我们事先知道想要找的是什么,而在另一种意义上,在它的第一个含义上,我们又不知道要找的是什么。"①我们直觉到找到的观念中的一个最终就是我们所探究的,之所以有这个直觉是因为我们认识到,它的关系与我们心中拥有的关系是一样的,而这可能是一个相当缓慢的判断活动。事实上每个人都知道,在知觉到一个对象与其他事物的关系之前,这个对象可能已经在他心中呈现一段时间了。我再次引述霍奇森的话:

> 这种运作方式在随意记忆和理性那里是一样的……。但是推理在记忆之上又添加了对出现的意象进行比较或判断的功能……。记忆的目标是用在以前的某个特定时间填充裂隙的意象来填充那个裂隙,而推理的目标则是用与之前和之后的意象具有某种时间和空间关系的意象来填充裂隙。——

或者,说得更清楚一点,用与起初在心中环绕裂隙的材料具有确定逻辑关系的意象来填充裂隙。对于在得到相关事物的性质之前我们所拥有的这种关系空白的感受,读过第九章的人都不会感到惊奇。

从猜测报纸上的迷题,到设计帝国的政策,过程都是这样的。我们依靠大脑性质的法则自发地为我们呈现出适当的观念:

> 我们对它的唯一掌控,就是努力让那个令人烦恼的未填充的裂隙保持在意识之中。②……有两个重要的情况值得注意:首先,意志没有能力唤起意象,而只能在自发性重整所提

---

① 《实践理论》(*Theory of Practice*),第 1 卷,第 394 页。
② 同上,第 394 页。

供的意象中排斥一些,选择一些。①但是,选择的快捷则归功于对自发性重整方式的熟悉,使得推理的过程好像唤起了已经预知到是与目的相协调的意象。在它们给出来之前看不到它们;在它们被看到之前无法召唤它们。另一个情况是,在最简单的形式上,每一种推理都只是注意。②

在这里对不同类型的心理探求进行任何细致的分析都与我们的目标不相一致。在科学研究中也许有我们所能找到的最丰富的范例。探究者开始于他为之寻找理由的事实,或者开始于他为之寻找证据的假设。在这两种情况下,他都在心里不停地对问题进行反复考虑,直到通过一个又一个联想项(其中一些是习惯的,一些是相似的)的激起,出现了一个他辨认出是与他的需要相适合的联想项。然而这个过程也许会用去许多年的时间。无人可以给出能让研究者直达结果的规则;但是,在这里以及在回忆的情形中,有助于联想的东西的积累可以通过某些日常方法的使用而进展得更快些。例如,在努力回忆一个思想时,我们可以有意去浏览可能曾经与之相联系的接连出现的各类情景,确信当其中那个对的情景出现时,它将会有助于那个思想的复苏。于是我们可以浏览我们可能持有那个思想的所有地点。我们可以浏览我们记得曾经与

---

① 霍奇森将所有的联想都称为重整。
② 同上,第 400 页。比较贝恩,《情绪与意志》,第 377 页。"心的活动必然是任意的;目的是唯一清楚的东西,与它一起的还有对每一个转瞬即逝的提示的适合性的知觉。意志的能量让注意保持进行活跃的搜索;一旦有恰当的东西出现在心前,它就立刻扑向它,就像野兽扑向它的猎物。"

之交谈的那些人,或者我们可以相继回忆我们最近阅读的所有书籍。在努力地回忆一个人时,我们可以浏览街道或者职业的清单。在这些有条理地浏览过的清单中,很可能有某个东西与我们需要的那个事实联结着,并且可能提示出它,或者有助于它被提示出来。而如果没有这样的系统步骤,这个东西就可能永远不会出现。在科学研究中,联想项的这种积累被密尔条理化为"实验研究的四个方法"。通过"求同法"、"差异法"、"剩余法"和"共变法"(在这里我不能对这些方法做更进一步的定义),我们将各种情况列成清单;在心里仔细思考这些清单,要寻找的原因就很可能会浮现出来。但是,它们只是为最后的发现做了准备,却并没有实现这个发现。大脑通道最终必须自行以正确的方式激活,否则我们就仍然在黑暗中摸索。一些大脑中的通道确实比其他大脑中的通道更经常以正确的方式激活,我们说不出为什么会这样,——这些是我们永远不能拒不承认的终极事实。甚至在按照密尔的方法形成我们的实例清单时,我们也完全为大脑中相似性的自发运作所支配。若非一个事实通过相似联想快速提示出另一个事实,与我们正在寻找原因的事实相似的许多事实如何能被归入一个清单之中呢?

## 相似性没有基本法则

这就是我首先对三个主要类型的自发联想,然后对随意联想所做的分析。我们将会看到,回忆起来的对象与提示它的对象之间可以存在任何逻辑关系。法则只要求一个条件得到满足。逐渐消失的对象必须归因于大脑过程,这个大脑过程的一些要素由习惯唤起,还有一些要素由出现的对象唤起。这个唤起始终是起作用的机制,是因果能动者,在我称为相似的联想中和在任何其他种类的联想中都是这样。对象或思想(如果相似是在思想之间)之间的相似在将我们从一个对象或思想带至另一个对象或思想的方面不是因果能动者。它只是一个结果——是在它碰巧以某种特殊和可确定的方式起作用时,通常的因果能动者所产生的结果。但是,通常的作者们谈论起来就好像对象的相似性本身就是能动者,与习惯相协调,又独立于习惯,并且像习惯一样能够将对象推到心的前面。这是非常难以理解的。两个事物之间的相似性,只有在两个事物都在场时才能存在——说它是产生任何事物的因果能动者,是没有意义的,不管这些事物是在物理领域还是在心理领域。①它是心依照事实而感知的关系,正如它可以感知一个对象和为联想机制唤起的第二个对象之间的优势、距离、因果、容器和内容物、实体和偶性或者对比的关系一样。②

---

① 比较下面几位关于相似原理所说的话,F. H. 布拉德利,《逻辑学原理》,第294 及以下诸页;E. 拉比尔,《心理学》第 187 及以下诸页;波尔汉,《哲学批评》(*Critique Philosophique*),第 2 辑,I,第 458 页;拉比尔,同上,第 460 页;皮隆(Pillon),同上,II,第 55 页;B. P. 鲍恩,《心理学理论导论》(*Introduction to Psych. Theory*),92;沃德,《大英百科全书》文,心理学,第 60 页;瓦勒,《科学哲学季刊》,IX,426—431。

② 麦科什(McCosh)博士的做法因而只是逻辑上的。他将相似性沉入他所说的"相互关系法则"之中。"根据这条法则,当我们发现了事物之间的关系时,一个事物的观念就趋向于唤起其他事物的观念。"(《心理学》认知能力,第 130 页)这位作者提到的关系是同一性、整体和部分、相似性、空间、时间、量、起作用的性质、原因和结果。如果知觉到的对象之间的关系被当作对象在心中显现的基础,相似性当然就没有权利占据独有的甚或最重要的位置。

然而，确实有一些有才干的作者不仅坚持将相似联想当作独特的基本法则，而且还让它成为了最基本的法则，并试图从这里派生出接近联想来。他们的推理是这样的：当下印象 A 如果不是首先复苏它自己过去的意象 a，如何可能唤起关于它过去的接近联想项 B 的观念 b 呢？这才是直接与 b 联系的东西；所以这个过程并非简单地就是 A—b，而是 A—a—b。A 和 a 是相似物，因此如果没有先前的相似联想，接近联想就不会发生。这里做出的最重要的假定是，每一个印象在进入心中之时都需要唤起它过去自己的意象，它根据这个意象被"统觉"或者理解，并且通过这个意象的调解，它进入到与心中其他对象的关系之中。这个假定的做出几乎是普遍的；但是很难为它找到任何好的理由。我们在讨论失语症和心理盲的事实（见第 50 页及以下诸页）时最先遇到了它。但是之后我们就看到并不需要视觉和听觉意象来解释视觉和听觉的感觉。相反我们认为，听觉的感觉只有当唤起了非听觉的意象时，视觉的感觉只有当唤起了非视觉的意象时，才为我们所理解。在关于记忆、推理和知觉的章节中，我们会再次遇到相同的假定，这样的假定同样会由于缺乏根据而受到拒斥。感觉过程 A 和观念过程 a 可能基本上占据着相同的通道。当外部刺激到来，这些通道随着感觉 A 振动时，它们就像没有外部刺激，而只是随着观念 a 振动时一样，直接释放进导向 B 的通路。说过程 A 只有通过较弱过程 a 的帮助才能达及这些通路，就像说我们需要一支蜡烛来看太阳。A 代替了 a，做了 a 所做的一切等等；较弱的过程与较强的过程共存这种说法，对于我来说是没有可以理解的意义的。因此我认为这些作者全都错了。他们给出的关于 a 与 A 共存的唯一可能证据,就是 A 给我们一种熟悉的感觉,却不能唤起任何关于过去的接近联想项的清楚思想。在后面的一章,我将会考虑这种情况。在这里,我满足于表明对于所讨论的问题而言它看上去并不是定论;我仍然相信共存或者相继印象的联想是一条基本法则。

**对比**也曾被看作是联想中的一个独立能动者。但是我们的原理很容易解释在与心中已有对象的对比中再现一个对象的情况。事实上,近期的作者们都将对比或者还原为相似,或者还原为接近。对比始终预设类属的相似性;它只是被对比的类的极端,黑与白,而不是黑与酸,或者白与刺痛。再现一个相似项的机制,也能再现相反的相似项,以及任何的中间项。而且,大量的对比习惯性地出现在讲话中,年轻与年长,生与死,富与穷,等等,并且如贝恩博士所说,它们也存在于每一个人的记忆中。①

我相信研究者现在会感到,更深刻地理解我们观念次序的方向是大脑生理学。复苏的基本过程只能是习惯法则。确实,生理学家们一个细胞群一个细胞群地探查出我们所假设的投射,这个时间还远。也许这一天永远不会到来。而且,我们使用的分类方案直接来自于将对象分析为基本的部分,而只是通过类比才扩展到大脑。然而,只有成为大脑的一部分,这样的分类方案才能代表任何因果的事物。在我看来,这是我们说心的材料呈现的次序只

---

① 参见贝恩,《感觉和理智》,第 564 及以下诸页;J. S. 密尔,J. Mill 的《分析》注释 39;利普斯,《精神生活的基本事实》,97。

归因于大脑生理学的决定性理由。

某些过程比其他过程具有偶然优势这条法则,也处于大脑可能性的范围之内。承认大脑组织所需要的这种不稳定性,某些点就一定始终比其他点释放得更快、更强;而且这个优势会由于偶然的原因而不时地变换位置,在最具天赋的心中,相似联想的这种多变表演就构成了一幅完美的机械图示。对梦的研究确证了这种看法。在休眠的大脑中,往常丰富的投射通路似乎减少了。只有少数几个能通过,而最奇异的序列会发生是因为,营养当时在哪里造出一个开口,哪里(而不是任何其他地方)就有涌流——"就像燃烧着的纸上的火星"。

有兴趣的注意和意志的结果保留了下来。这些活动似乎紧紧抓住某些要素,通过强调和全神贯注于它们,使它们的联想项成为唯一的被唤起者。反机械的心理学在处理联想问题时必须坚守的就是这一点。所有其他事情都相当确定地是起因于大脑法则。在别的地方我表达了自己关于主动注意和精神自发性的看法。但是尽管有心理自发性,它肯定能够不去没有准备地(ex abrupto)制造观念或者唤起它们。它的能力局限于在已经引入或者趋向于引入联想机制的观念中进行选择。如果它能强调、强化或者延长片刻那些观念中的任何一个,它就能做最热切的自由意志倡导者所要求的一切事情;因为那样它就能让下一步的联想以被强调的项为关键,来决定下一步联想的方向;而以这种方式决定了人的思想进程,它也就决定了他的行动。

# 第十四章 联想

## 历史上有关联想的看法

在结束这一章之前,我们可以简短浏览一下关于联想的看法的历史。[1]亚里士多德似乎看到了事实和解释原理这两个方面;但是他没有详述自己的观点,直到霍布斯的时代人们才再次以明确的方式触及到这个问题。霍布斯最先阐述了思想相继的问题。他在《利维坦》的第三章这样写道:

> 我所理解的思想系列或序列就是一个又一个思想的相继,我们称之为心理谈话,以与口头谈话相区别。人在思考任何事情的时候,他的下一个思想来得完全不像它看上去那样偶然。一个思想和另一个思想的相继并不是随随便便的。但是,正如我们对于以前不曾全部或者部分感觉过的东西不会有想象;如果我们从来不曾感觉过从一个想象到另一个想象的过渡,我们也不会有这样的过渡。原因是这样的。所有的幻象都是我们内部的运动,是感觉中的运动的残余;而在感觉中直接相继的运动,在感觉之后也仍然连在一起;由于前面的一个再次出现并且占据了优势地位,后面的一个就由于运动了的物质的连贯性而随后出现,就像平的桌面上的水,手指引导了它的任何一个部分,它就会向那个方向流去。但是

---

[1] 进一步的细节,参见汉密尔顿的里德,附录 D** 和 D***;以及 L. 费里,《联想心理学》(*La Psychologie de l'Association*)(巴黎,1883)。还有罗伯逊,《大英百科全书》文,联想。

因为在感觉中,在同一个被感知事物的后面相继的,有时是这一个事物,有时又是另一个事物,在时间的流逝中就会出现这样的情景,即在想象一个事物时,我们接下来会想象什么是不确定的;可以确定的只有一点,即它将是曾经在某个时候接续在这个事物之后的东西。这个思想或者心理谈话的序列有两种类型。第一种是非引导的、无目的的和不恒定的;在这里没有激情思想作为某个欲望或者其他激情的目标或范围,朝着自身来统辖和引导它后面的思想。……第二种由于受到某种欲望或目的的控制所以比较恒定;我们对欲望或者恐惧的事物所产生的印象是强烈而持久的,如果它暂时中断,很快又会恢复;它是如此之强烈,有时竟会妨碍或者打断我们的睡眠。有了欲望,就会想到我们以前曾看到实现过类似现有目标的某个手段;而有了这个思想,又会想到实现那个手段的手段;这样连续下去,直到到达我们能力所及的起点。因为这个目的由于印象的强烈而经常出现在我们心中,在我们的思想开始游走的时候,很快就会再被拉回到原来的路上;七位智者之中的一位曾经观察到这一点,并向人们提出了谨记目的(Respice finem)的格言,这在今天已经陈腐了;他的意思是说,在一切行动中,经常注意你所想要的东西,在实现目标的路上用它指导你的全部思想。

受控制的思想的序列有两种:一种是当我们探寻一个想象的结果的原因,或者产生它的手段时所形成的序列,这是人和兽类所共有的。另一种是当在想象任何事物时,我们探寻它可能产生的一切结果时所形成的序列;也就是说,我们想象如果拥有它可以用它来做什么的时候所形成的序列。这种序列,除了在人这里,我在任何时候都没有见到过存在的迹象;因为这种求知欲是只拥有诸如饥、渴、情欲和愤怒这类肉体激情的任何生物的天性所无法产生的。总之,心理谈话在为目的统辖时只是探寻或者发明的能力,这在拉丁文中叫做洞察力(*sagacitas*)和洞见力(*sollertia*);这就是为现在或过去的某个结果追寻原因;或者为现在或过去的某个原因追寻结果。

**在霍布斯的这段话之后,最重要的段落来自于休谟:**

由于所有简单观念都可以为想象所分离,并且可以由想象随意以任何形式再度结合起来,这个能力如果不是为某种普遍原理所引导,使得它在某种程度上在所有时间和地点都与它自身相一致,这个能力的运作就是最不可解释的事情了。如果观念完全松散着没有联系,它们的联结就完全出自偶然性;而且,如果观念之间没有某种联结的纽带,某种由此一个观念自然引出另一个观念的联结性质,相同的简单观念就不可能经常性地构成复合观念(而它们通常就是这样)。我们不能将观念之间的这个联结原理看作一种不可分离的联系;因为那已经为想象所排除了。我们也还不能得出结论,认为没有这种联系,心就不能将两个观念联结起来;因为没有什么东西比那个能力更自由了。我们只把它看作一种温和的力量,这个力量通常占有优势,并且是各种语言能密切相互对应的原因;自然以某种方式向每一个人指出了最适合联结为复合观念的那些简单观念。产生这种联结,并使心以这种方式从一个观念过渡到另一个观念的性质有三种,即**相似**,时间和空间上的**接近**,以及**原因**和**结果**。

我相信没有必要去证明,这些性质造成了观念之间的联结,并且在一个观念出现时自然地引出另一个观念。显然,在我们思想的过程中,以及在我们观念的不断变化中,我们的想象力很容易从一个观念进展到任何一个与它相似的观念,而且单是这种性质对于想象来说就是充分的结合和联结的原理。同样明显的是,由于感官在改变其对象时必然是有规律地改变它们,并且认为它们是相互接近的,所以想象力也一定会通过长期的习惯获得同样的思想方法,并且在思考它的对象时依次经过空间和时间的各个部分。至于由因果关系形成的联系,我们在后面会有机会进行彻底的考察,所以现在就不详细讨论了。注意到这一点就足够了,没有任何关系能比对象之间的因果关系在想象中产生更强的联系,并且使一个观念更容易回想起另一个观念。……因此这些就是我们的简单观念之间联结或者结合的原理,并且在想象中代替了简单观念在记忆中由以联结起来的那种不可分离的联系。这是一种**吸引作用**,我们会发现,这种作用在心理世界和在自然界一样具有奇特的效果,并且表现在同样大量和同样多样的形式中。它的效果在各个地方都很明显;但是,它的原因却通常是未知的,我们必须将其归于人性中的原初性质,对这些性质我不去妄加解释。①

---

① 《人性论》,第1部分,第4节。

## 第十四章 联想

然而,休谟并没有比霍布斯更多地将他所谈论的效果探究到底。普及联想的观点,并仅仅基于观念的联想来实际建立起一个学派的任务,则留给了哈特利①和詹姆斯·密尔②。这两位作者精细地探查了在心的所有基本想法和运作中出现的联想。心的不同的"能力"被拿掉了,一条观念之间的联想原理起了它们所起的全部作用。正如普里斯特利(Priestley)所说,

> 使得一个人成为他之所是所必需的,只是带有这个单一法则的感知原理。……不仅我们所有的理智快乐和痛苦,还有所有的记忆、想象、意志、推理,以及每一个其他心理作用和运作,都只是观念联想的不同方式或情况。③

杰出的法国心理学家里伯特重复了休谟对联想法则和引力法则的比较,然后接着说:

> 值得注意的是这一发现来得如此之晚。显然,没有什么比注意到这些更加简单了:这条联想法则是我们心理生活中真正基本的和不可还原的现象;它处于我们全部行动的底部;它不允许有例外;没有它,梦境、遐思、不可思议的心醉神迷,还有最抽象的推理就都是不可能的;抑制它就等同于抑制思想本身。然而,古代的作者们都不理解它,因为人们不能认真地坚持认为,亚里士多德和斯多葛派学者的几行分散

---

① 《人的观察》(伦敦,1749)。
② 《人类心灵的现象的分析》(*Analysis of the Phenomena of the Human Mind*)(1829)。
③ 《哈特利的理论》(*Hartley's Theory*)(1790),第2版,第27页。

的文字,能构成关于这个问题的一种理论和清楚的看法。我们必须将研究观念联系的起始归于霍布斯、休谟和哈特利。在这一点上,对我们心理活动终极法则的发现与许多其他发现是一样的:它来得晚,并且看上去如此简单以至会理所当然地让我们感到惊讶。

也许有必要询问这种解释方式在什么地方优于现时的能力理论。① 如我们所知,最广泛的使用是在于将理智现象分类,将不同的现象区分开来,将性质相同的现象聚合在一起,给它们一个共同的名称,并将它们归因于相同的原因;于是我们开始区分我们称之为判断、推理、抽象、知觉等等的智力的各个方面。这也正是物理学所遵循的方法,在物理学中,热量、电、引力这些词表示特定现象群的未知原因。如果一个人始终不忘各种能力只是已知现象的未知原因,它们只是对事实进行分类和谈论事实的方便手段,如果一个人不陷入那种普遍的错误,把它们当成实体性的实存,当成时而一致时而不一致从而在智力里面形成一个小共和政体的造物;那么,我们在这种能力的分配中就看不到任何应受责备的地方,它与可靠方法的规则相一致,也与好的自然分类的规则相一致。贝恩先生的方法在什么地方优于能力方法呢?它在于后者只是一种分类,而贝恩先生的方法却是一种解释。以我们的思考方式来看,在将理智事实追溯至某些能力的心理学和将理智事实还原为单一联想法则的心理学之间,存在着和我们在

---

① [现时,即在法国。——威廉·詹姆斯]

## 第十四章 联想

物理学中发现的将现象归因于五六个原因的理论和从运动中得出引力、热量、光等等的理论之间同样的区别。能力的系统什么也不能解释,因为每一个能力只是一种声音的气息(flatus vocis),只是通过它所包含的现象才具有价值,除了这些现象以外它不表示任何东西。相反,新的理论表明,不同的智能过程只是一条单一法则的不同情形;想象、演绎、归纳、知觉等等只是观念相互联结的许多确定方式;能力的区别只是联想的区别。它解释了全部的理智事实,当然不是以追寻事物终极和绝对原因的形而上学方式;而是以只寻求事物的次级和直接原因的物理学方式。①

缺少经验的读者可能喜欢简短的提示,表明我们以什么方式可以将各种不同的心理运作看作包含了联结在一起的感觉意象。

记忆是当下意象和我们知道属于过去的其他意象的联结。期盼与记忆相同,只是用将来替换了过去。想象是没有时间次序的意象联结。

相信任何没有呈现给感官的事物,就是那个事物的意象与某个当下感觉的非常生动、强烈和稳固的联结,以至于只要那个感觉持续着,就不可能将那个意象从心中排除掉。

判断是"通过联想将真这个观念从一个命题转移到另一个与它相似的命题。"②

推理是关于"拥有任何标记者,也拥有所标记之物"的知觉;

---

① 《英国心理学》(*La Psychologie Anglaise*),第 242 页。
② 普里斯特利,在前面引用的书中 第 30 页。

在具体情形中,标记或者中项始终与每一个其他项相联结,并因而充当了它们自身间接联结起来的链环。这种同样从与另一感觉经验相联结的感觉经验,向也与那另一感觉经验相联结的第三个感觉经验的转移,能够用来解释情绪的事实。当高兴或者疼痛时,我们表达出来,而这个表达自身与那种感受联结着。从另一个人那里听到相同的表达,复苏了联结着的感受,我们产生了共鸣,即与他一起悲伤或者高兴起来。

其他社会感情,仁慈、诚实、抱负等等,也以相同的方式,通过从被经验为对社会服务的奖赏并因而与之相联结的身体快乐,向服务行为本身的转移而产生,奖赏这个链环略去了。同样,贪婪在守财奴将与花费金钱相联结的身体快乐向金钱本身转移的时候产生,花费这个链环略去了。

恐惧是从由经验与所惧事物联结起来的身体伤害向关于那个事物的思想的转移,而伤害的确切特征略去了。因此,我们在惧怕一只狗时并不会清楚地想象它的噬咬。

爱是某些感觉经验的合意性与能够产生这些感觉经验的对象的观念的联结。在经验的快乐感转移到对象,从而构成了我们的爱之后,经验自身就可以不再被清楚地想象了。

意志是肌肉运动观念与这种运动所产生快乐的观念的联结。运动最初是自动发生的,并带来了未曾预见的快乐。后者与运动有了这样的联结,以至每当我们想到它,运动的观念就会出现;而运动的观念在生动时就会引起运动的发生。这是意志的活动。

对于这个学派的哲学家来说,没有什么比用经验来解释诸如无限性这样的观念更简单了。

## 第十四章 联想

他在其中看到了观念联想法则之一——一个事物的观念会无法抗拒地提示出在经验中经常与之紧密结合的其他事物的观念的法则——的一般表现。由于我们从来不曾经验过没有其他空间点在其外的任何空间点,也不曾经验过没有其他时间点跟随其后的任何时间点,牢不可破的联想的法则使得我们如果不在想象中无法抗拒地实现出更加遥远的其他空间或时间点的观念,就不可能思想任何无论多么远的空间或者时间点。因此人们设想的这两个观念的原初和固有的属性,就完全为联想法则解释和说明了;而且我们也就能够了解,如果空间和时间确实可以有终点,我们就会像[①]现在这样无法设想这个观念。"

除了最后一个例子以外,联想主义心理学的这些例子都表述得非常粗略,但是它们足以满足我们目前的需要。就只用一个单一的联想原理,即接近或习惯原理而言,哈特利和詹姆斯·密尔[②]对休谟有所改进。哈特利忽略了相似,詹姆斯·密尔在确定无疑是珍奇文献之一的一个段落中清楚地否认了它:

我相信人们会发现,我们习惯于看到相似的事物在一起。当我们看到一棵树的时候,我们通常会看到比一棵更多的树;看到一只羊时,会看到比一只更多的羊;看到一个人时,会看到比一个更多的人。我认为,从这一观察中,我们可以将相似

---

[①] "贝恩心理学评论"(Review of Bain's Psychology),J. S. 密尔,《爱丁堡评论》(*Edinb. Review*),10月1日,1859,第293页。

[②] 《人类心灵的现象的分析》,J. S. 密尔版,第1卷,第111页。

性归之于频繁性法则[即接近性],相似性似乎只构成了这个法则的一个特例。

赫伯特·斯宾塞先生在更近一些时间试图建立一种忽略了相似联想的心理学,①在同样是珍奇之作的一章中,他试图用有意识地将第一个观念归之于经验到其感觉的那个时间点,来解释两个观念的联想,这个时间点一被思想到,它的内容,即第二个观念,就出现了。然而,贝恩和密尔先生,以及大多数当代心理学家都继续将相似和接近看作不可还原的联想原理。

人们普遍将贝恩教授对联想的解释视作英国学派的最好表达。关于一致和差异的知觉,记忆力,以及接近与相似这两种联想,在他看来构成了严格意义上的理智所意谓的全部。从描述的角度看,他的文字是下了功夫和具有启发性的;尽管在我自己以因果的方式处理这个问题的尝试之后,我很难认为它们有任何意义深远的解释价值。被贝恩之前的英国学派严重忽略的相似联想,在贝恩这里得到了最丰富的例证。来自许多同样优秀段落中的下面这一段,可以选来作为具有启发意义的段落加以引述:

> 我们可以有形式上的相似和使用上的差异,以及使用上的相似和形式上的差异。如果我们看外表,一条绳子提示其

---

① "论感受之间关系的可联想性"(On the Associability of Relations between Feelings),《心理学原理》,第 1 卷,第 259 页。我们不可能将"每一个感受与前先经验过的相同类别、秩序、属、种,也许还有相同种类的感受的粘合",斯宾塞称之为(第 257 页)"感受联想的唯一过程",看作通常被认为是相似联想的任何对等物。

## 第十四章 联想

他绳子和带子；但是如果看使用，它可以提示铁缆、木柱、铁网格、皮带、或者锥齿轮。尽管有外表上的差异，提示所转向的是拥有共同目的的东西。如果我们受到可感外表的极大吸引，回想只在使用上具有一致性的事物就比较困难了；另一方面，如果我们对作为工具的实际效力非常敏感，对这种效力并非必要的特性就不会受到注意，我们很容易让在使用上与某个当下对象相一致的过去对象复苏，尽管这两个对象的所有其他情形都是不一样的。当我们的心全神贯注于迁移动力这一种情形时，我们对马匹、蒸汽机和瀑布之间的差异就变得健忘了。这些东西的差异无疑在很长的时间里是它们最重要的身份识别；而对于愚钝的理智来说，这个识别也许是永远都不可能做出的。心对机械力这个单一特性的高度集中，和对事物本身一般外表的某种程度的漠然，必须与通过相似者进行复苏的理智能量连在一起，才能将三个如此不同的结构一起召唤过来。通过这样的事例，我们可以明白机械发明者的心中如何会出现现有机制的新适应。当思考着的心最初想到流动的水拥有与人力或兽力相等同的属性，即克服惰性和阻力而使其他物质运动的属性时，——当水流的视觉通过这个相似点提示出动物的力量，——一个新事物就添加到了原动力这个类别当中，而当情况允许时，这个力量就会成为其他力量的替代者。对于熟悉水车和漂流筏的现代人的理解来说，这里的相似性是极为明显的。但是如果我们把自己放回到早些时候的心理状态，那时流动的水以其光亮、轰鸣和不规则的破坏性作用于我们的心，我们也许很容易设想，将这与动物的肌肉能量相等同决不是一个明显的结果。无疑,如果一个心由于自然构造而对事物的表层外貌不敏感,并拥有十分强大的智力识别能力,这样的比较就是可能的。我们可以将同一个例子再推进一步,来看看对蒸汽力量的发现,或者看看将膨胀着的蒸汽与先前知道的机械力之源相等同的情况。很长时间以来,在一般人看来,蒸汽将自己呈现为天空中的云朵;或者呈现为壶嘴上咝咝响的噪声,并在几英寸的距离处形成浓雾般的波浪形云状物。人们偶尔也会观察到壶盖被推了起来。但是经过了多长时间才有人想到这个现象与风的疾驰、水的奔涌或者动物肌肉的发力相类似?不一致性太大了,以致难以为这样微弱和有限的相似所突破。然而,有一个人确实想到了这种等同,并且对它的结果一直追寻了下去。其他人先前也想到过这种相似性,但是结果不同。这样的心一定以某种方式处于无数人之上;而我们此刻正在努力解释它们的优越性。瓦特的智力特征中包含了为相似性在这种情形下的隆重登场做好准备的所有要素;——由本性和教育而来的对物体机械性质的高度敏感性;充分的已有知识或熟悉程度;以及不关心事物表面的和感觉上的结果。然而,许多人拥有所有这些要素,却不能超越普通的能力,这不仅是可能的,而且是非常可能发生的。他们在某种程度上几乎自然会接受机械教育。那个发现没有更早地做出,这让人们设想有某种更进一步的、并非普通的东西是必要的;而这种外加的才能似乎就是一般意义上的对相似性的识别力,在差异和伪装中察觉相似性的倾向。这个设想解释了这个事实,并且与人们已知的蒸汽机发明者的智力特征相一致。[1]

霍奇森博士对联想的解释无疑是用英语做出的最好解释。[2]所有这些作者都或多或少明确地坚持重复发生的原子"观念"的观点。在德国,赫尔巴特[3]和他的追随者对同样的神话般的设想做了更加激进的理解,并将它推进到了一个更逻辑的(即使是更加可憎的)极端。可以说,直到最近这些人都在他们自己的国家占据着绝对的优势。[4]对于赫尔巴特来说,每个观念都是一个永久存在的实存,它进入到意识之中只是其存在的偶然决定。一旦它成功占据了意识剧场,就会将先前在那里的另一个观念挤出去。然而,这个抑制活动使它在某种意义上抓住了那另一个表象,在所有后来的时机,这个表象使它很容易跟随着另一个进入到心中。以这种抗争和抑制的机械语言表述联想的大部分特殊情况会带有很大的独创性,并且在分析的彻底性方面超越了英国学派所做的一切。然而,如果处理的是人工要素,这却是一个令人怀疑的优点;而且我必须承认,在我看来,在关于想象力(Vorstellungsmassen)及其抑制(Hemmungen)和完全抑制(Hemmungssummen),还有下沉(sinken)和提升(erheben)以及浮动(schweben),还有融合(Ver-

---

[1] 《感官与理智》,第 491—493 页。
[2] 见他的《时间与空间》,第 5 章,和他的《实践理论》,第 53—55 节。
[3] 《作为科学的心理学》(1824),2。
[4] 里伯特教授在其《当代德国心理学》的第 1 章中对赫尔巴特及其学派,对贝内克(Beneke)和他的对手及不完全的类同者,给出了很好的解释。并参见 G. F. 斯托特(Stout)在 1888 的《心》上的关于赫尔巴特心理学的两篇文章。J. D. 莫雷尔的《心理哲学提纲》(*Outlines of Mental Philosophy*)(第 2 版,伦敦,1862)在很大程度上追随着赫尔巴特和贝内克。我不知道这样做的其他英语书籍。

schmelzungen)和复合体(Complexionen)的流利善辩的赫尔巴特式行话中,存在着某种几乎是可怕的东西。我很遗憾地说,最新近的有系统的德国心理学家利普斯推行了观念理论,而他所表现出的极大的独创性、学识和敏锐却只是更加令人遗憾。① 在我看来,这种精心制作的人工构造对我们的科学似乎只是一个累赘和障碍,而不是帮助。②

在法语方面,拉比尔在其关于联想的一章③中对这个问题的处理,比任何人都更为有力和敏锐。在我看来,他的处理虽然简短,在一般的可靠性方面却似乎仅次于霍奇森。

在上一章我们借助联想解释了使用(use)在改善辨别能力方面的效果。在后面的章节里,我们将会看到联想在其他过程中起巨大作用的大量证据,然后我们就很容易承认,在任何一门科学中,很少有分析的原理被证明比这个原理的作用更加广泛,无论人们对它的阐述经常是多么地模糊。我们要更明确地阐述它,并且要避免在因果能动者和仅仅为已知的关系之间常有的混淆,要看到这种尝试一定那些没有觉察到这种混淆的人所做出的巨大贡献。从这个实践观点看,一个人沾沾自喜,以为如果他驳倒了原子论的观念理论,或者表明了观念之间的接近和相似只在联想已经完成了之后才能存在,他就给联想心理学造成了沉重的打击,这是

---

① 参见他的《有关意识的基本事实》(*Grundtatsachen des Bewusstseins*)(1888),第 6 章全章,特别是第 106 及以下诸页,第 364 页。

② 其中最累赘和完全无缘无故的一个,也许是施泰因塔尔在《心理学导论》(*Einleitung in die Psychologie*)(1881),第 2 版中的构造。并参见 G. 格洛高(Glogau):施泰因塔尔的《心理学的模式》(*Psychologische Formeln*)(1886)。

③ 《哲学教程》(1884),I. 心理学,第 16 章。

真正的不相干诡辩(ignoratio elenchi)。①在你将"观念"一方面翻译为"对象",另一方面翻译为"大脑过程"之后,整个联想主义心理学仍然有效;用这些术语对能力和运作所做的分析和用传统术语进行的分析同样令人信服。

---

① 在我看来,F. H. 布拉德利先生在敏锐诙谐但却明显冗长的对观念联想的批评(在他的《逻辑学原理》的第 2 卷,第 2 部分,第 1 章)中,似乎犯了某种很像这个 ignoratio elenchi 的错误。

## 第十五章[1]　时间知觉

在下面两章,我将讨论有时人们所称的内知觉或者对时间以及对占据一段时间(尤其当这段时间是一个过去时间时,此时所说的知觉就叫做记忆)的事件的知觉。要把一件事作为过去的事情来记住,关于"过去"的看法就必须是我们的"观念"之一。在关于记忆的一章我们将会看到,许多事情被我们思想为是过去的事情,不是因为这些事情自身的任何内在性质,而是因为它们与对我们来说表示着过去性的其他事情相联结。但是,这些事情又是如何得到它们的过去性的呢?我们由以把握这个术语意义的过去性经验的原型是什么?读者在这一章要思考的正是这个问题。我们将会看到,我们有一种恒常不变的独特的过去感受,我们的每一个经验都轮流被它捕获。将一件事情思想为过去的,就是在此刻看上去带有这个性质的对象中间,或者在这些对象的方向上思想这件事情。这是我们关于过去时间的看法的原型,记忆和历史是在这上面建造起它们的体系的。在这一章,我们将只考虑时间的这种直接含义。

如果意识的构造是一串像珠子样的各个彼此分离的感觉和意象,

---

[1]　这一章几乎是逐字从《思辨哲学杂志》,第20卷,第374页重印的。

除了关于当下时刻的知识以外,我们就永远不可能拥有任何其他知识。我们的每一个感觉在停止的那一刻,就都永远地消失了;我们好像从来都不曾……。我们将完全无法获得经验。……即使我们的观念只如它们在想象中那样联结成序列,我们仍然没有能力获得知识。根据这种假设,一个观念会跟随另一个。但这就是全部。我们每一个相继的意识状态,一旦停止,就永远地消失了。每一个这种短暂状态就是我们全部的存在。①

然而,只要生产意象序列的机制是以理性的秩序生产出它们的,在这些情况下,我们也能以理性的方式行动。我们会进行恰当的言谈,尽管除了唇尖上的那个词以外我们对任何词都没有觉知;我们会在对选择的全部根据甚至都没有看一眼的情况下,对正确的策略做出决定。我们的意识就像萤火虫的荧光,照亮它当下所在的那个点,此外的一切都仍在完全的黑暗之中。高度发展的实践生活在这样的条件下是否可能,是非常令人怀疑的;不过它是可以设想的。

我做出这个虚构的假设只是要通过对比衬托出我们的真实本性。我们的感受并没有受到这样的限制,我们的意识从来也不曾缩小到一只萤火虫的荧光的范围。关于意识流的过去或将来、附近或遥远的某个其他部分的知识,始终混合在我们关于当下事物的知识之中。

正如我们此后将会看到的,简单感觉是一种抽象,而我们全部

---

① 詹姆斯·密尔:《分析》,第 1 卷,第 319 页(J. S. 密尔版本)。

的具体的心理状态都是带有一定复杂程度的关于对象的表象。一部分复杂性是刚刚过去的对象的回声,也许在较低的程度上还有马上就要到来的对象的预示。对象缓慢地从意识中淡出。如果当下思想是关于ABCDEFG的,下一个思想就是关于BCDEFGH的,再下一个思想是关于CDEFGHI的——逗留着的过去相继离去,正在产生的将来弥补了缺失。旧对象的逗留和新对象的产生,是记忆和期盼,即回顾式和预期式的时间感的由来。它们将那种连续性给予意识,没有这种连续性,意识就不能被称之为流。①

---

① "在我去看意识的时候,我发现,只要我有意识,我不能让自己转移开,或者不能不在意识中拥有的东西,是一系列不同的感受。……对两个次感受(sub-feeling)的同时知觉,不管它们是否是一个共存者或系列的构成部分,就是整个感受——最小意识——而这个最小意识是有持续性的。……然而,时间的持续是与这个最小意识不可分的,尽管如此,在一个孤立的时刻,我们说不出它的哪个部分最先出现,哪个部分最后出现。……我们不需要知道这个次感受的出现是成序列的,先是一个,然后是另一个;我们也不需要知道成序列地出现是什么意思。但是,在被人为孤立出来的最小意识中,在变得微弱和变得强大的次感受里,在它们之间的变化里,我们拥有对时间中的前者和后者的知觉基础。……

"我在下一个地方指出,记忆的基础包含在最小意识之中。它在最小意识中最初始的呈现,就如同知觉最初始的呈现一样。由于构成那个最小意识的变化或者差异的每一个成员,都是一个单一知觉的基础,所以一个成员对另一个成员的优先地位(尽管二者都是在一个经验的当下时刻出现在意识中的),是记忆的基础。最小意识是感受中的差异或者变化这个事实,是记忆以及单一知觉的终极解释。前者和后者都包含在最小意识之中;人们说所有意识都采取时间的形式,或者时间是感受的形式和感受性的形式,就是这个意思。我们粗略地和通俗地将时间的进程划分为过去、现在和将来;但是严格地说,现在并不存在;它是由一个不可分的点或者瞬间区分开来的过去和将来所组成的。那个瞬间,或者时间点,就是严格意义上的现在。我们并非严格地称为现在的东西,是时间进程的一个经验部分,至少包含一个最小意识,在其中变化的瞬间就是现在的时间点。……如果我们将这个当做现在的时间点,那么很明显,最小感受就包含两个部分——一个离去着的次感受,和一个到来着的次感受。一个被记住,另

## 可以感觉到的现在具有持续时间

让任何人努力留意或者注意(我不说捕捉)现在的时刻。一种最让人迷惑的经验发生了。这个现在,它在哪里?它在我们的把握中融化,在我们能够触及它之前消散,在生成的瞬间逝去。霍奇

---

一个被想象。二者的界线在最小意识的开始和结束时都是不明确的,并且很快就要因其他刺激而融化进其他最小者。

"时间和意识并没有现成地被标出是最小者而来到我们面前;我们必须通过内省来标出它们。我们必须问自己,什么是意识的最小经验瞬间?那个最小经验瞬间就是我们通常称之为当下瞬间的东西;而甚至这个对于日常使用来说也太微小了;当下瞬间实际上经常被延长至几秒钟,甚或几分钟的时间,除此之外,我们还指明现在这个小时、这一天、这一年或者这个世纪是指多长的时间。

"但是这种通俗的思维方式影响了许多人,甚至是有哲学头脑的人。他们说起现在就好像它是有持续性的——就好像时间带着现在阶段的标记来到我们面前,就像一条测量纸带。"(S. H. 霍奇森:《内省的哲学》,第 1 卷,第 24—254 页)

"时间表象与空间表象相一致的地方在于,它的一定的量必须一起呈现——包含在它的起始和终结的界线之间。连续的思想,从一个点流向另一个点,确实占有时间,但却不表象时间,因为它是一个相继的要素代替另一个,而不是一下子把握整个的相继过程。两个点——开始和结束——对于时间观念同样必不可少,而且必须同样清楚地一起呈现。"(赫尔巴特:《作为科学的心理学》,第 115 节)

"设想,……相同的钟摆敲击声在没有其他内容的意识中以整齐的间隔声声相随。当第一声响过之后,它的意象留存在想象中,直到第二声相继响起。由于相似联想法则,这又再现了第一声响,但同时又遇到前面所说的存留的意象。……因此,这个声音的简单重复确实提供了时间知觉的所有要素。第一个声音[在它通过联想被记起时]是开始,第二个声音是结尾,想象中持存的意象表象的是这个间隔的长度。在第二个印象出现的那一刻,马上就有了整个的时间知觉,因为此时它的所有要素都一起呈现,第二个声音和想象中的意象是直接呈现的,第一个印象通过再现呈现出来。但是,在同一个动作中,我们觉知到只有第一个声音存在的状态,和只有其意象在想象中存在的另一个状态。这样的意识就是时间意识。……在这样的意识中没有观念的相继发生。"(冯特:《生理心理学》,第一版,第 681—682 页)注意这里的一个假定,即印象的持存和再现是可以同时进行的两个过程。还要注意,冯特的描述只试图去分析时间知觉的"发生",而不是对它产生的方式进行解释。

森引用的一首诗中说,

> 我说话的那一刻已经离我远去,

只有当进入到一个更大时间段的生动和活动着的构造中时,严格意义上的现在才能被理解。事实上,它完全是一种观念的抽象,不仅从来不曾在感觉上实现过,而且可能也从未被不习惯哲学沉思的人想象过。内省将我们引向这样的结论,即它必须存在,但是它的确实存在却永远不可能是我们直接经验的事实。我们直接经验的唯一事实,是 E. R. 克莱(Clay)先生恰当地称之为"似现在"(the specious present)的东西。他的话值得被完整地引述下来:①

> 经验与时间的关系还没有得到深入的研究。它的对象是作为现在的东西被给出的,但是材料所涉的那部分时间,与哲学上用**现在**这个名称所指的过去和将来的邻接,是非常不同的东西。材料所涉的现在实际上是过去的一部分——新近的过去——令人误解地作为居于过去和将来之间的时间被给出。让我们称它为似现在,并将作为过去而被给出的过去理解为显而易见的过去。一首歌曲里面一个小节的所有音符在听者听来似乎都发生在现在。一颗流星的所有位置变化在观者看来似乎也都发生在现在。在这样的序列终止的瞬间,没有任何由它们计量的时间部分看上去是过去。因此,相对于人的理解力而考虑的时间,包含四个部分,即显而易见的过去,似现在,真实的现在,以及将来。略掉似现在,它包含三

---

① 《替代者》(*The Alternative*),第167页。

## 第十五章 时间知觉

个……非实存——不存在的过去，不存在的将来，以及它们的邻接，即现在；时间由以继续的能力在似现在的虚构中欺骗了我们。

总之，人们实际上知道的现在不是刀刃，而是带有它自己特定宽度的鞍状物，我们坐在上面停息着，并由这里从两个方向上观察时间。我们时间知觉的构成单元是持续时间，好像有船头和船尾——向后和向前看的终端。①一个终端到另一个终端的相继关系，只有作为这个持续时间区域的部分，才被知觉到。我们并不是先感受一个终端，然后再感受它之后的另一个终端，并由对这种相继关系的知觉推论出它们之间的时间间隔。我们感受的似乎是两个终端嵌置其中的作为整体的时间间隔。这种经验从一开始就是一个综合材料，而非简单材料；而且对于感性知觉而言，它的元素是分不开的，尽管回头看过去，注意很容易分解这种经验，将它的开始与结尾区分开来。

---

① 洛克以含糊的方式从对我们观念相继的反省中引出了持续时间的感觉(《人类理解论》，第 2 卷，第 14 章，第 3 节；第 15 章，第 12 节)。里德恰当地评论说，如果 10 个相继的元素构成了持续时间，"那么，一个元素也一定构成持续时间，否则持续时间就是由没有持续时间的部分组成的，这是不可能的。……因此，我得出结论，组成整个持续时间的每一个单一间隔或者元素都一定有持续时间。确实，持续时间的每一个基本部分都必须有持续时间，就像广延的每一个基本部分都必须有广延一样，没有什么是比这更确定的了。现在我们必须看到，在持续时间的这些元素里，或者相继观念的单一间隔里，不存在观念的相继，而我们又必须将它们设想为是有持续时间的；因此我们可以确定地得出结论，有一种关于心中没有观念相继的持续时间的看法。"(《理智能力》，论文 III，第 5 章)罗耶·科勒德(Royer Collard)在加进茹弗鲁瓦的里德译本中的片断中说，"我们在连续中找不到时间，我们永远不会发现它，因为时间以连续为条件，时间的概念以连续的概念为条件。因此，事实上它是独立的，人们不这样认为么？是的，它事实上完全独立。

在我们研究空间知觉的时候,我们会发现它在这方面与时间非常类似。时间中的日期相应于空间中的位置;而且,虽然我们现在通过在心中想象越来越远的位置来在心理上建构巨大的空间,就像我们现在通过在心中延长一系列相继的日期来建构巨长的持续时间,但是,空间和时间的原初经验始终是已经作为一个单元被给出的东西的经验,在这之后注意才在其中分辨出相互关联着的不同部分。如果不是不同的部分已经在一个时间中或者在一个空间中被给出,其后对它们进行的分辨最多也就是将它们感知为相互不同;就不会有将这个实例中的差异称为时间次序,将那个实例中的差异称为空间位置的动机。

就像在某些经验中我们可以意识到一个充满物体的广阔空间,而不用清楚地给每一个物体在这个空间里定位;当许多印象以极快的相继速度在时间中相随时,虽然我们可以清楚地觉知到它们具有持续时间,而且不是同时出现的,可是如果要说出哪个最先出现,哪个最后出现,我们就会相当地不知所措;或者,我们甚至会在判断中颠倒它们的实际次序。在信号和运动以及实验装置发出的声响以极快次序出现的复杂反应时间实验中,确定那是什么次序最初会让人十分困惑,然而我们却从来不会怀疑它占据时间这个事实。

## 我们估量短暂持续时间的准确性

现在我们必须进入到对时间知觉事实的详细解释,来为我们的思辨性结论做准备。许多事实来自于耐心的实验,而其他事实

## 第十五章 时间知觉

则是普通的经验。

首先,我们注意到基本的持续时间感觉和基本的空间感觉之间有明显的差异。前者的范围要窄得多;例如,与眼睛比较起来,时间感觉可以被称为近视器官。眼睛一眼就能看见数竿、数英亩甚至数英里,其后它能将这些整体再细分为几乎无限多的得到清楚辨别的部分。另一方面,时间感觉能够一下子接受的持续时间单元是几秒钟的群组,而且在这些单元中,很少有进一步的细分——如我们很快就会看到的,也许最多是 40 个——可以被清楚地察觉到。我们实际上处理最多的持续时间——分钟、小时、天——只能被象征性地设想,并通过运用心理加法,依照数百英里以上长度的样子被建构出来,而这在空间的领域却完全超出了大多数人的实践兴趣范围。要"了解"四分之一英里,我们只需看向窗外,并通过一个动作来感受它的长度,这个动作虽然可能部分来自于有组织的联想,然而却似乎是直接做出的。要了解一个小时,我们必须无限量地数"现在!——现在!——现在!——现在!——"。每一个"现在"都是对一个单独时间片刻的感受,而这些片刻的精确总和永远也不能在我们的心上造成非常清晰的印象。

我们一下子能够清楚理解多少个片刻?如果它们是长的片刻,就非常少。如果它们极为短暂,就多一些。如果它们以复合群组的方式来到我们这里,每一个群组都包含它自己的更短片刻,那么我们一下子能清楚理解的片刻就最多。

在听觉中,持续时间的再分是最清楚的。几乎所有关于时间感觉的实验研究都是借助于声音鸣响来做的。那么,我们在心里能够组合起多长的声音序列,而不把它与更长或者更短的声音序列弄混淆呢?

612　　我们的自发倾向是将任何单调的声音序列都拆散成某种节律。我们非随意地强调每个第二或第三或第四节拍,或者我们以更复杂的方式拆散这样的声音序列。一旦我们以节律的形式把握了这些印象,我们就能毫不混淆地辨认出更长的印象序列。

例如,各个诗行都有"法则";反复发生的重音和降调使我们特别容易感受到一个音节的缺失,或者一个音节出现得太多了。不同的诗行可以以诗节的形式再被放到一起,所以,当如果没有被感受到的诗节形式,两个不同的诗行就会隔开得太远而让我们无法对其进行比较时,我们可以说另一个诗节"的第二个诗行与第一个诗节的第二个诗行的差异是那么的大"。但是,这些迭加起来的节律系统很快就达到了它们的限度。在音乐中,正如冯特①所说,"虽然一个小节可以很容易包含 12 个声音强度的变化$\left(\text{如在}\frac{12}{8}\text{拍中}\right)$,一个节奏组可以包含 6 个小节,一个乐段包含 4 个节奏组,罕见的情况包含 5[8?]组。"

冯特和他的学生迪策(Dietze)都试图通过实验来确定我们能够即刻清楚意识到的相继印象的最大限度。

冯特发现②,12 个印象可以作为统一的一组被清楚地辨别出来,只要这些印象以某种节律为心所捕捉,而且印象间相继的间隔不小于 0.3 秒,不大于 0.5 秒。这样,被清楚捕捉到的整个时间就是 3.6 秒到 6 秒。

---

①　《生理心理学》,II,54,55。
②　同上,II,213。

迪策[①]给出的数字更大一些。清楚捕捉声音鸣响的最有利的间隔,是这些鸣响相隔 0.3 秒到 0.18 秒。40 声鸣响可以被记忆为一个整体,并且在重复出现时被准确无误地辨认出来,只要心以每组 8 次的 5 组鸣响,或者每组 5 次的 8 组鸣响的方式把握它们。如果除了由注意将它们配成对子以外不能对这些鸣响进行任何分组——实际上人们发现不可能不将它们至少以这种最简单的方式分组——16 是能够作为整体被清楚捕捉到的最大数字。[②]这样,40 乘以 0.3 秒,或者 12 秒,就是我们能够清楚和直接觉知的最大充实持续时间。

最大的未充实或空的持续时间似乎处于相同的客观范围。也是在冯特实验室里工作的埃斯特尔(Estel)和梅纳(Mehner)发现它在 5 秒或 6 秒到 12 秒之间,也许更长一点。差别似乎来自实际操作,而非个人特质。[③]

---

[①] 《哲学研究》,II,第 362 页。

[②] 计数当然是不允许的。那样就会给出一种符号性的概念,而不是对声音序列整体的直观的或者直接的知觉。我们当然可以通过计数将任何长度的序列——其开端已经从我们心中消失,而且对其整体性我们完全没有感觉印象的序列——一起进行比较。对滴答声的序列进行计数,与只是将它们感知为不连续的完全不同。在后一种情况下,我们只会意识到它们之间的空的持续时间的片刻;而在前一种情况下,我们必须在它们和许多数字名称之间进行快速的联想。

[③] 埃斯特尔,冯特《哲学研究》,II,第 50 页。梅纳,同上,II. 571。在迪策的实验中,偶数鸣响比奇数鸣响更容易为耳朵所捕捉。它们相继的快捷程度对结果有很大影响。相隔的时间大于 4 秒时,就不可能将它们的序列感知为单元。(参见冯特,《生理心理学》,II. 214)它们只是被计数为这么多的单独的鸣响。根据观察者的说法,在 0.21 到 0.11 秒以下,判断就又混乱了。人们发现,最有利于把握长序列的相继速度是鸣响以 0.3″ 到 0.5″ 的间隔发出。4、6、8、16 的序列比 10、12、14、18 的序列更容易识别。后者很难被清楚地把握。在奇数中,3、5、7 是最容易捕捉的序列;其次是 9 和 15;最难捕捉的是 11 和 13;而 17 则是不可能被捕捉到的。

我们可以粗略地将这些数字看作是代表了我们在几页之前（跟随克莱先生）称作似现在的最重要的部分。此外，似现在有一种模糊地向后和向前消失着的边缘；但是它的核心也许就是刚刚逝去的12秒或者更少的时间。

如果这是最大持续时间，那么我们能够清楚感受的最小持续时间又是多少呢？

埃克斯纳通过实验查明了最小数字。在间隔小至大约1/500秒时，他清楚地听出萨瓦尔轮（Savart's wheel）两个相继的咔嗒声和电火花两个相继的劈啪声是两声。①

眼睛的知觉则没有这么精细。快速相继紧挨着落在视网膜中心的两个电火花，当间隔低于0.044″时，埃克斯纳就不能将它们辨识为相继的。②

在像这里一样相继的印象只有两个的情况下，我们最容易感知它们之间的时间间隔。霍尔用改造过的萨瓦尔轮（它给出不同数量和间隔的滴答声）做了实验，他说：③

为了清楚地感知到非连续性，四个或者三个滴答声或敲

---

① 电火花的确切间隔是0.00205″。当降到0.00198″时，其劈啪声的重复通常为听上去是单一的声响所取代。当电火花似乎是同时的时，声音会变得更大。这两个间隔的差异只有7/100000秒；而正如埃克斯纳所说，我们的耳朵和大脑一定是效率极高的器官，才能从这么小的客观差异中得到清楚的感受。参见《弗吕格文库》，第11卷。

② 同上，第407页。当电火花下落得很密集，以至它们的光晕圈重合起来时，它们看上去就像是一个电火花从第一个的位置移动到第二个的位置；而且它们可以以0.015″之近的间隔相随，而移动的方向仍然保持清晰。当一个电火花落在视网膜中心，另一个落在边缘时，捕捉到相继的时间间隔必须提高到0.076″。

③ 霍尔和贾斯特罗：".节律研究"（Studies of Rhythm），《心》，XI，第58页。

## 第十五章 时间知觉

击声的间隔必须比两声所需的间隔更大。在两声很容易区分的情况下,为相同的间隔所隔开的三声或者四声……通常会分别被自信地宣称是两声或三声。如果引导观察,确保至少到十或二十声,序列中每一个多上去的滴答声的非连续性感觉所需[时间间隔]的增加都始终保持不变,那就很好了。[①]

如果第一个印象落在一个感官上,第二个印象落在另一个感官上,对间隔时间的知觉就趋向于不那么确定和精细,而且哪个印象先出现对此是有影响的。因此,埃克斯纳发现[②],以秒表示,最小可感知时间间隔为:

从视觉到触觉............................................0.071
从触觉到视觉............................................0.053
从视觉到听觉............................................0.16

---

[①] 然而,虽然相隔极微小的时间间隔,数量很多的印象也可以被感受为非连续的。格林哈根说(《弗吕格文库》,VI,175),舌头可以将每秒10000次电击感受为不连贯的(!)。冯维蒂希(Von Wittich)(同上,II,329)说,手指可以将每秒1000到2000次之间的电击感受为分离的。另一方面(《感受能力的界限》(Die Grenzen des Empfindungsvermögens)等,1868年,第15页),W. 普赖尔让1秒钟内36.8次相继的接触在手指上感觉似乎是连续的。同样,马赫(《维也纳会刊》,LI,2,142)给出的数字大约是36。拉兰纳(Lalanne)(《报告》,LXXXII,第1314页)发现,1秒钟内大于22次重复的手指接触就会汇总起来。如此不一致的数字的价值是靠不住的。当落在视网膜上的同一个点上时,最多每秒20到30个印象能够被感受为是分离的。当刺激以每秒30个多一点的速率相继时,就开始将它们混合为一个乐音的耳朵,当刺激为"敲击声"时,就仍然能够将每秒132声感受为非连续的。(赫尔姆霍茨,《声音的感受》,第3版,第270页)

[②] 《弗吕格文库》,XI,428。还有赫尔曼的《生理学手册》第2卷,第1册,第260—262页。

从听觉到视觉..........................0.06
　　从一只耳朵到另一只耳朵..................0.064

　　意识到一个时间间隔是一回事；说出它比另一时间间隔更短还是更长是另一回事。有一些现成的实验数据给出了对这后一种知觉的精细程度的测量。问题是在于我们能够感知的两个时间之间的最小差异。

　　当时间本身非常短暂时，差异就最小。埃克斯纳[1]用脚对眼睛看到的信号(电火花)尽可能快地做出反应，记下了所有在他看来做得或者慢了或者快了的反应。他认为，当时他正确地注意到了在这两个方面对平均值大约 1/100 秒的偏离。这里的平均值是 0.1840″。霍尔和贾斯特罗听的是仪器发出的滴答声之间的间隔。在两个相等的 4.27″ 的间隔之间，有一个中间间隔，它可以比那两端或短或长。"在这个序列被听到两次甚至三次之后，通常都没有对这个中间间隔的相对长度的印象，而只是在听到第四次和最后一次[序列的重复]之后，判断才会向加或减的一方倾斜。在两个不变和相等的间隔之间插入可变间隔，判断就容易得多，而在两个不相等

---

[1] 《弗吕格文库》，VII，639。蒂格施泰特(Tigerstedt)[《瑞典皇家科学院论文集·附录》(*Bihang till Kongl. Svenska Vetenskaps-Akad. Handl.*)(1884)，第 8 卷，下半部分，斯德哥尔摩]修正了埃克斯纳的数字，并表明他的结论言过其实了。根据蒂格施泰特的研究，两个观察者几乎始终能够正确察知 0.05″或者 0.06″的反应时间差。当差异下降到 0.03″时，他们能正确察知一半，虽然从 0.3″和 0.6″的差异通常完全没有被注意到。布科拉发现[《思维现象中的时间律》(*Le Legge del Tempo nei Fenomeni del Pensiero*)，米兰，1883，第 371 页]，在大量练习对一个信号做出快速反应之后，他直接用数字估量他自己的反应时间，在 10 次实验中，从 0.010″到 0.018″有 1 次错误；6 次实验中，从 0.005″到 0.009″有 1 次错误；1 次实验中，0.002″有 1 次错误；3 次实验中，0.003″有 1 次错误。

的间隔之间,判断就不准确多了。"①当中间间隔与两端偏离了 1/60 时,实验中的三个观察者都没有出错。当偏离了 1/120 时,错误就出现了,但很少。这样,感知到的最小绝对差异就大到了 0.355″。

当然,随着被比较的时间变长,这个最小绝对差异就会增大。人们曾经尝试确定它与时间自身的比率。根据费克纳的"心理物理法则",这个比率应该始终是相同的。然而,许多观察者发现情况并非如此。②相反,做过这项实验的所有人都注意到了在判断的准确性和错误的方向方面有一些非常有趣的波动——取决于被比较时间的绝对量的波动。对此可以给出一个简单的解释。

首先,在每一个经过实验的时间间隔的清单中,人们都会发现维尔罗特所说的"**无差别点**";这就是我们以最大的准确性判断的间隔,是我们趋向于估量得比其实际长度既不长也不短,而且在离开它的两个方向上错误都会增加的时间。③在不同的观察者那里

---

① 《心》,XI. 61(1886)。

② 马赫,《维也纳会刊》,LI. 2. 133 (1865);埃斯特尔,在上述引文中第 65 页;梅纳,在上述引文中第 586 页;布科拉,在前面引用的书中第 378 页。费克纳费力地证明,在这些实验者记录的数字中,他的法则只是被其他干预性的法则遮掩了;但是他的情况在我看来似乎是对一种嗜好的不顾一切的迷恋。(见冯特的《哲学研究》,III. 1)

③ 德国和美国的观察者之间在无差别点之下和之上的错误方向方面存在着奇怪的差异——差异有可能是由于美国方法带来的疲劳。德国人在这个点之下延长了间隔,而在这个点之上缩短了间隔。而在史蒂文斯实验中的 7 个美国人那里,情况却完全相反。德国方法是被动地留意听那些间隔,然后做出判断;美国方法则是主动通过手的移动来再现这些间隔。在梅纳的实验中,在大约 5 秒的地方发现了第二个无差别点,超过这个点对时间的判断就又太长了。格拉斯在这个问题上做了最新近的研究(《哲学研究》,IV. 423),发现(当允许进行修正时)除 0.8 秒以外的所有时间都被估量得太短了。他发现了具有最大相对准确性的一系列的点(分别是 1.5,2.5,3.75,5,6.25 秒等等),并且认为他的观察粗略地支持了韦伯法则。由于在格拉斯的文章中"最大"和"最小"是可互换使用的,所以很难理解。

这个时间是不同的,但是它的平均值异常恒定,正如下面的表格所表示的。①

这个时间(由耳朵记录)和平均无差别点(以秒表示)是——

冯特②..................................................0.72

科勒特(Kollert)③.....................................0.75

埃斯特尔(可能).....................................0.75

梅纳...................................................0.71

史蒂文斯④.............................................0.71

马赫⑤...................................................0.35

布科拉(大约)⑥.......................................0.40

这些数字的奇怪之处在于,在这么多人那里反复出现的情况是,大约四分之三秒是最容易捕捉和再现的时间间隔。更奇怪的是,埃斯特尔和梅纳都发现,这个时间的倍数比中间长度的时间间

---

① 根据观察者的说法,在维尔罗特和他的学生那里,无差别点高至从 1.5 秒到 4.9 秒[参见《时间观念》(*Der Zeitsinn*),1868,第 112 页]。在大部分这样的实验中,听到的时间是在一个短暂的停顿之后由记录下来的手的移动主动再现出来的。冯特给出了很好的理由,表明维尔罗特的数字是错误的,应当加以拒斥(《生理心理学》,II. 289,290)。不过,应该说的是,维尔罗特的书中有很多重要的内容。
② 《生理心理学》,II. 286,290。
③ 《哲学研究》,I. 86。
④ 《心》,XI. 400。
⑤ 在上述引文中第 144 页。
⑥ 在前面引用的书中第 376 页。我们将会看到,马赫和布科拉的数字大约是其他数字的一半——因此是约数。然而应当看到的是,布科拉的数字没有多少价值,他的观察不适合用来表明这个特殊的点。

隔再现得更加准确;① 格拉斯(Glass)在观察中发现了恒定增加1.25秒的周期。因此我们的时间感觉似乎周期性或者节律性地变得敏锐,这个周期在不同观察者那里多少有些不同。

像其他感觉一样,我们的时间感觉也服从差异法则。如果紧挨在一个间隔之前有一个长的间隔,这个间隔听上去就更短,在相反的情况下,这个间隔听上去就更长。这在埃斯特尔的观察中表现得十分明显。

像其他感觉一样,我们的时间感觉也通过练习而变得更加敏锐。梅纳几乎将所有其他观察者和他自己的不一致之处都归因于这个原因。②

在持续时间不超过一两秒时,充实的(用声响充实)时间段显得比相同长度的空虚时间段更长。③当时间更长时,这种情况(这使我们想起眼睛所见的空间的情况)就反过来了。也许正是与这个法则相一致,充实短的时间间隔的大声音使这个间隔显得更长,小声音使它显得更短。在比较由声音标示出来的时间间隔时,我们必须注意要使声音保持一致。④

存在与时间间隔相伴随的情绪感受,如在音乐中广为人知的那样。匆忙的感觉伴随一种速度节拍,延迟的感觉伴随另一种速度节拍;而这两种感受与不同的心境相一致。维尔罗特倾听一连

---

① 埃斯特尔的数字使他认为,所有倍数都有这种特权;而另一方面,在梅纳那里,只有奇数倍数表现出了平均误差的减少;因此,0.71、2.15、3.55、5、6.4、7.8、9.3和10.65秒分别是出错最少的。参见《哲学研究》,II,第562—565页。
② 特别参见第558—561页。
③ 冯特:《生理心理学》,II,287。霍尔和贾斯特罗:《心》,XI,62。
④ 梅纳:在上述引文中第553页。

串由节拍器以每分钟 40 至 200 下的速度发出的声响,发现它们非常自然地落入了从"非常慢"到"非常快"的七个类别。[1]每个感受类别都只包含在特定速度范围内相互跟随的间隔。这是一个质的而非量的判断——事实上,是一个审美判断。速度不快不慢的(或者如他所说"充分的")中间类别,包含的间隔大约在 0.62 秒,维尔罗特说这几乎就是人们可以称之为合意时间的东西。[2]

对音乐中的时间和强音的感受,对节律的感受,完全独立于对乐曲的感受。有显著节律的调子,只是用指尖在桌子上敲击出来,就很容易得到识别。

## 对空的时间我们没有感觉

通过感觉的节拍对时间进行再分,虽然增加了我们对逝去时间的量的准确知识,但是初看起来这种再分对我们关于时间流动的知觉却似乎并非必要。让一个人闭眼坐着,完全从外部世界抽离出来,只注意时间的流逝,就像诗人所说,一个人醒来"倾听时间在夜间流淌,所有事物都移向末日"。在这样的情况下,思想的实质性内容似乎是单一的,我们所注意到的,好像只是在我们的内向凝视之下发芽和生长的纯粹持续时间的序列。是否真的就是这样呢?这个问题是重要的,因为如果这种经验就如它大致所是的那样,我们就有了一种对纯粹时间的特殊感觉——一种空的持续时

---

[1] 如他所说,这些界线之间可区别的速度差异的数量远远大于 7 个(《时间观念》,第 137 页)。

[2] 第 19 页,第 18 节,第 112 页。

间就是对它的充分刺激的感觉；而如果这是错觉,那么在前面所说的经验中我们关于时间飞逝的知觉就一定起因于时间的充实,以及我们对于它片刻之前拥有、我们感到与此刻的内容一致或者不一致的内容的记忆。

只需进行少许反省就可以表明后一个选项是正确的,如果没有任何可感内容,就像不能直观广延一样,我们也不能直观持续时间。正如闭上眼睛我们感知到一片暗的视野,在其中最晦暗亮点的集结始终都在进行；如果我们从来不曾这样从清楚的外部印象那里抽离出来,我们就会永远在内部沉浸于冯特在某个地方所说的我们一般意识的昏暗之中。居留在这个朦胧栖息地的,是我们的心跳、呼吸、注意的瞬间波动,和在想象中经过的词或句子的碎片。所有这些过程都是有节律的,而且在发生的时候,它们在整体上都能为我们所理解；具有一致性接续关系的呼吸和注意的瞬间波动,各有升降；心跳也一样,只是相对短得多；语词不是分离的,而是处于相互联系的组群中。总之,尽我们所能清空内心,还是有某种形式的变化过程存留下来让我们感受,而且无法将它们逐出。伴随着对这种过程及其节律的感觉的,还有对其持续时间长度的感觉。因此,对变化的觉知是我们的时间涌流知觉所依赖的条件；但是没有理由认为,空的时间自身的变化足以唤起对变化的觉知。变化必须是具体的——外部或内部的可感序列,或者注意或意志的过程。①

---

① 我让文本就如 1877 年印在《思辨哲学杂志》(1886,10 月)中的那样。此后,明斯特贝格在其精巧的《实验心理学论文集》(第 2 期,1889)中似乎清楚地阐明了我们用以测量时间间隔的可以感觉的变化是什么。他认为,当分离两个感觉印象的时间小于

621　　在这里我们再次与空间做一个类比。清楚的空间知觉的最早形式,无疑是对我们某个敏感表面上的运动的知觉,而且这个运动最初是作为一个简单的感受整体而给出的,只有当我们的辨别训练有了极大的进展时,它才被分解为元素——为运动物体所相继
622　　占据的相继位置。但是运动是变化,是过程;所以我们看到,在时

三分之一秒时,它几乎完全就是当第二个印象压倒第一个印象时,第一个印象的记忆意象消失掉的那个量,它让我们感到它们相隔得有多么远(第29页)。当时间比这更长时,他认为,我们就完全依靠对肌肉紧张与松弛的感受。我们不断接收这种感受,尽管我们给予它们的直接注意是那么地少。这些感受主要存在于我们得以使感觉器官对使用的信号加以注意的肌肉中,一些这样的肌肉在眼睛和耳朵里,一些在头部,颈部,等等。当在两个时间间隔各自的开始和终端之间,我们感受到这些肌肉发生了完全相同的松弛和其后预期的紧张,我们就判断这两个时间间隔是相等的。在我们自己再现时间间隔的过程中,当我们被动听到那个间隔时,我们尽力让自己的这种感受如其所是。然而,这些感受本身只能在间隔十分短暂时使用,因为预期终端刺激的那种紧张自然很快就会达到它的最大值。在间隔长一点的情况下,我们要考虑我们的吸气和呼气的感受。呼气时,我们体内的所有其他肌肉紧张都在有节律地降低;吸气时情况则相反。因此,当我们注意到一个几秒钟的时间间隔,并且想要再现它时,我们所寻求的,是使较早和较晚的间隔在数和量上与和感觉器官的调整结合在一起的呼吸变化相一致。在他自己的案例中,明斯特贝格仔细研究了呼吸因素的变化。它们有很多;但是他总结他自己的经验说,无论他是用由短暂停顿而分成六个部分的吸气,还是用连续的吸气来测量;无论是用吸气过程中的感官紧张和呼气过程中的感官松弛,还是用在吸气和呼气的过程中由一种突然插入的松弛分离开来紧张;无论是特别注意头部的紧张,还是特别注意躯干和肩部的紧张,在所有类似情况下,而且没有例外,每当他比较两个时间,或者试图让一个时间与另一个相同时,他都非随意地在努力获得完全相同的呼吸条件和紧张条件,简单地说,所有的主观条件,在第二个间隔和第一个间隔都完全相同。明斯特贝格用实验支持了他的主观观察。时间的观察者必须尽可能准确地再现出由助手给出的两声尖锐声响之间的间隔。施加于他的唯一条件是,他不能为了测量而改变呼吸。人们发现,在助手随机给出信号时,观察者判断的准确性,比在助手小心监视观察者的呼吸,并使给予他的时间与他要给出的时间的开始与呼吸的相同阶段相一致时,要小得多。——最后,带着极大的可信性,明斯特贝格试图解释维尔罗特、埃斯特尔、梅纳、格拉斯等人的结果的差异,认为它源自于他们没有全部使用相同的测量标准这个事实。一些人呼吸得快一点,一些人慢一点。一些人将吸气分成两部分,一些人不是这样,等等。测量得到的客观时间与清楚的自然呼吸阶段的巧合,在准确测量方面很容易带来周期性的能力最大值。

间世界和空间世界里都一样,最先得到认识的东西不是元素,而是复合物,不是彼此分离的单元,而是已经形成了的整体。整体之存在的条件可能是元素;但是我们认识元素的条件是已经将整体作为整体感受了。

在观察空的时间涌流的经验中——此后,我们在刚刚提出的那种相对的意义上理解"空"的意思——我们一下一下地为它计数。当我们感受到它出现时,我们说"有了!有了!有了!"或者我们数"再来!再来!再来!"人们将这种对持续时间单元的组合称为时间的非连续涌流法则。然而,这种非连续性只是由于这个事实,即我们对于它是什么的辨认或者统觉的相继动作是非连续的。这个感觉和任何感觉一样是连续的。所有连续感觉都以节拍命名。我们注意到有限的"更多"这种感觉正在经过或者已经过去了。用霍奇森给出的形象来说,感觉是测量带尺,知觉是标示出其长度的分割机。在我们倾听一个平稳的声音时,我们以辨认过程的非连续跳动来接受它,相继称它为"一样的!一样的!一样的!"时间方面的情形也完全一样。

在不多的节拍之后,我们对已经数过的量的印象就变得相当模糊了。我们准确知道它的唯一方法就是计数,或者注意钟表,或者通过某种其他的象征性的概念性认识。[①]当时间超过数小时或

---

[①] "任何想要得到这种心理置换的更多例子的人,都会通过观察他是多么习惯性地在钟表的盘面上想到那些间距,而不是它们所代表的时间段;在通过观察发现它比他预想的时间晚了半个小时,他不是以持续时间来表象那半个小时,而是将它表象为刚刚走过指针标记它的那个地方,来找到这样的例子。"(H. 斯宾塞:《心理学》,第336节)

者数天时,这样的概念性认识就完全是象征性的了。我们或者仅用名称来思想我们所指的时间长度,或者通过浏览那里面的几个明显日期,而不是要求想象这些日期之间的整个持续时间,来思想它。任何人都不会拥有像关于现在和一世纪之间比现在和十世纪之间有更长的时间长度这样的知觉。对于历史学家来说,确实,更长的时间间隔提示出大量另外的日期和事件,并因而看上去像是一个更丰富的事物。出于相同的理由,大部分人会认为他们直接感知到过去两个星期的时间长度超过了上一个星期的时间长度。但是在这些情况下,完全不存在比较性的时间直观。只有日期和事件在表象时间;它们的丰富性象征时间的长度。我确信,即使相比较的时间在长度上不超过差不多一个小时,情形也是这样。许多英里的空间也是这样,我们总是用测量它们的数字来将这些空间进行比较。①

---

① 我能想到的对这一点的唯一反驳是:(1)不看钟表,一些人判断白天或者夜晚时刻的准确性;(2)一些人拥有的在事先指定的时刻醒来的能力;(3)有人报告了某些恍惚被试的时间知觉的准确性。似乎在这些人中某种潜意识记录在时间本身的流逝中保存了下来。但是直到证明不存在这样的生理过程,即关于其进程的感受可以被用作对已经过去了多少时间的标记,并因而使我们能够推断出那个时刻,我们才能承认这一点。存在着这样的过程,这几乎不可怀疑。我的一位机智的朋友长久以来一直想知道,为什么一个星期里的每一天对他来说都有一种独特的面貌。他很快注意到,星期日的特征来自城市里车轮声的停歇,以及人行道上行人的脚步声;星期一的特征来自院子里晾晒的衣服,和天花板上反射出的白色光影;星期二的特征来自一个我忘记了的原因;我认为我的朋友的这种感受没有超过星期三。很可能一天里的每一个小时对于我们大多数人来说都有某种与它联结着的外部或者内部的标记,联结得像上述标记与一星期里的每一天一样紧密。然而,我们终归必须承认,睡眠和恍惚过程中时间知觉的改善还是一个未解之谜。在我的一生中,我都惊异于这样一件事情,即只要习惯意外地开始了,我就会一夜又一夜,一个早晨又一个早晨准确地在完全相同的时刻醒

## 第十五章 时间知觉

我们从这里自然地转向关于时间长度估量中存在的某些熟悉的变化的讨论。一般地说,充实着不同和有趣经验的时间在流经时显得短,但是当我们回忆它时却显得长。另一方面,空无经验的时间段流经时显得长,回想时却显得短。一个星期的旅行和观光在记忆中可以扩展成像是三个星期;而患病的一个月却很难产生出比一天更多的记忆。回想中的长度明显取决于时间所能提供的记忆的多样性。在我们回溯时,许多物体、事件和变化,许多再分后的部分,直接将视野扩展开来。空虚性、单调性和熟悉性使它枯萎下去。在冯霍尔泰(Von Holtei)的"流浪者(Vagabonds)"中,他描述了一个叫安东的人重访他生长的村庄。

"七年,"他叫喊着,"自从我离开已经七年了!更像是七十年,发生了这么多的事情。我想到这一切就头晕目眩——

---

来。我的机体反应是独立于睡眠的。在躺在床上长时间地醒着之后,我在不知道时间的情况下突然起来,在很多天和很多个星期,我都会在钟表指示的相同时刻起来,就好像某个内部生理过程通过准时停止运转而引起了这个动作。——有人说白痴有时拥有显著的时间测量能力。我这里有一篇有趣的稿子报道一个白痴女孩,上面说:"她在要求食物和其他常规性的关注方面准确得几乎分秒不差。通常是在下午 12 点 30 分给她提供正餐,而如果在这个时候食物没有出现,她就会开始尖声喊叫。如果根据新英格兰习俗,在大斋日或者感恩节正餐拖后了,她就会从她日常的正餐时间一直喊叫到人们把食物送到她面前。然而,在第二天,她又会果断地在 12 点 30 分让人们知道她的要求。某一天她得到的任何微小关注,都会在第二天的相应时间又为她所要求。如果在星期三的下午 4 点给她一个橙子,在星期四的相同时间她就会向人们表示她的期待,如果没有人给她这个水果,她就会在两三个小时的时间里持续间断性地大声叫喊着要这个东西。在星期五的 4 点钟,这个过程又会重复,但持续的时间会短一点;后面的两或三天也是这样。如果他的一个姐妹偶然在某个时间来看她,第二天的相同时间她一定又会发出尖锐的喊叫声,"等等。——关于这些难解的问题,参见 C. 迪普雷尔(C. Du Prel):《神秘哲学》(*The Philosophy of Mysticism*),第 3 章,第 1 节。

无论如何我现在就是这样的。然而,我看着村庄,看着教堂的楼塔,又好像我几乎不可能离开过七天。"

拉扎勒斯(Lazarus)教授[①](我从他那里借用的这段引文)用我们那条被唤起记忆之多寡的原理来解释这两种形成对比的错觉:

> 离开村庄那天装入他心中的一系列广泛而种类繁多的经验,此刻在其样子出现在面前时,在他的心中呈现出来。和它一起——在快速相继和激烈运动中,不是按照年月顺序,也不是出于按年月顺序排列的动机,而是通过各种联系而相互提示——还出现了他整个丰富的流浪漂泊生活的大量意象。它们混乱地卷曲缠绕在一起,可能最先的一个来自于第一年,然后是第六年,很快又是第二年,之后又是第五年、第一年,等等,直到好像70年都已经在那里了,他为其视觉的丰富而震颤。……然后他的内眼从这全部的过去转移开。他的外眼转向村庄,特别是转向教堂的楼塔。楼塔的样子唤回了它过去的样子,于是意识就全部为它所充满,或几乎全部为它所充满。一个景象将自己与另一个景象相比较,它们看上去如此接近,如此没有变化,就好像这之间只过去了一个星期的时间。

随着我们年龄的增长,相同的时间段好像变得更短了——日、月和年是这样的;小时是否也是这样是不确定的,而分和秒对于

---

① 伊迪尔·弗拉根(Ideale Fragen)(1878),第219页[论文,"时间与时段"(Zeit und Weile)]。

所有的现象来说都大体保持不变。

　　任何人在记忆中核点诸多的五年时间，都只会让自己发现，其中最后的一个，即过去的五年，比前面同样长的时间要过得快得多。让任何人回忆他最后八年或者十年的学校生活：这是一个世纪的时间。用生命中最近的八年或者十年与之比较：这是一个小时的时间。

保罗·詹尼特(Paul Janet)教授是这样写的①，他给出的解答很难被认为是降低了问题的神秘性。他说，有这样一条法则，即生命中一个特定时期的一段时间间隔的显见长度，与生命本身的整个长度是成比例的。10岁的孩子将一年感受为他整个生命的1/10——50岁的人感受为1/50，同时整个生命感觉起来保持着不变的长度。确实，这个公式粗略地表达了这种现象，但却不可能成为一条基本的心理法则；可以肯定，至少在很大程度上，年头随着我们年龄的增长而缩短是由于记忆内容的千篇一律，以及由此而来的回溯出来的景象的简单化。年轻的时候，一天里面的每个小时我们都可以有主观或者客观的绝对新鲜的经验。理解力生动活跃，记忆力很强，而我们对那段时间的回忆，就像对在快速而有趣的旅行中度过时间的回忆一样，是错综复杂、形式多样和长久持续的。但是随着过去的每一年都将一些这样的经验转变为我们几乎不会注意的自动的例行公事，那些日子和星期就在回忆中将自己消磨成了无内容的单元，那些年就空洞起来，衰萎了。

---

① 《哲学评论》，第3卷，第496页。

关于回溯中时间的显见缩短就讨论这么多。每当我们完全为时间里面的内容所占据，而不去注意真实的时间本身时，时间就在流经的时候缩短了。人们说充满刺激而无停顿的一天"在我们知道它之前"就过去了。相反，充满着等待和未得到满足的改变欲望的一天，就像是一个小小的永恒。也许人们知道的每一种语言里都有 Tædium、ennui、Langweile 和 boredom[①] 这几个词的对等词。每当我们从一段时间的相对空虚的内容，开始注意时间过程本身的时候，它就出现了。预期并准备着新的印象随后出现；当它没能出现时，我们就得到一段空的时间；这样的经验不断重复，使我们极为令人惊异地觉知到纯粹时间本身的长度。[②]闭上眼睛，只是等着听到某人告诉你一分钟的时间过去了。这个空闲时间的整个长度似乎是难以置信的。你将自己淹没进它的内部，就像淹没进海洋航行的无止境的第一周，并发现自己为历史在其进程中能够越过许多这样的阶段而感到惊讶。这一切都是因为你如此紧密地关注对时间本身的单纯感受，还因为你对它的关注能够经受如此细微的连续再分。整个经验的可憎性来自于它的单调乏味；

---

① 这几个词都有无聊、单调无聊的意思。——译者

② "当它作为音乐或者演说中的停顿而出现时，空的时间能被最强地感知。设想教堂讲坛上的一位传教士，书桌旁的一位教授，在其讲演的中间停顿下来；或者让一位作曲家（正如有时有意而为的那样）同时停止所有的乐器；我们每时每刻都等待着演出的恢复，在这样的等待中，我们比以任何其他可能的方式都更多地感知到空的时间。换一个例子，在一首复调乐曲——比如，在其中多种旋律一起演奏的曲子——中，突然听到一个长音的单一声音，而所有其他声音都沉寂下来……这个音就会显得非常长——为什么？因为我们期待听到其他乐器的声音与它相伴随，但是它们没有出现。"（赫尔巴特：《作为科学的心理学》，第 115 节）——比较明斯特贝格，《论文集》，第 2 期，第 41 页。

## 第十五章 时间知觉

因为刺激是经验中的快乐的必要条件,而对空的时间的感受是我们拥有最少刺激的经验。①沃尔克曼说,厌倦的感觉是对整个现在的抗议。

在我们的空间意识中也有完全类似的情况。向回走的路,每一步都希望找到我们掉落的物件,对我们就显得比向前走时更长。我们用脚步测量的距离比我们不去想它的长度而走过的距离显得更长。一般而言,与我们只注意其内容的空间相比,受到注意的空间量本身,会留给我们更多广阔的印象。②

我并不是说时间估量中的一切波动都能由时间内容的丰富与有趣或者简单与平淡来解释。在由年老而来的时间缩短,和由无聊而来的时间延长这两个方面,可能都有某个更深的原因在起作用。如果存在这个原因,我们只能通过弄清我们为什么感知时间来确认它。虽然没有多少希望,还是让我们来探究这个问题。

---

① 疼痛的一夜会显得很长;我们不停地盼望一个永远也不会到来的时刻——疼痛停止了的时刻。但是这种经验的可憎性不是叫做无聊或者倦怠(Langweile),就像由于空虚而显得长久的时间的可憎性那样。相反,疼痛的更确实的可憎性渲染着我们关于那一夜的记忆。正如拉扎勒斯教授所说(在前面引用的书中第 202 页),我们感受到的是长时间的忍受,而不是忍受长的时间本身。

② 关于时间估量方面的这些差异,除了从拉扎勒斯和詹尼特那里引用来的文章外,参见罗马尼斯,"时间意识"(Consciousness of Time),《心》,第 3 卷,第 297 页;J. 萨利,《错觉》(Illusions),第 245—261 页,302—305 页;W. 冯特,《生理心理学》,第 2 卷,第 287、288 页。在德国,赫尔巴特的后继者们曾经处理过这个问题:比较沃尔克曼的《心理学教材》(Lehrbuch d. Psych.),第 89 节,还有他在这一节的注 3 中所提及的其他作者。林德纳(Lindner)[《经验心理学手册》(Lbh. D. empir. Psych.)]举了亚历山大大帝生活(33 年)的例子来说明类似的效果,他的生活在我们看来一定很长,因为它充满了那么多的重大事件。英吉利共和国等等也是一样。

## 对过去时间的感受是一种现在感受

如果被问到我们为什么感知太阳的光,或者爆炸的声音,我们回答说,"因为某种外部力量,以太波或者空气波,冲击了大脑,唤起了那里的变化,有意识的知觉,光和声音,对这些变化做出了反应。"但我们赶快又加上一句,光和声音都没有复制或者反映以太波或空气波;它们只是象征性地表象了它们。赫尔姆霍茨说,发生这种复制并且"我们的知觉能够真正与外部实在相符合"的唯一情况是

现象在时间上的相继。在感觉中和在外部事件中,都会有同时、相继以及同时或相继的经常性再现。事件和我们对它们的知觉一样,发生在时间中,因而后者的时间关系能够提供前者的时间关系的真实复本。雷声的感觉跟随在闪电的感觉之后,正如由放电引起的带有响声的空气震动比发光以太的震动更晚到达观察者所处的位置。①

在进行这样的思考时,人们会经验到一种几乎是本能的冲动,要由此得出粗略的推测性结论,并且认为他最终在络语所说的"羊毛尚短"之处解开了认知之谜。我们说,事物的先后次序和持续时间应当为我们所知,这不是最自然的事情吗?外部的力的相继在我们的大脑上印刻出类似的相继。大脑的相继变化为心理之流相

---

① 《生理光学》,第 445 页。

## 第十五章 时间知觉

应的相继脉动所精确复制。心理之流,感受自身,一定会感受到它自身状态之间的时间关系。但是由于这些是外部时间关系的复本,所以它也一定会知道这些外部时间关系。这就是说,这些外部时间关系引起了它们自己的认知;或者,换句话说,时间仅仅存在于在心之外又影响心的那些变化之中,就是它为心所感知的充分原因。

不幸的是这个哲学道理太粗糙了。即使我们是将外部相继看作力将其形象印刻在大脑上,将大脑的相继看作力将其形象印刻在心上,[①]然而在心自己的变化是相继的和心知道自己的相继之间,还是存在着一条裂缝,这条裂缝和世间所有认知过程中对象和主体之间的裂缝一样宽。感受的相继本身并不是对相继的感受。而且,由于在我们相继的感受之上,加上了对它们自己的相继的感受,所以那个问题就必须作为需要有自己特殊解释的另外的事实来处理,而目前关于外部时间关系将自己的复本印刻在内部的讨论,则完全没有触及到这个问题。

在文章的开始我已经表明,过去的事情要被认识为是过去的,就必须与现在的事情一起,并且在"现在"的时间点被认识。由于清楚理解这一点很重要,就让我冒着重复的危险再一次讨论它。沃尔克曼曾经对这个问题做过下述极好的表达:

> 有人可能想要仅仅通过指向这样的观念序列(它的各个

---

[①] 相继,时间本身,不是力。我们关于其吞噬的牙齿等等的谈论全都是省略性的。它的内容才是吞噬者。惯性法则与将时间设想为任何事物的动力因的做法是不相容的。

成员从第一个开始,相继达到完全的清晰性),来回答时间观念起源的问题。但是对此必须反驳说,相继着的观念并不是关于相继的观念,因为思想中的相继并不是关于相继的思想。如果观念 A 跟随着观念 B,意识只是把一个换成另一个。对于我们的意识来说,B 出现在 A 之后是一个不存在的事实;因为这个在之后既没有在 B 中也没有在 A 中被给出;而且也没有第三个观念得到设想。关于 B 对 A 的顺序的思想,是与先呈现 A 然后再呈现 B 这样的思想不同的另一个思想;如果只有关于 A 的思想和关于 B 的思想,那么就不存在前一个思想。总之,如果清楚地考虑这个问题,我们就会得出这个反题,即如果 A 和 B 要被表象为是相继发生的,它们就必须同时被表象;如果我们要将它们思想为一个在另一个之后,我们就必须同时思想它们。①

如果我们用一条横线代表思想的真实的时间流,关于这个流或者关于其长度的任何一段(过去、现在或将来)的思想,可以用在水平线的一个特定点上直立起来的垂线来表示。这条垂线的长度代表特定的对象或内容,在现在的情况下它是被思想的时间,而且它全部是在垂线在时间之流上直立起来的那个真实时刻一起被思想的。詹姆斯·沃德先生在《大英百科全书》第 9 版第 64 页的杰出文章"心理学"中非常好地阐述了这个问题。他说:

我们可以用一条线表示相继,用与第一条线垂直的第二

---

① 《心理学教材》,第 87 节。比较 H. 洛采,《形而上学》,第 154 节。

第十五章　时间知觉

条线表示同时；空的时间——或者我们可以说，没有时间宽度的时间长度——是单纯的抽象。在处理时间自身时，我们要用的是第一条线，在处理我们的时间直观时，要用的是第二条线，在这里，正如在对距离的透视表象中一样，我们所用的是与真实的纵深线相垂直的平面上的线。在事件的相继中，比如感觉印象 Ａ Ｂ Ｃ Ｄ Ｅ……的相继中，Ｂ 的出现意味着 Ａ 和 Ｃ 的缺席，但是对这个相继的表象则需要 Ａ Ｂ Ｃ Ｄ 中有两个或者更多的成员以某种方式同时出现。事实上，过去、现在和将来在时间上是不同的东西，但是在表象中，所有与这些不同者相应的东西在意识中都是同时的。

因而就有了一种过去的对象在现在意识上的透视投射，这类似于广阔的风景在照相机胶片上的透视投射。

在前面我们已经知道，我们对持续时间的最清楚的直观很难超过 12 秒（最模糊的直观可能不超过大约 1 分钟），所以我们必须设想，通过意识与之相联系的大脑过程中的某个相当恒定的特征，这个长度的持续时间在意识的每一个流经瞬间都被相当稳定地捕捉下来。大脑过程的这个特征（无论它是什么），一定是我们能够感知时间事实的原因。①受到这样稳定感知的持续时间很难超过我在前几页所说的"似现在"。它的内容处于不断的流动中，事件进入其前方的端点与它们从其后方的端点消失一样快。每一个事件，在经过之时都改变着它的时间系数，从"尚未"或者"尚未完全"到"刚刚过去"或者"过去了"。同时，似现在，直观到的持续时间，

---

① 感知的原因，而不是被感知的对象！

则是持久的,就像架在瀑布上的彩虹,它自己的性质不为流经它的事件所改变。每一个事件,在消失时,都保持着再现的能力;而当再现时,它是与它原来的持续时间和邻近者一起再现的。然而请注意,一旦事件完全从似现在的后方端点消失以后,它的再现就是与似现在中对它是一件刚刚过去事情的直接知觉完全不同的心理事实。一个动物可以毫无再现记忆,却拥有时间感;但是在他这里时间感限制在了正在流经的几秒之内。他永远无法回忆起比这更久远的时间。我在文中假定了再现,因为我谈论的是众所周知拥有这种能力的人类。因此记忆中散布着具有时间特征的事物——在一个在另一个之前或者之后的意义上具有时间特征。[1]一个事物的时间特征只是在现在的事物或者某个过去或将来的事物之前或之后的关系。对于有些事物,我们只是通过在心理上将其抛进过去或者将来的方向,而让它们具有时间特征的。所以,我们在空间上只是把英格兰看作是在东面,将查尔斯顿看作是在南方。同样,我们可以通过将事件放到一个清楚的过去或者将来系列中的两个项之间,来让这个事件具有精确的时间特征,就像我们可以准确地想到英格兰或者查尔斯顿位于就是这么多英里远的地方。[2]

---

[1] "'够了'和'尚未'是真正的时间感受,我们只是通过这些感受才能觉知时间,"沃尔克曼说(《心理学》,第87节)。我们对作为基本持续时间段的时间本身的感受并非完全如此,但我们对事件中所具有的时间特征的感受则确实是这样的。

[2] 我们建构英里就如同建构年代。坐汽车旅行时,不同的视野相继在我们眼前经过。当那些已经从眼前过去了的景色在记忆中恢复时,因为内容的重叠而保持了相互的次序。我们将它们看作曾经一个在另一个之前或者之后;而且,从我们由当下呈现的视野后面能够回忆起来的大量视野,我们计算出自己经过了的整个空间。

具有模糊或精确的时间特征的事情和事件,以后就成了我们在前面谈到过的更长时间段的标记和符号。依据我们想到的时间段的多少,我们就推测它们代表的时间是长还是短。但是,所有想到的时间的原初范型和范例,都是其短暂持续时间为我们直接和不间断地感觉着的似现在。

## 时间感觉应归因于哪个大脑过程?

那么,这种感受性可以归因于大脑过程中的哪个元素呢?正如我们已经知道的,不能将它归因于这个过程的单纯持续时间本身;它必须起因于在这个过程的每一时刻都出现的元素,而且这个元素与其关联感受之间必须具有所有其他神经活动的元素与其心理产物之间所具有的那种同样难解的关系,不管后者是些什么关系。在时间的方面这个元素是什么,已经有了一些提议。我在注释中处理这些提议①,并简单陈述似乎是对这些提议和事实的

---

人们常说时间知觉比空间知觉发展得晚,因为儿童对昨天以前和明天以后的所有日子的观念都是那么的模糊。但是他们对比他们的空间直观单元更大的广延所持有的观念比这更模糊。最近我听到我四岁的孩子对一个来访者说,他在乡下呆过"一个星期那么长"。由于他在那里呆过的时间是三个月,来访者表示了惊奇;于是这个孩子又纠正自己的话,说他在那里呆过"12年"。但是,当这个孩子问距离为3英里的波士顿和剑桥之间是否不是100英里远的时候,他犯的是完全相同的错误。

① 这些解释中的大部分都只是给出这样的标记,当这些标记附着于印象时,我们就会在一段持续时间内为它们注明时间,或者,换句话说,为它们指定次序。然而,为什么它是时间次序,这并没有得到解释。赫尔巴特的可能是(would-be)的解释是关于时间知觉的简单描述。他说,当一个序列的最后成员呈现给我们意识的时候,我们还想到了第一个,它就出现了;于是整个序列同时在我们的思想中复苏,但是在向后的方向上,强度在减弱(《作为科学的心理学》,第115节;Lehrb. zur Psychol.,第171、

172、175节)。与之相类似,德罗比施(Drobisch)补充说,这个序列必须作为已经过去了的(*durchlaufene*)——这个词甚至更清楚地表明了这种解释以尚未解释的问题作为论据的性质——序列呈现出来(《经验心理学》(*Empirische Psychol.*),第59节)。当魏茨将时间意识解释为由一系列使知觉象与预期相一致的失败尝试所引起时(Lehrb. D. Psychol.,第52节),他也同样犯了以尚未解决的问题作为论据的错误。沃尔克曼关于过去的表象努力将现在的表象从意识的处所驱赶出去,又被它们驱赶回来等等的神话般的解释,也犯了同样的错误(《心理学》,第87节)。但是所有这类解释都暗含这样一个事实,即要使时间知觉成为可能,各种事件的大脑过程必须同时活跃,并且具有不同的强度。后来的作者把这个观念弄得更加精确了。比如,利普斯说:"感觉产生,占据意识,衰退为意象,然后消失。取决于它们之中的两个,a 和 b,是同时经历这个过程,还是一个在另一个之前或之后,它们衰退的阶段也会一致或者不同;而这种不同与它们的几个开始时刻的时间差异是成比例的。因此,在意象中存在质的差异,心会将这些差异转化为它们的相应时间次序的差异。在客观的时间关系和心中的时间关系之间,除了这些阶段差异以外,没有其他可能的中间项。"(《精神生活的基本事实》,第588页)利普斯相应地称之为"时间标记",并且急忙明确地补充说,灵魂将它们的强度次序转化为时间次序是完全不可解释的(第591页)。除了风格上的生动性以外,居约(Guyau)的解释(《哲学评论》, XIX. 353)与其前辈的解释几乎没有区别。像流星的经过那样,每一个变化都在心中留下一系列光的踪迹(trainées lumineuses)。随着其原型更加遥远,每一个意象都处于更加衰退的阶段。这组意象造成了持续时间,单纯的时间形式,时间的"河床"。过去、现在和将来在这个河床中的差异,来自我们的主动性质。将来(像魏茨那样)是我想要,但是还没有得到,而且必须要等待的东西。所有这一切无疑都是对的,但却不是解释。

在其《大英百科全书》中的文章("心理学",第65页,第1栏)中,沃德先生做了更加精致的尝试来明确"时间标记"的意思。问题是要在一些被思想为相继的但却是同时思想到的其他事物中,确定哪个是第一个,哪个是最后一个,他说,"在每一个清楚的表象abcd之后,可能会插进我们在从一个对象转到另一个对象时觉知到的注意转移的表象。必须承认,在我们当下的记忆中,并没有多少关于这一干预的直接证明;尽管我认为,在观念的流动依从呈现的东西(presentations)最初受到注意的次序这一趋向中,有关于它的间接证据。当注意的方向改变时,我们对注意的转移本身十分熟悉,尽管这类转移的剩余物通常并不明显。这些剩余物就是我们的时间标记。……但是,仅仅时间标记本身并不能为时间提供全部形象化的准确性。这些标记给予我们的只是一个不变的系列;但是,通过确保我们从系列中的一个成员转到另一个成员时强度上的逐渐变化,遗忘法则产生了我们称之为时间距离的结果。这种强度变化本身会让我们易于将远处较生动的表象与更接近现在的较微弱的表象混淆起来,但是时间标记使我们免于这一错误;当记忆的连续统不完善时,这样的错误就会不断发生。另一方面,如果这些变化很微小并且觉察不到,尽管记忆连续统中事件的次序未受影响,在有

## 第十五章 时间知觉

很多知觉结果的地方,我们还是不能清楚地察知像更接近现在这样的时间上的比较距离,……。洛克谈到我们的观念'在特定的距离'相继,'就像灯笼中的形象为蜡烛的热度所转动',并且'猜测在清醒的人那里,它们成序列出现的显象没有太多的变化。'那么,将 a 和 b、b 和 c 等等分离开来的这个'距离'是什么? 我们凭什么知道在清醒的生活中它还算是恒常的? 它也许就是我曾经称之为时间标记的那个剩余物;或者换句话说,它就是注意从 a 到 b 的转移。"但是,沃德先生并没有将我们关于这种注意转移的感受称作时间感受的原型,也没有将它的大脑过程称作直接引起我们感知时间的大脑过程。片刻之后,他说,"注意的固定当然确实会占据时间,但是它很可能最先并没有被感知为时间——即用汉密尔顿的术语来说,被感知为连续的'时长'——而是被感知为强度。因此,如果这个假定为真,那么在我们具体的时间知觉中就存在一个在我们的抽象时间概念中并不存在的元素;在物理地考虑的**时间**中,没有强度的踪迹;在心理经验的时间中,持续时间首先是一个强度的量级,而且到目前为止实际上就是一个知觉。"那么,如果我理解了沃德先生,它的"原型"就是某种像伴随着(像快乐和痛苦就可能伴随)注意转移的感受的东西。它的大脑过程似乎一定在一般形式上与快乐和痛苦的大脑过程相类似。这似乎或多或少就是沃德先生自己有意要表达的看法,因为他说,"每个人都知道为一系列快速接续的不同印象所分心是在于什么,也同样知道为相同印象缓慢而单调的重复而疲倦是在于什么。现在对分心和单调的这些'感受'所具有的独特性质应归功于注意的转移。首先,注意不停地移动;在适应 a 之前,它为 b 的突发、强度和新奇所干扰;其次,它为相同印象的重复呈现而几乎保持静止不变。令人惊奇之处的这种过度和不足,使人能够意识到一个在日常生活中模糊得不能引起人注意的事实。但是新近的实验已经使得这个事实更加引人注目了,并且使得洛克在谈论清醒人的表象之间的特定距离时心里模模糊糊想到的东西变得清晰了。在估量比如说为节拍器的节拍声所提示的一秒或者更短的非常短的时间段时,人们发现,有一个特定时间段,对这个时间段估量的平均值是正确的,而更短的时间段总体上就会被高估,更长的时间段总体上会被低估。我将这种情况看作是调整或者固定注意所占用的时间的证据。"暗指这个事实,即一系列经验,a b c d e,在经过时似乎很持久,而在回想时却显得短,他说,"在回想中起作用的是 a b c d e 等等这个系列;而在呈现中起作用的却是 t1 t2 t3 等等的干预,或者不如说就是原初的调整,这些时间标记是这种调整的剩余物。"他的结论是这样的:"我们似乎有证据表明,我们对持续时间的知觉最终以有强度变化的准运动对象为基础,我们完全没有将其持续时间经验为持续时间。"

冯特也认为,发生估量错误最少的大约四分之三秒的时间间隔,指向了时间感受和心中得到清楚"统觉"对象的相继之间的联系。"联想时间"大约也是四分之三秒。他将这个联想时间看作持续时间的一种内在标准,我们不随意地将所有我们试图再现的时间间隔与之相类同,将较短的间隔提升到它那么长,将较长的间隔降低。[在史蒂文斯的结果中,我们必须说差异,而不是类同,因为在那里较长的间隔显得更长,而较短的间隔显得更短。]"十分奇异的是,"他补充说(《生理心理学》,II,286),"这个时间研究所得出的唯一结论——尽管那个结论并不成熟。

神经系统中"刺激的聚合"的现象证明,每一个刺激都在后面留下某种逐渐消失的潜在活动。(参见前面第82—85页)对这同一事实的心理学证明,是由我们在感觉刺激已经消失时感知到的那些"后像"提供的。我们可以在对象留在眼中的后像中很快读出我们未能在原型里注意到的特质。在一个声音停止几秒钟之后,我们可以"唤回"并且领会它的意义。然而,延迟一分钟,钟表的回声本身或者询问就缄默了;当下的感觉使它不能再被回想起来。在对当下事物的感受中,必定始终混合着先前几秒钟里的所有其他事物的消逝着的回声。或者,用神经术语来说,每一时刻都有相互交迭的大脑过程的累积,其中较微弱者是此前不久还最大程度活跃着的过程的即将消亡的阶段。**交迭的数量决定了对所占用的**

大约是在快速行走时(根据韦伯)我们的双腿摆动的时间。因此,两种心理常量,即再现的平均速度的心理常量,和最有把握的时间估量的心理常量,都是在我们身体的这些最习惯性运动的影响之下形成的(我们也用这些习惯性运动来对更长的时间段进行有节奏的再划),这似乎并非是不可能的。"

最后,马赫教授提出了一个更明确的建议。在正确地说过我们拥有真实的时间感觉——否则我们如何能确定两个完全不同的旋律是在相同的"时间"演奏的呢? 除非钟表的两声敲击中都穿入了与其一起复苏的特殊时间感觉,否则我们如何能够在记忆中将第一声敲击与第二声敲击区分开来呢?——之后,他说,"很可能这种感受是和必然与意识的产生相关联的那种器官消耗联系在一起的,而且我们所感受到的时间很可能起因于注意[过程?]的[机械?]运作。注意紧张时,时间显得长;注意放松时,时间则显得短,等等。……只要我们醒着,意识器官的疲劳就不断增加,注意的工作也不断增强。与较大量的注意工作结合在一起的那些印象,对我们就显得是后面的那个。"马赫认为,一些同时发生的事件表面上的相对移位,以及某些梦境的时间错误,都可以很容易被解释为是注意分给了两个对象,而其中一个对象消耗了更多注意的结果。(《感觉分析论文集》,第103及以下诸页)马赫的理论看上去值得进行更多的研究。现在很难说马赫、沃德和冯特实际上想说的是不是一回事。我们会注意到,我在自己的文本中推进的理论并不自称是一种解释,它只是对使我们能够觉知时间的"法则"进行的一个基本陈述。赫尔巴特神话声称是解释。

## 第十五章 时间知觉

**持续时间**的感受。**什么事件**看上去占据了持续时间,只取决于这些交迭的过程是些**什么过程**。我们对大脑活动的内部性质知道得如此之少,以致甚至在一个感觉基本无变化地持续着的情况下,我们也不能说它的较早片刻没有留下与当下过程共存的消逝着的过程。持续时间和事件一起构成了我们对带有内容的似现在的直观。① 我不佯称能够断言,为什么这样的直观会产生自大脑过程的这种结合。我的目标只是对心理-物理关联的最基本形式做出陈述。

我曾经假定大脑过程是感觉过程。主动注意的过程(参见沃德在那个长脚注中的解释)也会留下类似的消逝着的大脑过程。如果心理过程是概念的,就会出现一种复杂情况,我将很快谈到这个问题。同时,还是谈论感觉过程,冯特的话会有助于说明我的解释。正如大家知道的,冯特和其他人已经证明,对感觉刺激的每一次知觉,都会占用可以觉察到的时间。当两个不同刺激——如景象和声音——同时或者接近同时被给出时,我们很难注意到二者,并且会错误判断它们的间隔,或者甚至会颠倒它们的次序。于是,作为关于这类刺激的实验的结果,冯特提出了这条法则:② 我们可以安排其次序的三个可能的决定者——

即**同时、连续转换和不连续转换**——只有第一个和最后一个实现了,而决不会是第二个。在我们未能将印象感知为同时的

---

① 明确地说出似现在必须有多少秒长,这是草率的,因为过程是"渐进着"消逝的,而且清楚直观到的现在,在变为仅仅被再现和想象的过去之前,混合进了模糊的新近的半影之中。然而,许多不是通过将其插入两个其他事情中间来清楚注明日期的事情,我们是带着这种属于不远的过去的感受想起来的。这种新近感是一种独特感受,并且会影响几个小时前发生的事情。这似乎表明,它们的大脑过程仍然处于前面的兴奋所限制的状态之中,仍然处于"消逝"的阶段,尽管中间有长的时间间隔。

② 《生理心理学》, II. 263。

时候,我们总是会在它们中间注意到一个或长或短的空的时间,这似乎与其中一个观念的下沉和另一个观念的上升相一致……。因为我们的注意可能对两个印象一视同仁,这会形成一个总的知觉象[并被同时感受到];或者它可能非常适合于一个事件,使得这个事件立刻就被感知到,而第二个事件则只能在潜伏一定的时间之后才能被感知,在这个潜伏时间里对这个事件的注意达到了有效的最大值,而对第一个事件的注意减小了。在这种情况下,事件就被感知为两个,并且处于相继的次序中——即被感知为被一段时间间隔分离开来,在这个时间间隔中注意对哪个事件都没有足够的适应以带来关于它的清楚知觉……。当我们匆忙地从一个转到另一个时,它们之间的一切都消失在了一般意识的昏暗之中。①

---

① 我的文本还是明斯特贝格的文章出现(见前面第 620 页的注释)之前印出来时的样子。在他的解释中,他否认我们用观念活动过程中消逝的量测量了最小持续时间,而且他谈论的几乎仅只是我们的肌肉紧张感受,而我在自己的文本中没有提及任何这样的东西。然而,我看不出在他和我提出的看法之间有任何冲突。我关注的主要是被视作一种特殊对象的持续时间意识,他关注的则只是对这个对象的测量。紧张的感受可以是测量的方法,而任何种类的交迭过程提供的是被测量的对象。紧张感受所由出的适应和呼吸运动,造成了有规律地反复的感觉,这些感觉为其"阶段"划分为时间间隔,后者就像码尺为其长度标记划分出来的东西一样明确。

让 $a^1$、$a^2$、$a^3$ 和 $a^4$ 为四个这种相继运动中的相应阶段。如果四个外部刺激 1、2、3、4 各自与这些相继阶段中的一个同时发生,那么,它们的"相隔距离"就被感受为是相等的,否则就不相等。但是,没有任何理由设想,大脑过程 2 与消逝着的过程 1 的单纯交迭,或者大脑过程 3 与消逝着的过程 2 的单纯交迭等,不能给出我们在这个经验中称为"相隔距离",以及借助肌肉感受而被判断为相等的内容的特有性质。肌肉感受无疑能够为我们提供"时间"这个对象以及它的测量,因为这些感受的较早阶段留下了持续与现在阶段的生动感觉相交迭的消逝着的感觉。但是如果设想它们应当是提供这个对象的唯一经验,那就与类推相矛盾了。我不理解为什么明斯特贝格认为它们是这样的。他认为我们的时间感觉不成问题,而只讨论它的测量。

## 第十五章　时间知觉

人们可以称之为我们不容易同时注意的知觉象在时间中的非连续相继法则。每个知觉象都需要一个单独的大脑过程；当一个大脑过程达到极限时，另一个过程似乎就必然处于或者渐弱或者渐强的阶段。如果我们关于时间感受的理论是正确的，那么空的时间就一定在主观上看上去是分隔开了两个知觉象，而无论它们在客观上是多么地接近；因为根据那个理论，关于持续时间的感受是不同阶段大脑过程的这种交迭的直接结果——无论它在哪里和为什么原因而发生。

现在转到概念过程：设想我在几秒钟的时间里想到上帝的创造，再想到基督纪元，再想到滑铁卢之战。这些事情发生的日期远在似现在之外。然而，我思想它们的过程却全部交迭着。那么，似现在看上去包含着什么事件呢？只是我思想这些早已过去了的事情的相继活动，而不是早已过去了的事情本身。由于即刻的思想可以是关于早已过去了的事情的，所以刚刚过去的思想也可以是关于另一早已过去了的事情的。当一个早已过去了的事件在记忆中再现，并与其发生日期一起被想象时，再现和想象就由似现在穿过。后者的即刻内容因而就是我的全部直接经验，无论是主观的还是客观的。其中的一些同时还可能是无限遥远的其他经验的代表。

似现在和直接直观到的过去可以包含的这些直接经验的数量，测量的是我们的"原初"（如埃克斯纳所称）或者"基础"（如里奇特所称）记忆的程度。① 由交迭而产生的感觉，是对有这些经验填

---

① 埃克斯纳，在赫尔曼的《生理学手册》，第2卷，第2册，第281页。里奇特，《哲学评论》(6月，1886)，XXI, 568。参见下一章的第642—646页。

充其中的持续时间的感觉。由于任何一组较多事件的数量都是与这些经验的数量相应的,所以我们设想那个持续时间的长度也与这个持续时间的长度相应。但是对于较长的持续时间我们没有直接的"实现感"。我们在察知等量真实时间方面的变化,也许可以由意象消逝速度的改变来解释,这些改变造成了迭加过程的复杂性的变化,变化了的意识状态可能是与这些变化相一致的。但是,无论我们可以想象一个时间段有多么长,我们在任何一个时刻所直接感知的这个时间段的客观长度,都决不会超过那个时刻我们的"原初记忆"的范围。[①]

我们有充分的理由认为,在能直观感受到的持续时间量的方面,以及在充实持续时间的事件的细致程度方面,动物之间可能存在极大的差异。冯贝尔(Von Bær)曾沉迷[②]于对这种差异在改变自然面貌方面所具有的影响进行有趣的计算。设想我们能够在一秒钟的长度以内清楚地注意 10,000 个事件,而不是像现在这样只能注意 10 个;如果我们的生命里注定会拥有相同数量的印象,那么它就会缩短 1000 倍。我们就会活不过一个月,而且无法亲身了解四季的变化。如果我们出生在冬季,想到夏季就会如同我们现在想到石炭纪时代的炎热。对于我们的感官而言,有机生命的移动就会缓慢得不是被看到,而是被推论出来。太阳会静止在空中,月亮也几乎不发生变化,等等。现在把这个假说反转过来,设想一种生命只能获得我们在给定时间所得感觉的千分之一,相应地他

---

① 我单独谈及消逝着的大脑过程,这只是为了简单化的缘故。开始出现的过程可能在将持续时间的感受给予似现在方面也起着同样重要的作用。

② 《演说集》(Reden)(圣彼得堡,1864),第 1 卷,第 255—268 页。

的生命就会延长1000倍。冬季和夏季对他来说就像一刻钟的时间。蘑菇和生长较快植物的生长就会快得好像是瞬间的创造；年生灌木从土壤里长出和倒下，就像沸腾着的水的不安跳跃；我们就会像看不见子弹和炮弹的移动那样看不见动物的运动；太阳会像流星那样划过天空，在其后留下一条燃烧着的尾巴，等等。否认这类想象出来的情形（超常的寿命除外）可以在动物王国的某个地方得到实现，是轻率的。

"蚊子的翅膀，"斯宾塞先生说，[①]"每秒钟振动10,000或者15,000次。每一次振动都意味着一个独立的神经活动。神经中枢里每一个这样的神经活动或变化，可能都像一个人的胳膊的快速移动可以为他所察觉那样，为蚊子所察觉。如果这一点，或者任何类似的事情是事实，那么，一个特定外部变化所占用的时间，在一种情况下用许多运动来测量，就一定比在另一种情况下用一个运动来测要显得长得多。"

在由印度大麻制成的麻醉品引起的狂乱中，显见时间会奇怪地增加。我们说出一个句子，在说到句尾之前，句子的开头好像从无限久远之前就已经开始存在了。我们走进一条不长的街道，就好像永远也走不到它的尽头。能够想象，这种改变可以是由冯贝尔和斯宾塞的短命生命体的条件而产生的。如果我们对相继关系的辨别变得精细了，以至在以前只能注意一个阶段的过程中能够注意十个阶段；如果在这同时这些过程的消逝速度是以前的十倍

---

① 《心理学》，第91节。

那么快;我们就会拥有与现在的主观长度相同的似现在,它给予我们相同的时间感受,并且包含同样多的可以分辨的相继事件,但是,从开端起,它现在包含的十分之九的真实事件就都消沉下去了。它们就会落入一般性的仅仅标记了时间的记忆库,可以随意再现出来。我们句子的开始就必须要被快速地回忆起来;每一个词就似乎都以通常速度的十分之一从意识中经过。总之,这种情况与在显微镜下空间的扩展完全相同;在即刻的视野中同时出现的真实事物更少了,但是其中每一事物都占据了比以往更大的地方,并使得被排除在外的事物显得不自然地遥远。

在其他条件下,过程似乎会快速消逝,而相继关系的进一步细分方面却没有补偿性的增加。在这里,似现在的显见长度缩短了。意识缩短到了一个点,并且对它的来往路径都失去了直观的感觉。快速的记动活动取代了急速的鸟瞰图。在我自己这里,某种类似的事情会发生在极度疲劳的时候。长期的疾病也会引起此类事情发生。它偶尔似乎还与失语症相伴随。[①] 试图想象这种情形中的

---

[①] "这个病人对物体意象的保持不能超过片刻的时间。他对声音、字母、数字和印刷出来的词的记忆也是这么短。如果我们用一张纸盖住写出来或者印出来的词,纸上切开了一个小窗,通过小窗只能看见第一个字母,他会读出这个字母。如果移动这张纸,盖住第一个字母,露出第二个字母,他就会读出第二个字母,但是会忘记第一个,并且不能一起读出第一个和第二个字母。"这样一直到最后。"如果他闭上眼睛,用手指摸索一个像刀子或者钥匙那样的熟悉物体,他不能将分离的印象结合起来,认出那个物体。但是如果将物体放在他的手中,以使他能够同时用几个手指接触它,他就能毫无困难地叫出它的名字。这个病人就这样失去了将相继……印象……组合成一个整体并且将它们感知为一个整体的能力。"(格拉希(Grashey),在《精神病学文库》,第16卷,第672—673页。)很难相信在这样的病人这里,直观到的时间没有像它所持的印象那样快速地过去,虽然这也许并不多见。

## 第十五章 时间知觉

准确的大脑变化是徒劳的。但是我们必须承认这样的可能性,即在某种程度上,时间的估量在年轻和年老之间以及在兴奋和无聊之间的差异,与我们前面指出的原因相比,更直接地产生自这样的原因。

但是不管我们对为刚刚过去[①]的事件所充实的时间的感受是长还是短,它之是其所是都不是因为这些事件过去了,而是因为它们留下了属于现在的过程。无论这些过程是如何引起的,心都仍然会通过感受似现在(它的一个部分正在或者已经消逝进了过去之中)而对这些过程做出反应。正如人们认为创世者让亚当有了肚脐——从未发生过的出生的标记——所以他也会瞬间让人有一个大脑,其中有像普通大脑中"消逝着的"过程那样的过程。创造之后的第一个真实刺激会在这些过程之外又产生出一个过程。这些过程会相互交迭;这个新创造出来的人,在其生命的最初时刻,无疑会拥有已经存在了一小段时间的感受。

现在让我来总结一下,我们始终意识到某种持续时间——似现在——长度上从几秒钟到也许不超过一分钟不等,这个持续时间

---

我自己在入睡的时刻经常会注意到时间的一种奇怪的延长。一个人在房间里走动或者做某件事情,他的动作(无论是什么)的某个阶段是我最后的清醒知觉。它的下一个阶段会唤醒我至一个新的知觉。这个动作的这两个阶段之间相隔不超过几秒钟的时间;而我总是觉得在这早晚两个阶段之间有很长的时间间隔过去了。我推测性地解释这个现象,分别将这个动作的两个阶段称为 a 和 b:在我醒时,a 会在我的感觉中枢留下一个消逝着的过程,这个过程会在过程 b 到来时与后者相交迭,于是二者会在相同的似现在呈现出来,a 属于其开端。而称之为睡眠的大脑变化的突然来临,骤然压制了 a 的消逝过程。当 b 到来并唤醒我时,a 也确实回来了,但是不再属于似现在了。它必须在记忆中被特别地召回。这种召回方式通常会表现出长久以前的事情的特性——所以就有了错觉。

① 仅仅是为了简单性的缘故,我再次忽略了将来。

(其内容被感知为一个部分较早些,另一个部分较晚些)就是原初的时间直观。我们通过对这个含含糊糊裹在一起的单元的部分进行添加和分割,来想象更长和更短的时间,并且习惯了象征性地思想这样的时间。康德将对客观时间的直观看作是无限的必然连续统,这个想法完全不能支持上述观点。我们实际拥有的直观的原因,不可能是大脑过程或者心理变化的持续时间。这个持续时间更确切地说是直观的对象,这种直观实现于这个持续时间的每一时刻,所以一定产生自一个始终在场的原因。这个原因——也许是不同阶段大脑过程的同时在场——起伏涨落,因此就出现了这种直观在量上以及在可再分性方面的一定范围内的差异。

# 第十六章 记忆

我们在上一章关注的是直接的时间直观。我们发现它局限于远远小于一分钟的时间间隔。在它的边界之外,想象的时间(过去和将来)的巨大区域向这个或者那个方向延伸,我们在心理上将所有我们看作真实的事件投射到这里,并且通过给每个事件一个确定的时间,来形成这些事件的一个有规则的序列。想象的和直观的时间之间的关系,就像画在剧院平面背景上的虚构空间与舞台上的真实空间之间的关系。当我们实际上只看见少数几件东西,却想象也看见了其他东西时,是剧院里画在背景上的物体(逐渐变远的街道上的树、柱子、房子等等)将我们带到一系列牢固放置在剧院舞台上的类似物体,我们以为自己看到的是连续的事物。我们在这一章要处理的问题是我们如何仿佛在记忆的画布上描画遥远的过去,却时常想象我们对其深度具有直接的视觉。

思想流在流淌;但是它的大部分片断都落入了遗忘的无底深渊。对于其中的一些,记忆长不过它们经过的瞬间。对于其他一些,记忆则局限于几个片刻,几个小时或者几天。还有其他一些留下了不可抹去的痕迹,只要生命持续着,它们就可以通过这些痕迹被回想起来。我们能够解释这些差异吗?

## 原 初 记 忆

首先要指出的一点是，一个心理状态要存在于记忆中，它就必须曾经持续过一定的时间长度。换句话说，它必须是我所说的实体状态。前置词和连接词的心理状态不是作为独立的事实被回忆起来的——我们回忆不起我们以前说"怎样"或者"尽管"的时候有什么样的感受。我们对这些过渡状态的意识被阻断在了它们自己的时刻——因此就有了心理内省方面的一个困难。

任何被阻断在自己的时刻并且不能成为相继心理状态对象的心理状态，就好像是属于另一个思想之流。或者更恰当地说，它只是物理地而不是在智力上属于它自己的流，在这个流的一个片断和另一个片断之间形成一座桥，却没有以第十章所说的方式在内部为后来的片断所占用，也没有呈现为经验自我的一部分。一个心理状态对于我们的全部智力上的价值都取决于我们对它的事后记忆。只有这时它才被结合进系统之中，并且被有意地用来促成一个结果。只有这时它对我们才有价值。因此，我们关于自己状态的**有效**意识是后意识；而且，后意识越多，原初状态的影响就越大，它也就是我们世界的一个更加持久的因素。无法解除的疼痛可以改变一生；但是正如里奇特教授所说：

> 只遭受百分之一秒就完全不是遭受；在我自己这方面，我会欣然同意经受一种疼痛，无论它有多么严重和剧烈，只要

## 第十六章 记忆

它只持续百分之一秒,并且在其后不会留下任何回响或回忆。①

并不是说短暂的意识状态一定没有实际结果。远远不是这样:尽管完全没有得到回忆,这样的状态在它自己的时刻还是会以一种重要的方式决定我们思想的变迁,并且不可改变地决定我们的行动。② 但是它的观念不能在后来决定变迁和行动,它的内容不能被想象为心的持久意义之一:这就是我说它的智力价值是在于事后记忆的全部意思。

通常,感觉比引起感觉的客观刺激持续的时间长一些。这种现象是感官生理学中常见的"后像"的基础。如果我们瞬间睁开眼睛看一个景象,然后把它们完全遮蔽在黑暗中,我们就会像是在幽灵般的光线中透过黑暗的屏幕看到了这个景象。我们可以在它上

---

① 《人与智能》,第 32 页。
② 因此,里奇特教授没有权利像他在另一个地方(《哲学评论》,XXI,570)那样说:"没有记忆就没有有意识的感觉,没有记忆就没有意识。"他只有资格说:"没有记忆就没有在它自己之外被知晓的意识。"对于后来的状态的对象,并且似乎具有永久性的那种意识,他给出了一个很好的例子:"唉,我们中间谁没有经历过剧烈和深切的悲伤,由某个珍爱的同伴的离世而引起的巨大伤痛? 在这些巨大的伤痛中,这个现在持续着不是一分钟,一个小时,也不是一天,而是数周和数月。关于那个残酷时刻的记忆不会从意识中抹去自己的痕迹。它不会消失,而是保持着生动性和现在性,和意识中与始终以现在时态被感受到的这个持久情绪并列在一起的许多其他感觉共存。需要很长的时间,我们才能忘记它,才能让它成为过去。断掉的箭头在胁腹(Hæret lateri letalis arundo)。"(同上,583 页)

面看出在眼睛睁着时不曾注意到的细节。①

在每一种感觉那里,通常重复足够多次的间断刺激都会引起连续的感觉。这是因为刚刚逝去的印象的后像与正在进来的新印象混在了一起。刺激的效果因而就会在许多阶段相互迭加,这在意识中的总结果就是感受强度的增加,很可能还有如我们在上一章所了解的,对时间流逝的一种基本感觉(见第 635 页)。

埃克斯纳写道:

> 我们未加注意的印象在记忆中留下的意象是如此短暂,以至于它通常会被忽略掉。在十分专注时,我们听不到敲钟声。但是在钟声停止后我们的注意可能会醒来,那时我们可能可以数出钟声来。在日常生活中常会发现这样的例子。我们还可以在另一个人那里证明这种原初记忆意象的存在,甚至在他的注意完全集中于其他地方的时候。比如,让某人尽可能快地数印刷纸页上面的行,在他数着的时候你在房间里走几步。然后,在这个人数完了的时候问他你原来站在哪里。他总是会相当明确地回答说你走动过了。也可以做视觉方面

---

① 这是原初的正后像。根据赫尔姆霍茨的研究,三分之一秒是产生它的最有利的曝光长度。更长的曝光,由随后进入眼睛的光而变得复杂了,产生了普通的负的和互补的后像及其变化,这些后像可以(如果原初印象是显著的,并且注视的时间长)持续许多分钟之久。费克纳用记忆后像(《心理物理学》,II,492)来称呼瞬间的正效果,并且用下面这几个特性将它们与普通的后像区分开来:(1)它们的原型必须受到过注意,复合原型中只有曾被注意的部分才会呈现出来。而普通视觉后像的情况并不是这样。(2)对它们的注意是向内的,就像在普通的回忆中那样,而不是像在观察一个普通后像时那样是向外的。(3)对原型的短时注视对记忆后像来说更好些,而长时注视对普通后像更好。(4)记忆后像的颜色决不会是原型颜色的补色。

的类似实验。无论注意是否曾经转向那个印象,这个原初记忆意象都是极为生动的,但是在主观上与每一种后像或者幻觉都完全不同……。如果没有被注意到,在几秒钟的时间里它就消失了。甚至在原初印象得到注意时,其意象的生动性在记忆中也很快就消退了。①

这种原初记忆在神经组织中的物理条件被里奇特称为"基础记忆"。②我更愿意把记忆这个词留给意识现象。神经组织中发生的事情只是可塑性或者半惰性的一个例子,产生变化,却不是即刻或者完全产生变化,并且始终不会真正恢复原初的形式,而在第五章我们看到,这正是习惯的基础。里奇特教授的所指也许用基础习惯来称呼更好些。基础习惯的最初表现就是施加在神经物质上的运动的缓慢消失,而它在意识中的最初结果就是这个所谓的基础记忆。但是基础记忆让我们觉知的是刚刚过去的东西。我们在这个直接直观到的过去中感受到的对象不同于严格意义上回忆起来的对象。回忆(在这个词的严格意义上)起来的对象是曾经完全从意识中消失而现在又一次复活的对象。可以说,它是从一个它与无数其他对象一起埋藏其中并且从视野中消失的贮存库里面被想起来、回忆起来、捞出来的。但是原初记忆的对象则不是这样被想起来的;它从未消失;它的发生时间在意识中从来也没有与即刻的现在时刻切断开来。事实上,它是作为属于现在时间段的后面的部分,而不是真正的过去,来到我们这里的。在上一章我们看

---

① 赫尔曼的《手册》,II,2,282。
② 《哲学评论》,562。

到,我们直接直观到的时间部分有几秒钟的宽度,有一个前面的和一个后面的终端,并且可以被称为似现在。所有其最初的神经振动还未停止的刺激,似乎就是我们得到这种似现在感受的条件。它引起了在心中显现为刚刚过去事件的对象。①

如果我们许多分钟或者许多小时受到不寻常的刺激,一种神经过程就会建立起来,结果就是这个印象其后会在意识中萦绕很长的时间。一整天滑冰或者骑马的触觉和肌肉感受,在长时间不做这些运动之后,会在夜间又回到我们这里。在不同寻常地长时间坐在显微镜前之后,显微镜视野下的形象会折磨观察者好几个小时。手指上缠绕的一根线,衣服上的异常收紧,在移除之后很长时间还会感觉好像仍在那里。这些复活[在德语中叫感性记忆(Sinnesgedächtniss)现象]在本性上有某种周期性。②它们表明彻底的重新排列和慢慢习惯于一种新的平衡正在神经物质中进行,它们构成了向那种更加独特和严格的记忆现象的过渡。这一章的其余部分所要处理的就是这个记忆现象。使得一件事情在遗忘之后又能回忆起来的第一个条件,就是它的原初印象要延长足够长的时间,以产生出它的重复出现的意象。这不同于由非常短暂的

---

① 里奇特说:"现在有持续时间,一种可变的持续时间,有时是相当长的时间,它包含为一个感觉的后响应[retentissement,后像]所占的全部时间。例如,如果一次电击在我们神经系统中的响应持续了10分钟,对于那次电击而言,就有一个10分钟的现在。另一方面,较微弱的感觉有较短的现在。但是在每一种情况下,有意识的感觉[我应该说记住了的感觉]要发生,就必须要有具有一定持续时间的现在,至少几秒钟。"我们在上一章已经看到,很难找出这个即刻直观到的持续时间或者似现在的后向的界限。里奇特设想的数字似乎太大了。

② 参见费克纳,《心理物理学》,II,499。

# 第十六章 记忆

印象留下,而且自身不能保证一旦消逝之后还能再回来的原初后像。[①]特定长度的刺激似乎是为神经物质的惰性所要求的。较短暂的刺激不能让它的改变得到"安置",无法保持再次发生与引起原初感受的相同形式振动的有效趋向。如我在开始所说,这可能就是为什么通常只有"实体的"而非"过渡的"心理状态至少作为独立的事物被回忆起来的原因。过渡状态经过得太快了。

## 对记忆现象的分析

严格意义上的记忆,或者也可以称之为二级记忆,是关于已经在意识中消失了的先前心理状态的知识;更确切地说,它是关于我们没有一直在思想,同时另外又意识到我们以前曾经思想或者经验过它的事件或事实的知识。

这样的知识包含的第一个要素,似乎就是原初事件的意象或

---

[①] 如果刺激太短暂,原初后像本身就不能得到利用。卡特尔先生发现(《心理学研究》,III,第 93 及以下诸页),光线的颜色必须要落在眼睛上 0.00275 秒至 0.006 秒的时间,才能被辨认出来。字母表中的字母和熟悉的词需要 0.00075 秒至 0.00175 秒。——确实是极短的时间间隔。有的字母比其他字母难一些,比如 E。赫尔姆霍茨和博克斯特(Boxt)在 1871 年发现,当一个印象为另一印象紧紧跟随时,后者压制了前者并且阻止了前者为后来的意识所察知。第一个刺激是字母表中的字母,第二个刺激是一个明亮的白盘子。"两个刺激之间的间隔为 0.0048 秒时[我在这里抄录的是莱德《生理心理学》第 480 页的摘要],盘子显现为刚好能看到的一点微光;间隔为 0.0096 秒时,字母显现在微光中——当间隔增加到 0.0144 秒时,一或两个字母能够得到部分辨识。间隔为 0.0192 秒时,对象的辨识更清楚了一些;0.0336 秒时,四个字母可以被完全辨识出来;0.0432 秒时,五个字母得到完全辨识;0.0528 秒时,可以读出所有的字母。"(《弗吕格文库》,IV,第 325 及以下诸页)

复本在心中的复苏。[①]许多作者都做出了这个假定[②],即意象的复苏就是形成对原初事件的记忆所需要的一切。但是,不管它是别的什么,这样的复苏显然还不是记忆;它只是一个复本,是第二个事件,除了碰巧与第一个事件相似以外,它与后者完全没有联系。钟在今天敲响了;它在昨天敲响了;而且在它坏掉之前也许会敲响一百万次。这个星期雨灌入了排水沟;上个星期也是这样;而且将永远(in sœcula sœculorum)是这样。但是,因为它们重复和相像,现在的钟声就会觉知过去的钟声,或者现在的水流就会回忆起过去的水流吗? 当然不会。不要说这是因为钟声和水沟是物理的而非心理的对象;因为只是相继重复发生的心理对象(比如感觉)并不会比钟声更能因为这个而相互记住。所有记忆都并非仅仅涉及重复发生这个事实。一个感受的相继版本是很多的独立事件,每一个都隐藏在它自己的外壳里面。昨天的感受逝去了,并且

---

[①] 当只是象征性或者概念性地回忆过去时,确实并不需要有这样的复本。在任何概念性的知识中,都不要求有清楚相似的意象(参见第471页及以下诸页)。但是,由于所有概念性知识都意味着直观知识,并且终结于那里,我从这种复杂状况中抽离出来,将自己限制于这样的记忆,即心中直接有过去的意象,或者如我们所说过去被直观地知道的记忆。

[②] 如斯宾塞,《心理学》,I,第448页。相信"意象"的充分性的人如何阐述我们记得某件事情没有发生——我们没有给表上发条,没有锁门等等——这样的情况? 很难解释这些对未做之事的记忆。此刻,当我记起没有给表上发条时,给表上发表的意象就好像我记得上了发条那样呈现在我的心中。在感受这个意象的方式上一定存在差异,它在这两种情况下将我引向如此不同的结论。当我记起我上了发条时,我感受到它与它的过去时间和地点的联想项混合在一起。当我记起我没有上发条时,它是孤零零的;那些联想项相互融合,但却没有与它融合起来。这种不同事物同属一处意义上的融合,是一种最微妙的关系;非融合的意思也是一种同样微妙的关系。知晓这两种关系都要求最复杂的心理过程,这些心理过程与在较粗糙的书籍中发挥这种作用的意象的单纯在场或者不在场完全不同。

## 第十六章 记忆

已被埋葬；今天的感受的出现决不是它应当复活的理由。当下的意象要能被看作是代表了过去的原型，还需要一个进一步的条件。

这个条件就是，意象中的事实要明确地被归属于过去，要被思想为是在过去。但是，除了通过将过去和一件事情一起思想，并且思想到这二者的关系，我们如何能够将一件事情思想为是在过去？我们如何能够思想过去？在关于时间知觉的一章中我们已经知道，我们关于过去性的直观的或者直接的意识，几乎不能将我们从现在的时刻向后带到比几秒钟更远的地方。更远的时间是想象的，而不是感知的；符号性地用诸如"上个星期""1850"这样的名字来知晓；或者通过在其中发生的事件来思想它们，比如我们在这样一所学校上学的那年，或者遭受如此损失的那年。——所以，如果我们想要思想一个特别的过去时间，我们就必须思想与之相联结的名字或其他符号，或某些具体事件。要充分思想过去的一个时间，二者就必须都被思想到。将任何特殊事实"归属"于过去的一个时间，就是与表示其时间的名字和事件一起思想那个事实，简单地说，就是与许多接近联想项一起思想它。

但是甚至这个也不是记忆。记忆不仅要求单纯为过去的事实注明时间。过去的事实必须在我的过去里面标明时间。换句话说，我必须认为我直接经验了它的发生。它必须拥有在关于自我的一章中经常谈到的那种"温暖与亲密"，表示出为思想者"占"为己有的全部经验的特性。

对于时间中的过去方向的一般感受，被想象为处于那个方向上并且为其名字或者现象内容所规定的一个特殊时间，一个想象中位于那里并且作为我的经验的一部分而拥有的事件，——这些是每一个记忆活动的要素。

由此可以断定,我们开始称之为心中事实的"意象"或"复本"的东西,实际上完全不是以作为独立"观念"的简单形式存在于那里的。或者至少可以说,如果它作为独立的观念存在于那里,那么就没有记忆与之相伴随。相反,记忆伴随的是非常复杂的表象,是关于要回想的事实再加上它的联想项的表象,这个整体构成了"对象"(如在第九章第 275 页解释过的),在意识的一次完整脉冲里被知晓(如在第 276 页及以下诸页中提出),并且,与任何简单感觉意象所依赖的大脑过程相比,它可能需要更加复杂得多的大脑过程。

大多数心理学家都对这个现象做出过非常清楚的分析。比如克里斯琴·沃尔夫(Christian Wolff)写道:

> 设想你在寺庙里见过梅维乌斯,此刻在泰特斯的住所又见到了他。我说你认出了梅维乌斯,就是说,你意识到以前曾经见过他,因为尽管现在你通过感觉和泰特斯的住所一起感知到他,你的想象力却产生出了他的意象和寺庙的意象,以及你想到寺庙中的梅维乌斯的心理活动的意象。因此,感觉中再现的梅维乌斯观念是包含在另一个知觉系列中的,而不是包含在先前包含它的那个系列中,而这个差异就是我们为什么意识到以前曾经拥有过它的原因……。因为虽然现在你在泰特斯的住所看见了梅维乌斯,你的想象力却将他放置在寺庙里,并让你意识到在那里看见他时你所拥有的心理状态。你由此知道你以前见过他,也就是说,你认识他。但是你认出他是因为他的观念现在包含在与你初次见他时不同的另一个知觉系列中。①

---

① 《经验心理学》,174 节。

## 同样，詹姆斯·密尔写道：

> 在我对乔治三世向国会两院讲话的回忆中，首先有关于对象的单纯观念，或者人们有时所说的简单理解，即概念。要使它成为记忆，还要有关于我自己曾经看见和听到这些对象的观念与之相结合。而且这种结合紧密得让我无法将它们分离开来。如果不拥有与之相伴随的另一个观念，即我是这个场景的目击者的观念，我就无法拥有乔治三世的观念——他这个人和他的态度，他手上拿着的纸张，他读这张纸时的声音。……如果理解了对感觉记忆的这种解释，理解对观念记忆的解释就没有多少困难了。我对荷马描述的波吕斐摩斯洞穴以及尤里西斯和独眼巨人的行动有鲜活的记忆。在这个记忆中，首先有关于对象和动作的观念或者简单概念；与这些观念一起，而且是不可分离地紧密结合在一起的，还有关于我先前曾经拥有过这些观念的观念。而关于我先前曾经拥有过这些观念的观念，则是一个非常复杂的观念；包括关于此刻在回忆着的我自己的观念，关于过去的时刻在思考着的我自己的观念；以及介于回忆着的我自己和思考着的我自己之间的整个意识状态系列。[①]

所以，记忆是对相信一个特殊复合对象的感受；但是这个对

---

[①] 《分析》，I. 330—331。密尔认为，各种被回忆起来的事物，包括自我，都以独立的观念进入到意识之中，但其速度是如此之快以至于它们"全部集成了一个"。"观念在紧密的结合中被回忆起来……设想，甚至当复杂性最大的时候，显现出来的也不是许多观念，而是一个。"（第 1 卷，第 123 页）这个神话并没有损伤他对记忆对象的描述的准确性。

象的所有元素也可以为其他信念状态所知晓；在这些元素如记忆中所呈现的特殊结合中，没有任何东西独特得能让我们将记忆看作需要一种特殊能力来解释的完全特别的东西，而与其他种类的思想对立起来。在后面进展到关于信念的一章时我们将会看到，任何直接或间接与我们的当下感觉或情绪活动相联系的被表象对象，都趋向于被相信是一种实在。对它与我们自己的一种特殊活跃关系的感觉，给予了对象实在性这种特有的性质，而仅仅被想象的过去事件与回忆起来的过去事件的区别，则只是在于缺乏这种独特的感受关系。可以说，它与我们现在的自我之间的电流仍在流动。但是在它们的其他规定性方面，被回忆起来的过去和想象中的过去可能很大程度上是相同的。换句话说，记忆的对象中不存在任何独一无二的东西，也无需任何特殊的能力来解释它的形成。它是对被看作联系在一起的部分进行的综合，知觉、想象、比较和推理都是类似的将部分综合进复杂对象的过程。所有这些能力的对象都可能唤起信念，或者未能唤起它；记忆的对象只是附着了相信情绪的被想象为是过去的对象（通常是非常完全地被想象为是过去的）。

## 记忆的原因

这就是记忆现象，或者对记忆对象的分析。我们能够知道它是如何发生的吗？我们能够说出它的原因吗？

它的完全的运作预设两件事情：

（1）被记住的事实的保持；

(2) 想起，回忆，再现，或者回想。

保持和回忆的原因，都是在"观念联想"中实际起作用的神经系统的习惯法则。

联想主义者长久以来一直用联想来解释回忆。詹姆斯·密尔对回忆给出了一种解释。如我在前面多次解释过的，如果不将他的"观念"这个词改写为"思想到的事物"或者"对象"，我就不能对他的解释加以改进。

> 他说，"有一种心理状态是所有人都熟悉的，就是回忆的状态。确实，在这种状态中，我们的心里并不拥有我们正试图从它那里得到的观念。[①]那么，在我们努力的进程中，我们是如何将它引入心中的呢？如果我们不拥有那个观念本身，我们也拥有某些与它相联系的观念。我们一个又一个地浏览这些观念，希望其中的某一个会提示出我们正在寻找的那个观念；如果其中的任何一个提示了，它总是会以联想的方式唤起我们所寻找的观念的那一个。我遇到一个老熟人，不记得他的名字了，想要回忆起来。我浏览了若干名字，希望其中的某一个会与这个人的观念相联系。我想到曾经看到他做事情的所有情境；我认识他的时间，和我一起认识他的那些人，他做的事情，或者他经受的事情。如果我偶然碰到任何与那个名字相联系的观念，我立刻就回想了起来；如果没有碰到，我

---

① 然而，比较第 9 章，第 251 页。

的搜寻就落空了。① 还有另一组情况,非常熟悉,但却为这个问题提供了非常重要的证据。常常有一些事情是我们不想忘记的。我们用什么办法来保持记忆——就是说,确保当我们想要回想起它来的时候,就能够回想起来? 所有人都一律使用同样的手段。他们努力在这两个东西之间形成联想,一个是要记住的事情的观念,另一个是他们预先知道在他们想要回想这件事情的时候,或者接近这样的时候,将会出现的某种感觉,或者某个观念。如果这个联想形成了,那么这个联想或者形成它的观念一旦发生,那个感觉或观念就会唤起要回忆的事情。此时,形成了这个联想的人的目标就实现了。举一个普通的例子:一个人从朋友那里收到了一份佣金,不该忘记这件事情,他在自己的手帕上打了一个结。怎么解释这个事实? 首先,佣金的观念与打结的观念联结着。其次,他预先知道手帕会经常被看到,而且离他想要回忆这件事情的时刻在时间上不会遥远。他看到了手帕,看到了那个结,这个感觉唤回了佣金的观念。佣金观念和这个感觉之间的联想是故意形成的。"②

总之,我们在记忆中寻找一个忘记了的观念,正像我们在家里翻找一个丢失了的物件。在这两种情况下,我们都在探查在我们看来似乎是我们所丢东西的可能的四邻。我们翻开它可能在其下

---

① 在其为密尔的这一段所写的注释中,贝恩教授补充说:"这个过程似乎可以通过建立一条复合或合成联想法则来得到最好的表达。在这条法则之下,许多微弱的联系链环可以替代一个强大而自足的链环。"

② 《分析》,第10章。

面,或者可能在其里面,或者可能在其旁边的那些东西;如果它在它们附近,它很快就会出现在眼前。但是如果寻找的是心理物件,这些东西就只是它的联想项。因此,回忆机制与联想机制是一样的,而如我们所知,联想机制只是神经中枢里面的基本习惯法则。

这个同样的习惯法则也是保持的机制。保持的意思是负有记起的责任,而且它的意思只是这个责任。存在保持的唯一证据就是记起实际上发生了。总之,对一个经验的保持,只是与其过去的周围事物一起再次想起它的可能性或者再次想起它的趋向的另一个名称。无论将这个趋向转变为现实的是哪个偶然线索,这个趋向自身的永久基础都存在于有组织的神经通路中,正如在前面说过的,在适当的时机,那个线索就会由这样的通路唤起那个经验,还有它过去的联想项,关于自我在那里的感觉,关于它确实发生了的信念,等等。如果回忆是"快速的",复苏就在时机出现的那一刻发生。如果它比较慢,复苏就在延迟之后到来。但是不管回忆是快是慢,使它成为可能的条件(或者换句话说,经验的"保持")都既不比将经验与那个时机和回忆的线索相联结的大脑通路更多,也不比它更少。在不活跃时,这些通路是保持的条件;在活跃时,它们是回忆的条件。

一个简单的图式会让记忆的整个原因变得清楚起来。让 n 为一个过去的事件;o 是它的"背景"(伴随物、时间、呈现出来的自我、温暖和亲密,等等,如前面已经阐述过的);m 为某个可以适当地引起它的回忆的当下思想或事实。分别用 N、N、O 代表在思想 m、n、

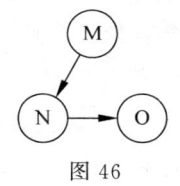

图 46

o中活跃的神经中枢；那么，为"事件n在记忆中的保持"这个短语所提示的事实，就是M—N和N—O通路的存在，而这些通路上的大脑兴奋就是事件n实际被回忆起来的条件。我们会看到，n的保持完全不是在无意识状态中将一个"观念"神秘地存储起来。它完全不是一个心理次序的事实。它是纯物理现象，是一种结构特征，也就是说，是这些"通路"在大脑组织最细微幽深处的出现。另一方面，回想或者回忆则是有身体和心理两个方面的心理—物理现象。身体的方面是相关通道和通路的功能性兴奋；而心理的方面则是对过去发生事情的有意识的想象，以及关于我们以前曾经经历过它的信念。

这些由习惯磨出来的联想通路，就是作者们所说的过去经验在大脑中留下的"性情""痕迹""踪迹"等意思的清楚表达。大多数的作者都没有把这些痕迹的性质弄清楚；也很少有人想到明确地将它们与联想的通路同化起来。比如，莫兹利博士这样写道：

当一个我们曾经拥有的观念再次被激发时，相同的神经流就会再次出现，带着关于它是一种再现的附加意识——它是相同的观念再加上关于它是相同的意识。于是，问题自己就出现了：这个意识的物理条件是什么呢？是纤维和细胞的解剖学基础的什么改变，或者这些纤维和细胞的生理活动的什么改变，引起了观念再现中这个添加要素的出现？人们可以设想，在第一个活动平息时，它确实会留下使得神经回路倾向于再次很快进入同一个动作的某种后效，某种神经元素的改变；这样的倾向在意识中呈现为再认或者记忆。事实上，记忆是这个生理倾向的有意识的阶段，此时这个生理倾向活跃起来,或者释放出让那个特殊心理经验再次发生的功能。为了支持我们对情况的猜测,让我们设想单个神经元素带有它们自己的意识,并且如我设想过的,让我们假定它们以某种方式为第一个经验所改变;很难想象当它们在另一时间进入相同的动作时,它们不会再认或者想起它;因为第二个动作是第一个动作的再现,再加上它从第一个动作的后效中得到的东西。由于我们曾经将这个过程假定为是有意识的,所以这个带有附加成分的再现就是记忆或回忆。①

在这一段中,莫兹利博士的"神经元素"或"纤维和细胞的解剖学基础"似乎是指某种与我们图示中的 N 相应的东西。而他所说的"改变"似乎应当理解为相同的这组特殊元素的内部改变。任何人经过少许思考都会明白,没有可信的理由认为,仅仅由于 N 的再次激发,就会出现关于它是一个再次激发的"附加意识"。两个激发只是两个激发,它们的意识是两个意识,它们相互之间没有任何关系。而且,被认为是由第一次激发留下来的模糊"改变"对我们没有任何帮助。因为,根据所有的类推,这样的改变只能使下一次激发更加顺畅和快捷。这可能会使它的意识变弱,但却不会让它与过去有任何的关联。每一次相继的阵雨都会让排水沟变得更深,但是排水沟并不会因为这个原因而与先前的阵雨关联起来。心理学(莫兹利博士在他的下一句话里说"在这个问题上没有为我们提供任何帮助")让我们至少走上了一条可能的大脑解释之路。当观念再次发生时,是观念的背景 o 使我们意识到它是过去的,所

---

① H. 莫兹利,《心的生理学》(伦敦,1876),第 513 页。

以它不可能是作为记忆有机条件的"神经元素"N的内在变化,而是某种完全外在于它的东西,即它与我们称之为O的其他神经元素之间的联系——O这个字母在图式中代表一大丛东西的大脑基础,有时间、名称、具体环境、实现了的时间间隔等等,而不是被记起的主要事件。"改变"是在可塑的神经物质中形成了N和O之间的联想通路的系统。

总之,内部经验事实所支持的唯一假说是,为真正的事件所激发的大脑通道与在回忆这个事件时所激发的大脑通道是有些不同的。如果我们不用任何联想项就能复苏过去的事件,我们就应该排除记忆的可能,而只是梦想我们好像是第一次经历这个经验。[①]事实上,如果回想的事件呈现出来的时候不带有明确的背景,就很

---

① 能够用来反对这个观点的唯一事实是为人所熟悉的,即我们可以在一种如此单调以至其早先部分不带有任何与后来部分有所不同的"联想项"的经验中,感受到时间的流逝。比如,闭着眼睛坐着,并平稳地发出某个元音的声音,如 a—a—a—a—……,只想着那个声音。在实验所用的时间中没有任何变化发生,而在实验的最后,你知道它的开始已经很远了。然而我认为,严密注意在这个实验中发生的事情就会发现,它丝毫也没有违背我在这里提出的回忆的条件;而且,如果我们在心理上回到的那个时刻比现在的时刻早许多秒,它就总是会拥有我们由以确定其时间的不同联想项。它发生在我刚刚呼气或者吸气的时候;或者它是做这件事情的"最初时刻",是"之前是安静"的时刻;或者它是"与之非常接近的时刻";或者它是"我们期待着而不是像现在这样追忆着的时刻";或者它只是为一个数字所代表,并且不带对其时间的明确意象而被象征性地想象。在我看来,在一个经验进行了不长的时间之后,我似乎不能对其不同的过去时刻进行真正的直观辨别,但是在"似现在"的后面,它们全都结合进了关于进行着的那类事情的单一概念性认识之中,对它所持续的总时间有或多或少的清楚感觉,这是基于对思想的相继脉冲的一种自动计数,这个过程由此不时地被辨认为始终是相同的。在构成似现在的几秒钟之内,对相继时刻有一种直观的知觉。但是我们对其拥有原初记忆意象的这些时刻,并不是真正从过去回忆起来的,我们关于它们的知识也决不与严格意义上的记忆相类似。参见前面,第646页。

## 第十六章 记忆

难将它与想象力的单纯创造区别开来。但是与其意象的逗留,以及唤回逐渐明确起来的联想项成比例,它也越来越清楚地成为了被记起来的事情。例如,我走进朋友的房间,在墙上看到一幅画。最初我有一种奇怪和惊讶的意识,"我肯定以前看到过它",但是却不清楚在什么时间和在哪里看到过。这幅画只带着一种熟悉的半影,——我突然叫喊起来:"我知道了,它是佛罗伦萨学院弗拉·安杰利科作品之一的一部分的复本——我想起来它在那里!"但是促成回忆的却并不是在于此时为这幅画所激发的大脑通道以前曾经以相似的方式被激发过这个事实;它仅只是在于这个事实,即其他通道也与那个大脑通道一起被激发了:一方面是保持着带有其全部特点的我朋友房间的大脑通道;另一方面是保持着带有我访问时环境的佛罗伦萨学院心理意象的大脑通道;最后还有让我(比较模糊地)想到在这两个时间之间我度过的那些年的大脑通道。这整个大脑扰动所产生的结果就是一个带有独特对象的思想,即此刻站在这里面对这幅画的我,在许多年以前站在佛罗伦萨学院看着这幅画的原作。

泰恩曾以其惯常的生动风格描述过心理意象发展为记忆对象的渐进方式。他说:

> 我在街上偶然遇到一个我熟悉其外貌的人。我马上对自己说我以前见过他。立刻,这个形象退回到过去,模模糊糊地在那里摇晃着,而没有同时将自己固定在任何位置上。它在我心里持续了一段时间,新的细节环绕着它。"我看到他的时候,他光着头,穿着工作装,在一个工作室里面作画;他是这般样子,在那样的一条街上。但是,那是在什么时间?不是昨

天,不是这个星期,也不是近期。我知道了:他告诉我他在等待最早的叶子长出来,然后到乡下去。那是在春天之前。但是准确的是哪一天呢?我知道了,在那同一天,人们在街上和公共汽车上拿着树枝:那是复活节前的星期日!"观察内部图像的进展,它沿着过去的路线从前到后的各种变化;这些心理语句中的每一句都曾是天平的一次摆动。当与当下的感觉和复现我们近期生活的一大群潜在的不清晰意象相遇时,那个形象最初突然退缩到一个不确定的距离。之后,为精确的细节所完善,并且遇到我们用来汇总一天或者一个星期活动的所有缩小了的意象,它再次退到了这一天之外,昨天之外,前天之外,这个星期之外,以及更远,退到了由我们的近期回忆所构成的一堆不能辨识的东西之外。然后,这位画家说过的某件事情被回想起来,而它立刻又一次退到了一个近乎准确的界线之外,这个界线以绿叶的意象为标记,并由春天这个词所指称。之后的一个时刻,由于一个新的细节,即对树枝的回忆,它又一次改变,不过这次是向前而不是向后改变了;而且,通过参看日历,通过相反推动力(一个向前另一个向后推动它,而且这两个推动力在一个特殊时刻相互消除了)的双重效果,它处在了一个精确的点上,比复活节早一个星期,比狂欢节晚五个星期。①

---

① 《智力》,I,258—259。

## 好记忆的条件

被回想起来的事实为 n，那么，通路 N—O 就是当 n 被回想起来时唤起 n 的背景，并使它不同于单纯想象的东西。另一方面，通路 M—N 给出的是它被回想起来的线索或者偶然原因。由于记忆完全以大脑通路为条件，特定个体的好记忆部分取决于这些通路的数量，部分取决于这些通路的持久性。

通路的持久性或者永久性是个体大脑组织的生理性质，而它们的数量则完全在于他的心理经验的事实。让我们将通路的永久性质称为天然韧性，或者生理的保持能力。这种韧性在婴儿期和老年期、在一个人和另一个人之间有很大不同。一些人的心就像印章下面的蜡块——任何印记（无论与其他印记如何不相关）都不会被擦掉。另一些人的心则像一块凝胶，每碰一下都会颤动，但是在通常条件下不能保持持久的痕迹。后面这些人的心在能够回忆起一个事实之前，必须将它编织进他们永久的知识储备之中。他们没有散在的记忆。相反，那些无需努力就能记住名字、日期和地点、轶事趣闻、闲言碎语、诗歌、引语以及各种不同种类事实的人，拥有较高程度的散在记忆，而这肯定是由于在他们那里，支持在那里形成的任何通路的大脑物质具有不同寻常的韧性。如果没有这种较高程度的生理保持能力，可能就没有人能够获得大规模的成功。在实践生活中就像在理论生活中一样，收获突出的人是始终在实现目标和向前进的人，而他的邻人则将大部分时间用于温习曾经知道但是已经忘记了的东西，所以只能维持现状。沙勒迈恩

(Charlemagne)、路德、莱布尼茨、沃尔特·斯科特,总之,你的四开本或者对开本的人类之书中的任何榜样,一定需要有这种令人惊异的纯生理的保持能力。没有这种保持能力的人,可能会在其工作质量的这一点或者那一点上表现突出,但是决不会全都做得这么优秀,也不会同时在这么大的规模上产生影响。①

---

① 并不是说单纯的天然韧性就能让一个人变得伟大。它必须与巨大的激情和巨大的理智结合在一起。低能儿有时拥有了不起的散漫记忆。德罗比施描述了(《经验心理学》,第95页)他认真考察过的一个年轻人的情况。他困难地被教会了读和说。"但是,如果允许他用两或三分钟的时间来阅读一页八开纸的内容,之后他就会从记忆中慢慢读出单个的词,就好像书就打开在他的面前。……用的是我刚刚拿到的一本新的拉丁文法学论文,他从未看过这本论文,而且其中的主题和语言也都不为他所知,所以没有欺骗性可以检测。他[在心里]跳跃着很快读完让他读的那页上的许多行,不亚于用儿童故事来做实验的情况。"德罗比施描述这个情况,就好像它是视觉意象中的一种不同寻常的持存性["原初记忆",见前面,第643页]。但是他补充说,这个年轻人"长时间地记住了这些书页"。在1871年1月(VI,6)的《思辨哲学杂志》中,有W. D.亨克尔(Henkle)先生对一位几乎失明的宾夕法尼亚农民的情况(以及异常记忆方面的现存经典例子)所做的解释。这位农民能够记起42年以前的那个星期几,还有那一天的天气,以及在这一万五千多天的每一天中他做了什么。可惜这样的一种了不起的能力还没能找到更有价值的应用!

这些例子表明,一个人单纯器官方面的保持能力不必与他的其他心理能力有确定的关系。一般性的能力最高的人通常不会忘记任何事情,无论它们是多么的无关紧要。我认识的最具一般性造诣的人中就有一位拥有这样的记忆。他从不保留任何事情的字条,然而却从来不会忘记他曾经听说过的事实。他记得他的所有住在编号街区中的纽约朋友的旧地址,这些地址他们自己早已都搬离了,并且忘记了。他说,他也许能认出他在30年前看见过的一只苍蝇——顺便说一句,他是一位昆虫学家。还有一个他的散漫记忆的例子。他被介绍给了俱乐部里的某位陆军上校。对话落在了男人的年龄迹象上。上校让他估量自己的年龄。他看着他,令所有人惊讶地准确说出了他的出生日期。而这种准确性的秘密是在于,一些天之前他曾经拿起过一本军队登记簿,无所事事地翻开登记簿上的姓名清单,清单上附着出生、毕业和提升等等的日期,而当在俱乐部里有人向他提及那位上校的名字时,这些他不曾做过片刻思考的数字,就不随意地在他心里涌现出来。这样的记忆当然是一种无价的恩惠。

但是，我们所有人的生命中都会有这样一个时期，在收获方面我们所能做的只是维持原状，在我们的大脑中，旧通路的消逝和新通路的形成一样快，我们在一个星期中遗忘的和我们在相同时间段里能够学到的一样多。这种平衡可以持续许多许多年。在极老的年龄，它向相反的方向倾倒，遗忘胜过了收获，或者就没有收获了。大脑的通路是如此短暂，以至在几分钟的对话过程中，同一个问题要被问起好几次，回答也要被忘记好几次。于是，童年形成的通路的优良韧性就变得明显了：年老昏聩的人在忘记了所有后来时间里面的事情之后，会退回到他早年生活的事情当中。

关于通路的持久性就说这么多。现在说说它们的数量。

显然，大脑中像 M—N 这样的通路越多，在心中想起 n 的可能线索或者偶然原因越多，一般来说，对 n 的回忆也就更快、更确定。一个人越是频繁地想起它，他就会拥有越多通向它的通路。用心理的术语说，一个事实在心中与越多的其他事实相联结，我们的记忆就对它保留得越好。它的每一个联想项都是吊起它的钩子，是在沉到水面之下时将它吊起来的工具。这些联想项一起形成了一个连接物的网络，它由此被编织进了我们思想的整个组织当中。因此，"好记忆的秘密"就是与我们想要保持的每一个事实形成多样和多重联想的秘密。但是，与一个事实形成这样的联想，除了尽可能多地思想那个事实，还能是什么呢？简单地说，两个拥有相同外部经验和同样多的单纯天然韧性的人，**思考**他的经验最多，并且将这些经验编织进相互间的系统关系之中的那个人，就是拥有最好记忆的那一个。我们到处都能看到这样的例子。大部分人都对与他自己的追求相联系的事实有好的记忆。书读得不怎么样的大学运动员,对各种武艺和比赛中的男子"纪录"所拥有的知识会让你感到惊讶,他还是运动统计学的活字典。原因在于,他不断地在心里想到这些事情,对它们进行比较,将它们安排成系列。对他来说,它们形成的不是许多单个事实,而是一个概念系统——所以它们突出了出来。因此,商人记得价格,政治家记得其他政治家的演讲和选票,其相关知识之丰富让局外人感到惊奇,而这很容易由他们在这些问题上所投入的思考的量得到解释。像达尔文或者斯宾塞那样的人在书籍中显露出来的对事实的强大记忆力,与他们拥有只具有中等程度生理保持能力的大脑并不是不相容的。让一个人在生命的早期为自己确定一个证实像进化论那样的理论的任务,事实很快就会像葡萄长在梗上那样聚集到他这里,并且粘住他。它们与这个理论的关系会紧紧抓住他;他的心能够察觉出越多这样的关系,他就变得越博学。同时,这位理论家也可能没有多少散在记忆。他可能注意不到无用的事实,并且一听到这样的事实马上就忘记了。几乎像他的博学一样广泛的无知可能与前者共存,并且似乎就隐藏在其网络的缝隙之中。那些与学者和专家有关系的人很容易想到我所指的那类人心的例子。

在一个系统中,每一个事实都通过某种思想关系而与每一个其他事实相联系。其结果就是,每一个事实都由系统中所有其他事实协同形成的提示力而得到保持,而遗忘就几乎不可能了。

为什么临阵磨枪是一种这么不好的学习方法的原因现在就清楚了。我说的临阵磨枪是指这样一种准备考试的方法,即在最后苦难到来之前的几个小时或者几天里将"要点"强记下来,而在此前一个学期的课程学习期间却很少或者没有用功过。在一次几个小时的时间里为了一个目的而学到的东西,不可能与心中其他的东西形成许多联想。只有很少的通路通向它们的大脑过程,而且这样的大脑过程也相对不太容易再次被唤起。快速遗忘是所有以这种简单方式背下来的东西的几乎不可避免的命运。但是相反,逐渐接受的相同材料,一天又一天,在不同的语境中反复出现,在各种关系中得到考虑,与其他外部事件相联结,并且反复被思考,就会渐渐变成为这样一个系统,与心的构架的其他部分形成这样的联系,有这么多进入的通路打开着,以至于它们成为了永久的财富。这就是为什么不断应用的习惯应当在教育制度中得到加强的智力上的原因。当然,临阵磨枪并不是道德的堕落。如果它导向了牢固的学习所期望的目标,那么它无疑就是最好的学习方法。但是它没有;学生自己应当理解它为什么没有的原因。

## 一个人天生的保持能力是不可改变的

现在看上去已经很清楚,记忆的所有改善都在于**用心经营**每一件想要记住的事情的**联想项**。教养似乎不能改变一个人的**总的保持能力**。这是一种生理性质,与他的生理结构一起一劳永逸地给予了他,而且他永远也不能希望改变它。它在疾病和健康时无疑是不同的;人们观察到的事实是,它在精力充沛和充满活力的时候比在疲劳和生病的时候更强。我们可以说,一个人的天然韧性会随着他健康方面的情况有所波动,而所有对他的健康有好处的东西也对他的记忆有好处。我们甚至可以说,无论多少智力练习能够有益于大脑的总体健康和营养,它也会对总体的保持能力有益处。但是除了这个以外我们就不能说了；而且很明显,这远比大多数人相信的要少。

事实上,人们通常认为,某些系统性重复的练习不仅会强化一个人对练习中使用的特殊事实的记忆,而且会强化他记忆事实的一般能力。总是有人会说出这样一个貌似真实的情况,他们说默记单词的练习会让以相同的方式学习新单词变得更加容易。[①]如果事实如此,那么我刚刚说过的话就是错的,而且将记忆归因于"通路"的整个学说就都必须要修改了。但是我倾向于认为人们声称的那个事实并不是真实的。我曾经就这一点仔细询问过几位成年演员,所有人都否认对部分学习的练习能够具有任何人们所说的那种意义。这样的练习对于他们的意义是提高了他们对一个部分进行系统研习的能力。他们的心中此时充满了以语调、重点、手势的方式构成的前例;新词唤起了独特的提示和决断;事实上是被捕捉进了先已存在的网络之中,就像商人的价格或者运动员的"纪录"储备比较容易回忆起来,虽然单纯的天然韧性丝毫也没有得到改善,并且事实上通常是随着年龄的增长而减弱了。这是一个通过更好的思考来更好地记忆的例子。同样,当学生通过默记的练习而有所改进时,我确信,这个改进始终都是对特殊内容的研习方式的改进(由于更大的兴趣,更强的暗示性,与其他内容的一般相似性,更持久的注意,等等),而完全不是原本的保持能力的提高。

---

① 参见埃比希豪斯:《关于记忆》(*Ueber das Gedächtniss*)(1855),第67、45页。人们可能会听到有人说:"我记忆力很差,因为我上学的时候从来也没有系统学习过诗词。"

# 第十六章 记忆

纽约的霍尔布鲁克(Holbrook)博士著有《如何增强记忆》一书,这部书在其他方面是有用而且明智的,但是充满了我说的这种错误。[1]这位作者未能对总的生理保持能力和对特定事情的保持做出区分,说起话来就好像二者都会以同样的方式受益。

他说,"我现在处理的是一个人多年以来逐渐加重的失忆病例。在我告诉他之前,他不知道自己的记忆力已经极为显著地衰退了。他做出了巨大的努力来恢复记忆,并取得了部分成功。所用的方法是每天用两个小时来训练这个能力,早晨一个小时,晚上一个小时。病人被要求对他学习的所有东西给以最密切的注意,以便能够在心里留下清楚的印象。他还被要求在每天晚上回忆白天的所有事实和经验,并在第二天早上再做一次。他听到的每一个名字都要写下来,并在他的心里留下清楚的印象,他还要不时地做出努力去回忆它。每星期有10个公众人物的名字要背下来。每天要学习一个诗句,还要学习《圣经》中的一个短句。他还被要求记住任何一本书中记录了有趣事实的那一页的页码。这些以及其他一些方法慢慢地使衰退了的记忆得到了复苏。"[2]

我发现,除了以这种方式揉进记忆里的特定事实,如在这些天注意到并且重复着的事件,那些政治家的名字,那些《圣经》短句等

---

[1] 《如何加强记忆》(How to Strengthen the Memory);或者《从不遗忘的自然和科学的方法》(The Natural and Scientific Methods of Never Forgetting),M. H. 霍尔布鲁克著,M. D. 纽约(无日期)。

[2] 第39页。

等以外,很难相信这位可怜老绅士的记忆在受过所有这些折磨之后能有一点改善。在另外一个地方,霍尔布鲁克博士引用了已故新闻工作者、政治家瑟洛·威德(Thurlow Weed)对他用来强化自己记忆的方法的解释。

我的记忆是一个滤网。我什么也记不住。日期、姓名、约会、面孔——每件事情都被我忘掉了。我对妻子说,"凯瑟琳,我永远都不会成为一个成功的政治家,因为我记不住,而那是政治家首先必须具备的。"我妻子说,我必须训练记忆力。因此,当我那天夜里回家时,我一个人坐下来,用了15分钟的时间安静地努力准确回忆那一天发生的主要事情。起初我只能回忆起一点点;现在我还记得那时我想不起来早饭吃了什么。经过几天的练习之后,我发现我能回忆的更多了。我比起初更经常、更清楚,也更生动地想起发生过的事情。在这样做了大约两个星期之后,凯瑟琳说"你为什么不向我讲述白天的事情,而不是你自己回忆它们?这会很有趣,而且我对它的兴趣对你也是一种刺激。"我对妻子的想法怀着极大的尊重,开始了一种可谓是口头坦白的习惯,这习惯几乎持续了50年。每天夜晚在休息之前所做的最后一件事情,就是向她讲述我能记起来白天发生在我身上或者发生在我周围的每件事情。我通常会回忆我早饭、正餐和茶点所吃的食物;我看到过的人和他们说过的话;简短而摘要性地向她讲述我为自己的文章所写的评论。我尽可能地提及所有寄出和收到的信件,甚至所用的语言;如果我步行或者骑行过——我会向她讲述我观察到的每一件事情。我发现我的功课一年比一年做

## 第十六章　记忆

得更好，这个练习没有变得让我厌倦，相反，重复白天的事情成为了一种快乐。我感激为具有某种不同寻常韧性的记忆所做的这项训练，并且将这项练习推荐给所有想要记住事实，或者期望成为具有影响力的人物的人。①

我并不怀疑在这50年壮举般的训练之后，与没有经过这样的训练相比，威德先生对其过去经验的实际掌握能力强多了。期待着晚上要做的叙述，他对白天里的每一件事情就更加关注了，以不同的方式命名和思考它，让心专注于它，晚上再把它重温一遍。他对它做了更多的思考，所以它就在他那里留了下来。但是我敢相当自信地断言（虽然我知道用理论来否定一个事实通常是多么地愚蠢），他对只是偶然注意一下而且也没有被思考过的相同的事情，在壮举般自我训练的那些年的最后不会比在这些年的开始记忆得更好。他获得了注意和纪录其经验的更好方法，但是他的生理保持能力可能并没有丝毫的改进。②

---

①　在前面引用的书中，第100页。
②　为了检验在这里这么自信地表达出来的观点，我曾经试图弄清，每日一定量的默记诗歌的训练是否可以缩短学习一首完全不同种类的诗歌的时间。在相继的8天中，我默记了维克多·雨果"森林之王"（Sayur）中的158行。做这件事情所需的全部时间是 131 5/6 分钟——应该说，我已经很多年没有默记过任何东西了。之后，我每天用20多分钟的时间默记《失乐园》的整个第一卷，这个过程用了38天。在这个训练之后，我又回到维克多·雨果的诗歌，并且发现另外的158行（完全是按前面那次那样划分的）用了我 151 1/2 分钟。换句话说，在训练之前我以50秒一行的速度将维克多·雨果的那些诗行背下来，而在训练之后这个速度是每行57秒，这个结果正好与流行观点让人预期的相反。但是由于我在学习维克多·雨果的第二批诗行时还觉察得到由做其他工作而带来的疲劳，我想这也许解释了速度的减低；于是我又说服了其他几个人来重复这个试验。

667　　记忆的全部改进都是在于记录事实的习惯性方法的改进。在传统的术语中,记忆方法被划分为机械的、独创的和明断的。

机械的方法表现为强化、延长和重复要记住的印象。在使用黑板教儿童阅读的现代方法中,每一个词都通过眼睛、耳朵、声音

---

W. H. 伯纳姆博士用8天时间学习了《追思》(*In Memoriam*)中的16行;时间是每天14—17分钟,平均14 3/4分钟。之后他又使用埃涅阿斯纪(Æneid)第二卷的席勒德文译本来训练自己,每天16行,连续26天。再次回到同样数量的《追思》时,他发现最长的时间是20分钟,最短的时间是10分钟,平均14 27/48。由于他担心这一次的外部条件没有第一次的好,所以他等了几天,使得这两次的条件尽可能相同。结果是最长的时间是8分钟,最短的时间是19 1/2分钟;平均14 3/48分钟。

E. S. 德罗恩(Drown)先生自己用维吉尔做了16天的试验,然后,在用斯科特训练过自己之后,又再次用维吉尔试验了16天。训练前的平均时间是13分26秒;训练后是12分16秒。[16天对于这项试验来说太长了,它给出的是试验诗行的训练时间。]

C. H. 鲍德温先生的试验每天10行,用了15天,又用"一首完全不同的诗"中的450行训练自己,之后又在前一首诗上用了15天,每天10行。平均结果:训练之前是3分41秒,之后是3分2秒。[与前面同样的批评。]

E. A. 皮斯(Pease)先生自己用《国王牧歌》(*Idyls of the King*)做测试,用《失乐园》(*Paradisse Lost*)做训练。每次6天的平均结果:之前为14分34秒,之后为14分55秒。伯纳姆先生曾经提出,要完全消除训练诗行的促进效果,就应该以埃比希豪斯的方式,用与任何表达性的诗歌系统没有任何相似之处的无意义的音节序列来对自我做测试。我也让我的两个学生做了那个实验。不幸的是纪录丢失了;但是在实验结果中,训练之后学习的第二个无意义音节序列的平均时间大大地缩短了。然而,在我看来,这更多表明的是对无意义诗行本身快速习惯的效果,而不是在它们之间使用的诗歌的效果。但是我要进一步彻底进行这样的实验,并在其他地方给出报告。

我的一个学生曾经引述过他认识的一位教士的情况。这位教士曾经通过训练神奇地改善了默记其布道的能力。我写信给这位绅士以求证实。他的回复表明,技能的提高是由于学习方法的改变,而不是由于他的天然保持能力通过训练得到了增强。我附上他的回复:"除了在患病期间,我的记忆力就像体操运动员的肌肉那样逐年改善。在20岁之前,将一小时长的布道背下来要用3到4天;20岁之后,2天,1天,半天,现在分析性地、非常专注或者投入的慢速阅读就能将它背下来。但是对我来说记忆似乎是理智能力中最物理的。身体的舒适和活力与它有很大的关系。此外,在方法上也存在很大的技能上的差异。我过去习惯于一句一句地记。现在我先记住总的观念,然后是它的主要划分,然后它的进一步划分,再然后是它的句子。"

## 第十六章 记忆

和手的四重渠道施加作用。这种方法就是改进了的机械记忆方法的一个例子。

记忆事情的明断方法只是思考它们并将它们纳入理性的系统之中,给它们分类,将它们分析为部分等等的逻辑方法。全部的科学都是这种方法。

许多独创的方法已经以技术记忆之名被发明出来。通过这些系统,通常有可能记住完全不相关的事实、名单和数字等等,这些事物的数量多到了用自然的方法根本无法记忆的程度。这种方法通常表现为一个机械地习得并牢固和永久地存在于心中的构架。之后,每件要记住的事情都被有意通过某种虚构的类比或联系与这个构架的某个部分联结起来,而这个联系此后就会有助于这件事情的回忆。这些办法里面最广为人知和使用最多的,就是数字-字母表。比如,要记住数字,首先要形成一个数字-字母表,在其中每个数字为一个或更多个字母所代表。然后,将数字转化为最容易构成词的那些字母,如有可能这个词要能提示数字所属的对象。当只是遗忘了数字时,单词还会被记住。

这是最普通的数字-字母表:

1, 2, 3, 4, 5, 6, 7, 8, 9, 0.
t, n, m, r, l, sh, g, f, b, s,
d,          j, k, v, p, c,
            ch, c,       z,
            g, qu.

简要地表示一下它的用法。让我们设想要记住的是每秒1142英尺为声音的速度:t, t, r, n 是所需的字母和次序。

填补进元音形成像"tight run"①这样的短语,想象一个人如果要跟上声音的速度就必须快跑,由此将它联系起来。当几天后回想它的时候,你必须非常小心地不要与光的速度相混淆,也不要以为他曾艰难地跑过每秒3000英尺那么快。②

皮克(Pick)博士和其他人使用了一个通过中间观念将任何两个要记忆的观念联系起来的系统,这个中间观念为第一个观念所提示,又提示出第二个观念,以这种方式构成了整个清单。因此,

> 让我们设想要记住下面这个观念的系列:花园,头发,警卫,哲学,铜,等等。……我们可以用这样的方式将这些观念结合起来:花园,植物,植物的头发——头发;头发,软帽,警卫;——警卫,清醒,学习,哲学;哲学,化学,铜;等等。(皮克)③

众所周知,一个印象如果

(1) 较新近,

(2) 受到较多的注意,

(3) 更经常地重复,

这个印象就记忆得更好。

新近性的效果几乎是完全恒定的。两个同等重要的事件,时间较远的那个就更容易被忘记。持续到老年的儿时记忆不能与被

---

① "Tight run",快跑的意思。——译者
② E. 皮克:《记忆及其医生》(Memory and its Doctors)(1888),第7页。
③ 这个系统在 L. 埃文斯(L. Evans)(1889)所写的《记忆训练》(Memory Training)这本书中得到了极为详尽的发展。

## 第十六章 记忆

遗忘的当天或者当下时辰的事件相比较，因为后边这些事件是无关紧要只重复一次的事情，而儿时记忆却已经在我们其后整个生命中的回想过程里进入了我们心中。在其他条件相同的情况下，在生命的所有时间里，新近性都能提升记忆。我能够想到的唯一例外，是关于儿时某些时刻的无法解释的记忆，这些时刻显然不是由于其内在生存价值而被保留下来的，但却也许是它们发生的那一年里我们所能想起来的仅有的事件。每个人可能都曾经有过他孩童生活中某些时刻的隐约闪现，他站立或者坐着的位置，房间里的光线，他的父亲或母亲所说的话，等等。如此奇怪地被选择出来免于时间破坏的这些时刻，其好运可能来自于我们现在不可能追溯的历史特点。很可能在它们发生后不久我们就再次想起了它们；这成为了我们为什么会再次想起它们的原因，等等，这样它们最终就变得根深蒂固了。

我们给予一个经验的注意是与这个经验的生动性或者有趣性成比例的；而且这是一个众所周知的事实，即在其他条件相同的情况下，我们记得最好的，是在当时最生动地引起了我们兴趣的东西。一个印象可能会令人情绪激动得几乎可以在大脑组织上留下一块疤痕；并因而引起一种病态的妄想。"一个受过强盗袭击的女人，将所有她看到的男人，甚至包括她自己的儿子，看作一心要杀害她的歹徒。另一个女人看见自己的孩子被一匹马撞倒；任何的推理，甚至看见这个活着的孩子，都不能让她相信他没有死。在一场争论中被称作'贼'的女人，一直相信每个人都指控她偷盗（埃斯基罗尔（Esquirol））。还有一个人，在巴黎公社期间看见街上失了火就躁狂发作，6个月之后仍然在自己的四周看到妄想的火焰

（卢伊斯），等等。"①

关于注意和重复的普遍效力，我所能做的最好的事情就是抄录泰恩写下的话：

> 如果对不同的感觉、意象或者观念进行比较，我们会发现它们的复苏能力是不一样的。它们中有许多会被彻底遗忘，在一生中永远不会再次出现；例如，我一两天之前曾开车驶过巴黎，虽然我清楚地看见了差不多60或者80个新面孔，现在却想不起其中的任何一个；某个不同寻常的情形，一阵极度兴奋的发作，或者大麻兴奋，对于它们有机会复苏是必要的。另一方面，也有一些感觉拥有任何东西都不可毁坏或不能降低的复苏力量。尽管时间通常会弱化和损害我们最强烈的感觉，这些感觉还是会完整而强烈地再度出现，不曾失去微小的细节或者力度。布里埃·德布瓦蒙特（Brierre de Boismont）先生曾在儿时受过头皮上的疾病之苦，声称"在55年过去之后，在接受颅盖疗法时，他仍然能感到他的头发被拔了出来。"在我这里，30年之后，我还记得自己第一次被带去的那个剧院的外观的细节。从第三排包厢看过去，剧院对我显现为一口巨大的井，红颜色的，充满了激情，人头攒动；右下方，在一块狭窄的地板上，两个男人和一个女人走进，走出，又走进，做出手势，在我看来就好像是活泼的小矮人儿；让我极为惊奇的是，其中的一个小矮人跪了下来，亲吻那位女士的

---

① 波尔汉：《心理活动，以及精神元素》（*L'Activité mental, et les Éléments de l'Esprit*）(1889)，第70页。

## 第十六章 记忆

手,然后藏在了一块屏风后面;另一个正走进来的小矮人好像生气了,并且抬起了胳膊。我那时7岁,看不明白发生了什么事情;但是那口深红色天鹅绒的大井是那么地拥挤、闪耀和明亮,以至一刻钟之后我好像就陶醉了,睡着了。

我们每个人都会在记忆中发现相似的回忆,并且会在它们中间辨别出一种共同的特性。原初的印象曾经有相当程度的注意相伴随,或者是由于让人恐怖或快乐,或者是由于它的新颖和奇异,并且与我们的日常生活太不相称。我们说下面的话时所表达的就是这个意思,我们说我们被强烈地感动了,我们全神贯注,不能思考任何其他事情,我们的其他感觉都消失了,整个第二天我们都为留下的意象所纠缠,它困扰我们,我们无法将它驱赶开,与它相比所有让人分心的事情都是微弱的。正是由于这种不相称的力量,儿时的印象才能如此持久;心相当有活力,日常的物体和事件都是令人惊奇的。现在,在见过那么多大的礼堂和剧院之后,在走进一个剧院时,我已经不可能再感觉被吞没进去,淹没在里面,好像迷失在一个巨大的令人目眩的井中了。一位60岁的医务人员,自己亲身和在想象中都经历过许多的痛苦,与儿时相比,现在的外科手术不会给他带来那么多的不安了。

无论哪一种注意,随意的或者不随意的,运作都始终是这样的;对象或者事件的意象能够复苏或者能够完全复苏,是与我们考虑那个对象或者事件时的注意程度成比例的。我们在日常生活的每一时刻都在运用这一规则。如果我们正在集中精力读一本书,或者正处于一场生动的谈话之中,虽然隔壁房间有人在唱歌，我们不会记住它；我们只是模糊地知道有人在唱歌。然后我们停下阅读或谈话，将来自自己的心或者外部世界的所有内部状态和外部感觉放在一边；我们闭上眼睛，给我们的内部和周围带来一片寂静，如果那首歌重复唱出，我们就倾听。然后我们说，我们全心倾听了，聚精会神。如果那是一首好歌，并且深深地感动了我们，我们还会补充说，我们激动万分，我们提升了，陶醉了，我们忘记了世界和我们自己，在一段时间里，我们的灵魂只感受到声音……。

我们的心理状态之一的这种独一无二的短暂优势，解释了它的复苏或更完全复苏能力的更大的持久性。由于感觉在意象中复苏，意象的再现就带有一种与感觉的力量相应的力量。我们在第一个状态中遇到的东西，也会在第二个状态中遇到，因为第二个状态只是第一个状态的复苏。所以，在我们的全部意象都不断参与进去的生命挣扎中，从一开始就最有力量的那个意象，就会通过使它得以存在的那条重复法则而在每次冲突里都保留下来，这是压服其对手的能力；这就是为什么它起初不断地复苏，然后经常复苏，直到最后逐渐衰弱的法则以及新印象的持续到来夺走了它的优势，它的竞争者找到了一块清净的场所，得以发展起来。

持久复苏的第二个原因是重复本身。每个人都知道，要学习一个东西，我们不仅必须聚精会神地思考它，而且还必须重复思考它。用日常语言来说就是，重复多次的印象更深也更精确地铭刻在记忆里。我们就是这样记住了语言、歌曲、诗节或者散文的段落、技术术语以及科学命题，更是这样记住了

## 第十六章 记忆

规范我们行为的普通事实。当我们从黑醋栗果冻的形状和颜色想到它的味道,或者当我们一边闭着眼睛品尝一边想象它的红颜色和颤颤抖抖的闪亮薄片的时候,我们心中的意象由于重复而变得活跃。每当我们吃、喝,或者走路,或者使用我们的任何一个感官,或者开始或继续任何动作,都会发生相同的事情。每个人和每个动物都在生命的每一时刻储备着清晰而且容易复苏的意象,这些意象在过去来源于许多经验的汇合,而现在又为更新了的经验之流所充实。当我想要从杜伊勒里宫走到万神殿,或者从书房走到餐厅的时候,我在每一个转弯处都会预见到将要呈现在我眼前的彩色形状;在我曾经度过两个小时的房子里,或者在我停留过三天的镇子上,情况就不一样了;在过去了 10 年之后,意象会变得模糊,有了许多空白之处,有时它们不存在了,于是我不得不再去找路,否则就迷失了。——意象的这个新性质也来自于第一个性质。由于每个感觉都趋向于在其意象中复苏,重复两次的感觉就会在其后留下加倍的趋向,只要第二次的注意与第一次的一样强;情况通常并不是这样,因为新颖性在降低,兴趣减少了;但是如果其他情形使兴趣得到恢复,或者如果意志恢复了注意,不断增加的趋向就会不断增加意象复活和完善的机会。①

然而,如果太过经常地经历一个现象,而且在太过多样的情境中经历这个现象,虽然它的意象保留了下来,并且以相应程度的敏

---

① 《智力》,I,77—78。

捷再现出来,它却不能提供任何一个独特的背景,而且它因而也无法向后投射到一个独特的过去的日期。我们辨认出它,但是没有记住它——它的联想项形成了过于混乱的一团云雾。斯宾塞先生说,没有人会记得

> 他正在看着的物体还有反面;或者视觉印象的某个改变意味着一段距离;或者他看见四处移动的那个东西是一个活的动物。问一个人是否记得太阳发光,炉火燃烧,铁是硬的,这是对语言的误用。甚至几乎偶然的经验联系,当变得十分熟悉了时,也不再被归于记忆一类。虽然在听到某个没有看见的不十分熟悉的人的声音时,我们说想起来了这是谁的声音,我们所用的表达与听到与自己生活在一起的人的声音时所用的表达是不一样的。童年时必须有意识回想的语词意义,在成年人的生活中似乎是直接呈现出来的。①

在这些情形中,通向太多不同联想项的太多的通路相互阻塞,心与其对象一起得到的,是感受到的熟悉的边缘,或者存在着联想项的感觉。当一个清楚的背景只是刚开始被唤起时,会有类似的结果产生。于是我们感受到自己看见过那个对象,但是说不出是在什么时候或者在哪里,尽管我们似乎感觉话就在嘴边上。新发生的大脑兴奋能够通过对较强的兴奋就能让我们明确感受到的东西的迫近感来影响意识,这一点从我们试图回忆一个名字时所发生的情况看是明显的。它刺痛着,在边缘颤抖,但是不出现。尚未

---

① 《心理学》,第201节。

## 第十六章 记忆

恢复的联想项的这种刺痛和颤抖，正是辨识的半影，它可以围绕任何经验，并且让它显得熟悉，虽然我们不知道为什么会是这样。①

---

① 赫夫丁（Höffding）教授认为，被清楚思想到的接近联想项的缺乏，证明在我们有很强的对象熟悉感，却想不起先前的时间或地点的瞬间辨识中，并没有联想过程发生。他关于所发生情况的理论是，每当我们面前的对象 A 唤起了它自己过去自我的休眠意象 $a$，它就带有一种熟悉感，而如果没有这个意象，它就好像是生疏的。熟悉的性质来自于大脑中两个相似过程 A＋a 的结合［《心理学》（Psychologie），第 188 页；《科学哲学季刊》(1889)，XIII, 432］。这个解释很有诱惑力。在这个解释中，辨识现象被还原为了它的最简单的项。在冯特的实验室中做了一些实验（由沃尔夫（Wolfe）先生，见下面第 679 页，和莱曼所做（《哲学研究》，V, 96)），在这些实验中，一个人必须从呈现给他的几个非常相像的感觉印象（声音、颜色）中，说出其中哪一个与片刻之前呈现的感觉印象相同。在这里，确实好像是刚刚兴奋的通道中的消逝过程，必须与新印象的过程相结合，才能给后者一丝特有的将其与其他对象的印象分离开来的主观感觉。但是在很短时间的干预之后，这种直接辨识就是我们力所不及的了。几分钟的间隔通常对它就是致命的；因此无法想象，我们对一张面孔的经常性的瞬间辨识（比如辨识为以前曾经遇见过）是由任何这样的简单过程产生的。当我们将分类标题与对象联系起来时，时间间隔的效果就小多了。莱曼博士在心里将名称或数字附加给不同的灰色调之后，就能够更加成功和持久地识别出这些灰色调。这是对名称或数字这样的接近联想项的回想，这个联想项引起了辨识。如果经验是复杂的，整个对象的每个元素都曾经将其他元素作为自己过去的接近联想项。因此，在外部对象从外部让那些其他元素复苏的同时，每个元素也都趋向于从内部使它们复苏。因此，每当我们遇到一个熟悉的对象，我们都会有那种期待得到满足的感觉，这种感觉是我们审美感情中的一个重要因素；而且即使没有用于唤起外在联想项（肯定始终有这样的联想项）的"趋向边缘"，各部分之间的内在相互联结也会使熟悉的知觉象有一种安逸的性质，这种性质使它们成为了独特的主观类型。一个过程以与建造新河床不同的方式注满了它旧有的河床。我们可以诉诸内省来证明这一点。比如，当我走进几年前曾经走进过的一座屠宰场，尖叫着的猪的可怕喧嚣使我突然有了一种压倒一切的识别感的时候，当我已很久不再想起的"不屈不挠者"的带血的脸立刻被识别为是以前也这样看到过的那张脸的时候，当肮脏发红的木制品、紫色涌流的地板、那种气味、厌恶的情绪，总之所有的细节，立刻再次确立为我心中熟悉的东西的时候，过去时间里的外部联想项决没有突显出来。同样，在试图去想一幅版画，比如置于其传记之前的拉惹·布洛克（Rajah Brooke)的肖像时，我只能部分做到；但是当我取下这本书，看看那个真实的面孔，我被

675　　有一种似乎每个人都有过的奇怪经验——关于以前曾经完整经历过现在这个时刻的感受——我们说的就是这件事，就是在这个地方，就是这些人，等等。人们曾经将这种"先已存在的感觉"看作是极大的秘密，它引发了很多猜测。威根博士认为它是因两个大脑半球动作的分离而产生的，其中一个比另一个的意识产生得
676　稍晚一点，但二者都是关于同一个事实的。① 我必须承认，秘密的性质在我看来似乎有些勉强。我曾经一次又一次地在我自己这里成功地将这种现象解析为记忆的一种情况，它是如此模糊以至虽然一些过去的情形再次出现了，其他情形却并没有出现。过去的

---

由它与我正努力要复苏的那张面孔的相似性而来的那种亲密感突然打动，——外在联想的元素在经验中的什么地方？在这两种情况下，感受起来确实好像回忆的感觉最为生动的时刻也是所有外部联想项最受压制的时刻。屠夫的脸召回了先前屠宰场的围墙；关于它们的思想召回了呻吟的动物，它们又召回了那张脸，就像我现在经验着它们，不带有不同的过去成分。同样，在我打开那本书并且说"啊，就是这张脸！"的时候，我对拉惹面孔的意识的奇特加深也是如此强烈，以致将所有并行的情形，无论是现在的情形，还是过去经验中的情形，都从我的心中驱逐了出去。但是在这里是鼻子为眼睛准备通道，眼睛为嘴巴准备通道，嘴巴又为鼻子准备通道，所有这些过程都涉及接近联想的通路，正如我在行文中所辩护的那样。因此，我不能同意赫夫丁教授的观点，即瞬间辨识现象只能通过回想那个事物并将它与自己的过去意识相比较才能得到解释，尽管作为心理学家我尊敬他。在相关的事实中，我也看不到任何可以恢复我们已经拒绝了（前面，第 592 页）的那个一般看法的进一步根据。那个一般看法是，"感觉"从来都是通过对它自己过去自我的"意象"而被接收进心中的。它是通过接近联想而被接收的；或者，如果它们形成了很微弱的边缘，它的神经流就会流进还带着上一个神经流的"温暖"，并因而与冷河床里的神经流感觉起来不同的河床之中。不过，我同意赫夫丁的观点，即莱曼博士的实验（其中的许多）似乎并没有证明他想要证明的论点。确实，莱曼自己似乎相信，我们是通过将感觉 A 与它自己过去的意象 a 相比较来辨识这个感觉的（在上述引文中第 114 页），我完全不同意这个观点。

① 《心的二元性》，第 84 页。已故的 R. H. 普罗克特（R. H. Proctor）先生辩护了相同的论题，他给出的一些事例很难与我自己在 1884 年 11 月 8 日的"知识"（Knowledge）中提出的解释相一致。还可参见里伯特，《记忆缺失》，第 149 及以下诸页。

不同部分起初并没有足够完整地出现,以使时间得到识别。我们得到的只是带有对其过去性的一般提示的当下场景。拉扎勒斯教授,那位忠实的观察者,也对这种现象做了同样的解释;① 而且值得提出的是,一旦过去的环境变得完整和清晰了,那种神秘的情绪就从经验中消退了。

## 对记忆的精确测量

近期在德国有人对记忆做了精确的测量。埃比希豪斯教授在用两年多的时间所做的一系列真正了不起的每日观察中,考察了保持和再现的能力。他默记了一串串无意义音节,然后一天又一天地测试他对这些音节的记忆。读过一次以后,他对音节的记忆超不过 7 个。然而,记住 12 个音节需要读 16 次,记住 24 个音节需要读 44 次,记住 26 个音节需要读 55 次。在这里,"记住"的时刻在这里是指一串音节第一次被正确背诵出来的时刻。② 如果在一天的时间里一个 16 个音节的音节串被读过一定的次数,第二天再学习直到记住这个音节串,结果发现第二天的学习省出来的秒数与第一天的诵读次数是成比例的——在相当窄的限度内成比例,对此请参见具体文本。③ 对超过特定长度的无意义音节串无论

---

① 《民俗心理学杂志》(Zeitschr. F. Völkerpsychologie u. s. w.),第 5 卷,第 146 页。
② 《关于记忆,实验研究》(Ueber das Gedächtniss, experimentelle Untersuchungen)(1885),第 64 页。
③ 同上,第 23 节。

做多少次重复,都不能使埃比希豪斯博士不出错地将它们保持 24 个小时。对于像这些音节串这类事物的遗忘,损失在开始的时候比在后面的时间里要快得多。他用为再学习一个曾经学习过的音节串所需的秒数来测量损失。粗略地说,如果学习一个音节串需要 1000 秒,再学习它需要 500 秒,两次学习之间的损失就是一半。用这种方法来测量,整整一半的遗忘似乎都发生在最初的半小时之内,而在一个月的最后被遗忘的就只是五分之四了。人们可能已经预期到这个结果的性质,但是很难预期它的数字上比例。埃比希豪斯博士说:

> 在特定实验条件之下和在特定个体那里得到确认的最初的快速和最后的缓慢,……无疑会让我们感到惊奇。在学习停止一小时以后,遗忘进展得如此之快,以至要让那个音节串能够再现,最初工作的一半以上都必须要再次进行。8 小时以后,最初工作的三分之二必须要重做。然而,遗忘的过程渐渐慢了下来,甚至在相当长的时间里,损失只是勉强可以确定。24 个小时以后有三分之一,6 天以后有四分之一,整整一个月以后有五分之一的最初工作以其后效的方式保留了下来,并且使再学习变得快得多了。[①]

但是这位作者所得全部结果中最为有趣的一个结果关系到这样一个问题,即观念仅仅是通过先前紧挨在它们前面的那些观念回忆起来的,还是无需经过中间的心理链环,一个观念就有可能回

---

① 在前面引用的书中,第 103 页。

## 第十六章 记忆

忆起它与之从来不曾有过直接接触的另一个观念。这个问题对于看待"观念联想"过程的方式而言具有理论的意义；埃比希豪斯博士的尝试，在对初看起来难以证明的两种观点进行直接的实际检测，并且让一方获胜这方面，即具有独创性，也是成功的。他的实验决定性地表明，一个观念不仅直接与紧随它之后的那个观念"联结"着，并由此与其他观念相联结，而且它也与所有在它近旁的观念都直接联结着，尽管是在不同的程度上。他最先测量的是为记住某些音节串所需的时间，然后测量了为记住音节相同但是音节之间有中断的音节串所需的时间。这样，用数字代表音节，如果第一个音节串是1、2、3、4、……13、14、15、16，第二个音节串就是1、3、5、……15、2、4、6、……16，等等，可以有许多变化。

现在，如果第一个音节串里面的1和3是以那个次序通过1唤起2，2唤起3而学习的，那么如果漏掉2，1和3在心里就没有联系了；而学习第二个音节串所用的时间，就和在从来没有听到过第一个音节串的情况下所用的时间一样多。另一方面，如果1对3和2都有直接影响，那么即使漏掉2，那个影响还是会产生；而与不熟悉第一个音节串的情况相比，熟悉这个音节串的人对第二个音节串就学得更快。这后一种情况就是实际发生的事情；埃比希豪斯博士发现，起初为7个之多的中间项分隔开来的音节，由依次学习这些音节的速度的提高，而仍然显示出最初的学习在它们之间建立起来的联系的强度，可以说这个联系是越过所有其他音节的头顶而建立起来的。当我们谈论神经"通路"，在一种不加限制的意义上使用这个词的时候，这些最后的结果应当让我们小心起来。它们在证明联想比意识更精细，证明神经过程在没有产生出意识的情况下,也可能会以如有意识这个意识起作用的相同方式起作用的那一组事实上,又添加了一个事实。[①] 显然,原来经过 2 的从 1 到 3 的旧通路,使得从 1 到 3(从意识中略掉 2)的通路变得更容易通过和更宽了——只是穿过前一通路的这个成分微弱得使 2 不能被思想为独立的对象。

沃尔夫(Wolfe)先生在关于辨识的实验中使用了振动的金属簧片。

这些簧片产生的音,在两个较低八度只有两次振动的音差,在三个较高八度有四次振动的音差。在第一个系列的实验中,选择一个音,在这个音响过 1 秒之后,再响第二个音,第二个音或者与第一个一样,或者在不同的序列中与第一个有 4、8 或者 12 次振动的音差。接受实验的人要回答第二个音是否与第一个一样,从而表明他辨识出了它,或者它是否与第一个不同,如果不同,它是更高还是更低。当然,两个音之间的时间间隔是一个重要因素。正确判断所占的比例,以及两

---

[①] 所有我们给不出清楚理由的推论都例示了这一法则。在关于知觉的一章里,我们会看到无数这样的例子。彼耐特对一些双手麻木的歇斯底里被试所做的奇怪观察对它做出了很好的病理学说明。作为一种独立视觉,这些被试看见了他们用手做的事情,但却没有感受到它。将病人的手藏在一个屏幕后面,要求病人看另一个屏幕,并且说出投射在上面的视觉形象。他们会说出与没有感觉的手臂被抬起、触碰等等的次数相应的数字。还会说出与在手掌上画出的线条和数字相应的类似的有颜色的线条和数字;当摆弄手或者手指时,他们会说出手本身或者手指;最后,会说出放在手里的物体;但是手本身什么也感受不到。整个现象表明了处于某个有意识自我的阈限之下的观念,如何可以在那里引起联想效果。然而,病人的原初意识感受不到的皮肤感觉,在那里唤醒了它们通常的视觉联想项。

个音的振动速率的差异之小，可以测量音调记忆的准确性。情况似乎是，与两个音不同的情况相比，被试更容易说出两个音相同的情况，尽管在这两种情况下记忆的准确性显然都非常好。……这里的要点是音和其再现之间的时间间隔的效果。这个间隔从1秒到30秒不等，在一些实验中甚至达到60秒或者120秒。总的结果是，这个间隔越长，音被辨识出来的机会越小；遗忘的过程开始发生得非常快，然后就比较慢了。……这个法则可以有相当多的变种，其中的一个似乎是恒常和奇特的；即在记忆自身中似乎有一种节律，下降之后，会轻微地恢复，然后再次减弱。①

声音记忆的这种周期性的更新，似乎是造成某些声音反复速度之合意性的一个重要因素。

## 遗　　忘

在我们智力的实际运用中，遗忘与记忆是同样重要的功能。洛克在他那本可爱老书的著名的一页中说：

确实，有些人的记忆力很强，甚至堪称奇迹；但是我们的所有观念似乎都在不断地衰退，甚至那些扎根最深，而且在心中最具保持力的观念也是如此；所以，如果它们不是间或通过感官的重复运用，或者通过对最初引发它们的那种对象的反省

---

① 抄录自沃尔夫在1886年11月19日的《科学》上发表的文章的摘要。原文在《心理学研究》，III，第534及以下诸页。

而得到更新,印迹就会磨损,到最后就什么也看不到了。所以我们年轻时候的观念,还有孩子,常会消逝在我们的前面;我们的心向我们展示出我们快速靠近的坟墓;在这里,虽然黄铜和大理石还留了下来,而上面的铭文却已经为时间抹去了,上面的雕像也已经朽坏了。我们心里的图画是用会消退的颜色画上去的;如果不时而更新,它们就会消失不见了。我在这里不去探究我们的身体构造和我们的动物精神品质有多少是与此相关的;不去探究大脑的特性是否造成了这样的差异,即有些人的大脑像大理石那样保留着写在上面的字迹,另一些人的大脑像易切砂岩那样保留着这样的字迹,还有一些人的大脑在这方面比沙子好不了多少;尽管情况看上去可能是这样,即身体的构造确实有时会影响记忆;因为我们经常发现疾病会夺去心中所有的观念,而且在几天的时间里,发烧的热度就会把所有像刻在大理石上一样持久的意象烧成灰烬,并且混淆起来。①

遗忘与记忆的这种奇特混合只是我们心的选择活动的一个实例。选择正是我们的心理之船建造其上的那个龙骨。在记忆这方面,它的功用是明显的。如果我们记住了每一件事情,在大多数情况下我们就会和什么都没有记住一样糟糕。回忆一个时间段所用的时间就会和起初流逝掉的时间一样长,我们就永远不能在思想的方面取得进展。相应地,所有回忆起来的时间都会遭受里伯特所说的省略;而这个省略就是由于遗漏了大量充实这些时间的事实而产生的。

---

① 《人类理解论》,II,XX,5。

## 第十六章 记忆

现在一成为过去,我们的意识状态就消失和抹去了。过去几天之后再去回顾它们,能保持下来的微乎其微:它们中的大部分都沉没进了不能再从中浮现出来的那个巨大的非实存之中,并且携带着内在于其存在的那段持续时间。幸存意识状态的这种亏损,因而就是所表象时间量的亏损。我们曾经谈到过的缩短和节略的过程,就是以这种亏损为条件的。如果为了回忆很久以前的事情,我们不得不查看将它与我们现在的自我相隔开来的所有时间,那么记忆就会由于运作时间太长而成为不可能了。我们于是就有了这个自相矛盾的结果,即记忆的一个条件就是我们应该遗忘。如果不完全忘掉数量惊人的意识状态,并且暂时忘掉许多这样的状态,我们就根本不能记忆。因此,除了一些情况以外,遗忘不是记忆的疾病,而是其健康和生命的条件。①

还有许多遗忘过程中的不规则性尚未得到解释。有一天忘记了的一件事情,却会在第二天想起来。有的事情我们付出最大的努力去回忆却毫无结果,而刚一放弃尝试,就溜进了心中,而且就像爱默生在某个地方所说,清白得好像不是被召唤来的。过去时间的经验会在许多年的完全遗忘之后复苏,这通常是某种大脑疾病或事故的结果,这些疾病或事故似乎将潜在的联想通路开发出来,就像摄影师的液体使沉睡在胶片中的图像显现出来一样。引述最多的例子来自科尔里奇(Coleridge):

在德国的一个罗马天主教的镇子上,一位既不能阅读也

---

① Th. 里伯特:《记忆病》(*Les Maladies de la Mémoire*),第46页。

不能书写的年轻女子突然激动不安起来,神父说她魔鬼附身,因为人们听到她说起了拉丁语、希腊语和希伯来语。她的胡言乱语被写在了纸上,人们发现,句子本身都是可理解的,但是句子之间很少有联系。在她说的希伯来语里,只有几句话能够追溯到《圣经》,而且大部分似乎用的都是希伯来语的方言。这里面不可能有诡计:这位女子是个简单的人;她突然激动起来这件事也是毫无疑问的。除了魔鬼附体以外,这件事情很长时间都没有得到解释。最后,一位医生揭开了这个秘密。这位医生决定回溯这个女孩的历史,在经历了许多困难之后,他发现这个女孩在9岁的时候被一位年老的新教牧师出于慈善而收养,他是一位了不起的希伯来学者,直到他去世,她一直生活在他家里。经过进一步的询问发现,这位老人多年来似乎一直习惯于在通向厨房的走廊上走来走去,并且大声读书。仔细检查了他的书籍,发现其中有几本由懂希腊语和拉丁语的神父所写的书,还有一个希伯来语作品集。在这位年轻女子的床边记下的许多段落,都在这些著作里找到了,它们的来源就没有理由再怀疑了。①

---

① 《文学传记》(*Biographia Literaria*),1874年版,I,117(引自卡彭特的《心理生理学》第10章,这里还有一些其他病例,不幸的是,和这个病例一样,在为'物理研究'所要求的精确证实提供证据方面全都有所欠缺)。比较Th. 里伯特的《记忆疾病》,第4章。在灵鬼附身等情况的报告中关于外语单词的知识等等也许通常可以通过记忆力的提升得到解释。一个病例引自《美国心理学研究会会刊》的患歇斯底里癫痫症的女孩,自动书写了"英戈尔兹比传奇"(Ingoldsby Legend)中的几篇,她的父母说她"从来也没有读过"它。当然她一定读过或者听到过,但也许从来没有学习过它。关于她也是用手无意识写下的关于海蛇的拉丁语-英语混合的诗节,我没能找到它们的来源(见《美国心理学研究会会刊》等等,第553页)。

催眠被试通常会忘记催眠状态中发生的一切。但是在接下来的迷睡状态中,他们经常会记起上一次催眠状态中的事件。这就像在"双重人格"案例中发生的情况:其中的一个不记得另一个的生活中发生的事情。在前面的一章我们已经看到,两个人格的感受性通常是有差别的,而且我们已经知道皮埃尔·詹尼特关于感觉缺失有失忆症相伴随的理论(见前面第385页及以下诸页)。在一些病例中情况显然是这样;将某些功能性的大脑通道与其他通道分离开来,以切断它们的意识与其余大脑部分的意识的联系,这样就剥夺了它们在感觉和观念方面的作用。詹尼特以不同的方式证明,他的病人在感觉缺失时忘记的事情,在感受性恢复之后就记起来了。例如,他用电流、催眠手法等等暂时恢复他们的触觉,然后让他们握住各种物体,如钥匙和铅笔,或者做特定的动作,如十字手势。在感觉缺失回来的那一刻,他们就想不起那些物体或动作了。"他们手上不曾拿过任何东西,他们不曾做任何事情"等等。然而,第二天,感受性通过同样的过程又恢复了,他们完全想起当时的情况,并且说出了他们曾经拿着什么或者做过什么。

所有这些病理学事实都向我们表明,可能的记忆范围也许比我们认为的要宽,而且在某些事情上,显见的遗忘并不能证明在其他条件下也不可能回想起来。然而,它们并没有支持这个荒谬的观点,即所有我们经验过的事情都不会被完全忘记。在真实生活中,尽管有偶尔的惊奇,大部分发生的事情实际上都被忘记了。认为如果条件具备每件事情就都能回想起来,这样想的理由全都是先验的。汉密尔顿先生从德国作家施密德(Schmid)那里引述和采纳了这样的理由。知识是心这方面的"自发性的自我能量",

这个能量一旦形成，就自然会持续下去，直到再次被其他原因所毁灭。如果心只是被动的，那它就会是这样［毁灭］。……但是我现在谈论的心理活动和知识活动要比这更多；它是不可分割之主体的自我活动力的一种能量：所以，如果一个曾经有的认识又消失了，一定是自我的一部分分离开了或者毁灭了。因此，最难解决的问题不是心理活动是如何持续的，而是它究竟是如何消失的。①

相信这种论证的人可以高兴地持有他们的信念。不存在其他的明确论证，肯定没有生理学方面的明确论证。②

记忆开始衰退时，最先忘记的是专名，而且在任何时候专名都比普通属性和事物的类的名称更难记起。

这种情况似乎是由于这个事实，即与我们认识的大部分人的名字相比，普通性质和名称在我们心中的联想要多得多。对它们的记忆组织得更好。组织得像我们的家人和朋友的名字那样好的专名，也像任何其他对象的名称那样容易记起。③"组织"的意思是指有许多联想；而联想越多，回忆的通路就越多。由于同样的原因，形容词、连接词、介词和基本动词，总之，构成我们全部言语之语法构架的那些词，是最后衰退的。库斯莫尔（Kussmaul）④对这

---

① 《形而上学演讲》，II，212。
② 在这个问题上参见 J. 德博甫的《睡眠与梦》(1885)，第 119 页及以下诸页，R. 弗登的"健忘"( Forgetfulness)，《心》，II；437。
③ 参见 A. 莫里：《睡眠与梦》，第 442 页。
④ 《语言能力的受损》(Störungen der Sprache)，里伯特的引述，《记忆病》(Les Maladies de la M. )，第 133 页。

个问题做了下述敏锐的评论:

> 一个概念越是具体,它的名称就忘得越快。这是因为我们关于人和事物的观念与其名称的联系,不如与其职业、环境和品质这样的抽象物的联系那么紧密。我们很容易离开名称来想象人和事情,它们的感觉意象比其他符号性意象——它们的名称更重要。另一方面,抽象概念只是通过那些单独就能给它们以稳定性的语词获得的。这就是为什么动词、形容词、代词,还有副词、介词和连接词都比名词与我们的思想活动联系得更紧密。

在第二章做过少许讨论的叫做失语症的那种疾病,通过表明心失去对特定对象(如一个词)的使用能力的种种方式,而让记忆现象变得更明了了。我们可以失去一个词的听觉观念或者发音观念;而没有了对方,二者之中的任何一个都不能让我们正确地把握那个词。而且,如果我们拥有这两个观念,但却失去了支持它们的大脑中枢之间的联结通路,我们也会处于同样糟糕的境地。"共济失调"失语症和"遗忘性"失语症,"词聋"和"联结性失语症",都是语词记忆的实际丧失。因此正如里伯特所说,我们所拥有的与其说是记忆,不如说是多种记忆。[①]视觉的、触觉的、肌肉的和听觉的记忆在同一个人那里可以相互独立地发生改变;而在不同的人那里它们可以有不同程度的发展。通常,一个人在兴趣强烈的领域记忆力就好;而这些领域也很可能是他的辨别感受性高的领

---

① 在前面引用的书中,第三章。

域。听觉不好的人不大可能实际上拥有好的音乐记忆力,盲人不大可能记住视觉显象。在后面的一章我们将会看到关于人的想象力差异的一些解释。① 显然,记忆的机制在很大程度上是由这种能力决定的。

在《科学的英国人》(*English Men of Science*)②这本著作中,高尔顿先生对能够表明较强记忆类型方面的个体差异的案例做了有趣的整理。有些人对词语有较强的记忆。另一些人对事实和数字,还有一些人对形状有较强的记忆。多数人说,要记住的东西必须首先得到理性的考虑和理解。③

有一个与记忆相关的有趣事实,就我所知,R. 弗登(Verdon)先生是最先明确地让人们注意到它的作者。我们似乎能够让一些事情在记忆里保留一段时间,然后让它们离开。

> 人们通常能够清楚和完好地将知识一直记忆到必须要用到它们的时候,然后,当不再需要这些知识时,它们的形迹就快速和大量地衰退了。许多学校里的孩子在背完学过的功课之后就把它们忘记了,许多律师会忘记为特定案例准备的细节情况。一个男孩学习了 30 行荷马,完美无缺地把它们背诵出来,然后就忘记了它们,第二天早晨就背不出连续的 5 行了。一位律师可能在一个星期了解了制造齿轮的奥秘,而在

---

① "对数字记得好的人通常也是最知道如何处理数字的人,也就是说,是那些最熟悉它们之间的关系以及它们与事物之间关系的人。"(A. 莫里,《睡眠与梦》,第 443 页)

② 第 107—121 页。

③ 其他的例子,见汉密尔顿的《形而上学演讲》,II. 219,以及 A. 休伯(A. Huber):《记忆》(*Das Gedächtniss*),第 36 及以下诸页。

下一个星期又知晓了肋骨的解剖结构。①

我们还不清楚这个事实的原理；而它的存在却让我们感受到记忆所涉及的神经过程是多么地微妙。弗登先生补充说

> 当一份纪录不再使用了的时候，注意也从它那里收回了，我们不再想到它，我们知道自己体会到一种放松感，而且我们也许会因而推断说能量以某种方式释放掉了。如果……注意没有收回，以至我们还记着那个纪录，我们就知道这种放松感没有出现。……我们还知道，不仅在这种放松感出现之后纪录保存得没有以前好了，而且我们确实很难回忆起它来。

这表明，在我们似乎只是保存着一个话题以备回忆期间，我们并不像自己认为的那样对这个话题是完全无意识的。

> "实际上，"弗登先生说，"我们有时并不是通过注意一个事物，而是通过不时地注意某个与它相联系的事物来记住它的。用生理学的语言来说意思就是，通过将注意放在需要记住的踪迹[通路]系统内部的或者与这个系统紧密联系的一个部分上，我们让它得到很好的培养，以使那些踪迹能够最精细地保存下来。"

这也许差不多就是我们所能得到的解释了。让心记住一个事物，需要兴奋不停地以最小的量扩散进导向那里的通路，需要那个事物持续出现在我们意识的"边缘"之中。忘记这个事物则需要收

---

① 《心》，II，449。

回这种扩散,对这个事物没有意识,以及在一段时间以后除去那条通路。

我们记忆的一个奇特之处是在于,主动重复比被动重复能使事情记得更好。我的意思是,在(比如)背记中,当我们差不多就要知道那段文字时,等待着并且从内部努力去回想,比再次看书更有益处。如果我们以前一种方式找回那些词,下一次我们可能就会记得它们;如果以后一种方式找回它们,我们就很可能再一次需要看书。背记意味着形成从前一组大脑语词过程到后一组大脑语词过程的通路:将图中的 1 和 2 看作是这样的过程,那么,当我们通过内部的努力回想时,通过从 1 到 2 的释放,这个通路就形成了,

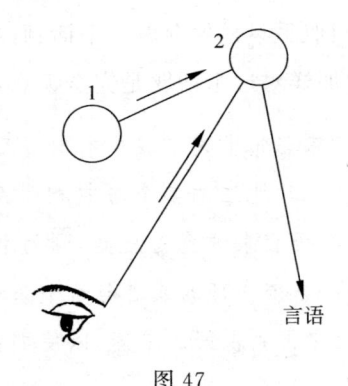

图 47

就像它以后会被使用的那样。然而在我们通过眼睛来激发 2 的时候,虽然通路 1-2 的无疑也打通了,但是我们正在讨论的现象表明,没有得到眼睛帮助的从 1 到 2 的直接释放,犁出了更深和更持久的沟纹。而且,如果从 1 到 2 的释放没有得到眼睛的帮助,在这个释放之前大脑中会累积起更多的紧张。这为我们在努力回想 2

第十六章 记忆

的时候所普遍感受到的紧张所证明；而且这也应该会使得释放更激烈，通路更深。相同的理由无疑也解释了这个熟悉的事实，即我们对自己的理论、发现、组合、发明，简言之，对发源于我们自己大脑中的任何"观念"的记忆，都比对从外面传达给我们的完全相同的事物的记忆要好无数倍。

最后，再谈一点记忆所涉及的形而上学问题。根据本书的设想，思想与大脑的运作相伴随，而且这些思想是对实在的认知。我们只能经验地写下这整个的关系，并且承认现在还看不到对这种关系的一丝解释的光亮。大脑竟会产生认知着的意识，不管是哪种意识，哪种认知，这就是那个又回来了的迷团。只是对性质有所觉知的感觉和觉知到复杂系统的思想，同样地牵涉到这个谜团。然而，对于哲学中的柏拉图传统而言，情况并不是这样。感觉意识是某种准物质的东西，几乎不具有认知性，人们无需对它有太多好奇。关联性的意识则完全相反，而它的奥秘是不可说的。例如，莱德教授在他那部一般说来很好的书[①]中，在很好地表明了保持和再现事实上依赖于大脑通路之后说：

> 在知觉研究中，心理物理学能够对科学解释大有贡献。它能确定刺激的什么性质会产生出特定的感觉性质；它能提出将刺激的性质与感觉的强度关联起来的原理；它能考察感觉由以通过各种刺激活动的结合而结合[?]为感觉表象的法则；它可以表明，意识中感觉与知觉象的时间关系如何与刺

---

① 《生理心理学》，第 2 部分，第 10 章，第 23 节。

激发生时的客观关系相符合。但是对于在意识中实际将感觉结合在一起的精神活动,它甚至无法提示出一个物理解释的开始。而且,有可能被看作是心的这种统一活动适当基础的所有大脑过程——如果已知它们存在——都无法被思想。因此,我们也必须更坚定地坚持认为生理学完全不能对有意识的记忆(就它是记忆而言——也就是说,就它最迫切地需要解释而言)给出一种解释。……记忆活动的本质是在于有能力说:这个后像是不久前我拥有的知觉象的意象;或者这个记忆意象是我在某个时间拥有的知觉象的意象——我记不清确切地是多久之前了。认为当一个记忆意象在意识中呈现时,由于被觉察到与一个特定的原初知觉表象相似,就被辨识为是属于那个原初知觉象的,这是完全与事实相矛盾的。那个原初知觉象并不存在,而且永远也不会再现出来。认为末梢器官或者中枢器官中的任何印象或者过程的相似性,可以解释有意识的记忆活动,这就更加明显地错误和荒唐了。意识完全不知道这样的相似性;甚至完全不知道神经印象和过程的存在。而且,如果不涉及这同一个无法解释的记忆活动,我们就永远不可能知道在时间中相互分离的两个印象或者过程是相似的。意识的某些阶段或产物是声称着代表(表象)①被视为在某个方面与之相似的过去经验而出现的,这是使所有的经验联系和人类知识的纪录与积累成为可能所依赖的一个意识事实。正是意识中的这种特有的声称构成了记忆活动的

---

① 为什么不说"知道"?——威廉·詹姆士

## 第十六章 记忆

本质；正是它使得记忆作为相似印象的单纯持续或重复而成为完全不可解释的了。正是它使得有意识的记忆成为了一种精神现象，对作为从神经过程和条件中产生的这种现象的解释，不仅事实上还没有出现，而且也完全不可能通过想象来接近它。于是，在我们谈论记忆的物理基础的时候，我们必须认识到，科学完全没有能力提示出任何可以被看作是与那个构成了记忆本质的特有和神秘的心的活动——将其现在与过去联系起来——相关联的物理过程。

在我看来，这段文字表现出了正在盛行的不彻底的思想方式的特征。它将困难放错了地方。有时它似乎同意较朴素的感觉主义观点，认为思想的材料是再现出来的独立感觉，还认为将这些感觉"结合在一起"就是知识，只要这能够出现，唯一的奥秘就在于是什么"活动"能够让它出现。有时它又似乎主张，甚至这种"结合"也不是知识，因为联系起来的元素必须"声称表象或代表"过去的原型，而这与它们仅仅是复苏了的意象是不相容的。其结果就是各种混乱而且分散的难解之谜，以及没有得到满足的理智欲望。但是为什么不将我们的各种难解之谜"汇聚"成一个大谜团（大脑过程竟能产生知识）呢？此刻通过一个大脑过程感受我自己在这个桌前书写，与一年以后通过另一个不同的大脑过程回忆我自己在书写，二者的神秘之处确实没有什么不同。心理学能做的只是力求确定这些大脑过程是什么；而且，这就是目前这一章以一种很不完善的方式已经开始在做的事情。但是对于"再现的意象"、"声称去表象"和"通过一种统一活动结合在一起"，我一直保持着沉默，因为这样的措词或者什么也不表示，或者只是以一种兜圈子的方式在说,当某些大脑条件得到实现时,我们就知道了过去,而在我看来,这样的话用最直截了当和最简洁的方式来说是最好的。

关于记忆的看法的历史以及其他参考文献,我必须要提到 W. H. 伯纳姆(W. H. Burnham)先生发表在《美国心理学杂志》第 1、2 卷的关于这一主题的极好的小文章。可用的书籍还有:D. 凯(D. Kay)的《记忆,它是什么,以及如何改进它》(*Memory, What It Is, and How to Improve It*)(1888);以及 F. 福特(F. Fauth)的《记忆,教育学研究》等(*Das Gedächtniss, Studie zu einer Pädagogik, etc.*)(1888)。

(第一卷完)